KB123328

갈라서며 다가서는

남과 북 사회이야기

갈라서며 다가서는 남과 북 사회이야기

초판 1쇄 발행 2024년 6월 20일

지 은 이 | 이우영
펴 낸 이 | 윤관백
펴 낸 곳 | 선인

등 록 | 제5-77호(1998.11.4)
주 소 | 서울시 양천구 남부순환로 48길 1, 1층
전 화 | 02) 718-6252 / 6257
팩 스 | 02) 718-6253
E - mail | suninbook@naver.com

정가 45,000원

ISBN 979-11-6068-897-9 93300

갈라서며 다가서는

남과 북 사회이야기

이우영 지음

북한과 통일 문제는 여전히 나의 삶,
그리고 남한사회와 한반도에 큰 영향을 미치고 있다.
더 나은 삶과 더 나은 사회를 만들기 위해서
우리 모두는 분단체제를 평화체제로 바꿔내야만 한다.

나의 북한 연구

북한과 통일에 대한 고민의 여정

업으로서 학문을 하기로 결정한 지도 40여 년이 지났다. 다른 재주는 없었지만 그래도 책 읽는 것은 좋아하고 이것저것 생각해 보는 것을 좋아했던 까닭에 전공 선택 과정에서부터 어렴풋이 공부를 계속하는 것이 어떨까 하는 마음이 있었다. 중·고등학교 시절 교육 문제들에 질려서 처음에는 교육학을 할까 하는 마음이 있었지만, 입시를 얼마 앞두고 우연히 읽은 신문 기사 때문에 사회문제가 더 중요하다는 자각을 하게 되었고 사회학을 선택하였다. 박정희 정권과 유신(維新)체제, 그리고 광주와 전두환 정권과 같은 시대의 어수선함은 그닥 '의식'도 없었고 성실하지도 않았던 나로 하여금 직업으로서, 그리고 어쭙잖은 소명으로서 사회학 공부를 지속하게 하였다.

아는 사람은 알겠지만, 사회학은 좋게 이야기하면 연구 대상이 광범위하고 다르게 말하자면 조금 잡다한 학문이다. 어쨌든 사회학 안에서 세부 전공을 선택하는 데는 적지 않은 '결정장애'가 강요되는데, 기본적으로 내 관심사는 한국사회의 문제였고 관심의 초점은 사상과 문화에 있었다. 굳이 말하자면 지식사회학이라고 하겠지만 내가 살던 사회의 근본적인 문제가 무엇인가를 연구하고 싶었다고 포장할 수 있을 것이다.

박사학위 논문 주제를 박정희의 이데올로기로 잡은 것은 지금까지 이야기한 맥락에서였다. 그러나 논문을 준비하고 연구하면서 내가 살고 있는 남한사회, 그리고 그 문제점들이 독자적으로 형성되고 진행된 것이 아니라 역사적 근원들, 특히 분단체제와 연관되어 있다는 것을 깨닫게 되었다. 학위논문 주제와 연결하여 말한다면 박정희 정권 수립이나 지속이 분단구조와 분리될 수 없고, 그의 이념이나 정책도 지속적으로 북한의 존재와 조응하여 왔다는 것이다. 이러한 생각이 학위취득 이후 통일연구원에 들어가서 북한사회 연구를 집중적으로 하게 된 배경의 하나였다. 어떤 사람들은 박정희 연구, 그리고 한국사회를 공부하다가 '웬, 북한'이냐고 했지만 한국사회를 이해하고 여러 가지 문제를 해결하는데 분단과 북한 문제를 제외하는 것은 허구적이라는 생각에 이르렀다고 할 수 있다. '나의 북한 연구'는 그 자체로서 독립적인 의미를 찾으려고 노력하였지만, 이렇듯 그 바닥에는 '내'가 그리고 '우리'가 살고 있는 남한사회와의 연계성이 항상 전제되어 있었다.

통일연구원 시절 진행했던 북한사회 연구들은 새로웠고 동시에 재미도 있었다. 좋았던 것은 북한사회 연구가 요즘 표현으로는 '블루칩'이라고 할 정도로 기존 연구가 부족하였다는 점이다. 도흥렬 교수나 이온죽 교수처럼 북한사회 연구의 선구자들이 없었던 것은 아니나, 할 수 있고 해야 할 북한사회 연구가 널려 있었다. 이와 같은 환경 자체가 학문적 차원에서 일종의 독과점 지위를 부여해 주었다. 젊은 시절 나의 사주를 봤던 역술인이 천성적으로(?) 새로운 것에 관한 관심이 지대하다고 말했던 것처럼 나의 개인적 성향과 맞아떨어지기도 했다. 더욱이 민주화 이후에는 남북한 화해협력의 분위기도 고양되었고 간헐적이나마 남북한 간의 교류도 이루어졌다. 그러면서 북한사회 연구가 국가 수준만이 아닌 남북한 사회와 문화, 그리고 구성원 간의 통합 문제로 이어져 관심이 높아졌다는 것도 나의 북한 및 통일문제 연구 지속에 긍정적인 조건이었다.

십여 년에 걸친 통일연구원 시절을 거쳐 북한대학원대학교로 자리를 옮기게 된 것도 개인적으로 커다란 행운이었다. 북한에 관한 기본적인 연구를 집중적으로 한 연구원 시절 이후 옮긴 북한대학원대학교에서는 좀 더 자유로운 상황에서 관련 연구를 확장할 수 있었다. 그리고 북한 및 통일을 집중적으로 연구하는 훌륭한 선후배 학자들을 만나면서 학문적 자극도 받을 수 있었다. 성실한 제자들을 만나 함께 학문공동체를 구성할 수 있다는 것도 또 다른 성과였다. 기본적으로는 북한의 사회와 문화에 관한 연구와 강의를 진행하면서 사회적이고 인간적 차원에서 통일문제를 고민하며 나름의 학문적 성과를 쌓아왔다고 할 수 있다.

북한대학원대학교에서 진행한 '북한 도시 연구' 입안에 일조한 것, 공적 사회와 분리된 북한의 사적 영역 형성에 관한 연구와 '20세기 북한예술문화사전' 구축은 동료들과 함께한 중요한 학문적 성과였다. 이후에 진행한 북한 문학예술의 개념사 공동 연구도 북한 사회문화와 관련된 의미 있는 연구라고 할 수 있다. 또한, 남북관계의 차원에서 본다면 10년에 걸쳐 진행한 '남북한 마음통합연구'는 통일과 관련된 새로운 시각을 제시하였다는 점에서 공동연구자들과 더불어 자부심을 가질 만한 중요한 성과였다.

학문과 사회적 실천의 병행이라는 거창한 목적의식은 없었지만 내가 할 수 있는 일은 해보자는 입장이었다. 그리고 '현장'과 사회학적 문제의식이 당연히 연결되어 있다는 생각에서 북한이나 통일문제와 관련된 실천도 마다하지 않았다. 정부를 포함한 공공영역의 자문뿐 아니라 경실련 통일협회의 일에도 적극적이었지만, 가장 중요한 경험은 '어린이어깨동무'의 활동이었다. 아주 간단하지만 대단히 중요한, 남북한 어린이들이 어깨동무할 환경을 만들어야 한다는 목적으로 시작된 어린이어깨동무 활동의 초창기부터 참여했다. 북한의 어린이 지원활동이나 남한 어린이를 위한 평화교육에 힘을 보태면서 책과 머릿속에만 있었던 북한과 통일문제의 현실을 몸으로 겪을 수 있었다.

어두웠지만 동시에 밝기도 했던 시대적 상황, 개인적 지향(성향도 포함하여), 그리고 대단히 중요한 '운'이 결합하여 좋은 사람들과 함께 북한사회 연구, 그리고 통일이 아닌 통합 문제에 관한 고민을 지속해 왔다고 할 수 있다. 그동안 성취하였던 학문적 결과나 실천적 성과들은 결코 충분하거나 수준이 높았다고 할 수는 없을 것이다. 그러나 최소한 북한의 사회문화 연구나 통일연구에서 미약하지만, 개척자의 역할은 수행하였다고 이야기할 수 있을 것이다.

그럼에도 불구하고 북한이나 통합연구가 가야 할 길은 여전히 험난하다. 20여 년 전에 조한혜정 교수 중심으로 진행, 발간한 『탈분단시대를 열며』(삼인, 2000)에서 통일이 아닌 '탈분단' 담론을 제기하였고, 이를 위해서 새로운, 그리고 절실하게 필요한 북한 및 통일문제 연구를 주장하였지만 이런 점들이 충족되었는지에 대해서는 회의적이다. 남한사회 내에서는 반공과 반북을 넘어서 '혐북'으로 냉전적 사고가 역주행하고 있고, 북한이나 통일 연구는 과거 냉전 시기나 권위주의 정권 시절 못지않게 위축되고 있다. 북한 문제를 북한 핵문제와 같은 것으로 간주하거나 '김주애'로의 권력세습에만 쏠리는 관심이 상징하듯이 정치중심, 권력중심으로 북한을 바라보는 경향성은 오히려 강화된 느낌이다. 그리고 철 지난 남북체제경쟁을 반복하거나 남북한에서 점차 흥미를 잃고 있는 국가 중심의 체제 통합 방안을 강조하고 있다. 변화하는 대내외적 분단환경에 대한 진지한 고민이나 성찰은 부족하고, 북한체제가 아닌 북한 사람들이 살고 있는 일상들과 함께 그들과 어떻게 더불어 지낼 것인가에 대한 고민은 절대적으로 부족하다.

1990년대 이후 활성화된 북한 및 통일연구의 다양화 과정에서 중요한 역할을 했던 학자들이 하나둘 은퇴하고 있지만, 그다음 세대의 부각이 더딘 것이 냉정한 현실이다. 북한과 통일, 그리고 관련 사회나 문화 차원에서 연구하여야 할 것들이 적지 않게 존재하고 있는 현실을 생각한다면 안타까운 일이 아닐 수 없다. 최근 북한이 과감(?)하게 한 국가가 아닌 한 민족도 거부하는 현실에서, 그리고 북한에 대한 사회적 적대감이 확산되고 통일에 대한 지지도가 과반수를 밑돌고 있는 남한 현실에서 북한이나 통일 문제를 왜 고민하냐고 말하는 사람들도 적지 않다. 나도 비록 단일 국가 모델의 통일이 유일한 대안이 아니라고 평소에 생각하여 왔다고는 하지만, 북한은 여전히 학문적으로나 현실적으로 중요한 연구과제이다. 북한의 존재 자체가 나의 삶에, 그리고 남한사회의 변화에 영향을 미치고 있다. 더 나은 개인의 삶과 더 나은 사회를 만들기 위해서 분단체제의 전환은 불가피하다.

학자와 교육자로서의 한 단계를 마무리하면서 그동안 개인적으로 써 놓았던 글들을 모아보자는 제자들의 건의에 대하여 처음부터 시큰둥하였다. 개별적으로도 그렇지만 모아놓는다고 해서 그닥 자랑할 만하다고 생각하지 않았기 때문이다. 그러나 주변의 성화에 북한대학원대학교 고별강연(6.22.)을 준비하며 새로 쓴 글 “북한·통일문제와 ‘사회학적 상상력'"과 함께 문자 그대로의 '졸고'들을 엮게 되어 남부끄럽기 그지없다.

그럼에도 불구하고 보잘것없는 글들의 묶음이 혹여라도 앞으로 더 발전된 연구들의 디딤돌이 될 수도 있지 않을까 하는 작은 바람에 책자로 만들게 되었다. 정리되지 않은 글들, 이미 시효가 지난 듯한 글들을 하나로 묶어 준 '청출어람'의 제자들에게 감사한다. 그리고 책을 만드는 고생을 감수해 준 선인출판사에도 감사의 마음을 전한다.

2024년 6월 정년퇴임을 앞두고

이 우 영

차 례

제3부 북쪽 문화예술 이야기

제4부 남과 북, 갈라서며 다가서는

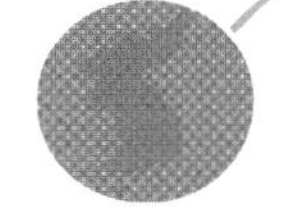

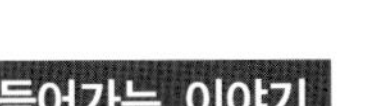

북한·통일 문제와 '사회학적 상상력'

사회학은 여느 사회과학과는 달리 다룰 수 있는 주제 영역이 아주 광범위하다. 이 점은 문화인류학과 비슷하다. 내가 본 사회학은 인간 세상의 거대한 파노라마에 변함없이 끌리는 사람, 실제로 무슨 일이 일어나고 있는지 궁금해 죽겠는 사람, 그래서 필요하다면 열쇠 구멍이라도 들여다보고 남의 편지라도 훔쳐보는 사람에게 아주 적합한 학문이다.

피터 L. 버거(Peter L. Berger), 『어쩌다 사회학자가 되어』(책세상, 2012).

사회학적 상상력은 우리로 하여금 역사와 개인의 일생, 그리고 사회라는 테두리 속에서 이루어지는 양자 간의 관계를 파악할 수 있도록 해준다. … (중략) … 사회학적 상상력은 개인적 문제와 공공문제를 연결하는 힘을 준다.

C. 라이트 밀즈(Charles Wright Mills), 『사회학적 상상력』(돌베개, 2004).

1. 머리말

북한의 최고지도자인 김정은(1984~) 총비서가 남북관계를 적대적인 두 국가 관계로 규정하면서 통일에 대한 근본적인 문제를 제기하였다.

2023년 7월 11일 김여정 조선로동당 부부장은 담화를 통해 대한민국을 '남조선'이 아닌 '대한민국'이라 부르며 남북관계를 '국가 대 국가' 관계로 여기는 태도를 보였고, 12월 조선로동당 전원회의를 통해 북한은 이를 공식화하였다.[1] 분단 이후 남북이 모두 통일을 최고의 목표를 삼아왔던 역사와 남북한 체제의 구성원들이 '우리의 소원은 통일'(남), '우리는 하나'(북)로 노래하여 왔던 마음에 정면으로 어긋나는 발언이라고 할 수 있다. 헌법상에 국가적으로 추구하는 목표를 '통일'을 삼고 있는 남한의 입장에서는 이러한 북한의 입장 변화를 공식적으로 받아들이기 어렵다고 볼 수 있다. 당연히 이에 대한 비판도 줄을 잇고 있다. 그러나 냉정히 따져 본다면 북한에서만 통일을 포기한 것은 아니다. 2022년 7월 전국지표조사(NBS, National Barometer Survey)에 따르면, '반드시 통일이 되어야 한다'라는 인식이 41%, '통일이 되지 않고 현재 상태로 살아가도 된다'라는 인식은 56%로 나타났다. 또 향후 남북 체제에 대해서는 '자유로운 왕래가 가능한 2국가 체제'가 52%로 가장 높은 가운데, '통일된 단일국가'가 18%, '현재와 같은 2국가 체제' 17%, '하나의 국가 내 2개의 체제' 8% 순으로 선호하고 있었다.[2] 이를 통해 법과 제도 수준에서 공식적으로 남한에서는 통일이 여전히 중요한 가치이자 국가적 목표이지만 사회공동체 수준에서 통일, 특히 단일국가 기반의 통일은 사회적 지지를 받지 못하고 있다는 점이 드러났다. 따라서 통일에 대한 북한의 공식적 입장 변화는 아이로니컬하게도 남한사회의 여론과 부합한다고 볼 수 있다.

통일에 대한 북한의 입장 변화와 남한사회의 통일에 대한 인식 변화는 북한 및 통일문제에 대한 근본적인 성찰을 요구하도록 만들고 있다. 하지만 따지고 보면 이러한 상황 자체는 자연스럽다고 할 수 있다. 한반도 분단은 70년을 넘어 1세기를 향해 나아가고 있고, 수많은 인명의 살상을 겪은 한국전쟁을 포함하여 적대적 대결 관계를 지속하고 있는 남과 북은 그동안 국가 수준에서나 사회구성원 차원에서 급격한 체제변화를 경험해 왔다. 이것은 분단구조는 여전하지만 이를 둘러싼 대내외적인 변화가 적지 않았다는 것이다. 그럼에도 불구하고 '분구필합(分久必合)'식의[3] 기존에 따르던 관습적인 통일담론이 유지되고 있는 것 자체가 모순적이라고 보아야 할 것이다.

북한 및 통일문제에 대한 비현실적 통일담론이 반세기 넘게 지속되어 온 이유는 여러 가지가 있다. 기본적으로 분단구조 자체가 만들어낸 체제 내부의 분단기득권 집단의 존재이다. 남이나 북이나 분단기득권 집단은 대결과 갈등의 극복이나 화해 및 평화를 지향하기보다 고착된 분단 체제를 통해 정치경제적 이익이 지속되는 것을 지향하면서 분단지향적인 통일담론을 반복해 왔다고 볼 수 있다. 그러나 이와 함께 북한이나 통일문제에 대한 학문적 편향성도 일정 부분 기여했다. 분단이 이념적 차이와 정치 상황에서 비롯되었다고는 하나, 분단 문제를 인식하는 시각이나 접근 방식 자체가 편협하였고 결과적으로 다양한 상상력을 옥죄어 왔다고 볼 수 있다. 이렇듯 북한 및 통일문제에 대한 근본적인 성찰이 필요한 이 시점에서 '사회학적 상상력'이 필요한 이유를 말하고자 하는 것이 이 글의 목적이다.

2. 북한·통일 문제의 관습적 접근

남한사회에서 분단 이후 북한이나 통일문제에 대한 논의는 국가가 독점하고 있었다. 특히 반공을 국시(國是)로 선언한 군부 권위주의 정권이 수립된 이후에는 '국가보안법'을 무기로 북한에 관한 관심 자체가 금기시되어 왔다. 국가가 북한 관련 정보를 독점하고 있는 상황에서 이루어질 수 있는 연구는 1차적으로 국가의 입장, 정확히 말하자면 국가의 정치적 입장에 의해 좌우될 수밖에 없게 된다고 볼 수 있다. 이러한 맥락에서 과거 북한 및 통일연구는 과학적이고 분석적이라기보다는 적대적인 국가에 대한 이데올로기 비판에 불과한 경우가 많았다. 동시에 지배권력의 정치적 판단을 정당화하는 것에 기여하는 홍보 수단에 불과한 경향이 없지 않았다. 다시 말하면 냉전 시기의 북한연구는 "북한이 무엇인가?"라는 질문에 대한 응답이 아니라 "북한의 무엇이 나쁜가?"를 밝혀내는 것에 치중하였다는 점이다.[4]

국가가 주도하는 시기의 북한 및 통일연구의 또 다른 경향은 논리적으로 당연한 결과이겠지만 '북한연구'와 '북한정치연구'가 같은 것으로 간주되었다는 점이다. 분단을 이념적 차원에서 인식하고 북한을 정치적으로 비판하는 것이 북한연구의 주된 동기가 되는 한, 북한 정치체제나 이념이 북한연구의 핵심이 될 수밖에 없었다고 할 수 있다. 이에 따라 북한연구에서 주체사상이나 권력구조, 조선로동당 연구, 그리고 대남전략 등이 주류를 차지하였다.[5] 북한이 하나의 국가인 동시에 완결된 하나의 사회체제라는 차원에서 본다면 정치학 일변도의 북한연구는 그 자체로서 북한에 대한 이해를 어렵게 만드는 요인이었다고 볼 수 있다. 더욱이 '우리의 소원은 통일'까지는 아니라고 할지라도 화해협력과 평화공존이라는 공식적인 남쪽의 통일방안을 위해서도 북한에 관한 다양한 연구와 이해가 불가피했다. 하지만 그렇지 못했던 정치학 일변도의 편향적인 북한 및 통일연구는 문제가 있었다고 할 수 있다.[6]

북한 및 통일에 대한 남한사회의 분위기가 바뀌게 된 것은 민주화 과정과 밀접하게 관련되어 있다. 민주화가 국가 독점적 정책 및 담론의 입안과 수립에 대응되는 시민사회의 영역 확대의 의미를 갖고 있다는 맥락에서 본다면, 그동안 국가가 독점하고 있는 대표적인 분야였던 북한 및 통일 이슈에 민간 부분의 도전이 이루어지면서 북한·통일문제에 대한 새로운 접근이 이루어졌던 것이다. 더욱이 권위주의 정부의 권력 기반이 분단구조이며, '반공'을 빌미로 분단 기득권을 유지하였다는 점에서도 북한·통일문제에 대한 시민사회의 문제 제기는 자연스러운 귀결이었다. 5.18 광주민주화운동을 경험한 1980년대 이후 '자주'(自主)의 문제가 민주화의 중요한 축이 되면서 북한의 주체사상이 광범위하게 유포되었고, 북한 및 통일에 대한 인식의 전환은 더욱 가속화되었다고 할 수 있다.

정치적 환경 변화에서 비롯되었지만, 북한·통일연구의 지형도 이전과는 달라졌다. 체제경쟁 차원의 목적론적인 연구, 그리고 '관변' 북한연구가 지양되면서 '북한바로알기'로 상징되듯이 국가가 지향하거나 허용하는 방향과는 달리 과학적으로 북한을 연구하는 다양한 시도가 이루어졌다.[7] 이러한 경향을 보여주는 것이 송두율이 제창한 북한에 대한 '내재적 접근법'을 둘러싼 학술논쟁이다.[8] 북한 및 통일연구가 비로소 학문적 자율성과 독자성을 갖추기 시작하였고, 이후 이념적 편향성을 넘어서려는 연구들도 본격화하였다.

권위주의 정권이 종식되고 제도적 민주화가 성취된 결과 북한 및 통일문제에 대한 다양한 접근이 촉진되었을 뿐만 아니라 연구 범위의 확장도 이루어졌다. 북한의 정치체제에 집중되었던 정치학 중심에서 벗어나 북한의 경제나 사회 및 문화 등 체제 전반에 대한 북한연구가 활성화되었다.[9] 1987년 제6공화국의 첫 번째 정부인 노태우 정권이 북방정책을 추진하면서 북한 자료를 대대적으로 개방한 일은 보다 다양한 분야의 북한·통일연구를 가능하게 만드는 중요한 계기가 되었다. 그리고 1990년대 북한의 체제 위기로 인해 발생한 수많은 탈북자들이 국내로 유입되면서 북한연구에 필요한 자료를 제공하였다는 점도 북한연구 다변화의 또 다른 배경이었다. 또한 북방정책의 하나로 1989년에 발표된 '한민족공동체 통일방안'은 화해협력과 공존을 지향하였는데, 기존의 정치통일을 의미하는 '민족공동체' 달성을 위해서 단계적으로 '사회공동체'와 '경제공동체'의 달성을 강조하였다는 점을 주목할 필요가 있다. 새로운 통일방안에 따라 북한의 경제, 사회문화 현실에 관한 관심이 확산되었다. 아울러 '고난의 행군'을 겪고 있던 북한에 대한 인도적 지원이 시작되었고, 2000년 최초로 성사된 남북정상회담 개최를 계기로 활성화된 남북한 간 경제협력과 사회문화교류도 비정치적 분야의 북한 및 통일연구를 자극하였다.

1980년대 이후 남한 체제의 민주화 진전과 시민사회의 성숙, 그리고 1990년대 이후 다양한 차원의 남북관계 진전이 냉전시대의 편협하고 이념 지향적인 북한 및 통일연구를 극복한 것은 분명하다. 특히 동국대와 고려대, 연세대. 이화여대 등에서 북한학과가 창립되고 경남대학교 북한대학원은 북한대학원대학교로 개편되면서 북한·통일연구의 질적 향상이 이루어진 것도 학문적 수준을 높이는데 기여했다고 할 수 있다.[10]

최근 새로운 이론이나 방법론이 도입되는 등 북한·통일연구에 대한 연구자들의 노력이 지속적으로 이루어지고 있다.[11] 그럼에도 북한·통일연구의 한계가 완전히 극복되었다고 보기는 어렵다. 여전히 북한연구에서 '핵문제'가 상징하는 안보적 차원이 중요하게 취급되어 왔고, 유일지배체제를 공고히 하고 있는 북한의 후계체제에 관심을 기울이는 등 최고지도자에 대한 정치적 관심은 과도하다. 북한체제의 변화를 국제적 역학관계에서 찾는 경향도 여전히 지배적이며 북한 주민과 그들의 생활문제보다는 거시적이고 구조적인 접근이 주류적 위치를 점하고 있다. 통일문제와 관련해서도 여전히 '연방'이나 '연합'과 같은 체제나 제도 수준의 논의가 지배적이다. 교류협력 사업, 그리고 사회통합과 관련해서도 남한사회로의 수렴이 전제되는 경우가 적지 않다. 이러한 문제점을 다시 정리하면 다음과 같다.

첫째, 과거와 같은 이념적 편향성이 일방적이지는 않지만, 여전히 목적론이나 정책론적인 연구가 지배적이다. 북한은 문제적인 체제이고 궁극적으로 해체될 체제라는 전제로 북한의 문제점을 부각하는데 집중하는 경향이 지속되고 있다. 북한체제의 문제점을 연구하는 것은 자연스러운 일이겠지만 문제적 체제로 전제하고 접근하는 것은 '전체론'적이고 결과적으로 '목적론'으로 귀결될 수 있다. 북한의 정책과 관련해서 정책의 특징을 분석하기에 앞서 '의도'부터 찾고자 하는 관성도 이러한 경향성과 무관하지 않다.

둘째, 정치결정론이 중심이 되고 있다. 다양한 분야에서 북한·통일 연구가 이루어지고 있음에도 불구하고 정치체제, 특히 권력구조를 불변의 독립변수로 간주하는 경향이 있다. 경제 현상이나 사회현실의 특성과 변화를 정치적 요인으로 설명하는 경우가 대부분이다. 권력의 집중도가 높은 경우 국가, 특히 정치지도자의 영향력이 광범위하다고 할 수 있으며 북한과 같이 강력한 당·국가체제를 유지하는 경우 정치적 변수가 중요한 것도 분명하다. 그러나 어떠한 하위체제도 나름의 자율성을 갖고 있으며, 하위체제 간에 역동적 관계가 있다는 가능성을 외면하게 만든다. 또한 유일지배체제 수립 이후 권력이 세습되는 북한정치의 현실을 고려한다면 이와 같은 인식 방법은 정치체제뿐만 아니라 모든 분야에서 '북한 불변론'으로 이어지게 된다.

셋째, 북한·통일 관련 연구에서 부족한 분야들이 아직까지 많다는 점이다. 과거와 비교해 보면 북한·통일연구가 경제학이나 사회학, 문학, 그리고 교육학이나 심리학 분야 등 인문·사회과학적 연구와 기술, 의학 분야 등 자연과학적 연구로 확대된 것은 분명하다.[12] 그러나 그 연구들에서 개별적인 학문들을 뜯어보면 연구가 결여된 분야가 적지 않다. 예를 들어 북한경제의 경우 시장화와 같은 경제변동정책 등에 관한 연구는 어느 정도 이루어지고 있으나 특정 산업이나 주민들의 소비생활을 포함한 경제생활에 관한 연구는 부족하다.

넷째, 북한의 정치구조나 체제에 관한 연구는 상대적으로 풍부하지만 사회구성원 수준의 연구는 부족한 현실이다. 동국대 연구팀의 '일상연구'나 '행위자-네트워크 이론'(Actor-Network Theory, ANT) 연구,[13] 그리고 북한대학원대학교 심연북한연구소(옛 북한미시연구소)의 북한주민의 사적영역 연구[14] 등을 중심으로 북한사회에 대한 미시적 연구가 이루어져 왔다. 통일과 관련해서도 북한대학원대학교 '남북한마음통합연구센터'가 진행한 마음통합연구가[15] 남북한 주민 수준의 통일연구라고 할 수 있다. 하지만 아직은 연구가 막 싹 튼 수준에 있다고 할 수 있다. 또한 제도나 체제에 관한 연구에 비하여 과정에 관한 연구도 부족하다. 예를 들어 정치체제나 이념에 관한 연구에 비해서 북한주민의 정치의식이나 정치과정 등에 대한 분석은 거의 이루어지고 있지 않다.

3. 북한 및 통일연구의 사회학적 연구의 필요성

북한 및 통일연구가 한 단계 더 성장하기 위해서는 개별 학문 차원에서 관련 연구의 양과 질을 모두 높일 필요가 있다. 이 과정에서 특히 사회학 차원의 북한 및 통일연구에 관한 관심이 확대될 필요가 있다. 1980년대까지는 다른 분야와 마찬가지로 북한 '사회'에 대한 연구도 미미하였다. 이것은 다음의 몇 가지 이유 때문이었다.

첫째, 북한사회에 대한 경험적 접근이 어렵기 때문이었다고 볼 수 있다. 북한 지역에 방문하는 것도 여의찮은 현실에서 현장에서 직접 조사를 실시하는 것은 불가능한 일이었다.

둘째, 사회학은 다른 사회과학에 비해 방법론적으로 엄격한 기준을 지향하는 경향이 있다. 과학적 엄밀성을 강조하는 경향과 이론적 바탕을 중시하는 학문적 특성상, 자료의 심각한 부족은 북한을 사회학적 관심에서 멀어지도록 하였다고 볼 수 있다.

셋째, 한국의 사회학계가 북한 혹은 통일에 관한 관심이 적었다. 정치학과를 운용하는 대학에서는 북한정치 전공 연구자를 교수진에 포함하고 통일관련 교과목을 편성하고 있는 데 반하여 사회학과에 북한을 전공하는 교수가 있는 학교는 거의 없고 북한이나 통일을 관련과목으로 사회학과에서 개설하는 경우도 찾아보기 힘들다.[16]

하지만 점차 북한자료의 개방 폭이 넓어지고 국내로 입국한 탈북자가 증가하였으며, 제한적이기는 하지만 국내외 방북자들이 늘어나면서 북한 사회를 연구할 수 있는 자료들이 증가하였다. 이를 통해 1990년대 이후부터 북한사회연구가 활성화되었다고 할 수 있다.[17] 앞에서 이야기한 남북한 사회문화교류 확대도 통일 차원에서 사회학적 접근이 확대되는 배경이 되었다. 그러나 사회학 차원의 북한·통일연구가 충분한가에 대해서는 아직까지 의문이다. 이것은 기본적으로 과거 북한사회연구를 어렵게 만드는 문제들이 여전히 남아있기 때문이라고 할 수 있다. 즉, 현지조사의 어려움과 북한사회 및 주민 관련 정보의 부족함이 여전하다고 할 수 있다. 더욱이 '코로나19'로 인한 국경봉쇄 등의 이유로 국내 입국 탈북자의 숫자가 급감하였다는 점도 북한사회연구를 위축시키는 또 다른 배경이다. 이렇듯 연구 환경이 녹록지 않은 것도 사실이지만 여전히 북한·통일 관련 사회학적 연구가 필요한 것은 다음의 몇 가지 이유 때문이다.

첫째, 사회학이 다른 어떤 학문보다 구조와 개인의 상관성에 관심을 가지고 있기 때문이다. 사회학이 성립된 이후 구조나 체제와 같은 거시적인 차원에서 근대사회를 분석하였지만 동시에 사회를 구성하고 있는 사람들의 사회적 행위에 관한 연구도 사회학의 기본 과제였다. 그리고 구조와 행위의 결합관계에 대해서도 꾸준하게 관심을 기울여 왔다.[18] 북한연구에서 제도나 구조에 대한 과도한 관심과 사회구성원에 대한 부족한 관심을 고려할 때, 일상이나 개인들에 관한 연구 확대와 더불어 북한의 구조와 개인의 상호관계에 관한 연구가 필요하다는 점에서도 사회학적 접근은 필요하다.

둘째, 사회학은 이론 및 방법론 구축에 관한 관심이 높다는 점이다. 수학이나 물리학이 자연과학의 기초 토대 제공에 일정한 역할을 하는 바와 흡사하게 개별 사회과학 연구의 기반이 되는 이론이나 방법론을 사회학이 제공한다고 볼 수 있다. 서구 이론의 무분별한 수입에 치중한다는 비판도 있으나 새로운 이론의 이해와 수용에 상대적으로 사회학이 가장 적극적이다.[19] 사회학이 독립적 '분과학문'(discipline)으로서 위기를 겪고 있다는 논란도 있으나 오히려 개별적인 분과학문 간의 '학제 간 연구'(interdisciplinary)에서 장점을 보일 수 있다.[20] 따라서 북한·통일연구의 수준을 높이고 과학성을 확보하는데, 사회학에서 발전시킨 이론과 방법론이 도움을 줄 수 있다. 동시에 파편화된 북한·통일 연구의 유기적 연결성을 높이는데도 학제 간 연구에 장점이 있는 사회학적 접근법이 도움된다.

셋째, 사회학은 사회변동을 핵심적인 문제의식으로 삼고 있기 때문이다. 모든 사회과학이 사회변동을 도외시하는 것은 아니지만 근대 산업사회의 형성과 궤를 같이한 사회학적 연구는 특히 사회변동 자체를 전제하고 있다.[21] 사회학 내에서 사회변동이 독립적인 연구 분야로 다뤄지기도 하지만 모든 사회학적 주제는 대부분 사회변동의 관점에서 다루어진다. 예를 들어 '계급연구'는 '계급변동'과 동의어고 '세대연구'는 '세대변동'과 같은 의미라는 것이다. 이러한 특성은 변화에 대한 시각이 특히나 부족한 북한연구에 절실히 필요하다고 볼 수 있다. 모든 사회체제는 변화하고 사회구성원도 변한다는 당연한 명제조차 수용되지 못하고 있는 남한의 사회적 현실에서 변화를 기본으로 고민하는 사회학적 접근이 필요하다. 통일 논의 및 연구에서도 마찬가지인데 그동안 지배적이었던 국가주도의 통일정책이나 이념 지향성 중심의 통일담론에서 남북한 사회의 변화, 특히 남북한 사회구성원들의 변화가 배제된 경향이 강했기 때문이다. 사회적 변화, 그리고 남한의 '시민'과 북한 '인민'의 변화와 서로 유리(遊離)된 통일논의가 설득력이 없는 것은 당연하다는 점을 생각할 필요가 있다. 더욱이 남한은 민주화가 진전되면서 국가와 독립적인 '시민사회'의 성장이 두드러졌고, 이러한 경향성은 앞으로 통일논의에 시민사회의 결정력을 더욱 높일 가능성이 크다. 즉 '국가-사회' 관계의 변화는 통일연구에서 더욱 중요해질 수 있다.

넷째, 한국에서 사회학 자체의 발전을 위해서 북한 및 통일과 관련된 사회학적 연구가 중요하다. 이것은 북한 및 통일문제의 정치학 독과점 현상과 무관하지 않다. 동시에 북한 및 통일연구가 정책학적 성격을 가지고 있으며 '관변' 학문의 경향이 강했기 때문에 사회비판적 성격이 강한 사회학에서 북한연구에 상대적으로 소극적이었던 것도 사실이다. 물론 통일연구를 포함한 광의의 북한학은 지역연구이자 미래학적인 성격도 가지고 있다.[22] 또한 적대적 대결관계를 지속하고 있는 분단 상황에서 북한학은 안보학적 목적성이 내포될 수 있다. 그러나 분단체제의 남한사회 변화과정에서 북한의 영향은 광범위하였고,[23] 앞으로 있을 변화 과정에서도 분단구조 변화가 중요한 변수가 된다면 한국사회의 이해나 연구에서 북한연구나 분단·통일연구는 절대적으로 필요하다. 예를 들어 이념적 차원에서 진행되고 있는 남한사회의 핵심적 갈등을 이해하고 설명하기 위해서는 '북한 및 분단-통일문제'의 이해가 전제되어야 한다. 이 밖에도 접경지역의 공간적 특성을 이해하거나 세대별, 지역별 사회집단의 성격 차이를 분석하기 위해서도 분단과정에 관한 연구가 전제되어야 한다. 분단체제에서 북한은 독립적 연구 대상이면서 동시에 남한사회 연구와 불가분의 관계를 맺고 있다고 할 수 있다.

4. 북한 및 통일 연구에서 사회학적 접근이 해야 할 일

북한 및 통일연구에서 사회학적 연구는 나름대로 의미 있는 성과를 거두어왔다. 통일연구원에서는 지속적으로 북한 및 통일 관련 사회학적 연구를 진행하였고, 북한대학원대학교나 이화여대, 그리고 동국대 등 북한 관련 학과를 운영하는 교육기관에서도 북한 및 통일에 대한 사회학 강의를 개설하고 연구도 꾸준하게 진행하여 왔다. 다만 그 양과 질이 충분하지 않았다고 볼 수 있다. 북한 및 통일연구의 발전과 한국사회학의 정립을 위해서 진행할 수 있는 연구들을 정리해 보면 다음과 같다.

첫째, 북한 사회 연구의 대상 확대이다. 지역이나 공간 연구의 예를 들자면, 수도 평양을 비롯하여 주요 도시 몇몇에 관해서는 연구가 진행되어 있지만,[24] 기타 지역 특히 농촌지역 등에 관한 연구는 거의 없다. 또한 시장화와 관련되어 떠오르고 있는 계급, 북한에서도 '사회주의자본가'라고 지칭하는 '돈주'에 대한 연구는 나름 진척되었지만, 경쟁체제가 바탕인 시장에서의 '탈락자'들을 다루는 연구는 미미하다. 직업이나 성별, 그리고 세대별 등 다양한 사회집단을 대상으로 하는 연구는 오히려 적다. 북한과 관련해서 사회학의 세부 주제들을 놓고 연구된 분야와 그렇지 못한 분야를 비교한다면, 현 단계에서 북한사회를 종합적으로 이해할 수 있는 수준에는 이르지는 못하고 있다.

둘째, 학제적 연구이다. 앞에서 이야기한 바와 같이 사회학의 장점 가운데 하나는 학제적 연구, 이론·방법론에 관한 관심이다. 시장화가 진전되고 있는 북한에서 경제현실의 변화가 계층변화와 어떤 연관이 있는지 혹은 권력구조가 시장화와 어떤 상호작용을 하는지, 핵 개발이나 국제적 제재가 북한의 공간 변화 그리고 일상 변화에 어떤 영향을 미치는지 등 개별적인 분과학문을 넘어서는 주제들에 관한 연구가 사회학을 매개로 가능하다. 선전선동을 1차적인 목적으로 하는 북한 매체의 변화, 정보화 진전에 따른 북한 주민의 의식이나 삶의 변화 등도 필요한 연구 분야이다. 이 과정에서 사회학에서 활용되고 있는 이론과 방법론을 활용하여 북한의 정치나 경제, 그리고 문화연구를 발전시키는 데 기여할 수 있다.[25] 이와 관련하여 북한 및 통일연구의 기초가 될 수 있는 자료 수집이나 데이터베이스화 작업 등도 사회학이 일정한 역할을 수행할 수 있는 분야이다.

셋째, 북한 및 통일연구에서 변화론적 접근을 강화할 수 있다. 유일지배체제를 지속하고 있는 북한의 정치체제 변화는 적은 데 반해 경제환경이나 사회현실의 변화는 가속화되고 있다. 이와 관련된 연구가 최근 활발하게 이루어지고 있지만 북한 주민이나 일상수준의 연구는 여전히 부족한 실정이다. 북한사회에서 국가의 결정력이 큰 것은 분명하지만 각각의 하위체계는 일정한 수준에서 독립적으로 구성되고 있다. 계획경제의 쇠퇴와 시장의 확산은 이러한 경향을 더욱 확대시킬 수 있다. 그리고 그에 따른 비공식 영역의 확대, 새로운 네트워크의 구성, 사회집단별 차별적 변화, 이를 토대로 한 사회갈등의 가능성 등은 북한체제 변화 연구의 핵심적인 주제이다. 또한 통일 문제에 대한 북한 사회의 변화를 다루는 연구 역시 요구된다.

넷째, 통일담론의 전환과 관련된 연구이다. 북한이 최근 국가주의를 주창하고 있고 심지어 민족의 분리도 강조하고 있다. 남한의 경우 헌법상 '1민족 1국가' 통일을 유지하고 있지만 사회적으로 통일에 대한 지지도는 지속적으로 하락하고 있다. 통일담론, 특히 남북관계에 대한 새로운 논의가 불가피해지고 있는 상황이다. 특히 민주화가 진전된 남한에서는 '국가'의 정책이나 의지 못지않게 '사회'적 의사의 중요성과 결정력이 높아지고 있다. 이러한 현실에서 통일에 대한 사회적 지지 변화의 원인이 무엇인지, 그리고 구체적으로 어떤 요인 때문에 어떤 집단의 통일에 대한 인식이 변하고 있으며, 그 변화가 통일 담론에 어떤 영향을 미치는가도 연구가 이루어져야 할 부분이다. '통일'이 아닌 '탈분단' 논의가 시작된 지도 20년이 지났지만, '통일과 통합', 그리고 '통일과 평화'의 관계에 대한 진지한 성찰은 여전히 충분치 않다.[26] 비슷한 맥락에서 통일문제와 연결되는 남한사회에 관한 구체적인 연구로도 확대될 필요가 있다. 역사적으로 '분단 문제가 남한사회 변화에 어떻게 영향을 미쳤는가', 그리고 '남한사회 변화와 미래가 분단 혹은 탈분단과 어떻게 결합할 것인가'는 중요한 연구주제가 될 수 있다. 다문화사회로 진입하고 있는 남한사회에서 이탈주민의 정착문제를 포함하여 미래 한국사회의 통합문제도 여기에 포함될 수 있다.

5. 맺음말

분단 1세기를 향해 가면서 남한과 북한 체제를 포함하여 통일과 관련된 대내외적 상황이 급격하게 변하고 있다. 이러한 환경 변화에 부응한 새로운 연구들이 전혀 없는 것은 아니나 여전히 냉전 시기의 북한 및 통일 담론이 지배적이고 냉전적인 사고 혹은 이분법적인 사고가 사회적 수준에서뿐만 아니라 학문세계에서도 주류의 위치를 차지하고 있다. 개인적으로 남한사회의 보수집단은 1950년대 한국전쟁의 인식에서 벗어나고 있지 못하고 있고, 진보집단은 1980년대 운동권 시절의 대북 인식에서 벗어나지 못하고 있다고 생각한다. 어느 쪽이나 오래된, 그래서 현실적으로 그다지 설득력이 없는 논리구조에 휩싸여 있다고 본다. 그리고 세계사적으로 '신냉전'이라는 과거로의 회귀적인 추세가 높아지면서 '구냉전'의 흔적도 여전히 강한 남한사회에는 일종의 복합적 냉전구조가 심화되고 있으며, 분단체제의 복잡성은 더욱 중층적으로 되고 있다.

특히, '국제통화기금(IMF) 사태' 이후 급격하게 '속물화'된 한국사회는[27] 신자유주의가 팽배해졌다. 그리고 어느 사회보다 급진적인 범지구화가 진행되면서 민족의식은 약화되었다. 동시에 북한의 도발 행위가 반복되면서 마음의 차원에서 북한에 대한 적대감은 이제 혐오감으로 발전하고 있다.[28] 이와 같은 상황에서 결과적으로 북한과 통일문제를 도외시하는 정치사회적 환경이 조성되고 있고, 관련 학문이 설 자리는 더욱 줄어들고 있다. 2000년대 이후 만들어졌던 북한학과가 없어지거나 다른 학과와 통폐합되는 현상이 이를 상징적으로 보여주고 있다. 전공을 불문하고 북한 및 통일연구자들이 감소하고 있을 뿐 아니라 통일연구원을 제외하고는 공공연구기관의 북한 및 통일연구도 위축되거나 취소되고 있다.

그러나 북한이 소위 '투 코리아(two Korea)'를 주장하든, 1민족 1국가론의 통일방안이 더 이상 유효성이 떨어지든, 근대적 민족주의가 더 이상 설득력이 없든 간에 북한과 통일 문제는 오늘의 남한사회에서, 그리고 그 속에서 살아가고 있는 개개인에게는 중요한 주제이자 진지한 고민거리이다. 따라서 변화하는 환경을 고려하면서 그동안의 연구를 성찰하고 새로운 방향을 모색할 필요가 있다.

1990년대 이후 북한 및 통일 문제 연구는 사회학적 접근뿐 아니라 정치학, 경제학, 인류학, 심리학 등 다양한 사회과학, 그리고 철학과 역사학, 문학예술 등 인문학들의 기여에 힘입어 발전해 왔다.[29] 어려운 환경에서도 관련된 연구들이 꾸준히 이루어지고 있고 의미있는 학문적 성과물도 발표되고 있다. 그럼에도 불구하고 북한 및 통일문제 연구에서 사회학적인 접근을 재차 강조하는 것은 사회학 국수주의(?) 때문이 아니다. 한편으로는 북한 및 통일문제의 질적 향상을 위해서 '사회적 상상력'이 도움이 된다는 판단 때문이고, 다른 한편으로는 한국 사회학에서 상대적으로 관심이 적은 북한·통일연구 현실의 아쉬움 때문이다. 과거의 성과와 한계를 검토하면서, 새로운 연구와 사회적 논의를 위한 문제 제기를 다양한 차원에서 시도해야 하는 시점임을 다시 한번 강조하면서 글을 맺고자 한다.

제1부

남쪽 사회 이야기

1. 박정희의 통치이념에 대한 연구
2. 한반도 세계시민성 담론의 성찰
3. 한국사회의 반(反)세계시민 담론
4. 북한관과 남남갈등
5. 북한 허위정보의 사회적 영향과 대응

1

박정희 통치이념에 대한 연구

1. 머리말

1961년부터 1979년까지 18년 동안 박정희는 강력한 지배체제를 확립하고 한국사회의 변화를 주도하였다. 이 시기 한국사회는 고도의 경제성장을 중심으로 정치·사회적으로 엄청난 변화를 경험하였고, 그 긍정적·부정적 결과가 오늘날에도 지속되고 있다.

그러나 이 시기 사회변화의 정점에 서 있었던 박정희에 대한 연구는 시기적으로 이르다는 이유로 혹은 정치적인 민감성으로 인하여 지지부진한 것이 현실이다.[1] 그러나 오늘날 한국사회가 박정희 시대의 유산과 연관되어져 있고, 이 시기의 사회변화를 정확히 이해하기 위해서도 박정희에 대한 종합적인 연구가 절실하다.

동시에 사상사적인 측면에서 박정희는 일제시대에 태어나 군국주의 교육과 직업경험을 쌓고, 해방 이후에는 군대생활을 통하여 군인문화와 서구의 근대화된 사상을 접했다는 점에서 이 시기 한국인들이 겪었던 사상적 혼란의 한 예가 될 수 있을 것이다. 이런 점에서 박정희 정치이념에 대한 연구는 현대 한국사회사상의 이해를 위한 하나의 기초가 될 수도 있을 것이다.

이러한 맥락에서 이 글에서는 지식사회학적 입장에서 박정희의 정치이념을 분석해 보고자 한다. 특히 그의 정치이념에서도 가장 핵심이라고 할 수 있는 "민족주의"와 "성장주의"가[2] 어떻게 형성되었으며, 그가 주장하는 바의 실제적 의미가 어떤 것인가에 분석의 초점을 맞추고자 한다.

지식사회학적으로 볼 때 사회의 사상들은 그 사회·경제적 배경과 역사적 맥락과 연관되어 진다고 할 수 있다. 따라서 박정희의 정치이념도 한국사회의 사회경제적 배경과 역사적 맥락과 연결되어 형성되었고 그런 맥락에서 이해되어야 할 것이다. 이런 점에서 박정희의 통치이념도 그의 개인적 경험(가족적 배경+교육경험+직업경력)과 사상적 배경을 토대로 한국사회의 식민지와 분단 그리고 전쟁의 경험 등의 정치적 변화와 자본주의화라는 경제적 변화에서 이해되어져야 할 것이다.

이러한 전제에서 박정희의 정치이념을 분석하기 위하여 이 글에서는 해석학적인 방법을 쓰고자 한다. 박정희 이념을 연구하는 데 있어서 기존의 연구는 그의 언명(言明)의 내용분석(content analysis)을 하거나,[3] 정치경제학적 입장에서 분석하거나[4] 아니면 찬양적인 입장에서 기술하고 분석한 것이[5] 있다. 그러나 내용분석법은 그의 정치이념이 내포하고 있는 의미의 분석을 할 수 없다는 점에서 문제가 있다.[6] 그리고 정치경제학적인 연구는 자본주의 발달과정에 집착함으로써 그의 이념이 갖고 있는 한국적 특수성을 설명하는 데 어려움이 있다.[7] 그리고 찬양적인 연구는 박정희를 민족적 영웅으로 전제하고 있어서 그의 이념도 절대적으로 올바른 것이라고 보는 편견이 작용하고 있다고 할 수 있다.

따라서 그의 정치이념의 정확한 이해를 위해서는 그가 주장하는 내용과 그 사회경제적 배경을 순환적으로 이해하는 해석학적 방법이 바람직스럽다. 이러한 방법은 완전한 인과관계를 설명하지 못한다는 문제는 있으나, 지금까지 언급한 바와 같이 박정희라는 정치인의 통치이념을 이해하기 위해서는 가장 적절한 방법이라고 할 수 있다. 이런 점에서 이 글에서는 박정희의 정치이념을 전반적인 사상사적 맥락과 역사적 맥락에서 위치지우고 그것이 표출되고 있는 어록과 그의 저서를 중심으로 살펴보고자 한다하는.

그의 정치이념의 기초적 배경이 되는 개인과 가족적 배경, 사상적 배경, 그리고 사회경제적 배경을 살펴보고, 다음에 시대적으로 그의 정치적 주장의 내용을 알아보고, 마지막으로 그의 언명을 배경과 연관하여 해석해 보고자 한다.

2. 박정희 통치이념 형성의 배경

1) 박정희의 개인적 배경

(1) 가족적 성격

가족에서 중요한 것은 그의 아버지의 사회적 배경이다. 이것은 그의 아버지가 양반과 빈농이라는 사회경제적 지위불일치 상태였고,[8] 최소한 동학의 영향권 안에 있었고,[9] 관료에 도전하였다가 결국 실패하였다는 것은 비판적이고 개혁적인 의식으로 박정희에게 작용하였을 가능성이 크다.

두 번째로는 가족 구성상의 특징이다. 박정희는 형제들과 나이가 차이지는 막내로서 현실적인 특성을 가졌을 것이라고 볼 수 있다.[10] 특히 부모와 다른 형제들은 전통적 교육과 농업에 종사한 반면[11] 박정희는 학교에서 근대적 교육을 접함으로 인하여 상반되는 의식구조를 경험했다.

셋째로는 빈곤 문제가 있다. 식민지하의 농촌이 일반적으로 피폐하였고, 상대적으로 근대화된 지역에서 교육 경험은 그의 빈곤을 상대화시켜 가난에 대한 증오를 증폭시켰다고 할 수 있다.[12]

넷째로는 박상희와의 관계이다. 근대교육을 받은 그는 진보적 지식인으로서 박정희에게 많은 영향을 끼쳤고,[13] 해방 이후 좌익사건에 연관되어 생을 마쳤다는 점에서 박정희를 공산주의와 연관시켰다고 할 수 있다.

(2) 교육상의 문제

박정희가 근대적 교육을 받았다는 것은 두 가지 측면에서 이해될 수 있다.

첫째는 근대적 교육을 받아 전통적 사고와 유리될 수 있었다는 것이고, 둘째로는 그가 받은 교육은 일제의 식민지교육이라는 것이다. 당시 식민지교육이 일제의 것임을 유념하여야 한다.[14]

박정희는 근대적 교육을 받은 사람이 적었다는 점에서[15] 상대적으로 근대 지향적이었을 것이다. 그러나 이미 식민지교육정책이 황국신민화를 강조하고 민족교육기관에 대한 탄압이 가중되어 가던 시기에서 그가 받은 교육은 일본제국주의 지향의 내용이었다.[16] 박정희의 학업능력이 확대해석되고 있다 하더라도 그가 모범생이었음은 틀림이 없으며,[17] 그는 식민지교육에 충실하였다고 볼 수 있다.[18] 특히 사관학교는 입학자격이 까다롭고 더욱이 만주군관학교는 대륙침략의 첨병으로서 독립운동가들을 적으로 보고 있었다.[19] 만주군관학교 출신들은 관동군에서 독립운동가에 대한 정보공작을 주로 맡았고,[20] 박정희도 이러한 분위기의 학교에서 수석을 하였다.

(3) 직업과 경력상의 문제

박정희는 3년에 걸친 보통학교 교사생활과 2년에 걸친 관동군 장교생활과 해방조국에서의 약 14년에 걸친 장교생활을 마치고 정치가로 변신하였다.

교사의 생활에서 군인으로의 변신의 원인에 대해서 이론(異論)이 많으나,[21] 민족주의적 결단이라는 설명은 그가 일제의 직업군인이 되었고, 귀국 후 해방 조국의 군에 참여가 즉각적으로 이루어지지 않았다는 점에서 문제가 있다.[22] 다음은 관동군경험이다. 박정희 자신과 대부분의 전기에서는 이 부분을 반민족적이 아니고 반공산주의적인 임무수행으로 정당화시키고 있다.[23] 그러나 그가 1948년의 여순사건에 분명히 연관이 있고 일시라도 공산주의와 관계를 가졌다는 점에서 설득력 없는 설명이다.

해방 전후의 정치상황에서 문제는 여순사건과의 관련이 중요하다. 가까운 형제인 박상희가 좌익활동으로 대구폭동에서 죽고, 군부 내 공산주의 활동에 연루가 되었다는 것은 공산주의와의 접촉 자체를 부정할 수 없다.[24] 그러나 전향을 한 후, 한국전쟁이라는 특수한 상황이 생겼기 때문이기도 하지만 사면이 되어 군에 복귀할 수 있었고, 장군까지 승진하였다는 점에서, 그리고 집권 이후의 정치적 지향에서[25] 판단

할 때 공산주의 사상에 깊숙히 연관되었다고 보기는 어렵다.

그 이후 군경력에서는 여·순사건으로 진급이나 보직에서 불이익을 받았다는 점과 그의 전과가 포병이었지만은 문관시절 정보분야에서 일을 하였고, 종전 후 6개월간의 미군에의 유학경험이 특기할 만하다. 특히 그의 군대에서의 인사상의 불이익은[26], 학교경력에서의 화려함에 비추어 군과 사회에 대한 강한 불만의 원인이 되었다고 할 수 있으며, 이것이 개인적인 측면에서의 쿠데타의 중요한 동기였다고 할 수 있다.[27]

2) 사상적 배경

(1) 한국의 전통사상

❙ 유교적 사상

유교의 특히 조선조의 주자학은 500여 년간의 지배이데올로기로서 중요한 역할을 하였다.[28] 유교 중에서도 통치자의 내면적 수양과 이를 근거로 한 피치자에 대한 교화가 강조되고,[29] 군(君)으로부터 시작되는 위계적 질서가[30] 중요시되었다. 따라서 정치체제적으로 강력한 중앙집권적인 요소가 강조되었고, 특히 주자학을 정통(orthodoxy)으로 삼은 조선의 유학은[31] 다른 이념에 대한 배타성이 두드러졌다고 할 수 있다.

❙ 가부장적 권위주의

가족주의에서 가부장적 권위주의는 한국전통사상의 중요한 특징이다. 이것은 절대적 가부장의 지위나 신분질서의 엄격성, 동족위주가 된다.[32] 이러한 관계는 개인보다는 집단이 우선시되고,[33] 남녀 간 그리고 양반과 평민이라는 신분적 위계가[34] 강조된다. 가부장적 권위주의는 정치지도자를 가부장으로 대체하고 이를 바탕으로 한 관료들의 관존민비의식, 그리고 국민들의 복종과 충성을 추구한다.[35]

(2) 근대적 사상

❙ 일본의 군국주의

박정희의 유신정치는 일본의 명치유신을 염두에 두었을 뿐 아니라, 5·16도 20년대 일본청년장교의 운동을 모방했다. 기성정치가나 중신세력들은 일본의 위기를 극복할 능력이 없고 사회주의적 운동에 대항할 수 없기 때문에, 군부와 소수의 엘리트 중심의 전체주의로서 군부통치를 당연시하는 것이 일본 군국주의의 특징이다.[36] 일본의 군국주의는 이탈리아의 파시즘과 동일한 시기에 형성되었으나, 천황제 등의 기존체제를 유지하면서 부국강병을 앞세우고 민간인들을 압도하는 군부지배라고 할 수 있다.[37]

❙ 군인의식

제3세계에서 광범위하게 출현하고 있는 군부통치의 주역인 직업군인들은 나름대로의 민족주의를 표방하고 있으며, 청교도적인 강인한 금욕적 이미지, 정치·사회·경제를 이끌어가는 근간으로서의 공공사업과 통제경제에 대한 신념이 강하다. 그리고 민간정치체제에 대해서는 깊은 불신감을 보인다.[38] 동시에 효율성을 강조하는 실용주의적 결정과 정치없는 정책결정을 하고 민간정치의 특징인 화해와 협상, 조정 등의 가치를 배제한다.[39]

한국군은 일본군, 만주군, 광복군 출신을 기초로 만들어졌으며, 일본군 출신과 만주군 출신은 현대적 군인의식이 강하고 군사기술도 어느 정도 습득한 직업군인적 특징이 있었으나 광복군들이 가진 민족의식이나 이념은 확고하지 않았다.[40] 그러나 창군과정에서는 이러한 일본군과 만주군 출신이 중심이 되었고, 특히 만주군 출신들은 새로운 미국군의 교육을 통하여, 대내적 안보의 강조와 현실개혁과정에의 참여 증대라는 신직업주의적 의식을[41] 지녔다.

반(反)사회주의 의식

식민지하의 사회운동에서 광범하게 자리 잡았던 사회주의와 공산주의는 해방 이후 분단과 한국전쟁을 통하여 반사회주의적 경향으로 바뀌었다. 미군정하에서 공산주의 세력을 막고 자본주의체제를 유지하기 위하여 도입된 자유민주주의의 이념은 단독정부를 수립한 이승만에 의하여 강화되었고, 이것은 6·25로서 전국민들에게 내재화되었다.[42] 반공이념은 반진보주의적이며, 반노조주의적이고, 민족이나 통일보다도 자본주의를 중시하는 것이라고 할 수 있다.[43]

근대화론

현대사회로의 변화를 지향하는 의식이다. 이것은 산업화와 도시화 그리고 정치적 민주주의화를 골자로 경제의 발전과 기능 및 직업의 분화를 의미한다. 대체적으로 전통사회에서 서구적 민주주의로 변화하는 과정이라고 할 수 있다.[44] 이것은 집단성에서 개인중심으로 바뀌게 되고, 합리성과 적극성이 강조되는 것이다.[45] 이런 점에서 근대화론은 서구 중심의 사회변화의 강조에 따른 단선적 진화모델의 강조, 근대화를 저해하는 요소로서의 전통의 이해라는 특징을 가지고 있다.

3) 사회경제적 배경

(1) 집권 이전

▌식민지시대(1917~1945년)

조선은 강제 개국과 식민지화로 자본주의적 질서가 이식되어 파행적이나마 근대화와 자본주의화를 겪었다.[46] 특히 박정희가 교육을 받고 직업을 갖게 되는 26년 이후는 식민지의 마지막 시기로 대륙침략과 참전으로 조선의 병참기지화가 진행되고 있었다.[47] 경제적으로는 조선을 식량생산의 중심으로,[48] 노동력의 제공처로 만들었다.

특히 조선인 말살 정책을 펴면서 1931년 우가키 카즈이케(宇桓一成)가 총독으로 취임하여 내선일체(內鮮一體)를 주장하면서,[49] 1937년의 신사참배강요, 38년의 지원병과 징병제 준비, 새로운 '조선교육령'의 발표와 39년의 창씨개명과 국민징용령으로 획일적인 지배가 강화되었다. 이와 동시에 36년의 '조선사상범보호관찰령' 등으로 반일과 공산주의 사상을 강력하게 탄압하고 민족분열정책도 시행되었다.

▌분단시대(1945~1953년)

분단과 한국전쟁시기이다. 타율에 의한 해방을 맞이한 한국은 미군정에 의해 자본주의적 질서가 재편되고, 불하재산의 정리와 농지개혁을 이루었지만, 식민지적인 계급질서가 온존되고, 원조물자 등으로 해외의존도 여전하였다.[50] 더욱이 전쟁으로 인한 대량파괴는 미약하던 민족자본의 성장 가능성을 부정하게 된다.[51] 이 시기에는 좌우의 대립으로 표현되는 이념적 혼란과[52] 군정으로 인한 미국식 행정의 시행 그리고 단정의 수립으로 인한 이념적 폐쇄성이 이루어졌다.[53] 그리고 '반민특위(反民特委)'의 실패로 일제 유산의 청산이 이루어지지 못하였고,[54] 전쟁으로 반공 유일의 이념적 분위기가 조성되었다.

자유당독재와 4·19시대(1954~1960년)

전쟁복구와 원조경제로 새로운 산업질서가 완성되나, 농산물과 소비재가 원조의 중심을 이루어 대외 의존적인 성격이 강해진다.[55] 그러한 가운데 삼백(三白, 밀가루·설탕·면직물)산업과 전후복구, 차관을 중심으로 한 대기업들의 자본축적인 이루어지고[56] 이것은 관료들과의 결착이라는 관료자본주의적 성격의 강화를 초래한다.

그리고 이러한 경제구조는 농업과 노동부분의 회생을 동반하였다.[57] 정치적으로는 이승만의 카리스마를 바탕으로 한 자유당 독재가 전쟁 이후의 반사회주의적 분위기에 부합하여 지속된다. 자유당시대에는 경찰력을 중심으로 한 강력한 지배, 미국식 행정조직과 관료제의 확립, 그리고 이에 따른 저항이 수반된다.[58]

지나친 권력의 개인 집중과 경찰력에 의한 부정선거 등은 광범위한 저항을 받게 되고 결국 4·19로 자유당 정권은 붕괴되어 새로운 민주제도가 확립된다.[59] 4·19 이후의 민주당 정권은 민주주의 지향과 성장이라는 기대욕구의 갈등이 강했던 시기이다. 환율변화와 물가의 앙등, 그리고 일본상품 수입의 허가 등으로 인하여 60년의 경제성장률은 2.1%, 실업률은 23.7%, 물가는 38% 상승, 그리고 생산량은 9.8%가 감소하였으나, 국토개발계획을 수립하고 착수하였다.[60] 또한 진보적 정당들이 출현하고, 지방자치화로 분권화가 이루어졌으며 통일에 대한 논의가 다시 시작되었고 저항세력도 형성되었다.[61]

(2) 집권 이후

박정희 통치이념의 구체화와 변화는 5·16 이후의 한국사회의 발전과 연관되어 있다. 5·16 이후의 시대적 배경은 다시 사회경제적 조건과 정치적 변화와의 결합이라고 할 수 있다. 정치적으로는 군사쿠데타로 집권한 후에 민정의 형태로 바뀌면서 점차로 권력을 강화시켜가는 과정이라고 할 수 있고, 경제적으로는 자본주의화가 고도로 진행되어지는 과정이라고 할 수 있다.

▌군정시대(1961~1962년)

가. 정치·사회적 측면: 쿠데타로 정권을 획득한 시대이다. 구정치인과 행정체제를 부인하고 강한 중앙집권적 통치가 이루어졌다.[62] 박정희와 김종필을 중심으로 한 군부는 민정이양 약속을 번복하고 중앙정보부를 중심으로 정치규제기간 동안에 공화당을 창당하고, 군부세력의 정치참여가 시작되었다.[63] '국가재건국민운동'을 통하여 사회개혁운동을 추구하려던 개혁의지는 관료적 성격의 강화와[64] 새로운 정당법의 시행으로 여당의 독주로 퇴색하여,[65] 권위주의가 시작된다.

나. 경제적 측면: 장면정부의 국토개발계획을 모태로 국가주도의 경제개발이 시작되었던 시기이다.[66] 4·19 이후 부정축재자로 몰렸던 재벌들이 경제개발의 중심이 되고,[67] 자원조달은 50년대 이후 줄어들었던 원조 대신에 차관에 의존하는 개방형 경제성장이 시작되었다.[68] 국가주도와 대외의존형의 경제 체계가 자리를 잡고 성장이라는 경제목표가 확립되었다.

❙ 공화국 1기(1963~1966년)

가. 정치·사회적 측면: 대통령선거에서 신승한 박정희는[69] 경제개발의 자본 마련과 미국의 영향으로 한일국교 정상화를 추진한다.[70] 이것은 굴욕외교라는 야당과 학생, 지식인의 거센 반발을 낳고, 6·3사태로 계엄령이 발동되어 강압적 지배가 시작된다. 그리고 미국의 압력과 경제적 측면에서 월남파병이 이루어져[71] 반공이데올로기가 더욱 부각되는 시기이다.

나. 경제적 측면: 고도성장을 약속한 공화당정권의 목표를 달성하기 위하여 일본과의 국교 정상화를 통한 대외의존적인 경제구조가 본격적으로 진행되었다.[72] 이것은 풍부한 유휴노동력이나, 가용토지의 면적도 넉넉한 시점에서 부족한 자본을 해결하기 위한 불가피한 선택이라고 할 수 있다. 60년의 80불인 개인 소득이 66년에 125불이 되고, GNP의 성장도 7%에 이르러 많은 성장을 하였으나, 노동생산성의 증가에 비해서 실질임금은 하락하여 노동자의 회생을 바탕으로 하는[73] 경제성장의 본격적인 시작이 이루어졌다고 할 수 있다.

❙ 3공화국 2기(1967~1972년)

가. 정치·사회적 측면: 선거에서 순탄하게 권력을 획득한 박정희는 국회 의원 선거에서도 안정다수를 획득하고,[74] 공화당 내의 파벌을 이용하여 3선 개헌을 강행한다.[75] 박정희에 대한 권력 집중은 강화되나, 7대 대통령선거에 서는 김대중에게 신승을 거두어 권력에 대한 도전을 받게 된다.[76] 이 시기에 박정희는 7·4공동성명으로 대표되는 적십자회담과 당국자회담을 추진하여 통일의 가능성을 추구한다.[77] 그러나 반(反)삼선개헌운동, 사법부파동, 광주대단지사건 등의 반대운동에[78] 탄압을 가하고, 푸에블로호사건, 미정찰기 추락사건, 김신조와 울진삼척

의 공비사건 등으로 반통일적인 분위기도 공존하였던 시기이다.

나. 경제적 측면: 이 시기의 경제성장은 괄목할 만하였다. 연평균 경제성장률이 9%를 상회하였고, 실질임금 상승도 이루어졌다. 68년을 고비로 경작지가 줄어드는 등 공업중심으로 산업구조가 개편되었고, 차관선의 다변화도 이루어졌다. 그러나 전시대보다 자본의 해외의존도는 계속되었고,[79] 식량자급률의 하락과 수출에 의존하는 경공업중심의 산업구조로 종속적 성향이 심화되었다.[80] 전후 베이붐시대의 산물로 노동력이 풍부하여 실질임금은 상승하였으나 노동생산성을 초과하지 못하였고, 생산비에서의 급여액의 비율도 전시대의 15.3%에서 0.6% 정도 상승하는 데 그쳐, 여전히 저임금을 바탕으로 하는 경제성장이었다고 할 수 있다.[81] 그러한 과정 속에서 70년대 들어 전태일의 분신사건으로 대표되는 노동운동이 활발해지고, 노사갈등을 해결하는 과정에서 국가의 개입이 증대되고 활발해지고,[82] 대기업위주의 정책도 심화되었다고 할 수 있다.[83]

▎4공화국 시대(1973~1979년)

가. 정치·사회적 측면: 월남의 패망과 닉슨독트린, 미군의 철수 논의 등을 기회로 유신헌법을 제정하여 개인통치를 강화시켰던 시기라고 할 수 있다. 근대화의 지속과 통일의 효율적 수행이라는 명분하에 초헌법적인 수단으로 새로운 헌법을 제정하여 입법부뿐 아니라 사법부까지 장악한 완전한 일인독재체제에 들어섰다.[84] 그러나 양당과 종교계 그리고 학생을 중심으로 반체제 운동이 격화되고 이를 '긴급조치'라는 긴급명령권과 억압적 강제를 통하여 탄압하였다.[85] 따라서 보다 억압적이고 획일적인 정치와 문화의 강조, 그리고 이에 따른 사회 전 분야의 갈등이 증폭되었던 시기라고 할 수 있다.

나. 경제적 측면: 단순 경공업을 중심으로 한 성장이 한계에 다다르고,[86] 월남특수의 상실 '유류파동의 여파' 세계적 경제불황으로 대외의존적 경제가 위기를 맞았던 시기이다.[87] 이러한 위기상황에 국가가 적극적으로 개입하여 사채 동결과 중화학공업 중심으로의 산업구조조정으로 대기업 중심이 더욱 강화되었다.[88] 그러나 노동력의 상대적 감소, 그리고 무역장벽과 선진국 경제성장의 저조로 인한 수출채산성의 악화와 인플레의 고도화는 자본주의적 발전의 문제를 누적시켰다.[89] 해외의존도도 개선이 없고 국가와 독점자본 간의 결탁은 두드러지는 시기라고 할 수 있다.[90] 유신으로 경제문제를 극복하려고 하였지만 본질적인 구조개선이 이루어졌다기보다는 대외의존성은 심화되고, 재벌은 거대화되었고, 반대로 악화되었다.[91] 이에 따른 민중부문의 저항과 국가의 탄압도 강화되었다.[92]

3. 박정희 통치이념의 분석

1) 박정희 통치이념의 내용

(1) 군정시대

1961년 5월 16일 육군의 일부와 해병대 군인들을 중심으로 민주당정권을 무력으로 전복한 박정희는 5·16은 국가와 민족의 위기에서 불가피하였으며, "4·19정신을 계승"하여(1962.4.19. 4·19혁명기념사) 민족적 발전을 위한 것이었다고 주장하고 있다.

> "조속히 구악일소에 결말을 짓고 국가의 기강과 민족정기를 앙양하는 동시에, 사회적 경제적 모든 면에서 국민생활의 향상을 기하여 공산주의의 침략을 저지하고, 진정한 민주복지국가를 건설하는데 총역량을 집중하여야 하겠다"(5·16 혁명위 포고문).

이와 같이 5·16의 원인을 "정치인의 무능"과 "경제적인 피폐", "상존하는 공산주의의 위협" 그리고 "사회적 혼란"을 들고(1961.11.16 미국 내셔날 프레스 클럽 연설), 군부의 개입을 정당화시키고 있다. 동시에 그는 새로운 정권의 목표로서 "반공주의"와 "경제발전", 그리고 새로운 "정치질서 확립"을 강조하고 있다(1961.7.3. 국가재건회의의장 취임사).

이 시기에 강조되는 것은 5·16의 불가피성과 이를 위한 민주당정권에 대한 비난이다. 그리고 통치이념으로서의 강력한 반공주의와 경제성장주의를 주장하고 있다. 특히 경제개발5개년 계획을 실행에 옮기면서 "자립경제의 실천", "공업화 중심", "기간산업의 확대", "5.7%의 경제성장추구"라는 기본 목표를 정하게 된다(1962.1.5. 시정 연설).

(2) 3공화국 1기

민정이양이라는 공약(혁명공약 제6항 1961.8.12. 정권이양 시기에 관한 성명, 1962.5.16. 5·16군사혁명 기념사)을 어기고, 대통령선거에 참여하면서, 구정치인에 대한 강한 불신(1963.3.7. 1군사령부 장병에 대한 훈시), 기존의 "오욕의 역사의 극복"(1963.8.30. 대통령 후보 수락연설)과 "군사혁명 과업의 지속적 완결"(1963.8.13. 전역식 연설)을 내세우고 있다.

정치적으로 강조하는 것은 "민족이념을 바탕으로 한 자유민주주의"로서(1963.9.23. 중앙방송을 통한 대통령 정견 발표), 자주·자립을 통하여 기존의 외래적 민주주의와는 다른 고유한 형태의 민주주의를 주장하고 있다(1963.9.28. 중앙고등학교 대통령 유세).

특히 민족적 과업인 통일을 이루기 위해서 조국근대화가 전제되어야 하고, 근대화는 곧 자립경제라고 보고 있다(1966.1.18. 연두교서). 따라서 "민주주의의 건전한 발전도, 승공통일을 위한 국력배양도 결국 경제건설의 성패 여하에 달려있다"(1964.8.15. 광복절 경축사)라고 하면서, 결국 모든 정치적 과제에 경제적 성취가 기본이 되고 이를 위해 "파쟁과 비협조를 최대의 적"으로 보고 이의 지양을 강조하고 있다(1963.12.17. 5대 대통령 취임사).

이런 측면에서 자립경제를 목표로 하되 절대적 빈곤을 타파하기 위하여 "허리띠를 졸라매고", "수출을 강화"하여 균형적인 사회발전을 추구한다(1964.1.10. 연두교서). 경제성장을 위하여 한일협정을 체결하면서, "변화하는 국제관계 속에서 적응하기 위해서 대국적 안목"이 필요하고(1964.3.26. 한일회담에 관한 특별담화), 더욱 미국의 원조 격감과 경제발전을 위하여서는 일본과의 유대강화가 절실하다고 주장하고 있다(1964.6.26. 시국수습에 관한 대통령교서). 경제성장의 구체적인 방법으로 "수출"과 이를 위한 국제관계 특히 미·일관계가 더욱 중시된다(1965.1.16. 연두교서). 이런 맥락에서 "자유주의 진영의 유대와 유지"가 절실하고, 월남파병이 절대적으로 필요하다고 주장한다(1965.1.26. 월남파병에 즈음한 담화문).

근대화와 경제성장을 위하여 "증산·수출·건설"을 초과 달성하기 위한 모든 사업의 "조기완성"과 "강력한 수출지원정책", 그리고 "경제실리외교"가 강조된다. 모든 행정과 교육이 생산에 직결되도록 하고, "민족적 단결로 번영을 이룩하자"고 하고 있다(1966.1.18. 연두교서).

(3) 3공화국 2기

1967년에 6대 대통령에 취임하는 박정희는 '민족적 민주주의'를 주장한다.

> "민족적 민주주의의 제1차적 목표는 <자립>에 있다. 자립이야말로 민족주체성이 세워질 기반이며, 민주주의가 기착 영생할 안주지인 것이다. 민족자립이 없이 거기에 자주나 무슨 주의가 있을 수 없으며 … (중략) … 민족적 주체성의 확립이나 자립은 말로써만 되는 것이 아니라 그 생산적 실천에서만 가능한 것이며, 더구나 현실과 동떨어진 원리적 이론에서 찾을 수 있는 것이 아니라"(1967.4.15. <자립에의 의지> 방송연설)

이와 같은 '민족적 민주주의'에서 "정국의 안정은 경제발전의 대전제"(1967.7.1. 제6대 대통령 취임사)라고 하듯이 정치는 경제적인 문제에 부차적인 것이 되어버린다. "질서와 안정을 통한 생산적 분위기의 고양"(1970.10.21. 경찰의 날 치사)이라는 것이 정치의 목표가 되어 "일하는 국회"(1971.7.26. 제8대 국회개원식 치사)가 필요하며, 기존의 "고질적인 반대를 위한 반대"(1969.10.10. 국민투표실시에 즈음한 특별담화)를 지양하여야 한다고 하고 있다.

이러한 정치의 경제에의 피종속성과 효율성의 강조는 1969년의 삼선개헌에 이르러 "선진 여러나라들이 오늘날 잘 살 수 있게 된 것도 바로 그들의 헌법을 그 현실에 알맞게 보완 개정해 나간데 있었던 것이다 … (중략) … 조국근대화의 길은 만사 현실에 알맞는 수정과 보완의 노력에 있다"(1969.10.10. 국민 투표실시에 즈음한 특별담화)라고 하면서 더욱 강화된다. 그러나 여전히 정치권은 "무질서와 비능률이 활개를 치고 있으며, 정계는 파쟁과 정략의 길 등에서 헤어나지 못하고 있으므로"(1972.10.17. 대통령 특별선언문), 이를 극복하고 "올바른 역사관과 주체적 민족사관에 입각하여 우리 민족의 안정과 번영, 그리고 통일 조국을 우리 스스로의 힘과 예지로써 쟁취하고 건설하기 위한 목적"(1972.12.23. 통일주체국민회의 개회식 개회사)으로 10월유신(維新)이 단행되어야 한다는 것이다.

1972년 7월 4일에 남북한 '7·4공동성명'으로 평화적 통일이 모색되지만, 김일성(1912~1994)은 "전쟁 광신자"(1969.4.25. 기자회견)이고, 북한은 "침략적일 뿐 아니라 비인도적"(1972.3.30. 육군사관학교 졸업식 치사)이며, 그들의 평화 공세는 "가면(假面)"(1970.10.1. 국군의 날 치사)이라고 보고 있다. 그럼에도 불구하고 평화적 방법으로서 통일을 추구하여야 함으로(1969.10.1. 국군의 날 치사), "선의의 경쟁, 즉 다시 말하면 민주주의와 공산 독재의 어느 체제가 국민을 더 잘살게 할 수 있으며, 더 잘 살 수 있는 여건을 가진 사회인가를 입증하는 개발과 건설과 창조의 경쟁"을 하자고 제의하고 있다(1970.8.15. 광복절 경축사). 이와 같이 정치나 통일 모든 것이 궁극적으로는 경제성장에 연결되어 있다고 할 수 있다. 그러한 까닭으로 경제발달이 더욱 강조가 된다.

그는 근대화를 "균형있는 산업구조, 소득구조의 형성을 목표로 전근대적인 제반 구조를 개혁해 나가자는 것이요, 공업화와 중소기업을 농업생산의 터전위에 발전시키는 삼위일체의 근대화 작업을 하자는 것이다"라고 정의하고 있다(1967.7.1. 제6대 대통령 취임사). "산업의 근대화는 곧 공업화"라고 하면서(1967.9.29. 연합철강 준공식 치사), 개발도상국의 처지로서는 "선진자본과 기술의 도입이 불가피"하므로(1969.4.25. 기자회견) 차관을 들여와서 수출과 관광사업 등을 하여야 한다고 보고 있다(1971.4.15. 춘천유세 연설). 따라서 "수출 진흥은 경제건설의 모체"이며(1968.9.9. 한국무역박람회 치사), 수출은 "국민들의 경제건설에 대한 의욕과 또 우리 정부의 모든 종합적인 행정능력 및 과학과 기술의 집약적인 표시"인 것이다(1971.1.11. 기자회견).

이러한 과정에서 새마을 운동을 통하여 "농촌의 소득증대를 이루고"(1972.5.8. 새마을 촉진대회), "균형발전을 위한 중농정책의 추진"(1970.11.11. 농어민 소득증대 특별사업 경진 대회 치사)하고, 고속 도로를 건설하는 것도 "도시와 농촌의 거리와 시간을 단축시켜 농업과 공업이 동시에 발전되도록"하는 목적을 가진다는 것이다(1969.11.13. 지방장관 회의 유시).

박정희는 수출 증대가 "근로자의 분발과 노력"에서 가능하다고 보고 있다. 그러나 "생산성을 넘지 않는 적정수준의 임금이야말로 … (중략) … 궁극적으로 근로자 여러분의 생활향상에 직결된다"고 하고 있으며(1970.3.10. 근로자의 날 치사), 임금 상승률이 너무 빠르다고 경고하고 있고(1971.1.11. 기자회견), 결국 "경제성장둔화에 따른 실업"을 원치 않는다면(1970.2.4. 각노조 간부들에게 보내는 메시지), "봉공의식이나 융화협동과 같은 우리 민족 고유의 지혜와 미덕"으로 "타협과 조정"을 유도하고 있다(1971.3.10. 근로자의 날 치사).

그럼에도 불구하고 "인플레의 악순환", "고리사채의 성행", "기업의 재무 구조의 취약함" 등으로 성장이 둔화됨으로 "기업의 건실한 성장 없이는 경제의 발전과 국민생활의 향상도 기대할 수 없기 때문에"(1972.8.2. 경제의 안정과 성장에 관한 긴급명령의 공포 시행에 따르는 특별담화문) 모든 사채의 동결과 정부의 산업합리화를 추진하게 된다.

(4) 4공화국 시대

1972년 10월 17일 10월유신으로 8대 대통령에 취임한 박정희는 "국제권력 정치의 거센 파도가 휘몰아치고 … (중략) … 통일과 번영의 길은 아직도 시련과 도전의 연속"이므로 "총화전진을 위해 … (중략) … 우리들 나름의 생산적인 이념과 제도"로서 유신체제의 불가피성을 주장한다(1972.12.27. 제8대 대통령 취임사). 유신체제에서는 특히 "국민의 한사람 한사람이 〈나〉와 〈국가〉를 하나로 알고 국력배양을 위해 총력을 기울여야" 하는 것이며(1972.12.27. 제8대 대통령 취임사), "국가는 민족의 후견인"이고, "국가없는 민족의 번영과 발전이라는 것은 있을 수 없다"는 것이다(1973.1.12. 연두기자회견).

이런 점에서 절대적인 국가 안보가 강조된다. "국가가 있어야 학교가 있고 학문이 있다."(1977.1.12. 연두교서) "우리가 잘못해서 나라가 위태로와지고 인권과 자유가 박탈당했을 때 누구에게 호소하고 누가 책임을 지고 회복해 줄 것인가."(1977.2.4. 법무부 순시) "대통령의 여러가지 책임 중 최우선하는 것은 국가안보에 대한 책임이다."(1975.1.14. 연두기자회견) 따라서 국민들의 자유와 인권에 대한 유보가 필요하게 된다. "국민들에게 어느 정도의 자유를 허용하고 어느 정도의 자유를 제한하느냐는 것은 그 나라 사정에 따라 다르다."(1975.1.14. 연두기자회견) "민족에 대한 생존권에 대한 보장이 없는 자유는 있을 수 없다."(1975.1.21. 전국 치안 및 예비군 관계관 회의 유시) "사회를 혼란시키면서까지 회복해야 할 자유나 민주가 따로 있는 것도 결코 아니다."(1975.1.22. 국민투표실시에 즈음한 특별담화문)

정치적인 측면에서는 "효율성과 능률성이 중요한 정치유신이 이루어져야" 하는 것이며(1973.2.9. 제9대 국회의원 선거 실시에 즈음한 담화문), 이와 함께 무엇보다도 "단결과 내부 결속"이(1976.1.15. 연두기자회견) 중요한 정치적 목표가 되는 것이다.

"우리시대의 사명은 경제자립과 자주국방으로 국력을 신장하여 선진

공업 국가가 됨으로써 근대화를 이룩하고 민족중흥을 구현하는 것이다"(1976.11.12. 국무회의 지시)라고 하듯이 여전히 공업화와 경제성장이 중요한 목표가 되고 있다. 여전히 "수출증대는 산업고도화를 위한 전제"이며(1976.11.30. 수출의 날 치사), "천연자원이 빈약하고 국내시장이 협소한 우리나라의 경우 유일한 성장 잠재력은 풍부한 인적자원을 최대한 활용하기 위해서 수출에 역점을 둔 외향적 개발전략이 유일한 활로였던 것이다"(1978. 『민족중흥의 길』)라고 하고 있다. 그러나 "수출상품 중에서 중화학공업 제품이 50%를 훨씬 넘어야 한다"(1973. 1.12. 연두기자회견)라고 하면서 중공업위주로의 변화를 강조하게 된다.

이러한 경제성장의 지속과 함께 한국경제의 네 가지 과제로 "①경제적 성장 ②경제적 안정 ③경제적 정의 ④ 경제적 자유"를 들고(1979. 1.19. 연두 기자회견), 이를 위한 "균형적인 발전"(1977.1.12. 연두기자회견)을 위하여, 농촌의 근대화와 저소득층의 소득향상을 주장한다. (1976.6.18. 5개년 계획 평가보고회 지시), (1977.2.11. 국무회의 지시) 그러나 여전히 "국민생활의 보호를 위해 현재와 같은 경제사정하에서는 노임을 올려주는 것도 중요하겠지만 더 중요한 문제는 취로의 기회를 많이 만들어 고용의 기회를 확대하는 데 있다"(1975.1.14. 연두기자회견)라고 하고 있고, "노사는 수레의 양바퀴로서 서로 협조하고 공존의식"을 가져야 하고(1974.1.18. 연두기자회견), "국제사회에서의 경쟁력을 발휘하는데 노사협조가 절실하고 경제성장과 안정을 위해서는 노사협조밖에 없다"라고 하고 있다(1976.1.15. 연두 기자회견).

2) 박정희 통치이념의 성격

(1) 민족주의

박정희는 "민족"과 "주체성"을 끊임없이 강조하고 있다. 그러므로 그의 정치이념에서 민족의 문제는 핵심적인 것이라고 할 수 있다. 그가 주장하는 민족주의는 다음의 몇 가지 특징을 가지고 있다고 할 수 있다.

첫째로 기존의 한국사를 부정적으로 보고 있다는 것이다.

> "새삼 8·15 이전의 역사로 거슬러 올라가 선조의 전비(前非)를 논란한들, 또 지난 19년 정쟁과 혼란과 부패의 수치스러웠던 발자취를 회고하여 … (중략) … 지금 이 자리에서 더욱 가슴 아프게 강조되어야 할 것은 19년전 오늘, 나라를 도로 찾은 기쁨과 감격은 그 후 <잘사는 나라>, <부강한 나라>로 만드는 것에 직결되지 못했다는 사실이다."(1964.8.15. 광복절 경축사)

> "우리의 민족사는 끝내 자랑스러운 역사로 이어지지 못하고, 수난과 혼돈 속에서 쇠잔의 길을 걸어야 했던 불행한 과거도 없지 않다 … (중략) … 분열과 상쟁이 거듭된 퇴영의 시대에는 국난을 자초하여 필경 국권마저 유린당한 치욕의 역사를 남겼다."(1966.10.3. 개천절 경축사)

이러한 역사 인식은 5·16을 정당화시키기 위하여 불가피하다고 할 수 있지만, 근본적으로 일제의 식민사관과 큰 차이가 없다.[93] 따라서 민족사의 계승보다는 단절을 강조하는 경향을 띠게 된다.

둘째로는 민족적 위기의 본질을 내적인 원인에 돌리고 있다는 것이다. 특히 분열과 당쟁[94]으로 보거나 아니면 무능한 정치인과 무책임하고 자각이 없는 국민들[95]로 인한 것이고, 대외적인 원인에 대해서는 별로 언급이 없다. 이러한 문제의식은 식민지 경험이나 분단이라는 근대사의 중요한 문제들이 대외적인 요인에서 유래됐다는 점에서 문제가 될 수 있다.

셋째로는 민족적 위기의 극복과 발전을 위해서는 강력한 지도자를 중심으로 단결이 강조된다는 것이다.

> "나의 고심은 패배의식을 불식하고 다시 주체의식, 자립의식, 자부심을 되찾아 주는가에 있다 … (중략) … 민족의식과 사명의식을 가진 지도자가 국민들에게 자신감을 불어넣고 국력을 조직적으로 훈련하여 저력을 개발한다면, 민족의 발전은 회복되고 민족중흥의 새 전기는 창조될 수 있을 것"(『민족의 저력』)

이러한 경향은 특히 유신 이후에 강력한 중앙집권적인 체제를 갖추면서 더욱 강조된다. 그러므로 국가가 시민사회보다 앞서는 것이 될 것이며, 개인의 권리는 유보되게 된다.

넷째로 민족발전을 경제성장과 동일시하고 있다는 것이다. 이러한 견해는 집권 18년 동안 지속된다. 절대적 빈곤으로부터의 탈출이 5·16의 또 하나의 목표(혁명공약 4항)이였듯이 모든 정책들이 경제성장을 기준으로 집행되고 있다. 3선개헌이나 유신의 정당화에도 같은 논리가 적용된다. 그러므로 정치나 문화, 그리고 개개인의 희생이 당연시된다는 것이다.

다섯째로 그가 생각하는 민족의 단위는 남한의 자본주의 체제로 제한된다는 것이다. 국가가 민족보다 앞선다고 한다든지, 평화통일을 이야기하면서도 동시에 북한에 대한 적대감을 불식시키지 않는다든지 하는 점에서 사회주의 북한은 박정희의 민족에서는 잔여범주로 남아있다.

박정희가 강조하는 민족주의나 주체성은 다음과 같이 정리해 볼 수 있다.

- 민족주의는 경제성장으로 이루어진다.
- 민족적 위기의 중요한 원인은 유능한 지도자의 부재와 연관된다.
- 민족주의는 다원화나 분파주의와 상반된다.
- 한국역사, 특히 조선시대 이후는 정체적이다.
- 민족주의는 민족구성원의 자각여부가 중요하다.
- 민족의 단위에서 북한과 공산주의자는 배제한다.

(2) 성장주의

박정희가 강조하는 성장주의는 다음과 같은 특징을 가지고 있다.

첫째로 경제성장이 곧 근대화라는 것이다. 그러므로 경제는 다른 어떤 문제보다도 앞선다. 혁명공약 4항에서는 "절망과 기아선상에서 허덕이는 민생고를 시급히 해결하고 국가자주경제 건설에 총력을 경주한다!"라고 하고 있고, 64년의 3·1절 경축사에서는 "민족의식, 자력갱생에의 노력을 오로지 빈곤과의 대결로 돌려, 후진의 굴레에서 벗어나 생기와 번창있는 조국의 근대화를 촉성시켜야 하겠다"고 하고 있다. 이러한 견해는 그 후로도 계속되어 72년의 연두기자회견에서는 "우리나라와 같은 개발도상국에서는 정치의 초점은 역시 경제건설에 있다. 속담에 수염이 석자라도 먹어야 산다는 말과 같이 … (중략) … 경제건설을 하는 것만이 민주주의 성장을 위해서 절대적인 기본요건이 된다"라고 하고 있다.

둘째로 경제성장의 목표는 자립경제라는 것이다. 1970년의 신년사에서는 "70년대 중에는 꼭 완전자립경제를 성취하여"라고 하고 있고,

66년의 연두교서에서는 "자립경제는 통일의 첫단계가 되는 것이다"라고 통일과 자립경제를 연관시키기도 한다. 그리고 62년의 시정연설에서 "경제발전의 목표를 공업화에 두고 단계적인 정책을 쓰겠다"고 하면서 경제적 자립은 식량의 자급자족으로 시작되고 농공병진, 수입대체를 하여야 한다고 주장하고 있다. 이것은 새마을 운동에 이르러 "자력갱생"의 강조로 이어진다.

셋째로는 수출이 경제성장의 근본이라고 보고 있다. "수출만이 경제자립의 활로"이고 "수출을 국력총화의 척도"라고 보고 있다. 수출을 중심으로 할 수밖에 없는 것은 "천연자원이 빈약하고 국내시장이 협소한 우리나라의 경우 유일한 성장잠재력은 풍부한 인적자원을 최대한 활용하기 위해서 수출에 역점을 둔 외향적인 개발전략이 유일한 활로"이기 때문이라는 것이다(『민족중흥의 길』 90~91쪽).

넷째로는 수출과 차관 등을 위해서 대외관계가 중요하다는 것이다. 이러한 주장은 한일국교 정상화를 강행하고, 월남파병을 시행하고 수차에 걸친 미국방문에도 계속해서 강조된다. "나는 정치체제나 이념에 구애됨이 없이 … (중략) … 적대행위를 하지 않는 나라들과는 가능한 모든 분야에서 상호유대와 협력 관계를 촉진한 것이다"(1971.8.15. 광복절 경축사)라고 하듯이 70년대에 들어서는 제3세계에게까지 이러한 정책이 지향된다.

다섯째로는 경제성장을 위해서는 노동자의 저임이 바탕이 되는 것으로 보고 있다. 다음은 박정희의 노동자와 노동운동에 대한 견해의 단적인 예가 될 것이다.

> "균형있는 국민경제의 발전과 복지국가의 건설을 위해서 인정된 노동자의 제 권리가 오히려 국민경제질서에 혼란을 가져온다면 우리의 경제

건설은 한없이 공전되지 않을 수 없다."(1965.3.10. 근로자의 날 치사)

이와 같은 맥락에서 "노동생산성이 향상된 만큼의 임금인상"만을 주장할 수 있는 것이며(1970.3.10. 근로자의 날 치사), 그가 모델로 삼고 있는 전후 독일의 경제부흥도 노동자의 희생으로서 이루어졌다고 생각하는 것이다.[96] 그러므로 "개발도상국의 복지정책은 실정에 맞추어야 하는 것"이며, 그렇지 않을 경우 경제성장을 저해할 수 있다는 것이다(1977.1.12. 연두기자회견).

이러한 박정희의 성장주의적 경제이념은 다음과 같다고 할 수 있다.

- 경제제일주의와 신속한 실천
- 자립경제의 실천
- 공업화의 추구와 농공병진
- 수출주도형의 경제발전
- 저임금을 바탕으로 하고 자력갱생

4. 박정희 통치이념의 의미

1) 민족주의의 의미

(1) 경제적 자립주의

자립경제의 강조는 5·16 이후 집권기간 내내 계속되었다.[97] 그러나 한일 조약의 강행과 한미행정협정의 체결 등의 내용에서는 실질적인 민족적 이익이 강조되지 못하고 있다. 실제적으로 경제개발과정에서 자본과 기술뿐 아니라, 경제정책에서도 국제통화기금(IMF)을 통한 미국과 일본의 간섭에 의존하였고, 경제구조 자체도 수출지향 일변도로 대외 종속성을 심화시켰다고 볼 수 있다. 식량의 자급은 주곡의 자립으로 바뀌어서 어느 정도 이루어졌다고 볼 수 있지만, 그 이외에 자본이나, 재정자립도, 국제수지의 개선에 이르기까지 자립경제가 이루어졌다고 보기는 어렵다.[98] 따라서 경제적 자립주의는 민족주의적 성향을 띠었다기보다는 경제성장을 위한 도구적 성격을 가졌다고 보아야 할 것이다.

(2) 제국주의세력에 대한 인식

제3세계 민족주의는 보편적으로 식민지 경험 때문에 반(反)제국주의적 인식이 토대를 이루고 있다.[99] 한국에게는 일본이 대표적인 제국주의 세력이고, 다음으로 미국을 포함한 서구 선진국가들이 한국에 영향을 미치는 제국주의세력이라고 볼 수 있다.

그러나 5·16을 앞두고 그의 자형에게 보낸 시에서 "일편단심 굳은 결의 소원성취 못하오면 쾌도할복 맹세하고 일거귀향 못하리라"라고 하거나,[100] 5·16 직후 일본방문에서 그의 군관학교 동기들을 만나서 회포를 즐겼다든지, 청와대 시절, 일본의 사무라이 영화를 즐겨 보았고, 10월유신의 모델을 명치유신에서 찾고 있다는 점에서[101] 일본에 대한 친밀감을 엿볼 수 있다. 뿐만 아니라 집권 초에 반미적 경향을[102] 제외하고는 미국에 대한 찬사와 독일에 대한 동경이 지속되고 있다.[103]

이러한 태도는 경제개발의 모델을 일본과 독일의 성장과정에서 찾았고, 실제적으로 대외의존적인 정책을 수행하는 한 당연한 것이지만, 일본제국주의 교육의 영향이라고 할 수 있다. 따라서 근본적인 반(反)

제국주의적 이념이 박정희의 정치이념에 자리 잡을 수가 없었다고 할 수 있다.

(3) 역사관

조선시대를 중심으로 분쟁과 파쟁을 강조하는 그의 역사관은 정체론으로 대표되는 일제의 식민사관과 차이가 없다.[104] 박정희는 우리 민족의 부정적인 성향으로서 "①자주정신의 결여, ②불로소득 관념, ③개척정신, 기업정신의 부족, ④이기주의, ⑤명예관념의 결여, ⑥건전한 비판정신의 결여"(『우리민족의 나아갈길』, 85~96쪽)를 들고 있다. 물론 박정희는 우리 민족의 긍정적인 측면을 무시하는 것이 아니고,[105] 주체성의 강조를 반복한다는 점에서 민족주의적 입장이 강하다고 할 수 있다.[106] 그러나 그가 비판하고 있는 식민사관의 정체론이나 사대주의론이 거의 답습되고 있다고 할 수 있다.[107] 그가 긍정적으로 보고 있는 "국난극복의 유산"도 진정한 민족주의적 소산이라기보다 동원체제를 위한 것이라고 볼 수 있다.

그리고 민족 발전의 좌절을 민족내적인 그리고 그 구성원들의 문제로 환원함으로써 한국민족이 역사적으로 경험하였던 외적변수를 경시하고 있다. 이것은 근대사 이후의 식민지나 분단, 전쟁 등에서의 제국주의 세력의 문제를 도외시하게 할 뿐 아니라, 궁극적으로는 한국적인 것은 부정적이고 외래적인 것은 긍정적이라는 왜곡된 이분법과 또 다른 사대주의로 변할 가능성을 가지게 된다.

(4) 민족의 주체 문제

박정희가 생각하는 민족은 국가와 동일시 된다고 할 수 있다.

"나를 확대한 것이 즉 우리 국가다. 우리 민족이라고 할 때의 우리도 역시 마찬가지다. 우리 민족이라는 것은 나를 확대한 대아인 것이다. 따라서 국가가 잘되는 것은 내가 잘 되는 것이며, 국가를 위해서 내가 희생을 하고 봉사를 하는 것은 크게 따지면 내 개인을 위해서 봉사하는 것이고 우리 자신을 위해서 희생하는 것이다."(1970.1.9. 연두기자회견)

이렇듯이 국가가 중심이 되는 것이며, 국가가 민족보다 앞서게 된다. 동시에 국가는 그 구성원보다 선행하는 것으로서 전체주의적인 성격을 띠게 된다.[108]

이러한 인식은 반공주의와 북한에 대한 배타적 경향으로 연결되어, 박정희의 민족주의의 주체는 자본주의적 국가가 그 중심이 되는 것이다. 그것도 지도적 개인이나 집단의 중심이 되는 엘리트주의적인 특징을 띠고 있다.

(5) 민족주의 이념의 변화와 문제점

박정희는 '민족적 주체성'이라는 민족주의적 색채를 강하게 표출하고 있지만, 그의 집권 동안 민족주의를 나타내는 강조점이 조금씩 달라진다. 처음에는 민족주의를 그의 집권의 구실로(쿠데타 이후와 60년대 초반의 "민족적 위기"론), 그리고 국민들을 동원의 방편으로(60년대 후반의 "민족적 자각과 분발"), 장기집권과 비민주주의적인 정치체제의 정당화로(70년대의 "한국적 민주주의"론) 이용하고 있다고 할 수 있다. 따라서 집권의 정당화와 영속화를 위하여, 그리고 경제개발을 위한 생산성의 증가를 위해서 민족주의 의식을 고양하였다고 할 수 있다. 특히 70년대에 들어서서 주로 안보와 연결되어 민족을 강조함으로써, 반공주의와 접목되어 통일을 강조하면서도 반통일적인 적대 의식의 심화로 귀결되고 있다. 특히 국가주의적인 성향이 강해지는 것은 70년대 유신체제의 권력집중화와 산업집중화와 영향이라고 할 수 있다.

또한 친일적이고 친미적 경향의 언명과 정책적 지향은, 그가 계속하여 주장하는 민족주의는, 그 자체가 실천의 목표라기보다는 그의 통치와 지배의 중요한 도구로서 기능하고 있다고 볼 수 있다.

2) 성장주의의 의미

(1) 경제우선주의

박정희는 경제개발을 위하여 다른 정치사회체제를 부차적으로 보았다. 경제를 위하여서는 정치적 민주화나 환경문제 등은 유보되거나 희생될 수도 있는 것이었다.[109] 그가 생각하는 "조국의 근대화"는 경제성장을 의미하는 것이고 모든 정책적 목표도 집권 초나 집권 후반에도 항상 경제성장 지표를 중심으로 이루어졌다. 이것은 그가 생각하는 경제성장이 양화시킬 수 있는 것임을 의미하고, 경제적 자립도나 부의 배분의 문제와 같은 질적 수준은 상대적으로 무시된다고 할 수 있다. 그리고 공업화가 절대적으로 우선하고 그 중심은 수출대체산업과 경공업으로, 그리고 중공업으로 변화해 간다. 경제성장을 위하여 다른 사회체제가 종속될 뿐 아니라, 양적성장을 위해서는 5·16 초기의 개혁적 의지도 쇠퇴하였다.[110] 이것은 특히 군사쿠데타로 집권하여 정당성을 결여한 박정희로서는 더욱 강조될 수밖에 없었던 것이었다.

(2) 대외의존적 성장

절대적 빈곤상태를 벗어났다는 점에서는 경제성장의 목표가 달성되었으나, 자립경제의 달성은 이루어졌다고 보기 어렵다. 경제개발계획이 착수된 이후로 일관되게 "수출입국"이 주장되고 있고, 이것은 한국의 현실적 여건에서 불가피하다는 것이다. 그러나 해외자본에의 의존도는 초기에나 말기에나 줄어들지 않고 있으며, 외채의 증가도 계속되고 있다. 이것은 만성적인 수지적자로 이어져서 궁극적으로 대외의존이 심화되고 있음을 알 수 있다. 또한 환율을 비롯한 경제 정책의 변화나 산업구조의 개편 등도 국내적인 필요성에 의하여 이루어지고 있지는 않다. 따라서 박정희의 수출 의존적이고 대외지향적인 경제이념은 결과적으로 경제자립이라기보다는 종속성의 심화와 연결된다고 할 수 있다.

이러한 특징은 그의 일본의 교육과정, 직업과정의 결과일 뿐 아니라, 집권 후에 미국의 지지를 필요로 했고, 미국과의 긴밀한 접촉을 통하여 안보적 이해를 구했다는 점에서 기인한다고 할 수 있다.

(3) 경제성장과 국가

경제개발에서 자신을 정점으로 한 국가의 주도적 역할이 강조된다. 단시일 내에 고도성장을 위해서는 국가의 개입이 불가피하다고 생각하는 것이며, 동시에 박정희는 한국사회가 전반적으로 후진적 경향을 띠고 있다고 봄으로 국가주도의 경제개발이 더욱 필요하다고 보고 있다. 따라서 국가는 전반적인 경제운용뿐 아니라, 자본의 조달이나 산업구조의 재편성,[111] 그리고 기업의 재무구조 개편,[112] 그리고 대(對)노동자 문제에 이르기까지 직접적인 간섭을 하는 것이다.

국가가 경제체제에 대한 개입이나 주도는 정치적으로 고도성장이 절실하였다는 현실적 이유뿐 아니라 독점자본주의와 결합과정이라고 볼 수 있다. 그리고 이러한 경향을 박정희의 모델인 일본의 명치유신이 위로부터의 개혁이었고, 군출신으로서의 효율성을 강조하는 것이 복합된 결과라고 할 수 있다.

(4) 경제성장과 노동자·농민

혁명공약으로부터 박정희는 균형성장을 강조하고, 이러한 논의는 70년대의 복지국가론에까지 이어진다. 따라서 농공병진으로 농업과 농민들의 생활 향상을 강조할 뿐 아니라, 초기에는 대재벌에 대한 적대감을 표시하고 노동자들과 서민에 대한 애정을 이야기한다. 그러나 농업부문에 대해서는 구체적인 정책시행 없이 새마을 운동으로 대표되는 "자력갱생"을 반복하여, 결국 농업은 공업보다 부차적인 것으로 밀려난다.[113]

기업가에 대한 노사협조나 기업가 정신도 이야기되고 있으나, 그가 강조하는 "가족적 노사관계"나 노사협조의 필요성은 근본적으로 노동자의 이익을 위한다고 보기는 어렵다. 노동자는 경제개발을 위해서는 임금인상을 자제하고 생산성 확대를 우선하라고 하는 것이나, 경제성장과 그의 실현방법인 수출 증대가 값싼 노동력에 있다고 보는 경제관은 노동자의 희생을 강요하고 있다.

복지국가를 지향한다고 하면서도 한국적 복지개념을 주장하고, 구체적인 내용은 결여된 채 선언적 의미에 그치고 있다. 결국 그의 균형성장론은 실제적인 부분 성장과 불균형 분배를 만회하기 위하여 언급되고 있다. 이것은 "농민의 아들"이라는 주장과는 정면으로 배치된다고 할 수 있다.

(5) 성장주의 이념의 변화와 문제점

박정희의 성장주의는 초기에는 절대적이고 추상적인 경제성장이나 수출 증대가 강조되고, 이를 위한 국민들의 생산의욕 고취가 중심을 이룬다. 그러나 한일조약 이후로 대외지향적인 경제개발의 당위성의 강조와 대외협력 체계가 중요시된다. 이러한 대외지향적 경제성장주의는 집권 후반기에도 꾸준히 강조되나 70년대에 들어와서 노동자의 저항이 활발해짐에 따라 점차로 노동자·농민에 대한 자제나 추상적인 균형성장론이 대두된다. 그리고 후반기에는 정권유지를 위해서, 고도성장과 박정희 자신과 국가중심의 경제개발의 당위성이 반복된다.

이러한 이념은 그가 목표하고 있는 자립경제와도 배치되고, 국가구성원 전체의 발전과도 유리된다고 볼 수 있다. 특히 국가주도의 경제성장을 추구하면서도 자력갱생과 국민들의 책임을 중요한 변수로 강조하고, 이것은 결국 노동자나 농민들의 일정한 희생을 초래했다.[114] 따라서 대기업의 성장은 국가가 책임지고 농업과 노동자는 스스로가 책임진다는 문제를 갖게 된다. 이것을 그가 빈곤한 농촌에서 자랐으면서도 집권의 정당화와 영속화라는 정치적 필요성과, 제3세계의 자본주의적 변화과정을 겪은 한국사회의 정치경제적 현실에서 유래한다고 보아야 할 것이다.

5. 맺음말: 박정희 정치이념의 현재적 의미

박정희 정치이념의 중심인 민족주의와 성장주의는 서로 간에 밀접하게 연결되어 18년간의 통치이념의 역할을 하였다. 이것은 결국 양적으로는 괄목할 만한 경제성장을 이루었지만, 대외의존성과 일부 계층의 희생을 바탕으로 하였다고 할 수 있다. 이와 동시에 정치적으로는 권력의 집중화와 효율성의 지나친 강조로 권위주의적인 질서를 공고화하는데 기여를 하였다. 그리고 불철저한 민족주의가 지배의 도구로 지속적으로 강조되면서, 실제적인 민족의식의 강화나 통일지향과는 배치되는 결과를 가져왔다고 할 수 있다는 것이다. 따라서 그가 사대주의의 배격을 주장하였음에도 불구하고 미국과 일본의 문화적 경제적 침투는 전시대보다 강화된 경향이 있으며, 이것이 경제개발이라는 이름하에 정당화되고 있다고 볼 수 있다.

또한 대외의존과 대기업 중심 그리고 국가의 적극적 개입으로 표현될 수 있는 성장주의는 결국 계급적 갈등과 민간부분의 자율성 저하, 그리고 국내 경제구조의 불안정성을 초래하였다고 할 수 있다.

박정희의 정치이념은 전통적인 유교나 가부장적 권위주의를 일본의 군국주의와 결합시키고, 이것을 바탕으로 하여 서구의 근대화론을 흡수하였다고 할 수 있다. 이런 점에서 전통사상의 붕괴와 새로운 사상적 조류의 수입의 대표적인 경우라고 볼 수 있다.

그러나 그의 정치이념에서 확대되고 있는 것이 본래의 전통사상의 긍정적인 요소보다 부정적인 요소들이라는 점이 문제가 될 것이다. 예를 들어 충효를 독재의 정당화로 이었다든지 하는 것으로 전통적 사상의 긍정적 승계를 가로막았다고 할 수 있다는 것이다. 이것은 결국 박정희정권을 지지하였던 사람이나 그 반대에 있던 사람 모두에게 전통적인 이념의 부정적인 인상을 강화시켰다고 할 수 있다. 이와 아울러서 절대적인 성장의 강조로 효율성과 결과만이 중요하고 절차적인 정당성에 대한 무시가 오늘날 한국사회의 문화적 풍토에 깊숙이 스며들게 하였다는 점이 중요한 의미를 가질 것이다. 그리고 반공주의의 강조는 민족적 단위의 통일의 문제를 어렵게 하고 이질성을 심화시키는 원인 중의 하나가 되었다고 할 수 있다.

2

한반도 세계시민성 담론의 성찰

1. 머리말: 세계시민 담론의 다층성

한국 사회에서 1990년대 후반 이후 세계시민에 대한 관심이 꾸준히 지속되어 왔다.[1] 기본적으로 세계시민사회 담론은 빈곤, 국가 간 불평등, 환경문제, 안보·평화, 전염병 등 한 특정 국가를 넘은 전 지구적 과제들에 세계적 또는 지역적으로 대응하고 해결하는 적극적 역할을 수행하는 데 필요한 기본 지식, 역량과 기능, 태도를 강화하는 세계시민교육(UNESCO, 2013/2014)이 중심이었다는 점에서 교육적 차원에서 관심이 집중되었다. 그러나 실질적으로 세계시민교육이 제기된 배경은 범지구화의 진전 과정에서 변화하는 국제사회에 대한 관심이 증대되고 국제사회의 책임이 강조되었던 것이었다. 이 과정에서 인권·빈곤·환경 등 인류 공통적인 문제가 대두되었고, 국가 간·국가 내 집단 간 분쟁 및 갈등이 심화되면서 국가 간 상호연관성 및 정보 접근성의 교류 강화 등 세계사적 변화도 세계시민 개념의 대두와 밀접하게 연관되어 있다는 점에서 세계시민 논의는 철학·정치학·경제학·사회학 등 간학문적인 관심사가 되어왔다.[2]

또한, 세계시민 담론은 학술적 논의뿐만 아니라 정책적으로도 매우 광범위하고 복합적인 영역에서 각기 다양한 이데올로기적 프레임과 정치 철학적 프레임을 내포하고 있다고 볼 수 있다. 정치적 관점에서 세계시민성을 다루는 접근(Political global citizenship)은 세계 정부(world state)라는 개념을 상정하고, 현재 단위 국가의 헌법적, 실행적, 법리적 체제를 갖춘 주권을 지구적 차원에서 변환해서 재구조화하는 논의가 주로 이루어지고 있다. 이와 관련하여 도덕적 세계시민성(Moral cosmopolitan global citizenship)은 현재 세계시민성 담론의 주도적 개념으로 도덕적 가치와 규범은 모든 국가에 적용될 수 있는 보편적 이성이자 전 지구적 윤리라는 것을 강조하고 있다. 경제적 세계시민성(Economic cosmopolitan global citizenship)은 개인주의와 신자유주의 사상에 기초를 두고 있는데 도덕적, 정치적 세계시민성을 축소하고, 글로벌 시장에서의 경쟁력, 소비주의, 그리고 자본주의를 통해서 세계 공동체를 만들고, 여기서 창출된 기업의 사회적 이윤은 필요한 경우, 공공선을 위해서 활용될 수 있다는 입장이다.

기존의 논의와 달리 비판적·탈식민주의 관점에서 세계시민성에 접근하는 담론(Critical·post-colonial global citizenship)은 지금까지 세계시민성이 가지는 문제를 비판하고 있다. 즉, 세계시민 담론의 근대적 형태는 낭만주의적인 조야한 접근으로 세계에 팽배한 불평등과 차별, 소외의 구조에 눈을 감는 접근이라고 비판하면서 세계의 이주노동자들이 대항적 헤게모니(counter-hegemony)의 주체로서 억압적인 글로벌 체제를 해체하고 사회적 변환을 도모하는 정치성(politics of social transformation)이 누락된 세계시민성은 허구에 불과하다는 입장이다.

세계시민 담론은 관심과 강조점이 차이가 있는 까닭에 교육의 차원만 보더라도 세계시민교육, 지구시민교육, 글로벌시민교육, 글로벌시

티즌십교육 등 다양하게 불리어왔고, 개념의 혼재도 적지 않다.[3] 경우에 따라 세계(global) + 시민의식교육(citizenship education), 세계교육(global education) + 시민의식(citizenship), 세계시민의식(global citizenship) + 교육(education) 등으로 개념 정의되었다는 것이다.

세계시민 담론의 관심 증대는 교육이나 정책 이전의 현대사회에 대한 인식론적 고민과도 결합되어 있는데, 예를 들어 울리히 벡은 공간적, 법적, 문화적으로 한 국가의 틀 속에 구속되어 있던 사회 개념, 즉 사회를 그와 같이 인식하는 "방법론적 일국주의(methodological nationalism)"의 한계를 지적하고 있다. 경제와 정보의 세계화 과정에서, 또 그와 함께 수반되는 폭력과 위험의 세계화 과정에서 사회는 더 이상 한 국가의 틀 속에 고정된 채 존재 불가능하다는 인식에 바탕을 두고 있는데, 자본 흐름과 정보 흐름, 지구화된 테러 네트워크와 세계 위험의 출현, 세계 불평등의 구조와 함께 사회는 기존의 국경을 무력화시키는 하나의 흐름 속에 존재한다는 것이다. 이것은 하나된 세계의 흐름 속에서 한편으로는 국가 간 경계선이 무력화되고, 다른 한편에서는 경제와 정치 사이에 존재하던 경계선 역시 무력화되었다는 것을 의미한다.

세계시민교육과 세계시민 담론이 대두된 것은 지구 차원에서라고 할 수 있다. 환경, 인종 등 전 지구적 차원에서 발생한 다양한 문제에 대한 대응 필요성에서 제기되었고, 실질적으로 유네스코가 세계시민 담론을 주도하고 있고, 근대의 한계에 대한 사상적, 이론적 논의의 발전과 결합되었기 때문이다. 그러나 이와 같은 배경들이 지역이나 국가의 수준을 넘어서는 보편적 문제라고 할 수 있으나 동시에 개별 국가나 사회에서 세계시민 담론이 갖는 의미는 다르게 나타날 수 있다는 점도 주목할 필요가 있다. 예를 들어 개별 국가에 따라서 어떤 국가에서는 환경문제가 다른 국가에서는 인종 문제가 더욱 중요할 수 있으며, 또 어떤 국가 사회에서는 탈식민지 문제가 핵심적일 수 있기 때문이다. 다시 말하자면 세계시민 담론은 관점이나 차원에서 다층적일 뿐 아니라 세계시민 담론이 수용되고 발전하는 과정이 국가적 맥락에 따라 차별적으로 나타날 수 있다는 것이다.

따라서 한국적 맥락에서 세계시민사회 담론의 흐름을 검토하는 것이 필요하다. 이와 같은 차원에서 이 글에서 검토하려고 하는 질문을 다음의 몇 가지이다. 첫째, 구체적으로 한국 사회에서 세계시민교육 혹은 세계시민 담론의 발생론적 배경은 무엇인가? 둘째, 한국 사회에서 논의되는 세계시민사회의 담론의 특성은 무엇인가? 셋째, 한국 사회의 세계시민사회 담론의 사회적 역할은 무엇인가? 넷째, 한국 사회 세계시민사회 담론은 무엇을 지향하고 있고 어떤 한계를 갖고 있는가? 등이다.

2. 한국 사회 세계시민 담론의 발생론

발생론적 차원에서 본다면 소련 및 사회주의 국가의 체제 전환과 전 지구화의 진전이 기본적인 배경이 된다는 점에서 한국 사회의 경우가 근본적으로 큰 차이가 없다. 그러나 세계시민 담론이 본격화된 것은 한국의 역사적 경험과 관련이 있다. 세계시민사회 담론이나 세계시민 교육이 한국 사회에서 주목받기 시작한 것은 1990년대 중반부터라고 할 수 있는데, 크게 두 가지 배경에서 비롯되었다고 할 수 있다. 첫째는 김영삼 정부의 세계화 논의와 밀접하게 관련되어 있다.[4] 세계화 추진을 정부의 핵심 목표로 삼으면서 이를 위해서 교육체계도 세계시민 교육을 지향해야 한다는 입장이다. 둘째는 독일의 정치교육 특히 민주시민교육에 대한 관심 증대와 관련이 있다. 독일통일을 목격하면서 독일문제에 대한 관심이 높아졌고, 통일교육의 방향 전환에 대한 논의가 활성화되면서 독일의 민주시민교육도 강조되기 시작하였고 이 과정에서 세계시민교육도 부각되었다는 것이다.

그러나 한국 사회의 세계시민 담론은 전 지구화를 한국 사회에서 가속화하려는 시각과 전 지구화에 대응하는 차원의 상반적 시각이 공존하고 있다. 구체적으로 이야기하자면 서구화에 대한 이중적인 흐름이라고 할 수 있는데 전자는 서구화를 세계시민화의 중심으로 보는 것이고 후자는 서구화에 대한 경계라고 할 수 있다.[5] 국가가 주도하는 정책의 수준에서 세계시민 담론이 주로 서구화를 강조한다고 할 수 있다. '세계화'를 핵심적인 정치적 구호로 삼았던 김영삼 정부는 의식이나 교육의 차원에서도 세계화를 지향하였고, 국제통화기금(IMF) 사태를 극복하는 과정에서 김대중 정부도 세계화를 지향하였다고 할 수 있다.[6] 정치적 차원이나 정책 차원에서 세계시민 담론 특히 세계시민교육이 범지구화와 동일시되는 경향이 있게 된 배경이라고 할 수 있다. 반면 탈냉전시대가 도래하고 평화·인권 등을 중심으로 국제이해교육의 패러다임이 전환하는 과정에서 비롯된 한국 사회의 세계시민에 대한 관심은 범지구화를 불가피한 흐름으로 인식하면서도 이에 대한 대응이 필요하다는 입장이다. 이들은 서구의 일방적 수용(혹은 오리엔탈리즘)이 아닌 다문화에 대한 관심과 결합하고 있다.[7]

세계시민 담론이나 세계시민교육의 강조가 세계적 차원에서 진행된 탈냉전의 도래와 연관되어 있다는 점에서 냉전구조가 지속되었던 1990년대 한반도 상황은 맥락적으로 차이가 있다. 전 세계적으로 탈냉전기에 이념적 대결을 넘어서서 보편적인 환경이나, 인종 문제 등 탈국가적인 문제들이 대두된 것과 달리 한국 사회에서는 이념이라는 국가적인 차원의 문제가 중심이 되었고, 통일이라는 민족 차원의 문제가 여전히 화두인 상황이었기 때문이다. 이와 더불어 권위주의체제가 몰락하고 1987년 체제로 상징되는 제도적 민주주의가 확립되었다고는 하나, 여전히 한국 사회에는 국가주의가 강하게 잔존하고 있었다. 그러나 민주화 운동이 지속되면서 이를 주도한 시민사회는 국가와 대립할 정도로 성장하면서 세계시민 담론이 확장할 수 있는 공간을 제공하였다고 볼 수 있다. 국가 주도의 교육체제에 대한 비판이 확산되었고, 교육자치단체의 발전 등 교육 분야 거버넌스도 발전하였다. 또한, 남북 간의 탈냉전은 이룩되지 않았지만, 남한의 민주화 투쟁이 일단락되면서 정치적 운동에서 환경·성 문제 등 다양한 신사회운동이 발전되었고, 이 과정에서 이념 투쟁 일변도에서 벗어나면서 다채로운 포스트주의가 도입되기 시작하였다고 할 수 있다.

기본적으로 분단은 극복되지 못하고, 남북한 간 적대적 대결상태는 지속되어 전 세계적인 차원의 탈냉전이 한반도 차원에서 구현되지는 않았지만 구소련 및 동구 사회주의 국가들이 체제 전환을 경험하고 독일은 통일되는 등 한반도 통일의 외적 환경은 바뀌고 있었다. 이러한 상황에서 한러 및 한중 수교로 상징되는 한국의 북방정책이 일정한 성과를 거두었고, 북한은 고난의 행군으로 상징되는 심각한 체제 위기를 경험하는 등 내적인 차원에서도 통일 환경은 급속하게 변화하고 있었다. 이 과정에서 과거 반공 일변도의 통일교육에 대한 비판이 시작되면서 새로운 교육 방향과 관련된 논쟁이 본격화되었고 세계시민교육에 대한 관심도 높아졌다. 더욱이 통일을 경험한 독일에서 동서독 주민 간 사회갈등의 주목을 받게 되고, 고난의 행군 시기 발생한 다수의 탈북자가 국내에 입국하면서 기존의 정치적 차원의 통합이 아닌 사회문화적 통합에 대한 관심이 확대된 것도 통일교육의 근본 방향에 대한

성찰을 자극하였다고 볼 수 있다.[8]

범지구적인 차원이라는 보편적 배경과 한국적 상황이라는 특수성의 결합은 한국 사회 세계시민 담론의 특징과 전개 과정을 결정하는 중요한 요인들이었다.

3. 한국 사회 세계시민 담론의 특징

1) 민주시민과 세계시민

한국 사회의 시민성이 부족하다는 점을 강조하면서 근대적 시민의 완성을 추구하는 과정에서 세계시민 담론이 결합되어야 한다는 입장이다.[9] 경쟁, 불신, 격차, 세습, 위험 등으로 얼룩진 한국 사회의 시민성 결핍은 민주주의가 제대로 작동하는데 큰 걸림돌이라는 입장에서 출발하는데, 시민개념은 민주주의와 불가분의 관계로 시민은 사익을 추구할 자유가 있지만 동시에 공동체의 미래에 관해 공동으로 결정하고 협력할 권리와 책임 즉, 사익과 공익의 조화, 공공성의 윤리 등이 필요하다는 주장이다. 이러한 맥락에서 국가에 의해 동원되는 국민이 아니라 공존의 배려의 윤리의 책임 의식을 체득한 시민으로 거듭나야 한다는 것이다.

세계시민의 여러 가지 요소 가운데 근대 시민 혹은 민주주의 시민을 중요하게 보는 입장으로 신민성과 대립되는 시민의 완성이 사회발전과 민주주의의 실현, 그리고 공공성을 바탕으로 하는 사회통합에 필요하다는 내용으로 구성되어 있으며, 교육이라는 차원에서 본다면 전통적인 '민주시민교육'과 결합하는 경향이 있다.[10]

2) 민족과 세계시민

민족주의 논의와 세계시민 담론과 결합되는 경향이 있는데, 이 경우도 궁극적으로는 민주주의와 달성과 연관된다고 볼 수 있다. 현대적 시민개념이 민족적 시민에서 세계시민으로, 개인주의적 시민에서 공동체적 시민으로, 현세대의 시민에서 지속가능성의 시민으로, 가부장제적 시민에서 양성성의 시민으로 전환하여야 한다는 입장이다.[11] 민족은 근대의 서구 근대화의 산물 가운데 하나이나, 한국의 경우 단일민족사관이 깊이 자리 잡고 있는 경향이 있으며, 일제 강점기와 분단 이후 군사권위주의를 거치면서 심화되어 왔다. 단일민족사관은 민족이나 국가의 위기 상황을 극복하는 데 도움이 될 수 있으나, 다문화적인 상황과 부합하지 못하는 문제를 동반하기도 한다.[12]

대표적으로 민족사관을 선도한 신채호는 순혈주의를 강조함으로써 민족적 배타성과 연결될 위험성 내포하고 있다고 볼 수 있다. 전통적 민족주의를 다문화주의와 세계시민주의와 결합하는 것이 세계사적인 변화추세, 한국 사회의 인구학적 변화양상에도 부합한다. 그리고 신채호가 강조하고 있는 단군사상이 종족적으로는 배타적일 수 있으나 기반을 이루고 있는 홍익인간의 개념은 인간의 존엄성과 자유와 평등을 강조하고 있다는 점에서 세계시민과 결합될 소지도 적지 않다는 점에서는 전통적 사상을 세계시민 담론에 기여할 수 있다.

3) 다문화와 세계시민

사회통합과 다문화 문제와 관련된 세계시민 담론도 존재하고 있다.[13] 세계시민교육은 다양한 관점과 접근 방식에 따라 그 내용과 방법에 차이가 있지만, 오늘날 학교 교육에서 이루어지는 시민성 교육 논의는 대부분의 나라에서 그 교육의 일반적 목표가 국가의 정체성과 사회적 응집력의 확보라는 기본적 입장을 공유하고 있기 때문이다.[14] 한국 사회는 최근 결혼이주자나 이주 노동자 등 이주민이 증가하면서 다문화적 상황이 심화되고 있다. 이러한 상황에서 기존의 다문화 정책은 동화주의와 처방주의적 경향을 띠어온 결과[15] 사회적 갈등을 증폭시켰다고 할 수 있는데, 이를 극복하기 위해서도 세계시민적 관점이 필요해졌다는 것이다.

사회가 점점 더 다문화사회의 방향으로 나아가고 있는 상태에서는 개인들이 다중 충성과 다중정체성 혹은 역동적 정체성을 가질 가능성이 그만큼 더 크다. 그러므로 시민교육 프로그램을 구안하고 설계하는 데 있어서는 시민성의 역사적 의미를 유지·확장하면서 동시에 세계화된 세계의 현실에 부응하도록 개념화하는 작업이 추진되어야 한다는 입장이다.

4) 반국가주의와 세계시민

한국 사회의 세계시민 담론의 초점 가운데 하나가 반국가주의에 있다.[16] 과거 권위주의 정부가 산업화를 주도하면서 국가와 민족 발전의 도구로 개인을 취급하면서 국민교육을 강조하였고, 박정희 정권 이래로 반공주의와 교육을 결합시킴으로써 남한에 국한된 민족과 국가가 절대시 되는 사회적 결과를 가져왔다.[17] 이를 대표하는 것이 박정희 시대의 발표된 국민교육헌장인데 이는 민족교육과 반공교육을 결합시키고 있으며, 모든 학생에게 암기를 강요하였던 내용이었다. 국민교육헌장이 상징하고 있듯이 한국 사회의 국가주의는 배타적 민족주의 이념적 획일주의와 결합하고 있다는 것이다.

민주화 진전 과정은 과거 권위주의 정권의 전환만으로는 부족하고 근본적으로 국가주의를 극복하여야 한다는 입장에서 본다면 시민사회의 성장이 필요한데 미래지향적으로 본다면 배타적인 시민사회가 아니라 개방적인 시민사회를 추구하여야 한다는 것이고 이와 같은 맥락에서 세계시민 담론이 필요하다는 것이다.

5) 분단체제와 세계시민

세계시민 담론이 주목받는 분야가 가운데 하나가 분단체제 논의와 문화적 차원이다. 이러한 맥락에서 우선 검토할 것은 백낙청의 시민문학 논의이다. 그는 민족문학과 세계문학과 관련하여 민족문학 특히 한국을 포함한 제3세계 문학이 세계문학의 미래가 될 수 있다고 주장하고 있다.[18] 백낙청이 본격적으로 '제3세계'라는 용어를 사용한 것은 1974년 『현대문학을 보는 시각』인데[19], '제3세계문학의 전위성'이라는 장에서 서구문학의 한계를 지적하면서 오늘날 제3세계의 문학이 서구문학을 포함한 세계문학의 진정한 전위가 될 수 있음을 주장하고 있다. 그는 농촌의 건강한 민족의식, 민중의식이 도시의 진정한 근대정신과 결합했을 때 그 결과는 현실적으로 도시와 농촌 어느 곳에 나타나든지 제국주의 시대의 가장 진보적이고 인간적인 의식이 되며, 이러한 의식에 입각한 제3세계의 민족문학이 곧 현 단계 세계문학의 최선두에 서게 될 것은 당연하다고 이야기한다.

백낙청의 민족문학과 세계문학 논의는 일반적인 세계시민 담론과 비교할 때 제3세계적 맥락을 강조하는 것이라고 할 수 있다. '지리적 불균등성'과 '비동시적인 것의 동시성'을 중심으로 한 지정학적 인식을 통해 서구적인 것과 한국적인 것의 이분법적 대립을 극복 가능하다고 본다.[20] 기본적으로 세계시민 담론은 보편주의를 지향하고 있으나, 서구 중심의 근대를 넘어서는 탈근대주의와 결합할 수 있다는 점에서 주변부적 문제와도 연결될 가능성이 있다.[21] 이 경우 중요한 것은 지역시민성과 세계시민성을 조화시키는 것이 된다.[22]

한국적 특수성의 맥락에서 분단체제의 극복과 세계시민 담론이 결합할 수 있다. 분단체제론은 남북한 간의 갈등뿐 아니라 각각의 체제 내부에서 경험하고 다양한 수준의 경제·사회·문화·정치 문제들이 분단구조에서 지속적으로 영향을 받고 있다는 것이다. 사회가 경험하고 있는 여러 가지 문제가 분단에서 비롯되고 있다는 것인데, 분단체제의 극복이 단순히 남북한이 단일국가를 형성하는 것으로 해결되지 못한다고 생각한다.[23] 분단체제서 비롯된 남북한 간 갈등, 남한과 북한체제 내부의 갈등의 해결 과정에서 평화교육·인권교육 그리고 세계시민과 같은 보편적 틀이 필요하다는 것이다.[24] 분단국가는 아니나 식민지 시대의 유산으로 극심한 사회갈등을 경험하였던 북아일랜드에서 '혼종성 시민성'을 중심으로 세계시민교육이 평화 정착에 하는 역할을 참조할 필요가 있다.[25]

6) 여성·환경 등 신사회 운동과 세계시민

이념이나 계급 중심의 사회운동의 범위가 확산하는 가운데 새로운 사회운동들이 부각되었다. 그 가운데 대표적인 것이 환경운동과 여성운동이라고 할 수 있다. 환경운동이나 여성운동은 산업화에 따른 환경파괴와 지속되는 가부장제 사회와 여성차별이라는 현실적인 문제에서 비롯되었다고 할 수 있으나, 1960년대 이후 확산된 탈식민지 담론과

1980년대 이후 탈냉전시대의 도래와 더불어 더욱 확산되었다. 그런데 환경문제에서 국경이 의미 없고, 성적 차별에서 국가적 차이가 중요하지 않다는 점에서 전 지구적 차원의 논의가 된다.[26] 특히 초국가적 시민운동은 1980년대 시민운동에서 중요한 위상을 갖게 되는데, 인류역사상 처음으로 환경, 인권, 여성운동 등 신사회운동의 초국가적 경향성이 두드러졌다. 이와 아울러 정치적 장이 특정 국가를 상대로 하거나 국가와 시민사회의 관계에 제한되지 않게 되었다.[27] 이러한 맥락에서 세계시민 담론은 여성운동이나 환경운동과 결합하게 된다.

한국 사회에서 환경운동이 본격화된 것은 1980년대부터라고 할 수 있다. 환경 훼손에 대한 실태 고발에서 국가의 환경정책 등 다양한 분야를 아우르는 가운데 환경문제 해결을 위해서는 일상적인 수준의 운동도 필요하고 특히 환경에 대한 시민들의 의식 전환도 중요해진다. 환경이 국가를 포함한 특정한 공동체의 경계가 무의미하다고 할 수 있으나 출발점은 환경오염이라는 현실적인 문제들에 있기 때문에 환경운동은 지역운동적 성격이 강하다. 그러나 동시에 환경문제가 갖고 있는 특성상 국가 수준을 넘어서는 세계수준의 의식 전환이 필요하다는 점에서 세계시민 담론과 세계시민교육이 필요해진다는 것이다.[28] 또한 환경운동의 발전과정은 초국가적인 연대를 필요로 하고 이 과정에서 세계시민의식의 함양의 효과도 거두게 된다.[29] 이와 같이 한국사회의 환경운동과 세계시민 담론의 접점은 의식 전환 분야에 있다.

여성운동의 경우는 환경운동과는 조금 다르게 연대의 차원에서 세계시민 담론과 결합하는 경향이 있다. 여성 불평등 문제는 특정 국가 사회에만 제한되는 것이 아닌 까닭에 연대를 기반으로 세력을 확대하여 문제 해결을 지향하는 경향이 있으며, 한국 사회에서도 마찬가지이다.[30] 더욱이 한국 사회 여성운동 전개 과정에서 중요한 부분을 차지하고 있는 일본군의 위안부 문제는 그 자체가 국가 수준을 벗어나는 것이었고, 최근 결혼이주자의 증가와 같은 다문화 경향성과 여성 문제가 융합되어 있는 것도 한국 사회 여성운동과 세계시민 담론이 결합되는 지점을 제공하고 있다고 할 수 있다.

4. 한국 사회 세계시민 담론의 성찰

1) 한반도 맥락의 특수성

한국 사회의 세계시민 담론을 검토할 때 세계시민 담론의 발전에 부정적인 몇 가지 한국적 특수성을 고려할 필요가 있다.[31] 첫째, 한국은 반도라는 지리적 특성에 의해 타문화와의 접촉이 적다는 점이다. 단일민족 신화에서부터 시작하여 오랫동안 순혈주의적 가치관이 유지되어 온 역사적 배경에서 분단 이후에는 한국은 국경을 넘어 육상교통으로는 갈 수 있는 섬과 같은 폐쇄적 공간이 되었다. 공간적 폐쇄성은 타문화와 접촉할 수 있는 가능성을 적게 만들었고, 여기에 문화적 배타성이 더해져서 단일민족 이데올로기를 더욱 강하게 만들었다.[32]

둘째, 경쟁적 민족주의로 인해 타문화에 대한 배타성이 상대적으로 강하다는 점이다. 특히 조선시대 이래 지배 이데올로기가 되었던 유교 특히 성리학은 중국을 섬기는 반면 여타 민족이나 국가는 열등한 것으로 인식하였다. 심지어 근대에 앞선 서구도 '오랑캐'로 생각할 정도였다. 분단 이후에는 자본주의적 근대화를 추진하면서 대외의존형 발전전략을 채택한 결과 국제경쟁력 강화가 정치적이고 사회적으로 중요한 목표가 되었다. 이러한 경향은 김영삼 정부의 세계화와 결합하면서 다른 국가나 민족에 대한 경계심으로 발전하게 된다. 이와 같은 환경에서 다른 인종, 언어, 문화, 전통, 관습을 가진 이주민을 새로운 사회 구성원으로 받아들이는 데 있어, 심리적 저항감이 존재하게 된다.[33]

셋째, 국가의 위상에 비해 시민의식이나 인권의식이 약하다는 점이다. 한국에서 인권의식이 고양되기 시작한 것은 1990년대 들어서이다.[34] 이 시기부터 적극적 의미에서 인권이 사회적 관심의 대상이 되었고, 국가기구로서 '국가인권위원회'가 만들어진 것도 2001년이었다. 1961년 5·16 군사쿠데타 이후 30년 가까이 군사권위주의 정권이 유지되면서 인권의식이 함양되기 어려웠을 뿐 아니라 시민의식도 성장하기 어려웠다고 볼 수 있다. 1987년에 이르러 비로소 제도적 수준의 민주주의가 실현되었지만 사회 구성원들의 시민의식이나 인권의식은 미흡하였다는 점이다.

넷째, 분단 상황이라는 특수성이다. 남북은 이념적으로 분단되었을 뿐 아니라 전쟁까지 치르는 등 적대적 관계를 반세기 넘게 유지하여 왔다. 남북 간의 적대적 대결 상황은 적과 내 편을 가르는 이분법적 사고를 강요하게 되어 내집단(in-group)를 넘어서서 외집단(out-group)과 공존하는 것을 어렵게 한다. 더욱이 분단 기득권 세력은 분단체제를 유지하기 위하여 북한에 대한 공포나 적개심을 확대 재생산함으로써 북한체제나 북한사람(북한이탈주민 포함)에 대한 관용이나 포용을 힘들게 한다.

다섯째, 사회적, 문화적 특징과 더불어 학교 문화의 특성을 고려하여야 할 필요가 있다. 한국의 학교 문화는 일제 강점기 이후 오랫동안 강압적인 수업과 획일적 평가가 주를 이루어 왔다. 또한, 조선시대 유학의 엘리트주의는 학벌주의와 결합하여 초중고등학교 과정은 좋은 대학으로 가기 위한 통로에 불과하게 되면서 교실은 무한경쟁의 장이 되었다. 좋은 성적을 획득하기 위한 개인 간의 경쟁과 진학의 '효율성'을 명분으로 일방주의적인 수업형태가 지배적인 상황에서 공동체를 지향하고 타자를 생각하는 문화가 만들어지기 어렵다는 것이다.

여섯째, 지정학적 문제이다. 한국은 고대부터 다양한 외부의 적으로부터 침략을 경험하였고, 근대에 들어서는 일본 제국주의 침략과 피식민지 상태를 감내하여야 했다. 한반도를 중심으로 침략과 피침략, 지배와 피지배라는 역사적 상처는 한국만이 아니라 주변 국가들이 모두 가지고 있다. 이와 더불어 다양한 문명충돌이 지속되어 왔던 아시아적 맥락과 현재도 지속되고 있는 국가 간 민족 간 갈등 상황의 존재는 국가나 민족 단위를 넘어서는 세계시민 담론의 발전을 가로막고 있다. 전쟁과 갈등의 역사는 어느 지역에나 있는 문제이나 동아시아 상황은 유럽과 같은 지역과는 차이가 있다. 유럽의 경우는 현재의 국가 자체가 근대 이후의 소산이라는 점에서 갈등의 역사가 상대적으로 짧다. 또한, 국가 간의 전쟁을 치렀고 점령도 있었으나 한반도를 포함한 아시아 국가 간에는 근대 이전부터 반복적이고 지속적인 전쟁과 갈등이 그리고 지배와 피지배의 관계가 이루어졌다. 그리고 최근에는 냉전체제와 연계되어 국가 간 경계가 물리적인 차원에서뿐 아니라 사회심리적으로도 확장되었다는 것이다.

2) 한국 사회 세계시민 담론 발전을 위한 제언

한국 사회의 세계시민 담론의 전개 과정을 보면 전 지구적인 차원에서 세계시민 담론이 대두되는 것과 근본적인 차이가 있다고는 할 수 없다. 근대 이후 새로운 사회문제의 대두, 국가적 수준의 문제 대응의 근본적인 한계, 초국가적인 자본 및 권력에 대한 대응의 필요성 등이 그것이다. 그러나 세계시민 담론의 핵심의 가운데 초국가적으로 작용하는 국가, 시장, 정치사회와 시민사회의 대비가 있다.[35] 즉, 지역 단위나 세계 수준에서 국가를 포함한 공공 부분의 권력과 자본의 대립에 대한 최소한의 대응이 중요하다는 것이다. 그럼에도 불구하고 한국 사회의 세계시민 담론은 이 부분이 문제가 있다. 세계시민화가 세계화 특히 서구 중심의 신자유주의와 동일하거나 최소한 이를 동반하는 것으로 생각하는 경향이 적지 않다는 것이다.

발생론적인 차원에서 김영삼 정부의 화두였던 세계화가 교육현장에 이입되면서 비롯된 문제라고 할 수 있지만, 이에 못지않게 지배적 사상이나 문화에 획일적으로 몰입하여 온 역사적 경험,[36] 분단 이후 미국을 국가사회 발전의 모델로 삼아온 경향도 영향을 미쳤다고 할 수 있다. 근대화와 서구화를 동일하게 생각하면서 사회 발전을 추구하여 온 상황에서 세계시민은 '서구시민'도 동일한 것으로 받아들여질 가능성이 높았다고 볼 수 있다. 서구가 시민사회도 먼저 이룩하였고, 세계시민에 대한 논의도 먼저 활성화한 것은 분명하지만 세계시민 담론은 근대의 한계를 극복하려는 노력이고, 여기에는 서구중심주의의 비판도 포함된다. 세계시민 담론에서 탈식민주의 논의가 중요한 몫을 차지하고 있는 것도 이와 같은 이유에서이다. 탈식민지적인 관심이 부재한 것은 아니라 할지라도 한국 사회의 세계시민 담론에서 탈식민지성에 대한 고민이 부족한 것도 사실이다. 다문화 문제와 결합된 세계시민 담론이나 여성문제와 결합된 세계시민 담론 그리고 제3세계 문학을 세계문학과 연관해서 고민하는 논의 등을 제외하면 상대적으로 이러한 논의가 부족하다는 것이다.

서구 중심적 세계시민 담론은 결과적으로 의식뿐 아니라 실천운동 차원에서도 영향을 미칠 수 있다. 서구화를 중시한다는 것은 중심과 주변을 의미한 것이고 '타자화'의 연쇄로 이어질 수 있다. 이러할 경우 인종주의적 경향과 반여성주의, 반북한적 성향을 부추길 여지도 생겨난다. 또한, 아시아 아프리카 등 제3세계와의 연대를 소홀하게 여길 수 있다. 국내적으로 보면 지역사회운동과 세계시민운동과의 연계도 원활하지 않을 수 있다.

한국 사회의 세계시민 담론에서 고민할 또 다른 것은 국가 혹은 초국가적 자본이나 권력과의 대립성이다. 세계시민이 반드시 국가와 초국가적 집단과 적대적인 관계를 유지하여야 하는 것은 아니나 일 국가 내 시민사회가 국가권력에 대한 통제나 제어를 중요하게 여기듯이 세계시민사회도 같은 맥락에 있어야 한다. 그러나 국가의 세계화 정책이 한국 사회 세계시민 담론 환산의 중요한 배경이 되었기 때문이기도 하고, 동시에 세계시민 담론의 중심이 교육에 놓인 것도 한국 사회의 세계시민 담론이 국가나 초국가적 권력 집단과 상대적으로 타협적인 성향을 띠게 된 중요한 요인이라고 할 수 있다. 특히 한국 사회 세계시민 담론은 세계시민교육과 더불어 발전되어 왔는데, 기존 교육의 문제를 제기하고 철학이나 내용의 전환을 요구하여 왔다고는 하나 교육 부분의 논의는 국가영역과의 타협이 전제되고 논의의 초점은 정책의 차원이 되기가 쉽다. 국가주의가 강한 한국 사회의 현실을 고려한다면 정책 혹은 교육과정의 프로그램 중심으로 세계시민 담론이 흐른다면 반국가주의의 필요한 현실과 오히려 반대로 국가주의가 강화되는 계기가 될 수 있다. 세계시민은 시민의 연장선상에 있다면 국가로부터 독립적인 존재가 되어야 한다는 것이고, 국가에 의존하는 것이 아니라 자신들의 능력으로 존재하여야 한다.

서구 중심적 경향과 국가와 타협적인 태도가 결합되어 생기는 문제 가운데 하나가 초국가적 집단 특히 자본과의 긴장 관계가 취약하다는 점이다. 세계시민을 생각하면서 초국가적 자본과 권력에 대해서는 문제 제기는 부족하고 심지어 무관심한 경향도 없지 않다. 다른 국가나 지역에서 환경을 파괴하는 초국가 기업에 대해서는 국내 환경 파괴 기업에 보다 관대하거나 반인간적 살상 무기를 강요하는 국가나 제조하는 기업에 대한 비판은 부족한 현실로 이어진다.

한국 사회의 세계시민 담론에 대한 발전을 고민하기 위해서는 앞에서 검토한 한국의 특수한 맥락 정확히 이야기하자면 세계시민 담론에 부정적인 영향을 미치고 있는 요소들을 따져 보고 이를 극복할 방안을 모색하는 일이 필요하다. 한국 사회 세계시민 담론에 부정적인 요소들의 영향을 정리하면 다음과 같을 것이다.

첫째, 배타성의 지속이다. 지리적 고립성, 오랜 기간 동안 형성된 민족공동체 의식, 탈냉전에서 배제된 채 냉전의 유산이 지속되고 있는 분단 현실 등은 국가나 민족의 차원으로 의식이나 사회운동을 묶으려는 지향성을 높일 것이다. 이러한 경향은 당연히 현실 변화와 부조화를 겪게 된다. 국내 인구에서 다문화인이 차지하는 비율이 점증하고 있고, 이러한 추세는 지속될 가능성이 크다.[37] 국가 간 경계가 점차 희미해지고 초국가적인 이주는 사람에서 문화나 상품에 이르기까지 일상적으로 되어가는 현실과도 어울리지 않는다는 것이다. 특히 통일과 평화적 공존을 목표로 하고 있는 남북 관계에서도 배타성의 지속은 부정적인 영향을 미칠 수밖에 없다. 많은 북한이탈주민들이 국내 입국 이후 겪는 사회적 차별이 통일 과정이나 통일 이후 북한 주민들에게도 발생할 가능성도 높다.

둘째, 의식 전환의 지체 문제이다. 세계시민운동이나 성과를 거두기 위해서는 참여자들의 생각이 바뀌는 것이 필요조건 가운데 하나이다. 그러나 인권의식과 시민의식의 부족, 획일적인 교육문화 그리고 강력한 민족의식은 세계시민으로 전환하는 데 걸림돌이 된다. 이념적으로 민주주의를 주창하면서 자신의 주변 사람들에게 권위주의적 태도를 보인다던가 평화를 요구하면서 여성에 위압적인 태도를 견지하는 한 세계시민화를 이룩하기는 어렵다.

세계시민 담론과 운동의 발전에 부정적인 요소들은 모두 고정불변의 것들은 아니다. 이를테면 배타적인 민족의식은 점차 희미해지고 있으며, 인권의식이나 시민의식은 지속적으로 발전하고 있다고 할 수 있다. 반면 지정학적 문제나 국가 간 갈등의 역사적 상처 등은 개선되기 어려운 요소들이라고 할 수 있다.

일차적으로 변화가 가능한 요소들은 긍정적인 변화를 촉진하도록 노력할 필요가 있다. 의식 전환 관련 요소들이 여기에 포함되는데, 세계시민교육과 더불어 세계시민교육의 성과를 거두기 위한 기초교육이 동반되어야 한다. 인권의식과 시민의식의 함양뿐 아니라 인권감수성을 촉진할 수 있는 교육프로그램을 만들 필요가 있다. 교육 수준에서뿐 아니라 시민사회 운동에서 단체 구성원들의 시민의식이나 인권의식을 개선하는 프로그램을 구축하여야 한다. 예를 들어 환경운동단체가 환경개선 운동과 더불어 회원들의 인권감수성 증진 프로그램을 운영하여야 한다는 것이다. 이와 같은 조건 개선 운동은 개인이나 시민사회뿐 아니라 국가 수준에서 진행되어야 하는데 이를 위해서는 관련된 거버넌스를 구축하는 것을 고려하여야 한다.

지정학적 문제와 같이 단기간에 바뀌기 어려운 요소들은 장기적으로 부정적인 힘을 축소시키는 노력을 하는 것이 바람직하다. 역사에서 비롯된 상처를 서로 공감하는 모임부터 시작하는 것이 하나의 대안이 될 수 있다. 지리적 폐쇄성은 남북관계 개선이나 통일로 해소될 수 있을 것이나 당장 어렵다고 한다면 온라인 공간을 활용한 폐쇄성의 극복을 추진할 수 있다는 것이다.

5. 맺음말

한국 사회의 세계시민 담론은 다양한 차원에서 활발하게 발전되어 왔다고 볼 수 있다. 그리고 한국 사회에서 세계시민 담론이 전개되는 과정은 다른 국가사회와 공통적인 부분도 있고, 다른 부분도 있다. 역사적인 지정학적인 맥락은 개별 국가마다 다르다는 차원에서 이와 같은 특징은 자연스럽다고 할 수 있다. 다만 맥락적 이해를 통해서 한국 사회에서 전개된 세계시민 담론이나 운동이 올바른 방향성이 있는가를 성찰적으로 분석하는 것은 중요하다. 그리고 이를 통하여 한계를 분명하게 하고 이를 극복하는 방안을 모색하는 것이 필요하다.

지금까지 한국 사회 세계시민운동의 특징과 한국 사회의 특수한 맥락에서 비롯된 부정적 요인들을 검토하고 이에 대한 예시적인 차원에서 극복 방안을 제시하여 보았다. 그러나 부정적인 요인들뿐만 아니라 한국 사회 세계시민 담론 발전에 순기능적인 요소나 환경도 검토할 필요가 있다. 이러한 차원에서 주목하여야 할 것은 일차적으로 민주화 투쟁의 경험과 성과이다. 4·19에서 시작된 반독재 민주화 운동은 1980년의 광주를 거쳐 1987년의 제도적 민주화로 이어졌고, 2016년의 촛불로 발전하였다고 볼 수 있다. 이 과정에서 국가와 대척하는 시민사회 성장은 세계시민사회 달성에 직접적인 자산이 된다. 높은 교육열이나 고도화되는 정보화도 세계시민사회 구축에 긍정적인 요소가 될 수 있다. 새로운 정보나 기술을 적극적으로 수용하는 동시에 국가적 장벽을 허무는 핵심 수단 가운데 하나인 정보화 수준이 높다는 것은 사회 구성원들 개개인이 세계시민이 될 수 있는 토대를 제공할 것이고, 지역 수준뿐 아니라 세계 수준의 연대를 가능하게 하는 수단이 될 수 있다는 것이다.

세계시민사회 담론의 전개 과정을 성찰하는 과정에서 부정적인 요인들을 축소하거나 전환하는 동시에 긍정적인 요인들을 확장하는 노력이 필요하지만 이보다 더 중요한 것은 세계시민 담론이 지향하는 근본적인 가치에 대한 올바른 이해라고 할 수 있다. 이러한 것들이 함께할 때 세계시민 담론이나 교육이나 운동이 성과를 거두면서 보다 나은 사회, 보다 나은 세계의 달성이 가능할 것이다.

3

한국 사회의 반(反)세계시민 담론

1. 머리말

세계시민은 일반적으로 특정 나라나 장소의 시민으로서 그들의 정체성을 넘어 "지구 공동체"의 시민으로서 그들의 정체성을 중요하게 생각하는 사람으로 정의한다, 기본적으로 세계시민사회 담론은 빈곤, 국가 간 불평등, 환경문제, 안보·평화, 전염병 등 한 특정 국가를 넘은 전 지구적 과제들에 세계적 또는 지역적으로 대응하고 해결하자는 입장에서 출발하고 있다. 장기간에 걸친 민주화 투쟁의 결과 시민사회를 구축한 한국 사회에서도 세계시민사회에 대한 관심은 1990년대 이후 지속되어왔다. 김영삼 정부 이후 국가 차원에 주도한 '세계화' 담론과 국제통화기금(IMF) 사태 이후 강요된 범지구화도 결과적으로 세계시민 담론의 발전에 일정 부분 영향을 미쳤다고 할 수 있다.

2. 세계시민 담론과 반(反)세계시민 담론

세계시민 사회 담론은 국가와 시민사회, 그리고 교육학에서 사회학에 이르기까지 다양한 학문에서 관심의 대상이었다. 더욱이 정보통신기술(IT) 강국과 범지구화, 그리고 '한류'는 한국 사회의 새로운 상징인 듯 보이고 초국가적 이주가 확산되면서 세계시민화도 현실적인 과제가 되고 있는 듯이 보이지만 다른 한편으로는 여전히 올림픽 메달에 일희일비하고 방탄소년단(BTS)의 세계적 열풍을 국가와 개인의 쾌거로 생각하는 등 자민족주의와 국가주의가 작동하고 있는 것도 분명하다. 이러한 맥락에서 세계시민 담론에 대한 모순적 태도가 공존하고 있다고 할 수 있다.

한국 사회의 변화과정을 특징 지우는 말 가운데 하나가 '압축성장'이다. 분단 이후 급격한 산업화를 추구하면서 단기간에 고도성장을 이루었지만, 이 과정에서 여러 가지의 사회문제도 동시에 일어났다.[1] 자본과 노동 간, 그리고 도시와 농촌 간의 불균형, 환경의 급속한 파괴 등이 대표적인 문제들인데 이에 못지않게 의식이나 문화의 불안정과 혼란도 압축성장의 폐해 가운데 하나라고 볼 수 있다. 그 가운데 하나가 폐쇄적인 자민족중심주의와 탈민족주의 경향의 모순적 결합이다.

한국은 근대화를 추진하면서 서구화가 급속히 진전되었고, 2000년대 이후에는 세계화 조류가 사회 전반을 휩쓸었다. 특히 한국 사회가 자랑하는 정보통신기술(IT)은 문화적 개방 정도를 높이는데 혁혁한 공을 세웠고, 700만에 달한다고 평가되는 우리 민족의 디아스포라는 초국가적 이주시대와 결합하여 한국사회의 범지구화를 자극하고 있다.[2] 이와 같은 상황에서 전통적인 민족적 특성과 완전히 다른 초민족적인 제도와 문화가 급격하게 정착되면서 탈전통화가 진전되고 있다, 그리고 외부로 나간 디아스포라 규모의 수준은 아니지만 국내 다문화인이 100만 명을 넘어서 인구의 2%를 넘을 정도로[3] 단일민족의 순혈주의는 더이상 설득력이 없다.

그럼에도 불구하고 민족주의나 민족이라는 표현은 여전히 강력한 담론적인, 그리고 정서적인 효과를 발휘하고 있다.[4] 세계화가 민족국가의 소멸이나 민족주의의 약화로 이어지지는 않는다는 주장도 적지 않지만,[5] 서구 문화뿐 아니라 다양한 문화들이 일상에서 혼재하고 있고, 미국산 드라마가 일상의 대화 소재이고, 힙합이 대중음악의 중심이 되고 있는 현실에서 종족기반의 민족 중심적 사고가 보편적이라고 할 수 있다는 것이다.

갈등 유발 책임 여부에 따른 것이라고는 하지만 일본에 대한 사회적인 거부 현상은 일사불란하고, 한국인이 활동한다는 이유로 미국 프로야구의 특정 구단에 대한 호감이 높다. 한국에서 운동하고 있는 외국선수들에게는 '용병'이라는 표현을 서슴없이 쓰고 있고, 이주노동자나 결혼이주자와 같은 다문화인뿐 아니라 조선족이나 고려인 등 같은 '민족'에 대해서도 차별적인 시각은 여전하다. 무엇보다도 분단체제 극복은 민족의 재통합을 통한 민족국가의 완성이라고 생각이 주류이다.

민족 혹은 국가주의와 탈민족 혹은 세계화가 모순적으로 결합하고 있다는 것이다. 특히 근대화와 세계화과정에서 대두되고 있는 빈곤이나 환경 등 국가 단위를 넘어서는 현대사회의 다양한 문제에 대한 대응으로 부각되고 있는 세계시민 논의에서 본다면 민족이나 국가에 대한 한국사회의 이중성을 적극적으로 따져 볼 필요가 있다. 이러한 차원에서 일차적으로 주목하는 것은 언론이다. 동일한 입장을 가지고 있지는 않지만 신문과 방송으로 구성되는 제도언론은 교육과 더불어 민족이라는 '상상적 공동체'(imagined community)를 자각하게 하고, 나아가서 강화하는 주요한 행위자이자 발화자(narrator)의 역할을 수행한다.[6] 이러한 맥락에서 이 글에서는 일차적으로 세계성과 반(反)세계성이 언론에서 어떻게 표출되고 있는가를 따져 보고자 한다.

이 글에서 반(反)세계시민 담론을 드러낼 수 있는 소재로 역사교육, 난민 문제, 귀화 스포츠 선수 문제, 탈북자 문제, 그리고 최근 코로나19 문제를 선택하였다. 역사교육은 민족과 국가에 대한 인식이 분명하게 드러난다는 점에서, 난민 문제는 국가를 넘어서는 보편적 인류애의 차원에서 선택된 소재이다. 귀화 스포츠 선수는 인종과 민족, 그리고 국가주의가 결합된 소재라는 점에서 선택하였다, 탈북자는 같은 북한을 같은 민족으로 생각하면서도 동시에 적으로 생각하고 있다는 점에서 선택하였다. 코로나19 문제는 국제적 장벽을 높이는 계기가 되고 있다는 이유에서 검토하였다. 언론 기사 데이터베이스인 빅카인즈(BIGKINDS)에서 관련 검색어를 검색하였다.[7] 기사 유형은 사설과 칼럼을 중심으로 내용을 분석하였고, 부분적으로 일반 보도기사도 참고하였다. 사설을 중심으로 살펴본 것은 언론의 입장과 인식을 분명하게 드러내기 때문이다.

3. 언론에 나타난 반(反)세계시민 담론

1) 역사교육

국가중심사고와 자민족중심주의가 잘 드러나는 것이 역사교육에 대한 입장이다. 권위주의 정부 시절에 국가가 직접 교과서를 제작 보급하는 국정교과서 제도가 유지되었다. 단일한 교과서가 존재하는 국정

교과서 제도는 민주화 이후 검인정교과서 제도로 변화하였다, 검인정교과서는 교과서 저작에 국가가 간접적으로 관여하는 방식으로, 민간 출판사가 국가의 '편찬상의 유의점'에 따라 교과서를 연구·개발한 후, 국가가 주관하는 검정심사의 적합성을 인정받아야 하는 교과서 발행제도이다, 검인정 제도도 교육에 대한 개입을 인정하는 것이고 검인정제도의 운영에 따라 교과서에 대한 국가의 개입의 정도는 높아질 수 있으나 국정교과서가 하나의 교과서만을 가능하게 한다는 점에서 차이는 적지 않다고 볼 수 있다.

그러나 2011년 박근혜 정부가 역사교육 강화를 강조하면서 다시 국정교과서 제정 문제가 생겨났다. 이 강화 방안은 "G20의 성공적 개최 등 국격 제고에 부합하고, 학생들이 우리 역사에 대한 자긍심을 키울 수 있도록" 하려는 것으로, 우리 사회가 다문화, 다민족, 글로벌적인 변화가 급격히 진행되므로 "새로운 환경에 적합한 국가 정체성 교육을 강화"할 필요가 있다는 점을 추진 배경으로 삼았다. 이 과정에서 정부는 주변국의 역사 왜곡 등 역사교육 강화에 대한 필요가 증대했다는 점을 근거로 삼아 각종 시험의 의무화와 필수화를 강화하였고, 우리 역사에 대한 자긍심을 기른다는 목적을 근거로 삼아 특정 기구들을 신설하거나 기존의 기구들을 재편하여 그 기구들의 권한을 조정하고, 정부의 필요와 관점에 부합하는 인물들에게 주도적 권한을 부여한 반면, 정부가 지향하는 '우리 역사의 자긍심'이나 '올바른 역사인식'과 차이점을 드러내는 주체들과의 소통에 소홀하게 하였다.[8] 국정교과서 추진은 정치사회적 논란을 불러일으켰는데, 이와 관련된 언론의 입장은 다음과 같다.

정부가 1년 전 역사 교과서 국정화를 추진한 것은 기존 검정 교과서들의 좌편향을 더 이상 두고 볼 수 없다는 여론 때문이었다. 그러나 최순실 사태로 정부의 권능이 붕괴되면서 야당과 진보좌파들의 공격을 무릅쓰고 국정화를 추진할 동력이 사라졌다 야당 의원들은 이날 "국정교과서는 박정희 대통령 치적을 강조한 '박근혜 교과서'"라며 "당장 폐기해야 한다"고 반발했다. 야권은 다음번 촛불 집회에서 국정교과서 폐기를 핵심 의제로 정한다고 한다. 하지만 야당이 교과서 검토본을 제대로 읽어나 보고 이런 주장을 하는 것인지 궁금하다. 반면 여당은 대통령 탄핵 국면에 처하면서 논쟁 자체를 피하는 눈치다. 최순실 사태에 관련 없는 역사교육까지 휩쓸려 넘어갈 수는 없다. 『조선일보』, "좌편향 역사교육 바꿀 가능성 보여준 새 역사 교과서," 2016.11.29.

10월 유신 직후인 1974년부터 국정으로 발행되던 한국사 교과서를 2002년 근·현대사 교과서 때부터 검정으로 전환한 것은 학생들에게 역사를 보는 다양한 해석과 관점을 보여주자는 취지에서였다. 그러나 현대사 연구가 특정 사관에 치우친 세력의 손에 들어있는 우리 현실에서 검정 교과서 체제는 대한민국 역사 교육이 중심을 잃고 한쪽으로 기울도록 하는 결과를 불러오고 말았다. 국정 교과서 체제로 돌아가면 정권이 바뀔 때마다 집권 세력의 입맛에 맞춰 역사 교과서가 바뀌지 않을까 걱정하는 사람도 없지 않을 것이다. 그렇다 해도 지금처럼 편향된 사관에 집착하는 특정 세력이 학생들을 잘못된 방향으로 끌고가는 역사교육을 내버려둘 수는 없다. 『조선일보』, "역사 교과서, 오죽하면 '國定 전환' 얘기까지 나올까," 2013.11.07.

국정 체제에 반대하는 학자들은 국정교과서가 정권의 이해관계에 휘둘릴 수밖에 없다고 주장하는데 그런 인식 자체가 비뚤어진 것이다. 황우여 사회부총리 겸 교육부 장관은 한국사 교과서 국정 전환을 흔들림 없이 추진해야 한다. 초중고 역사교육은 대한민국 국민으로서 기본적인 역사인식과 정체성을 확립하는 일이다. 대한민국 사회가 소득 2만 5000달러를 넘어선 21세기에서조차 좌우 이념 대립과 분열에서 벗어나지 못하는 것은 잘못된 역사교육에 그 뿌리가 있다. 다수 학자들 견해를 충분히 반영한 통설을 담아 국정 교과서를 발간함으로써 사회통합의 토대를 마련하기 바란다. 『매일경제』, "한국사 국정교과서 전환 반드시 관철하라," 2014.08.28.

역사 교과서 새로 쓰기는 역사교육이 왼쪽으로 기울어 있어 바로 잡아야겠다는 뜻에서 비롯됐다. 여기에는 지금 교단을 장악하고 있는 검정(檢定) 교과서들이 대한민국의 건국과 발전 과정 북한의 실상에 대한 국민적 상식을 외면하고 있다는 문제의식이 깔려 있다. 그런데 청와대는 이런 생각을 '비정상'이라고 보고 검정 교과서의 잘못된 사관(史觀)을 방치하는 것이 '상식과 정의'를 세우는 일인 것처럼 얘기했다. 과거 노무현 대통령은 우리 현대사를 "정의가 패배하고 기회주의가 득세한 역사"로 규정했다. 이것이 좌편향 검정 교과서들의 기본 인식이다. 하지만 우리 현대사는 세계 최빈국에서 10위권 경제 대국으로 발돋움한 기적의 역사다. 이것이 국정교과서의 내용이다. 『조선일보』, "국정교과서 내용 무엇이 잘못돼 폐지하나," 2017.05.13.

위에서 살펴본 바와 같이 보수적인 입장의 언론들은 국정교과서를 지지하는 경향을 보이고 국가가 역사교육에 개입하는 것을 정당하다고 판단하는 경향이 있다. 그러나 아래에 있는 사설과 같이 진보적인 입장에 있는 언론은 국정교과서를 퇴행적이고 비민주적이라고 이야기하면서 반대하고 있다.

'국정'이라는 이름 아래 획일화의 틀에 가두려 한다면 시대를 1970년대로 되돌리겠다는 것이나 다름없다. 국정교과서로 교육에 대한 통제와 관리를 강화해 권력을 유지하던 시대로 말이다. 국제적 흐름에서도 한참 벗어난다. 경제협력개발기구(OECD) 주요 회원국들 가운데 국정교과서를 발행하는 나라는 하나도 없다. 교육부가 만든 '주요국의 교과서 발행

체제 비교' 자료를 보면 미국·영국·프랑스·독일·노르웨이 등 오이시디 회원국 11개 나라 모두 국정교과서는 없고 검정·인정·자유발행제다. 국정교과서가 있는 나라는 북한·베트남·스리랑카·몽골 등 오이시디 비회원국이 대표적이다. 그러니 국정교과서를 만들려면 이 기구부터 탈퇴하는 게 맞는지도 모르겠다. 『한겨레』, "시대착오적인 통합교과서 국정화 움직임," 2014.09.24.

그러나 정권이 바뀐 후에 정부는 국정교과서에 대한 진상조사를 실시하였고, 집필진과 상의 없이 교과서 내용을 수정하는 등 국가의 개입은 방향과 상관없이 지속되었다. 보수적인 교학사 역사 교과서에 대한 비판을 지지하는 것도 역사교육에 대한 국가의 개입 문제와 무관하지 않다. 역사해석의 다양성을 명분으로 정치적 입장이 다른 역사교육에 대해서는 비판적인 것은 성향이 다른 언론들에서 공통적으로 나타나고 있다.

민주주의라는 용어도 "대한민국은 통일을 지향하며, 자유민주적 기본질서에 입각한 평화적 통일 정책을 수립하고 이를 추진한다"는 헌법 4조와 배치된다. 헌법 전문(前文)에도 '자율과 조화를 바탕으로 자유민주적 기본질서를 더욱 확고히 한다'는 취지의 내용이 포함돼 있다. 얼마 전 문재인 대통령이 발의한 개헌안에도 '자유민주주의적 기본질서'라는 표현이 그대로 사용됐다. 여당인 더불어민주당마저 지난 2월 당 강령에서 '자유'를 착오로 빼먹었다면서 자유민주주의로 회귀했던 사안이다. 민주주의는 북한의 인민민주주의까지 아우르는 만큼 우리의 헌법적 가치와 국가이념을 제대로 담을 수 없다는 지적에서다. 『세계일보』, "헌법 가치 훼손하는 역사교과서 집필기준 철회해야," 2018.05.03.

한국교육과정평가원이 발표한 시안에서 집필 유의점을 삭제하고 집필 방향만 제시하는 등 집필기준에 '최소주의 원칙'을 적용하려 한 점은 평가할 만하다. 예를 들어 중학교 역사에서 고려의 후삼국 통일과 제도 정비 과정을 기술하는 대목에 대한 집필기준은 기존의 5분의 1로 줄었다. 국정교과서가 거센 반발을 불러일으킨 이유 가운데 하나는 세세한 규정으로 교과서를 국가가 '통제'하려는 발상 자체였다. 최소한의 헌법적 가치나 민주사회 질서에 어긋나지 않는 수준을 제시하고 역사학자들의 자유로운 집필로 다양한 역사교과서가 경쟁하도록 하는 게 바람직하다. 『한겨레』, "집필기준 '최소화'한 역사교과서, 이념논쟁 벗어나야," 2018.05.02.

이념 논쟁화되고 정치화된 이전 정책을 정상화시키고 상대적으로 최소화하였다고는 하지만, 역사교육에 대한 국가의 개입의 정당화는 마찬가지라고 할 수 있다. 국가주의는 국가를 하나의 유기체로 보는 관점과 통한다. 그리고 역사교육은 이 유기체적 국가관을 강화하는 데 기여한 것은 분명하다. 우리는 모두 단군의 후손이란 식의 단일 민족주의가 공고하고, 역사교과서의 서사가 민족을 주체로 한 시련과 극복 혹은 수난 속의 성장, 수탈과 저항이란 내러티브 형태를 띠어왔다.[9] 이러한 맥락에서 역사교육에서 국가주의가 강조되는 것은 보수적 입장의 언론에서 더욱 심하다. 또한 역사 교과서와 관련하여 그동안 지속되어왔던 논쟁은 사관의 방향성과 관련된 것이었다. 물론 사관에 대한 논쟁은 필요하지만 이에 못지 않게 필요한 국가주의와 민족주의와 역사교육에 대한 성찰은 역사에 대한 입장에 상관없이 상대적으로 부족하였다고 할 수 있다.

2) 다문화·난민·이주민 문제

민족중심적 사고와 타민족이나 문화에 대한 배타성 여부가 잘 드러나는 부분이 다문화와 난민 혹은 이주민에 대한 태도라고 할 수 있다.

한국 사회는 오랫동안 단일민족을 유지하여 왔다고 할 수 있으나 한중수교 이후 조선족의 입국이 급증하였고, 노동력 부족으로 이주노동자의 숫자도 늘어났으며, 농촌지역의 성비 불균형으로 결혼이주자들도 증가하면서 다문화 문제가 본격화되었다. 또한 국제분쟁의 결과 정치 경제적 이유로 한국에 입국하여 난민을 신청하는 경우도 늘어나고 있다. 그러나 다문화인에 대한 차별과 편견도 강하며 문화적 갈등도 적지 않다.[10] 이러한 환경변화에서 난민을 포함한 다문화인에 대한 차별이나 폭력 등을 지적하는 주장도 적지 않다.

> 무비자로 제주도에 입국한 뒤 몰래 육지로 들어오는 외국인이 급증하고 있다고 한다. 올 들어만도 7월까지 비자 없이 제주에서 육지로 숨어들다 붙잡힌 외국인(브로커 포함)이 50명에 달했다. … (중략) … 제주도가 2002년 특별법으로 무비자 입국을 허용하면서 외국인 관광객이 늘어 제주는 국제 관광 도시가 됐다. 그와 함께 불법체류 외국인도 기하급수적으로 불어나고 있다. 2011년만 해도 제주도 불법체류자는 282명에 불과했으나 2016년 5762명이 됐고 올 7월 말 1만 명을 넘었다. 불법체류자가 늘면서 제주에서 검거된 외국인 범죄자는 2013년 299명이었는데 지난해엔 644명으로 증가했다. 도둑, 거지, 대문이 없다는 '3무(三無)의 섬' 제주에서 주민들이 밤길 다니기를 꺼리게 됐다는 말도 나온다. 이런 상황에서 무비자로 제주에 들어온 예멘인들의 난민 신청을 놓고 논란이 벌어지고 있다. 제주도가 무비자로 입국한 외국인들의 내륙 잠입 경유지(經由地)가 되고 있다는 것은 심각하게 볼 문제다. 결과적으로는 바다를 통해 국내로 몰래 들어오는 밀입국 행위나 다름없다. 이런 사람들은 비자 기한을 넘겨 건설 현장 등에서 일하는 단순 불법체류 외국인 노동자들과는 성격이 다른 문제다. 자칫 테러범이나 불순 세력의 잠입 통로로 악용될 여지도 있다. 그렇다고 제주의 무비자 제도를 없앨 수는 없는 일이다. 제주의 외국인 불법체류가 포화 상태를 넘어 육지로 번지는 상황이니 만큼 중앙정부가 나서 대책을 마련해야 할 때다. 이들이 육지로 들

어오는 것을 돕다 단속된 사람들을 엄벌하는 것도 어느 정도 효과가 있을 것이다. 『조선일보』, "'無비자 제주' 악용한 불법 입국 정부가 막아야," 2018.09.27.

수도권의 다문화가정 폭력이 전국 최고를 기록했다. 경찰청의 '2015년 이후 다문화 가정폭력 검거 현황'에 따르면 최근 5년간 다문화가정에서 발생한 가정폭력 검거 건수는 총 4천 300건인데 경기도가 1천 687건으로 전국 1위에, 서울과 인천이 각각 2, 3위에 랭크된 것이다. 인구의 절반 이상이 수도권에 거주하는 탓이나 대한민국 수부(首府) 위상에 먹칠을 한 것 같아 얼굴이 화끈거린다. … (중략) … 결혼이주여성에 대한 인권유린 실제 사례는 이보다 훨씬 높다. 다문화가정은 2015년 29만 9천 241가구에서 2018년에는 33만 4천 856가구로 증가하면서 가정폭력도 점증 추세이다. 국내 결혼이민자 및 귀화자가 33만여 명인데 여성이 80%를 차지해 가정폭력 피해자의 대부분이 여성이다. 최근 국가인권위원회의 조사에 따르면 국내 결혼이주여성 중 42.1%가 가정폭력을 경험했다고 실토했다. 한국인 부부의 가정폭력보다 무려 3.5배 이상인 것이다. 『경인일보』, "급증하는 다문화 가정 폭력 부끄러운 자화상," 2019.09.23.

그러나 현상적인 차원에서 갈등이 일어나는 것을 지적하는 반면 이들을 사회적 소수자로서 갖는 구조적 문제에 대한 근본적인 성찰은 부족하다.

지난해 1월 기준 충남지역 다문화 학생 수가 1만 명을 넘었다. 5년 동안 연평균 1000명 이상씩 늘더니 2014년에 비해 두 배로 크게 늘었다. 충북도 지난해 4월 기준으로 초·중·고 재학 다문화가정 학생이 5627명으로 집계됐다 전체 학생 수 17만 1601명을 기준으로 보면 3.3%에 불과하지만 농촌지역만 따지고 보면 7%대가 넘는다. 특히 보은군 다문화 초등학생은 219명으로 전체 학생 1143명의 19%가 넘는다. 다섯 명 중 한

명 꼴로 다문화 학생인 셈이다. 『충청투데이』, "다문화 학생 소수자라는 편견부터 확 바꿔야," 2020.07.03.

난민이나 이주민(조선족 등 교포 포함)에 대한 인도적 수용을 주장하면서도 이들이 사회적 불안의 요인이라는 입장이 적지 않다.

제주에서 생활하던 예멘 난민 신청자 339명의 국내 체류가 결정됐다. … (중략) … 사실상 국내 특정 지역에서 장기간 체류하며 생활하게 될 가능성이 큰 것이다. … (중략) … 그중에도 안정적인 일자리를 얻을 수 있는 공단 밀집 지역이 우선 이주지로 꼽힌다. … (중략) … 안산 지역 주민들이 오래전부터 '난민 이주 반대'를 주장해 온 것도 그래서다. 이미 외국인 노동자들이 많은 지역이다. 여기에 난민 정착지라는 이미지까지 더해진다는 점을 우려하고 있다. 지역 내 각종 커뮤니티는 물론 청와대 국민청원에까지 의견이 올라있다. … (중략) … 우리는 난민에 대한 사회적 편견에 반대한다. 난민 이주를 막고 나서는 지역주의적 접근에도 동의하지 않는다. 다만 난민이라는 생소한 집단이 공동체에 들어옴에 따라 생기는 현실적 불안감만큼은 헤아려 줘야 한다. … (중략) … 어떤 사람들이 어떤 형태로 거주하게 될지 불안해질 수 있다. 이걸 무조건 '인도주의적 차원에서 묻지 말고 포용하라'고 강요하는 것은 부당한 행정일 수 있다. … (중략) … 무조건 비공개하고 모른척하라고만 하니 지역민들이 불안해하는 것 아닌가. 『경기일보』, "난민에 불안한 수도권 주민이 많다," 2018.10.19.

무사증(無査證) 제도를 이용해 제주도로 몰려와 집단 난민 신청을 한 예멘인들을 둘러싼 논란이 뜨겁다. 각종 게시판 등에는 이들과 관련한 댓글이 쏟아지고 있다. 난민 신청을 받지 말고 추방하라는 주장이 압도적이다. '무사증 입국과 난민법 폐지'가 청와대 국민청원 게시판의 최다 청원일 정도다. 『한국경제』, "해외 난민, 배타주의도 지나친 온정주의도 곤란하다," 2018.06.27.

광주에서 외국인 범죄가 급격히 늘고 있다는 소식이다. 광주지방경찰청에 따르면 지난해 광주에서 범죄를 저질러 검거된 외국인은 467명으로 2010년에 비해 92% 증가했다. 대부분 교통범죄나 폭력 등이었지만 강도나 성폭력, 마약 등 강력범죄도 20여 건에 이른다고 한다. 광주에 거주하는 외국인이 1만 8000여 명에 달하는 것을 감안하면 범죄 비율은 높지 않지만 이들에 의한 범죄가 갈수록 흉포화되고 있어 우리 사회의 안전을 위협하는 것은 분명하다. 『전남일보』, "늘어나는 외국인 범죄에 적극 대처해야," 2016.03.11.

당정 협의에선 김무성 대표의 '조선족' 발언이 주목을 끌었다. 김 대표는 "우리 이민정책은 조선족을 대거 받아들여야 한다"고 말했다. 다만 이민은 만병통치약이 아님을 알아야 한다. 이민은 경제적 측면과 함께 사회적 파급 효과까지 두루 살펴야 한다. 이민에 대한 우리 사회의 반감은 의외로 깊다. 이민·난민 부작용을 겪는 유럽이 반면교사다, 『파이낸셜타임즈』, "조선족 대량 이민, 뜻은 이해하지만," 2016.01.29.

블루칼라 일을 기피하고 생산가능 인구마저 줄어드는 현실을 감안하면 이민은 물론 일자리를 위해 단기 체류하는 제3국 인력을 받아들일 수밖에 없는 게 우리의 현실이다. … (중략) … 세대 중국 동포에게 별 검증없이 90일 체류가 가능한 C-3비자를 내준다는 점을 악용한 것이다. … (중략) … 불법 체류자가 10월 현재 20만명을 넘고 이슬람국가(IS), 탈레반 등 이슬람 극단주의자들의 테러가 극성을 부리는 현실을 감안하면 국민들은 불안하기 짝이 없다. 『헤럴드 경제』, "구멍뚫린 불법체류자 관리, '제2박춘봉' 막겠나," 2014.12.17.

위의 글들에서 일차적으로 알 수 있는 것은 다문화인이나 조선족이나 노동력 부족 특히 국내 노동자가 기피하는 3D업종에 주로 종사하는 블루칼라와 같은 단순 노무직을 위한 집단으로 간주하고 있다는 것이다. 기본 인식부터 차별적인데, 이들은 바로 치안 불안의 요인이 된다. 이들이 집중거주하는 지역은 우범지대가 되거나 기피 지역이 되고 범죄발생률은 급등한다는 것이다. 인구비례나 인구증가 비율과 같은 정치한 분석은 이루어지지 못하고 주로 현상적인 차원이나 특정 흉악범을 강조하는 경향도 있다.

대구경북에도 불법체류 외국인 노동자가 늘면서 이들의 범죄행위가 우려되는 등 문제가 되고 있다. 이들 불법체류 외국인 노동자들은 국내 산업현장의 질서를 깨트리고 폭력적인 행동을 하며 한국인 노동자에게 갑질까지 하는 것으로 드러나 충격을 주고 있다. 『영남일보』, “갑질에 범죄까지 저지르는 불법체류 노동자들,” 2017.06.01.

경남경찰청은 지난 6월 20일 밤 김해 도심 복판에서 집단 난투극을 벌인 러시아, 키르기스스탄, 카자흐스탄 등 구소련 국가 출신 고려인 60여 명을 검거, 어제 23명을 구속하고 40명을 불구 속입건했다. … (중략) … 도내 거주 외국인은 현재 7만 5000여 명으로 추산된다. 2017~2019년 최근 3년 동안 외국인 범죄자 수는 4977명이며 이 중 332명이 구속됐다. 연도별는 2017년 1897명, 2018년 1446명, 2019년 1654명 등으로 큰 변화는 없으나 범죄가 점차 조직화·광역화·지능화·흉포화 돼가고 있다. 일각에서는 국내 조직폭력배보다 더욱 심각하다고 지적한다. … (중략) … 2017년 개봉한 영화 범죄도시에 서는 흑룡강성 하얼빈에서 밀항한 폭력배 3명이 한국조폭의 양팔을 도끼로 잘라버리는 끔찍한 사건을 벌이고 단숨에 기존의 조직 폭력배를 장악한다. 『경남신문』, “외국인 조직폭력 특단대책 절실하다,” 2020.08.07.

이 기사에서도 이주민의 범죄율 변화는 없다고 하면서도, 근거도 제시하지 않으면서, 이들이 저지는 범죄가 흉포화되고 있다고 주장하고 있다. 그리고 이에 대한 근거로서는 엉뚱하게 영화의 이야기를 가져오고 있다.

> 제주도에서 중국인의 강력범죄가 잇따르면서 사회문제로 떠올랐다. 17일 제주시의 한 성당에서 기도 중이던 60대 여성이 중국인 관광객이 휘두른 흉기에 숨졌다. 지난 9일에는 중국인 관광객 8명이 제주시의 한 음식점에서 업주와 손님들을 폭행해 중상을 입혔고 지난 5월엔 중국인 관광가이드가 돈을 목적으로 중국인 여성을 살해한 뒤 시신까지 유기했다. 『한국일보』, "중국인 범죄 급증에 제주도 가 불안하다," 2016.09.19.

> '전국 성범죄 위험도 측정·분석 보고서'를 보면 전국 23개 시·군·구 가운데 수원시 팔달구는 강간 위험도가 179.66으로 전국 1위를 차지했다. … (중략) … 지동과 고등동·매산동을 중심으로 외국인 인구가 폭발적으로 늘어나고 있지만 치안환경이 더욱 나빠지고 있는 것도 주된 원인이다. 수원시의 인구는 권선구(33만 9천 명), 영통구(32만 9천 명), 장안구(30만 천 명), 팔달구(20만 8천 명) 순이다 지난해 말 기준 수원시에서 발생한 범죄는 모두 4만 892건이었다. 이중 수원시 전체 인구의 17%를 차지하는 팔달구의 10개 동에서 발생한 범죄는 1만 7천 438건으로 수원시 전체의 43%에 달한다. 『경인일보』, "'효의 도시'에서 '범죄의 도시'된 수원," 2015.07.17.

제주도에서 중국인 범죄가 4배 이상 늘었다는 것을 강조하지만 입국자 증가도 비슷한 비율이라는 점은 주목하지 않는다. 수원의 경우도 인구 급증과 치안 불안을 구체적인 연관관계 증명 없이 단순히 외국인 인구 증가의 탓으로 돌리고 있다. 더 나아가 이주민의 범죄에는 폭력에만 그치지 않고 마약 범죄에도 연관된다고 이야기한다.

> 서울 강남 유명클럽 '버닝썬'의 폭행 사건을 계기로 드러난 클럽가의 마약 오염 실태는 충격적이다. … (중략) … 마약은 유흥가뿐만 아니라 우리 주변에 빠르게 스며들고 있다. 경찰이 지난해 국제우편을 이용한 마약 밀반입 사건을 수사했을 때 단속된 투약자 대부분은 중국동포 등 일용직 근로자였다. 『동아일보』, "강남 클럽까지 번진 '환각 파티'… '마약과의 전쟁' 나서라," 2019.03.05.

> 대구지역 학교나 학원에서 학생들을 가르치는 원어민 강사 상당수가 마약사범인 것으로 드러나 충격을 주고 있다. 『영남일보』, "외국인 강사 선발과정 엄격해야 한다," 2014.01.08.

사회적 불안과 이주민들을 연결시키는 것뿐 아니라, 다문화 가정의 위장결혼과 이혼을 강조하거나(『세계일보』, "체계적이고 포용적인 다문화 정책이 필요할 때," 2012.11.21) 미래의 문제아가 될 가능성이 있는 집단으로 '관리'의 대상으로 다문화 학생을 생각한다(『매일경제』, "만명 다문화 학생 문제아 안 되게 관리를," 2012.09.18). 따라서 이들에 대한 보다 엄격한 관리체제가 필요하다는 주장이 제기된다.

> 국내에서 범죄를 저지른 후 추방됐다가 신분세탁 후 재입국한 조선족 130명이 적발됐다. 단순 입국을 넘어 한국인으로 귀화한 범죄자도 여럿이다 범죄 유형도 특수강도, 성폭력자, 마약밀매자 등 천차 만별이다. … (중략) … 효율적 대처가 요구된다. 외국인 지문등록제의 효율성을 강화할 방안 등이 시급히 강구돼야 한다. … (중략) … 제도 보완과 함께 무한추적이 요구된다. 『세계일보』, "신분세탁 범죄자 국내 유입, 무한 추적해야," 2012.06.24.

3) 귀화 운동선수

세계성과 반(反)세계성이 단적으로 충돌하는 경우가 귀화 운동선수, 특히 국가대표의 경우라고 할 수 있다. 혈통주의가 강한 한국에서 외국인에 대한 거부감이 적지 않고, 운동선수는 개인적인 차원에서 정서적인 연대가 전제되는 경우가 많다는 점에서 그동안 외국인이 활동하는 사례가 그다지 많지 않았다. 그러나 1980년대 이후 프로스포츠화가 진행되면서 경기력 향상과 관중동원을 목적으로 제한된 수의 외국인 선수가 허용되면서 외국인 선수에 대한 반감이 줄어들었지만 여전히 이들에 대해서는 '용병'이라는 용어가 상징하고 있듯이 한시적으로 돈을 매개로 제한적인 관계 맺기만이 이루어졌다. 이러한 가운데 외국국적 선수의 귀화 문제가 대두되었는데, 이것은 크게 두 가지 이유 때문이라고 할 수 있다.

첫째는 한국의 스포츠 시장이 확대되고 발전되면서 단기간이 아니라 장기적으로 한국 스포츠에 참여하는 것이 경제적인 차원에서도 외국인 선수들에게 매력적인 일이 되었기 때문이다. 이러한 상황에서 소정의 귀화절차를 밟아서 한국 국적을 얻게 되면 종목마다 숫자의 차이는 있지만 외국인 선수 숫자의 제한을 피할 수 있어 선수나 팀이나 모두 이익이 될 수 있다.

둘째는 올림픽과 같은 국제 스포츠 경기에서 성과를 거두어야 하는 사회적 요구가 있음에도 국내 수준이 현저하게 낮은 종목들 때문이다. 외국인 선수를 귀화시켜 대표팀의 전력을 높여서 국제대회에서 좋은 성적을 얻고자 하는 논의가 활성화되었다는 것이다. 특히 올림픽과 같은 중요한 국제경기를 유치하였을 때는 개최국으로서 대부분의 종목에 참여하여야 하고 동시에 일정한 성적을 거둘 필요성이 있었다는 것이다.

외국인 선수의 유입이나 귀화 국가대표의 출현은 한국에서만 나타나는 현상은 아니다. 최근 세계화과정에서 초국가적 노동 이주 현상이 가속화됨에 따라 근대 민족국가의 질서유지를 가능케 했던 민족적 정체성과 국가정체성이 모호해지고 있으며 이러한 변화는 민족주의적 질서의 유지 및 강화의 수단으로써 중추적 역할을 수행해 온 스포츠 영역에서도 점차 확대되고 있다. 전 지구화 흐름에 따라 다양한 해외 스포츠 문화가 국내로 유입되었으며, 국제스포츠 노동시장 또한 점차 유연해지면서 선수들의 국적 이동도 빈번히 발생하고 있다.[11]

2018년 평창올림픽에서 이러한 현상이 두드러졌는데, 동계 스포츠에서 상대적으로 낙후되어 있었던 한국은 개최국으로서 일정한 성적을 거두기 위해서 분야별로 외국인을 귀화시켜 대표선수로 선발하였다.[12] 동계올림픽 귀화선수와 관련된 언론보도를 분석한 서희진·김민·김기운은 2014년 소치올림픽 시기부터 2017년 삿포로 아시안게임까지를 대상으로 하고 있는데, 동계올림픽 귀화선수 관련 미디어 언론보도는 '기대-충돌-전화'의 3단계로 구성된 된 서사구조와 각각의 서사구조에 내포되어 있는 이항대립구조 및 의미작용을 통해 다양한 민족주의 담론을 형성하고 있다는 분석결과를 내놓고 있다.[13] 필자들은 스포츠에서 세계화와 민족주의가 공생한다고 보면서도 과거의 다른 시민적, 문화적 민족주의 지향이 관련 기사에서 나타난다고 보고 있다. 이와 같은 분석은 일정한 타당성을 갖는데 문제는 문화적 민족주의를 강조하는 것도 여전히 귀화선수의 한국문화에의 일방적 적응에 초점을 맞추고 있다는 점이다. 즉 과거의 혈통적 민족주의와 차이는 있지만 동화주의에 머무르고 있다고 볼 수 있다. 결과적으로 귀화 국가대표의 절반이 한국을 떠났고,[14] 프로농구의 대표적인 귀화선수인 미국 출신 라건아의 경우도 사회적으로나 제도적으로 차별에 시달리고 있다.

> 프로농구 전주 KCC 소속인 귀화선수 라건아가 소셜미디어를 통해 공개한 일부 팬의 인종차별적 표현은 "이게 과연 2020년 우리 국민들의 인권 감수성 수준인가" 하는 자괴감을 들게 할 정도다. 한 네티즌은 라건아를 "검둥이"라 부르며 그의 어머니까지 욕했다. 또 다른 네티즌은 아예 "네 나라로 돌아가라"며 반감을 감추지 않았다. 라건아가 누구인가 8년 전 KBL에 데뷔한 그는 외국선수 MVP를 세 번이나 차지할 정도로 특출한 실력을 인정받았고, 2018년에는 체육 분야 우수 인재 특별귀화 형식으로 한국 국적을 취득해 태극마크까지 달았다. 리카르도 라틀리프라는 미국 이름 대신 한국 이름을 쓰 는 그는 "우리 가족 터전은 한국"이라고 자신 있게 얘기할 정도로 완전히 한국에 동화됐다. 이런 그에게 인종차별적 인신공격이 난무 했고 참다못한 그가 결국 이 같은 실태를 폭로하며 "제발 그만하라"고 호소하기에 이른 것이다. 『서울신문』, " "인종차별 심각하다"는 라건아 호소 인권의식 고취하고 차별금지법 제정해야," 2020.01.17.

현재 프로농구팀 KCC 소속인 라건아는 국가대표까지 뛰었지만 외국인 쿼터로 분류되어 국내 선수만 가능한 2020년 섬머리그에 참여하지 못하는 반면 다른 프로농구팀 DB 소속인 일본인 선수는 아시아쿼터로 국내 선수와 동일하게 분류되어 시합에 출전할 수 있다. 피부색에 따른 차별이라고 할 수 있을 정도이다.

라건아 사례와 같이 외국인 귀화선수에 대한 차별 문제를 제기하는 언론보도도 있으나 여전히 인종적 민족주의 정서도 존재하고 있다.

> 2018년 평창동계올림픽을 앞두고도 이미 귀화를 했거나 귀화를 하려는 외국 선수가 여럿이다. 한국계 부모를 두는 등 한국과 인연이 깊은 선수가 많지만 그렇지 않은 선수도 있다. … (중략) … 물론 안현수 선수가 러시아 국적으로 소치 올림픽에 출전했듯 국적을 뛰어넘어 운동을 계속하려는 선수의 뜻은 존중해야 한다. 개방시대에 외국인의 한국 국적

취득에 인색할 것도 아니다. … (중략) … 그러나 첼시 리의 경우에서 보듯 당장의 성적에 급급해 외국 선수 귀화를 서두르는 것은 손쉽게 메달을 따려는 편의적 발상으로 보인다. 시간이 걸리더라도 스포츠 저변을 확대하고 잠재력 있는 선수를 발굴해 육성하는 데 더욱 많은 노력을 기울여야 한다. 『한국일보』, "메달 성적에 급급한 특별귀화 추진 신중해야," 2016.06.16.

4) 탈북자 문제

헌법상으로나 정서상으로나 북한 사람은 같은 '민족'이다. 그럼에도 불구하고 한국 사회에서 탈북자는 같은 사회구성원으로 받아들이지 못하는 경향이 있다. 1990년대 북한에서 식량난이 심화되면서 국내 입국 탈북자의 수가 급증하였으며 이에 맞추어서 이들의 한국 사회 적응을 지원하기 위하여 다양한 정책이 입안되어 실시되고 있으며, 시민사회 수준에서도 이들을 돕는 실천들이 이루어지고 있다. 그럼에도 이들의 사회적응에는 여전히 문제가 많으며 무엇보다도 이들을 같은 사회구성원으로 받아들이지 않는 사회적 분위기가 여전하다.[15] 이와 같은 이유로 한국을 떠나는 탈북자가 15%에 이른다는 주장도 있다.[16] 탈북자를 차별하는 사회적 분위기의 기저에는 기본적으로 북한에서 살던 사람을 '빨갱이'로 보는 냉전적 사고가 지속되고 있기 때문이라고 할 수 있다. 조작으로 밝혀졌던 탈북자 출신 서울시 공무원 간첩 사건과 관련된 아래의 사설을 보면 이러한 인식이 잘 드러나고 있다.

탈북자로 위장해 간첩활동을 한 혐의로 서울시청 유모 주무관이 구속된 것은 그동안 정부 당국의 탈북자 관리가 허술했음을 보여준 사건이다. 최근 수년간 국내 입국 탈북자가 급증, 모두 2만 4천여 명에 이르는 데도 입국조사나 정착지원은 연간 100명 안팎의 탈북자가 들어오던 1990년대 수준이니 또 다른 일이 발생할 것 같아 걱정스럽다. 특히 북한이 지속적인 탈북 위장 간첩활동으로 해외에서의 탈북자 한국행 과정과 우리 관계 당국의 신문 방법, 정착교육 내용까지 속속들이 파악해 가고 있는 것으로 알려져 더욱 심각하다. … (중략) … 국내 정착에 온갖 고생이 심해 재입북하는 비극을 예방하는 일도 중요하지만 탈북자들의 간첩행위 적발도 중차대한 책임이다. 『경기일보』, "탈북자 신원 관리, 안전하게 하라," 2013.02.08.

2008년 이후 공안당국이 체포한 간첩 13명은 모두 탈북을 위장한 것으로, 이런 침투 방식은 이제 대세라고 한다. 북한은 심지어 탈북 위장 간첩들에게 우리 정부가 주는 정착금을 공작금으로 쓰게 하는 등 '손 안 대고 코푸는' 방식까지 쓴다고 한다. … (중략) … 탈북자는 한 해에 2000명에 이르고 현재 2만 4000명이 국내에 거주하고 있다. 마음만 먹으면 남과 북을 오갈 수 있는 시대에 당국이 순수한 탈북자와 위장 탈북자를 가려내기란 쉽지 않을 것이다. 그러나 초기 분류에 실패하면 간첩 색출에 엄청난 국력을 낭비한다. 『서울신문』, "공직에 파고든 탈북자 간첩, 안보 구멍 더 없나," 2013.01.22.

냉전적 사고가 지배적인 남한 사회에서 탈북자들에 대한 색깔론에 더하여 최근에는 이들을 사회적 부적응자, 그리고 더 나아가 일탈자로서 보는 시각도 확산되면서 차별적 의식은 더욱 심화될 가능성이 커지고 있다.

탈북자들의 마약 범죄가 사회문제로 대두되고 있다. 사선을 넘어 대한민국에 왔지만 이미 북한 사회에서 마약이 광범위하게 퍼져 있다보니 한국에 와서도 손쉽게 마약에 빠지는 이들이 많다는 분석이 나온다. 실제로 탈북자의 마약범죄는 가파르게 증가하고 있는 추세다. 김재경 자유

> 한국당 의원실이 법무부에서 제출받은 북한이탈주민 수감자 현황에 따르면 마약류 관련 수감자는 2013년 12명(13.6%), 2014년 179명(17.7%), 2015년 28명(24.7%), 2016년 49명(36.3%), 2017년 54명(37.5%)으로 급증하고 있다. 올해에는 상반기(1~6월)에 벌써 53명(35.1%)에 다달아 지난해 전체(54명)에 육박했다. 범죄 유형별로는 마약사범이 가장 많고 이어 폭력 사기·횡령·살인·절도·강도 등의 순이었다. 『문화일보』, "생활고·향수병에... 마약에 쉽게 빠지는 탈북자들," 2018.08.17.

> 포천시내 번화가에 있는 한 노래방. 다른 노래방과 별반 다를 것 없어 보이는 이곳은 접객원의 80%가 탈북민이다. … (중략) … 일부러 탈북민을 고용한 것은 아니지만, 탈북민들이 유독 많이 모였다는 게 업주의 설명이다. 이곳에서 만난 한 탈북여성은 "성매매가 안되는 노래방이지만 15만~20만원을 주면 업주 몰래 가능하다"고 귀띔했다. "생활고로 초저녁에는 다방에서 일하고 늦저녁에는 노래방에서 일한다"며 "밖으로 나가 술 마시고 노래 부르는 건 1시간당 3만원, 데이트도 가능하다"며 성매매를 유도했다. 이 거리에만 티켓다방이 수십여 곳이다. … (중략) … 생활고로 인한 강력범죄까지 이어지고 있다. 지난 2015년 40대 탈북민 K씨는 탈북 후 한국생활에 적응하지 못하고 3천여 명이 동시 투약할 수 있는 마약을 중국에서 들여와 탈북민들에게 판매, 경찰에 체포돼 수감 중이다. 『경인일보』, "먹고살기 위한 '탈북' 먹고살기 힘든 현실," 2018.05.20.

탈북자들이 일탈행위를 하는 것은 남한사회 적응이 어려움에서 비롯되었다고 할 수 있으며 이러한 문제를 지적하고는 있으나[17] 일탈행위는 탈북자 집단에서만 일어나지 않는다는 점을 간과하는 경향이 있다는 것이다. 다른 사회집단과 어느 정도 다른지도 검토하지 않는다면 사회적 낙인 효과로 이어질 가능성이 크며, 결과적으로 탈북자에 대한 혐오감으로 이어질 수 있다.[18]

냉전적 사고와 더불어 탈북자를 정쟁의 수단으로 활용하는 경우도 적지 않다. 최근 탈북자 출신 국회의원이 탄생하고, 탈북자의 월북 사건이 발생하면서 이러한 현상이 두드러지고 있다.

> 서울 강남갑에서 탈북자 출신인 태구민(태영호) 미래통합당 후보가 당선된 것을 빗대 이 지역 아파트 명칭을 '인민이 편한 세상' '간나 아이파크' 등으로 조롱하는 글이 친여 성향 소셜미디어에 올라오고 있다. 북한 선전매체가 태 후보를 비난하며 강남구에 부자와 특권층이 많이 살고 있다고 비아냥댔는데 국내에서까지 이런 비이성적 행태가 벌어지고 있는 것이다. 『동아일보』, "선거 뒤끝 좌우 극단세력의 도넘은 조롱과 음모론," 2020.04.20.

> 윤 의원은 그런 와중에 탈북자에 대한 인식도 드러냈다. '그 나라(북한)가 싫어서 나온 사람들'이라는 규정에서다. 이에 대해 외교부 차관을 지낸 조태용 미래통합당 의원은 "북한 주민들은 북한의 행정권만 벗어나면 바로 우리 국민으로서 권익을 누릴 수 있다는 게 우리 헌법"이라면서 "중국에 있는 수많은 탈북자를 사지로 내모는 발언"이라고 비판했다. 삐라와 함께 탈북민까지 북한 정권 입장에서 보고 있다는 지적이다. 유엔 북한인권조사위원회가 탈북 시도 주민이 겪은 반인도 범죄에 대한 보고서를 쓸 정도로 국제사회에 공론화된 시각과도 동떨어진 관점이다. 『한국일보』, "대한민국 국민인 탈북민, 여권선 "그 나라 싫어나온 사람들"," 2020.06.11.

> 여권이 이 탈북민 당선인들의 정체성까지 문제로 삼으며 이들이 의도적인 가짜 뉴스로 국민을 선동한 것처럼 몰아붙이는 것도 지나치다. … (중략) … 청와대 출신 당선인은 "이제 탈북자발 가짜 뉴스가 국회를 통해 유포될 위험이 생겼다"고 했다. 누구나 김정은 건강을 의심할 만한 정황이 있었고 해외 유력 언론들이 이를 먼저 제기했음에도 탈북민 당선인들에게만 유독 심한 비난을 퍼붓고 있다. … (중략) … 민주당은 앞서 태 당선인에 대해 "몇 년 전까지 우리의 적을 위해 헌신했던 사실을 잊

지 말라" "김정은 신변 정보가 있다면 스파이"라고도 했다. 『조선일보』, "탈북민 당선인들 발언도, 與 비난도 지나치다," 2020.05.05.

탈북자가 근본적으로 분단 상황에서 발생한 문제라는 점에서 남북관계와 분리될 수 있는 것은 아니다. 그러나 체제경쟁의 차원에서 탈북자를 북한 체제의 문제를 증명하는 수단으로 활용하거나 대북정책이나 정권의 정당성 비판에 활용하는 것은 문제가 있다.

최근 북한 엘리트층의 탈북이 꼬리를 물면서 북한 붕괴를 둘러싼 논란이 한창이다. … (중략) … 특히 지난 7월 '금수저' 출신의 영국 주재 북한 대사관 태영호 공사 가족에 이어 최근 베이징 주재 북한 대표부 간부 2명도 망명을 신청해 관심을 끌었다. 생계형 탈북이 '체제 불만형 탈북'이나 '이민형 탈북'으로 바뀌고 있다는 분석도 나온다. … (중략) … 이는 북한이 몰락할 수 있다는 징조일 수 있다. 오죽 희망이 없으면 온갖 혜택을 누리던 특권층마저 도망치겠는가. 독일 통일 직전 목격됐던 동독인들의 탈출러시가 이를 방증한다. 아예 탈북을 장려해 김정은 정권을 내부로부터 무너뜨리자는 주장이 나오는 것도 무리가 아니다. 『중앙일보』, "'탈북자 3만 명 시대'에 물 샐 틈 없이 대비해야," 2016.10.12.

북한 체제를 비판하기 위해서건 정부의 대북정책이나 정치적 입장을 비판하기 위해서건 탈북자를 문자 그대로 '활용'하고 있다는 것인데, 그 자체의 옳고 그름은 따져 볼 여지가 있지만 문제는 탈북자들을 타자화하게 된다는 것이다.

5) 코로나 19

2020년 중국에서 시작된 코로나19는 전 세계적으로 확산되면서 보건학적인 차원에서뿐 아니라 경제사회적으로도 역사적 분절점이 될 가능성이 커지고 있다. 그동안 범지구화가 가속화되면서 초국가적 이주가 확산되는 등 국가의 장벽이 허물어져 왔으며 그 중심에는 세계적 차원의 생산기지로 자리 잡은 중국의 역할이 적지 않았다. 그러나 중국은 코로나의 발원지가 되었고, 방역을 위한 국가 간 이동이 제한되면서 '분열' 또는 '탈세계화(deglobalization)' 방향으로 그 역사적 흐름이 바뀌고 있다는 것이다.[19] 이와 같은 상황에서 국가중심주의와 자민족중심주의가 심화되고 있는데 중국과 인접해 있고, 경제사회적 교류가 많은 한국에서도 이러한 경향이 두드러지고 있다. 코로나 발생 초기부터 중국을 중심으로 입국 제한을 주장 하는 경우들이 빈번해지는 것이 대표적인 사례이다.

> 중국발 신종 코로나바이러스 폐렴인 '우한 폐렴'의 기세가 심상치 않다. 중국 내에서 급속하게 확산되는 양상인데 지근거리로 여행과 교류 등 왕래가 잦은 우리나라로의 유입 가능성도 높아지고 있다. … (중략) … 충북에서도 20명이 넘는 학생 방문단이 환자 발생 이후 우한시에서 장기체류한 사실이 뒤늦게 알려져 안전지대가 아님을 확인시켜주고 있다. … (중략) … 지역적으로 유입 가능성이 높다는 점 때문에도 더 많은 주의가 요구된다. 우한시는 청주시와 자매도시 결연을 맺은 곳이다. 그동안 지역 기업과 농산물의 중국 진출 교두보 역할을 했으며 올해 20주년을 맞아 다양한 교류계획을 세운 것으로 알려졌다. … (중략) … 방역 등 안전 보장을 최우선 과제로 삼고 그 뒤에 20주년 행사 등 교류 활성화를 고민해야 한다는 얘기다. 기업진출 등 이어지는 교류도 간과해서는 안된다. 『중부매일』, "'우한 폐렴' 유입차단 총력 기울여야," 2020.01.22.

> 황 대표는 … (중략) … "(중국인 출입국을) 열어놓은 채 치료를 하다 보니 초기 방역 시스템에서 문제가 있었다"라며 이같이 말했다. 중국발

> 입국 금지 제한에 대한 타이밍을 놓쳤다는 이야기냐는 질문에 "힘들지만 했었어야 했다"면서 "초기에 대응을 신속하게 했어야 했다"고 답했다. 황 대표는 "지금부터라도 유입은 차단해야 한다"면서 "중국이 됐든 새로운 발원지가 됐든 지금도 여전히 맞다. 그런 전제하에서 시작이 돼야 한다"고 강조했다 우한 코로나라는 표현을 계속 고수하고 있다는 지적과 관련해서 "어디서 나온 감염원인지를 정확하게 알아야 대비를 한다"면서 "이게 동에서 오는 감염병인지 서에서 오는 것인지 구분이 되지 않아서는 대응이 안 된다"고 설명했다. 『한국경제』, "황교안 정부 코로나19 초기 방역에 실패했다," 2020.03.25.

> 최대집 대한의사협회장이 … (중략) … 다시 한 번 중국과 일본 등 해외국가에서의 입국을 금지하거나 제한해야 한다고 주장했다. … (중략) … 그는 이중 하나로 입국금지·제한을 꼽으며 "우선순위에서 후순위로 갔지만 해외 감염원 유입 차단은 역시 중요하다"고 말했다 이어 "중국발 입국 금지 또는 중국 확진자 상위 10개 지역 입국금지, 그리고 위험 지역인 일본·이탈리아·이란으로부터 입국 제한 조치가 시행돼야 한다"고 강조했다. 『한국일보』, "최대집 의협회장 또 다시 "지금이라도 중국 발 입국금지 시행해야"," 2020.03.06.

'코로나19'는 공식 병명이고 국제적인 차원에서도 인정하는 이름임에도 불구하고 우한폐렴을 주장하는 것부터 반중국적인 입장에 서있다고 볼 수 있다. 감염병으로 인한 시민들의 건강을 지키는 것이 핵심적인 가치고 이를 실현할 수 있는 방안을 모색하여야 하지만 중국에 대한 태도 여부 그리고 정치적 비판으로 활용하는 현상도 벌어진다, 현 정부의 외교정책을 친중국적이라고 비판하기 위하여 코로나19를 적극적으로 활용하는 것인데, 이 과정에서 중국 정부에 대한 비판뿐 아니라 중국의 열악한 보건실태 등에 대한 혐오적인 인식을 보여주고 있다.

코로나19(신종 코로나바이러스 감염증) 창궐 이후 한국 정부는 '친중' 외교로 일관했다. '중국인 입국 금지' 요구에도 정부는 버텼다. 그 결과가 참담하다. 코로나19가 국내에 처음 알려질 당시 국민들은 이 병을 '우한폐렴'이라 불렀다. 바이러스의 진원지인 중국 우한 지명에서 유래한 이름이다. 며칠 뒤 청와대는 '우한폐렴'이 아닌 신종 코로나바이러스 감염증으로 불러달라고 언론과 국민들에게 요청했다. 중국과 외교관계를 고려해 특정 지역을 거론하지 말자는 취지였다. 한국 정부의 중국 외교를 대하는 '자세'를 볼 수 있는 대목이다. … (중략) … 하지만 청와대는 여전히 중국인 입국을 막을 계획이 없다. 청원인은 "우한폐렴 사태에서 문 대통령의 대처를 보면 볼수록 대한민국 대통령이 아닌 중국의 대통령을 보는듯 하다"고 비판했다. '두마리 토끼'를 잡으려던 문 대통령은 방역도 민심도 모두 놓쳤다. 정치·외교·경제적 측면을 총체적으로 고민했다지만 남은 것은 한중 정부간 불신은 물론 한중 국민간 감정싸움이다. 『머니투데이』, "국민안전 없이 외교도, 경제도 없다," 2020.02.27.

정부가 '감염원 차단'이라는 방역 제1원칙은 도외시하고 국민 세금으로 외국인에게 치료비·숙박비까지 대주니 의료 현장에서 이런 하소연이 나오는 것이다. … (중략) … 감염학회는 코로나 사태 초기인 2월 2일 "중국 후베이성 제한만으로는 부족하다 위험 지역 입국 제한이 필요하다"고 권고했다. … (중략) … 정부는 그때마다 "한국인이 중국에서 감염원을 갖고 왔다." "우리가 조치하면 상호주의가 작동된다"며 거부했다. 말도 안 되는 소리였다. … (중략) … 이유는 하나뿐이다. 지금 외국인 입국을 금지하면 애초에 중국을 막지 않은 잘못이 부각될까 봐 고집을 부리는 것이다. 그런데 중국마저 28일부터 외국인 입국 금지를 발표했다. … (중략) … 방역 원칙도 실종됐고 주권 국가라 부르기도 민망할 정도로 외교 원칙도 실종됐다. 지금이라도 한시적으로 외국인 유입 차단에 나서야 한다. 『조선일보』, "中도 입국 금지 문 열어놓은 韓정부는 국민에 "책임 묻겠다"," 2020.03.28.

> 문재인 대통령이 28일 우한 코로나 사태와 관련 "지금이라도 중국인 입국을 금지해야 한다"는 야당 대표 주장에 "초기라면 몰라도 지금은 실효적이지 않다"고 했다. … (중략) … 지금 우리 국민은 중국에서 온갖 수모를 겪고 있다. … (중략) … 이것이 한국이 위험을 감수하고 중국인을 받아준 결과다. … (중략) … 중국 공산당이 코로나 발병 책임을 한국으로 돌리 려는 의도가 엿보인다 청와대와 이른바 문빠들은 이 중국의 시도를 우리 국민과 같이 '어처구니없는 적반하장'이라고 생각하나. … (중략) … 조금만 더 나가면 '우한 코로나'를 '코리아 코로나'로 둔갑시키는 중국 주장에 동조하는 세력이 등장할지도 모른다. … (중략) … 중국은 14억 인구가 밀집한 데다 농촌은 아직 위생 상태가 열악하다. … (중략) … 우한 코로나가 잡히더라도 또 다른 중국발 전염병이 얼마 안 있어 확산할 수 있다. 『조선일보』, "文 '중국發 전염병 또 나와도 또 문 열겠다' 선언해보라," 2020.02.29.

코로나19와 관련된 논의는 중국에 대한 인식이나 정부의 외교정책 그리고 더 나아가 이념적 지향성까지 문제 삼는 것에서 그치는 것이 아니라 난민 문제 등으로 이어지면서 고립주의를 강화하는 결과를 가져오게 된다,

> 코로나19가 처음 시작된 중국은 급한 불을 껐다지만 지금 유럽 상황은 걷잡을 수 없는 지경이다, 한국 입장에서도 유럽발 유입 차단이 새 숙제다. 유럽발 하루 입국자는 약 1000명이고, 약 20%가 외국인인데 유증상 입국자의 5%가 확진자다. 문제는 해외 유입 차단에 따른 비용으로 막대한 세금이 지출된다는 점이다. … (중략) … 생사의 갈림길에 내몰린 외국인의 눈에 의료 인프라가 세계 최고 수준이고 진단·치료비에다 생활비까지 무료로 지원하는 한국은 '코로나 피난처'로 꼽힐 수 있다. 의료 여건이 열악한 나라일수록 한국을 도피처로 여기고 난민들이 일시에 몰려올 수도 있는 상황이다. 한국 정부의 초기 대응 실패로 우리 국민은

170여개국에 의해 입국을 제한당하는 수모를 겪고 있지만 정부는 외국인에게 사실상 대문을 열어놓고 있으니 더욱 그렇다. … (중략) … 사실 외국인 유입 차단 정책이 이처럼 꼬인 배경에는 '친중'이란 꼬리표가 붙은 정부가 사태 초기에 중국발 유입 차단을 제대로 하지 않았기 때문이다. 유입 차단 실패로 사태를 키운 책임을 가리려다 계속 엇박자가 나는 셈이다. 『중앙일보』, "나라 대문 지금처럼 열어두면 코로나 난민 감당 못한다," 2020.03.24.

4. 언론에 나타난 세계시민 담론의 이중성

세계시민 논의와 반대되는 언론의 인식들을 살펴보았다. 지금까지 살펴본 언론기사들은 주제와 관련하여 특정한 입장을 가진 기사를 자의적으로 선택한 것이다. 예를 들어 난민문제나 귀화선수 문제와 관련해서 개방적이고 세계시민 지향적인 글도 적지 않았다. 따라서 선택한 기사들이 언론사의 기본 입장이라고 보기는 어렵다. 그러나 이 글에서 살펴보고자 하는 것은 원론적인 태도나 입장이 아니라 그것이 어느 정도 진정성이 있는가 여부이다. 레가시미디어라고 하는 제도화된 언론에서 인종차별을 원론적으로 지지하지 않지만 관련 이슈에 대한 언론의 근본 입장이 무엇인가를 심층적으로 검토할 필요성이 있는 것과 마찬지 이유이다. 이 글의 주제와 관련시켜 보자면 글로벌이나 초국가 이주를 지향하고 인종·민족 차별이나 국수주의를 비판하는 세계시민주의가 어느 정도 진정성이 있고 일관성이 있는가를 살펴보기 위하여 이에 반하는 담론을 찾아서 분석하였다는 것이다.

세계시민 논의와 관련되어 분석 대상으로 삼았던 이슈와 관련하여 언론에서 볼 수 있는 담론들에서는 여전히 자민족중심적이고 배타적인 태도가 강하게 남아있다는 것을 알 수 있다. 이것은 한국 사회에서 민족주의가 강하게 작동되고 있기 때문이라고 볼 수 있다. 신용하는 민족 형성의 가장 중요한 요소로서는 포괄적으로 ① 언어의 공동, ② 지역의 공동, ③ 문화의 공동, ④ 혈연의 공동, ⑤ 정치의 공동, ⑥ 경제생활의 공동, ⑦ 역사의 공동, ⑧ 민족의식이 추출되어 연구되어 왔다고 하면서, 이 가운데 ①~⑦을 민족 형성의 객관적 요소로 분류하고 ⑧의 '민족의식'을 주관적 요소로 간주하였다고 주장한다. 이를 토대로 민족은 한마디로 정의하면 인간이 "언어·지역·혈연·문화·정치·경제생활·역사의 공동에 의하여 공고히 결합되고 그 기초 위에서 민족의식이 형성됨으로써 더욱 공고하게 결합된 역사적으로 형성된 인간공동체"라고 정의하고 있다.[20] 그는 민족을 상상의 공동체로 보는 시각을 반대하면서 실재하는 인간공동체에 의식이 더해진 것으로 보고 있다.

이를 토대로 박명규는 민족과 관련하여 한국내셔널 담론을 세 가지 유형으로 나누고 있다. 첫 번째는 국민적인 것인데 국가공동체와 관련된 공공의 영역이다. 국민을 토대로 국가주의와 결합되었는데 1990년대 이후 국가의 확장에 정부와 시민영역이 더해지게 된다. 민주화, 산업화 성공과 더불어 대북 콤플렉스를 극복하면서 자발성과 상향성이 부각되고 있다. 두 번째는 민족적인 것이다. 국민이 대한민국이라는 국가공동체와 연결되어 북한을 배제하고 있다면 민족공동체는 남북한을 포괄한다, 영어로 내셔널 이코노미(national economy)가 국민경제이기도 하고 민족경제이기도 한데, 내용이 다를 수 있다는 것이다. 역사적인 민족공동체로서 제국주의에 대한 저항이 결합되고 있다. 셋째는 종족적인 것이다. 1990년대 디아스포라 현실이 부각되면서 중요하게 된 범주이다. 자신들이 거주하는 생활공동체와 분리되어 문화적 연계, 심리적 동일시를 강조하는 것이다.[21]

박명규가 이야기하듯이 한국의 내셔널 담론은 중층적이고 복합적이라고 할 수 있다. 이러한 복합성은 한국 사회의 역사적 배경과 밀접하게 관련되어 있다. 한국에서는 외세의 침략에서 벗어나 자기 민족의 자주성과 동질성을 유지하려는 저항 민족주의가 싹텄고, 해방 이후 민족주의 담론은 반공주의와 결합하여 반공주의자들의 정치적 입지를 강화하고 독재정권의 연장 논리로 사용, 저항민족주의를 통해 우리라는 저항주체를 만들어 내고 운명공동체적 단일성이라는 기치 아래 강제적 동원을 합리화하는 이론적 기제로 작동하였다.[22] 저항적 민족주의 담론은 민주화투쟁과정에서 심화되는데 박명규의 세 가지 내셔널 담론에서 첫째와 둘째가 결합되는 양상이 나타난다고 볼 수 있다. 이 과정에서 젠더나 계급의 문제, 그리고 이념 문제마저 민족 문제에 사상되어 버린다는 것이다.[23] 이와 같은 상황에서 종족적 내셔널 담론이 더해지면 저항적 민족주의와 자민족중심주의가 결합될 가능성이 있다.[24]

앞에서 살펴본 바와 같이 언론매체에서 민족이나 국가 중심적 사고 즉, 세계시민 담론과 배치되는 언술들이 꾸준히 나오고 있는 것도 일제 강점기를 거쳐 분단과 권위주의체제의 지속이라는 역사적 경험과 무관하지 않다고 볼 수 있다. 세계화와 초국가적 이주의 활성화 그리고 다문화 사회의 도래라는 현실적 상황에서 과거와 같은 배타적인 민족과 국가 중심적 담론이 지배적이지는 않다고 하더라도 여전히 전통적이고 위계적인 담론도 작동하고 있다는 것이다. 세계시민 논의를 수용한다고 한다면 이러한 경향성은 지양되어야 할 요소라고 할 수 있다. 분단체제가 식민지유산과 관련이 있고, 냉전체제와 관련이 있다면 분단체제의 극복은 민족적 동질정 회복으로 가능한 것이 아닌 것처럼 민족문제가 여전히 남아있다면 역설적으로 탈민족주의적 맥락에서 다룰 필요가 있다는 것이다.

세계시민주의와 대립되는 담론이 지속되고 있는 것이 한국 민족주의 혹은 내셔널 담론의 중층성과 밀접하게 연결되고 있지만 동시에 국내정치적 지형과도 관련되어 있다. 탈북자 문제를 포함하여 난민 문제, 그리고 코로나19 문제에 이르기까지 정파적 입장에 따라 세계시민 담론의 내용도 다르다는 것이다. 특히 보수적 언론이라고 하는 매체들은 국가중심주의와 배타적 민족의식이 강하게 나타나고 있다. 최근까지 사회적 논란의 대상이 되고 있는 '차별금지법'의 경우[25] 법 제정 논의가 시작된 2007년 이후 2020년 10월까지 중앙일간지 11개를 기준으로 보았을 때 126건의 사설이 있었는데, 보수적 언론이라고 할 수 있는 조선·중앙·동아일보의 사설은 단지 5개에 불과하였다.[26] 차별금지 문제에 대한 입장을 드러내지 않았다는 것인데 공개적으로 찬성이나 반대를 표출하는 것에 부담을 갖기 때문이라고 볼 수 있다. 그러나 논의 자체를 회피하는 것은 최소한 찬성은 아니다. 차별금지법의 유무는 유럽연합은 가입 전제조건의 하나이고 미국은 민권법을 통하여 차별금지를 제도적으로 지향하고 있다. 국제사회에서도 한국이 차별금지법을 제정할 것을 권고하고 있는 반면 수차례에 걸쳐 입법이 좌절되면서 중요한 사회적 논란의 대상이 되어왔다. 그럼에도 이에 대한 명확한 의사 표현이 부재하다는 것 자체가 문제라는 것이다. 탈북자 집단을 북한 체제의 문제를 상징하는 것으로 인식함으로써 체제경쟁의 프레임으로 인식하는 것이나 코로나19 정책을 정부의 무능력을 부각시키고 친중국 외교정책의 결과로 몰고 가려는 논의도 세계시민 담론의 정쟁화를 대변한다.

5. 맺음말

세계시민 논의가 절대적으로 필요하다고 일방적으로 수용하여야 할 필요는 없다. 다만 한국사회의 특징과 역사적 맥락 시민들의 생각을 고려하면서 논의를 지속적으로 발전시킬 필요가 있다는 것이다. 그러나 이를 위해서는 현 단계 한국 사회 내의 세계시민 담론 자체에 대한 성찰적 분석이 필요하다고 할 수 있다. 여기에는 한국 사회에서 세계시민 논의의 발전 과정에 대한 성찰과 더불어 세계시민 논의에 대하여 반하고 있는 담론에 대한 성찰도 포함된다.

4

북한관과 남남갈등

여론조사와 신문기사를 중심으로

1. 머리말

근래 남한 사회에서 가장 빈번하게 사용되는 용어 가운데 하나가 '남남갈등'이라고 할 수 있다. 김대중 정부의 햇볕정책에 대한 찬반 여부로 촉발된 남남갈등은 새로운 노무현 정부가 들어서도 더욱 확대되었다. 대북정책 특히 대북관을 중심으로 시작된 남남갈등은 이제 미국에 대한 관점 문제, 노사문제, 그리고 2003년 송두율 교수 문제와 이라크 파병 문제에 이르기까지 다양한 주제로 확산되었다고 볼 수 있다. 주제가 다양해질 뿐만 아니라 문제는 갈등의 정도도 더욱 심화되고 있다는 점이다. 따라서 어떤 사람들은 국론분열 운운하면서 체제위기 상황이라고 말하기도 하고 있다. 그러나 의외로 현재의 남남갈등 자체에 대해서는 충분한 논의가 부족하다고 볼 수 있다. 현재의 남남갈등이 문제가 있다면 그것이 어떤 맥락에서 파생되었고, 본질이 무엇인가에 대한 정확한 인식이 선행되어야 남남갈등의 해결이 가능성이 있다는 점을 유의할 필요가 있다.

남남갈등이라는 말을 일상적인 용어가 된 것은 2000년 남북한 정상회담 이후 8·15행사에 참가한 남측 대표단의 일원이 평양에서 만경대를 방문하면서 했던 몇몇 행동에 대한 논란이 촉발된 이후이다. 따라서 기본적으로 남남갈등은 북에 대한 태도 혹은 대북정책을 둘러싼 두 개의 진영 간의 대립에서 시작되었다고 볼 수 있다. 이 과정에서 지난 정부의 포용정책은 남남갈등의 중요한 축이 되었다. 또한 상대적으로 진보적인 성향의 노무현과 보수적인 이회창의 대통령 선거 과정에서 남남갈등은 범진보진영와 범보수진영의 간의 문제로 확산되었다고 볼 수 있다. 이념적 차별성뿐만 아니라 세대적 차이가 있었던 두 후보의 특성으로 세대 간 갈등도 더해졌다고 볼 수 있다. 또한 2002년 지방선거 기간 동안에 발생하였던 미군 장갑차에 희생된 두 여학생의 문제는 대내적으로는 반미와 친미의 갈등으로 발전하여 민족문제로 남남갈등이 확대되는 계기가 되었고, 이라크 전쟁은 평화와 전쟁이라는 가치의 문제가 새로운 갈등의 축이 되는 결과를 가져왔다고 볼 수 있다.

근래 남한 사회가 경험한 남남갈등을 구체적으로 살펴보면 다음과 같은 몇 가지 특성을 갖고 있다고 할 수 있다.

첫째, 남남갈등이라는 말을 같이 쓰고 있지만 실제로 내용을 살펴보면 갈등의 축이 다양하다는 것이다. 대북관을 둘러싼 갈등, 노사문제를 둘러싼 갈등, 세대 간 갈등, 대미관에 대한 갈등 등 하나의 축으로 설명하기 곤란한 갈등들이 중첩되어 있다는 것이다. 따라서 엄격하게 따져 보면 갈등의 상대가 단일하지 않을 수 있다는 것이다. 예를 들어 노동자에 대한 우호적인 입장을 가진 사람이 북한에 대해서는 비판적일 수도 있다는 것이다.

둘째, 현재의 갈등이 증폭된 가운데 기존의 정치적 갈등이 직간접적으로 영향을 미치고 있다는 점이다. 대표적인 것이 지역감정 문제라고 할 수 있는데, 잘못된 정치역사의 부작용인 지역감정이 이제는 각종 갈등을 부추기는 경향이 없지 않다고 볼 수 있다. 대북정책에 대한 입장 차이가 지역별로 뚜렷하게 나타나는 것이 이러한 현상을 대변한다고 할 수 있다. 이와 더불어 정당에 대한 지지 여부도 갈등에 영향을 미치는 또 다른 요인이라고도 할 수 있다.

셋째, 다양하고 중첩되어 있는 갈등구조가 서로 결합하면서 갈등의 원인을 찾기가 어렵게 만드는 경향이 있다는 것이다. 노무현 정부 수립 이후에 이러한 현상이 두드러지고 있는데, 노무현에 대한 개인적 평가가 노사문제 대한 입장 정립에 영향을 미치는 것이 하나의 예가 된다. 즉, 개인적으로는 진보성향이라고 하더라도 대통령에 대한 거부감으로 노사문제에 대하여 보수적인 입장을 지지하는 경우도 있다는 것이다.

넷째, 갈등이 점차 감정적인 차원으로 흐르고 있다는 점이다. 기본적으로 사회적 갈등에 진입하게 되면 합리적인 판단이 약화되고 공정한 게임의 규칙이 지켜지기 어려운 경우가 많지만 현재의 남남갈등은 그 정도가 지나치다고 볼 수 있다. 서로 다른 의견들이 접점을 찾기는 커녕 다른 주장들이 교환되는 장을 마련하는 것도 쉽지 않다. 이와 같은 상황에서는 대화보다는 행동으로 의견이 표출되는 것이고 서로 다른 행동들은 자연스럽게 물리적 충돌로 이어질 수 있다는 것이다.

사실 사회적 갈등 그 자체가 문제가 되는 것은 아니다. 그동안 남한사회가 오랜 기간 동안의 권위주의 체제하에서 갈등은 곧 병리적인 것이라고 보는 경향이 있어 왔기 때문에 그렇지 건강한 민주사회에서 다양한 견해들이 충돌하는 것은 지극히 자연스러운 것이라고 할 수 있다. 중요한 것은 사회갈등의 내용과 전개 양상이라고 할 수 있다. 그리고 갈등과정이 제도화 여부 그리고 갈등을 조절할 수 있는 사회적 능력의 존재 여부라고 할 수 있다. 이러한 맥락에서 본다면 남남갈등이 어떤 양상으로 전개되고 있는가를 알아보는 것이 무엇보다도 시급한 일이라고 할 수 있다. 이 글은 이와 같은 문제의식에서 출발한다. 수년 동안 지속되어 왔던 남남갈등 가운데 핵심적인 것이라고 할 수 있는 대북관을 중심으로 남남갈등의 양상을 살펴보고 그 문제점을 알아보고자 하는 것이다. 이를 위하여 이 글에서 활용하는 참고자료는 크게 두 가지이다. 하나는 언론사 등에서 시행한 여론조사 가운데 대북관과 관련된 문항들이고 또 다른 하나는 언론에 기고된 칼럼들이다. 이들에 대한 분석을 통하여 대북관과 관련된 남남갈등의 축이 어떻게 되어 있으며, 그 구체적인 내용이 무엇인가를 밝혀볼 것이다.

2. 여론 조사에 나타난 대북관의 갈등

<표 1>은 『조선일보』와 갤럽이 2000년 정상회담 일주년을 맞이하여 시행한 전 국민 여론조사에서 대북관과 관련된 질문 가운데 북한의 전쟁 도발 가능성에 대한 응답이다. 가능성이 있다는 응답(45.6%)과 가능성이 없다는 응답(45.9%)이 엇비슷하게 나타나고 있는데 성별로 보면 남성이 도발 가능성이 없다는 비율이 과반수를 넘고 있으며(51.4%), 연령별로 보면 20대에서 도발 가능성이 없다는 비율이 52.3%로 과반수를 넘고 있다. 직업별로는 가정주부가 도발 가능성을 높게 보고 있으며(52.0%), 대구·경북 조사 대상자의 절반 이상(52.1%)이 전쟁도발 가능성이 있다고 보고 있다.

〈표 1〉 북한의 전쟁도발 가능성(2001.6.8 조선일보·한국갤럽)

구분	사례수	많이 있다	약간 있다	별로 없다	전혀 없다	모름/무응답	계
		%	%	%	%	%	%
■전 체■	(1045)	8.0	37.6	28.3	17.6	8.5	100.0
□성 별□							
남 자	(515)	6.3	35.3	28.3	23.1	7.0	100.0
여 자	(530)	9.7	39.9	28.2	12.2	10.0	100.0
□연 령 별□							
20대	(264)	7.0	45.3	24.0	20.9	2.8	100.0
30대	(278)	7.5	38.6	30.6	18.1	5.3	100.0
40대	(211)	5.2	37.3	32.6	16.8	8.2	100.0
50세 이상	(292)	11.5	30.1	26.8	14.6	17.0	100.0
□교육수준별□							
중 졸 이 하	(219)	8.1	36.2	24.5	12.9	18.3	100.0
고 졸	(429)	8.2	37.0	30.0	16.7	8.1	100.0
대 재 이 상	(397)	7.8	39.1	28.5	21.1	3.5	100.0
□직 업 별□							
농/임/어업	(62)	6.5	31.0	275	18.5	16.5	100.0
자 영 업	(148)	5.8	34.7	27.6	23.2	8.6	100.0
블 루 칼 라	(123)	5.6	43.5	28.5	18.1	4.4	100.0
화이트 칼라	(193)	8.6	39.1	35.1	14.7	2.4	100.0
가 정 주 부	(303)	11.1	40.9	25.9	10.4	11.8	100.0
학 생	(98)	6.5	40.5	19.6	30.7	2.7	100.0
무 직	(119)	6.6	25.8	31.1	21.6	14.9	100.0
□지 역 별□							
서 울	(235)	8.1	38.2	26.7	19.3	7.7	100.0
인천/경기	(254)	9.6	35.6	29.6	17.7	7.4	100.0
강 원	(36)	4.2	31.0	24.5	15.5	24.9	100.0
대 전/충 청	(103)	7.8	35.2	31.0	18.4	7.6	100.0
광 주/전 라	(119)	1.7	39.5	28.7	20.2	9.9	100.0
대 구/경 북	(117)	13.5	38.6	23.8	17.8	6.4	100.0
부 산/경 남	(168)	6.8	41.4	30.2	12.2	9.3	100.0
제 주	(13)	12.4	32.6	29.0	26.1	.0	100.0

구분	사례수	많이 있다	약간 있다	별로 없다	전혀 없다	모름/무응답	계
		%	%	%	%	%	%
□지역크기별□							
대 도 시	(500)	7.6	38.8	27.7	19.0	10.4	100.0
중 소 도 시	(399)	7.9	36.9	30.2	17.3	7.7	100.0
읍/면	(147)	9.8	35.8	25.0	17.3	8.6	100.0
□소득수준별□							
100만원 이하	(243)	8.4	32.0	25.7	16.5	17.5	100.0
101~200만원	(412)	7.6	43.1	26.9	15.8	6.7	100.0
201만원 이상	(277)	8.2	34.5	31.8	20.8	4.7	100.0
모름/무응답	(14)	9.9	63.4	16.9	.0	9.9	100.0

〈표 2〉는 2000년 정상회담 후 1년 동안 북한이 과거에 비하여 얼마나 변하였는가를 물어본 질문에 대한 응답이다. 전체적으로는 변하였다는 응답(38.4%)보다 변하지 않았다는 응답(50.7%)이 많았다. 집단별로도 그다지 큰 차이가 나타나고 있지는 않으나 대구·경북지역에서만 변하지 않았다는 응답이 60%를 넘고 있다(60.7%).

〈표 2〉 정상회담 후 1년 동안 북한의 변화여부(2001.6.8)

구분	사례수	많이 변했다	약간 변했다	별로 안변했다	전혀 안변했다	모름/무응답	계
		%	%	%	%	%	%
■전 체■	(1045)	14.0	24.4	37.5	12.6	11.5	100.0
□성 별□							
남 자	(515)	14.9	25.3	38.0	23.6	8.1	100.0
여 자	(530)	13.2	23.5	37.0	11.6	14.7	100.0
□연 령 별□							
20대	(264)	12.6	25.4	42.3	10.8	8.9	100.0
30대	(278)	14.4	28.1	38.6	8.1	10.8	100.0
40대	(211)	14.7	25.1	37.6	11.6	11.0	100.0

구분	사례수	많이 변했다	약간 변했다	별로 안변했다	전혀 안변했다	모름/무응답	계
		%	%	%	%	%	%
50세 이상	(292)	14.5	19.4	32.1	19.1	14.8	100.0
□교육수준별□							
중 졸 이 하	(219)	18.0	19.4	30.1	12.6	19.9	100.0
고 졸	(429)	12.9	27.1	34.8	12.3	13.0	100.0
대 재 이 상	(397)	13.1	24.1	44.6	12.9	5.2	100.0
□직 업 별□							
농/임/어업	(62)	14.1	32.5	27.4	13.5	12.5	100.0
자 영 업	(148)	16.8	24.0	34.1	18.0	7.1	100.0
블 루 칼 라	(123)	19.9	23.1	32.7	10.6	13.7	100.0
화이트 칼라	(193)	14.3	28.0	39.8	13.7	4.0	100.0
가 정 주 부	(303)	12.0	22.1	39.2	9.5	17.3	100.0
학 생	(98)	15.6	21.9	47.8	6.9	7.8	100.0
무 직	(119)	8.1	23.7	35.5	18.1	14.6	100.0
□지 역 별□							
서 울	(235)	18.0	23.0	38.1	12.6	8.2	100.0
인 천/경 기	(254)	10.4	27.3	36.0	13.7	12.5	100.0
강 원	(36)	13.4	22.0	27.9	20.3	16.4	100.0
대 전/충 청	(103)	20.0	17.6	38.4	12.8	11.2	100.0
광 주/전 라	(119)	17.5	24.8	38.8	5.9	13.0	100.0
대 구/경 북	(117)	6.4	22.6	44.8	15.9	10.4	100.0
부 산/ 경남	(168)	13.9	26.2	34.9	11.2	13.7	100.0
제 주	(13)	6.3	39.0	30.4	17.3	7.0	100.0
□지역크기별□							
대 도 시	(500)	14.8	23.6	40.8	11.2	9.7	100.0
중 소 도 시	(399)	11.4	25.9	36.4	13.3	13.0	100.0
읍/면	(147)	18.6	23.0	29.6	15.2	13.6	100.0
□소득수준별□							
100만원 이하	(243)	15.5	19.6	28.3	16.5	20.1	100.0
101~200만원	(412)	13.0	25.8	37.9	10.8	12.5	100.0
201만원 이상	(277)	14.4	26.0	43.0	12.1	4.5	100.0
모름/무응답	(14)	10.3	20.4	39.7	9.9	19.8	100.0

<표 3>은 2000년 정상회담 후 1년 동안 김정일(1942~2011) 위원장에 대한 인식 변화 여부를 물어본 결과이다. 비슷하다는 응답이 제일 많고 좋아졌다는 응답이 다음으로 나왔다. 호감이 높아진 경향은 젊은 세대가 상대적으로 높았고(20대 43.5%, 30대 41.4%) 학생들도 상대적으로 높다(42.1%). 지역별로는 호남에서 좋아진 경향이 높은 반면(45.3%), 대구·경북 지역은 상대적으로 낮았다(27.3%).

〈표 3〉 정상회담 후 1년 동안 김정일 위원장에 대한 인식 변화

구분	사례수	좋아졌다	나빠졌다	변화가 없다/비슷하다	모름/ 무응답	계
		%	%	%	%	%
■전 체■	(1045)	35.6	9.9	44.6	9.8	100.0
□성 별□						
남 자	(515)	35.8	9.6	46.1	8.5	100.0
여 자	(530)	35.5	10.3	43.2	11.1	100.0
□연 령 별□						
20대	(264)	43.5	7.3	42.5	6.6	100.0
30대	(278)	41.4	7.8	43.6	7.2	100.0
40대	(211)	29.8	11.8	48.3	10.0	100.0
50세 이상	(292)	27.2	13.0	44.8	15.0	100.0
□교육수준별□						
중 졸 이 하	(219)	29.9	11.0	41.5	17.7	100.0
고 졸	(429)	37.4	8.8	43.0	10.8	100.0
대 재 이 상	(397)	36.9	10.6	48.0	4.4	100.0
□직 업 별□						
농/임/어업	(62)	31.5	10.3	37.7	20.4	100.0
자 영 업	(148)	32.6	11.1	49.1	7.2	100.0
블 루 칼 라	(123)	39.4	10.2	38.2	12.2	100.0
화이트 칼라	(193)	36.6	10.0	47.6	5.7	100.0
가 정 주 부	(303)	36.0	9.4	42.5	12.1	100.0
학 생	(98)	42.1	7.8	47.4	2.7	100.0

구분	사례수	좋아졌다	나빠졌다	변화가 없다/비슷하다	모름/ 무응답	계
		%	%	%	%	%
무 직	(119)	29.7	11.0	47.7	11.7	100.0
□지 역 별□						
서 울	(235)	36.4	9.2	45.4	9.0	100.0
인 천/경 기	(254)	36.7	8.9	45.3	9.1	100.0
강 원	(36)	38.1	11.9	45.2	4.9	100.0
대 전/충 청	(103)	36.0	10.9	40.2	13.0	100.0
광 주/전 라	(119)	45.3	5.5	39.0	10.3	100.0
대 구/경 북	(117)	27.3	14.3	48.1	10.3	100.0
부 산/경 남	(168)	31.1	11.9	47.7	9.3	100.0
제 주	(13)	35.1	6.3	31.2	27.5	100.0
□지역크기별□						
대 도 시	(500)	34.6	11.5	45.2	8.8	100.0
중 소 도 시	(399)	34.1	9.0	47.5	9.5	100.0
읍/면	(147)	43.4	7.5	34.9	14.2	100.0
□소득수준별□						
100만원 이하	(243)	33.6	13.0	37.0	16.4	100.0
101~200만원	(412)	37.0	8.8	45.5	8.6	100.0
201만원 이상	(277)	35.1	9.6	48.0	7.3	100.0
모름/무응답	(14)	41.3	.0	58.7	.0	100.0

〈표 4〉는 2002년에 같은 기관에서 수행한 조사에서 북한의 도발 가능성을 물어본 것이다. 전반적으로 도발 가능성이 없다는 응답이 57.9%로 과반수를 넘었는데, 남성이 여성에 비해 도발 가능성이 없다는 응답이 많았다(66.3%). 연령별로는 20대(56.3%)와 50세 이상(50.9%)이 도발 가능성이 없다는 응답 비율이 상대적으로 낮았고, 학력이 낮은 집단이 도발 가능성이 없다는 응답이 상대적으로 적다. 지역에서는 대구·경북(50.9%)과 강원도(48.4%)에서 도발 가능성이 없다는 응답 비율이 낮았다.

〈표 4〉 북한의 전쟁도발 가능성(2002.11.2 조선일보·한국갤럽)

구분	사례수	① 많이 있다	② 약간 있다	①+②	③ 별로 없다	④ 전혀 없다	③+④	모름/무응답	계
		%	%	%	%	%	%	%	%
■전 체■	1040	4.7	26.1	32.8	26.5	31.4	57.9	9.3	100.0
□성 별□									
남 자	513	5.9	20.5	26.5	25.7	40.6	66.3	7.2	100.0
여 자	527	3.5	35.5	29.0	27.2	22.4	49.6	11.4	100.0
□연 령 별□		1							
20대	248	5.1	34.0	39.1	26.4	29.9	56.3	4.6	100.0
30대	266	3.3	27.3	30.6	28.4	36.1	64.5	4.8	100.0
40대	230	4.4	27.9	32.3	27.7	33.1	60.8	6.9	100.0
50세 이상	296	5.9	24.0	29.9	23.8	27.1	50.9	19.2	100.0
□성/연령별□									
남자 20대	127	4.0	29.7	33.7	25.7	33.7	59.4	6.9	100.0
30대	136	4.4	18.9	23.3	234.4	48.9	73.3	3.3	100.0
40대	117	5.4	12.6	18.0	28.8	45.9	74.8	7.2	100.0
50세 이상	133	9.8	20.4	30.2	24.3	34.0	58.3	11.5	100.0
여자 20대	121	6.2	38.5	44.8	27.1	26.0	53.1	2.1	100.0
30대	130	2.1	26.2	38.3	32.6	22.7	55.3	6.4	100.0
40대	113	3.3	43.8	47.1	26.4	19.8	46.3	6.6	100.0
50세 이상	136	2.8	26.9	29.7	23.4	21.4	44.8	25.5	100.0
□교육수준별□									
중 졸 이 하	224	5.4	26.4	31.8	19.6	24.2	43.7	24.4	100.0
고 졸	334	5.4	30.6	36.0	25.3	31.1	56.4	7.6	100.0
대 재 이 상	482	3.9	27.2	31.1	30.4	35.0	65.4	3.5	100.0
□직 업 별□									
농/임/어업	65	8.0	19.1	27.1	20.0	27.9	47.4	25.5	100.0
자 영 업	143	5.9	22.5	28.4	25.7	40.5	66.1	5.4	100.0
블 루 칼 라	99	4.6	23.5	28.0	25.4	40.0	65.4	6.5	100.0
화이트 칼라	236	4.1	24.8	28.9	32.3	36.4	68.7	2.4	100.0
가 정 주 부	303	3.0	37.1	40.1	27.7	19.6	47.3	12.6	100.0
학 생	100	6.3	37.8	44.1	24.8	27.3	52.2	3.8	100.0
무 직	105	5.9	17.6	23.4	17.2	40.7	58.0	18.6	100.0

구분	사례수	① 많이 있다	② 약간 있다	①+②	③ 별로 없다	④ 전혀 없다	③+④	모름/무응답	계
		%	%	%	%	%	%	%	%
□권 역 별□									
서 울	231	5.4	24.0	29.4	31.5	29.8	61.3	9.3	100.0
인 천/경 기	253	4.9	26.6	31.6	25.8	35.1	61.0	7.5	100.0
강 원	33	3.4	38.1	41.5	29.0	19.4	48.4	10.1	100.0
대 전/충 청	105	5.9	30.2	36.2	24.5	30.8	55.2	8.6	100.0
광 주/전 라	119	3.9	22.8	26.7	27.0	35.1	62.1	11.2	100.0
대 구/경 북	116	2.8	33.1	35.9	24.6	26.4	50.9	13.2	100.0
부산/울산/경남	171	5.0	33.3	38.3	22.2	31.6	53.8	7.9	100.0
제 주	12	0	23.6	23.6	28.5	30.5	59.0	17.4	100.0

〈표 5〉는 2003년도에 시행한 동일한 여론조사의 결과이다. 전반적으로 도발 가능성이 없다는 응답이 과반수를 넘고 있다(55.7%). 성별로는 남성의 경우 63.5%가 도발 가능성이 없다고 보는 반면 여성은 도발 가능성 여부가 비슷하다는 점에서 차이가 있다. 연령대별로도 차이가 있는데 20대의 경우 66.7%가 도발 가능성이 없다고 본 반면 50세 이상은 45.3%만이 도발 가능성이 없다고 보고 있다. 교육 정도별로는 고학력일수록 도발 가능성이 없다고 있으며, 직업별로는 학생과 화이트칼라가 도발 가능성을 적게 보고 있다. 지역별로는 전반적 도발 가능성이 없다고 보는 비율이 강원도(48.6%)와 대구·경북지역(44.0%)의 상대적으로 낮다. 소득별로는 고소득층이 상대적으로 도발 가능성을 적게 보고 있다.

〈표 5〉 북한의 전쟁도발 가능성(2003.2.25 조선일보·한국갤럽)

구분	사례수	① 많이 있다	② 약간 있다	①+②	③ 별로 없다	④ 전혀 없다	③+④	모름/무응답	계
		%	%	%	%	%	%	%	%
■전 체■	(1013)	4.3	33.1	37.4	31.6	24.1	55.7	6.9	100.0
□성 별□									
남 자	(499)	4.1	28.0	32.1	30.6	33.0	63.5	4.4	100.0
여 자	(514)	4.4	42.5	42.5	32.6	15.5	48.1	9.4	100.0
□연 령 별□									
20대	(240)	4.3	26.5	30.9	33.1	33.5	66.7	2.5	100.0
30대	(261)	4.1	35.2	39.2	31.1	26.4	57.5	3.3	100.0
40대	(223)	4.3	33.8	38.1	32.0	23.3	55.3	6.6	100.0
50세 이상	(289)	4.4	36.2	40.5	30.5	14.8	45.3	14.1	100.0
□성/연령별□									
남자 20대	(123)	4.4	19.3	23.7	32.5	42.0	74.5	1.8	100.0
30대	(134)	2.4	28.0	30.5	31.6	36.9	68.6	.9	100.0
40대	(113)	4.2	27.1	31.2	31.6	32.7	64.3	4.5	100.0
50세 이상	(129)	5.4	37.0	42.4	26.6	20.5	47.2	10.4	100.0
여자 20대	(117)	4.2	34.1	38.4	33.8	24.5	58.4	3.3	100.0
30대	(127)	5.8	42.7	48.5	30.4	15.3	45.8	5.8	100.0
40대	(110)	4.4	40.7	45.1	32.4	13.7	46.1	8.8	100.0
50세 이상	(160)	3.6	35.5	39.0	33.6	10.2	43.8	17.2	100.0
□교육수준별□									
중 졸 이 하	(176)	4.1	37.2	41.3	24.2	15.5	39.7	19.1	100.0
고 졸	(345)	5.3	31.4	36.7	35.1	21.6	56.7	6.7	100.0
대 재 이 상	(493)	3.6	32.8	36.5	31.8	28.9	60.7	2.8	100.0
□직 업 별□									
농/임/어업	(74)	5.0	41.4	46.3	18.2	18.1	36.2	17.4	100.0
자 영 업	(108)	3.6	38.6	42.2	27.3	26.8	54.1	3.7	100.0
블 루 칼 라	(124)	3.4	29.8	33.2	34.6	22.4	57.0	9.9	100.0
화이트 칼라	(247)	4.5	29.9	34.3	33.7	30.4	64.1	1.6	100.0
가 정 주 부	(291)	5.2	36.5	41.7	36.4	13.4	49.8	8.5	100.0
학 생	(116)	2.9	27.9	30.8	25.8	40.5	66.2	3.0	100.0
무 직	(54)	3.8	26.0	29.7	28.5	24.9	53.4	16.8	100.0

구분	사례수	① 많이 있다	② 약간 있다	①+②	③ 별로 없다	④ 전혀 없다	③+④	모름/무응답	계
		%	%	%	%	%	%	%	%
□권 역 별①□									
서 울	(224)	2.8	34.6	37.4	32.7	25.4	58.1	4.5	100.0
인 천/경 기	(247)	7.0	35.4	42.4	30.0	23.6	53.6	4.0	100.0
강 원	(34)	.0	47.0	47.0	30.0	26.6	48.6	4.4	100.0
대 전/충 청	(101)	4.7	24.0	28.7	31.6	29.1	60.7	10.6	100.0
광 주/전 라	(115)	1.2	34.4	35.6	28.8	28.1	57.0	7.4	100.0
대 구/경 북	(113)	6.9	32.1	38.9	28.8	15.2	44.0	17.1	100.0
부산/울산/경남	(168)	2.5	31.0	33.5	38.9	22.7	61.6	4.9	100.0
제 주	(11)	13.6	21.2	34.8	19.7	27.3	47.0	18.2	100.0
□월평균소득□									100.0
99만원 이하	(130)	2.1	35.4	37.5	25.0	18.7	43.7	18.8	100.0
100~199만원	(203)	3.5	38.6	42.0	30.4	19.3	49.8	8.2	100.0
200~299만원	(263)	6.1	32.3	38.5	33.1	23.9	56.9	4.6	100.0
300만원 이상	(361)	4.6	30.7	35.2	36.0	26.1	62.0	2.7	100.0
모름/무응답	(57)	1.3	27.5	28.8	16.3	42.2	58.5	12.7	100.0

<표 6>은 서방국가에 대한 북한의 태도 변화 여부에 대한 집단별 응답이다. 전반적으로 변했다는 응답(48.0%)과 변하지 않았다는 응답(46.1%)의 비율은 비슷하다. 집단별로 보면 남성이 변했다는 응답이 상대적으로 높고(52.1%), 연령별로는 30대의 경우가 상대적으로 높다(55.5%). 권역별로는 강원(65.3%)과 대구·경북(56.6%)이 변하지 않았다는 응답 비율이 높다.

〈표 6〉 서방국가에 대한 북한의 태도 변화 여부(2003.2.25)

구분	사례수	① 많이 변했다	② 약간 변했다	①+②	③ 별로 안변했다	④ 전혀 안변했다	③+④	모름/무응답	계
		%	%	%	%	%	%	%	%
■전 체■	(1013)	17.8	30.1	48.0	33.3	12.8	46.1	6.0	100.0
□성 별□									
남 자	(499)	21.8	30.3	52.1	30.8	12.8	43.6	4.4	100.0
여 자	(514)	14.0	30.0	44.0	35.7	12.8	48.5	7.5	100.0
□연 령 별□									
20대	(240)	12.4	31.2	43.5	39.3	9.8	49.2	7.3	100.0
30대	(261)	18.9	36.6	55.5	32.7	7.6	40.3	4.2	100.0
40대	(223)	19.2	27.1	46.3	33.2	16.7	49.9	3.8	100.0
50세 이상	(289)	20.4	25.7	46.1	28.7	17.0	45.8	8.1	100.0
□성/연령별□									
남자 20대	(123)	14.8	30.5	45.3	34.0	14.6	48.6	6.1	100.0
30대	(134)	25.8	39.5	65.3	29.0	3.7	32.7	2.0	100.0
40대	(113)	23.2	28.4	51.6	31.4	12.7	44.1	4.3	100.0
50세 이상	(129)	23.2	22.1	45.2	28.9	20.7	49.6	5.2	100.0
여자 20대	(117)	9.8	31.9	41.7	45.0	4.8	49.8	8.6	100.0
30대	(127)	11.6	33.5	45.1	36.6	11.7	48.4	6.5	100.0
40대	(110)	15.1	25.8	40.9	35.1	20.7	55.8	3.2	100.0
50세 이상	(160)	18.1	28.7	46.8	28.5	14.1	42.6	10.5	100.0
□교육수준별□									
중 졸 이 하	(176)	25.0	26.1	51.1	26.8	12.1	48.9	10.0	100.0
고 졸	(345)	18.4	31.0	49.4	30.8	14.8	45.6	4.9	100.0
대 재 이 상	(493)	14.9	30.9	45.8	37.3	11.7	48.9	5.2	100.0
□직 업 별□									
농/임/어업	(74)	26.3	19.6	45.9	27.0	17.8	44.8	9.3	100.0
자 영 업	(108)	16.1	31.1	47.2	32.5	17.5	50.0	2.8	100.0
블 루 칼 라	(124)	14.3	43.4	57.7	31.5	5.4	36.9	5.4	100.0
화이트 칼라	(247)	22.0	29.0	51.0	31.7	12.4	44.1	4.9	100.0
가 정 주 부	(291)	13.6	31.9	45.5	33.7	14.2	47.9	6.6	100.0
학 생	(116)	13.3	28.7	42.0	43.8	9.7	53.4	4.6	100.0
무 직	(54)	31.2	10.9	42.1	29.3	15.0	44.3	13.6	100.0

구분	사례수	① 많이 변했다	② 약간 변했다	①+②	③ 별로 안변했다	④ 전혀 안변했다	③+④	모름/무응답	계
		%	%	%	%	%	%	%	%
□권 역 별①□									
서 울	(224)	16.7	33.0	49.6	35.8	6.5	42.3	8.1	100.0
인 천/경 기	(247)	18.4	33.0	51.4	33.0	12.7	45.7	2.9	100.0
강 원	(34)	16.4	13.9	30.3	52.5	12.7	65.3	4.4	100.0
대 전/충 청	(101)	26.5	31.6	58.1	22.9	16.1	39.0	2.9	100.0
광 주/전 라	(115)	27.3	30.6	57.9	29.4	6.4	35.8	6.3	100.0
대 구/경 북	(113)	10.1	23.8	33.9	36.1	20.5	56.6	9.5	100.0
부산/울산/경남	(168)	13.0	28.4	41.4	33.3	17.6	50.9	7.6	100.0
제 주	(11)	9.1	30.3	39.4	33.3	27.3	60.6	.0	100.0
□월평균소득□									100.0
99만원 이하	(130)	23.5	19.8	43.3	22.2	16.4	38.6	18.1	100.0
100~199만원	(203)	17.3	32.2	49.5	31.2	14.2	45.4	5.1	100.0
200~299만원	(263)	19.2	32.7	51.9	35.4	8.5	43.9	4.2	100.0
300만원 이상	(361)	15.6	28.9	44.5	36.8	14.8	51.6	3.9	100.0
모름/무응답	(57)	14.8	42.0	56.8	33.3	7.0	40.3	2.9	100.0

<표 7>은 2003년 한국갤럽에서 미국과 북한 가운데 호감을 갖고 있는 나라가 어디인가를 물어본 질문이다. 전체적으로 미국에 호감을 갖고 있는 비율이 다소 높았는데(46.1%), 20대(46.8%)와 30대(52.8%)로 북한에 호감을 갖는 비율이 높았던 반면 50세 이상은 미국에 대한 호감도가 훨씬 높았다(61.8%). 학력별로는 중졸 이하가 북한에 대한 호감도가 훨씬 낮았고(26.2%), 지역별로는 서울(32.9%)과 부산·경남(30.0%)이 북한에 대한 호감도가 낮은 반면 대구·경북(45.6%), 대전·충청(45.7%)과 광주·전라(52.7%) 지역은 미국보다 북한에 대한 호감도가 높았다.

〈표 7〉 미국과 북한 중 호감있는 나라(2003.9.24 한국갤럽)

구분	사례수	① 미국에 훨씬 더 호감을 갖고 있다	② 미국에 약간 더 호감을 갖고 있다	①+②	③ 북한에 약간 더 호감을 갖고 있다	④ 북한에 훨씬 더 호감을 갖고 있다	③+④	모름/무응답	계
		%	%	%	%	%	%	%	%
■전 체■	(844)	14.7	31.4	46.1	28.4	11.8	40.2	13.7	100.0
□성 별□									
남 자	(416)	16.2	30.9	47.1	26.7	13.7	40.4	12.6	100.0
여 자	(428)	13.3	31.9	45.2	30.1	9.9	40.0	14.8	100.0
□연 령 별□									
20대	(203)	11.6	30.5	42.0	37.4	9.5	46.8	11.1	100.0
30대	(218)	6.7	29.2	35.9	34.1	18.7	52.8	11.3	100.0
40대	(184)	12.7	29.6	42.3	27.4	12.9	40.3	17.4	100.0
50대 이상	(239)	26.2	35.5	61.8	16.4	6.6	23.0	15.2	100.0
□성/ 연령별□									
남자 20대	(104)	13.8	32.3	46.1	36.0	9.2	45.2	8.7	100.0
30대	(111)	7.9	29.5	37.4	28.8	23.9	52.8	9.8	100.0
40대	(93)	14.7	23.6	38.4	27.6	16.1	43.8	17.8	100.0
50대 이상	(108)	28.4	37.0	65.4	14.8	5.4	20.1	14.5	100.0
여자 20대	(99)	9.2	28.5	37.8	38.8	9.7	48.6	13.7	100.0
30대	(107)	5.5	28.9	34.4	39.5	13.3	52.8	12.8	100.0
40대	(91)	10.6	35.7	46.3	27.2	9.6	36.8	16.9	100.0
50대 이상	(131)	24.5	34.4	58.8	17.8	7.6	25.4	15.8	100.0
□교육수준별□									
중 졸 이 하	(166)	19.7	34.3	54.0	17.6	8.6	26.2	19.8	100.0
고 졸	(307)	14.4	29.9	44.4	33.4	10.6	44.1	11.6	100.0
대 재 이 상	(370)	12.7	31.3	44.0	29.1	14.2	43.3	12.7	100.0
□직 업 별□									
농/임/어업	(64)	16.0	37.1	53.2	13.5	13.6	27.1	19.7	100.0
자 영 업	(118)	20.1	27.9	47.9	27.9	13.8	41.7	10.4	100.0
블 루 칼 라	(96)	11.3	26.5	37.8	36.7	13.2	49.9	12.3	100.0
화이트칼라	(171)	8.9	34.5	43.5	28.5	16.2	44.6	11.9	100.0
가 정 주 부	(244)	13.5	32.0	45.6	30.5	8.9	39.4	15.1	100.0

구분	사례수	① 미국에 훨씬 더 호감을 갖고 있다	② 미국에 약간 더 호감을 갖고 있다	①+②	③ 북한에 약간 더 호감을 갖고 있다	④ 북한에 훨씬 더 호감을 갖고 있다	③+④	모름/무응답	계
		%	%	%	%	%	%	%	%
학 생	(71)	13.1	30.4	43.4	35.6	9.1	44.8	11.8	100.0
무 직	(80)	27.3	30.3	57.6	18.2	7.6	25.7	16.7	100.0
□지 역 별□									
서 울	(187)	17.6	36.1	53.6	21.6	11.3	32.9	13.4	100.0
인 천/경 기	(206)	15.6	30.2	45.8	32.0	12.1	44.1	10.1	100.0
강 원	(28)	1.8	28.3	30.1	36.9	1.8	38.7	31.2	100.0
대 전/충 청	(84)	10.9	34.6	45.5	29.5	16.2	45.7	8.8	100.0
광 주/전 라	(96)	12.9	21.7	34.6	38.4	14.3	52.7	12.7	100.0
대 구/경 북	(94)	13.6	24.8	38.4	34.9	10.7	45.6	16.0	100.0
부산/울산/경남	(139)	16.1	37.0	53.1	18.8	11.2	30.0	16.9	100.0
제 주	(10)	20.0	28.3	48.3	25.0	.0	25.0	26.7	100.0
□지역크기별□									
대 도 시	(430)	14.4	33.5	47.9	27.6	10.3	37.9	14.1	100.0
중소 도시	(306)	15.7	27.5	43.2	30.0	15.3	45.3	11.5	100.0
읍 / 면	(109)	13.0	34.0	47.0	27.2	7.6	34.8	18.2	100.0
□소 득 별□									
200만원 미만	(280)	15.1	29.9	45.0	29.4	7.5	36.8	18.1	100.0
200~299만원	(234)	11.9	30.5	42.4	31.2	15.2	46.4	11.2	100.0
300만원 이상	(293)	17.4	32.7	50.1	25.6	14.4	40.1	9.8	100.0
모름/무응답	(37)	8.1	38.1	46.2	25.6	1.9	27.6	26.2	100.0

여론조사의 결과를 보면 북한관을 둘러싼 남남갈등은 부분적으로 나타나고 있다고 할 수 있다. 일반적으로 젊은 사람, 남성, 고학력, 고수입의 사람들이 상대적으로 진보적인 성향을 보이고 있다고 이야기하는데, 북한관에서도 어느 정도 이러한 특성은 나타나고 있다. 그러나 대북관과 관련하여 집단별 차이가 두드러지고 일관되게 나타나고 있는

것은 지역변수라고 할 수 있다. 북한의 신뢰성을 보여주는 것이라고 할 수 있는 도발 가능성과 관련해서도 대구·경북 지역에서만 절반 이상의 사람이 있다고 대답하고 있었고, 그 가운데 전쟁도발 가능성이 많이 있다는 응답도 유일하게 두 자릿수였다. 다른 분야에서도 마찬가지였는데, 2001년 조사에서 정상회담의 변화 여부에서도 대구·경북 지역만이 변하지 않았다는 응답이 60%를 넘고 있고, 김정일에 대한 이미지도 좋아졌다는 응답 비율도 제일 낮았다. 2002년도 조사에서도 마찬가지 현상을 보이고 있는데, 접경 지역인 강원도보다 도발 가능성을 더 높게 보고 있다. 2003년도 조사에서도 다른 지역은 전쟁 가능성이 없다는 도발 가능성이 없다는 대답이 과반수 이상이나 강원도와 더불어 대구·경북 지역은 전쟁 가능성이 없다는 응답이 상대적으로 적다. 북한의 서방국가에 대한 태도 변화를 물어본 2003년도 조사에서도 강원과 더불어 변하지 않았다는 응답이 역시 다수였다.

대구·경북지역이 북한에 대한 비판적인 관점을 갖고 있다는 것은 이 지역의 보수성향을 대변한 것이라고 할 수 있다. 강원도의 경우도 비교적 비판적인 대북관을 갖고 있지만, 북한의 변화 여부나 김정일에 대한 인식 등에서 대구·경북 지역보다 덜 비판적인 경향을 보이고 있다. 주목할 부문은 흔히 영남이라고 하는 대구·경북과 부산·경남 지역의 관점이 일치하고 있지는 않다는 점이다. 대구·경북에 비교한다면 부산·경남지역은 북한에 대한 입장이 상대적으로 전향적이라고 볼 수 있다.

대구·경북 지역이 북한에 대한 비판적인 관점을 갖고 있는 것은 시기별로도 그다지 큰 변화를 보이지 않고 있다는 점도 유의할 필요가 있다. 1995년 통일연구원에서 시행한 통일문제 국민여론조사에서 북한의 무력도발 가능성을 물어보았는데, 전체 응답자의 과반수가 넘는

58.4%가 도발 가능성이 있다고 보았었다. 지역별로 보면 경상도를 구별하지 않았다는 차이는 있지만 지역적 편차가 그다지 크지 않았고, 단지 전라도 지역이 상대적으로 도발 가능성을 적게 보았다는 점에서 (46.1%) 다른 지역과 다소 다른 결과를 보여주었다.[1]

1995년은 남북관계가 경색되어 있었던 시절이었고 전반적으로 북한에 대한 인식이 부정적인 기류가 강했던 시기였던 반면, 2000년 정상회담을 계기로 남북교류가 활성화되면서 2001년이나 2003년까지는 비교적 남북관계가 좋았던 시기였다고 볼 수 있다. 이러한 남북관계의 변화가 다른 집단에는 적지 않은 영향을 끼쳤다고 볼 수 있다. 1995년의 유사질문에 다른 지역은 인식변화가 비교적 많이 이루어지고 있으나 대구·경북지역은 상대적으로 인식변화가 적었다고 볼 수 있다.

지역과 더불어 중요한 집단별 차이는 세대에서 나타나고 있다고 볼 수 있다. 전반적으로 젊은 세대가 상대적으로 전향적으로 북한을 보고 있다고 볼 수 있지만, 사안별로 보면 세대 간의 차이는 다소 특이하게 나타나고 있다. 도발 가능성에서는 2001년 조사와 2002년 조사에서는 도리어 20대가 도발 가능성이 있다고 응답한 비율이 제일 높았으나, 2003년 조사에서는 50세 이상이 도발 가능성이 있다는 응답 비율이 제일 높았다. 2001년의 김정일에 대한 인식변화에서는 20대가 가정 많이 좋아졌다고 말하고 있고, 2003년 미국과 비교하여 북한의 호감도를 물어본 질문에서도 20대와 30대가 북한에 대한 호감이 높다고 응답한 비율이 상대적으로 높았다. 세대별로 보면 30대가 비교적 일관되게 북한에 대한 긍정적인 인식이 상대적으로 높게 나타나고 있다고 할 수 있다.[2] 도발 가능성에 대한 질문이나 북한의 태도 변화에 대한 질문 등에서도 이러한 경향이 잘 나타나고 있는데, 젊을수록 전향적이라는 일반론과 다소 차이를 보이는 것이라고 할 수 있다. 이러한 결과가 나타나고 있는 것은 한국의 경우 세대문제에서 연령효과(age effect)보다 동기효과(cohort effect)가 높다는 논의와 일맥상통한다고 볼 수 있다.[3] 20대의 경우는 2003년도 조사에서 북한관에 있어서 급격하게 전향적인 태도를 보이게 되는데, 이것은 북한에 대한 인식변화라기보다는 미국과의 문제라고 보는 것이 적절할 수 있다.

2002년도의 미순·효선사건을 계기로 일어났던 촛불집회가 온라인을 중심으로 젊은 세대가 주축이 되어 일어났다는 점이 새로운 역사적 인식 경험으로 20대에게 영향을 주었다고 볼 수 있다. 실제로 2004년도 6월 25일의『중앙일보』여론조사에서는 20대와 30대를 묶어서 한 것이기는 하지만 우리나라의 안보 위협국가로서 북한을 보는 비율이 41% 미국이 32%로 이전 세대와 커다란 차이를 보이고 있다(50세 이상 62% : 8%, 40대 52% : 20%).[4] 또한 리서치&리서치의 2004년 6월 주적을 묻는 질문에서는 미국을 꼽은 비율이 20대는 57.9%, 30대는 46.8%, 40대는 36.3%이고, 50세 이상은 49.8%가 북한이라고 답하고 있다.[5] 이러한 결과는 북한에 대한 인식변화라기보다는 좀 더 민족 주체적인 사고가 강화되고, 미국과의 인식을 재정립하는 과정에 젊은 세대가 적극적이라고 보아야 할 것이다.

3. 칼럼 등에 나타난 대북관의 갈등

북한관이 첨예하게 드러나는 것이 신문사의 기사라고 볼 수 있다. 특히 일정한 입장을 대변하는 사설이나 칼럼 등의 경우 이러한 경향이 뚜렷하다. 사설의 경우 언론사의 공식적인 입장이 나타나고 있는 기사라고 할 수 있다. 다음은 북한이탈주민과 관련된 두 사설이다.

> 북한 주민들이 목숨을 걸고 북한을 탈출하고, 중국 대륙 수천 km를 헤매며 동남아에까지 가 한국행을 요구하는 이유는 오직 하나뿐이다. 북한 정권이 이들을 먹여 살리지 못하기 때문이다. 북한 정권이 최소한의 이성을 가졌다면 스스로 주민들의 생존마저 보장해 주지 못하고 그래서 주민들이 나라를 버리고 수천리 길을 헤매며 살 길을 찾으려고 몸부림쳐야 하는 오늘의 사태에 대해 부끄러워해야 한다. 오갈 데 없는 탈북자들을 돌보고 받아주는 나라를 향해 감사는 못할지언정 거꾸로 '유인 납치'니 '백주의 테러'니 하면서 위협 공갈을 해대고 있으니 세계의 웃음거리밖에 되지 못하는 것이다. 지금 북한의 체제를 위협하는 것은 살기 위해 국경을 넘는 탈북자나 그들을 같은 동포의 입장으로 받아들이고 있는 한국 정부가 아니라 북한 당국 자체의 무능과 폭압임을 세계가 다 알고 있다. 『조선일보』, 사설, 2004.7.30.

> 북한이 어떤 정치·경제 체제를 선택할지는 그쪽 사람들의 몫이다. 체제를 강요하는 것은 내정간섭이다. 이는 미국이 민주화를 빌미로 이라크를 무력으로 점령 중인 것과 다르지 않다. 인권 문제의 핵심인 탈북자 문제를 해결하려면 경제협력과 인도적 지원을 통해 식량 사정과 취약한 경제 구조를 개선하도록 하는 것이 지름길이다. 또 인권을 위한 노력은 6자 회담과 평화 구조 정착, 평화통일에 걸림돌이 되지 않아야 한다. 그런데 북한 인권법안은 이 모든 것에 정면으로 어긋난다. 정부와 여야는 법안이 성립되지 않도록 힘을 모아야 할 것이다. 『한겨레』, 사설, 2004.7.24.

앞의 『조선일보』 사설의 경우 북한이탈주민의 문제가 북한 당국의 무능이라고 보고 있으며, 따라서 북한의 권력체제 변화만이 문제의 해결이라고 보고 있다. 반면에 『한겨레』의 사설에서는 북한이탈주민의 해결은 외부세계의 적극적인 지원으로만 해결이 가능하다고 보고 있다.

소위 전문가가 필진으로 참여하는 신문사의 각종 칼럼의 경우는 공식적으로는 언론사의 입장과 필자의 견해가 일치하지 않는다고 말하고 있으나 대부분의 신문사의 입장과 크게 다르지 않다.

> 그러나 김일성의 갑작스러운 사망으로 명실상부한 북한의 최고지도자가 된 김정일 국방위원장은 서방과의 대타협 노선을 유보하고 아버지의 그늘에 몸을 숨기는 '유훈통치(遺訓統治)'를 지속하면서 북한 주민들에게 '고난의 행군'을 강요했다. 김일성 사후 북한 당국은 김일성 영생론을 제시하고 '김일성은 곧 김정일이다'라는 이미지 연결작업을 시도했다. 김일성 사후 김정일은 그의 시대가 열렸음에도 불구하고 새로운 정책 노선을 제시하지 못하고 한치의 오차도 없이 '김일성식'으로 혁명과 건설을 지속하겠다고 공언했다. 『세계일보』, 시론, 2004.7.10.

> 3년 전 방북 때와 이번에 가서 본 북한의 가장 큰 변화는 김정일 국방위원장이 강경파의 반대를 무릅쓰고 2002년 중반 시작한 경제개혁에 따른 사회적 흥분이었다. 느린 속도지만 북한은 분명히 시장경제적 성과급제도와 높아가는 소비자 기대수준으로 혼합경제를 향해 나아가고 있었다. 이런 변화는 이미 돌이킬 수 없는 수준까지 이르렀으며, 향후 10년 안에 이웃한 남한과 중국의 경제형태와 상당히 비슷한 모양새를 띨 것이라는 게 현지 주재 외교관들과 외국 인도지원 활동가들의 전언이다. 『한겨레』, 칼럼, 2004.5.1.

『세계일보』의 시론에서 북한이 과거 체제와 차이가 없으며, 김정일이 과거의 노선을 답습하고 있다고 보고 있는 반면 『한겨레』의 칼럼에는 김정일이 적극적인 개혁을 추진하고 있는 것으로 보고 있다.

사설과 칼럼뿐만 아니라 일반 독자의 투고로 구성되는 기사의 내용도 크게 다르지 않다.

> 외형적으로 피부에 와닿는 변화들이 곳곳에서 감지되었다. 평양 시내를 오가며 시내 풍경이 매우 달라지고 있다는 것을 참가자 모두가 공감하였다. 가장 눈에 띄는 변화는 가게가 많이 생기고, (판)매대가 곳곳에 생겨 심지어 만경대에서도 물건을 팔고 있었다. 그리고 '봉사소'라는 간판의 가게가 여러 군데 생긴 것이 또한 큰 변화라 하겠다. 봉사시간(영업시간)도 늦게까지 연장이 되었으며, 복무원에게 물으니 손님이 있으면 봉사시간에 구애받지 않고 늦게까지 영업을 한다고 한다. 늦게까지 영업을 하는 가게가 많아지게 되니 밤에 네온사인을 켜놓았으며, 밤늦게까지 불을 켜놓은 건물들도 있어 평양의 야경이 2002년 처음 평양에 왔을 때와 비교하여 매우 다르다. 『서울신문』, "열린세상," 2004.3.5.

> 우리 네티즌들이 북측사이트에 접속하여 "돌아가신 외할머니 고향이 원 산이신데…"라며 반가움에 눈물겨워 할 때 "자기 동족을 리적단체로 규정하는 것은 현실에 맞지 않는다고 본다"라는 말로 국가보안법 문제를 지적하는 것은 한국의 사회분열을 책동하고 민족 동질성을 선전선동에 이용하고 있는 것이다. 사이트 이름조차 '우리민족끼리'라고 하여 주체사상 학습자료나 국가보안법을 비난하는 글을 자유롭게 게재하며 체제선전에 열을 올리고 있다. 『조선일보』, "내생각은," 2004.2.2.

『서울신문』의 경우는 북한의 변화를 강조하는 독자투고를 싣고 있는 반면, 『조선일보』는 북한의 분열책동을 우려하는 독자의 의견을 싣고 있다.

신문사의 정치적 입장에 따라 북한 관련 기사의 차이는 분명히 차이가 나고 있으며, 자사의 견해를 밝히는 사설뿐만 아니라 전문가의 칼럼이나 일반 독자의 투고까지 같은 성향의 글을 고르고 있다고 볼 수 있다. 이를 보다 구체적으로 보면 다음과 같다.

첫째, 북한에 대한 신뢰에서 커다란 차이가 있다. 보수 언론사들은 북한이 기본적으로 믿지 못할 체제라고 보고 있으며, 진보적인 성향의 언론사들은 북한보다는 미국의 문제를 비판적으로 보면서 북한의 의도를 긍정적으로 평가하는 경향이 있다.

둘째, 김정일과 김정일의 주도하는 정책에 대해서도 차이가 분명하다. 보수적인 언론사들은 김정일은 혁명노선을 추종하고 있으며, 변화에 대한 의지도 없다고 보는 반면, 진보적인 언론사들은 김정일의 개혁노선을 강조하고 있다. 김정일을 독재자로 당위적 차원에서 보는 것(보수언론)과 현실적인 외국 지도자로 보는 것(진보언론)도 뚜렷하게 구별된다.

셋째, 다루는 기사 내용에서도 차이가 있다. 보수언론에서는 국내정치나 대외정책 등 변화가 적은 부분을 집중적으로 다루고, 인권문제 등 북한의 취약한 부분을 주로 소재로 삼고 있다. 반면에 진보적인 언론들은 경제생활난 일상생활과 같이 변화가 비교적 잘 나타나고 있는 분야를 다루거나 북한 문제를 미국 중심의 국제관계에서 다루는 경향이 있다고 할 수 있다.

4. 맺음말

여론조사와 신문의 칼럼 등에 나타난 북한관을 비교하여 본다면 주목할 만한 점은 여론조사에서는 집단 간에 대북관에서 차이가 있는 것은 분명하지만 그 차이는 그다지 뚜렷하지 않은 반면 언론에서 표출되는 대북관은 차이가 대단히 크다는 점이다. 물론 언론이 여론은 있는 그대로 반영해야 하는 것은 아니지만 실질적인 차이보다 훨씬 부풀려 있다는 것은 언론의 의도가 있다고 볼 수 있다. 특정한 의견에 대하여 차이가 있는 경우 이를 분명히 보여주는 것은 당연하지만 특정한 견해를 반복적으로 집중적으로 강조하고 있다는 것은 여론을 왜곡할 수 있다는 점에서 문제가 될 수 있다.

여론조사에 나타난 대북관은 세대와 지역에서 차이가 있는 것은 분명하다. 그러나 그러한 차이가 심각한 분열상을 보일 정도라기보다는 의견의 차이 정도의 차이인 경우로 볼 수 있다. 반면에 언론의 견해는 서로 다른 견해를 극단적으로 강조하고 있다고 볼 수 있다는 것이다.

지금까지 살펴본 남남갈등의 특징을 보면 최근 남한 사회가 갖고 있는 문제점이 결집된 듯이 보이고, 국가나 사회의 장래에 대한 우려가 생기는 것은 어떻게 보면 당연한 것이라고 볼 수 있다. 그러나 현재의 남남갈등의 양상이 문제가 없는 것은 아니지만 더욱 문제가 되는 것은 남남갈등을 바라보는 시각에 있다고 볼 수 있다. 이러한 차원에서 우선 주목할 것은 남남갈등이라는 용어의 문제이다. 남남갈등은 매스컴에서 만든 일종의 조어로서 그 말은 만든 것은 현재 갈등의 중요한 한 축이라는 점이다.

물론 새로운 용어를 만드는 것은 언론의 관행 중에 하나지만 그렇다고 해서 언어 자체가 갖는 정치적 의미가 없어지는 것은 아니다. 다시 말해서 남남갈등을 개념을 통해서 현재의 상황을 단순히 명확하게 정리하는 것이 아니라 현재의 체제가 불안함을 강조하는 의미도 내포하고 있다는 것이다. 즉, 남남갈등 담론은 그 자체가 지난 정부나 현 정부의 무능함을 부각하는 의도가 없지 않다는 것이다. 이 경우 남남갈등 담론 자체가 새로운 갈등의 원인이 되거나 실질적인 갈등을 정도 이상으로 증폭시키는 결과를 가져온다는 점이다. 실제로 일부 언론과 현 정부가 불편한 관계를 형성함에 따라 과거에는 부분적인 사회갈등이었거나 일상적으로 존재하였던 갈등들이 전 사회적인 문제로 부각되는 경우가 적지 않다고 볼 수 있다.

남남갈등이라는 용어 자체가 갖고 있는 담론적인 문제와 더불어 중요한 것은 수십 년 동안에 걸친 권위주의 정부 시대에 형성된 권위주의적이고 일방적인 문화구조이다. 다양한 사회집단의 존재가 자유민주주의 체제의 필요조건 가운데 하나라고 한다면 중요한 문제에 대한 서로 다른 의견의 표출은 자연스러운 현상이다. 그러나 여전히 남한 사회에서는 '국론통일'이라는 전체주의적 사고가 선호되는 경향이 있으며, 사회갈등 자체를 거북하게 생각하고 있다는 것이다. 예를 들어 국민의 생명이 위협받을 수 있는 이라크 파병(2003)과 같은 문제나 민족의 장래가 걸려있는 북한 핵 문제 등에 대해서는 다양한 의견들이 표출되고 갈등하는 것이 자연스러울 뿐만 아니라 반드시 필요하다고 볼 수 있다. 그럼에도 불구하고 현재는 서로 다른 의견의 분출 자체를 문제시하고 있다는 점이다.

일사불란한 의사결정이나 대통령의 결단 등은 권위주의 정부나 파시스트 체제에서나 바람직한 현상이지만 이를 요구하는 사람들이 적지 않다. 정부 내의 의견충돌도 충분히 있어야 하고 이것인 공개되는 것도 도리어 권장되어야 하지만, 이를 정부나 지배집단의 무능으로 보고 있다는 것이다. 최근에 남남갈등이 많아졌다면 체제 자체의 부정적 현상이 아니라 민주화의 진전이며 동시에 사회발전의 한 과정이라고 보아야 한다는 것이다. 이와 관련해서는 특히 이중적인 잣대가 적용되는데 낙태나 인종 문제를 둘러싼 미국 사회의 논쟁은 합리적인 것으로 받아들이면서 호주제를 둘러싼 남한의 논쟁은 혼란으로 생각한다는 것이다.

현재의 남남갈등이 담론적 성격을 갖고 있고, 한편으로는 현재의 남남갈등이 사회발전과정의 자연스러운 현상이라고 할지라도 현재의 남남갈등 양상이 갖는 문제 자체가 없다는 것은 아니다. 이러한 차원에서 중요한 것은 남남갈등을 어떻게 다룰 것인가 하는 점이다. 기본적으로 사회적 갈등을 치유하는 가장 간단한 방법은 강제와 획일된 사회체제를 만드는 것이다. 과거 헌법에 대한 논의 자체를 금지한 유신체제가 대표적인 예가 되지만 그렇다고 해서 사회적 갈등이 완전히 사라질 수 없다. 다만 내연할 뿐이다. 따라서 우선 필요한 것은 남남갈등을 포함한 다양한 사회갈등이 병리 현상이 아니라 자연스러운 현상으로 받아들여야 한다. 사회적 갈등에 소용되는 비용도 발전과정에서 혹은 의견수렴 과정에서 필요한 요소라는 점을 생각할 필요가 있다. 흔히 파업을 하면 경제적 손실이 어떻고 하는 계산들이 나오는데, 이와 같은 계산방식대로라면 가끔씩 전체 교통망이 마비되는 '선진' 자본주의 국가들은 이미 다 망했어야 한다.

다음으로 필요한 것은 갈등의 축을 보다 분명히 할 필요가 있다는 것이다. 진보와 보수가 있는 것은 당연한 일이지만 현재의 많은 남남갈등은 진보와 보수의 충돌이라기보다는 특정 정권에 대한 선호에서 비롯된 것이 적지 않다. 송두율 처리에 대한 갈등은 그 자체로 중요하지만 이를 현 정부에 대한 입장으로 연결시키는 것은 문제가 있다는 것이다. 마찬가지로 대북정책은 대북정책으로, 노사문제는 노사문제의 차원에서 갈등을 처리하는 것이 중요하다고 볼 수 있다. 다른 요소들을 중첩시키게 되면 갈등의 해결은 점차 어려워지게 되기 때문이다.

5

북한 허위정보의 사회적 영향과 대응

1. 머리말: 북한 허위정보의 의미

최근 김정은 사망관련 보도가 국내외 언론에 제기되면서 사회적 파장이 적지 않았다. 그러나 북한 관련 가짜뉴스와 허위정보가 유포되면서 정치사회적 혼란이 야기되는 현상은 반복적으로 나타나는 일이었다.[1] 가짜뉴스(fake news, junk news, pseudo-news, hoax news) 또는 허위정보(false information)는 사람들의 흥미와 본능을 자극하여 시선을 끄는 황색언론의 일종인데, 최근 소셜네트워크서비스(SNS) 등 개인미디어의 발달과정에서 사회적으로 주목받는 대상이 되고 있다.[2] 가짜뉴스와 허위정보의 생산과 유포되는 현상이 끼치는 사회적 부작용은 적지 않은데, 북한 관련 허위정보와 가짜뉴스는 분단체제가 지속되고 있는 한반도에서 일종의 '인포데믹(infodemic)' 현상이 되면서 남북관계뿐 아니라 남한사회에도 부정적인 영향력을 가지게 된다는 점에서 다른 가짜뉴스나 허위 정보보다 더욱 중요한 문제라고 할 수 있다.[3] 더욱이 일반적인 가짜뉴스나 허위정보가 유튜브의 개인미디어나 가십성 기사를 중심으로 하는 타블로이드 신문들이[4] 중심이 되고 있지만, 북한

관련 허위정보와 가짜뉴스는 소위 레가시 미디어라고 하는 전통 언론사들이 생산과유포의 주체라는 점에서 문제의 심각성이 더 크다고 할 수 있다.

북한 관련 가짜뉴스와 허위정보에 어떻게 대응할 것인가를 고민하기 위해서는 허위정보에 대한 정확한 분석이 이루어져야 할 필요가 있다. 그러나 그동안 북한 허위정보나 가짜뉴스의 발생과 유통이 반복적으로 이루어졌지만 허위정보나 보도내용의 내용과 발생배경, 그리고 사회적 영향력은 사안별로 유사점과 차이점을 동시에 갖고 있다. 따라서 북한 허위정보에 대한 올바른 이해를 위해서는 다음의 항목들에 대한 검토가 필요할 것이다.

- 허위 정보 생산의 배경
- 허위 정보의 대상과 내용
- 허위 정보 생산과 유통의 주체
- 허위 정보 생산 유통의 과정
- 허위 정보의 대내적 영향

이 글은 위에서 언급한 기준에 따라 북한 허위정보 및 가짜뉴스에 대한 이해를 바탕으로 이를 극복할 방안을 모색해 보는 데 목적이 있다.

2. 북한 허위정보 발생의 대내적 조건

1) 국내정치적 지형의 변화: 민주화의 진전과 진보정권의 수립

북한 허위정보 발생이 가능해진 것은 근본적으로 북한과 관련된 정보에 대한 국가의 통제가 약화되고, 정보의 유입통로가 다양해졌기 때문이라고 볼 수 있다. 분단 이후 민주화 이전까지 군사권위주의 정권 시절에는 북한관련 정보를 국가가 독점하면서 권력유지에 필요한 수준에서만 일방적으로 국민들에게 전달해 왔다. 정부 이외의 북한정보의 획득이나 유통은 국가보안법 등의 법령으로 통제되어 왔다. 그러나 1980년대 이후 남한사회에서 민주화가 진전되면서 북한 정보에 대한 국가의 독점적 지위가 약화되는 반면 북한 및 통일에 대한 시민사회의 발언권이 확대되었다. 그리고 김대중, 노무현 정부와 같이 상대적으로 진보적인 정권은 북한 정보의 자유로운 유통에 대하여 강력하게 통제하기보다는 관대한 입장을 견지함으로써 북한관련 정보가 허용되는 폭 자체가 확대되었다고 할 수 있다.[5]

정치적 지형변화와 맞물려 북한 정보가 유입되는 경로가 확대되었던 것도 중요하다. 과거 민주화운동시기에 '북한바로알기운동'은 운동의 핵심 사항이었고 이 과정에서 북한과 관련된 정보를 국가가 아닌 차원에서 획득하려는 노력이 이루어졌다. 일본 등 제3국을 통하는 등 북한관련 정보 획득 통로가 개척되었고 이를 통하여 시민사회에 북한관련 정보가 대거 유입되었다. 또한 노태우 정부 북방정책의 결과로서 중국과의 관계가 개선된 것도 새로운 북한 정보 획득 통로가 되었다. 중국과의 수교가 이루어지면서 북한과의 왕래가 잦은 조선족의 국내 유입이 확대되고 이들을 통한 북한 정보가 대거 유입되기 시작하였다는 것이다.

김대중·노무현 정부시절 다양한 남북교류가 활성화되면서 북한을 방문하거나 인도적 지원사업을 포함한 북한과의 다양한 사업이 진행되면서 북한관련 정보를 직접 획득할 수 있는 범위가 확대되었다는 점도 주목할 필요가 있다. 개성공단 및 금강산 관광을 포함한 대규모 남북 접촉 공간이 만들어졌으며, 1990년대 중반 이후 북한의 식량난을 계기로 시작된 남한사회의 대북 인도적 지원사업도 또 다른 남과 북의 접촉지대를 제공하였다. 북한에 대하여 인도적 지원사업을 하는 시민 사회단체 실무담당자 가운데는 수십 차례에 걸쳐 방북하는 경우도 있을 정도였다. 이러한 과정에서 국가와는 분리되는 독립적인 북한 전문가 집단이 구축·확산되는 결과가 초래되었고, 이는 북한정보에 대한 독립적인 해석능력이 있는 집단이 만들어졌다는 것을 의미한다.

북한 관련 정보의 국가독점의 완화나 북한 정보의 유입통로의 다양화가 북한 허위정보 생산과 유통이 가능해진 일차적 토대가 되었다면 이와 아울러 진보 정부가 수립된 이후 남북화해를 지향하는 대북정책을 추진하기 시작한 것도 북한관련 가짜뉴스들이 생산되기 시작하는 또 다른 정치적 토양이 되었다. 북한과의 공존과 평화를 지향하는 대북정책을 비판하는 보수언론과 진보정권 수립 이후 조직화되기 시작한 보수적인 시민사회가 국가와 대립하면서 대북정보를 독자적으로 수립하려는 노력을 경주하기 시작하였다. 이들은 보수적인 대북정책 지속을 지향하면서 이를 정당화하는 북한 정보를 구축하기 시작하였다.[6] 이러한 과정에서 과거 기존 보수적 대북정책을 담당하였던 정부 구성원들이 결합하기도 하였다.

2) 사회적 지형 변화: 범지구화(globalization) 및 정보화의 가속화

범지구화 경향으로 초국가적 이주가 활성화되면서, 다양한 정보전달 매체가 발달하면서, 외부 정보의 국내적 유입이 활성화되었고, 이 가운데 북한 관련 정보도 다수 포함되었다고 볼 수 있다. 범지구화의 단면 가운데 하나인 국제적 유동인구의 증가를 들 수 있는데, 특히 중국, 러시아 등 북한과의 접촉 및 왕래가 많은 국가들과의 교류도 활성화되었다. 이 지역에는 조선족 고려인 등의 직간접적으로 북한과 관계하고 있는 교포들이 적지 않았고, 이들이 취업이나 취학으로 목적으로 국내에 입국하는 숫자도 늘어나면서 북한관련 정보의 새로운 통로가 만들어졌다. 다른 한편으로는 북한과의 교류가 많은 중국, 러시아의 접경지역이나 북한이 진출이 활발한 동남아 등 해외 지역에 진출하는 국내기업 및 개인이 증가하였다는 점도 중요하다. 상대적으로 북한과의 왕래가 많은 지역에 진출한 기업과 개인은 사업과정에서 직간접적으로 북한과 왕래가 있는 교포들을 접촉하거나 북한 관련 정보를 취득할 수 있는 여지가 많아졌다는 것이다.

정보화의 진전은 정보 월경이 일상화와 연결되는데 인터넷을 활용한 다양한 매체들은 과거 제한되었던 북한 관련 정보가 자유롭게 유통될 수 있는 환경을 조성하였다. 현재까지도 북한이 직접 운용하는 사이트에 대한 접속을 제한하는 등 공식적인 차원에 대해서는 통제가 진행되고 있다.[7] 그러나 실제로는 정부의 접속제한을 피해서 우회 접속할 수 있는 방안이 존재하고 있으며, 정부의 직접적인 통제 영역 밖에 있는 인터넷과 각종 소셜네트워크서비스(SNS)의 확대로 북한 정보를 획득하고 전파할 수 있는 다양한 수단이 적지 않다.

과거 폐쇄적인 정책을 지향하고 있었던 북한의 정책변화도 북한관련 정보 확산에 일정한 역할을 하고 있다. 대내적인 정보통제는 여전하지만 북한은 2000년대 이후 개방의 폭을 점차적으로 확대하고 있다. 특히 김정은 정권에서 관광을 경제성장의 중요한 수단으로 강조함에 따라 북한을 방문하는 관광객이 증가하고 있으며 이들에 대한 통제는 과거에 비해 느슨해졌다.[8] 이들은 북한관광 과정과 이후에 사진과 동영상을 포함한 다양한 북한정보를 인터넷 등을 통하여 전달하고 있다.

관광객 이외에도 북한에 공관을 운영하는 국가들이나 국제기구의 주재원 및 북한과의 사업을 운영하는 조선족 포함 외국인들이 북한을 주기적으로 방문하면서 북한 관련 정보를 제공하고 있다.

북한을 방문하는 외부인들과 더불어 고난의 행군 이후 북한이탈주민이 급증하면서 국내 정착 이탈주민들도 동시에 늘어났고, 이들이 북한정보의 전달자로서의 역할을 담당하게 되었다는 것도 중요한 변화이다. 1990년대 후반 이후 국내 입국 탈북자가 연간 1,000명을 상회하고 있는데, 국내 입국 탈북자들은 북한 가족들에게 지속적으로 송금하는 등 북한과의 네트워크를 유지하고 있다.[9] 과거에는 북한이탈주민들은 정부의 공식적인 입장을 추종하는 경우가 많았지만 민주화 이후에는 이들도 자유롭게 자신들의 의견을 제시하고 있다.[10] 이러한 환경에서 보수적인 정치집단은 이탈주민을 북한 및 진보적 대북정책을 비판하는 수단으로 활용하면서 북한이탈주민의 주장을 과도하게 부각하는 경향이 있다.

또한 종합편성방송에서 북한이탈주민들을 활용한 프로그램이 성공을 거두고,[11] 일부 언론에서 탈북자를 기자로 채용하면서 탈북자들이 북한 정보 전달자의 역할을 공인받는 결과를 초래했다고 볼 수 있다. 또한 3만 명이 넘게 된 탈북자들은 조직화 집단화되면서 의석획득에는 실패하였지만 정당을 만들어 총선거에 참여하는 등 독자적인 정치사회적 발언을 시작하였고, 보수적인 언론이나 집단인들은 이들을 정치적으로 활용하고 있다고 할 수 있다.[12] 일부 종편은 이들을 통하여 선정적인 북한 정보를 확산하면서 상업적 이해도 추구하고 있다고 볼 수 있다.[13] 또한 탈북자들을 다수 채용한 북한 전문 언론 '데일리 NK'가 등장하면서 탈북자들이 북한에 대한 비판 혹은 비난의 중심이 되는 경향도 심화되었다.[14]

기술적 환경변화도 북한 허위정보 확산과 밀접하게 관련되어 있다. 정보화의 진전으로 개인 미디어가 폭발적으로 증가하는 가운데 보수적인 유튜브채널 등도 급증하였고, 정치사회적 관심 유도와 경제적 이익을 확보하기 위하여 선정적인 북한관련 정보를 적극적으로 활용하고 있다. 현재 보수적 유튜브 채널이 구독자수 등에서 진보적 유튜브를 압도하고 있으며, 구독자 상위의 보수 유튜브 채널일수록 콘텐츠 업로드에 적극적인데, 북한관련 콘텐츠는 이들이 선호하는 소재 가운데 하나이다.[15]

대외적으로는 북미회담 성사 등으로 북한에 대한 관심이 전 세계적으로 높아졌으며, 이 과정에서 타블로이드판 외신 등에서 상업적 목적으로 자극적인 북한기사를 확인 없이 작성하는 경우가 많아진 것도 북한 허위정보가 생산되고 유포되는 또 다른 배경이다. 특히 영국 등지의 타블로이드 신문에서 북한 코너가 독립적으로 구축되었고, 가십성 기사나 북한과 지도자를 조롱하는 내용들이 중심이 되고 있다.[16]

3. 북한 허위정보의 특징

1) 북한 관련 허위정보의 내용

북한 허위정보는 최고지도자 및 중요 정치엘리트의 신상에 관련된 내용이 다수라고 할 수 있는데, 구체적으로 유고로 인한 권력상실이나 처형 등 부정적인 차원의 신상정보가 중심이 되고 있다. 김일성에서 김정은에 이르기까지 최고지도자의 사망 등 궐위상태에 주목하거나 김영철 등의 중요 정치지도자의 실각설 등이다. 소재도 그러하지만 더욱 중요한 것은 최고지도자 및 엘리트의 실각 등 뿐 아니라 체제에서 일반 주민의 일상에 이르기까지 북한체제에 대한 부정적인 내용이 허위정보의 중심을 이루고 있다는 것이다. 인육도 먹을 정도의 처참한 북한주민의 삶을 강조하거나 핵무기 실험장 인근 주민의 방사능 피폭 등이 이루어지고 있다는 식으로 북한의 부정적인 내용을 극대화하거나 북한주민을 통제하는 북한체제의 폭력성을 강조, 북한 주민의 저항운동을 부풀리는 경우가 많다.

최고지도자나 중요 정치인을 소재로 삼고 부정적인 측면을 강조하는 북한 허위정보의 내용은 과거와 비교해 볼 때 크게 변화하지 않았지만 강조하는 지점은 최근에 달라지고 있다고 볼 수 있다. 과거에는 최고지도자 및 중요 정치엘리트가 대외적으로 드러나지 않는 경우 이들의 상태 여부(궐위 혹은 숙청 등)가 허위정보의 중심이었으나 최근에는 북한 체제 붕괴론을 전제하면서 북한체제나 지도자와 관련된 문제점 비판이 허위정보의 초점이 되고 있다. 또한 북한에 대한 비난이 비판에 머무르는 것이 아니라 진보정부의 평화 및 화해협력 기반의 대북정책 비판과 연계되는 경우가 많다.

차원은 다르지만 1980년대 민주화 과정에서 형성된 주사파 중심의 북한관련 정보는 북한의 긍정적인 측면을 과도하게 강조하였다. 그러나 이 경우는 신념에 기반을 둔 허위 정보인 경우가 많았던 반면 최근 북한 관련 정보는 정부 비판이나 북한체제 비판을 위한 목적론적 허위정보가 주류를 이루고 있다. 신념에 기반을 두건 특정한 정치적 목적을 지향하던 허위정보이기는 마찬가지라고 할 수 있지만 목적론적인 북한관련 허위정보에서는 의도적 왜곡의 생겨날 가능성이 크다.

최근 생산되고 유포되는 북한 허위정보가 의도하는 바는 다음과 같이 정리할 수 있다. 첫째 현 정부를 포함한 진보적 정부의 평화지향적인 대북정책의 정당성을 훼손하고자 하는 것이다. 둘째, 북한체제의 붕괴를 지향하고 있다. 셋째, 북한의 비정상적 상태를 강조함으로써 적대적이고 대결적인 사회적 분위기를 고양하려고 하는 것이다. 넷째, 보수 유튜브의 경우나 일부 종편의 프로그램과 같이 허위정보를 통한 경제적 이익을 획득하고자 한다는 것이다.

2) 북한 허위정보의 유통과정

과거 정부가 북한관련 허위정보를 정치적 목적으로 유포한 경우도 있었으나,[17] 최근에는 보수언론이나 보수적 시민단체 및 개인이 허위정보 유통의 주체가 되고 있다.[18] 북한관련 오보가 가장 빈번한 레거시 미디어(legacy media)는 조선일보이고, 최근 김정은 사망설과 관련된 외신매체들과 태영호·지성호 국회의원 등이 사과하였음에도 불구하고 보수 유튜브 채널 들은 여전히 김정은 중병설이나 사진조작설을 주장하고 있다.

최근 북한 관련 허위정보는 탈북자들의 미확인 '소식통'을 기반으로 하거나 중국 등 제3국의 취재원을 기반으로 작성된 경향이 있으나 소식통이나 취재원의 근거가 불명확하거나 신뢰성이 없는 경우가 대부분이다. 북한체제의 특성상 최고위층이나 엘리트 집단이 폐쇄적인 까닭에 정보유출이 어려운 것이 현실이고, 탈북자들이 경제적 이익을 위해서 정보를 가공하거나 창출하는 경우도 적지 않기 때문이다. 일부 종편의 경우 탈북한 지 30년이 넘은 탈북자나 유아 상태로 탈북한 사람이 최근 북한현실을 증언하게 하고 있으며, 국내 언론이 적극적으로 활용하는 소위 북한 관련 해외 전문가나 해외 언론의 북한에 대한 지식이나 정보는 부족하다고 볼 수 있다. 이러한 현실에서 최근 북한관련 허위정보는 '국내 탈북자단체 혹은 개인의 주장이나 견해 → 국내 유튜브나 뉴미디어 언론소개 → 해외 언론소개 → 국내 레거시 미디어 소개 → 정치권의 증폭' 순서로 확대·재생산되는 경로를 밟고 있다고 볼 수 있다. 이 과정에서 외국 언론을 무조건 추종하는 사대적 언론관도 부분적으로 영향을 미치고 있다.

특히 정파적 이해와 북한 허위정보가 결합함으로써 허위정보가 생산과 유통이 정치화되는 경향이 있는데, 보수정당과 레거시 미디어 언론 및 뉴미디어 언론의 결합하는 양상을 보이고 있다.

4. 북한 허위정보의 대내적 효과

1) 남남갈등의 확산

2000년 정상회담을 계기로 대북정책과 통일문제를 둘러싼 '남남갈등"이 본격화되었는데, 남남갈등은 북한관련 사안들이 발생할 때마다 격화되는 경향이 있다. 2000년 정상회담을 계기로 적대적 대결 구도를 청산하고 평화적 공존의 남북관계를 지향하는 대북정책이 본격화되면서 이에 대한 보수적 집단의 비판이 '남남갈등'로 표출되고 있는데, 국가주도 대북정책의 균열과 '남남갈등'은 밀접하게 연결되어 있다.

그런데 '남남갈등'은 하나의 현상이면서 동시에 담론적 성격을 갖고 있는데, 대북정책에 대한 의견 차이를 국론분열로 연결시키면서 정부의 무능을 부각시키려는 의도가 전제되어 있으며 보수언론에서 2000년대 이후 적극적으로 활용한 개념이기 때문이다.[19] 정상회담이나 협력사업 등 화해협력의 대북정책 입안 및 시행을 할 때나 북한의 핵 실험 등 부정적인 사건이 발생하였을 때마다 남남갈등이 강조되어 온 경향이 있다. '남남갈등'을 유화적 대북정책과 무능한 정부의 통일정책과 연결시켜 온 보수야당과 언론 등은 북한관련 허위정보를 생산·유통하면서 남남갈등을 자극하는 결과를 유도하고 있다. 반면 북한관련 허위정보를 비판하는 집단과 사람들은 이를 언론구조의 문제와 동일시하면서 북한관련 남남갈등에서 전방위적인 남남갈등으로 확산되는 계기가 되고 있는 것이다.[20]

2) 한국사회의 불안정 심화

분단체제하에서 한국사회는 근본적으로 북한리스크를 가지고 있다. 그리고 북한체제의 특성상 북한리스크의 핵심은 김정은 중심의 유일지배체제의 존속 여부이다. 이와 같은 현실에서 북한 최고위층의 유고는 남북관계 및 한반도의 안정성을 해칠 수 있는 요인으로, 이와 관련된 허위정보가 확산되는 것은 한국의 정치·경제·사회적 불안정을 자극할 수 있다는 것이다. 더욱이 대외의존적인 경제구조를 갖고 있는 한국으로서는 북한체제의 불안정은 직접적으로 해외 신인도 하락 가능성 제고 등 경제적인 문제로 이어질 수 있는데, 최고지도자 유고설이 제기될 때마다 한국 증시하락 경험을 기억할 필요가 있다.

그리고 북한 허위정보는 생산되고 유통되는 가운데 정부의 공식적인 해명 등을 부인하는 과정이 포함되는 경우가 많다. 즉 북한관련 허위정보의 생산과 유통 자체가 정부에 대한 불신을 자극하는 경향이 있으며, 결과적으로 정부의 대북정책 수행과 관련된 추동력을 약화시킬 가능성이 있다.[21]

3) 북한 및 탈북자에 대한 희화화와 왜곡된 인식 심화

북한에 대한 적대감이 일반적인 현실에서 북한 허위정보는 북한의 비정상적인 상태를 강조함으로써 반북의식을 심화시키는 결과를 가져오고 있다. 허위정보의 진위 여부가 문제가 될 때마다 오보나 허위 정보가 폐쇄적이고 정보유통이 제한적인 북한 탓으로 돌리고 있으며, 추진하는 정책을 포함한 최고지도자의 공식적인 차원의 평가나 인식이 필요함에도 불구하고 외모나 신체 상태 등의 비본질적이고 사적인 문제들에 주목하게 함으로써 북한 정치지도자에 대한 비정상적인 인식이 확대되는데 일조하고 있다. 결과적으로 북한의 경제난, 핵실험 등으로 반공, 반북을 넘어 '혐북'의 분위기가 심화되는 경향을 가속화하면서 북한과 관련된 '해프닝'이나 이벤트적인 관심을 고조시킴으로써 북한문제에 대한 합리적 인식이나 해결방안 모색을 어렵게 만들게 하고 있다.

최근 북한 허위정보의 전달자 혹은 생산자로 탈북자들이 부각되고 있는데, 결과적으로 허위정보임이 밝혀지면서 이들에 대한 신뢰도가 하락하는 것에 그치는 것이 아니라 이들이 속해 있는 탈북자 전체에 대한 불신과 비판으로 이어지고 있는 것도 문제이다. 탈북자 관련 시설을 혐오시설로 지역주민들이 반대하는 등 탈북자들을 배척하는 사회적 분위기가 강한 현실에서[22] 탈북자 개인과 전체 집단을 구별하지 않는 가운데 일부 탈북자의 개인적인 차원의 허위정보 관련 행위는 탈북자 전체에 대한 신뢰 하락으로 연결되고 있다는 것이다. 더욱이 국회의원 신분과 같은 공직을 갖고 있는 탈북자는 대표성이 과도하게 평가되어 문제적 행동의 부정적 결과가 배가되는 경향이 있다. 또한 김정은 사망설과 관련된 태영호·지성호 국회의원에 대한 비판과정에서 빈번하게 나오는 '빨갱이' 담론이나 스파이 담론은 정파나 이념적 지향에 상관없이 탈북자 집단에 대한 남한의 왜곡된 시각을 증폭시키고 있다.

5. 맺음말: 북한 허위정보에 대한 대응

1) 북한관련 정보의 자유로운 유통확대

북한 허위정보가 생산되고 확산되는 직접적인 요인은 북한체제의 폐쇄성과 북한체제에 대한 불신에서 비롯되었다는 점에서 남북관계가 개선되고 북한체제에 대한 자유로운 접근이 보장되지 않는 한 문제를 근본적으로 해결하기는 쉽지 않을 것인데, 국내뿐 아니라 해외에서도 북한 관련 허위정보 생산 및 유통 경험 존재한다는 사실을 직시할 필요가 있다. 그리고 실질적인 외국이라고 할 수 있는 북한과 관련된 정보에 대해 정부 입장에서는 국가 간의 관계를 고려할 때 허위정보가 명확하다고 할지라도 이를 분명하게 부정하는 것이 어렵다는 문제도 갖고 있다.[23] 그럼에도 불구하고 그동안 정부가 필요 이상으로 정보를 통제하거나 경우에 따라서 획득한 정보를 정치적으로 활용한 경우도 없지 않았다는 역사적 경험도 북한 허위정보 생산 및 확산의 토양이 되었다고 할 수 있다.

따라서 북한관련 정보에서 정부와 민간이 양자적 대립구도가 되는 것이 아니라 정부는 북한관련 정보를 충분히 제공하고 민간 부분과 더불어 정보의 진위 여부나 해석 여부가 논의되는 방향으로 나아가야 할 필요가 있다. 정부도 정보제공자 가운데 하나가 되면서 정보 판단이나 해석 과정에서도 하나의 부분으로 참여하여야 한다는 것이다. 이를 위해서는 정부가 가능한 범위에서 북한 관련 정보를 적극적으로 공개하고 제공하는 것이 필요하다. 개방화 시대에 맞지 않는 북한 관련 사이트 접속통제 등 구태적인 정보통제 방식을 개혁하고 북한 언론 및 도서 등의 일반 공개 확대하여야 한다. 그리고 집단별로 차이가 있는 북한 정보의 차별적 향유의 문제를 근본적 개선할 필요가 있다.

또한 북한 정보통제를 넘어서서 북한관련 정보의 적극적인 푸쉬 서비스를 정부나 공공기관 등을 활용하여 시도하는 것을 고려하여야 한다. 통일부나 국정원 등의 언론 서비스에 대해서 전반적으로 성찰하고 이를 토대로 개선 방안을 모색하여야 한다. 이와 아울러 남북관계와 관련된 현안 발생 이후의 사후적 대처가 아니라 선제적 설명 등을 지향하여야 한다. 북한 정보에 적극적 제공과정에서 정부의 정파성이 문제가 된다면 통일연구원 등의 관련 연구기관이나 국회의 입법조사처 등 중립적 기관을 활용할 수 있을 것이다.

북한관련 허위정보가 확산되는 중요한 고리 가운데 하나가 정치인이라는 점에서 국회를 적극적으로 활용하는 방안을 모색하여야 한다. 허위정보가 생산하고 발생하는 경우 적극적으로 직접적으로 국회의원을 설득하는 동시에 필요한 경우 야당에 별도의 허위정보 교정 기회를 마련하여야 한다.

2) 북한 관련 정보의 사회적 선순환 구조 구축

국가가 아닌 사회적 차원에서 북한관련 허위정보를 배제하려는 노력이 필요한데, 언론관련 단체의 활동을 확대할 필요가 있다. 언론관련 시민단체가 중심이 되어 북한관련 허위정보의 사례를 수집하고 발표하도록 하고 기자협회 및 언론사 노조 등의 자정 노력이 필요하다.

그리고 북한 및 언론 관련 학회 등에서 북한에 대한 허위 정보에 대한 연구를 진행하는 것도 필요하다. 이와 아울러 언론중재위원회 등 관련 기관에 북한관련 허위정보를 제소하고 시정할 수 있는 통로를 마련하는 것을 고려하여야 한다. 당사자가 부재한 까닭으로 현재 북한관련 보도가 언론중재위원회 등에서 다루기 어렵기 때문에 이를 극복할 방안을 모색해야 한다.

언론기관에서는 북한 전문가들을 양성하여 북한에 대한 정확한 보도가 가능할 수 있는 토대를 마련하여야 할 것인데, 북한전문기자를 양성하고 기자 및 프로듀서(PD) 등에 대한 주기적 재교육 프로그램을 구축하여야 한다. 그리고 언론기관과 북한 전문가와의 교류 확대도 필요하다.

제2부

북쪽 사회 이야기

1. 북한 사회연구 혹은 사회학적 북한연구
2. 북한에서의 국가와 사회
3. 혁명구호
4. 북한체제 내 사적 담론 형성의 가능성
5. '고난의 행군'과 북한주민의 마음

1

북한 사회연구 혹은 사회학적 북한연구

1. 머리말

반세기가 넘는 분단체제하에서 북한연구는 단순히 학문적인 문제만이 아니었던 것이 현실이었다. 왜냐하면 전쟁을 경험하고 적대적인 관계를 유지하는 상황에서 북한은 '가치중립적'인 입장을 유지하면서 다루기가 쉽지 않은 연구 대상이었기 때문이다. 연구대상이 적대적인 국가체제라는 사실에서뿐만 아니라, 북한에 대한 '과학적' 연구를 어렵게 한 또 다른 요인은 북한에 대한 정보 자체가 매우 엄격하게 통제되었다는 점이다. 북한이라는 체제가 기본적으로 독자적 사회발전을 추구하면서 대외적으로 폐쇄적인 정책을 고집하였기 때문이기도 하지만, 북한과 관련된 모든 정보를 국가가 독점하였다는 점이 북한 연구의 발전을 가로막은 핵심적 요인이었다고 할 수 있다.

적대적인 관계를 유지하고 있는 대상에 관한 정보를 국가가 독점하고 있는 상황에서 이루어질 수 있는 연구는 1차적으로 국가의 입장, 정확히 말한다면 국가의 정치적 입장에 좌우될 수 없게 된다고 볼 수 있다. 따라서 과거 냉전기의 북한연구는 과학적이고 분석적이라기보다는 적대적인 국가에 대한 이데올로기 비판에 불과한 경우가 많았으며, 동시에 지배 권력의 정치적 판단을 정당화하는데 기여하는 홍보수단에 불과한 경향이 없지 않았다. 다시 말하자면 냉전시기의 북한연구는 '북한이 무엇인가'라는 질문에 대한 응답이 아니라 '북한의 무엇이 나쁜가'를 밝혀내는 데 치중하였다는 것이다.

정치적 입장이 전제된 학문이 대상에 대한 정확한 이해를 보장하지 못하는 것은 당연하다고 할 수 있는데, 이 경우 사실판단보다는 진위판단을 지향하는 '목적론'(teleology)적 연구가 될 가능성이 높기 때문이다. 물론 진위판단을 지향하는 가운데 부분적으로 사실에 대한 규명이 이루어지기도 하지만, 드러나는 사실들에 대한 판단에서도 논리보다는 정치적 잣대가 결정력이 갖는 이상 학문적 논의 자체가 불가능한 경우가 다반사였다고 할 수 있다.

따라서 북한에 대한 연구가 학문적(혹은 과학적) 수준이 되기 위해서는 대외적으로는 국제적인 냉전구조의 해체, 대내적으로는 민주화의 진전이 선행조건이었다고 할 수 있었다. 그러나 여전히 북한 관련 자료의 국가적 통제가 온존하고 있으며,[1] 구체적인 학문적 성과가 아닌 북한을 보는 관점이 논란의 중심에 있는 현실에서[2] 북한연구의 학문적 수준을 제고하는 일이 여의치 않음을 보여주는 것이라고 할 수 있다.

냉전적 환경에서 국가가 주도하는 시기의 북한연구의 또 다른 경향은 논리적으로 당연한 결과이겠지만, 북한연구와 북한정치연구가 같은 것으로 간주되었다는 점이다. 분단을 이념의 차원에서 인식하였고, 북한을 정치적으로 비판하는 것이 북한연구의 주된 동기가 되는 한, 북한정치체제나 이념이 북한연구의 핵심이 될 수밖에 없었다고 할 수 있다. 따라서 북한연구에서 주체사상이나 권력구조, 조선노동당 연구 그리고 대남전략 등이 주류를 차지하였다는 것이다.[3] 북한이 하나의 국가인 동시에 완결된 하나의 사회체제라는 차원에서 본다면 정치학 일변도의 북한연구는 그 자체로서 북한에 대한 이해를 어렵게 만드는 요인이었다고 볼 수 있다. 더욱이 '우리의 소원은 통일'까지는 아니라고 할지라도 화해협력과 평화공존이라는 공식적인 남쪽의 통일방안을 위해서도 북한에 대한 다양한 연구와 이해가 불가피함에도 불구하고 정치학 일변도의 편향적인 북한연구는 문제가 있었다고 할 수 있다.

다른 분야도 마찬가지지만 북한 '사회'에 대한 연구도 미미하기는 마찬가지였다고 할 수 있다. 기본적으로 앞에서 이야기한 바와 같은 그동안의 냉전적 사고의 지속과 이에 말미암은 북한에 대한 이념 비판적인 연구라는 문제 상황에서 비롯되었다고 볼 수 있지만, 이 밖에도 다음의 몇 가지 이유 때문에도 북한 사회에 대한 학문적 접근이 활성화되지 못하였다고 볼 수 있다.

첫째, 북한 사회에 대한 경험적 접근이 어렵기 때문이었다고 볼 수 있다. 사회에 대한 연구는 당연히 사회 현실에 대한 경험적 자료를 필요로 하지만, 폐쇄적인 북한체제의 특성상 북한을 방문하는 것조차 쉽지 않았다던 것이 분명한 현실이었다. 근래 남북교류가 활성화되었다고는 하지만, 남한사람들은 평양 등 극히 제한된 지역에만 접근이 가능하다. 그리고 북한지역을 방문하더라도 자유로운 조사활동은 원천적으로 불가능하다. 만일 직접 방문이 어렵다고 하더라도 이를 대신할 수 있는 자료가 풍부하다면 인류학에서 이야기하는 '원거리 연구(long distance study)'가 가능하지만 북한의 경우 이러한 자료도 충분하지 않다. 특히 제도보다는 사회구성원의 의식이나 사회 현실의 동적 과정에 관심을 갖는 사회학의 특성상 공식적인 자료-정부의 입장만을 대변하는-만이 존재하는 한 북한 사회연구는 여의치 않은 것이었다고 볼 수 있다.

둘째, 사회학은 다른 사회과학에 비해 방법론적으로 엄격한 기준을 지향하는 경향이 있다는 점이다. 과학적 엄밀성을 강조하는 경향과 이론적 바탕을 중시하는 학문적 특성상, 자료의 심각한 부족은 북한을 사회학적 관심에서 멀어지도록 하였다고 볼 수 있다. 이와 아울러 세계적인 냉전 시기에 서구의 사회주의 연구도 정치학이 주도하였고, 사회학적 접근은 충분하지 않았다는 점도 북한 사회 연구가 미비한 현상에 부분적으로 영향을 미쳤다고 볼 수 있다. 참고할 만한 사회주의 국가의 사회체제에 대한 연구 부재는 북한 사회연구의 어려움을 배가하였다는 것이다.

셋째, 한국의 사회학계가 북한 혹은 통일에 대한 관심이 적었다는 점도 생각할 수 있다. 이유가 어쨌든 간에 정치학과를 운용하는 대학에서는 북한정치 전공연구자를 교수진에 포함하는 경우가 적지 않고, 북한이나 통일관련 교과목을 편성하고 있는 데 반해, 사회학과에 북한을 전공하는 교수가 있는 학교는 거의 없는 형편이다. 뿐만 아니라 북한이나 통일을 관련한 과목을 사회학과에서 개설하는 경우도 찾아보기 힘든 것이 현실이었다고 할 수 있다. 이와 같은 상황에서 사회학을 전공하는 학생들이 북한이나 통일문제에 관심을 갖기는 쉽지 않았다고 할 수 있다.

그러나 세계적인 냉전질서가 와해되고, 남북관계가 개선되는 동시에 남한의 민주화도 진전됨에 따라 북한에 대한 다양한 접근도 점차 확산되었다고 할 수 있다. 특히 남북교류가 확대되면서 북한의 사회문화체제에 대한 관심도 증대되었고,[4] 독일통일 과정에서 사회문화적 통합이 문제점으로 제기되면서 북한 사회에 대한 연구 그리고 북한에 대한 사회학적 연구도 활성화되었다고 할 수 있다.[5] 물론 북한연구에서 사회학적 연구나 북한 사회에 대한 연구가 충분하지는 않다고 하더라도 지금까지 이루어진 학문적 성과는 앞으로의 발전을 위한 주춧돌이 될 수 있다. 이러한 점에서 북한 사회에 대한 사회학적 성과를 보다 적극적으로 검토하는 작업은 북한체제를 이해하기 위해서나 북한연구의 학문적 수준을 제고하기 위해서도 중요한 일이라고 할 수 있다.

2. 북한 사회연구

학문적 성과는 고사하고 현상에 대한 기술적 논의조차 부족하다는 점을 고려한다면 북한 사회를 소재나 주제로 한 책들은 나름대로 의미를 갖고 있다고 할 수 있다. 북한이탈주민이 급증하면서 이들이 직접 저술하거나, 이들로부터 정보를 얻거나 하는 방식, 그리고 최근 급증하는 북한 방문을 통하여 얻은 자료를 바탕으로 북한 사회의 다양한 측면들을 묘사한 저서들이 이에 포함된다. 이러한 저서들은 현상을 기술하는 데 그치는 경향이 없지 않지만 북한체제 특히 북한 사회연구의 기초 자료로서 의미를 갖는다고 할 수 있다. 특히 그동안 꾸준하게 북한이탈주민문제에 관심을 기울여온 '좋은벗들'이 발간한 『두만강을 건너온 사람들』(정토출판, 1999), 『북한사회 무엇이 변하고 있는가』(정토출판, 2001) 등은 북한 사회연구의 기초 자료로서 가치 있는 저서들이라고 할 수 있다. 특히 『북한사회 무엇이 변하고 있는가』는 북한 주민 1,027명과 남한 주민 500명을 대상으로 설문 조사한 결과로서 현지조사가 불가능한 북한 현실에서 간접적인 방식으로나마 북한 주민의 의식을 조사하고 이를 비교적인 시각에서 분석하였다는 점에서 일정한 학문적 수준을 확보하였다고 할 수 있다.

2000년 남북정상회담 이후 남북관계가 진전되면서 북한을 방문하는 남한 사람들의 숫자가 늘어나는 가운데 월간지 『민족21』에 연재된 내용을 중심으로 출판된 『북녘사람들은 어떻게 살고 있을까』(선인, 2004)도 주목할 만한 저서라고 할 수 있다. '북녘인민생활사'를 지향한다고 하는 이 책은 취재진의 취재와 협력관계에 있는 『조선신보』를 통한 간접취재 등을 토대로 만들어졌다. 태어나서부터 죽을 때까지 인생의 경로를 따라 구성된 이 책은 무엇보다 그동안 간접적인 경로로만 가능했던 북한 사회의 실상을 부분적으로나마 직접 체험하면서 만들어졌다는 점에서 중요한 의미를 갖고 있다고 할 수 있다. 기본적으로 과학적 분석을 지향하는 학술서적은 아니고, 저널리즘에 바탕을 두고 있다고 하더라도 북한 사회에 대한 남한 사람들의 직접 조사로서는 처음이라고 할 수 있다는 사실이 갖는 의의는 인정하여야 할 것이다.

북한 현실, 특히 사회 현실을 드러내 주고 있는 위의 책들은 북한 관련 자료가 턱없이 부족한 현실, 북한 현지 조사가 불가능에 가깝다는 차원에서 과학적 분석을 위한 중요한 자료가 될 수 있음은 분명하다. 그럼에도 불구하고 여전히 책을 만든 주체의 북한에 대한 관점에서 자유롭지 못하다는 문제를 해결하지 못하고 있다는 한계가 있다. 좋은 벗들의 책들은 책을 펴낸 단체가 북한이탈주민에 대한 대북 인도지원사업을 해왔기 때문이겠지만, 북한의 어려움을 강조하는 데 집착하는 경향이 있으며, 반대로 『민족21』의 책은 잡지사의 진보적 입장을 대변하듯이 북한 사회 현실의 밝은 면만 부각되는 경향이 없지 않다는 것이다.

또한 각각의 책들이 다루고 있는 북한 사회의 현실이 부분적인 것일 수가 있으나 이를 전체적인 차원으로 논의하고 있다는 것도 문제라고 할 수 있다. 흔히 논리학적으로 '전체성의 오류'라고[6] 하는 현상이 북한과 관련해서 더욱 강한 경향이 있는데, 앞에서 이야기한 책들도 이를 극복하지 못하고 있다고 할 수 있다.

북한 사회에 대한 저서 가운데 단순히 정보를 전달하는 차원을 떠나 학문적 분석을 시도하고 있는 것으로 주목할 만한 책은 『북한 여성들은 어떻게 살고 있을까』(김귀옥 외, 서울: 당대, 2000)와 『북한의 가정생활문화』(이기춘 외, 서울대학교 출판부, 1997)라고 할 수 있다. 이 두 개의 책은 일단 저자들이 사회학, 가정학 등의 전문연구자들이라는 점에서 앞에서 이야기한 책들과는 차이가 있다. 따라서 당연히 이들 책은 분석적인 동시에 학술적 서적을 지향하고 있다고 볼 수 있다.

사회학 전공자들이 펴낸 『북한 여성들은 어떻게 살고 있을까』는 제목 그대로 북한 여성들에 대한 종합보고서라고 할 수 있다. 여성학적 문제의식이 토대에 있다고 할 수 있는 이 책은 단순히 여성의 현실을 그리는 것이 아니라 여성노동의 관점에서 북한 현실을 분석하거나(로동신문 속의 현대 북한여성), 가족관계 속에서 북한 여성을 살펴보거나(조선여성과 북한의 슈퍼우먼), 세대문제라는 차원에서 여성의 현실을 검토하거나(새세대 소설로의 여행), 교육학적 차원에서 여성상을 분석하고(동화와 교과서 속의 여성상) 있다. 그리고 말미의 좌담 '현대 북한영화 속의 여성들, 그 삶과 꿈'은 부분적으로 문화사회학적인 방법으로 북한 여성을 이야기하고 있다.

사회학이나 여성학의 중요 개념을 토대로 북한 여성을 분석하고 있다는 점에서 이 책은 기존의 북한 사회 관련 책들보다 분명히 진일보하고 있다고 할 수 있다. 학문적 개념을 활용한다는 것은 단순히 대상을 좀 더 잘 이해할 수 있다는 것만이 아니라, 다른 사회체제와의 비교분석을 가능하게 해준다는 점에서도 중요한 시도라고 할 수 있으며, 동시에 북한 사회에 대한 특수론적 관점의 한계를 극복할 수 있다는 점에서도 의의가 있다고 할 수 있다. 또한 신문, 잡지, 증언, 공식 문건, 그리고 영화 등 다양한 자료를 적극적으로 활용하고 있다는 점에서 방법론적 문제에 고민하는 북한연구 일반에 시사하는 점이 적지 않다.

그럼에도 불구하고 이 책을 본격적인 북한 여성에 대한 학문적 연구서로 인정하기에는 다소 문제가 있다고 할 수 있다. 그것은 저자가 서문의 제목으로 내세운 '우리는 왜 여전히 북한을 모르는가'에서 드러나고 있듯이, 여전히 북한을 잘 알지 못하는 남한 사람들에게 북한 여성을 알리려는 목적이 강하기 때문이라고 할 수 있다. 따라서 기존의 반공을 위한 책들과 차원은 다르지만 이 책도 역시 목적론적 접근이라는 평가에서 자유롭지 못하다고 볼 수 있다. 이러한 점에서 본다면 이 책은 북한 사회 현실에 대한 정보제공과 북한 사회에 대한 학문적 분석의 중간지점에 있다고 할 수 있다.

『북한의 가정생활문화』는 북한 사회에 대한 연구라고 보기에는 다소 애매한 성격을 갖고 있다. 제목의 앞에 '통일에 앞서 보는'이라는 말처럼 통일 혹은 통합을 지향하는 내용을 포함하고 있기 때문이다. 사실 이 책의 후반부를 구성하는 북한이탈주민과 관련된 부분(탈북인의 남한생활 적응, 탈북인과 북한이주민의 생활적응지원에 대한 남한주민의 의식실태)과 통일 이후 사회통합과 관련된 부분(남북한 사회통합 후 북한 이주민 생활적응 지원 방안, 남북한 생활문화 통합의 모색) 등은 북한 사회 현실에 대한 분석이라고 하기에는 조금 거리가 있다. 오히려 이 부분은 일종의 정책보고서와 같은 느낌을 주고 있기도 하다.

그러나 이 책의 앞부분을 구성하고 있는 '북한의 생활문화연구'와 '북한의 가정생활문화실태'는 그동안 상대적으로 관심의 영역에서 벗어나 있었던 북한의 미시 영역 연구로서 중요한 가치를 갖고 있다고 할 수 있다. 사실 학문 분야의 편협성과 더불어 북한연구에서 중요한 문제 가운데 하나가 지나치게 체제 중심의 거시적 연구가 일방적이었다는 사실을 고려한다면 미시 영역연구는 북한연구의 한계를 넓혀준다는 점에서 의미가 있다고 할 수 있다.

가정학 전공자들인 저자들은 북한이탈주민을 대상으로 한 설문지와 면접을 자료 수집방법으로 활용하고 있다. 북한 관련 자료가 부족한 현실에서 북한이탈주민은 중요한 자료원이라는 점은 분명하다. 다만 이들을 어떻게 활용하여 정확한 정보를 얻을 것인가 하는 문제가 되는데 이 책의 저자들은 면접과 설문지 등 다양한 방법을 동시에 적용하면서 문헌자료도 비교적 충실하게 검토하고 있다는 점에서 분석의 신뢰도를 높였다고 할 수 있다.

또한 이 책이 갖는 중요한 의의는 일반적인 생활문화와 가정생활문화 연구의 개념과 분석틀을 북한연구에 적용하였다는 점이다. 북한 연구를 특수한 개념틀이 아닌 보편적인 분석틀로서 연구한다는 것은 앞의 책과 마찬가지로 북한 특수주의를 극복하게 하는 동시에 다양한 비교, 그리고 앞으로의 변화전망을 위해서도 중요한 시도라고 할 수 있다. 이와 더불어 이 책은 북한연구에 과학적 방법론을 엄밀하게 적용하였다는 점에서도 중요한 가치를 갖는다. 연구모형을 만들고 절차에 따라 연구를 수행하였다는 점은 자료의 부족을 명분으로 과학적 방법론을 상대적으로 경시하는 북한연구 현실에서 의미가 있는 일이다. 또한 설문 대상의 수를 확대함으로써 양적 분석을 가능하게 하였다는 것도 주목할 만하다.

북한의 가정과 생활문화에 대한 본격적인 연구서로서, 그리고 과학적 방법론을 적용하였다는 점에서 『북한의 가정생활문화』는 중요한 의의를 갖고 있다고 할 수 있으나, 동시에 몇 가지 아쉬운 점도 갖고 있다고 볼 수 있다. 앞에서 이야기하였듯이 이 책의 뒷부분이 정책보고서 경향을 보이고 있다는 점이다. 물론 책의 구성은 다양할 수 있다.

그리고 북한의 생활문화 연구과 남북생활문화 통합을 연결하는 것이 그다지 어색한 것은 아니지만, 북한연구나 통일 관련 연구들이 실천지향적이어야 한다는 강박증에 빠져있다는 일반적 현상에서 이 책도 자유롭지 못하다는 느낌이 들기 때문이다.

그리고 또다시 자료의 문제로 돌아가지만, 생활문화의 집단별 차별성이 명확하지 않다는 점이다. 생활문화에도 세대나 지역을 넘어서서 공통적인 현상이 있고, 그렇지 않은 것도 있을 것인데 이에 대한 논의가 부족하다. 또한 시간적인 차이 즉, 변화에 대한 고려도 부족하다고 할 수 있다. 조사대상자로 삼은 북한이탈주민의 경우 입국하는 시점에 따라 집단의 속성이 적지 않게 다르다는 점도 고려한다면 조사대상자에 대한 범주화를 보다 세밀하게 하는 것이 필요하였다는 것이다.

따라서 비록 학문적 분석틀을 구성하고 과학적 조사방법을 동원하였다고는 하지만 이 책 또한 북한 생활문화를 분석하기보다는 결과적으로는 북한 생활문화를 소개하는 기능에 더욱 충실하였다고 볼 수 있다.

3. 사회학적 북한연구

앞에서 살펴본 북한 사회에 연구 관련 책들은 저자의 특성이나 출판 의도에 따라 차이가 있지만, 기본적으로는 북한 사회에 대한 정보를 제공하는 기능에 충실하다고 볼 수 있다. 반면, 최근 들어서 이루어진 몇몇 저서들은 본격적으로 북한체제를 사회학적으로 접근하고 있다고 할 수 있다. 물론 이 책들이 북한의 이해에 도움을 주고 있으며, 여전히 생소한 북한 사회의 실상을 전달하는데도 일정 부분 기여하고 있지만, 보다 중요한 것은 북한 사회체제의 성격을 규명하는 데 초점을 맞추고 있다는 점이라고 할 수 있다.

오늘날의 입장에서 본다면 다소 오래된 책이라고 할 수 있지만 김병로의 *Two Koreas in Development* (Transaction Publishers, 1992)는 본격적인 사회학적 북한연구의 효시라는 점에서 주목해야 할 책이다. 저자의 학위논문을 기반으로 이루어진 이 책은 남북한체제를 사회발전론의 시각에서 비교 검토한 연구서이다. 남북분단을 이념적인 차원이나 정치적 차원에서 바라보던 기존의 시각과는 달리 보편적인 제3세계 발전론의 시각에서 분단 과정을 분석하고 있다는 점에서 이 책은 중요한 의의를 갖는다고 할 수 있다. 정치나 이념적인 차원의 분단연구 남북비교연구도 의미를 갖고 있지만, 이러한 연구들은 결과적으로 남북한의 차이를 부각시키는 경향이 있다. 또한 정치적 선입견을 배제한다고 하더라도 실질적으로는 사실판단보다는 진위판단에 빠지는 결과를 초래하기 쉽다는 문제를 갖고 있다.

그러나 이 책의 저자는 사회발전론이라는 보편적 개념을 활용하여 사회변화의 일반적 흐름 속에 남북한체제를 위치 지움으로써, 각 체제의 유사성과 상이성을 동시에 살펴볼 수 있는 여지를 제공하고 있다고 할 수 있다. 이것은 정치적 견해로부터 자유롭지 못하였던 북한연구 일반을 위해서도 중요한 의미를 갖는데, 그동안 북한체제 논의, 보다 정확히 말한다면 정치학적인 북한체제 논의들이 원했던 원하지 않았던 간에 북한 국가의 전근대성을 부각시키는 결과를 가져온 경향이 없지 않기 때문이다.[7] 반면에 이 책에서와 같이 발전론적 시각에서 본다면 남한과 마찬가지로 북한도 산업화라는 사회변화를 경험한 근대국가가 된다. 이러한 인식은 이 책의 직접적인 주제가 아닐지라도 남북교류나 통합문제에 적지 않은 시사점을 줄 수가 있는 부분이다.

또한 그동안 분단체제론에서 이야기되었던 '분단 효과' 등을 구체적으로 보여주고 있다는 점을[8] 포함하여 다양한 사회학적 논의들을 이용하여 남북한 사회발전을 비교적 방법으로 분석하고 있다는 점에서 이론적으로나 방법론적으로 이 책이 갖는 의의가 적지 않다고 할 수 있다. 반면에 구조나 전략을 다루는 책의 주제에서 비롯된 문제이겠지만 문화나 인간에 대한 논의가 상대적으로 부족하다는 아쉬움이 있으며, 다른 발전전략을 세운 두 체제의 비교의 틀을 어떻게 만들 것인가에 대한 방법론적 고민은 충분하지 못하다는 문제도 포함하고 있다고 할 수 있다.

서재진의 『또 하나의 북한사회』(나남, 1995)의 경우도 사회학적 북한연구의 대표적인 저서라고 할 수 있다. 이 책은 부제에 말하고 있듯이 북한의 사회구조와 사회의식을 본격적으로 다루고 있다는 점에서 중요한 가치를 갖고 있다. 사회의식은 사회구조와 더불어 사회학의 중요 관심 대상이나, 그동안 사회구조에 대한 연구조차 부실한 현실에서 북한의 사회의식에 대한 연구는 전무하였다고 할 수 있다. 이것은 단지 자료의 부족 때문만은 아니라고 할 수 있는데, 유일지배체제를 북한의 특성으로 보는 한, 김일성이나 김정일의 의식은 중요하지만 주민의 의식은 그다지 의미가 없기 때문이었다. 다시 말하자면 사회학적 관점을 가질 때에 비로소 북한 사회의 구성원에 대한 관심이 생길 수 있다는 것이다. 어쨌든 이 책의 3부에서 집중적으로 다루고 있는 북한 주민의 인성에 대한 연구는 새로운 연구영역의 확보라는 차원에서도 북한연구의 지평을 넓혀주었다고 할 수 있다고 볼 수 있다.

또한 국가와 시민사회, 계급문제, 제2사회론 등 사회학 특히 사회변동론에서 활용되는 개념틀을 북한 사회의 분석에 적극적으로 활용하고 있다는 점도 이 책이 갖는 장점이라고 할 수 있다. 앞에서 이야기한 바와 마찬가지로 학문적으로 통용되는 이념이나 개념을 이용하여 북한 체제를 분석한다는 것은 북한체제에 대한 보다 심화된 이해를 가능하게 해준다는 점에서 중요한 시도라고 할 수 있다.

여러 가지 점에서 『또 하나의 북한사회』는 장점을 갖고 있지만 동시에 몇 가지 문제점도 갖고 있다고 할 수 있다. 우선 기존에 발표된 글들을 모아서 하나의 책을 꾸밀 때 나타나는 문제지만 다양한 주제를 다루는 과정에서 전체적인 일관성이 다소 떨어진다는 점이다. 저자는 이중구조를 책을 관통하는 개념으로 삼은 것 같은데, 양자관계라는 차원에서는 동일하겠지만 변증법 관계와 분화 그리고 전체구조에서 하부구조는 논리적으로 다르다는 점에서 다소 무리가 있는 시도라고 할 수 있다.

그러나 무엇보다도 고민하여 보아야 할 것은 기존의 이론이나 개념틀의 적용이 갖는 장점이 아닌 단점이 이 책에서 부분적으로나마 나타나고 있다는 것이다. 서구적 역사 경험에서 만들어진 신민사회론이 대표적이라고 할 수 있다. 신민사회론이 북한 사회를 분석하는데 일정한 기여가 가능하지만 동시에 신민사회론 적용 자체가 북한 사회체제의 성격을 규정하여 버리는 경향이 있다는 점이다. 이러한 점에서 본다면 학문적 개념을 빌어 왔음에도 불구하고 역시 목적론적인 분석이 되었다고 볼 수 있다는 것이다. 다른 체제의 연구나 분석 과정에서 만들어진 개념이나 분석틀의 개별사회의 적용할 때는 보다 조심스러운 접근이 필요한데 이러한 문제가 북한연구라고 해서 예외는 될 수 없을 것이다. 이 책의 경우 특히 다양한 개념을 활용하기 때문에 이러한 적용의 문제가 더욱 고민거리가 될 수 있다고 할 수 있다.

박현선의 『현대 북한사회와 가족』(한울아카데미, 2003)은 북한 가족에 대한 본격적인 사회학적 분석이라고 할 수 있다. 역시 저자의 박사학위 논문을 기반으로 구성된 이 책은 가족에 대한 제도적인 접근과 행위론적인 접근을 동시에 시도함으로써 북한 가족 이해의 폭을 넓혀 주었다고 할 수 있다.

이 책이 갖는 중요한 의의는 방법론적 세심함이라고 할 수 있다. 북한이탈주민을 조사대상으로 삼는 것은 북한연구의 일반적인 방법이라고 할 수 있지만, 기존의 연구들이 북한이탈주민을 동질성을 지닌 집단으로 간주하는 경향이 있는 반면, 이 책에서는 대상자의 성격을 세밀하게 분류하여 활용하고 있다. 이것은 대단히 중요한 사실인데 북한이탈주민의 다양함을 고려하지 않는다면 원하고자 하는 올바른 정보를 얻을 수 없기 때문이다. 물론 이러한 분류가 가능하기 위해서는 조사대상자가 많아야 하겠지만 최근 급증하는 국내 입국 북한이탈주민을 생각한다면 전혀 불가능한 것은 아니라고 할 수 있다.

또한 이 책은 가족의 제도와 구조 그리고 행위를 종합적으로 분석하는 동시에 변화에 대한 관심도 유지하고 있다는 점에서 사회학적 분석의 전형을 유지하고 있다고 할 수 있다. 가족이라는 연구주제가 이러한 결합이 가능한 것이기는 하지만 기존의 연구들이 대부분 구조나 제도 아니면 정책에 치중함으로써 내적 과정을 충실히 분석하지 못하였다는 점에서 이 책은 분명히 강점이 있다고 볼 수 있다.

북한에 대한 본격적인 사회학적 접근으로 크게 손색이 없는 현대 북한 사회와 가족이 갖는 문제는 앞에서 이 책의 전반부에 제시한 가족제도 재생산 메커니즘과 가족 변동 모형 간의 관계가 명확하지 않다는 점이다. 저자는 재생산 메커니즘 과정에서 변동모형이 나온다고 말하고 있는데 후반부의 경험적 연구에서 양자 간의 관계가 뚜렷하게 논의되지 못하는 경향이 있다고 볼 수 있다. 또한 경제관리조치와 가족 변화를 다루고 있는 5부는 앞의 분석틀에서 어떤 위치를 점하고 있는가도 불명확하다. 그리고 제목에 충실하자면 가족 연구를 통해 현대 북한 사회를 다시 규정하여 보는 것도 필요한 작업이 아니었는가 하는 생각이 든다. 이와 관련하여 욕심을 내자면 일반적인 현대사회화와 가족 변화, 아니면 최소한 사회주의 체제전환과 가족 변화와 같이 비교사회학적 논의가 있었다면 북한 가족에 대한 명실상부한 종합적 이해가 가능하였을 것이다.

『북한 도시의 형성과 발전』(한울아카데미, 2004)은 저자들이 사회학자들만이 아니고, 다루는 내용도 사회학이라고 한정할 수는 없지만 기본적 문제의식이 사회학적이라는 점에서 관심 있게 보아야 할 필요가 있는 저서이다. 청진, 신의주, 혜산을 연구대상으로 하는 정치학, 사회학, 경제학, 사학 전공자들의 공동연구서인 이 책은 무엇보다도 과거 전체론적 관점에서 북한을 다루었던 것과는 달리 북한을 공간적으로 개별화하였다는 점에서 중요한 의의를 갖고 있다. 『북한의 가정생활문화』와 마찬가지로 특정 도시에 대한 미시적인 연구라는 점에서도 기존의 북한연구들과 차별성을 갖는다.

도시라는 것 자체가 현대 산업화가 연관이 되어 있는 것으로서 저자들의 전공과 상관없이, 이 책은 사회변동이라는 사회학적 문제의식에서 출발하고 있다고 할 수 있다. 이러한 입장에 명확히 드러나는 것이 제1장 '공간구조 변화를 통해 본 북한 지방대도시의 도시화과정'이다. 이 부분에서 이 책은 단순히 물리적 도시에 대한 연구가 아니라 사회변화가 전제된 도시화 연구이며, 동시에 시간적 차원의 변화가 공간적 차원과 어떻게 관계 맺고 있는가에 관심을 갖고 있음을 분명히 보여주고 있다고 할 수 있다. 공간연구는 최근 사회학에서 많은 관심을 모으는 분야인 동시에 거시적 구조와 미시적인 삶의 접점을 규명하는 데 도움이 된다는 점을 고려한다면, 이 책은 북한연구의 수준을 한 단계

높이는데도 적지 않은 기여를 하고 있다고 볼 수 있다.

또한 다양한 전공자들이 학제 간 연구를 통하여 그동안 상대적으로 경시되었던 북한의 지방연구를 활성화하였다는 점도 이 책의 또 다른 의의라고 할 수 있다. 왜냐하면 권력관계를 중시하는 북한연구에서 북한의 지방은 학문적으로 소외되어 왔으며, 이는 북한에 대한 총체적 이해를 가로막은 또 다른 요인이었기 때문이다. 학제간 연구답게 지방정치를 포함하여, 공간의 문제, 경제의 문제, 시장 문제, 여성 문제, 복지 문제, 그리고 의식의 문제까지 특정 도시를 중심으로 다양한 차원에 대한 분석이 이루어지고 있다는 사실은 평가할 만하다.

『북한 도시의 형성과 발전』은 사회학적 문제의식을 바탕으로 하면서도 학제 간 연구가 이루어짐으로써 북한연구의 새로운 전형을 창조하였다는 점에서 의의가 있지만 다음의 몇 가지 점에서 한계도 갖고 있다고 할 수 있다. 첫째, 세 도시를 총괄적으로 비교하는 부분이 부족하다는 것이다. 서장에서 제시한 분석틀을 가지고 분야별 경험적 연구를 결합하는 부분이 포함되었다면, 세 도시의 비교적 이해뿐만 아니라 북한의 지방 도시 이해에도 더 많은 기여를 하였으리라고 볼 수 있다. 둘째, 분야별 논의에서는 북한체제 전반의 거시적 변화 혹은 추세를 이야기하다가 대상도시의 특성으로 이어지는데 양자 간의 관계가 무엇인지가 분명하지 않다. 이것은 세 도시의 차이의 원인을 명확하게 설명하지 못하는 원인이라고도 보이는데, 거시적 부분과 미시적 부분을 어떻게 결합할 것인지에 대한 논의가 부족한 데서 비롯된 것이라고 보인다. 셋째, 학제 간 연구의 문제이기는 하지만 분석이나 비교의 틀이 일정하지 못하다는 점이다. 연구 대상 분야가 다르다는 점을 어느 정도 인정하더라도 종합적 이해를 위해서는 가능한 동일한 비교틀이 필요하다고 할 수 있다.

4. 맺음말

그동안 학문적으로 북한학이라는 말이 가능한가부터 시작하여 북한 연구의 본질은 무엇인가에 이르기까지 적지 않은 논란이 있었다고 할 수 있다. 남북합의서에 규정된 애매한 표현처럼 어떻게 보면 연구대상으로서 북한은 특히 북한사회는 '우리' 사회이면서 '다른' 사회라고 할 수 있다. 이러한 차원에서 북한 사회연구의 본질에 대한 고민은 여전히 필요하겠지만, 이에 못지않게 중요한 것은 북한 사회에 대한 보다 다양한 경험적 연구의 축적이라고 할 수 있다. 그럼에도 불구하고 분명한 것은 북한 사회와 남한 사회가 연구 대상으로서 어떤 관계를 맺던 간에 지금까지 북한 사회에 대한 관심은 턱없이 부족하였다는 점이다.

사실 따지고 본다면 북한 사회에 대한 연구뿐만 아니라 북한 사람, 북한문화 등등 다양한 분야에 대한 학문적 관심도 그다지 크지 않았다고 볼 수 있다. 거창하게 통일을 위해서라고 하지는 않더라고, 교류와 협력을 강화하기 위해서도 아니면 최소한 우리와 이웃하고 있는 사회체제라는 차원에서라도 지금까지보다는 다양한 관심과 연구가 필요하다고 할 수 있다. 정치학, 경제학, 그리고 사회학적 분석만이 아니라, 인류학적인 접근, 심리학적인 접근 등도 필요하다는 것이다. 다양한 분야에서 여러 가지 관점을 갖고 북한을 연구하는 것이 북한연구의 수준을 높이는 동시에 북한에 이해를 심화시킬 수 있다는 점을 명심할 필요가 있다.

위에서 살펴보았듯이 북한 사회에 대한 연구나 사회학적인 북한연구는 여전히 걸음마 단계라고 할 수 있다. 그렇다고 해서 사회학적 분석이 다른 학문보다는 더 중요하다고 이야기하는 것이 아니다. 다만 사회학적 북한분석은 그동안 보지 못했던 것들을 볼 수 있게 해줄 수 있다는 점이고, 이를 위해서는 단순한 북한 사회연구를 넘어서서 사회학적인 북한연구에 관심을 기울일 필요가 있다는 것이다.

2

북한에서의 국가와 사회

시민사회론은 적용 가능한가?

1. 머리말

정상회담과 더불어 북한에 대한 관심이 다시 높아지고 있다. 특히 최고지도자인 김정일로부터 북한의 변화 여부에 대하여 과거에는 북한 관련 종사자나 연구자만의 관심사였지만 이제는 언론은 물론이고 일반 국민들까지 높은 관심을 보이고 있다. 그러나 전사회적인 관심 고조에 부합할 만한 북한에 대한 체계적인 분석은 그다지 충분하지 않다고 볼 수 있다. '우리의 소원'인 통일의 상대편이며, 어떠한 점에서는 남한 체제 전반에 적지 않은 영향을 미치고 있는[1] 북한에 대한 연구나 분석이 충분하지 않다는 것은 일종의 아이러니라고 할 수 있다. '통일이 중요하다', '북한이 중요하다'라고 하면서도 북한에 대한 연구나 분석이 충분하지 않은 것은 다음의 몇 가지 이유 때문이라 할 수 있다.

첫째, 외부와의 접촉을 극도로 제한하는 북한의 폐쇄정책으로 연구나 분석에 필요한 자료가 절대적으로 부족하기 때문이다. 북한은 경제통계나 인구통계 등 기본적인 정보를 외부에 공포하지 않을 뿐만 아니라, 외부 사람들의 출입도 엄격하게 통제함으로써 사회 조사를 불가능하게 만들고 있다. 기초적인 자료가 없는 상태에서 이루어지는 북한에 대한 연구는 기본적으로 연구 결과의 신뢰성을 떨어뜨릴 뿐 아니라 연구 분야에 대한 편중을 초래한다. 예를 들어 공식적으로 발표되는 자료에 토대를 둠으로써 정부의 정책이나 지향하는 이념에 대한 연구는 많아질 수 있으나, 정책의 효율성이나 이념에 대한 일반 인민의 수용 정도 등에 대한 연구는 본질적으로 어렵게 된다는 것이다.

둘째, 이념적 관점에 따라 북한을 연구해 왔기 때문이다. 사회현상 연구에서 이념의 개입 문제는 오랫동안 논란거리였지만, 북한연구의 이념 개입은 차원이 다르다고 할 수 있다. 연구자가 자신의 관점을 유지하면서 현상을 분석하는 수준을 넘어서서, 자신의 이념을 증명하기 위하여 현상에 대한 분석을 꿰맞추는 경향도 없지 않았다는 것이다. 특히 전쟁 이후 남북한 간의 갈등이 첨예화되면서 '북한은 나쁜 것'이라는 전제하에 수많은 분석이 이루어졌으며 그 목적은 북한체제가 근본적으로 문제가 있다는 것을 증명하는 데 있었다. 1980년대에 부각된 진보진영의 북한 연구는 이와 같은 문제에서 그다지 자유롭지 못하였다고 할 수 있다. 이들 역시 북한의 실체를 파악하기보다는 기존 연구가 얼마나 문제가 있는가를 증명하는 데 일차적으로 목표를 두어왔다.

셋째, 학문적 편향 때문이라고 할 수 있다. 기존의 북한연구는 정치학이 중심이 되어왔다. 분단이 정치적인 문제이고, 전쟁과 이후 양 체제의 갈등이 정치학의 중심 과제이기는 하지만, 북한에 대한 종합적인 이해는 다양한 학문 분과의 연구를 필요로 한다. 경제학이나 사회학과 같이 구조를 주로 다루는 학문으로부터 심리학이나 인류학과 같이 사람과 일상생활을 다루는 학문에 이르기까지 북한에 대한 다양한 학문적 관심이 필요하다는 것이다.

넷째, 북한연구에 대하여 법적 제도적 제한이 많았다는 점이다. 북한연구에 필요한 자료가 부족할 뿐만 아니라 현재 취득할 수 있는 자료를 활용하는 데도 여러 가지 제한이 많다고 할 수 있다. 보안법을 비롯한 각종 시행령 등으로 자료에의 접근, 그리고 자료 활용이 쉽지 않다. 그리고 정보를 갖고 있는 정부기관은 자신들의 입장을 부각할 수 있는 자료들을 선택적으로 제공하는 경향이 있다. 이와 같은 상황에서는 자유로운 연구는 근본적으로 어렵다고 보아야 할 것이다.

다섯째, 북한사회가 갖고 있는 특수성을 간과하거나 반대로 지나치게 강조해왔다는 것이다. 국가사회주의의 몰락에도 불구하고 북한은 여전히 체제를 유지하고 있는 등 일반적인 사회과학의 이론으로 설명하기 어려운 독특한 구조이다. 따라서 일반 사회과학 이론을 적용하기 쉽지 않다. 그렇다고 하더라도 북한이 하나의 사회체제로서 갖는 기본 속성을 무시할 수 없다. 그럼에도 불구하고 일부 연구들은 사회주의 일반이론(때로는 자본주의 사회의 분석틀)을 그대로 적용하거나 반대로 북한의 특수성을 지나치게 강조한 나머지 북한을 일종의 돌연변이한 존재로 인식하였다는 것이다.

북한체제의 성격규정에 대한 논의도 지금까지의 북한연구가 일반적으로 갖고 있었던 문제에서 자유롭지 못하다고 할 수 있다. 즉, 북한체제의 성격을 이야기하면서 이념적 편향에 사로잡혀 있거나 몇 가지 현상들을 가지고 전체 사회구조를 규정하는 경우가 적지 않았다는 것이다. 북한체제의 성격에 대하여 이야기하는 대부분의 연구들은 독재체제로 규정하고 이를 증명하는데 치중하는 경우가 대부분이었으며, 사회주의국가 분석이론이나 독재체제 분석틀로서 이를 뒷받침하였다고 볼 수 있다. 반대로 북한체제에 이념적 친화성을 갖고 있는 연구들은 북한체제의 우월성을 증명하는데 노력을 기울였을 뿐이다. 이러한 맥락에서 북한체제의 성격을 다루고 있는 기존 연구들이 갖고 있는 중요한 문제는 무엇보다도 과학적 전망을 불가능하게 한다는 데 있다. 독재체제로 북한을 성격 규정하는 경우 체제붕괴로 이어질 수밖에 없으며, 독특하고 우수한 체제로 북한을 인식하는 경우 북한은 현 상태를 지속적으로 유지할 수 있다는 결론에 도달한다. 이와 같은 분석들은 어떻게 보면 논리적 동어반복이라고 볼 수 있다. 따라서 비록 어느 정도 수준에서 북한체제의 성격을 설명하여 준다고 하더라도 앞으로 북한체제가 어떻게 변할 것인가에 대한 설명은 불가능해진다고 볼 수 있다.

2000년 남북정상회담을 계기로 '북한을 어떻게 볼 것인가'하는 논의가 분분한 현실을 고려할 때 과거 북한연구의 문제점을 극복하면서 북한에 대한 실체적인 분석이 그 어느 때보다 절실하다고 할 수 있다. 특히 '북한체제의 성격을 어떻게 볼 것인가'하는 문제는 현 단계 북한체제를 이해하는데 뿐만 아니라 앞으로의 변화를 전망하는 데 중요한 의미를 갖고 있다. 이 글은 이러한 맥락에서 국가와 사회라는 관점에서 북한체제의 성격을 살펴보고자 한다. 특히 변화의 관점에서 '국가-사회' 관계를 검토하고, 시민사회론이 북한체제의 성격과 변화를 전망하는데 어느 정도 유의미한지를 따져 볼 것이다.

2. 이론적 논의: 국가와 시민사회

1) 사회주의와 국가

근대 국가에 대한 논의가 활발해진 것은 기본적으로 자본주의 사회에서 국가가 확대 발전되면서였다고 할 수 있다. 초기 자본주의, 즉 자유방임적 자본주의 시기에 국가의 역할은 단순하였으며, 이와 같은 생각은 전후 자본주의의 중심을 이룬 미국의 다원주의 국가론으로 발전하였다. 그러나 실질적으로 케인즈주의의 개입을 비롯하여 자본주의 체제하에서도 복지를 명분으로 국가의 역할은 꾸준히 확대되어 왔다고 볼 수 있다. 더욱이 1960년대 후반부터 선진자본주의체제는 경제성장에서 애로를 겪으면서, 그리고 후진 자본주의체제는 중앙집중적인 경제성장을 추구하면서 국가의 중요성을 더욱 확대되었다고 볼 수 있다.[2]

근대사회에서 국가의 역할은 맑스주의(Marxism)의 전통적인 관심사 가운데 하나였다. 맑스(Karl Heinrich Marx, 1818~1883)에 따르면 '국가는 지배적인 자본가 계급의 도구'이다. 따라서 자본주의 경제의 하부구조가 공산주의로 변형되면 사라지거나 소멸하게 되는 부수적인 현상이 된다. 전통 맑스주의의 국가관은 엥겔스(Friedrich Engels, 1820~1895)의 다음의 말에 잘 드러나고 있다.

> 국가란 결코 외부로부터 사회에 강요된 권력이 아니다. 국가는 헤겔이 주장하는 것처럼 '인륜적 이념의 현실태'이거나 '이성의 형상이나 현실태'도 아니다. 오히려 국가는 일정한 발전단계에 이른 사회의 산물이다. … (중략) … 국가는 그러한 사회가 해결 불가능한 자기모순 관계에 빠졌으며 자신이 도저히 떨쳐버릴 수 없는 화해 불가능한 대립물들로 분열되었다는 사실에 대한 승인이다. 허나 경제적으로 이 대립물들, 즉 경제적으로 서로 모순되는 이해관계를 지닌 계급들이 자신과 사회를 무익한 투쟁을 통해 파멸시키지 않게 하기 위해서는 외관상 사회 위에 서 있는 권력, 즉 갈등을 완화시켜 질서의 한계 내에서 제어할 권력이 필요하게 되었다. 이러한 권력, 사회로부터 생겨났지만, 사회 위에 서서 사회로부터 점점 더 소외되어 가는 이러한 권력이 바로 국가이다.[3]

전통적인 맑스주의의 기본 입장은 '국가는 계급 대립물들의 화해 불가능성에 대한 표현이며 그 산물'이라는 것이다. 또 거꾸로 국가가 성립되었다는 것은 계급 대립물들이 화해 불가능하다는 사실을 입증해 주는 것이기도 하다. 따라서 사회주의 혁명이 성공하여 계급적 대립이 해소되면 국가도 소멸될 수 있다. 즉, 프롤레타리아가 국가권력을 장악하여 생산수단을 국유함으로써 프롤레타리아로서의 위치를 철폐하고 모든 계급적 차이와 계급적 대립을 일소하고 나서 국가도 소멸시킨다는 것이다.[4]

맑스·엥겔스 이후의 맑스주의자들은 국가의 역할에 상대적으로 높은 관심을 보였다. 맑수주의자들이 국가에 대한 관심이 높아진 것은 기본적으로 맑스의 예상과 달리 자본주의체제가 자기 몰락의 길을 걷지 않고 꾸준히 체제를 유지하거나 더욱 강화되었기 때문이라고 할 수 있다. 맑스주의자들은 학자에 따라 입장에 따라 차이가 있으나 자본주의 체제의 유지과정에서 국가가 중요한 역할을 하고 있다고 생각하였다. 전통주의적인 맑스주의에서는 국가가 자본가 계급의 이해를 대변한다는 차원에서 구조적인 차원에 관심을 기울였고, 네오맑스주의자들은 중심으로 한 학자들은 국가가 이념적 지배를 통하여 노동자계급의 의식형성을 저해한다는 차원에서 국가에 대한 관심이 높아졌다.[5]

맑스주의자들이 국가에 대한 관심이 높아졌다고는 하나 정확히 말해서 자본주의 국가에 대한 관심이 높아졌다는 것을 의미한다. 즉, 자본주의의 발전과 고도화과정에서 국가의 역할이 확대되었다는 것이기 때문에 맑스주의자들의 국가이론을 사회주의국가에 적용하는 것은 근본적으로 무리가 있다. 그러나 자본주의뿐만 아니라 현실 사회주의에서도 국가가 약화되거나 소멸되기는커녕 국가의 영역이 확대되었다는 것이다.

맑스의 공산주의 이념을 계승하여 국가사회주의를 현실화시킨 레닌도 근본적으로 맑스엥겔스의 국가론을 답습하였다고 할 수 있다. 레닌(Vladimir Il'ich Lenin, 1870~1924)은 맑스가 이야기한 "국가는 사멸한다"는 명제가 전적으로 옳다고 하면서 프롤레타리아 독재가 구현되는 공산주의가 도래하면 국가의 필요성은 없어진다고 보았다.[6] 궁극적으로 국가의 소멸을 인정하면서도 레닌은 국가론에 있어서 맑스·엥겔스와 미묘한 차이를 보인다. 기본적으로 맑스·엥겔스가 이야기한 것이지만 국가가 일정 기간 동안 필요하다는 점을 강조하고 있다는 점이다. 즉, 레닌은 프롤레타리아가 그들의 적인 부르주아지와 투쟁하는 과정에서 프롤레타리아가 국가를 필요로 할 수 있다는 점을 부각하고 있다.[7] 레닌은 맑스가 프롤레타리아가 필요로 하는 혁명적이고 잠정적인 형태의 국가 필요성을 명백하게 밝히고 있다고 주장하면서, 피억압계급의 잠정적인 독재가 계급을 폐지하는 데 필수적이듯이, 착취자에 대항하여 국가권력의 도구와 수단들을 잠정적으로 사용해야 한다고 주장하는 것이다.

레닌이 생각한 것은 혁명과정의 국가의 역할이었으나 현실은 그러하지 못하였다. 국가사회주의라는 말이 의미하듯이 레닌의 소련 이후 특히 스탈린(Iosif Vissarionovich Stalin, 1879~1953) 이후 소련을 포함하여 모든 사회주의 국가에서 당과 국가의 역할은 더욱 확대되었다고 볼 수 있다. 사회주의 국가들은 당적 지배라는 차원에서 국가의 확대라는 개념을 수용하지 않았다. 레닌은 특히 인민대중의 후진성을 지적하면서 사회주의 혁명을 주도할 전위당의 역할을 강조하면서, 당의 정치적 지도를 주장하였다. 특히 볼세비키혁명 이후부터 레닌은 과거 파리코뮌과 동일한 형태의 권력이라고 규정하였던 소비에트 기구와 당기구를 통합하면서 소비에트의 중추적 역할이 상실되고 당의 하위기관으로 전락시켰다. 이와 같은 권력구조는 프롤레타리아 독재라는 이름으로 정당화되었으나 내용으로 본다면 당의 독재, 그리고 당을 장악하고 있는 일인 독재와 다름이 없다고 볼 수 있다.

당적 지배는 필연적으로 관료주의를 확대하였으며 국가기구의 확장을 초래하였다. 따라서 국가가 당의 지배를 받는다고는 하지만 국가기구가 체제의 중심이 되었다. 이에 따라 일반 인민들이 권력으로부터 배제되는 결과를 초래하였다는 점에서 원인은 다르지만 사회주의체제의 국가의 확대는 자본주의의 경우와 크게 다르지 않았다고 볼 수 있다.

레닌 이후 집권한 스탈린은 국가 역할 확대에 결정적인 역할을 하였다, 대중동원, 중앙집권적이며 지령적인 경제체제, 완고한 중앙집권주의, 행정적 방법을 통한 경영, 테러 및 지도자의 종교적 절대성에 기초한 인물적 독재, 문화-지적 생산의 모든 분야에 대한 정치적 감독 등을 특징으로 하는 스탈린주의 체제는[8] 2차 세계대전 이후 대부분의 신생 사회주의국가의 모델이 되었는데, 자본주의 국가들과의 경쟁과 산업화를 명분으로 하면서 정치적으로는 권력집중을, 경제적으로는 국가기구에 의한 계획과 통제를 강화하는 것이었다.

국가의 역할이 증대하고 있는 현상은 동일하다고 하더라도 사회주의와 자본주의체제 간에는 유사점과 차이점이 있다. 산업화의 진전과 경제성장의 추구라는 사회발전의 목표는 사회주의와 자본주의에서 공통적으로 국가가 과대화되는 배경이 될 수 있다. 또한 2차 세계대전 이후 양 체제의 갈등관계도 국가주의가 강화하는 배경이 되었다. 그러나 국가의 계급적 토대는 양 체제 간에 차이가 있다. 자본주의에서는 학자에 따라 논란이 있으나 자본가 계급의 이익을 국가가 대변하고 있다는 점에서 국가의 사회적 기반은 자본가계급이라고 할 수 있다. 반면에 사회주의국가는 당적 지배를 받고 있으며 사적인 축적이 불가능하다는 점에서 국가의 사회적 기반은 관료 혹은 당료라고 할 수 있다.

2) 시민사회론

시민사회론이 관심이 고조되기 시작한 것은 근본적으로 국가의 확대와 관련이 있다. 국가의 확대는 대립항에 있는 시민사회의 위축으로 이어졌다. 이와 같은 상황에서 자유민주주의 이념을 바탕으로 하는 서구 자본주의의 경우는 자유주의 이론의 강화를 목적으로 시민사회가 강조되었으며, 제3세계의 재민주화, 동구권 국가사회주의의 몰락, 서구에서 새로운 사회운동의 등장을 경험하면서, 사회진보의 관점에서 시민사회의 의미와 역할에 관한 논의가 부활하였다.

자유주의 이념을 바탕으로 하는 자본주의 사회에서는 개인을 옹호하고 국가행위를 제한한다는 전통을 갖고 있었다. 절대군주에 반대하는 부르주아지 계급을 기본세력으로 형성된 자본주의는 출발 자체가 절대권력에 대한 반대, 시장의 형성과 시민사회의 성립과 관련되어 있다는 점에서 근본적으로 시민사회론과 친화력이 있다. 자유주의적 시민사회의 개념은 기본적으로 국가와 사회를 대립시키는 2분모델에 기초하고 있다. 국가에 대한 부정적인 전제로 인하여 국가를 최소화하고 사회를 최대화하기 위한 국가권력의 사회적 통제를 이념으로 하고 있다고 볼 수 있다. 이와 같은 자유주의적 시민사회의 개념은 토크빌(Alexis-Charles-Henri Maurice Clérel de Tocqueville, 1805~1859)에 의해서 더욱 체계화되었다.[9]

토크빌은 보통선거를 통하여 출발한 국가권력도 민주적인 제도를 억압하고 자유를 박탈하는 새로운 국가 전제주의로 변질되고 있다고 경고하면서, 민주주의 체제의 근본적인 불안정성을 지적하였다. 국가를 사회와 대립되는 개념으로 보고 있는 토크빌의 주된 관심사는 민주주의혁명이 의도하지 않은 결과인 새로운 전제국가의 출현을 막기 위하여 자유를 유지하면서 정치권력을 분산시킬 수 있는 제도를 마련하는 것이었다. 이를 위해서 토크빌이 제안한 방법은 크게 두 가지였다. 하나는 제도적 수준의 권력 분산이라는 차원에서 행정을 탈중심화하는 것과 독립적인 사법권의 보장이었다. 또 다른 하나는 국가의 통제를 받지 않는 자율적인 시민단체(civil association)가 발달해야 한다는 것이다.

자유주의적인 시민사회가 긍정적인 의미가 크다면 맑스·엥겔스의 시민사회 인식은 부정적이다. 맑스는 자유주의 시민사회론이 경시하고 있는 경제관계와 계급관계에 초점을 맞추고 있다. 맑스는 자유와 민주주의 문제에 초점을 맞춘 자유주의적 시민사회의 개념을 착취와 지배에 기초한 자본주의 생산관계를 은폐하는 부르주아 이데올로기라고 비판한다. 맑스는 부르주아사회로서의 시민사회는 경쟁과 소외를 통하여 인간의 자연적 유대를 해체시키고 공동체적인 요소 대신에 개인주의적인 요소를 강화한다고 보았다. 그러므로 역사적으로 시민사회는 18세기 유럽 자본주의가 발전하면서 나타났다고 보는 것이다.[10]

맑스의 시민사회 개념도 기본적으로 국가와 사회의 2분법적인 구분을 바탕으로 하고 있다. 그러나 시민사회를 경제사회와 동일시함으로써 시민사회에 대한 부정적인 견해를 갖고 있다고 볼 수 있다. 전통적인 신분사회와 절대국가에 대한 부정을 시민사회가 가질 수 있는 긍정적인 점으로서 인식하기도 했지만, 맑스의 부정적인 시민사회관은 전적으로 시민사회를 공장과 시장의 영역으로 생각하였기 때문이다.

맑스주의의 전통에 있으면서도 그람시는 시민사회의 실체를 인정하는 데서 출발하고 있다. 그람시는 자본주의 시민사회를 단순히 부르주아 시민사회로 등치시킨 맑스의 시민사회론을 반대하면서 토크빌의 맑스주의화를 시도하였다. 시민조직의 강화를 통하여 부르주아 민주주의를 보호하려는 것이 토크빌의 문제제기였다면, 시민조직의 강화를 통하여 부르주아 민주주의를 변혁시키는 것이 그람시의 문제제기였다.[11] 그람시는 노동자들의 적극적 동의에 의한 부르주아지 지배를 헤게모니로 개념화하면서 헤게모니가 사적인 세력, 즉 시민사회에 속한다고 보고 있다. 이러한 의미에서 시민사회는 계급지배를 재생산하는 국가와 동일하다고 보았다. 따라서 사회변혁을 추구하기 위해서는 시민사회의 헤게모니를 획득하기 위한 투쟁이 필요하게 되며, 이를 통하여 시민사회는 역으로 체제변혁의 통로가 될 수도 있다는 것이다.

맑스주의적인 전통에 있거나 반대로 자유주의적 입장에 있거나 시민사회론의 기본 전제는 국가와 시민사회의 이분법에 있다고 볼 수 있다. 또한 억압적인 국가를 반대하는 점에서는 인식을 공유하고 있다. 다만 시민사회가 국가에 접합하는가 아니면 대립항으로서 존재하는가 하는 문제는 입장에 따라 다르게 나타난다. 그러나 현실 사회의 분석에 있어서는 국가에 대한 대립항으로서 시민사회를 보는 경향이 강하다고 볼 수 있다. 이것은 앞에서 이야기하였듯이 현대에 들어와서 시민사회에 대한 관심이 높아진 배경이 국가의 확대에서 비롯되었기 때문이라고 할 수 있을 것이다.

이론적인 차원과는 별도로 역사적으로 경험하였던 시민사회는 다양한 형태로 나타나고 있다고 볼 수 있다. 시민사회의 성립을 처음 경험하였던 것은 유럽의 근대라고 할 수 있다. 맑스가 지적하였듯이 자본주의의 성립과 시장체제와 도시화의 진전, 그리고 신분제의 철폐에 따라 자유주의적 시민사회가 등장하였다. 그러나 유럽에 있어서도 개별 국가에 따라 시민사회의 형성과정은 달랐다고 할 수 있다. 영국은 점진적인 정치적 발전에 의하여 시민사회가 형성된 반면, 프랑스는 급격한 혁명을 통하여 시민사회가 성립되었으며, 독일의 경우는 권위주의적인 국가와의 갈등을 경험하면서 시민사회의 성립이 지체되었다고 할 수 있다.[12]

유럽과 달리 아시아에서는 권위주의적인 문화구조, 식민지 지배 경험, 중앙집중적인 권력구조 등으로 인하여 시민사회의 형성이 쉽지 않았다. 특히 산업화의 진전과정에서 과대성장한 국가가 주도적인 위치를 갖게 됨으로써 국가와의 시민사회와의 갈등이 적지 않았고, 봉건적 질서에서 자생적인 자본주의화를 경험하지 못한 결과 시민사회의 토대가 되는 부르주아지의 미형성은 대부분의 아시아 국가에서 시민사회가 취약한 주요한 원인이 되었다고 볼 수 있다.

시민사회의 형성, 그리고 시민사회가 사회체제에서 갖는 위계가 국가별로 차별적으로 나타나고 있는 것은 1차적으로 개별국가의 역사적 경험의 차이 때문이라고 할 수 있다. 근대화의 과정은 어떠한 통로를 밟았는가, 역사적으로 자발적 결사체와 같이 시민사회의 토대가 될 수 있는 전통이 존재하였는가, 문화적으로 국가로부터 개인을 분리시키는 가치가 존재하였는가, 산업화 과정에서 어떤 집단이 주도적 역할을 하였으며 이들과 국가와의 관계는 어떠한가 등이 시민사회의 성격과 위상을 결정짓는 중요한 요소라고 할 수 있다.

역사적 경험과 더불어 시민사회의 특징을 결정짓는 중요한 요소는 산업화의 진전이라고 할 수 있다. 독일은 부르주아지가 왕권과 귀족과 결합하여 산업화를 추진하면서 자유주의가 발달하지 못하였지만 산업화의 진전과정에서 점차 세력을 넓혀온 자유주의 집단을 중심으로 시민사회가 완성되었고, 개발독재를 통하여 급속한 산업화를 완성한 제3세계국가들도 정치적 억압체제에도 불구하고 민주화의 열망이 확산되면서 시민사회의 영역이 확대되었다는 것이다.

3. 북한의 국가와 사회

1) 북한체제에 대한 논의

지금까지 북한체제의 성격에 대한 논의는 다음의 몇 가지 차원에서 이루어졌다.

첫째, 북한체제를 일인독재체제로 규정하는 것이다.[13] 북한은 수령을 중심으로 유일지배체제가 확립되어 있으며, 권력이 고도로 집중되어 있으며, 당이나 국가, 그리고 인민들도 완벽하게 통합되어 있다는 것이다. 이와 같은 입장에서는 주로 권력구조, 특히 정치 과정에 주안점을 두고 있다. 전체주의로서 북한을 인식함으로써 일인지배자가 어떻게 권력을 행사하는가, 그리고 어떻게 사회전체를 강제하는가에 관심을 기울인다. 국가사회주의의 몰락에도 불구하고 북한은 현체제를 유지하고 있는 까닭에 이와 같은 입장은 더욱 강화되는 경향이 있다. 이러한 입장의 분석은 과학적인 틀을 사용하기도 하지만 다분히 규범적 논의로 흐르는 경향이 있다. 또한 현상에 대한 설명에서는 어느 정도의 타당성을 확보하고 있으나 문제는 북한체제의 변화를 설명하는데 한계를 갖게 된다는 것이다. 이와 같은 입장에서 변화는 숙청으로 대변되는 권력의 공고화 과정에 불과하다. 전체주의 사회는 권력의 핵심이자 체제를 결정하는 최고지도자의 교체로 사회변화가 가능하지만 북한의 경우 부자세습이라는 권력승계가 이루어짐으로써 변화가 없다는 결론으로 이어진다.

둘째, 권력 유지 및 행사과정을 중심으로 북한을 전제적 국가로 보는 견해이다. 이러한 논의에서 북한체제를 표현하는 말은 봉건제국가, 가부장국가, 신정국가 등 여러 가지로 나뉘어진다. 봉건국가로 북한을 표현하는 것은 북한의 군중분류를 주목하면서, 출신에 따라 체제에서 수행하는 역할이 다르게 나타난다는 점에서 일종의 신분제가 유지되는 체제로 보고 있다.[14] 가부장적 국가론은 지도자와 인민 간의 관계에 초점을 맞춘다. 어버이로서의 수령은 자식들인 인민을 보살피고 있다는 것이며 인민들은 사상교양을 통하여 수령을 어버이로서 따르게 된다. 북한에서 어버이 수령, 어머니 당이라는 주장을 하고 사회주의적 대가정을 내세움에 따라 가부장제 국가라는 개념은 설득력이 높아졌다고 볼 수 있다. 신정국가는 문자 그대로 김일성이 신적인 지위를 가지고 북한을 통치한다는 것이다. 이와 같은 주장을 하는 경우 수령과 주체사상 그리고 당을 3위1체에 적용시키기까지도 한다. 김일성 사후 유훈통치가 지속되고 불멸을 강조함에 따라 신정국가도 일견 그럴듯하게 보이기도 한다. 북한을 전제국가로 보는 견해들은 앞의 전체주의 국가론과 같은 맥락에 있다고 볼 수 있다. 따라서 같은 맥락에서 북한의 체제 변화에 대한 설명은 취약할 수밖에 없다. 또한 전제국가가 역사적으로 전근대 사회의 산물이라는 점에서 북한체제의 근대성을 부인하고 있다는 점에서 규범적인 관점이 더욱 강하다고 할 수 있다.

셋째, 병영국가 혹은 유격대국가로 북한체제를 보는 입장이다. 이러한 관점은 북한의 권력구조를 중심으로 보고 있지만, 이를 바탕으로 전체 사회체제의 조직화 및 작동 양식을 보고 있다는 점에서 앞의 입장들과 다소간의 차이가 있다. 항일빨치산의 전통에서 출발한 북한체제는 유일체제가 확립된 1967년에 현재의 국가적 성격이 완성된 것으로 파악한다. 유격대 국가란 유격대원을 모델로 하여 이를 전 국가적으로 확대시켜 김일성을 사령관으로 하여 전 국민이 떠받드는 국가라는 것이다.[15] 이러한 관점은 정치체제와 사회체제를 동시에 고찰하고 있으며, 역사적 변화과정을 고려하고 있다는 점에서 상대적으로 북한체제의 성격을 설명하는 데 유용한 관점을 제공한다고 할 수 있다. 그러나 여전히 체제의 작동 원리를 하향적인 방향에서 보고 있는 경향이 있으며, 동시에 북한적 특수성을 과도하게 강조한 나머지 변화에의 전망을 어렵게 한다고 볼 수 있다.[16]

넷째, 사회주의 체제의 하나로서 북한을 보는 입장이다. 북한이 채택한 사회발전전략이 사회주의 산업화이기 때문에 북한은 근본적으로 사회주의국가라는 것이다. 이러한 입장에서는 북한의 김일성 중심의 유일지배체제가 기본적으로 스탈린주의의 한 유형으로 파악한다.[17] 사회주의적 공업화에 관심의 초점을 맞추고 있다는 점에서 정치경제학적인 입장에 서 있다고 할 수 있다. 스탈린주의의 국가로서 북한을 보는 것은 무엇보다도 규범적 입장에서 벗어나 있다는 점에서 중요한 의미가 있다고 할 수 있다. 또한 비교방법을 통하여 북한체제가 갖고 있는 특성을 객관화시킬 수 있으며, 탈스탈린화라는 관점에서 북한체제의 변화를 전망한다는 장점도 갖고 있다. 반면에 여타 국가사회주의체제와 달리 북한이 여전히 자신의 체제를 유지하고 있는 원인에 대한 설명이 상대적으로 약하다고 볼 수 있다.

북한체제에 대한 지금까지의 논의는 전반적으로 정치학 혹은 정치경제학적 관점에 서 있으며, 기본적으로 권력유지 과정을 중심으로 북한체제를 성격 지우고 있다는 특징을 갖고 있다. 입장에 따라 다소간 차이가 있기는 하지만 지도자와 당을 중심으로 권력은 고도로 통합되어 있으며 체제 변화의 가능성은 상대적으로 희박한 것으로 북한을 바라보고 있다. 국가와 사회라는 관점에서 본다면 국가가 압도적인 위상을 갖고 있으며, 사회 혹은 시민사회는 거의 무의미한 수준이라고 볼 수 있다.

2) 사회주의와 시민사회론

국가사회주의 몰락이라는 환경 변화는 북한체제에 대한 새로운 관심을 불러 일으켰고, 주된 관심은 북한체제는 존속 가능할 것인가 하는 것이었다. 이러한 맥락에서 시민사회론이 하나의 대안적 관심으로 부각되었다고 볼 수 있다.[18]

시민사회론은 기본적으로 자본주의 체제를 대상으로 발전된 이론이라고 할 수 있다. 그러나 국가사회주의의 몰락과정에서 시민사회론은 사회주의권 분석에 활용되었다고 볼 수 있다.[19] 그러나 국가사회주의 사회구성체의 기본원리가 자본주의 그것과 다르기 때문에 사회주의 체제에 대한 시민사회론의 적용은 조심스러운 논의가 필요하다. 그럼에도 불구하고 시민사회론이 사회주의 체제 변혁에 적용될 수 있는 바탕은 역시 국가와 시민사회를 이분법적으로 구분하는 자유주의적 시민사회론에 있다고 할 수 있다. 시민사회론을 확대시켜 자본주의체제에 대한 비판과 체제변혁을 추구하였던 그람시의 도식에서 부르주아 국가가 공산주의 당국가체제로, 극복의 대상이었던 자본가계급은 사회주의국가의 노멘클라투라(nomenklatura)가 되었다고 볼 수 있다.[20]

시민사회론의 입장에서 국가사회주의의 몰락을 설명하는 경우 주목하고 있는 것은 국가와 대비하여 혹은 독립적으로 존재하는 사회영역의 존재여부라고 할 수 있다. 특히 동유럽의 지식인 집단에 대하여 관심이 모아진다. 체코슬로바키아의 77그룹, 헝가리 콘라드가 중심이 된 반정치론과 시민포럼이 예가 된다. 지식인 집단의 범주에 넣기는 어렵지만 폴란드의 자유노조도 당국가체제에 대립하는 사적인 영역이라고 할 수 있다. 이와 더불어 동구국가들의 역사적 경험도 중요한 고려 대상이다. 시민사회의 경험이나 민주사회의 경험이 있었는가 혹은 사회주의체제 성립 이후 시민운동의 역사가 있는가 하는 문제이다. 체코, 폴란드, 헝가리의 반소 저항운동은 시민사회 성립의 중요한 역사적 경험이 될 수 있다는 것이다. 다음으로 중요한 것은 산업화 혹은 경제성장의 진전이라고 할 수 있다. 사회주의적 산업화도 결과적으로 사적인 영역이 불가피하게 증진시키는 결과는 가져올 수 있다. 세대적으로는 상대적으로 집단주의에 익숙하지 않은 새로운 세대를 출현시키며, 공업화와 도시화의 확대도 의사소통의 활성화와 네트워크의 증가로 사적인 영역을 확산시킨다고 볼 수 있다. 이와 더불어 자유주의적 가치를 바탕으로 하는 서구자본주의 문화의 유입도 시민사회 영역의 확대를 촉진시킨다고 볼 수 있다. 마지막으로 체제 자체의 효율성 저하를 생각할 수 있다. 효율성 저하는 기본적으로 경제성장의 침체와 이로 인한 정당성의 위기를 의미한다. 사회주의적 산업화가 한계를 보이게 되고, 이에 대한 적절한 대처방안을 국가가 제시하지 못할 경우 기존의 당국가체제는 정당성을 상실하게 되고, 시민사회의 성장이 촉진될 수 있다는 것이다.

3) 북한과 시민사회론

국가사회주의 몰락을 설명하는 시민사회론 틀에서 북한체제의 시민사회 여부를 검토할 수 있는 준거는 다음과 같다.

첫째, 북한에서 당국가체제와 존재하는 사적인 영역, 특히 시민사회 조직이 존재하고 있는가?

둘째, 북한에서 시민사회 형성에 긍정적인 효과를 끼칠 수 있는 역사적 경험이 있는가?

셋째, 북한에서 산업화의 수준은 어느 정도 진전되었으며, 산업사회의 징후가 나타나고 있는가?

넷째, 북한에서 시민사회 형성을 촉진할 수 있는 문화적 유입이 가능한가?

다섯째, 북한체제의 효율성 위기는 어느 정도인가?

(1) 시민사회 조직

북한은 고도로 통합되어 있는 사회체제이다.[21] 통합되어 있다는 것은 단순히 정치적으로 권력이 집중되어 있다는 것을 의미하는 것만은 아니다. 당을 중심으로 각종 사회단체, 경제조직, 관료조직이 일사불란하게 통합되어 있으며, 사회구성원도 사상교양과 중복된 조직생활을 통하여 체제에 통합되어 있다는 것을 의미한다. 어떠한 사회조직도 당적 지배로부터 자유로울 수가 없다. 따라서 공식적인 사회조직에서 국가로부터 독립된 사적영역을 찾을 수가 없다.

북한에서 1980년대 말부터 '이·미용사협회', '바둑 협회' 등 비정치적 사회조직이 생겨난 것은 중요한 의미를 갖고 있다고 볼 수 있다. 이들 협회들은 과거의 사회조직과 달리 당의 직접적인 지회를 받는 것이 아니다. 또한 동일한 취미나 직종에 종사하는 사람들로 이루어진 조직으로 정치적 지향성도 약하다고 볼 수 있다. 따라서 이들은 국가로부터 독립되어 있는 시민사회의 조직의 출발로 볼 수도 있다. 그러나 이들 조직이 형태적으로 일정 수준 당이나 국가와 유리되어 있다고 하더라도,[22] 기능이나 역할 그리고 운영이 독자적인 것은 아니라고 볼 수 있다. 그리고 현재 존재하는 각종 조직들이 어느 정도 범위에서 조직화되어 있는가도 불분명하고. 중요한 정치적 사건 등에 이들 조직이 일정한 역할을 하였다는 이야기도 없다. 뿐만 아니라 새로운 조직들이 생겨났다거나 기존 조직의 활동이 새롭게 부각되는 경우도 거의 없다.

동호인이나 동일 직종 중심의 사회조직을 제외한다면 북한의 사회조직으로 주목할 수 있는 것은 종교조직이라고 할 수 있다. 천주교나 기독교, 그리고 불교와 천도교 등 북한에서도 일정한 수준의 종교활동이 보장되고 있다는 점에서 종교를 중심으로 한 사회조직도 존재한다고 보아야 할 것이다.[23] 시민사회의 성장과정에서 종교조직이 기여한 바를 고려한다면 북한의 종교조직도 유의해서 보아야 할 필요가 있다. 그러나 북한에서는 오랫동안 종교에 대하여 비판적이었으며 1980년대 말부터 각종 종교조직이 활성화된 것도 대남사업의 일환으로 보아야 할 것이다. 이러한 까닭에 종교조직들은 형태에 상관없이 당과 국가의 엄격한 관리하에 있다고 할 수 있다.

비공식적인 사회조직의 가능성을 배제할 수는 없다. 예를 들어 범죄조직의 경우를 생각할 수 있는데 탈북자의 증언에 따르면 지역을 기반으로 일종의 범죄단이 있다고 한다.[24] 또한 고등 중학교 등 청소년의 일탈조직의 존재도 부인할 수는 없다. 그러나 어떤 경우든 사회조직이라기보다는 일차적 사회집단의 수준인 경우가 많다고 할 수 있을 것이다. 또한 일종의 반체제 결사조직의 존재를 완전히 부정할 수는 없겠으나 이들을 포함하여 현재 북한의 비공식적 사회조직들이 사회적으로 의미있는 즉, 체제변혁에 영향을 줄 수 있는 정도의 사회조직의 존재를 현 단계에서 기대하기는 어렵다.

독립적인 시민사회의 조직을 주도할 수 있는 지식인 집단의 경우도 체제이념에 충실하고 있으며, 체제에 대한 불만이 있다고 하더라도 대부분 개인적인 수준에 머무르고 있다. 개인적인 불만이 조직화될 수 있고, 체제이념과 반대되는 혹은 최소한 체제이념에 비판적인 논의가 소통될 네트워크 구조도 극히 미비하다고 할 수 있다. 언론에 대한 완벽한 통제도 이러한 상황을 대변하고 있으며, 대안언론이 존재하고 있다는 증거도 찾기 어렵다.

전반적으로 북한의 시민사회 조직은 변동을 추진할 만큼 성장하지 못하였다고 볼 수 있다. 1980년대 말부터 생겨난 각종 동호인조직이나 종교조직의 경우 장기적인 관점에서는 변혁을 추동하는 사회조직으로 전환할 가능성은 있다. 그러나 기존 북한의 사회조직이 이러한 경향성을 띠기 위해서는 보다 많은 시간이 필요하다고 볼 수 있다.

(2) 역사적 경험

동구 국가사회주의의 전환과정에서 보았듯이 시민사회의 성립에서 역사적 경험은 대단히 중요한 의미를 갖고 있다. 시민사회의 경험 혹은 근대적 시민운동의 경험이 있는가에 따라 시민사회의 성립이 영향을 받을 수 있으며 변화의 성격도 다르게 나타날 수 있기 때문이다. 그러나 대부분의 아시아국가들과 마찬가지로 북한 역시 전근대적 권위주의체제에서 식민지 경험을 거쳐 바로 사회주의체제로 진행하였다. 따라서 근대적 시민사회를 경험할 기회를 갖지 못하였다고 볼 수 있다. 더욱이 전근대 사회의 유교적 전통이나 일제하의 식민지 경험은 북한에서 국가와 시민사회와의 일체감을 강화시키는 조건이 되고 있다고 볼 수 있다.

역사적으로 저항의 경험이 전혀 없다고는 할 수 없을 것이다. 마찬가지로 조선후기의 민중봉기의 경험도 고려할 수 있다. 그러나 조선후기의 민중봉기의 경우에는 근대적 시민운동이라기보다는 봉건적 착취에 따른 일시적인 저항운동의 성격이 강하다. 더구나 지역적으로도 운동의 중심은 현재의 남한지역인 삼남지방이었다. 이밖에 주목할 수 있는 것은 일제하 반제투쟁이라고 할 수 있다. 즉, 일제하 반제투쟁을 일종의 근대적 시민운동의 범주에 포괄한다면 북한에서도 시민운동의 경험이 있었다고 볼 수 있다는 것이다. 특히 만주나 함경도 지방 중심의 항일무장투쟁이나 중국 등지에서의 반일투쟁의 경험이 북한에 이어졌다고 볼 수 있다. 그러나 이러한 역사적 경험이 현재 북한국가체제의 성립의 배경이 되었다는 점을 주목할 필요가 있다. 김일성-김정일 지배체제의 인적 토대는 항일무장혁명세력이고 이것이 국가적 정통성을 구축하는 토대가 되었다는 점에서 일제하 반제운동의 경험이 국가의 대립항으로서 시민사회 성립의 배경이 되기 어렵다는 것이다.

다음으로 평안도 지방을 중심으로 뿌리를 내린 기독교 세력의 존재를 생각할 수 있다. 일제시대부터 숭실학교 등을 중심으로 개신교가 광범위하게 자리 잡았고, 이들은 3·1운동 전후로 민족 역량강화에 일정한 기여를 하였다고 볼 수 있다. 그러나 숭실학교가 남쪽으로 이주하였듯이, 해방 이후 그리고 전쟁 이후 과거 기독교 운동이나 교육에 중심 세력들은 정치적으로 숙청당하였거나 자진 월남하였다. 따라서 근대 이후 일제하까지 평안도를 중심으로 구축되었던 기독교 세력의 역사적 경험은 북쪽에서 계승되지 못하였다고 볼 수 있다. 더욱이 북한 당국이 기독교를 지속적으로 통제하여 왔다는 점을 고려한다면 현재 북한사회에서 개신교 조직이나 개신교 근대화 운동의 영향이 거의 없어졌다고 보아야 할 것이다.

시민사회 형성에 기여할 수 있는 역사적 경험은 미미한 반면, 북한사회에서 국가주의를 강조할 수 있는 역사적 경험은 상대적으로 풍부하다고 볼 수 있다. 일제의 경험은 반제의식을 고양하는 토대가 되었고 강력한 반제의식은 국가중심주의를 정당화하였다고 볼 수 있다. 또한 한국 전쟁을 통한 전시체제의 구축도 국가를 중심으로 주민들을 통합시키는 역사적 경험이었다고 볼 수 있다. 이와 더불어 전쟁 이후 대결상태가 지속되면서 극단적인 반미(반서) 성향은 서구적 시민사회에 대한 적대감을 고취시켰을 뿐이라고 할 수 있다. 전후복구와 사회주의적 산업화도 국가 중심으로 이루어졌으며, 사회주의 계획경제의 특성과 더불어 시민사회의 발전을 가로막는 또 다른 배경이 되었다고 볼 수 있다.[25]

(3) 산업화의 수준

현재 북한은 경제위기를 경험하고 있지만, 사회주의적 산업화에는 성공하였다고 볼 수 있다. 전쟁에도 불구하고 농업중심에서 공업중심으로, 그리고 도시중심으로의 산업화가 성공적으로 이룩되었고, 사회체제도 산업사회로 진입하였다고 볼 수 있다. '새세대'로 표현되는 산업화 이후의 세대가 등장하였고, 이들은 현재 북한 지배층의 가장 주목하는 사회집단의 하나이다. 그러나 북한의 산업화는 스탈린주의적 산업화 즉, 당과 국가가 철저히 통제하는 가운데 이루어진 산업화라는 것을 주목할 필요가 있다. 산업화의 진전이 사회적 분화와 같은 말이 아니라는 것이다.

(4) 외부 문화 유입의 가능성

북한체제가 구조적으로 시민사회 형성에 부적합하다고 하더라도, 외적인 변수가 시민사회의 형성을 촉발할 가능성도 있다. 더구나 현재 북한은 시민사회의 징후가 나타나고 있지 않다고 하더라도 산업화의 진전 등 그 토대는 어느 정도 마련되어 있다고 볼 수 있다. 이와 같은 상황에서 시민사회의 경험이나 시민운동의 이념이 유입된다면 시민사회의 형성이 촉진될 여지가 적지 않다고 볼 수 있다. 동구에서 보았듯이 시민사회의 경험이나 이념은 문화의 유입과 더불어 전파된다는 점에서 외부 문화의 유입이 어느 정도 이루어지고 있는가는 중요한 문제일 수가 있다.

그러나 북한체제는 기본적으로 폐쇄사회라는 특성을 갖고 있다. 그리고 폐쇄정책은 대내외적인 차원에서 모두 시행되고 있다. 이러한 바탕하에서 외부의 문화에 대해서는 지극히 배타적이다. 자본주의 문화에 대한 적개심은 말할 것도 없고, 주체사상의 기치 아래 여타 사회국가의 문화에 대해서도 일정한 거리를 두고 있다. 당연히 외부 인사의 수용에도 조심스럽고, 북한을 방문하는 사람도 지극히 제한적으로 북한 사람과 접촉할 수 있다. 외부 매스미디어에 대한 통제도 철저하다. 또한 내부차원에서는 사회이동의 엄격한 통제와 같은 내적인 폐쇄정책은 새로운 문화의 비공식적 유통마저 어렵게 하고 있다. 따라서 외부에서 문화가 유입되는 경우에도 사회적으로 확산되기 어려운 현실이라고 할 수 있다.

그렇지만 최근 북한 문화정책의 변화는 과거와는 다르다는 점을 유의해서 볼 필요가 있다. 1992년 출간된 김정일의 『주체문학론』에서 과거 비판의 대상이었던 이광수 등의 근대 초기 문학예술이나 카프의 문학예술, 그리고 실학파의 작품까지 포용한 이후 셰익스피어의 소설 등 서구 문학예술 작품들도 적극적으로 장려하는 등 수용할 수 있는 문학예술의 폭을 점차 확대하여 왔다는 것이다.[26] 여전히 자본주의적 경향이 강한 대중예술에 대해서는 비판적이지만, 남북정상회담을 전후로 문화적 개방의 폭은 심화되어 오고 있다고 볼 수 있다. 특히 2001년 태양절을 맞이하여 개최된 4월에 축전에 참가한 남한 대중 가수 김연자 공연을 조선중앙TV를 통하여 녹화 방영하고, 각종 매체에서 극찬을 한 것은 기존의 폐쇄적인 문화정책과는 커다란 차이를 보이는 것이라고 할 수 있다.[27] 또한 지난 6월에 조선중앙TV를 통하여 방영된 러시아 영화 <러시아식 사랑>의 방영은 국가사회주의 몰락 이후 동구 영화를 거의 수입하지 않았다는 점에서도 주목할 만한 사안이지만, 영화의 선정성 등이 과거 북한 문학예술에서 볼 수 없었던 수준이었다는 점에서도 북한 문학예술 정책의 변화를 보여주는 것이라고 할 수 있다.

또한 2000년 정상회담 이후 활발해진 남북한 사회문화교류와 이산가족의 상봉, 점차 확대되는 남북 경협도 외부문화 유입을 불가피하게 하는 조건이라고 할 수 있다. 더욱이 북한이 전략사업으로 천명하고 있는 정보산업을 활성화하기 위해서는 인터넷과 같은 정보 인프라의 구축이 필수적이며, 이것은 외부 문물의 급속한 유입을 동반할 수밖에 없다. 이러한 점에서 외부 문화는 앞으로도 급속하게 북한으로 전파될 가능성이 크다고 볼 수 있다.

북한의 외부문화 유입은 현재까지는 시민사회를 촉진할 수 있는 수준은 아니었다고 할 수 있다. 그리고 개방을 지향하면서도 북한은 '모기장'론을 강조하면서 불순한 외부문화의 유입을 적극적으로 경계하는 정책을 펴왔다고 볼 수 있다.[28] 그러나 '모기장'은 창문을 연다는 것을 전제하는 것이며 이는 외부문화를 수용한다는 것을 의미한다. 외부문화가 유입되면 통제를 엄격히 하더라도 점진적으로 서구적 가치, 자본주의 이념이 확산될 수밖에 없다. 더욱이 적극적으로 경제를 개방한다는 것도 결국 자본주의 국제시장으로의 편입을 가속화한다는 것을 의미한다. 이 경우 북한 사람들과 외부사람들과의 접촉도 늘어나게 되며, 사람을 통한 문화 전파도 확산된다고 볼 수 있다.

외부문화의 유입이 확대되는 것이 곧바로 시민사회의 형성으로 이어진다고는 할 수 없으나, 시민사회가 형성될 이념적 토대가 마련되는 것은 분명하다. 장기적으로 다른 사회구조적 요인과 결합되면 이러한 경향성을 더욱 촉진될 수 있다.

(5) 체제 효율성

국가사회주의의 몰락에도 불구하고 북한이 현 체제를 유지하고 있는 것은 그만큼 체제의 효율성이 높다는 것을 의미한다. 1990년대 후반부터는 심각한 식량난을 경험하고 있음에도 불구하고 여전히 체제 붕괴는커녕 체제의 급격한 전환의 가능성도 커 보이지 않는다. 북한체제가 경제난을 겪고 있다는 점에 주목한다면 현 체제가 효율적인가 하는 의문이 있을 수 있다. 그러나 최소한 대내외적인 위기상황에도 불구하고 체제를 고수하고 있다는 점에서는 최소한 체제유지 능력은 탁월하다고 할 수 있다.

북한의 체제유지 능력의 핵심은 사회통합능력이라고 할 수 있다. 지도자를 중심으로 정치권력이 고도로 집중되어 있고, 이를 바탕으로 군을 포함한 강력한 물리력은 사회통제를 유지하는 첫 번째 기제라고 할 수 있다. 강력한 사회통합을 유지하는 두 번째 기제는 사상통제체제라고 할 수 있다. 유일지배체제와 주체사상을 바탕으로 전체 사회구성원들을 이념적으로 통합하고 있으며, 11년제 의무교육체제와 '총화'로 대변되는 반복적인 사회교육체제는 사상적 통합의 물적 토대라고 할 수 있다. 문학예술을 포함한 언론을 당이 완벽하게 장악하고 있는 것도 사상적통제체제의 효율성을 제고하는 요인이라고 할 수 있다. 북한 사회통제 체제의 세 번째 축은 조직을 통한 통제라고 할 수 있다. 사회주의체제에서 조직에 대한 통제는 일반적인 현상이지만 북한에서는 구성원들을 둘 이상의 조직에 속하게 하고, 각종 조직은 당이 지도하면서 완벽한 통제체제를 구축하였다고 볼 수 있다.

북한의 사회통제가 효율적으로 작동하는 데는 항일투쟁의 경험이 있는 김일성의 집권으로 정당성 확보, 전쟁으로 반제국주의 분위기 고양 등의 역사적 요인들도 기여하였다고 볼 수 있다. 그러나 이에 못지않게 중요한 것은 사회주의체제와 이에 바탕을 둔 사회발전 전략이 일정한 성과를 거두었기 때문이라고 할 수 있다. 초기 성공적인 공업화의 결과 통제기제를 작동할 수 있는 물리적 토대가 마련되었을 뿐만 아니라, 완벽한 배급체제를 완성하는 등 사회적 통제와 사상적 통제에 정당성이 부여되었다고 볼 수 있다. 이러한 차원에서 본다면 지속되고 있는 심각한 식량난으로 대변되는 경제위기는 북한체제의 효율성을 떨어뜨릴 수 있다고도 볼 수 있다. 특히 분배제도의 기능저하는 농민시장, 텃밭 등 사적인 생산영역을 확대시킴으로써 사적영역이 발생할 조건이 조성되고 있다고 볼 수 있다.[29]

또한 분배제도의 붕괴는 식량 획득을 명분으로 한 사회이동을 활성화시킴으로써 사적인 의사소통구조가 확장되는 결과를 가져온다. 이러한 가운데 일반 주민들의 의식도 균열을 일으켜 공식적으로 사회이념과 일반인의 생각과 차이가 발생할 수 있다.[30]

체제유지의 문제가 북한의 지배층의 가장 핵심적인 관심사라고 할 수 있다고 본다면 분명히 체제의 효율성이 떨어지고 있다고 할 수 있을 것이다. 그러나 현재의 체제위기는 경제적인 차원에 국한되어 있다고 볼 수 있다. 여전히 정치적으로는 정당성을 유지하고 있으며 사회통제 체제는 효율적으로 작동하고 있다고 볼 수 있다.

4. 맺음말

엄격하게 본다면 북한에 시민사회론을 적용시키기에는 적지 않은 문제가 있다. 여전히 당적 지배를 받고 있는 국가가 지배적이며 전통적인 개념의 사회영역은 커다란 의미가 없다고 볼 수 있다. 시민사회의 역사적 문화적 경험도 부재하고, 통제로부터 자유로운 사회조직도 존재하지 않는다. 강력한 폐쇄정책과 반서구적인 정치사회화는 자유주의적 가치를 담고 있는 외래문화의 유입과 수용을 거부한다. 식량난으로 체제의 효율성은 떨어졌다고는 하지만 여전히 정치적 정당성을 유지하고 있으며, 이를 토대로 사회통합을 유지하고 있다고 볼 수 있다.

그럼에도 불구하고 북한에서 시민사회의 가능성이 전혀 없다고 할 수만을 없을 것이다. 무엇보다도 산업화의 진전은 불가피하게 시민사회 형성의 기본 토대를 제공한다는 것이다. 새세대의 등장은 단순히 새로운 세대의 출현을 의미하는 것이 아니다. 북한 문화에서 4세대 작가들이 보이고 있는 지향성은 이전 혁명세대들의 문화적 지향과 분명히 다르다. 국가주도의 산업화가 서구와 같은 새로운 전문가 집단을 만들지는 않겠지만, 기술중심적인 실용주의적 전문가의 형성을 원천적으로 봉쇄할 수는 없다. 그리고 무엇보다도 북한이 처한 체제위기가 불가피하게 자본주의 중심의 세계체제로의 편입을 강제하고 있다는 점을 주목할 필요가 있다. 여전히 '모기장'을 통하여 자본주의 문화의 유입을 경계하고 있으나, 자본주의 문화의 도입은 막을 수 없을 것이다. 또한 현재 체제 위기 극복을 위하여 강요받고 있는 개방은 체제의 개혁을 동반할 수밖에 없으며, 이는 시민사회의 또 다른 조건이 될 수 있다. '바둑애호가협회', '이용사협회' 등 1990년대부터 생겨난 새로운 사회조직들은 점차로 국가와 거리를 두게 될 것이고, 기존의 '문학가 동맹'과 같은 지식인 중심의 사회집단은 새로운 세계관을 경험하면서 독자적인 견해를 갖게 될 가능성이 크다.

현단계에서 북한체제가 개혁과 개방을 촉진하는 것이 경제난으로 대표되는 체제위기를 극복하고 궁극적으로 현재 북한권력구조의 공고화를 위하여 도움이 될 수 있으나, 장기적인 관점에서 본다면 새로운 시민사회의 성립으로 또 다른 종류의 체제위기로 이어질 수 있다는 것이다.

3
혁명구호

1. 머리말

소련을 비롯한 동구 국가사회주의가 몰락하고, 중국이나 베트남 등 남아 있는 사회주의 국가들이 자본주의를 대폭 수용하고 있음에도 불구하고 북한은 여전히 기존체제를 고수하고 있다. 비록 자립경제를 지향하였다고는 하나 과거 사회주의 국가들과의 경제협력을 통하여 체제를 유지하였던 북한으로서는 국가사회주의의 쇠퇴와 중국의 자본주의 도입은 단순히 정치적인 차원이 아니라, 경제사회적으로도 커다란 타격이 되었다고 볼 수 있다. 더욱이 남한과의 대치상황에서 일정한 수준의 군사력을 유지하여야 하는 부담을 갖고 있는 북한이 1980년대 후반 이후 경제난으로 표현되는 체제위기를 경험하는 것은 어떻게 보면 당연한 일이었다고 할 수 있다. 그리고 1990년대 들어 경험한 자연재해는 심각한 식량부족을 야기하여 북한의 위기를 한층 고조시키는 결정적 계기가 되었다고 볼 수 있다.

국가사회주의의 몰락이 사회주의체제 자체의 구조적 문제에서 비롯되었다고 본다면 사회주의체제인 북한도 다른 사회주의국가들이 경험한 문제를 나누고 있다고 할 수 있으며, 외적 환경도 북한의 체제유지에 한결같이 부정적인 것들이었다. 그럼에도 불구하고 북한체제는 여전히 유지되고 있으며, 체제가 붕괴되거나 급격하게 체제를 전환할 가능성도 그다지 커보이지 않는다. 따라서 북한은 거의 유일하게 국가사회주의를 고수하고 있는 체제라고 해도 과언은 아니다.

북한이 대내외적으로 적지 않은 곤경에 처해있다는 사실은 당연히 북한 체제 유지의 기제에 대한 관심으로 이어졌다고 볼 수 있다. 물론 과거에도 북한의 체제유지 기제에 대한 관심이 없었던 것은 아니다. 특히 냉전기에 유행하였던 전체주의적 시각에서는 물리적 억압을 기반으로 국가사회주의의 특성을 설명하였고, 북한의 체제유지 능력도 같은 맥락에서 보는 경향이 대세였다고 할 수 있다. 그러나 전체주의적 시각이 다분히 냉전적 사고의 유산이며, 여타 국가사회주의가 몰락한 현실에서 북한이 여전히 체제를 유지하고 있다는 점에서 전체주의적 시각은 한계가 있다고 볼 수 있다. 이러한 점에서 북한의 사회통합 능력은 북한체제를 이해하는 데 좋은 대안이 될 수 있다.

북한의 사회통합에 대한 관심은 북한체제가 고도로 통합되어 있으며, 결과적으로 체제위기를 극복하는 데 중요한 배경이 되고 있다는 전제에서 출발한다. 이러한 접근은 단순히 북한 체제유지 능력을 설명하는 데만 아니라, 북한체제의 작동원리를 이해하는 데도 도움이 될 수 있다. 또한 그동안 상대적으로 관심의 영역에서 벗어나 있었던 북한의 사회문화체제에 주목함으로써 북한체제를 균형적으로 이해하는 데도 도움이 된다고 볼 수 있다.

그동안 이루어진 사회통합에 대한 연구들을 주로 물리적 통제기구나 조직적 통제, 사상교양 문제에 관심을 기울이면서 주로 통제정책 등 거시적인 차원에 관심이 집중되었다고 볼 수 있다.[1]) 반면에 주민들이 북한체제에 통합되는 과정에 대한 세부적인 관심은 상대적으로 부족하였다고 볼 수 있다. 이와 같은 맥락에서 이 글이 관심을 갖고 있는 것은 북한의 혁명구호이다. 북한이 주민들을 통합하는 과정에서 어떤 혁명구호를 만들어왔으며, 혁명구호들은 어떤 기능을 해왔는가 그리고 주민들을 혁명구호를 어떻게 인식하고 있는가를 알아봄으로써 북한 사회통합의 특성을 알아보며, 동시에 혁명구호의 변화를 통하여 북한사회체제의 변화과정을 조망하는 것이 이 글의 목적이다.

북한에서 정치적으로 활용되는 상징체계는 무수히 많다고 할 수 있다. 예를 들어 북한이 자랑하는 '기념비적 건물'들도 중요한 정치적 상징체계이다. 평양을 장식하고 있는 개선문이나 주체사상탑 등이 여기에 포함된다. 또한 군중가요나 미술작품 등 선전선동을 기본목표로 하는 각종 문학예술작품들도 정치적 상징체계의 하나라고 할 수 있다. 각각의 상징체계가 수행하는 정치적 역할은 차이가 있을 수 있으나, 북한체제가 지향하는 바를 설득하기 위하여 기능한다는 점에서는 근본적인 차이가 있는 것은 아니다. 이 글에서 분석의 초점은 슬로건이라고 할 수 있는 혁명구호이다.

북한은 구호의 나라라고 할 정도로 각종 언론매체는 물론이고 거리의 건물이나 건물 내부의 복도 등지에 그리고 심지어 산악지역의 바위에도 다양한 혁명구호가 적혀 있다. 이러한 혁명구호들은 직설적으로 해당 시점의 북한체제가 지향하는 정치적 목표를 표현하고 있다고 볼 수 있다. 따라서 혁명구호의 분석은 해당시점 북한체제가 지향하는 정치적 목표를 이해할 수 있을 뿐만 아니라 정치적 이념을 북한주민에게 내면화하는 기제도 알아볼 수 있게 한다. 특히 혁명구호는 다른 상징체계와 달리 비교적 시점이 명백하게 드러날 수 있다는 점에서 북한의 정치적 상징체계의 변화과정을 이해하는 데도 도움이 될 수 있다.

혁명구호의 변화를 알아보기 위하여 이 글의 분석대상 혁명구호는 『로동신문』과 『조선중앙년감』에서 추출하였다. 왜냐하면 『로동신문』과 『조선중앙년감』이 가장 핵심적인 언론매체이기도 하지만 시점이 비교적 명확하게 나타나기 때문에 시계열적인 분석에 적합하기 때문이다. 『로동신문』은 주로 1면 제호 옆이나 아래에 혁명구호가 게재된다. 그러나 『로동신문』은 일간지로서 현재까지 발간된 신문의 분량이 엄청나게 많기 때문에 전수를 조사하지 못하였고, 매달 1일자 신문과 당대회 및 정치적 기념일 등 중요한 의미를 갖고 있는 날 발간된 신문의 혁명구호를 조사대상으로 하였다. 다만 현재 『로동신문』의 마이크로필름 상태가 완전하지 못하여 부분적으로 결여된 해가 있다. 북한에서 발간되는 대부분의 잡지들과 마찬가지로 『조선중앙년감』의 경우는 주로 앞쪽에 혁명구호가 제시되고 있다. 『조선중앙년감』은 1년 단위로 출간되고 있기 때문에 전수조사를 실시하였다.

혁명구호 분석은 다음의 네 가지 차원에서 이루어질 것이다. 첫째, 혁명구호가 다루는 분야가 어떤 것인가 하는 것이다. 정치(이념), 경제(산업), 일상생활, 개인의 의식 수준으로 나누어 분야별 분포를 살펴보고자 한다. 둘째, 정치 분야에서 다루는 내용의 변화여부이다. 특히 이념적 차원에서 변화가 있는가를 검토할 것이다. 전통적 마르크스-레닌주의와 주체사상 그리고 유일지배체제 정당화 이념의 변화여부가 중요한 분석기준이 된다. 셋째, 대외인식의 변화이다. 국가사회주의에 대한 논의 여부, 제국주의에 대한 입장 그리고 남한에 대한 논의가 있는가가 분석기준이 될 것이다. 넷째, 구호가 구현되는 방식을 검토할 것이다. 직설적으로 강요하는지, 아니면 전형을 강조하는 등의 간접적 언술이 활용되는지를 비교하고자 한다.

2. 북한 혁명구호의 특징

1) 개념과 기능

일반적으로 슬로건을 표어, 강령이라고 표현하지만 북한에서는 구호나 그것을 직관화한 표어를 의미한다. 북한에서 구호란 "대중을 조직동원하기 위하여 일정한 사상, 과업 요구 등을 간결한 형식으로 나타낸 호소 또는 그것을 표현한 글"이라고 말하고 있고,[2] 표어란 "일정한 사회정치적인 요구나 투쟁목표 등의 실현에로 대중을 불러일으키는 내용이 담겨진 간결하고 호소적인 글을 쓴 대중선전 직관물"이라고 규정하고 있다.[3]

북한에서는 구호를 인간사회가 형성된 초창기로부터 서로의 의사를 간결하게 전달하기 위하여 생겨난 것으로 보고 있으나, 현대사회에서는 1930년대 항일혁명투쟁시기에 반일투쟁의식을 고취하고 승리의 신념을 확고히 다지기 위하여 활용되고 급속히 발달하였다고 말하고 있다. 그 대표적인 사례로 구호나무를 제시하고 있는데 구호나무란 "항일혁명투쟁시기에 조선인민혁명군 대원들과 혁명조직 성원들이 조국광복의 불타는 일념을 담아 구호들을 쓴 나무로 생나무의 껍질을 벗기고 거기에 썼으며, 백두산 밀영을 비롯한 국내 각지에서 새로 찾아낸 수많은 구호나무가 혁명 전통 교양에 기여"하고 있다고 말하고 있다.

북한의 슬로건은 당의 노선과 정책, 특히 현행 시책을 파악하는 자료가 되며, 특히 북한의 현황과 당면 목표 및 그 실행 과정을 정확히 분석 판단하는 데 매우 필수적인 자료로 활용 가능하다. 특히 시기별 구호들과 현재 제시된 구호들을 폭넓게 분석하는 작업은 장차 북한의 분야별 전망을 도출해 내는 데도 기여할 수 있다. 현재까지 북한의 구호들을 역사적으로, 현행 분야별로 종합적하여 분석한 자료가 부재한 상태에서 북한의 슬로건에 대한 구체적이고 심오한 분석은 매우 필요한 작업이라고 볼 수 있다. 북한의 구호의 기능은 다음과 같다.

- 로동당의 노선과 정책을 간략하게 집약하여 제시
- 수령에 대한 절대 복종심, 무조건 충성심 반복 제시
- 당이 제시한 당면 목표 및 과제들을 수시로 제시
- 정치, 경제, 사회문화, 군사, 대남 분야별 중요 과제들의 환수에로 대중을 고무추동
- 사회주의 제도의 우월성 및 공산주의 필승의 신념을 고취
- 부단혁명의 사상 등을 간명하게 집약하여 반복 교육
- 인민대중을 사회주의 애국주의와 프롤레타리아 국제주의 정신으로 무장

2) 종류

북한의 주요한 정치적 구호의 종류는 다음과 같다.

① 강령적 구호: 21세기 강성대국 건설 구호로서 '4대 제일주의'[4]

② 시기별 구호: 시기별로 당면과제를 제시하고 그를 완성하도록 선동

③ 중요행사시 구호: 당창건기념일, 정권수립기념일, 군대창군일 등 행사시 각 분야별 과제들을 종합적으로 제시(1995년 당창건 50주년, 1998년 정권수립 50주년 등)

④ 정치, 경제, 사회문화, 군사, 대남 등 분야별 당면 과제 제시 및 그 완성에로 선동

◦ 인민군: 붉은기 정신, 총폭탄 정신으로 수령을 결사 옹호하자

- 위대한 령도자 김정일을 수반으로 하는 수뇌부를 목숨으로 사수하자
- 제2천리마 진군을 더욱 힘차게 다그쳐 나가자
- 건설장에서는 강철을 애타게 기다린다

⑤ 시사적으로 제시되는 구호: 정세 긴장이나 역량집중이 필요할 시 제시하는 구호(사탕보다 총알이, 쌀주머니보다 탄창주머니가 더 귀중하다)

⑥ 군사훈련 및 건설현장에서 속보 형식으로 제시되는 구호: 군사훈련 상황변화시나 건설장에서 돌격작업이 필요할 시 제시하는 구호

⑦ 기타: 기념일이나 중요행사 시 수시로 제시되는 구호 등

3. 혁명구호 제시 과정

1) 작성

당창건기념일, 정권창립기념일 등을 맞아 각 분야의 과제를 종합적으로 제시하는 강령적 구호는 당중앙 비서국 선전선동부 선전과에서 작성한다. 당중앙 비서국 선전선동부에서는 당 및 정부 각 부서들에 해당 부서에서 관장하고 있는 분야에 대한 구호를 작성하고 제출할 것을 지시한다. 해당 부서에서는 당이 제시한 노선과 정책, 분야별 당면과제, 달성해야 할 계획목표, 해당 분야의 중심고리[5] 등을 고려하여 구호를 작성하여 선전선동부에 제출한다. 선전선동부에서는 이를 종합하여 초안을 작성하고, 선전담당 비서를 경유 총비서의 비준(결재)을 받아 확정한다. 이 과정에 당중앙 조직지도부와 긴밀하게 협조(당창건일

행사는 조직지도부가 총괄하므로 그 일환인 구호의 작성 제시도 조직지도부와 교감 유지)하여야 한다.

군사 분야 구호는 선전선동부에서 총괄하는 강령적 구호를 주로 이용하나 시사적인 구호는 인민군 총정치국에서 수시로 작성하도록 지시한다. 이에 따라 총정치국 선전교육부에서 당면과제 가운데 중요한 사항들을 종합하여 작성하고, 선전담당 부총국장을 경유 총정치국장의 비준을 받아 확정한다. 전투 및 훈련 시에 수시로 제시해야 할 구호는 중대와 대대 정치지도원 또는 연대 정치부에서 작성하여 연대 정치위원의 비준을 받아 활용한다. 다음은 군의 혁명구호의 예이다.

> "중대를 일당백의 전투대오로 더욱 강화하자!"
> "중대원들은 김정일의 제1결사대, 제1호 방위병으로 준비하자!"

중앙당뿐만 아니라 산하 각 조직은 산별 구호나 돌격노동 시 구호를 자체로 작성하는데 이러한 구호는 해당 전개된 상황에 따라 각급 당 정치위원들의 비준하에 작성한다.

> "비료는 쌀이다", "옥수수는 밭곡식이 왕이다" 등

2) 제시 과정(검열과 후열)

검열은 당에서 작성한 구호이지만 그것을 플래카드나 표어판 등에 제시할 때에는 내각 출판총국 검열부 또는 현지 파견된 검열원들에게 검열을 받고 통과되어야 게재된다(수시로 변화하는 속보판 등은 검열에서 제외). 검열원은 당이 제시한 내용이 그대로 게재되었는가, 플래카드나 표어판에 손상된 곳은 없는가, 규격이 적당한가 등을 검열한

다. 후열은 해당 구호를 본 대중의 반응을 측정하여 장단점을 상보하는 형식으로 진행한다. 당창건기념일 등에 제시되는 각 분야를 망라한 종합적인 구호는 당중앙 선전선동부에서 신문과와 방송과 등을 통하여 『로동신문』을 비롯한 신문 등과 조선중앙통신사 및 조선중앙방송위원회 등에 배포하여 공개 제시한다. 『로동신문』 등의 사설과 논설, 방송해설 등 내용에 중요 구호들을 포함시키거나 그 구호들을 제목으로 설정, 해설하는 형식으로 제시한다. 인민군 총정치국과 각 산업별 당기구들에서 자체로 작성하는 구호들은 해당급 정치부들에서 임의로 제시가 가능하다.

4. 북한 혁명구호의 변화과정

1) 전쟁 복구기의 혁명구호

1945년 해방 이후 1948년 조선민주주의인민공화국을 건국한 북한은 한국전쟁을 치르고, 전후 복구에 매진하였다. 이 시기의 혁명구호를 『조선중앙년감』을 중심으로 정리한 것이 <표 1>이다.

〈표 1〉 전쟁 복구기의 혁명구호

연도	내용	구분
1951~52	위대한 쏘련 군대의 무력에 의하여 우리 조국이 일제의 통치기반으로부터 해방된 8·15 6주년 만세!	정치 - 소련
	위대한 조국해방전쟁에 총궐기한 조선 인민들과 조국 보위의 성벽인 영용한 우리 인민군대에게 영광이 있으라!	정치 - 군대
	미제 침략군대를 반대하여 영웅무쌍하게 싸우는 중국인민 지원 부대에 영광이 있으라!	정치 - 군대

연도	내용	구분
	우리의 행방의 은인이며 세계 근로인민의 스승인 위대한 지도자 스딸린 대원수 만세!	정치 - 스탈린
	중국인민의 령도자 모택동 주석 만세!	정치 - 모택동
	조국의 통일 독립 만세!	정치 - 통일
	미제 강탈자를 격멸하라!	정치 - 반제
	조국의 독립과 자유와 영예를 고수하여 위대한 조국해방전쟁에서 전사한 영웅적 인민군대 장병들과 중국인민 지원부대 장병들과 빨찌산들에게 영광이 있으라!	정치 - 중국
	8·15 해방 5주년 만세! 조선 인민군 만세!	정치 - 군대
	우리의 영용한 남녀 빨찌산 만세!	정치 - 군대
	우리조국의 자유와 독립 만세!	정치
	우리들의 모든 힘을 영웅적 인민군대를 지원하는 데 돌리라!	정치 - 군대
	미국 강점자들에게 죽음을 주라!	정치 - 반제
	우리의 승리를 위하여 앞으로!	정치 - 군사
	조국의 자유와 독립을 위한 전투에서 희생된 인민군 장병들에게 영원불멸의 영광이 있으라!!	정치 - 군대
1953	우리의 영예로운 조선인민군 만세!	정치 - 군대
	영용한 중국 인민 지원군 부대에게 영광이 있으라!	정치 - 중국
	미국 침략자들은 소멸하라!	정치 - 반제
	우리 조국의 통일독립과 자유를 위한 해방전쟁에서 전사한 용사들에게 영생불멸의 영광이 있으라!	정치 - 군대
	영웅적 조선인민군 만세!	정치 - 군대
	영광스러운 우리조국 조선민주주의 인민공화국 만세!	정치 - 군대
	위대한 쏘련 인민을 비롯한 인민민주주의 제국가 인민들과 세계평화애호 인민들과의 국제적 친선단결 만세!	정치 - 소련
	조선인민의 승리의 조직자이며 고무자인 조선노동당 만세!	정치 - 당
	미제 무력침공자들과 리승만 도당들은 소멸하라!	정치 - 반제반한
	용감한 남녀 빨찌산 만세!	정치 - 군대
	미제 무력침범자들과 그 졸도들에게 복수와 죽음을 주라!	정치 - 반제
	미제 강도배들에게 수치와 저주를 주라!	정치 - 반제
	조선의 자유와 독립만세!	정치
	우리의 강력한 사회주의 조국 만세!	정치 - 사회주의
	우리의 영웅적 쏘베트 인민 만세!	정치 - 소련
	위대한 쏘련공산당 만세!	정치 - 소련
	백전백승의 마르크스 엥겔스 레닌 스딸린의 기치 만세!	정치 - 소련

연도	내용	구분
	조선인민의 향도적 및 지도적 력량인 조선노동당 만세!	정치 - 마르크스 레닌
	전 세계 공산당원들과 로동당들의 전위대인 쏘련공산당 만세!	정치 - 소련
	조쏘 량국 인민간의 영원불멸의 친선 단결 만세!	정치 - 소련
	우리의 신성한 강토에 침입한 악독한 원쑤들의 발밑에서 불이 일어나게 하자!	정치 - 반제
	대중에게 배우며 대중을 가르치라!	의식
	우리의 경애하는 수령 김일성 동지에게 영광이 있으라!	정치 - 김일성
	모든 것은 전쟁의 승리를 위하여!	정치 - 군사
	모든 것을 민주기지 강화를 위한 전후 인민경제 복구 발전에로!	경제
1954~55	모든 것을 전선에로!	정치 - 군사
	모든 것은 전쟁 승리를 위하여!	정치 - 군사
	조선은 조선 사람에게로!	의식 - 민족
	외국의 간섭이 없이 조선 사람끼리 조선 문제의 평화적 해결!	정치 - 민족
	모든 것은 민주기지 강화를 위한 전후 인민 경제 복구 발전에로!	경제
1957	조국의 자유와 명예를 지켜 일어서라!	정치
	조선인민의 민주적 통일 만세!	정치 - 통일
	우리 후손 만대의 영예와 행복을 위하여 투쟁하자!	정치
	만일 당신들에게 진실로 조국의 운명이 소중하거든 모두 다 조국의 평화적 통일을 위한 투쟁의 대결에 나서라!	정치 - 통일
1958	보통 교육부문 일꾼들은 자격향상에 꾸준히 노력할 것이며 교육방법과 교육지능을 제고하기 위하여 자기의 온갖 정력을 다함으로써 후대들의 교육에 보다 빛나는 성과를 쟁취하자!	사회생활
	우리들은 사상 정치적 및 실무적 수준을 부단히 향상시키기 위하여 적극 투쟁하자!	의식
	우선 마르크스-레닌주의 교양사업을 더욱 강화하며 선진 쏘베트 교육리론과 교육방법을 광범히 섭취하여 일체 교육교양사업과정에서 나타나는 온갖 반동적 부르죠아 사상 및 형식주의와 용서 없는 투쟁을 전개하자!	이념 - 마르크스 레닌
	우리들은 자기들에게 맡겨진 영예로운 사업에서 더욱 책임성을 제고하여 정부의 교육시책과 결정지시들을 깊이 연구하고 그의 실천을 위하여 애국적 열성과 창의 창발성을 발휘함에 동시에 일체 무책임한 현상과 간결히 투쟁하자!	사회생활
	한 평의 땅도 묵이지 말고 남김없이 복구하여 파종면적을 확장하여 미곡, 잡곡, 두류, 채소, 겨류, 공예 및 유사작물 등의 성장 수확고를 현저히 높이자!	경제

연도	내용	구분
	모든 것을 민주기지 강화를 위한 전후 인민 경제 복구 발전에로!	경제
	우리들은 이미 있는 관개 시설들을 복구 수리하여 강물을 막아 보전 신설하고 또 저수지를 광범히 조성하여 지하수를 탐사 이용하여 천수답을 수리 안전답으로 만들며 장차 밭을 논으로 전환시켜 단위당 수확고가 높은 벼농사를 더 많이 짓자!	경제
	설계와 시공방법을 개선하기 위하여 우리들은 쏘련의 선진기술과 제인민 민주 국가들의 건설경험을 적극 섭취하여 우리들의 시술수준 제고를 위한 투쟁을 꾸준하고 인내성 있게 전개하자!	경제
	우리는 우리 앞에 제기되는 모든 기술적 문제들을 능히 자주적으로 해결할 수 있는 역량을 갖추자!	경제
1958	각종 수단을 다하여 우리의 기술수준을 제고하며 기술기능공들을 계획적으로 양성하자!	경제
	건설에 있어 악독한 자본주의 잔쟁니 청부식 사업 방법을 하루 속히 청산하는 투쟁을 강화하자	경제
	조선정권을 고착시키며 정권으로부터 공고한 평화에로의 이행을 위하여 투쟁하자	정치
	민주기지 강화를 위한 전후 인민 경제복구 발전 3개년 계획의 완수 및 초과 완수를 위한 투쟁에서 빛나는 론리적 위훈을 세우라!	경제
	미국군대를 비롯한 모든 외국군대의 동시 철거를 위하여 투쟁하라!	정치 - 반제
	모든 것은 민주기지 강화를 위한 전후 인민 경제복구 발전에로!	경제
	새로운 교육적 성과로써 우리나라의 교육수준을 부단히 향상시키자!	사회생활
	교육교양사업의 질을 향상시키기 위하여 우수한 교원들의 고귀한 경향을 일반화하며 우리들의 모든 재능과 지식과 정력을 전후 교육발전을 위한 투쟁에 돌리자!	사회생활
	전체 근로자들은 기술을 배우며 새 기술을 창조하자!	경제

『조선중앙년감』의 경우는 전체 67개의 혁명구호 가운데 경제 분야 구호가 6개인 반면 정치적인 구호가 47개로 압도적으로 많다. 1950년에서 1953년까지 3년간은 전쟁시기로 당연히 정치군사적인 구호 일색일 수밖에 없었을 것이다. 반면에 1950년대 후반으로 갈수록 경제에

대한 구호가 점차 증가하고 있음을 알 수 있다.

역시 전쟁의 영향이라고 할 수 있으나 소련과 중국을 강조하는 내용이 많다는 것이 특징이라고 할 수 있다. 전쟁시기뿐만 아니라 전쟁 이후에도 이념 차원에서 마르크스-레닌주의를 강조하고 있으며 스탈린(우리의 행방의 은인이며 세계 근로인민의 스승인 위대한 지도자 스딸린 대원수 만세!)이나 모택동(중국인민의 령도자 모택동 주석 만세!) 등 소련과 중국의 최고지도자 개인을 우상화하는 구호도 볼 수 있다. 반면에 김일성에 대한 구호는 "우리의 경애하는 수령 김일성 동지에게 영광이 있으라!" 하나밖에 없다.

미국에 대한 비판은 그 양이 많을 뿐만 아니라 직설적이고, 남한 대통령인 이승만에 대한 비판도 찾아볼 수 있다. 이것은 기본적으로 반제의 이념이 투영된 것이라고 할 수 있으나 전쟁을 치르면서 표현이 보다 직접적으로 이루어지고 있다고 볼 수 있다. 그러나 이승만 정권에 대한 비판에도 불구하고 통일문제에 대해서는 자주적 해결을 강조하고 있다는 점은 남한의 정권과 민중을 분리하고자 하는 입장이 전제된 것이라고 할 수 있다.

2) 유일지배체제 구축기의 혁명구호

1960년대 북한은 전후복구를 성공적으로 수행한 동시에 1950년대 후반부터 추진한 유일지배체제가 형성되는 시기라고 할 수 있다. 이념적으로 주체사상이 대두되었고, 독자적 노선의 사회주의적 색채가 강화되었던 기간이기도 하였다. 1960년대 혁명구호는 〈표 2〉에 정리되어 있다.

〈표 2〉 유일지배체제 구축기의 혁명구호

연도	내용	구분	비고
1961	천리마의 기세로 달리자!	경제	
1963	무장으로 쏘련을 옹호하자!	정치 - 소련	
1965	경제건설과 국방건설에 더 많은 통나무를 보내자!	경제	
1968	청산리 정신, 청산리 방법으로 관철하자!	경제	
	김일성 동지 만세! 조선로동당 만세!	정치 - 수령	
	대안의 사업체계 만세!	경제	
	조선로동당 대표자회의 결정을 관철하자!	정치 - 당	
	수령의 충직한 혁명전사가 되자!	정치 - 수령	
	전 사회를 혁명화, 로동계급화 하자!	정치	
	김일성 동지를 수반으로 하는 당중앙위원회를 목숨으로 지키자!	정치 - 수령	
	항일투사들의 혁명정신으로 무장하자!	정치 - 항일	
	사회주의 조국을 철옹성 같이 보위하자!	정치	
	전 인민을 무장하고 전국을 요새화하자!	정치 - 군사	
	한손에는 총을, 다른 한손에는 낫과 망치를 튼튼히 틀어잡자!	정치	
	피는 피로써 원쑤들에게 천백배로 복수하자!	정치 - 반제	
	일당백으로 무장하자!	정치 - 군사	
	남녘땅을 해방하자!	정치 - 통일	
	우리의 후대들에게 통일된 조국을 넘겨주자!	정치 - 통일	
	사회주의 나라 인민들은 단결하라!	정치	
	월남인민의 투쟁은 곧 우리의 투쟁이다!	정치 - 국제	
	무장으로 쏘련을 옹호하자!	정치 - 소련	
	하나는 전체를 위하여, 전체는 하나를 위하여!	정치	1968.2.16
1969	공산주의적으로 일하며 생활하자!	정치	1969
	천리마를 탄 기세로 달리자!	경제	
	전 세계 혁명 만세!	정치 - 국제	1968.5.9~11
	조선 혁명 만세! 우리당의 위대한 주체사상 만세!	정치 - 주체	1968.9.9
	당과 수령의 주위에 굳게 뭉친 조선 인민 만세!	정치 - 수령	
	우리 사회주의 제도를 더욱 공고히 하자!	정치	
	전 세계 혁명 만세!	정치 - 국제	
	프로레타리아와 국제주의 친선단결 만세!	정치 - 국제	
	사회주의 진영을 옹호하자!	정치 - 국제	

연도	내용	구분	비고
	반제 반미 투쟁을 강화하자!	정치 - 반제	
	위대한 10대 정강을 철저히 관철하자!	정치 - 수령	
	미제를 몰아내고 조국을 통일하자!	정치 - 반제	
	미제침략자들에게 죽음을 주라	정치 - 반제	
	우리당의 위대한 주체사상 만세!	정치 - 주체	
	수령의 명령 지시 관철에서 근위대, 결사대가 되자!	정치 - 수령	
	천리마 대진군 만세!	경제	
	경제건설과 국방건설을 병진시킬 데 대한 당의 로선을 철저히 관철시키자	경제	
	전 사회를 혁명화, 로동계급화 하자!	정치	
	조선로동당 대표자회의 결정을 관철하자!	정치 - 당	
	남녘땅 형제들을 잊지 말자!	정치 - 통일	
	일제의 재침략책동을 분쇄하자!	정치 - 반제	
	일당백으로 준비하자!	정치 - 군사	
	우리세대에 조국을 통일하자!	정치 - 통일	
	마르크스-레닌주의 기치 만세!	이념 - 마르크스 레닌	
	천리마의 속도로 달리자!	경제	

조사가 가능하였던 1960년대 연감의 구호 47개 가운데 8개만이 경제 관련 구호였고, 나머지는 이념을 포함하여 정치 분야를 다루는 구호였다. 특히 1968년도나 1969년도는 중앙연감에 표시된 혁명구호의 숫자도 이전보다 대폭 증가되면서 대부분이 정치와 관련된 구호로 채워져 있다: 또한 "수령의 충직한 혁명전사가 되자!", "수령의 명령 지시 관철에서 근위대, 결사대가 되자!" 등 유일지배체제를 뒷받침하는 것들이 중심을 이루고 있다.

『조선중앙년감』의 경우는 국제적인 문제와 통일문제와 관련된 혁명구호가 상대적으로 많다는 점이 눈에 띈다. "프로레타리아와 국제주의 친선단결 만세!"와 같이 전 세계적 수준의 계급혁명을 강조하는 구호도 있으며, "월남인민의 투쟁은 곧 우리의 투쟁이다!"와 같이 구체적인 국제문제에 대한 구호도 포함되어 있다. 또한 "남녘땅 형제들을 잊지 말자!", "남녘땅을 해방하자!", "우리의 후대들에게 통일된 조국을 넘겨주자!" 등 통일의식을 고취하는 구호도 포함되어 있다.

3) 체제정비기의 혁명구호

1970년대에 특사를 교환하면서 북한은 남한과 7·4공동선언에 합의하는 등 단기적으로 화해의 분위기를 잠시 경험하였으나 이후 남북대화가 단절되고 다시 남북한 갈등이 심화됨에 따라 헌법을 정비하는 등 체제 단속에 매진하였다.

조사된 혁명구호는 총 63개였는데, 경제관련 구호는 12개인 데 비해 정치관련 구호가 42개로 압도적으로 많았다. 경제구호는 과거와 다소 차이가 있는데, "올해에 다시 한번 알곡 800만 톤 고지 점령에로!", "절약하고 절약하고 또 절약하자!" 등 경제적 곤란함이 드러나는 구호들이 등장하고 있다. 또한 "자립적 민족경제 건설로선 만세!", "자력갱생의 혁명정신을 더욱 높이 발휘하자!"와 같이 경제적 자립과 관련된 것들이 많다. 이는 1950년대와 1960년대의 건설이나 생산구호와는 차이가 있는 것인데, 북한이 1970년대에 들어 경제문제 특히 식량문제가 중요해진 것을 대변한다고 볼 수 있다. 특히 절약과 식량 관련 구호는 1977년부터 등장하고 있다는 점에서 이 시기부터 결핍문제가 중요한 문제가 되었음을 알 수 있다.

정치구호 가운데서는 수령과 관련된 것이 17개로 다수를 차지하고 있고, 항일유격대와 관련 있는 것이 7개, 주체사상과 관련된 것이 2개로 1960년대의 경향과 크게 다르지 않다. 그러나 구체적인 언술 방식은 다소 차이가 있다. "수령님의 요구가 곧 우리들의 기준량이며 공칭 능력이다!" 식으로 단순히 김일성에 대한 충성을 강조하는 것만이 아니라 "전체 사로청원들과 소년단원들이여! 위대한 수령 김일성 원수님의 가르치심을 높이 받들고 나리의 만년대계를 위한 대자연개조사업에서 선봉대, 돌격대가 되자!", "전체 로동계급과 직맹원들이여! 위대한 수령 김일성 동지의 교시를 높이 받들고 자연개조 5대 방침을 철저히 관철하기 위한 투쟁에서 앞장서 가자!" 하는 식으로 일상생활 수준에서 수령에 대한 충성을 강조하고 있다는 점에서 전 시기와 차이가 있다. 이것은 유일지배체제가 사회저변까지 확산되고 있음을 보여주는 것이라고 할 수 있다.

항일유격대를 강조하는 것도 여전하며, 수령에 대한 구호와 마찬가지로 "생산도 학습도 생활도 항일유격대식으로!"라는 구호에서 볼 수 있듯이 일상수준에서 항일유격대 정신을 강조하고 있음을 알 수 있다. 주체사상도 중요하게 언급되고 있으나, "마르크스-레닌주의 혁명적 기치 만세!"라는 구호에서 나타나듯이 이념적 변화는 없다고 볼 수 있다. 미군철수 등 반미 선동, 그리고 반일 선동 등 반제에 대한 혁명구호도 여전히 지속되었으며, 박정희에 대한 비판 등 남한 정권에 대한 비판도 지속되고 있다.

1970년대 들어 동일 구호로 가장 많이 반복되는 것은 "하나는 전체를 위하여, 전체는 하나를 위하여!"인데 집단주의적 가치를 강조하는 것이라고 할 수 있다.

〈표 3〉 체제정비기의 혁명구호

연도	내용	구분	비고
1971	하나는 전체를 위하여, 전체는 하나를 위하여!	정치	조선로동당 제5차 중앙위원회 결정서
	강선속도(새로운 천리마 속도)	경제	
	수령님의 요구가 곧 우리들의 기준량이며 공칭 능력이다!	정치 - 수령	
	미 제국주의를 타도하자! 박정희 도당에게 저주가 있으라!	정치 - 반제반한	1970.6.25
	남조선에서 미제 침략군은 당장 물러가라	정치 - 반제	
	혁명적으로 일하며 배우며 생활하자!	사회생활	1971 신년사
1972	김일성 동지 만세! 조선로동당 만세! 조선인민혁명군 창건 마흔 돌 만세!	정치 - 수령	1971.4.25
1973	하나는 전체를 위하여, 전체는 하나를 위하여!	정치	1972.12.25
	재일조선공민들의 민주주의적 민족권리를 옹호하기위한 투쟁을 지지 성원하자!	정치 - 국제	1972.6.4
	일본군국주의의 재침책동을 짓부시자!	정치 - 반제	1972.6.4
	마르크스-레닌주의 혁명적 기치 만세!	이념 - 마르크스레닌	1972.6.4
	피로써 맺어진 조중량국 인민들의 전투적 친선단결 만세	정치-국제	1972.6.4
	반제 반미 투쟁을 강화하자!	정치 - 반제	1972.6.4
	위대한 수령 김일성 동지의 주체사상에 기초한 전당과 전체 인민의 통일단결 만세!	정치 - 수령	1972.6.4
	속도전!	경제	
	일하지 않는 자는 먹지 말라!	사회생활	1974.1.10
1975	하나는 전체를 위하여, 전체는 하나를 위하여!	정치	1974.9.24
	조선로동당 창건 30돌을 높은 정치적 열의와 빛나는 로력적 성과로 맞이하자!	정치 - 당	1975 신년사
1976	생산도 학습도 생활도 항일유격대식으로!	정치 - 항일	1975.1.15
	전당, 전민, 전군이 학습하자!	사회생활	1975.1.15
	70일 전투	경제	1975.1.15
	하나는 전체를 위하여, 전체는 하나를 위하여!	정치	1975.1.15
	위대한 수령 김일성 동지 만세! 영광스러운 조선로동당 만세! 영광스러운 조선로동당 창건 30돌 만세!	정치 - 수령	1975.10.9

연도	내용	구분	비고
	위대한 수령 김일성 동지를 수반으로 하는 우리당중앙을 목숨으로 사수하자!	정치 - 수령	1975.10 왕재산동상 제막식
	위대한 수령 김일성 동지의 혁명사상으로 철저히 무장하자!	정치 - 수령	1975.10 왕재산동상 제막식
	위대한 수령 김일성 동지의 크나큰 정치적 신임과 배려에 높은 정치적 자각과 기술로써 충성으로 보답하자!	정치 - 수령	1975.10 왕재산동상 제막식
	위대한 수령 김일성 동지의 함북도 현지교시를 무조건 옹호 관철하자!	정치 - 수령	1975.10 왕재산동상 제막식
	생산도 학습도 생활도 항일유격대식으로!	정치 - 항일	1975.10 왕재산동상 제막식
	모든 힘을 총동원하여 사회주의 건설에로!	경제	1975.10 왕재산동상 제막식
	혁명하는 사람에게 있어서 학습도 첫째가는 의무이다!	사회생활	1975.2
	전당, 전민, 전군이 학습하자!	사회생활	1975.2
	올해에 다시 한번 알곡 800만 톤 고지 점령에로!	경제	1976 신년사
1977	비료는 곧 쌀이고, 쌀은 곧 사회주의다!	경제	1976.3.4.~5
	위대한 수령님을 따라 배우자!	정치 - 수령	1976.4.17
	사상도 기술도 문화도 주체의 요구대로!	정치 - 주체	3대혁명 소조운동
	생산도 학습도 생활도 항일유격대식으로!	정치 - 항일	3대혁명 소조운동
	올해에 다시 한번 알곡 800만 톤 고지 점령에로!	경제	1976.10.14
	전체 사로청원들과 소년단원들이여! 위대한 수령 김일성 원수님의 가르치심을 높이 받들고 나라의 만년대계를 위한 대자연개조사업에서 선봉대, 돌격대가 되자!	정치 - 수령	1976.11.8~9
	전체 로동계급과 직맹원들이여! 위대한 수령 김일성 동지의 교시를 높이 받들고 자연개조 5대방침을 철저히 관철하기 위한 투쟁에서 앞장서가자!	정치 - 수령	1976.11.12.~14 (호소문)

연도	내용	구분	비고
	새 민주조선을 위하여 항상 준비하자!	정치	1976.12.14
	공산주의 건설의 후비대가 되기 위하여 항상 준비하자!	정치	1976.12.14
	위대한 수령님의 영광스러운 청소년 시절을 따라 배우자!	정치 - 수령	1976.12.14
	모두 다 증산하며 증산하자!	경제	
	절약하고 절약하고 또 절약하자!	경제	
	위대한 수령 김일성 동지를 수반으로 하는 당 중앙위원회를 목숨으로 사수하자!	정치 - 수령	1977.2.8
1978	위대한 수령님께서 이룩하신 우리당의 빛나는 혁명전통을 계승 발전시키자	정치 - 수령	1977.2.8
	훈련도 학습도 생활도 항일유격대식으로!	정치 - 항일	1977.2.8
	전당, 전민, 전군이 학습하자!	사회생활	1977.8.20
	자력갱생의 혁명정신을 더욱 높이 발휘하자!	경제	1977.8.20
	인민정권을 더욱 강화하자!	정치	1977.9.5
	위대한 수령 김일성 동지께서 밝혀주신 3대혁명을 힘 있게 벌리자!	정치 - 수령	1977.9.5
	훈련도 학습도 생활도 항일유격대식으로!	정치 - 항일	1977.9.5
	위대한 수령님의 영광스러운 청소년 시절을 따라 배우자!	정치 - 수령	
	사상도 기술도 문화도 주체의 요구대로!	정치 - 주체	
	수송혁명 200일 전투	경제	1978 신년사
1979	위대한 수령 김일성 동지 만세! 영광스러운 조선로동당 만세! 조선민주주의 인민공화국 만세!	정치 - 수령	1978.9.9
	자립적 민족경제 건설로선 만세!	경제	1978.9.10
	사회주의 민족문화 건설로선 만세!	사회생활	1978.9.10
	사회주의 교육에 관한 테제 만세!	사회생활	1978.9.10
	70일 애국운동	정치	
	하나는 전체를 위하여, 전체는 하나를 위하여!	정치	1979.9.27

4) 체제위기 심화기의 혁명구호

1980년대에 북한은 내외적인 위기가 심화되는 시기였다. 이산가족을 교환하는 등 단기적으로 화해 분위기가 없지 않았으나 남한과는 여전히 적대적 갈등관계를 유지하였다. 비교적 성공적인 것으로 평가받았던 북한의 전후복구와 산업화는 점차 한계에 봉착한 반면, 남한은 박정희 정권이 추진한 국가 주도의 자본주의 산업화가 일정한 성과를 거두었던 시기였다.[6] 내부 정치적인 차원에서는 김정일이 후계자로 부각되었으나, 외부적으로는 1980년대 후반 소련연방의 해체를 포함하여 동구 국가사회주의의 몰락 그리고 중국의 적극적인 개방정책으로 북한의 고립화가 심화되었던 기간이기도 하였다.

1980년대의 『조선중앙년감』에서 찾아볼 수 있는 혁명구호는 총 74개이다(<표 4> 참조).

〈표 4〉 체제위기 심화기의 혁명구호

연도	내용	구분	비고
1980	생산도 학습도 생활도 항일유격대식으로!	정치 - 항일	1979.9.27
	조선로동당 제6차 대회를 높은 정치적 열의와 빛나는 로력적 성과로 맞이하자!	정치 - 당	1980 신년사
1981	모든 것을 석탄 증산을 위하여!	경제	
	하나는 전체를 위하여, 전체는 하나를 위하여!	정치	
	수산업을 발전시켜 인민생활을 더욱 높이자!	경제	1980.3.21~22 (연설)
	지방공업을 더욱 발전시키자!	경제	1980.6.28~30 (연설)
	조선로동당 제6차 대회결정 관철을 위하여 총진군하자!	정치 - 당	1981 신년사
1982	위대한 수령 김일성 동지 만세! 영광스러운 조선로동당 만세! 위대한 주체사상 만세!	정치 - 수령	1981.4.14

연도	내용	구분	비고
	청년들은 주체혁명위업의 믿음직한 계승자가 되라	정치 - 수령	1981.10.20
	로동계급을 온 사회를 주체사상화하는 투쟁에서 핵심부대가 되라	사회 - 청년	1981.12.19
	조선로동당 제6차대회결정 관철을 위하여 총진군하자! 사상, 기술, 문화의 3대 혁명!	정치 - 3대혁명	1982 신년사
1983	80년대 속도	경제	
	천리마 대고조 시기의 기세로 80년대 속도를 창조하자!	경제	1982.7.9
	청년들이여, 당의 전투적 구호를 높이 받들고 80년대 속도 창조를 위한 총돌격전의 기수가 되고 영웅이 되자!	사회 - 청년	1982.10.25
	모든 힘을 150만 톤의 유색금속고지 점령에로!	경제	1982.9.12
	26호 선반 따라 배우는 충성의 모범기대 창조 운동	사회생활	
	5.18 무사고 정시 견인 초과운동	경제	
	80년대 속도	경제	1983 신년사
1984	위대한 수령 김일성 동지 만세! 영광스러운 조선로동당 만세!	정치 - 수령	1983.4.25
	위대한 수령님을 위하여 한 목숨 바쳐 싸우자!	정치 - 수령	1983.4.25
	모든 힘을 전투준비와 전투력 강화에로!	정치 - 군사	1983.4.25
	미제 침략자들은 남조선에서 당장 물러가라!	정치 - 반제	1983.6.25
	살인악당 전두환을 타도하자!	정치 - 반남	1983.6.25
	미제를 몰아내고 조국을 통일하자!	정치 - 통일	1983.6.25
	미제는 남조선에서 핵무기를 철수하라!	정치 - 반제	1983.6.25
	나토의 로케트들을 해체하라!	정치 - 국제	1983.6.25
	우리당의 빛나는 혁명전통을 계승발전시키자!	정치 - 당	1983.9.9
	주체사상 만세!(사상혁명, 기술혁명, 문화혁명)	정치 - 주체	1983.9.9
	잊지 말자! 혁명에 다진 그 맹세… 너는 김혁, 나는 성주	정치 - 항일	1983.9.9
	전당과 전체인민의 불패의 통일단결 만세!	정치 - 통일	1983.9.9
	위대한 공업강국 만세!	경제	1983.9.9
	대안의 사업체계 만세!	경제	1983.9.9
	당의 령도를 충성으로 받들어 나가자!	정치 - 수령	1983.9.9
	위대한 수령 김일성 동지께와 영광스러운 당에 끝없이 충직한 근위대, 결사대가 되자!	정치 - 수령	1983.9.9

연도	내용	구분	비고
	하나는 전체를 위하여, 전체는 하나를 위하여!	정치	1983.11.16
1985	80년대 속도	경제	1984 신년사
	제2차 7개월 계획 왼수- 자력갱생의 혁명정신을 더욱 높이 발휘하자!	경제	1984 신년사
	80년대 속도	경제	
1986	모두다 1985년 6월 공작기계 새끼치기 운동에로!	경제	
	하나는 전체를 위하여, 전체는 하나를 위하여!	정치	1986.10.24. (소련공산당 연회)
1987	토지는 밭갈이하는 농민에게!	경제	김일성 고급당학교 강의록 (역대 구호)
	모든 것을 전쟁의 승리를 위하여!	정치 - 군사	
	천리마를 탄 기세로 달리자!	경제	
	쌀은 곧 공산주의다!	경제	
	사상도 기술도 문화도 주체의 요구대로!	사회 - 주체	
	생산도 학습도 생활도 항일유격대식으로!	사회 - 항일	
	우리식대로 살아나가자!	정치	
	미제를 몰아내고 조국을 통일하자!	정치 - 반제	1987.6.25
1988	민족반역자이며 매국노인 전두환 역적을 타도하자!	정치 - 반한	1987.6.25
	사회의 민주화와 조국통일을 위한 남조선 인민들의 투쟁을 적극 지지성원하자!	정치 - 반한	1987.6.25
	살인귀 미제는 남조선에서 당장 물러가라!	정치 - 반제	1987.6.25
	조선 인민의 조국통일 위업을 적극 지지 성원한다!	정치 - 통일	1987.6.25
	하나는 전체를 위하여, 전체는 하나를 위하여!	정치	1987.10.10
	농장포전은 나의 포전이다!	경제	
	모두다 영웅적으로 살며 투쟁하자!	사회	1988.5.15
1989	양키는 제집으로, 남북은 통일로! 가자 한나에서 오라 백두에서, 만나자 판문점에서!	정치 - 반제통일	1988. 남북학생회담
	당의 령도를 충성으로 받들어 나가자!	정치 - 당	1988.9.9
	80년대 김혁, 최광수가 되자!	정치 - 항일	1988.9.9
	모두다 영웅적으로 살며 투쟁하자!	정치	1988.9.9
	당을 받드는 성새가 되고 방패가 되자!	정치 - 당	1988.9.9
	공화국의 기치따라!	정치	1988.9.9

연도	내용	구분	비고
	주체(자주, 자립, 자위)	정치 - 주체	1988.9.9
	수령, 당, 대중의 통일체 만세!	정치 - 수령	1988.9.9
	제3차 7개년 계획 수행에로!	경제	1988.9.9
	절대화, 신조화, 무조건성	정치	1988.9.9
	대건설 행군 총진군 앞으로!	경제	1988.9.9
	청산리 정신, 청산리 방법만세!	경제	1988.9.9
	조선은 하나다!	정치 - 통일	1988.9.9
	주체의 혁명위업을 대를 이어 계승하자!	정치 - 주체	1988.9.9
	조국 김일성/ 내나라 제일/ 당을 따라 천만리	정치 - 수령	1988.9.9
	모두다 영웅적으로 살며 투쟁하자!	정치	1989 신년사
1990	양키는 제집으로, 남북은 통일로! 가자 한나에서 오라 백두에서, 만나자 판문점에서!	정치 - 통일	1989 신년사
	조선은 하나다!	정치 - 통일	1989 세계청년 학생축전
	세계평화 만세! 전쟁을 반대한다. 핵무기를 반대한다!	정치 - 국제	1989 세계청년 학생축전
	모두다 90년대 김진, 이수복이 되자!	사회생활	1989.12.23~25
	90년대 속도	경제	1990 신년사

이 가운데 정치와 관련된 구호가 41개로 가장 많았고, 경제와 관련된 구호는 23개였다. 그밖의 것은 교양이나 학습 등 일상생활과 관련된 구호들이었다. 경제적인 구호의 경우 지난 시기와 커다란 차이가 있는 것은 아니나, "모든 것을 석탄증산을 위하여!", "수산업을 발전시켜 인민생활을 더욱 높이자!", "지방공업을 더욱 발전시키자!" 등 다양한 분야와 관련된 구호가 고루 나오고 있다는 점이 특징이다. "쌀은 곧 공산주의다!"나 "토지는 밭갈이하는 농민에게!"와 같이 식량과 관련된 구호도 여전히 나오고 있지만 공업 분야에 대한 구호가 1970년대에 많지 않았다는 점을 고려한다면 1980년대 들어 북한의 산업전반이 침체되었음을 보여주는 것이라고 할 수 있다.

정치관련 구호에서는 수령에 대한 것이 7개이나, “조선 인민의 조국통일 위업을 적극 지지 성원한다!” 하는 식의 통일관련 혁명구호가 6개나 된다는 것이 주목할 만하다. 이 밖에도 “미제를 몰아내고 조국을 통일하자!”와 같이 반제구호도 통일과 관련되어 있다는 점에서 전반적으로 통일 관련 구호가 많아졌다고 볼 수 있을 것이다.

이전 시기에도 남한 특히 집권자에 대한 비판이 없는 것은 아니나, 1980년대에 들어 통일에 대한 구호가 많아진 것은 남북관계가 변화되었다거나 통일에 유리한 환경이 조성되었기 때문은 아니다. 구체적으로 살펴보면 1988년 이후에 통일관련 구호의 빈도가 높아지는 것을 알 수 있는데, 이 시기는 동구 국가사회주의의 몰락으로 북한의 체제 위기가 심화되는 시점이었다. 이러한 맥락에서 본다면 기본적으로 위기를 극복하는 과정에서 통일을 새로운 체제유지의 상징으로 부각시키기 위한 시도였다고 보는 것이 적절할 것이다. 1990년에 나온 “세계평화 만세! 전쟁을 반대한다. 핵무기를 반대한다!”라는 혁명구호도 같은 맥락에서 이해할 수 있다. 과거 전투적인 분위기의 구호와는 달리 평화 및 반전을 강조한다는 것은 역으로 북한체제의 수세적 입장을 반영한다고 볼 수 있다.

1987년도 나온 “우리식대로 살아나가자!”라는 구호는 동구의 와해과정에서 독자노선을 분명히 한 것을 의미한다. 동시에 북한체제는 다른 사회주의 국가와 다를 것임을 주민들에게 강조한 것이라고 볼 수 있다.

사회생활 부문에서는 청년에 대한 관심이 높아졌다는 것을 알 수 있다. “청년들은 주체혁명위업의 믿음직한 계승자가 되라!”, “청년들이여, 당의 전투적 구호를 높이 받들고 80년대 속도 창조를 위한 총돌격전의 기수가 되고 영웅이 되자!” 등이 주요 구호로 제시되고 있다는 점은 북한에서 ‘새 세대’ 문제가 사회적 관심사로 부각하고 있음을 보여주는 것이라고 할 수 있다.

5) 체제전환기의 혁명구호

1990년대 이후 북한은 건국 이래 최대의 시련을 경험하고 있다. 1994년에는 반세기 동안 절대권력을 갖고 북한을 지배하였던 김일성이 사망하였고, 국가사회주의 몰락으로 그동안 북한이 의존하였던 사회주의 국제경제 체제가 와해되었으며 그 결과 북한의 경제난은 더욱 심화되었다. 여기에 더해 1990년대 중반 이후 반복된 자연재해는 심각한 식량난으로 이어져, 탈북자가 대량으로 발생하는 등 체제위기를 초래하였다. 결국 북한은 1990년대 후반을 ‘고난의 행군’ 시기로 규정하고 위기 탈출에 부심하였다.

한편 총리급 회담을 통하여 남북합의서를 체결하는 등 남한과 관계 개선을 시도하였지만 뚜렷한 성과를 거두지는 못하였다. 핵개발과 핵확산방지조약(NPT) 탈퇴로 촉발된 북미 간의 갈등은 제네바 합의로 봉합되었으나, 여전히 국제적인 고립을 면하지 못하였다. 남한의 김대중 정부의 등장과 2000년에 들어서서 6·15정상회담이 개최됨으로써 남북관계는 급진전되었고, 다양한 경제·사회·문화 교류협력 사업이 진행되고 있으나 북한의 체제위기는 지속되고 있다고 볼 수 있다.

1990년대 『조선중앙년감』에 나타난 혁명구호는 〈표 5〉에 정리되어 있다.

〈표 5〉 체제전환기의 혁명구호

연도	내용	구분	비고
1991	하나는 전체를 위하여, 전체는 하나를 위하여!	정치	1990.5.25
	자주성을 옹호하는 세계인민들은 단결하자!	정치 - 자주국제	1990.5.25
	조선은 하나다!	정치 - 통일	1990.8.18
	증산하고 절약하여 이미 마련된 경제 토대가 은을 내게 하자!	경제	1990 전국생산자 혁신대회
	90년대 속도	경제	1990 전국생산자 혁신대회
	전군이 3대혁명의 기수가 되자!	정치 - 3대혁명	1990.9.28~29
	당이 결심하면 우리는 한다(일심단결)	정치 - 당	1991 신년사
1992	하나는 전체를 위하여, 전체는 하나를 위하여!	정치	1991 신년사
	인민대중중심의 우리식 사회주의는 필승불패이다!	정치 - 우리식	1991.5.5
	우리식대로 살아나가자!	정치 - 우리식	1991.8.20~30
	우리당에 충실한 혁명 무장력에 영광이 있으라!	정치 - 당	1991.8.20~30
	로동당시대를 빛내이는 보람찬 투쟁에서 청년영웅이 되자!	정치 - 항일	1991.8.27
	조선혁명의 려명기에 항일의 혁명선렬들이 위대한 한별 동지 만세!	정치 - 김정일	1991 각계각층 맹세
	친애하는 김정일 동지 만세!	정치 - 김정일	1991 각계각층 맹세
	모든 중대를 충신, 효자의 전투대오로 만들자!	정치 - 군사	1991.12.25~26
	조선을 위하여 배우자!	사회생활	1991.6.4.~5
	친애하는 지도자 김정일 선생님을 따라 배우자!	정치 - 김정일	1991.6.6
	학습도 생활도 항일아동단식으로!	사회생활 - 항일	1991.6.6
	당의 령도 따라 사로청의 뒤를 따라!	정치 - 당	1991.6.6
	검덕을 지원하자!	사회생활	1991.6.6
	북과 남, 해외의 모든 동포들은 조국통일 5개 방침 실현을 위하여 힘차게 떨쳐나서라!	정치 - 통일	1991.6.25
	민족반역자이며 매국노인 노태우 력도를 타도하자!	정치 - 반한	1991.6.25
	해외의 모든 동포들의 념원은 오직 하나 조국통일!	정치 - 통일	1991.6.25
	전 민족의 단합된 힘으로 조국통일의 력사적 위업을 기어이 성취하자	정치 - 통일	1991.8.14

연도	내용	구분	비고
	남조선의 전대협과 청년학생들의 자주, 민족, 통일을 위한 투쟁을 적극 지지성원하자!	정치 - 통일	1991.8.14
	북과 남의 청년학생들은 조국통일의 기수가 되자!	정치 - 통일	1991.8.14
	백두에서 한나까지 끊어진 민족의 혈맥을 잇자!	정치 - 통일	1991.8.14
	통일의 꽃 림수경과 문익환 목사를 당장 석방하라!	정치 - 반한통일	1991.8.14
	당이 결심하면 우리는 한다(일심단결)	정치 - 당	1992 신년사
1993	인민을 위하여 복무함!	정치	1992 신년사
	나무 한 대 베고 열 대 심자!	경제	1992.8.10 림업을 더욱 발전시킬 데 대해
	영웅적 조선인민군 참전 60돌 만세!	정치 - 군사	1992.4.25
	김일성 동지 만세! 김정일 동지 만세! 일심단결 만세!	정치 - 수령	1992.4.25
	전당, 전민, 전군이 일심단결하여 사회주의 위업을 끝까지 완성하자!	정치	1993 신년사
1994	하나는 전체를 위하여, 전체는 하나를 위하여!	정치	1993 신년사
	항일유격대의 군수관처럼 살며 일하자!	정치 - 항일	1993.3.5
	위대한 수령님과 친애하는 지도자 동지를 위하여 한목숨 바쳐 싸우자!	정치 - 수령	1993.4.9
	90년대의 김진, 리수복이 되자!	정치	1993.4.9
	전군을 혁명화하여 인민군대를 일당백의 혁명무력으로 강화하자!	정치 - 군사	1993.4.9
	훈련도 전투다!	정치 - 군사	1993.4.9
	소년단원들은 우리당의 참된 충성동, 효자동이 되자!	사회생활	1994.6.6
1995	사회주의는 과학이다!	정치	1994.11.1
	위대한 수령 김일성 동지는 영원히 우리와 함께 계신다는 철석의 신념을 안고 유훈관철에 떨쳐나섰다!	정치 - 수령	1994.11.1
	위대한 김일성 동지는 영원히 우리와 함께 계신다!	정치 - 수령	1994.7.8
	경애하는 어버이 김일성 동지는 인민의 심장속에 영원할 것이다.	정치 - 수령	1994.7.8

연도	내용	구분	비고
	위대한 수령 김일성 동지의 혁명사상으로 더욱 철저히 무장하자.	정치 - 수령	1994.7.8
	조선아 자랑하자. 5천년 민족사에 가장 위대한 김일성 동지를 수령으로 모시었던 영광을!	정치 - 수령	1994.7.8
	경애하는 수령 김일성 동지는 인민의 심장 속에 영생할 것이다.	정치 - 수령	1994.7.11
	위대한 수령 김일성 동지의 혁명업적은 길이 빛날 것이다.	정치 - 수령	1994.7.11
	어버이 수령님은 언제나 우리와 함께 계신다.	정치 - 수령	1994.7.11
	전 인류 앞에 불멸의 공헌을 하신 김일성 주석의 업적을 세기와 더불어 더욱 빛을 뿌릴 것이다.	정치 - 수령	1994.7.11
	김일성 주석은 단군민족사에 처음으로 맞이한 위대한 수령이시다.	정치 - 수령	1994.7.11
	인민은 크나큰 슬픔 속에 어버이 수령님과 영결한다.	정치 - 수령	1994.7.11
	슬픔을 힘과 용기로 바꾸어 사회주의 건설에서 일대 앙양을!	정치 - 수령	1994.7.11
	위대한 수령 김일성 동지의 혁명업적을 빛내어 가자.	정치 - 수령	1994.7.11
	슬픔을 힘으로 바꾸자.	정치 - 수령	1994.7.11
	태양의 역사는 영원하리!	정치 - 수령	1994.7.11
	그리움에 사무쳐 찾는 만수대 언덕!	정치 - 수령	1994.7.11
	우리 수령님은 영원한 하늘이시다!	정치 - 수령	1994.7.11
	경애하는 수령 김일성 동지의 위대한 혁명업적은 천년만년 길이 빛나리라	정치 - 수령	1994.7.11
	위대한 김일성 동지는 영생할 것이다!	정치 - 수령	1994.7.11
	전당, 전민, 전군이 일심단결하여 사회주의 위업을 끝까지 완성하자!	정치 - 수령	1994.7.20
	위대한 수령 김일성 동지는 영원히 우리와 함께 계신다!	정치 - 수령	1994.7.20
	오늘의 슬픔과 힘과 용기로 바꾸어 혁명과 건설에서 새로운 앙양을 일으키자!	정치 - 수령	1994.7.20
	친애하는 지도자 김정일 동지 만세!	정치 - 김정일	1994.10.16
	위대한 수령 김일성 동지 만세!	정치 - 수령	1994.10.17
	영광스러운 조선로동당 만세!	정치 - 당	1994.10.17

연도	내용	구분	비고
	위대한 수령 김일성 동지는 영원히 우리와 함께 계신다!	정치 - 수령	1994.10.17
	위대한 수령님께서 개척하신 주체의 혁명위업을 끝까지 완성하자!	정치 - 수령	1994.10.17
	위대한 수령 김일성 동지의 유훈을 철저히 관철하자!	정치 - 수령	1994.10.17
	위대한 수령님의 생전의 뜻을 받들어 90년대 통일을 기어이 이룩하자!	정치 - 수령	1994.10.17
	전당, 전민, 전군이 일심단결하여 사회주의 위업을 끝까지 완성하자!	정치	1994.10.17
	생산도 학습도 생활도 항일유격대식으로!	정치 - 항일	1995.12.25
1996	경애하는 최고사령관 김정일 동지 만세!	정치 - 김정일	1995.7.18
	경애하는 최고사령관 동지를 결사옹위하는 총폭탄이 되자!	정치 - 김정일	1995.10.10
	사상사업을 앞세우는 것은 사회주의 위업수행의 필수적 요구이다!	정치	1995.6.19
	청년들을 사랑하라!	사회생활	1996.8.24 청년전위와의 담화
1997	조선을 위하여 배우자!	정치	1996.6.6
	당이 결심하면 우리는 한다(일심단결)	정치 - 당	혁명적 군인정신
	나를 따라 앞으로!	정치	혁명적 군인정신
	인민을 위하여 복무함!	사회생활	1997.1.24
1998	사회주의의 승리가 보인다!	정치	1997.2.24~25
	위대한 수령 김일성 동지를 천세만세 높이 받들어 모시자!	정치 - 수령	1997.4.25
	위대한 수령님의 유훈을 높이 받들고 경애하는 최고사령관 동지의 령도 밑에 주체의 혁명위업을 끝까지 완성하자!	정치 - 김정일	1997.4.25
	경애하는 최고사령관 김정일 동지를 결사옹위하는 총폭탄이 되자!	정치 - 김정일	1997.4.25
	위대한 김정일 동지를 수반으로 하는 혁명의 수뇌부를 목숨으로 사수하자!	정치 - 김정일	1997.4.25
	위대한 김정일 동지를 수반으로 하는 혁명의 수뇌부를 목숨으로 사수하자	정치 - 김정일	1997.4.26
	위대한 수령 김일성 동지는 영생할 것이다.	정치 - 수령	1997.7.8

연도	내용	구분	비고
	위대한 수령 김일성 동지는 영원히 우리와 함께 계신다	정치 - 수령	1997.7.8
	경애하는 수령 김일성 대원수님의 위대한 혁명업적은 영원불멸하리라!	정치 - 수령	1997.7.8
	위대한 수령 김일성 동지의 조국통일 유훈을 철저히 관철하자	정치 - 수령	1997.8.4
	일심단결! 결사옹위! 총폭탄! 성쇄!	정치	1997.8.4
	최후 승리를 위한 강행군 앞으로	정치	1998.2.13
1999	청년들을 사랑하라!	사회생활	1998.2.13
	주체의 혁명전통을 빛나게 계승발전시키자!	정치 - 주체	1998.2.27
	조선을 위하여 배우자!	정치	1998.3.16
	온 민족이 대단결하여 조국의 자주적 평화통일을 이룩하자	정치 - 통일	1998.4.20
	경애하는 김정일 장군님을 충성으로 받들어 모시리!	정치 - 김정일	1998.9.5
	경애하는 김정일 장군님을 높이 받들어 애국운동에서 새 정진을 이룩하리	정치 -김정일	1998.9.5
	김정일 령수님을 높이 받들고 통일운동에 나서리	정치 - 김정일	1998.9.5
	공화국 창건 50돌을 사회주의 승리자의 대축전으로 빛내이자!	정치	1998.9.9
	위대한 김정일 동지를 수반으로 하는 혁명의 수뇌부를 목숨으로 사수하자	정치 - 김정일	1998.9.9
	일심단결! 결사옹위! 강성대국! 자력갱생!	정치	1998.9.9
	당 창건 55돌을 맞는 올해를 천리마 대고조의 불길 속에 자랑찬 승리의 해로 빛내이자	정치 - 당	2000 신년사
2000	올해를 강성대국 건설의 위대한 전환의 해로 빛내이자	정치	1999.1.1
	위대한 김정일 동지를 수반으로 하는 혁명의 수뇌부를 목숨으로 사수하자!	정치 - 김정일	1999.1.1
	고난의 행군을 낙원의 행군으로 힘차게 이어가자!	정치	1999.1.1
	김정일시대를 빛내이는 보람찬 투쟁에서 청년영웅이 되자	정치 - 김정일	1999.1.1
	최후 승리를 위한 강행군 앞으로	정치	1999.1.1
	21세기의 태양 김정일 수령 만만세!	정치 - 김정일	1999.2.16

연도	내용	구분	비고
	총폭탄! 결사옹위! 혁명의 수뇌부를 목숨으로 사수하자!	정치	1999.3.2
	위대한 김일성 동지를 우리당과 혁명의 영원한 수령으로 높이 받들어 모시자!	정치 - 수령	1999.4.13
	위대한 김일성 동지는 영생불멸할 것이다!	정치 - 수령	1999.7.4
	가는 길 험난해도 웃으며 가자!	정치	1999.11.3
2001	토지정리는 나라의 부강발전을 위한 대자연개조사업이며 만년대계의 애국위업이다.	경제	2000.1.24
	조선을 위하여 배우자!(광복의 천리길 답사행군)	정치	2000.2.3
	위대한 김일성동지를 우리당과 혁명의 영원한 수령으로 높이 받들어 모시자!	정치 - 수령	2000.4.13
	일심단결! 동지애! 조선로동당!	정치 - 당	2000.10.10
	위대한 수령 김일성 동지를 천세만세 높이 받들어 모시자	정치 - 수령	2000.10.12
	위대한 김정일 동지를 수반으로 하는 혁명의 수뇌부를 목숨으로 사수하자	정치 - 김정일	2000.10.12

1990년대 이후 『조선중앙년감』에 나타난 혁명구호는 110개이다. 경제관련 구호는 3개이고 사회와 관련된 것은 7개이며 나머지는 정치관련 구호로, 정치관련 구호의 비율이 압도적으로 높다. 『로동신문』의 경우와 비교할 때 분야별 분포는 크게 다르지 않으나, 정치적 구호의 비율이 상대적으로 훨씬 높다고 할 수 있다. 세부내용에서는 역시 수령과 관련된 구호가 42개로 다수를 차지하고 있으며, 김정일에 관련된 구호가 15개이다. 당에 관한 것은 22개이며 군사문제 반제국주의 문제 그리고 통일관련 구호들이 나타나고 있다. 김일성에 대한 구호는 1994년과 1995년도에 집중되어 있으며, 김정일과 관련된 구호는 김일성 사후부터 빈번해지고 있음을 알 수 있다. 그러나 1992년도에 처음으로 김정일 관련 혁명구호가 나왔다는 것은 1990년대 초부터 김정일에 대한 우상화가 공개적으로 추진되었음을 알 수 있게 하는 요소이다.

당과 관련된 구호가 많은 반면 선군정치 관련 구호가 적은 것은 주목할 필요가 있다. 2000년도나 2001년도 중앙연감에서도 선군정치 관련 구호가 없다는 것은 선군정치의 위상이 그다지 높지 않음을 보여주는 것이라고 할 수 있다. 정치적인 차원에서는 통일과 관련된 구호가 많아졌다는 점을 주목할 수 있다. "통일의 꽃 림수경과 문익환 목사를 당장 석방하라!"라든지 "가자 한라에서 오라 백두에서, 만나자 판문점에서!" 등 넓은 의미에서 통일관련 구호는 8개나 된다. 1980년대에서와 마찬가지로 통일을 체제유지를 위한 상징매체로 활용하고 있기 때문이기도 하지만 2001년도의 경우에서 알 수 있듯이 남북정상회담의 결과 통일관련 논의가 활성화되었기 때문이라고 볼 수 있다. 사회생활과 관련된 혁명구호는 "소년단원들은 우리당의 참된 충성동, 효자동이 되자!", "청년들을 사랑하라!" 등 청소년 세대에 대한 관심이 높다.

5. 혁명구호의 지속과 변화

건국 후부터 1960년대 후반까지 혁명구호의 핵심은 사회주의 이념과 근대국가 건설에 초점이 맞추어져 있었다고 볼 수 있다. 전통적인 마르크스-레닌주의를 바탕으로 하였고, 사회주의의 선진국이라고 할 수 있는 소련을 이상향으로 선정하고 있었다. 또한 식민지를 경험한 사회주의 제3세계국가로서 반제가 중요한 상징체계로 상정되었고 사회주의 국가건설을 위하여 경제발전이 이념체계 못지않게 중요한 상징체계가 되었다. 이 시기의 혁명구호를 통하여 드러나고 있는 정치적 상징체계에 중요한 영향을 미치고 있는 것은 일차적으로 사회주의체제 성립이라는 국가목표라고 할 수 있으나, 이에 못지않게 식민지 경험 그리고 무엇보다도 한국전쟁이 중요하다고 할 수 있다. 전쟁의 발발 원인은 차치하고라도 북한이 입은 막대한 손실은 반미로 상징되는 반제국주의가 중요한 정치적 상징으로 자리 잡는 계기가 되었다고 볼 수 있다.

마르크스-레닌주의나 이상향으로서의 소련과 같은 상징들은 이후 정치적 의미가 퇴색되거나 폐기되었던 것과 달리 반미-반제라는 정치적 상징은 지속적으로 활용되고 있는 사실을 고려할 때, 북한이 경험한 대내외적인 환경변화와 상관없이 반미-반제는 정치적 설득에 꾸준한 효과가 있었다고 보아야 할 것이다. 문제는 핵심적인 정치적 상징이 된 반미-반제는 부정적 사고 그리고 적개심이 전제되고 있다는 것이다. 물론 경제건설이나 사회주의 이념의 실천과 같은 긍정적인 정치적 상징이 공존하고 있었지만 적대적 의식을 부추기는 반제가 정치적 상징의 핵심이라면 체제 자체가 폐쇄적이 될 뿐만 아니라 주민들의 의식도 배타적이 되는 결과를 가져올 수가 있다는 것이다. 그러나 이와 같은 적대적인 상징체계는 지배집단에게는 대외적 갈등을 확대 재생산함으로써 내부적인 정치적 갈등을 억누르고 사회적 통합을 유지하는 데 도움이 되었다고 볼 수 있다. 또한 식민지 경험과 결합한 전쟁의 경험이 바탕이 되는 가운데 반제가 중요한 정치적 상징으로 작용함에 따라 북한사회에서 전투적 분위기의 일상화도 정당화될 수 있었다.

1960년대의 혁명구호는 여러 가지 차원에서 의미가 있다. 경제적으로는 일상생활의 개선에 대한 혁명구호가 등장하고 있는데, 이는 1950년대 전후 복구과정에서 사회주의 경제체제의 구축이 일단락된 것을 의미한다고 볼 수 있다. 정치적인 차원에서는 1960년대 중반을 고비로 혁명구호가 크게 바뀌는데 핵심은 수령론의 대두라고 할 수 있다. 1960년대 후반부터 유일지배체제를 뒷받침하기 위하여 등장하는 각종 구호는 분명히 이전 시기에는 찾아볼 수 없는 것이었다. 이것은 1950년대 후반부터 진행된 유일지배체제가 마무리된 것이 이 즈음이라는 것을 의미한다. 1960년대 전반까지는 혁명구호가 특정 부분의 사업을 독려하거나 사회주의의 정당성을 강조하는 데 주안점을 두었지만, 1960년 후반부터는 수령을 정점으로 하는 유일지배체제 정당화에 집중되었다. 이에 따라 당이나 통일 혹은 반제 등 여타 혁명구호는 위계상으로 수령의 아래에 위치하게 되었다고 볼 수 있다.[7]

혁명구호가 정치적 상징체계의 하나라는 점에서 볼 때, 1960년대 후반부터는 김일성 자체가 가장 중요한 핵심적인 상징체계가 되었다고 할 수 있다. 김일성은 곧 조선로동당이기 때문에 당적 지배는 수령적 지배로 전환되는 것이며, 여기서 더 나아가 수령은 북한체제와도 동일한 것이 된다. 또한 김일성은 '불패'이기 때문에 체제의 관리나 운영도 전적으로 김일성이 '령도'하는 것이 당연하게 된다.[8] 따라서 일반 주민들은 김일성에 대해서 충성하고 김일성의 사상으로 무장하면 되는 것이다. 이 과정에서 김일성의 절대적 가치를 뒷받침하는 것이 항일유격대와 주체사상이라고 할 수 있다. 항일유격대는 역사적 정당성을 김일성에 부여하는 것이고 주체사상은 철학적 정당성을 부여하는 것이다. 유격대 정신을 상기하는 구호나 주체사상을 강조하는 구호 모두 궁극적으로 수령론으로 귀결되고 있다고 볼 수 있다.

김일성이 핵심적인 정치적 상징이 되었다는 것은 단순히 상징체계의 내용이 바뀐 것을 의미하는 것이 아니다. 무엇보다 절대주의가 사회적으로 확산된 것이 중요하다고 볼 수 있다. 무결점하고 완벽한 김일성은 절대선이 되고 이에 어긋나는 것은 곧 악이 된다. 따라서 김일성 이외에 사람에게는 절대 충성만이 요구된다. 뿐만 아니라 김일성 이외의 사람들은 판단 중지가 필요하게 된다. 김일성에 대한 충성도 그냥 충성이 아니라 "일편단심"으로 하여야 하고, "무한히 충직한 혁명전사"가 되어야 한다는 말은 합리적 판단에 근거한 자발적인 충성이 아니라, 전통적이고 초개인적인 차원에서 김일성의 절대적인 권위체계를 강조하는 것이다.

절대주의는 집단주의와 전체주의와 일맥상통한다. 이 시기에 처음 나온 "하나는 전체를 위하여, 전체는 하나를 위하여!"라는 혁명구호는 이후 오늘날까지 가장 꾸준히 반복되는 것으로서 전체주의를 단적으로 대변해 주고 있다.

수령을 정점으로 하는 정치적 상징은 1970년대에 들어 사회체제 전반으로 확산되었다. 1960년대의 수령 관련 혁명구호가 추상적이었다면 1970년대는 군인, 청년, 노동자 등 사회집단에게 수령의 절대성을 강조함으로써 상대적으로 구체성을 띠고 있다. 혁명구호뿐만 아니라 가장 중요한 선전매체인 문학예술이 이 시기에 수령형상문학 일색으로 변화하는 것도[9] 수령 중심의 유일지배체제가 전 사회적으로 확산되는 현상이었다고 볼 수 있다.

1950년대 후반부터 1960년대까지 진행된 김일성 중심의 권력집중화라는 정치구조적인 환경변화가 수령론이 혁명구호에서 핵심적인 위상을 차지하게 되는 중요한 요인이었다. 그리고 이러한 정치환경은 1970년대에도 여전하였고, 유일지배체제로 표현되는 권력집중화는 더욱 심화되었기 때문에 1970년대 수령에 대한 혁명구호가 더욱 확대되는 것은 자연스러운 일이었다고 할 수 있다.

그러나 1970년대에는 혁명구호에 영향을 미치는 새로운 요인이 대두되었는데 그것은 경제성장의 지체라고 하는 경제구조 차원의 문제였다. 1970년대 후반부터 빈도가 높아지는 식량관련 구호의 등장이나 자립경제를 강조하는 구호들은 북한체제가 겪기 시작한 경제적 침체를 반영하는 것이라고 할 수 있다. 자립적 민족경제를 건설하자는 식의 구호는 발전과 관련된 것으로 볼 수도 있지만, 1950년대나 1960년대의 경제구호들이 미래지향적이고 성장을 전제로 한 것이 대부분이었다는 점에서는 분명히 차이가 있다.

자립적 민족경제가 북한에서 이상적으로 생각하였던 발전모델이었기 때문에 자립경제를 강조한 것 자체는 새로운 것이라고 볼 수는 없다. 그렇지만 이것이 '자력갱생'과 연결된다면 발전이라기보다는 도리어 생존문제가 핵심이 되고 있는 것이다. 이 시기 혁명구호에 등장하는 '사수'라는 단어까지 덧붙여 생각한다면 미래지향적이라기보다는 현상태를 유지하는 데 중심을 두고 있는 다분히 수세적인 담론으로 정치적 상징의 성격이 변화했다고 볼 수 있다.

대내외적인 위기가 심화되는 1980년대에 등장한 '우리식'이라는 개념은 일종의 비교의 거부라고 볼 수 있다. 즉, 보편적인 수준의 발전 혹은 성장의 개념을 북한체제에 적용하는 것을 반대한다는 것이다. 비교나 상대적 인식을 약화시킬 수 있다면 북한체제가 처한 위기상황도 그다지 심각하지 않게 수용할 수 있게 된다.

1980년대에 들어 빈도가 많아지는 통일관련 혁명구호도 위기의식을 완화하는 데 활용되고 있다. 통일의 가능성이 현저하게 높아진 것이 아님에도 불구하고 통일관련 구호가 많아졌다는 것을 생각할 필요가 있다. 통일을 중요한 가치로 강조함으로써 현재의 위기 상황을 인내하도록 하는 것이며, 이 경우 체제위기의 정당화도 가능해진다는 것이다.

1980년대의 통일관련 구호의 내용도 과거와는 다소 다르다. "남녘땅 형제들을 잊지 말자!"라는 1969년의 혁명구호는 북한체제가 우월한 입장에 있다고 생각하고 있음을 분명하게 드러낸다. 그러나 1989년의 "조선은 하나다!"라는 구호는 당위적 차원에 머무르고 있다. 이제 남쪽은 해방의 대상이 되는 것이 아니라 '한라와 백두에서 출발해서 판문점에서 만난다'는 이야기에서 나타나고 있듯이 통일의 공동주체가 되는 것이다. 이러한 입장 변화도 기본적으로 북한체제의 위기 심화와 이에 따른 상대적인 북한의 위상하락에서 비롯되었다고 볼 수 있다. 국제 평화를 강조하는 구호 역시 북한이 위축되었으며, 국가사회주의가 몰락한 현실에서 대외적인 타협을 불가피한 것으로 인식하고 있음을 보여주는 또 다른 증거라고 할 수 있다.

1980년대에 등장하여 현재까지 지속적으로 반복되고 있는 세대관련 혁명구호에 대해서도 주목할 필요가 있다. 세대문제는 특정 시점에서만 문제가 되는 것이 아닌데 1980년대에 문제가 제기되었다는 것은 북한 사회체제의 변화와 관련이 있다고 보아야 한다. 일반적으로 세대는 나이에서 오는 연령효과(aging effect)와 동일한 역사적 경험에서 오는 동기효과(cohort effect)로 나뉘어지는데, 특정 시점에서 세대문제가 불거졌다는 것은 북한에서 동기효과가 중요하다는 것을 보여준다.[10] 즉, 해방과 분단 그리고 전쟁과 사회주의 국가 건설기를 경험하지 못한 '새 세대'라고 일컬어지는 북한의 특정세대가 문제된다는 것이다.

중요한 것은 이들이 성장하였던 시기가 유일지배체제가 확립되고 11년제 무상의무교육체제가 주어진 이후였음에도 이들 세대가 정치적으로 신뢰를 받지 못하고 있다는 점이다. 결과적으로 본다면 학교수업을 포함하여 각종 학습체제 그리고 선전선동이 핵심인 북한 언론과 문학예술의 상황을 고려한다면 북한이 자랑하는 정치사회화 기제에 문제가 있었다고 해석할 수도 있다. 그러나 그보다는 새로운 세대가 불신받고 있다면 북한 사회체제의 변화자체에서 기인하였다고 보는 것이 옳을 것이다. 즉, 1950년대 이후의 사회주의 산업화가 일정 수준에 도달함에 따라 북한의 새 세대들도 개인주의 경향이 드러나는 등 산업화 이후 세대의 경향을 띠게 되는 반면, 이전 세대가 경험하였던 혁명열기를 체험하지 못하였기 때문에 실질적인 사회적·사상적 통합에서는 문제가 생길 수밖에 없었다는 것이다.

김일성의 사망 등 북한이 건국 이후 최대의 위기를 겪었던 1990년대의 혁명구호는 이전 시기와 다를 수밖에 없었다. 1994년 이후 절대적인 권위를 행사하였던 최고지도자에 대한 추모가 혁명구호의 핵심을 이루는 것은 당연한 일이었고, 이를 대체하기 위하여 김정일이 핵심적인 정치적 상징으로 등장하는 것도 자연스러운 일이었다. 이러한 점에서 최고지도자의 사망이라는 물리적 교체가 혁명구호의 변화를 가져온 일차적 원인이 되었다고 볼 수 있다. 그러나 빈도가 적어지긴 하였지만 오늘날까지도 김일성에 대한 혁명구호가 계속되고 있다는 것은 김일성이 갖는 정치적 상징으로서의 의미는 물리적 차원을 넘어섰다고 보아야 할 것이다.

김정일과 관련된 혁명구호와 김일성에 대한 혁명구호는 언술구조나 내용에서 커다란 차이는 없다. 대표적인 것이 '충직'을 강조하면서 '사수'를 요구하는 것인데 결국 김일성이 갖고 있었던 절대성을 김정일에 대입하였다고 볼 수 있다. 따라서 최고지도자의 물리적 교체로 최고상징의 교체가 불가피하게 되었지만 내적인 구조나 내용이 바뀐 것은 아니라고 할 수 있다. 이것은 절대성이나 전체주의와 같은 기본적 담론구조는 최고지도자의 교체와 상관없이 지속되고 있다는 것을 의미한다.

1990년대의 혁명구호에서도 중요한 역할을 하는 것은 통일문제였다. 1980년대의 통일관련 혁명구호가 체제위기 극복과정에서 강화된 경향이 없지 않다면, 체제위기가 개선되지 않고 도리어 심화되었던 1990년대에도 통일관련 구호가 강조되는 당연하다. 그러나 1990년대의 경우는 1980년대와는 남북 간 관계에 적지 않은 진전이 있었다는 점을 생각할 필요가 있다. 총리급 회담의 개최는 합의서의 서명으로 이어졌으며, 1990년대 이후 남북 간의 다양한 접촉과 교류사업이 활발하게 이루어졌다. 또한 2000년에는 분단 이후 처음으로 정상회담이 개최되었다. 특히 기본합의서가 체결된 이후에 통일관련 구호가 많아졌다는 점에서 남북관계 변화도 통일관련 혁명구호가 빈번해지는 데 일정부문 기여하였다고 볼 수 있다.

반면에 남북관계의 진전이라는 차원에서 보면 더욱 중요한 의미를 갖고 있으며 남북 간에 화해협력의 분위기가 가장 고양되었던 정상회담 이후에는 상대적으로 통일관련 구호가 크게 늘어나지 않고 있다는 사실도 주목할 필요가 있다. 이것은 통일 자체가 목적이 아니라 대내외적인 조건에 따라 수단적인 차원에서 통일이 활용되고 있기 때문이라고 볼 수 있다.[11]

북한 건국 이후 현재까지의 혁명구호의 변화과정을 통해서 다음의 몇 가지 특징을 알 수 있다.

첫째, 혁명구호의 변화는 기본적으로 북한의 체제 변화와 밀접한 관계를 갖고 있다는 것이다. 전후 복구와 사회주의 건설 초기에는 경제분야와 관련된 혁명구호가 많았고, 김일성 중심의 유일지배체제가 확립되는 시기에는 정치적 구호, 특히 수령에 관한 내용이 다수를 차지하게 되었다. 또한 체제위기가 심화되는 경우에는 체제유지를 목적으로 하는 혁명구호가 중심을 이루었다. 혁명구호가 정치적 상징체계로서 정치적 정당성을 확보하는 데 일차적인 목표가 있다면 혁명구호가 체제변화에 반응하는 것은 당연하다고 할 수 있다. 그러나 중요한 것은 북한의 경우 체제변화에 맞추어서 혁명구호가 시의적절하게 변화하였다는 점이다. 이것은 혁명구호 그리고 정치적 상징체계가 효율적으로 작동하였을 가능성이 높다는 것을 의미한다. 이것은 변화하는 상황을 반영하는 혁명구호는 나름대로 주민들에게 설득력을 확보할 수 있었다는 것이며, 결과적으로 체제의 정당성을 확보하고 체제에 주민들을 통합시키는 기제로서 효과가 있었다는 것이다.

둘째, 추상적인 차원에서는 체제변화가 혁명구호의 변화에 영향을 미쳤지만 시기별로 보면 변화의 주된 요인은 다소 차이가 있다는 점이다. 1950년대까지는 전쟁과 전후 복구 그리고 사회주의 국가건설이라는 요소들이 혁명구호의 형성에 핵심적인 역할을 하였지만, 1960년대에는 유일지배체제의 성립이라는 정치체제, 특히 권력구조의 변화가 혁명구호의 내용 변화의 주된 요인이었다. 1970년대에는 경제적 침체가 1980년대 이후에는 국가사회주의의 몰락과 심각한 경제위기가 혁명구호의 내용에 영향을 미쳤다. 이 밖에도 남북관계의 변화가 시기별로 영향을 미쳤으며, 새 세대 관련 구호에서 알 수 있듯이 산업화의 진전도 혁명구호와 무관하지 않은 요인이었다고 볼 수 있다.

셋째, 체제의 변화에 따라 혁명구호의 내용이 바뀌었지만, 1960년대 이후 정치적 구호의 비중이 압도하고 있다는 점이다. 유일지배체제가 확립되던 시기나 김일성 사후 김정일로의 권력승계가 이루어지던 시기는 물론이고 체제위기가 심화되던 시기에도 정치적 구호가 지배적인 것은 북한체제 자체가 정치중심으로 구축되었기 때문이라고 볼 수 있다. 이것은 경제난의 극복이나 일상생활의 개선, 그리고 사회발전 자체도 정치적으로 해결이 가능하다는 인식으로 이어진다. 물질적 인센티브를 사회적 동력의 기본으로 하는 자본주의와 달리 윤리적 인센티브를 기초로 하는 사회주의에서 이념 및 정치의 중요성이 더한 것은 분명하지만 북한의 경우는 그 정도가 더욱 심하다고 볼 수 있다. 이러한 맥락에서 1980년대 후반, 즉 체제위기가 심화되는 과정에서 정치적 혁명구호가 많아졌다는 점을 주목할 필요가 있다. 이것은 위기 극복을 위해서 구체적인 정책전환을 추구하는 것이 아니라 통합의 기제를 강조하는 방안을 채택한 것이라고 볼 수 있다. 문제는 이와 같은 시도가 현상적으로 체제유지에 기여할 수는 있겠지만 궁극적인 위기 타파에는 커다란 도움이 될 수 없다는 것이다.

넷째, 여러 가지 혁명구호가 존재하지만 각 혁명구호 간에는 일종의 위계관계가 있으며 그 정점에는 김일성(사후에는 김정일) 관련 구호가 있다는 점이다. 이는 혁명구호를 중심으로 북한의 상징체계가 지향하고 있는 것이 점차 사회주의체제의 건설이나 유지가 아니라 김일성 중심의 유일지배체제의 완성과 유지에 주안점을 두게 되었다는 것을 의미한다. 이와 관련하여 김일성 관련 혁명구호 자체의 변화도 주목할 필요가 있다. 김일성을 절대시하는 내용은 처음이나 현재나 차이가 없지만, 초기에는 단순히 정당성을 강조하는 차원에 머물렀다면 점차 사회의 각 사회체제나 사회집단과 관련시키는 등 김일성 관련 혁명구호의 범위가 확대되었다. 군사, 경제, 일상생활 그리고 통일의 문제까지 김일성과 연관시키고 김일성 사후에도 김일성 관련 구호가 여전히 핵심적인 역할을 하고 있다.[12] 혁명구호뿐만 아니라 각종 혁명적 조형물이나 문학예술작품 심지어 역사적 경험과 꽃과 같은 자연물마저 김일성 중심으로 위계화되어 있다. 이와 같이 정치적 상징으로 김일성이 절대화된 이상 김일성의 물리적 존재여부는 커다란 문제가 되지 않을 수 있다. 또한 30년 넘게 김일성 관련 혁명구호가 중심적인 위상을 갖고 반복됨에 따라 주민들을 북한체제와 김일성은 동일한 것으로 인식하게 되었을 가능성이 크다고 볼 수 있다.

다섯째, 과거지향적이고 수세적인 차원의 혁명구호가 중시되는 경향이 있다는 것이다. 건국 초기에는 미래지향적이고 공세적인 구호가 상대적으로 많았으나 1960년대를 거치면서 항일유격대의 경험이 강조되고, 이후 현재에도 천리마가 강선 등 과거의 중요한 역사적 경험이 강조된다. 물론 대홍단이나 봉화와 같이 현재 시점의 모범적 사례가 없는 것은 아니나 여전히 핵심은 항일유격대, 천리마 운동과 같이 과거사가 된다. 복고적인 경향이 강화되는 것과 더불어 체제위기가 심화되면서 '사수'나 '결사옹위'와 같은 말에서 드러나듯이 체제유지를 강조하는 구호들이 등장하고 있다. 남한에 대해서 해방의 대상에서 타협의 대상이 되는 것도 마찬가지 맥락에서 이해할 수 있다. 반제과 관련된 혁명구호는 여전히 전투적이지만, 최근에는 평화를 강조하는 등 한결 타협적인 자세를 보이고 있다는 점도 과거와는 다르다고 볼 수 있다.

6. 맺음말

사회주의체제가 윤리적 동기유발을 사회적 동력의 기초로 하고 있다는 점에서 혁명구호를 포함한 선전선동 메커니즘은 단순히 정치적 지배의 차원에서가 아니라 사회의 본질적 차원에서도 대단히 중요한 의미가 있다. 그동안 북한의 혁명구호는 시대상황에 대응하여 변화해오면서 주민들을 강력하게 통합하는 기제로 작용하였다. 북한이 대내외적인 어려움을 겪으면서도 체제를 유지하고 있다는 점을 생각한다면 역으로 북한의 혁명구호는 대단히 효과적이었다고 볼 수 있다. 때로는 국가건설에 주민을 동 원하는 기제로서 때로는 정치적 위기상황에서 권력집중을 정당화하는 기제로서 북한의 혁명구호는 충실한 역할을 다해왔다는 것이다.

그러나 문제는 북한의 혁명구호가 사회통합과 정치적 통합에 순기능을 하였다고 해서 북한체제의 발전에도 긍정적이었는가 하는 점이다. 선전과 선동 그리고 윤리적 자극이 필수적인 사회주의 특성상 혁명구호의 존재가 필수불가결하였다고 하더라도 결과적으로 북한 지배구조의 정당화라는 역할을 하였다는 점도 생각할 필요가 있다는 것이다. 특히 유일지배체제가 완비된 1960년대 후반부터 김일성으로의 권력집중을 정당화하는 구호들이 급증하고 이후 김정일로의 권력이양 과정에서도 이와 관련된 구호들이 많아졌다는 점을 주목할 필요가 있다. 이와 더불어 체제위기가 심화되면서 통일과 관련된 구호들이 많아지고 있다는 것은 통일을 체제안정을 위하여 도구적으로 활용하고 있다고도 볼 수 있다. 따라서 북한의 혁명구호는 사회발전 과정에서 주민들을 자극하는 동력으로서의 역할을 수행하기보다는 점차 권력구조 정당화의 기능에 초점이 맞춰졌다고 할 수 있을 것이다.

혁명구호가 문제가 되는 것은 정치사회적 현실과의 괴리가 커지는 경우이다. 비교적 지금까지 현실에 적절히 대응하면서 혁명구호가 바뀌었다고 하더라도 심화되는 위기 상황에서 혁명구호가 수행할 수 있는 역할은 점차 축소될 수밖에 없다. 이 경우 혁명구호가 정치사회적 통합에 기여할 수 있는 몫은 점차 적어질 수밖에 없다는 것이다. 물적 토대의 뒷받침 없는 구호는 공허할 수밖에 없다. 더욱이 개방과 더불어 외래문화의 유입이 확대되는 경우 이러한 문제는 더욱 두드러질 가능성이 높다.

4

북한체제 내 사적 담론 형성의 가능성

공적 담론 위기를 중심으로

1. 머리말

북한의 사회체제는 높은 수준의 사회통합 능력을 유지해왔다고 볼 수 있다. 사회주의 국가건설 과정에서는 물론 1980년대 후반부터 심화되고 있는 체제위기에서도 현 체제를 유지할 수 있는 원인 가운데 하나가 고도의 사회통합 능력이었다고 할 수 있다. 북한의 사회통합 능력은 강력한 물리적 억압체제에 기인하기도 하지만, 동시에 자발적 동의를 이끌어낼 수 있는 이념적 억압체제를 유지한다는 데에서도 유래한다.

특히, 다양한 언론매체를 완벽하게 통제하는 동시에 외부정보의 유입도 강력하게 억제해 일방적인 정보만 유통시킴으로써 체제지향적인 정치적 담론만이 가능하게 했다고 볼 수 있다. 이러한 상황에서는 이념적인 차원에서뿐 아니라, 일상적인 사회적 담론도 획일화되며 사회구성원의 세계관도 동질화된다. 예를 들어, 미국을 비롯한 외부 국가들에 대한 인식뿐 아니라, 가족의 역할이나 여가의 의미와 같은 일상적인 의식도 동일한 수준에 머무르게 되는 것이다.

선전선동을 통한 윤리적 동기유인이 사회주의체제의 본질 중 하나라는 차원에서, 북한의 언론 통제와 담론의 배타적 지배는 북한만의 특성은 아니라고 할 수 있다. 그러나 그 정도와 효과는 다른 사회주의 체제와는 분명히 차이가 있으며, 이것이 북한이 체제를 유지하는 또 다른 배경이라고 할 수 있다. 이런 맥락에서 북한체제의 장기존속을 해명할 수 있는 중요한 키워드 중 하나가 국가의 지배담론이다.

반면 북한체제의 변화 과정을 설명하기 위해서는 지배담론의 지속과 균열에 주목할 필요가 있다. 특히, 북한에서는 1990년대 이후 대내외적 위기의 심화 국면에서 국가의 지배담론 재생산 기제에 심각한 균열이 발생하고 있다. 지속되는 북한의 대내외적 위기는 북한 지배층의 의도와는 상관없이 북한체제 내부의 정보유통 경로와 방식, 권력에 의한 독점적인 담론의 변화를 강요하고 있다.

무엇보다도 체제 존속을 위해 불가피하게 받아들일 수밖에 없는 개방정책은 외부체제와의 접촉면을 확대하여 외부 정보의 유입을 불가피하게 하였으며, 악화된 경제난에서 비롯된 공교육체제의 부실은 공식담론의 가장 핵심적 전달기제를 약화시켰다고 할 수 있다. 이러한 가운데 붕괴에 직면한 국가 주도의 기업시스템은 단순히 경제의 문제에 그치는 것이 아니라 직장을 중심으로 사회구성원을 옭아맸던 조직적 통제를 약화시켜 사회이동의 폭발적 증가를 허용했고, 이는 체제 내의 새로운 정보유통의 활성화를 동반했다고 할 수 있다. 또한 국경지역을 중심으로 한 북한 이탈 주민의 증가와 공식적·비공식적 무역을 목적으로 하는 중국 상인의 빈번한 왕래도 외적 정보가 유입되는 또 다른 경로로 발전하고 있다. 게다가 2000년 남북 정상회담 이후 활성화된 남북교류도 제한적이나마 새로운 정보유통의 통로가 되었다.

이 글은 북한체제의 변화의 양상을 알아보기 위해서 지배담론의 변화 과정에 주목한다. 일반적으로 지배담론의 변화는 대항담론의 형성과 잇닿아 있다. 즉, 대항담론의 형성은 역으로 지배담론의 균열이며, 동시에 대항담론의 성격은 사회변화의 양상을 전망하게 해준다. 대항담론은 여러 차원에서 존재할 수 있지만, 이 글에서 검토하고자 하는 것은 사적 담론이다. 강력한 사회통합을 유지하려는 북한에서, 공적 영역이 포괄하는 범위는 매우 넓다. 정치적 영역뿐 아니라 일상생활에까지 다양한 통제시스템을 구축한 북한에서 사적 영역은 지극히 제한되어 왔다. 당 조직과 작업장, 그리고 인민반에 이르는 다층적인 생활총화가 대표적인 사례가 될 텐데, 이러한 사회적 상황에서 사적 영역은 축소될 수밖에 없다. 사적 영역의 축소는 사적 담론의 제한으로 이어진다. 이러한 맥락에서 사적 담론이 형성되는 것은 그 자체로 지배담론의 균열과 새로운 대항담론 형성의 토대가 될 수 있다.

이 글에서는 북한체제의 변화 전망을 드러낼 수 있는 부분으로 사적 담론의 형성 가능성을 검토한다. 따라서 북한의 사적 담론 형성과 관련된 논의의 준거점을 마련하기 위해 사회주의체제의 담론구조의 특성을 검토할 필요가 있다. 특히, 공적 담론과 사적 담론 간의 관계적 상호작용에 주목해 살펴볼 것이다. 공적 담론이 지배적인 체제에서 사적 담론이 존재하는 형태는 어떠하며, 공적 담론과 사적 담론의 역할분업 구조는 어떤지, 또한 공적 담론이 지배적 위치를 잃게 되는 전환기 사회주의 체제에서 어떤 경로와 형태로 사적 담론이 만들어지는지를 검토할 것이다.

또한 북한의 공식 담론 형성의 주요 기제를 교육·조직활동·언론을 중심으로 규명하고, 1990년대의 위기 상황에서 이 기제들이 원활히 작동하지 못했던 원인을 검토할 것이다. 경제난에서 비롯된 기업 활동의 실질적 붕괴와 배급제 와해에서 비롯된 전통적인 조직생활의 붕괴가 담론 형성에 어떤 영향을 미치고 있으며, 물적 토대의 약화로 초래된 교육체제의 변화와 전형적인 정치사회화 기제의 기능 저하가 공적담론에 어떤 문제를 야기하였는가를 분석할 것이다.

그리고 사적 담론의 구체적인 형성 여부를 두 가지 자료를 바탕으로 고찰하고자 한다. 하나는 북한 이탈 주민의 증언이고, 다른 하나는 북한의 최근 소설이다. 2000년대 이후 발간한 소설을 중심으로 사적 담론의 가능성을 검토할 것이다.

사적 담론의 형성 가능성을 구체적으로 알아보기 위해 ① 사적 담론의 조건(공간과 네트워크), ② 사적 담론의 내용(주제 및 소재), ③ 공적 담론과 사적 담론의 관계, ④ 사적 담론과 사적 영역의 확대라는 네 가지 측면에 비춰서 집중적으로 검토할 것이다.

2. 사적 영역과 사적 담론

공적 영역이 공동체에서의 공개적 영역이나 국가와 관련된 영역이라고 한다면, 사적 영역은 국가나 국가의 업무 이외의 영역이라고 할 수 있다. 사적 영역 혹은 사생활은 사실 어떤 시대 어느 지역에서나 존재했으나, 학문적인 관심의 대상이 된 것은 근대 사회의 형성과 맞물려 있다고 할 수 있다.[1] 역사적으로 보면 절대국가와 지배층으로부터 소외된 귀족층의 출현, 사상적으로 정치적 억압과 사회적 기대에서 오는 강압으로부터의 자유의 추구, 또한 공과 사를 정치와 사회로 구분해왔던 고대 그리스적 사고에 맞서 후자, 즉 가정이나 사회로부터의 은둔(retreatment)과 초탈(detactment)까지를 의미하는 개인적·사적공간의 강조와 관련되어 있다.[2]

중세 사회가 붕괴하면서 지배형태에서 결합되어 있던 사회적 재생산과 정치권력 요소들이 분리된다. 시장경제적 관계의 확장과 더불어 신분적 지배의 한계를 넘어 관리행정의 형태를 도입할 수밖에 없는 '사회' 영역이 발생하였다. 민족국가와 영토국가에서 중앙 집중화된 공권력이 사회 위에 올라서게 되는데, 사회는 비록 그것의 교류관계가 처음에는 관청의 간섭에 의해 지도되었더라도 사적인 것으로 된다. 그리고 이런 사적 영역은 중상주의적 규제로부터 해방됨에 따라 비로소 사적 자율성의 영역으로 발전한다.[3]

우리들은 통상 사적 영역을 개인적인 영역으로 간주하고 있는데, 사적 영역은 개인적 영역과는 구별된다. 그리고 사적 영역에서 이루어지는 자활활동은 개인들이 협력적인 지식과 기술을 발견·발전시킬 수 있는 권역이라고 볼 수 있다.[4] 따라서 사적 영역에 대한 관심은 시민사회의 형성과 민주주의의 구현과 밀접하게 관련되어진다고 할 수 있다.

사적 영역과 민주주의에 대하여 관심을 갖는 학자 중 한 명이 하버마스이다. 하버마스는 절대 권력이 와해되기 위해서는 민주적인 공론의 장이 필요하다고 이야기한다. 공론의 장은 절대이성이나 수호자에 의해 사전 기획된 결론에 도달해야 할 의무에서 해방된 영역이다. 이러한 공론의 장은 절대국가의 붕괴와 더불어 초래된 사적 영역의 출현에서 시작된다. 공론장은 항상적으로 조직되지는 않은 영역이고 자발적 결사는 자율적인 공론장과 결부되어 의사소통의 네트워크를 형성한다. 이와 같은 정치적 공론장은 시민사회적 기초를 매개로 생활세계에 뿌리 내리고 있는 소통구조를 의미한다. 정치적 공론장은 임의로 만들어질 수 없다고 할 수 있다.[5]

한편 공론장에서의 제약 없는 논의(discussion)와 민주적 결사(association)는 시민사회의 조건이 되며 이것이 보장될 때 민주주의는 가능하다고 말한다.[6] 한편 코헨과 아라토는 시민사회의 구조적 영역들에 주목하면서 권리의 복합체를 세 가지 차원에서 구분한다. 첫째, 문화적 재생산과 관련된 권리로 사상, 언론, 표현, 소통의 자유가 있고, 둘째, 사회적 통합을 확보할 권리로 집회와 결사의 자유가 있고, 셋째, 사회화를 보장하는 권리로 프라이버시, 친밀성, 개인의 불가침성에 대한 보호가 있다.[7]

역사학에서 비롯된 사적 영역에 대한 관심은 시민사회와 민주주의와 관련된 논의로 발전했다고 볼 수 있다. 기존의 연구나 이론들은 근대 사회로의 전환이나 자본주의 내에서 민주주의의 구현이라는 차원에서 이루어졌지만, 사회주의 국가에서 체제전환의 핵심 가운데 하나가 당·국가체제의 붕괴와 민주적 질서의 확립이라고 본다면 사회주의체제에 대해서도 적용이 가능하다고 할 수 있다. 특히, 하버마스가 이야기하는 생활세계에 바탕을 둔 소통구조와 제약 없는 논의 환경, 코헨과 아라토가 주목하는 소통의 자유와 프라이버시, 친밀성의 보호는 사적 영역의 형성에서 사적 담론이 중요한 단계임을 말해준다.[8]

사적 영역에서 사적 담론이 중요한 것은 사적 영역이 밀폐된 개인적 영역이 아니기 때문이다. 공적 영역에서 분리된 사적 영역이 새로운 체제변화의 단서가 되기 위해서는 사적 영역이 단순히 개인적 차원에 머물러서는 곤란하다.[9] 국가나 체제의 간섭에서 벗어나 사적 영역화가 생겨나야 할 필요가 있지만, 이때 새로운 영역들이 서로 연결되어야 체제의 변화와 관계되는 유의미한 사적 영역이 된다는 점에 유의해야 한다. 그리고 이를 담당하는 것이 사적 소통 혹은 사적 담론이라고 할 수 있다. 지금까지의 논의를 정리한 것이 〈그림 1〉이다.

〈그림 1〉 근대 이후 사회변화와 사적 영역 및 사적 담론

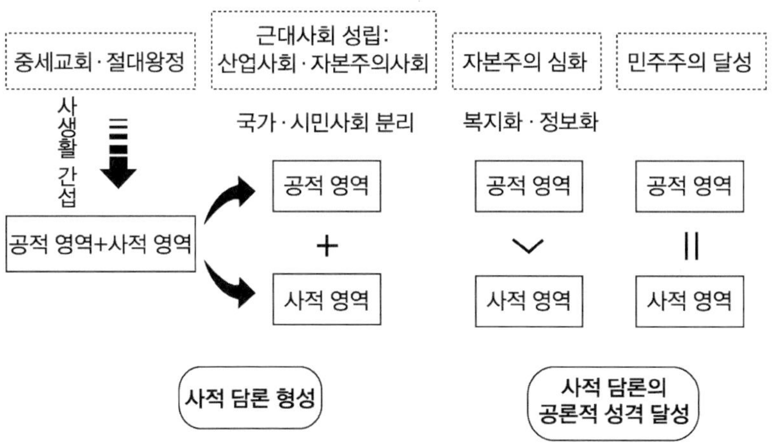

사적 영역이나 사적 담론에 관련된 논의들은 기본적으로 자본주의의 성립 및 변화 과정과 연관되어 있다고 볼 수 있다. 그러나 이는 사회주의 체제, 특히 사회통제 체제가 완벽에 가깝게 구축되어 강력한 사회정치적 통합 수준을 유지하고 있는 북한 체제의 변화를 살펴보는 데에도 일정한 의미가 있다. 공동체를 강조하는 사회주의 특성상 개인의 영역은 제한되기 마련이다. 또한 공식적 통제 체제와[10] 더불어 당적 지배뿐 아니라 작업장에서 인민반에 이르기까지 중층적 차원에서 이루어지는 생활총화는 개인의 영역을 축소시켰다고 볼 수 있다. 이와 같은 상황은 중세의 교회나 절대왕정 시대에 국가가 일상생활까지 간섭했던 것과 유사하다. 따라서 북한의 일상 영역에서 사적 영역이 형성되고 있다면 북한체제가 변화되고 있음을 의미한다고 할 수 있다. 같은 맥락에서, 사적 담론의 형성은 북한체제 유지의 중요한 기능을 수행하고 있는 지배담론의 약화를 보여준다.

3. 지배담론과 대항담론

담론 혹은 '언설'은 주류언어학에서는 일반적으로 문장보다 긴 의미의 집합체(textual unit)를 의미하며, 발화되거나 문자화된 텍스트가 담고 있는 의미론적 요소들이 언어학의 영역에서 담론을 다룰 때 초점이 된다. 그러나 최근 문화연구에 관심이 있는 인문과학이나 사회과학에서는, 발화되거나 문자로 쓰인 서류나 진술문(statement)에서 주요한 사회적 이슈에 대한 특정한 시각이나 입장을 담고 있으면서, 사회 내에서 형성되고 유통되는 크고 작은 종류의 이야기나 텍스트 혹은 발화의 집합을 담론이라고 지칭하기도 한다. 이러한 차원에서 담론이론과 담론분석에서 정의하는 담론은 언어적·이야기적이고, 문화적 요소로 구성되며, 사물이나 현실에 대한 일정한 인식·재현·주장을 담고 있다.[11]

〈그림 2〉 지배담론과 담론투쟁

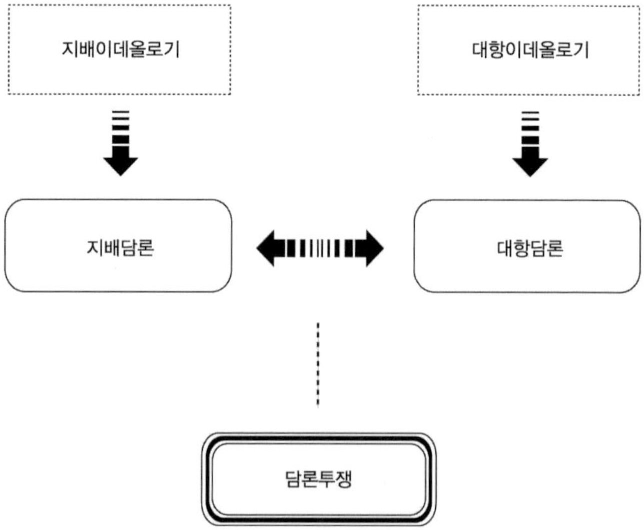

그러나 담론을 분석 대상으로 삼는 경우는 비판적인 입장에서 접근하는 경우가 많다. 이 경우 담론분석이 주목할 점은 담론이 행사하는 의미구성의 작용이며, 나아가서는 의미나 이데올로기의 차원을 넘어서서 행사하는 권력 작용이다. 먼저 공적으로 형성·유통·순환되는 담론들은 이들 담론을 지지하거나 채택하는 이에게 특정 주제나 현상을 바라보고 해석하는 틀이나 필터를 제공하며, 일종의 진실효과(truth effects)를 동반하기도 한다. 즉, 특정 정치주체나 제도로 생성되는 담론을 통해서 사물이나 사건 혹은 사안을 보는 입장과 시각이 만들어지며, 특정한 담론의 영향으로 그러한 사안에 대한 '담론화된 진실'과 현실이 형성된다는 것이다. 이러한 차원에서 담론은 사회 내의 불평등하고 불균등한 권력관계를 반영하며, 언어와 상징, 기호, 그리고 이데올로기의 영역을 통해서 지배적인 권력관계를 유지하거나 피지배자들의 동의를 구하는 데에 필수불가결하게 사용되는 요소라고 하고 있다.[12]

〈그림 3〉 공적·지배담론과 사적·대항담론

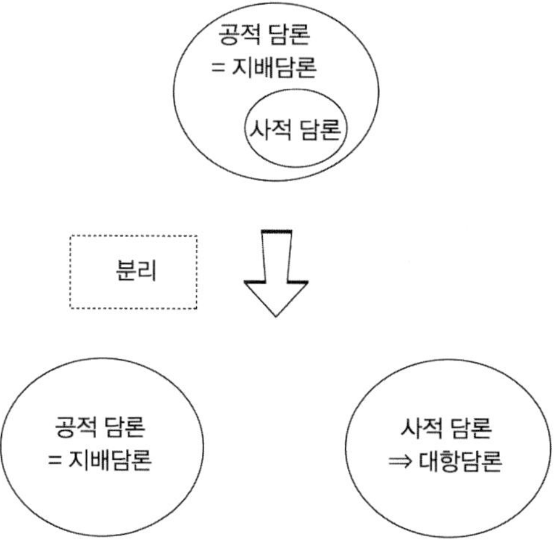

따라서 담론분석은 지배담론과 연결되는데, 지배담론은 지배이데올로기를 구현하면서 지배구조를 유지하는 기제로서의 역할을 수행한다. 그러나 지배적 담론하에서 지배적 이데올로기 안에서 만들어지는 정체성과 동일화에서 이탈하는 것은 언제나 쉽지 않지만, 이때 변형되고 치환된 결과에서 생산될 수 있는 것이 대항담론이다.[13] 사회변혁 과정에서는 지배담론을 대체하는 대항담론의 형성이 필요한바, 이 과정에서 담론투쟁이 전개된다고 볼 수 있다.[14]

담론투쟁이 이루어지는 과정에서 지배담론의 해체가 동반되는데, 지배담론의 중심인 공적 담론과 구분되는 사적 담론의 형성이 필요하다고 할 수 있다. 물론 지배담론이 사적 담론에도 관철될 수 있으나, 기본은 공적 담론 영역이라고 할 수 있다. 반면 대항담론은 그 출발이 사적 담론에 있다고 할 수 있다. 대항담론은 지배담론으로부터 분리된 새로운 담론구조라고 할 수 있는데, 지배적·공적 담론의 분리가 처음으로 일어나는 곳이 사적 영역이고, 이곳의 담론이 사적 담론이기 때문이다. 이러한 맥락에서 사적 담론이 정치적 차원으로 확장되고 공적 담론과 배치되면서 대항담론의 토대로 작용한다고 볼 수 있다.

4. 북한 공적 담론의 형성과 위기 상황

1) 공적 담론의 형성과정: 혁명구호의 경우

북한의 공적 담론은 당의 선전선동부가 생산하고 교육제도, 언론, 조직활동을 통해 사회적으로 확산된다고 할 수 있다. 공적 담론의 핵심 담지집단(carrier group)은 핵심 군중이라고 할 수 있으며, 이를 수용하는 2차 담지집단은 일반 인민이라고 할 수 있다.

〈그림 4〉 공적 담론의 형성과정

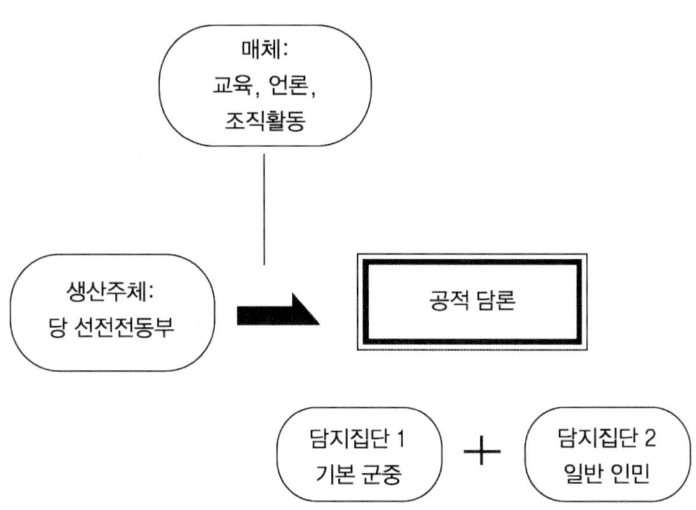

공적 담론을 형성하는 다양한 요소 가운데 대표적인 것이 혁명구호(강령적 구호)라고 할 수 있다. 따라서 혁명구호의 작성과 제시 과정을 보면 지배담론이 만들어지고 수용되는 과정을 알 수 있다.

당 창건기념일, 정권창립기념일 등을 맞아 각 분야의 과제를 종합적으로 제시하는 혁명 구호는 당중앙 비서국 선전선동부 선전과에서 작성한다. 당중앙 비서국 선전선동부에서는 당 및 정부 각 부서들에 해당 부서에서 관장하고 있는 분야에 대한 구호를 작성하고 제출할 것을 지시한다. 해당 부서에서는 당이 제시한 노선과 정책, 분야별 당면과제, 달성해야 할 계획 목표, 해당 분야의 중심 고리[15] 등을 고려하여 구호를 작성해 선전선동부에 제출한다. 선전선동부에서는 이를 종합해

초안을 작성하고, 선전담당 비서를 경유하여 총비서의 비준(결재)을 받아 확정한다. 이 과정에서 당중앙 조직지도부와 긴밀하게 협조(당 창건일 행사는 조직지도부가 총괄하므로 그 일환인 구호의 작성·제시도 조직지도부와 교감을 유지)해야 한다.

군사 분야 구호는 선전선동부에서 총괄하는 강령적 구호를 주로 이용하나, 시사적인 구호는 인민군 총정치국에서 수시로 작성하도록 지시한다. 이에 따라 총정치국 선전교육부에서 당면과제 가운데 중요한 사항들을 종합해 작성하고, 선전담당 부총국장을 경유해 총정치국장의 비준을 받아 확정한다. 전투 및 훈련 시에 수시로 제시해야 할 구호는 중대와 대대 정치지도원 또는 연대 정치부에서 작성하여 연대 정치위원의 비준을 받아 활용한다. 다음은 군의 혁명구호의 예이다.

> "중대를 일당백의 전투대오로 더욱 강화하자!"
> "중대원들은 김정일의 제1결사대, 제1호 방위병으로 준비하자!"

중앙당뿐 아니라 산하 각 조직은 산별 구호나 돌격노동 시 구호를 자체적으로 작성하는데, 이러한 구호는 전개된 각 상황에 따라 각급당 정치위원들의 비준하에 작성한다.

> "비료는 쌀이다", "옥수수는 밭곡식의 왕이다" 등

작성된 혁명구호는 다양한 차원의 검열을 받는다. 검열은 당에서 작성한 구호지만, 이를 플래카드나 표어판 등에 제시할 때에는 내각 출판총국 검열부나 현지 파견된 검열원들에게 검열을 받고 통과된 뒤에야 게재된다. 수시로 변화하는 속보판 등은 검열에서 제외된다. 검열원은 당이 제시한 내용이 그대로 게재되었는가, 플래카드나 표어판에

손상된 곳은 없는가, 규격이 적당한가 등을 검열한다. 수시검열은 해당 구호를 본 대중의 반응을 측정해 장단점을 상보하는 형식으로 진행한다. 당창건기념일 등에 제시되는 각 분야를 망라한 종합적인 구호는 당중앙 선전선동부에서 『로동신문』을 비롯한 신문 등과 조선중앙통신사 및 조선중앙방송위원회 등에 배포해 공개 제시한다. 『로동신문』 등의 사설과 논설, 방송 해설 등의 내용에 중요 구호들을 포함시키거나, 그 구호들을 제목으로 설정·해설하는 형식으로 제시한다. 인민군 총정치국과 각 산업별 당기구들에서 자체로 작성하는 구호들은 해당급 정치부들에서 임의로 제시할 수 있다.

검열까지 마치게 된 혁명 구호는 각종 공공건물의 외벽을 장식하거나, 건물 내부의 게시판 등에 걸리게 된다.[16] 중요한 구호의 경우 신문이나 방송 매체에서 제시되고, 경우에 따라 구호를 활용한 소설이나 영화화도 이루어진다. 또한 학교의 수업이나, 다양한 수준의 총화에서 학습 대상이 된다. 이 과정에서 구호가 갖고 있는 담론적 성격이 해설을 통해 동반된다. 반복적인 학습과 토론, 미디어를 통한 반복적 제시, 건물 내외의 장식을 통해 일반 북한 인민들을 혁명구호를 내면화하게 된다고 볼 수 있다.

2) 공적 담론의 위기 배경

북한의 공적 담론이 위기를 맞게 된 것은 여러 차원에서 설명할 수 있다. 첫 번째는 당적 차원의 문제이다. 당의 조직 축소 및 당 역할 축소와 같은 변화는 공적 담론의 1차적 담지집단을 축소시켰다.[17] 더욱이 담론 형성과 유지에 중요한 역할을 수행하는 일선 조직 중 선전부의 위상이 하락한 것이 중요한 문제가 되고 있다.[18] 또한 과거와 달리

당원에 대한 혜택이 축소되면서 당원의 인기가 하락하고,[19] 경제난으로 2003년부터 진행된 작업장을 중심으로 한 근로조직이 포함된 공조직의 축소도 공적 담론을 떠받치는 담지집단의 양적 축소를 가져왔다. 이와 더불어 당조직과 행정조직의 불균형 확대, 부서 간 영향력의 불균형 노정도 공식 담론의 약화와 관계가 있다.[20] 그리고 통제체제 자체도 점차 이완되면서 말의 자유가 제한적으로 확대되었고,[21] 이 역시 공식 담론의 약화로 이어졌다고 볼 수 있다.[22]

다음은 경제적 차원의 문제이다. 근본적으로는 식량난 이후 배급체제가 붕괴된 현실이 가장 중요한 환경이 된다. 배급제는 식량의 수급뿐 아니라 사회구성원들을 공식조직에 묶어두는 역할을 한다는 점에서 사회통합의 핵심적 기제라고 할 수 있다. 그러나 배급제가 와해되면서 공식적 사회조직인 일터가 붕괴하고, 사람들은 식량을 구하기 위해서 자유롭게 활동하기 시작하였다. 더욱이 7·1조치로 시장이 활성화되면서 공적인 통제에서 벗어난 사적 영역이 활성화되고 공적 담론의 장 자체가 축소하게 되었다는 것이다.

텃밭의 소유와 개인경작의 확대, 상업의 활성화는 사적 경제가 활성화되는 계기가 되었다. 또한 이러한 과정에서 친인척이라고 하는 전통적인 가족관계가 생계 유지의 연결망으로 작용하면서 사적 소통의 장이 열렸다고 볼 수 있다.[23] 이와 더불어 권력기관의 부패로 부를 축적한 개인과 당료·관료의 결탁과 같은 새로운 관계가 형성되는 것도 공적 담론의 약화를 초래하고 있다고 할 수 있다. 상업 활동의 증가와 더불어 새롭게 생겨나는 당구장과 같은 유흥공간도 주목할 필요가 있다. 당구장이나 오락실의 확대는 단순히 새로운 여가공간이 확대되는 것만이 아니다. 새로운 공간에서 새로운 여가활동과 더불어 새로운 담론의 장이 마련된다는 것이며, 이런 차원에서 공적 담론에 대항하는 사적 담론의 형성의 중요한 조건이 된다.

사회적 차원에서는 새로운 세대의 등장이 중요한 요소가 된다. 새로운 세대들을 식량난을 경험하면서, 당의 공식적인 교양 내용과는 다른 의식구조를 갖게 된다. 실리를 중요시하는 것이 대표적인 경향이며, 개인 부업을 중시하고 수입이 좋은 직장을 선호하는 것이 이러한 변화를 잘 드러내준다.[24] 새 세대는 기존 세대와 의식 차이를 보이면서 공식적인 담론구조와도 유리되는 경향을 보인다고 할 수 있다. 식량난이 심화되면서 미신을 포함한 무속이 활성화되는 것도 공적 담론이 약화되는 데 중요한 기능을 수행한다.

북한에서 무속은 공식적으로 비판받은 행위이지만 고달픈 북한 인민들에게 심리적 위안을 제공하면서 식량난 이후 급속히 증가하고 있다. 결혼부터 신수, 액 막음에 이르기까지 광범위한 범위에서 무속신앙이 활성화되는 것은 공적 담론과 다른 담론이 형성되는 조건이 된다.[25]

비디오와 같은 새로운 매체의 보급 확대도 공적 담론의 약화와 밀접하게 연결되어 있다. 탈북자들의 증언에 따르면 일정한 부를 축적하면서 구입하는 가전제품에서 텔레비전(TV)과 비디오는 우선순위를 점한다. 특히, 비디오는 중국의 문화뿐 아니라 남한의 문화까지 전달하는 매개체로서 기존 담론과는 완전히 다른 담론 형성을 촉발할 수 있다.[26] 시장과 더불어 상업이 활성화되면서 전화가 증설되는 것도 사적 담론 형성의 토대가 된다. 일부 접경지역에서는 중국의 핸드폰을 사용하는 사람도 생겨날 정도이며,[27] 내륙에서도 장사하는 사람들은 전화를 증설한다고 한다.[28]

식량난 이후 심화된 공교육체제의 붕괴도 공적 담론 약화의 중요한 배경이 된다. 식량을 구하기 위해서 학교를 떠나는 학생과 교사도 늘고, 경제난으로 책과 공책을 포함한 기초 학용품마저 부족한 현실에서 공교육의 붕괴는 가속화되는 경향이 있다.[29] 반면 부를 축적한 사람들은 교과목뿐 아니라 아코디언, 피아노와 같은 예능 분야까지 사교육을 시행함으로써 공적 담론과 다른 내용의 교육이 가능해지고 있다는 것이다.[30]

사회적 차원에서 본다면 식량난 이후 시장의 활성화 7·1조치의 시행 등은 북한의 기존 계층구조를 흔들고 있다고 할 수 있다.[31] 계층구조의 변화는 사회적 관계의 변화를 의미하지만, 북한의 전통적인 담론의 생산과 분배 그리고 전파의 구조에도 영향을 미칠 수밖에 없다. 경제적 어려움이 지속되면서 부를 축적한 사람의 위상이 상승하고, 심지어 이산가족 상봉으로 경제적 혜택을 입은 월남자 가족마저 부러움의 대상이 되면서,[32] 새로운 담론의 형성될 여지가 많아지고 있다는 것이다.

새로운 정보의 유입이 확대되고 있는 것도 공적 담론의 약화를 초래하는 중요한 조건이라고 할 수 있다. 북한은 식량난으로 대변되는 농업 부분의 몰락뿐 아니라 공업 부분의 붕괴도 동시에 경험하고 있다. 따라서 기초 생필품을 포함한 대부분의 공산품의 첫 번째 출처는 중국이다. 공식·비공식 교육을 통한 중국문물의 유입은 당연히 새로운 정보의 유입을 초래한다. 이와 더불어 2000년 이후 확산되는 남북 간 교류도 새로운 정보 유입의 통로라고 볼 수 있다. 비록 제한된 지역과 제한된 인원들만이 남한 사람들과 접촉한다고는 하지만, 개성과 금강산을 제외하더라도 연간 1만 명 가까운 사람들의 북한을 방문하면서 북한에 전달하는 남한 문화는 무시할 정도가 아니다.[33]

북한은 모기장론을 주장하면서 자본주의 황색문화의 유입을 경계하고 있지만, 접촉의 증대와 동반하는 새로운 문화 유입의 봉쇄는 원천적으로 불가능하다. 또한 북한 주민들의 영화나 드라마 등 남한 문화를 접하는 것 자체가 불법적인 행위이지만, 친한 지인들과 돌려 보는 과정을 통해 접하게 된다. 이러한 행위 자체가 비공식인 소통구조의 형성을 동반한다.[34] 더욱이 문화에는 가치와 규범이 포함되어 있다는 점에서 기존의 공적 담론을 흔드는 중요한 요인이 되고 있다. 지금까지의 논의를 바탕으로 북한의 공적 담론의 위기 상황을 정리한 것이 〈표 1〉이다.

〈표 1〉 공적 담론 위기의 환경

구분	내용	관련 사항
당적 차원	조직 축소 및 변화	담론매체의 약화
	선전부의 위상 하락	담론 생산주체 약화
	당원의 인기 하락	담지집단의 축소
	근로조직의 약화	담지집단의 축소
	당조직과 행정조직의 불균형 확대	담지집단의 축소
	이완된 통치체제	담론매체의 약화
경제적 차원	배급제 추락과 7·1조치로 시장 등 사적 경제 활성화	담론전달 과정 약화
	친인척 중심의 새로운 경제단위 부상	대안적 담론 환경조성
	권력기관이 포함된 새로운 경제네트워크 형성	담론전달 과정 약화, 새로운 소통구조 형성
사회적 차원	새 세대의 약진	새로운 담지집단 형성
	미신 등 종교 활동 활성화	대안적 담론 형성
	비디오 등 대안적 매체의 보급	대안적 담론 형성 환경
	전화 증설로 사적 소통구조 확대	사적 소통구조 활성화
	공교육의 부실화와 사교육 활성화	담론 전달력 약화, 사적 담론 형성 가능성
외부 차원	접경지역을 통한 중국 정보	새로운 담론 형성 환경
	남북교류를 통한 남한 정보	새로운 담론 형성 환경

5. 사적 담론 형성의 가능성

1) 사적 담론을 위한 공간

사적 담론이 가능하기 위해서는 일정한 공간이 필요하다. 사적 영역이 개인적 영역과 차이가 있는 것과 마찬가지로 사적 담론의 공간은 개인 혹은 가족의 공간과 다르다고 할 수 있다. 이러한 차원에서 볼 때 가장 북한에서 시장의 활성화와 개인 단위 사업의 확대는 사적 담론을 위한 중요한 공간이 될 수 있다. 시장이 비록 합법화되었다고는 하나 사회주의 원칙이 구현되는 곳은 아니다. 시장은 다양한 거래가 진행되는 가운데 기존 담론과는 다른 담론이 형성될 토대를 마련해주었다고 볼 수 있다.

특히, 식량난으로 비롯된 음식업종은 사적 담론 형성을 위한 공간이 되고 있다. 한 탈북자의 증언에 따르면 음식에 소질이 있는 어머니가 집에서 식당을 차리고 손님을 받았는데, 간판도 달지 않은 비공식적인 사업이었다고 한다. 그럼에도 음식 솜씨가 좋아 손님이 몰려왔다고 한다.[35] 단순한 상품거래의 경우와 달리 이처럼 개인이 영업하는 음식점에서는 사람들이 일정 시간을 체류하므로 다양한 대화가 가능하다. 그리고 그 자체가 법적 테두리 밖에 있기 때문에, 판매자나 구매자 서로가 일종의 동지의식을 갖고, 기존 체제에 대한 비판이나 불만을 공유할 가능성이 크다.

사적 담론을 위한 공간으로 중요한 것은 개인 경작지의 증대라고 할 수 있다. 2000년대 이후 식량자급을 위하여 일정한 토지를 개인이 경작할 수 있도록 함에 따라, 개인 혹은 가족 단위의 영농이 이루어지고 있다. 이를 위하여 반합법적으로 직장도 쉬는데, 농업의 특성상 개인

단위보다는 집단으로 이루어지며, 그 기간도 상대적으로 길다는 점에서 사적 담론 형성의 중요한 공간적 환경이 된다고 할 수 있다.

평양 등 주요 도시에서 볼 수 있는 매대(일종의 간이 판매점)도 유사한 역할을 할 수 있다. 외견적으로는 조직이나 상점에 소속되어 있으나, 실제로는 개인이 일정한 금액을 제공하고 수행하는 사적 영업이라고 할 수 있다. 음식점에 비해서는 상대적으로 짧은 시간 동안 머무르지만 매대에서도 주인과 손님, 그리고 손님 간의 사적 담론이 가능하다고 보아야 할 것이다. 능력이 있는 개인은 공공기관을 통해 매대를 임대받는 것에서 더 나아가, 공간을 추가적으로 더 확보해 건축까지 시행하는 매점도 확대되는 경향을 보인다. 공공에 소속된 매대와 달리 개인적인 매점은 판매가격도 흥정할 수 있다는 점에서 더욱 심도 있는 사적 담론의 공간이 될 수 있다.[36]

새로 생겨나는 여가시설도 사적 담론의 공간 역할을 수행할 수 있다. 당구장이나 게임장이 그 예이다. 전통적인 놀이나 여가는 지역 단위 공동체를 기반으로 하고 있는데, 새로운 여가시설은 동일한 취향이나 소득 등에 바탕을 두고 있다고 할 수 있다. 당구장 등을 운영하는 사람들도 생겨난다는 것은 일단 사회적 수요가 있다는 것을 의미하며, 그만큼 새로운 의사소통의 장이 늘고 있다는 의미로 보아야 할 것이다.

2) 사적 담론을 위한 네트워크

사적 담론이 형성되기 위해서는 비공식적인 사회적 연결망이 필요하다. 이러한 맥락에서 1990년대 중반 고난의 행군 이래 북한의 공식적인 경제조직이 와해됨에 따라 비공식 부분이 활성화되며 생겨난 시장과 같은 자생적 경제 영역을 주목할 필요가 있다.

시장의 활성화는 자연스럽게 거래망을 중심으로 새로운 네트워크가 생겨남을 의미한다. 중국 등을 통하여 물건을 반입하는 사람과 시장에서 장사하는 사람, 도매와 소매상 등 상품을 매개로 하는 네트워크가 형성되고 있다는 것이다.[37] 그런데 7·1조치 이후 합법화되었지만 여전히 이러한 상품 유통망은 비합법적인 부분이 적지 않다. 이러한 경우 네트워크는 비공식적이지만 은밀성을 띠면서도 강한 연대감을 동반할 가능성이 크다. 또한 여전히 가내 판매가 적지 않다는 점에서 개인적이고 사적인 연고가 거래 네트워크의 특성을 갖는다고 볼 수 있다.[38]

제도적 차원에서 보장되지 않는 경제활동이 활성화되면, 이를 보상하기 위해서 상대적으로 신뢰할 수 있는 사람들과 공존하는 경향, 예를 들어 친한 친구나 가족 등이 사업의 동반자가 되기 쉽다. 이러한 차원에서 본다면 산업화와 더불어 진행된 핵가족화와는 반대로 광범위한 친족관계가 중시될 수 있다. 특히, 중국에 있는 친인척과의 유대가 복원되고, 식량 획득, 상품 거래 등의 이유로 지역 간 이동이 활발해지면서 타 지역의 친인척도 다시 중시될 수 있다는 것이다.[39] 혈연을 중심으로 한 연고 관계는 전통적인 사회적 관계이기는 하지만 역시 사적인 영역이라고 할 수 있다. 이러한 사회관계는 전통에 기반을 두고 있지만, 경제적 이득이라는 근대적 관계 속에서 작동하고 있다는 점에서 이중적인 성격을 갖게 된다.

시장이 활성화되면서 자연스럽게 형성되는 시장 내 분업구조, 이를테면 물건을 파는 사람과 이들에게 음식을 제공하는 사람, 물건을 배달하는 사람, 도소매 관계 등도 새롭게 생겨나는 사회적 관계라고 할 수 있다. 또한 시장을 중심으로 일정한 정도의 부를 축적한 '돈주'의 출현은 자본주의와 유사한 사회적 관계를 구조화하기도 한다.[40] 그런데 주목할 것은 돈주들이 시장 내, 즉 비공식 영역에서만 새로운 네트워크를 구축하는 것은 아니라는 것이다. 일부 지역이기는 하지만, 비료나 종자를 구입하거나 시설을 개선할 여력이 없는 공장이나 농장 등공식 영역에도 진출해 투자 이익을 추구하고 있다고 한다. 이는 공식영역을 아우르는 경제네트워크가 형성되고 있음을 보여주는 것이다.

> 흥남비료의 경우 제일 불리한 조건이 일제시기에 건설한 설비의 철관들이 산화되어 구멍이 많다. … (중략) … 그것의 보수를 오랜 주기로 하고 있다. 그런데 이 철관은 35년이 되기 전에 계속 구멍이 나고 하니까는 불소강으로 이제는 교체를 많이 하고 그런데 … (중략) … 결국은 돈주들을 끼고 불소강을 들여온다.[41]

비공식 영역의 경제활동에서 중요한 것이 뇌물과 같은 불법적 행위라고 할 수 있다. 통제시스템이 강하게 존재하고 있는 상황에서 상업활동을 하는 사람들과 권력기관에 있는 사람들 간에 일종의 고리관계가 형성될 수 있다. 특히, 국가가 당료나 관료 등 공적 부분의 사람들에게 생활을 감당할 만큼 지원해 주지 못할 경우, 이러한 공생관계는 자연스럽게 형성되어 구조화될 가능성이 크다. 최근 북한의 경우도 보안성이나 국경수비대, 세관원 등 통제 권력을 갖고 있는 집단과 상인들 간의 공생관계가 구축되고 있다고 볼 수 있다.[42] 이러한 관계는 명백하게 불법적이지만, 동시에 현실적으로는 합리적인 관계라고 할 수 있다. 또한 북한의 경제 환경이 급속히 개선될 가능성이 없는 반면, 경제난은 상당 기간 지속되어 왔기 때문에 네트워크는 구조적인 성격을 갖게 된다고 할 수 있다.

경제 환경의 변화는 시장과 같이 새로운 공간뿐 아니라 기존 작업장에서도 새로운 사회적 관계를 형성한다. 농장의 경우 작업반이나 분조

단위의 경작을 시행하면서, 소출의 일정 부분만 농장에 지불하면 나머지는 자신들의 것으로 하는 비율이 전체 사람의 30%에 이르는 곳도 있다고 한다.[43] 이 경우 공식적인 농장의 당적 조직, 농민 조직과 다른 공동 경작단위 내의 네트워크가 구축될 수 있다. 경제난과 시장의 활성화 등으로 초래된 새로운 사회계층 분화도 새로운 네트워크의 기반이 된다고 할 수 있다. 우선 새롭게 생겨나는 부유층의 경우이다. '돈주'로 지칭되는 자본가 집단 등 환경변화에 적절하게 대처하며 부를 축적한 사람들은 상호교류하면서 자신들만의 차별화된 생활세계를 구축하고 있다.[44] 이들은 커다란 텔레비전(TV)과 냉장고 같은 가전제품이나 피아노 등 문화용품을 경쟁적으로 구매하면서, 서로 비교하며 품평할 정도이다. 자녀들의 좋은 교육환경 구축 등 공동 관심사를 갖고 서로 소통한다고 할 수 있다.[45]

외화벌이꾼의 증대도 공동 경험을 가지고 있는 새로운 사회집단의 출현을 초래하고 있다고 볼 수 있다. 식당이나 기업, 그리고 병원에 이르기까지 운영비조차 제대로 지원하지 못하는 재정 상황에서 북한은 '자력갱생'을 강조하고 있다. 이에 대한 대응으로 가능한 조직들 모두가 경쟁적으로 외화벌이에 나서고 있다. 중국 등지에 급증하고 있는 북한 식당이나, 중동 지역의 북한관련 건설회사나 인력송출회사의 진출, 아프리카에서 개업하는 북한 의사들이 대표적인 경우이다. 이들은 일정 기간 외국 생활을 한 뒤 귀국하는데 대부분 북한 기준에서 적지 않은 부를 축적한다고 한다. 이들은 정치적 차원에서는 아니지만 사회적 차원에서는 서로 교류하고, 외국 생활 경험을 토대로 차별적인 구매형태를 보이는 등 다른 북한 주민들과는 다른 일상 세계를 구축하고 있다고 볼 수 있다.

계급적인 수준은 아니지만 북한의 경제난이 지역적으로 차별화되고 있다는 점도 지역 단위의 서로 다른 사회적 네트워크를 가능하게 한다.[46] 식량난이 심했던 동북부 지역, 중국과의 거래가 활성화된 국경지역과 내륙지역, 현재 북한 최대의 무역거래 지역이라고 할 수 있는 신의주, '혁명의 수도' 평양, 그리고 개성공단의 혜택을 받고 있는 개성지역 등 경제적 환경은 다양하다. 생활의 경험이 다른 사람들 즉, 상대적으로 개방화가 진전된 지역주민 간의 소통구조나 열악한 지역의 소통구조는 차별적일 가능성이 크다는 것이다.

경제적인 요인은 아니지만 '새 세대'의 부각도 새로운 사회관계를 형성하는 배경이 되고 있다. 현재 북한의 30대부터 새 세대로 보는 경향이 있는데, 이들은 앞선 세대와 의식이나 행동에서 차이가 있다. 해방이나 전쟁, 북한의 건국 과정을 경험하지 않은 산업화 이후 세대인 이들은 상대적으로 실용적·실리적이다. 앞선 세대가 이념지향이고, 농업기반의 전통적인 관계를 중시하는 반면 새로운 세대들은 비록 당일꾼들이라고 할지라도 40세 이상과는 차이가 있다고 한다.[47] 차별적인 세대의 집단은 그들끼리의 사회적 관계망을 형성하고 그들만의 소통구조를 가질 수 있다.

앞에서 이야기한 새로운 미디어의 확산도 사회관계의 확대를 유도하고 있다. 접경지역의 일부라고는 하지만, 중국은 물론 한국과의 통화도 일상적으로 하는 경우가 적지 않다는 점은 새로운 네트워크의 범위가 그만큼 넓다는 것을 의미한다. 아직 북한 내부에서는 휴대폰 사용자는 극소수에 불과하며, 상업종사자들을 중심으로 확대되는 유선전화 사용도 국내 단위로 제한되기는 하지만, 이러한 변화는 새롭고 광역적 성격을 갖는 네트워크의 출현과 이어진다고 할 수 있다.

3) 사적 담론의 내용

공적 담론과 구분되는 사적 담론은 소재를 중심으로 이루어지고 있다. 탈북자 면담이나 최근 소설에 나타난 내용 가운데 두드러지는 것은 실용주의나 성과에 관련된 것이다.

> 상준이 이 사람, 난 동무가 사낸 줄 알았는데 색시한테 사죽을 못쓴다며? 땅크를 몰았다던 사람이 그럼 못 써요. 무조건 이겨야지, 나처럼, 옳던 긇던
>
> 로정범, "안해의소원,"『조선문학』(2006. 8)

> 처녀를 위해서라도 대형차를 지나치게 아끼지 말구 부쩍 채라구. 웬간한 건 깊어두구 … (중략) … 생활이란 참빗처럼 깐깐하게 훑어선 한 걸음도 전진하지 못해. 어쩌면 웅뎅이건 돌이건 모래건 덤불이건 가리지 않고 마구 밀어가는 물의 흐름과 같은 거야.
>
> 라희남, "세월이지난뒤,"『조선문학』(2006. 12)

> 기업관리, 그것은 곧 원가이며 리윤이었다. 국가에 리익을 주게 될 것인가 손해를 끼치게 될 것인가, 공장, 기업소 일군들은 무슨 일을 한다해도 언제나 이것부터 생각해야 했다.
>
> 김문창,『열망』(평양: 문학예술종합출판사, 1999), 83쪽

> 그때 적지 않은 당, 경제 지도일군들이 상민동무가 반당분자들을 추종하여 수정주의 경제리론인 리베르만주의를 기업관리에 도입하려고 한 반당적 일군이라고 신랄히 비판하였습니다. 그러나 나는 상민동무를 그렇게 일면적으로 보고 싶지 않았습니다. 동구의 범벅이 된 기업관리 방법이 수정주의에 바탕을 둔 것은 아니라고 생각하였습니다. 기업관리를 깐지게 잘해서 비료생산을 끌어올리려는 불타는 열정에서 빚어진 것으

> 로 리해하였습니다.
>
> 백남룡, 『동해천리』(평양: 평양출판사, 1996), 321쪽

> 외화를 벌어야 합니다. 외화만 가지면 전국을 비롯하여 생산을 정상화하는 데 필요한 소소한 물자들을 사 올 수 있습니다.
>
> 김문창, 『열망』(평양: 문학예술종합출판사, 1999), 58쪽

위의 첫 번째와 두 번째 인용문은 목표 달성을 위해서 수단을 포기해야 한다는 의미를 담고 있다. 절차를 중시하던 기존의 담론과는 다른 것인데, 성과를 중시하는 경향을 대변하고 있다. 세 번째, 네 번째 인용문은 더욱더 적극적으로 성과주의를 강조하고 있다. 가치의 차원에서 결과, 특히 이익 달성 여부가 중요하다는 것이다. 더욱이 이윤을 중시하는 것은 자본주의의 기본적 가치라는 점에서 기존 담론과는 확연하게 다르다고 할 수 있다. 마지막 인용문의 경우는 그동안 북한에서 비판의 중심이었던 동구 중심의 수정주의까지 수용하는 내용으로 이례적이라고 할 수 있다. 마지막 인용문의 경우는 외화의 필요성을 적극적으로 개진하는 것인데, 자력갱생이나 자립경제와 같은 주체경제의 원리와는 배치되는 것이라고 보아야 할 것이다.

새로운 담론에서 중시되는 것 가운데 또 다른 하나는 물질과 풍요에 대한 열망이라고 할 수 있다.

> 당신두 참, 우리도 집을 좀 번듯하게 꾸리고 삽시다. 옥이도 제대되여 오겠는데 … (중략) … 오면 시집도 보내야지요. 다른 집에들 좀 가보라요.
>
> 장선홍, "그들의행복," 『조선문학』(2006. 7)

그 지방 특산물과 별식들로 차린 푸짐한 대접에 습관된 리창전이였다. 그것과는 비교할 수조차 없는 이런 간소한 줴기밥을 먹자니 가책으로 목이 메었다.

백남룡, 『동해천리』(평양: 평양출판사, 1996), 59쪽

류행과 시대풍조에 뒤질세라 새옷을 지어입고 머리모양을 꾸미고 거리에 나서는 도시의 많은 중년 녀성들에 비하여 녀인의 외모는 초라할 정도로 수수하다.

백남룡, 『동해천리』, 6쪽

윤병암은 터전을 보고 그렇게 했다. 그는 집을 교환하면서 … (중략) … 얼싸한 집으로 전변시켰다. … (중략) … 지방 산업공장에 다니던 안해를 사직시키고 터전 농사를 짓게 하였다. 자못 근면한데다 손부리가 영글고 눈썰미가 좋은 그의 안해는 터전에 심는 마늘과 도마도에서는 물론 돼지, 개, 닭을 잘 길러 해마다 굉장한 수입을 얻었다.

김문창, 『열망』(평양: 문학예술종합출판사, 1999), 16쪽

그 사이 아버지는 외국출장을 여러 차례 다녀왔다. 원래 출장을 갔다가도 무엇을 들고 오는 일이 없는 아버지는 외국출장에서 돌아올 때도 비행기 안에서 녹이다 남은 사탕알을 딸한테 쥐여주는 것으로 기념품을 대신했다. 그런 아버지임을 잘 아는 영혜는 이번에도 면도기 이야기는 까맣게 잊을 줄로만 알고 있었다. 그런데 딸이 청해가 있는 곳에 출장을 간다는 말을 들은 아버지가 뜻밖에 그 고급면도기를 내놓으며 청해에게 가져다주라고 했다. 영혜는 기쁨보다 도리어 놀라움이 더 컸다. 청해는 면도기를 들고 이리저리 만져보았다. "인주세요." 영혜는 청해한테서 면도기를 받아들고 이것은 스위치, 이것은 전지, 청소할 때는 이렇게 분해하고 … (중략) … 하는 식으로 일일이 설명하였다. 그런 다음 자기가 실지 동작을 해보이고 스위치를 넣었다. 면도기는 사르릉 소리를 내며 기분 좋게 돌아갔다. "약전전문가가 다르구만."

박룡운, 『젊은 선장』(평양: 금성청년출판사, 2006), 71~72쪽

> 가로수 밑에 처녀 총각이 마주서서 무슨 이야기인가 열심히 하고 있었는데 총각은 분명 차인혁이였던 것이다. 아버지의 불상사를 듣고 지금쯤은 집에 가 있으리라고 생각했던 사람이 거리의 가로수 밑에서 처녀와 만나고 있다니 … (중략) … 게다가 윤덕준의 어두운 마음과는 달리 두 젊은이는 매우 밝은 기분 상태에 있는 것이 첫눈에도 알렸다. 주고받는 말들도 매우 흥겨운 것인 듯 몇 마디만에 서로 번갈아가며 웃어댄다. 윤덕준은 늙은이다운 호기심으로 처녀를 살펴보았다. 얼굴도 몸매도 돋보일 만큼 아름다웠는데 그보다 더 사람들의 눈을 끄는 것은 그의 옷차림이었다. 봄날에 맞는 밝은 색깔의 꼭 맞는 의복이며 굽 높은 반짝거리는 신발이며 외국영화에서나 보았던 듯한 중절모 비슷한 모자며 손에 든 황금빛 사슬이 달린 가방이며 … (중략) … 한마디로 말하여 어느 외국 영화에서 튀어나오듯 화려한 옷차림이었다. 윤덕준은 물론 여자들의 옷에 대한 상식이 전혀 없었고, 특히 여자들이 즐겨 화젯거리로 삼는 옷의 질에 대해서는 문외한이었다. 그러나 지나가던 처녀들이 그 처녀의 옷에서 부러워하는 시선을 떼지 못하는 것을 보고 그 질이나 맵시가 대단한 것임을 어렵지 않게 짐작할 수 있었다.
>
> 최영학, 『우리의 집』(평양: 문학예술출판사, 2005), 7~8쪽

위의 인용문들은 모두 외적인 치장이나, 물질적 풍요, 수입 증대 등이 중요한 가치로 북한 주민들에게 받아들여지고 있음을 보여주고 있다. 특히, 뒤의 두 개의 소설에서 나타나는 것은 좋은 것의 기준이 외국 문물(외국 출장에서 사온 물건)이거나 외국 문화(외국 영화의 장면 같다는 점)라는 것이 분명하게 드러난다는 점에서 주목할 필요가 있다. 새로운 가치나 사고나 투영되는 이야기의 환경이 가족, 연애 혹은 가사와 관련되어 있다는 점, 그리고 최근의 소설에서 나오는 이야기가 더욱더 적극적이라는 점도 의미가 있다. 이것은 개인적·사적 영역과 관련된 이야기에서 상대적으로 새로운 이야기가 시작되고 있음을 보여

준다고 할 수 있다.

소설의 경우 북한의 핵심적인 선전 매체로서 여러 단계의 검열을 거친 후 발표된다는 점에서 사적 담론을 정확히 표현하기 어렵다고 볼 수 있으나, 최근 소설의 경우 공적 담론의 내용과 다른 담론이 구현되고 있다는 점이 중요하다. 탈북자의 증언에 따르면 비공식적이고 사적인 대화에서는 공식 담론과는 다른 내용의 대화가 오간다고 한다. 정세에 대한 이야기가 대표적인데 대다수의 북한 주민들이 시장에서 장사를 하고 살아가기 때문에 정세를 정확히 이해하는 것이 중요한 일이라고 한다. 따라서 신년 사설이 발표되면 친한 친구들끼리 모여 앞으로의 정책 방향을 전망하고 어떤 방향으로 장사를 할 것인가를 토론하는 등[48] 실질적인 상업 활동과 관련된 담론이 형성되고 있다고 한다.

6. 맺음말: 사적 담론 형성의 의미

북한의 사적 담론은 현재 형성되는 과정을 밟고 있다고 할 수 있다. 지배담론으로서 공식 담론이 여전히 존재하고 있다고 하나, 과거에 비하여 사회적 영향력은 축소되고 있으며, 일상적인 생활과도 유리되고 있다고 할 수 있다. 공적 담론이 위기를 맞고 있는 것은 경제난으로 비롯된 북한체제 내부의 각 하위체제들이 정상적으로 작동되고 있지 않으며, 북한 인민들이 자신의 생존을 위하여 독자적인 체제를 구축하고 있기 때문이라고 할 수 있다. 특히, 장마당으로 지칭되는 시장의 확대는 다양한 형태의 사적 담론이 가능하게 하는 공간적·사회관계적 조건을 초래했다고 볼 수 있다. 이와 더불어 중국이나 남한과 같은 외부세계의 접촉 과정에서 유입되는 새로운 정보, 새로운 의사전달 매체의 확산, 사회이동의 확대도 새로운 담론 형성의 토대가 되고 있다고 할 수 있다.

그러나 현재 형성되는 사적 담론이 공적 담론과 내용에서 차이가 있다는 것은 분명하다고 할 수 있으나, 그 자체가 대항담론으로 발전할 것이라고 보기는 어렵다. 여전히 기존의 통제체제가 작동하고 있으며,[49] 무엇보다도 새로 형성되는 사회적 관계망에 기득권 집단이 연계되어 있기 때문이다. 상업적 성공으로 부를 축적한 신흥 상류층도 당이나 정부의 권력기구와 결탁되어 있다는 점도 사적 담론이 대항담론으로 발전될 가능성을 어렵게 하는 현상이라고 할 수 있다.

따라서 기존 체제의 변화를 촉진할 수 있는, 공적 담론의 위기 현상이 나타남에 따라 새로운 사회담론이 형성되고 있는 것은 분명하나 그것이 체제변혁과 곧바로 연결된다고 하기는 어렵다는 것이다. 그럼에도 불구하고 북한에서 형성되고 있는 사적 담론이 개인적 수준에 머무르고 있는 것이 아니라, 상업 활동과 같은 일상생활을 중심으로 이루어지고 있다는 점은 변혁적 차원으로 발전할 가능성을 보여주는 것이라고 할 수 있다. 자본주의 사회의 경우 사적 담론의 형성 과정에서 일단 개인주의화 되었다가 다시 공공적 성격을 회복하는 것과는 차이가 있다고 할 수 있다. 사회주의 체제가 성립되고 오랫동안 사회주의적 생활양식, 정확히 말해서 공동체 중심의 일상생활이 익숙한 현실은 사적 담론이 개인의 수준에 머무르지 않고, 공공적 수준으로 발전할 여지를 넓게 해줄 가능성이 있다는 것이다. 이러한 차원에서 본다면 사적 담론이 형성되는 공간과 네트워크의 성격이 구체적으로 어떻게 변할지를 앞으로 주목해서 관찰할 필요가 있다.

근대 이후 사적 영역이 형성되고, 이를 중심으로 체제변혁이 이루어진 중요한 원인이 사회경제적 구조의 변화라고 본다면, 북한의 경우도 권력구조의 안정성이나 사회통제의 단단함으로 새로운 변화의 추세를 꺾기란 쉽지 않을 것이다. 다만 사적 담론이 대항담론으로 발전하는 수준이나 기간에는 영향을 미칠 수 있을 것이다. 더욱이 고난의 행군을 겪으면서 나름대로의 생존전략을 습득한 일반 주민들의 국가에 대한 의존도가 약화되면서 국가의 실질적 영향력이 근본적으로 회복되기도 어려울 것이다. 궁극적으로 사적 담론의 확대 발전은 불가피하다고 볼 수 있다.

5

'고난의 행군'과 북한주민의 마음

국가가 기억하는 '고난의 행군'

1. 머리말

1989년 동구의 국가사회주의가 몰락하고 1991년 소련 연방이 해체되면서 북한은 심각한 체제위기를 경험하게 된다. 북한은 내부적으로는 유일지배체제와 사회주의 산업화의 효율성이 한계를 드러내기 시작한 시점에 동구 및 소련의 체제전환으로 사회주의 국제시장을 잃게 되었다. 1990년대 초반 잇단 수해를 겪으면서 대규모 아사자가 발생할 정도의 식량난을 겪게 되면서 북한 당국은 이를 '고난의 행군'으로 명명했다.[1] '고난의 행군'은 다수의 아사자가 발생할 정도의 비극적 사건이자 기간이었지만 동시에 북한 체제는 고난의 행군을 겪으면서 다양한 변화를 경험하게 되었다는 점에서도 고난의 행군은 북한현대사에서 중요한 분기점이 되었다고 할 수 있다.[2] 정치이념 차원에서 북한 당국은 위기 상황을 극복하기 위하여 '선군정치'를 시작하였고,[3] 경제적으로 축적기제와 조정기제를 변화시킬 수밖에 없었다.[4] 배급이 중단되고 국가의 보호로부터 내팽개쳐진 주민들은 생존을 위해서 시장을 발전시켰다.[5] '고난의 행군'은 북한체제 전반에 영향을 미쳤는데 구조적인 차원뿐만이 아니라 사회구성원들도 그 영향에서 벗어날 수 없었다. 북한 주민들은 국가가 보호해 주던 안정적인 삶이 파괴되고 주위의 사람들이 굶어 죽어가는 모습을 목도하고, 공동체가 해체되는 것을 경험하면서, 일상과 의식의 변화를 겪게 되었다.[6]

이 글은 이 지점에서 시작한다. 역사적 사건으로의 '고난의 행군'을 '북한 주민의 마음'이라는 미시적 차원에서 이해하려는 것이다. 건국 이래, 북한이 경험한 가장 중요한 역사적 경험은 한국전쟁으로 이후 북한체제의 성격을 규정하는 데 커다란 영향을 미쳤다고 할 수 있다.[7] 마찬가지로 '고난의 행군'도 북한 체제 전반에 다차원적인 영향을 미치고 있으며, 특히 북한주민의 마음체계에도 적지 않은 영향을 미쳤다고 볼 수 있다. 이러한 맥락에서 이 글은 '고난의 행군'이 역사적 트라우마로서 어떻게 기억되고 있는가에 주목한다. 이를 위해서 구체적으로 검토할 문제는 다음과 같다. 첫째, '북한 당국은 고난의 행군을 어떻게 기억시키고 있는가', 둘째, '역사적 트라우마로서 고난의 행군은 북한주민들의 마음체계에 어떤 영향을 미치고 있는가'이다.

북한 주민의 마음체계를 분석하기 위해서 이 글에서 기본적으로 의존하고 있는 이론적 논의는 김홍중의 '마음의 사회학' 개념이다.[8] 그는 마음(heart), 마음가짐(heartset) 그리고 마음의 레짐(regime of the heart)의 개념을 제시하면서 마음은 순수하게 개인의 내적 지평에서 발생하는 현상들로 체험되지만 그것은 마음가짐이라는 공유된 구조의 규제하에서 작동되고, 동시에 마음의 레짐이라는 사회적 제도의 틀에 의해 구성되는 것임을 논증했다. 또한 마음의 행위능력을 합리성(rationality), 합정성(emotionality), 합의성(volitionality)으로 설명하고 있으며, 마음의 레짐은 이념(ideology), 습관(habitus), 장치(apparatus), 풍경(imaginary)

으로 구성되는 것으로 분석했다. 그리고 그는 마음의 레짐의 발생 동학을 설명하면서 마음의 레짐은 거시적이고 객관적인 사회구조의 압력이나 중대한 사건에 의해 야기된 '문제들'을 해결할 수 있는 행위 능력의 생산이라는 주요 기능 요건을 충족시키기 위해 발생·지속·진화한다고 보고 있다.[9] 그가 생각하는 마음의 레짐 형성과정에서 마음의 레짐은 구조적 압력을 문제로 번역하는 인식론적 틀로 기능하는 것이 된다.

〈그림 1〉 마음의 레짐 설명논리

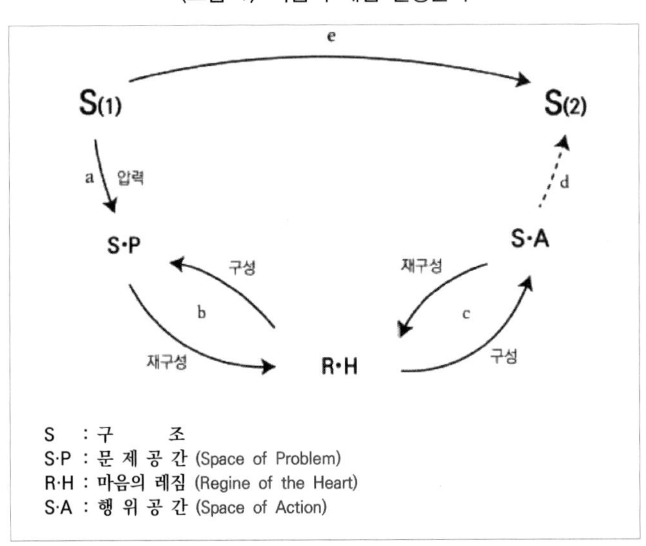

마음의 레짐 형성을 설명하는 도식이 〈그림 1〉인데,[10] 이 글에서는 마음의 레짐의 형성과정에서 구조(S(1))로서 '고난의 행군'을 상정하고, 이것이 어떻게 북한주민들에게 입력되어 구성과 재구성의 과정을 겪는지를 분석하고자 한다. 다시 말해, 위 그림의 왼쪽 측면 즉, a와 b의

차원을 중점적으로 다루고자 한다. 이 부분의 분석을 위해서 다음으로 차용하고자 하는 것은 집단기억(collective memory)과 트라우마(trauma) 개념이다.[11]

알박스(Halbwachs)는 베르그송(Bergson)이 표방했던 '순수기억'의 주관주의를 극복하고 기억을 사회적 현상으로 해석하려고 시도하였다. 개인적 기억도 오직 사회적으로 매개됨으로써만 형성될 수 있다는 것이 그의 견해였다. 그는 자신의 논의를 뒷받침하기 위해 뒤르껭의 '집단의식'의 사회학을 수용하여 '집단기억' 이론을 제시하였다.[12] 그리고 알박스는 문서나 사진 등의 기록에 의해 형성되고 그것을 통해 전달되는 기억을 '역사적 기억'으로 명명하였다. 역사적 사건은 시공간적으로 떨어져 있는 사건이나 업적을 같이 모여 추념하는 기념식이나 전례를 통해서, 아니면 읽거나 듣는 것만으로도 고취된다. 이 경우에는 과거가 사회 제도들에 의해 보전되고 해석되는 것으로 볼 수 있다. 알박스에 따르면 과거는 사실 전체가 그대로 보존되거나 되살려지는 것이 아니라 현재를 토대로 재구성되는 것이다. 또한 과거에 행해진 사건에 대한 현재 시점의 발화(發話)는 과거를 어떻게 보는지를 결정할 뿐만 아니라 미래의 행위에도 영향을 끼친다. 우리가 과거의 사건을 기억하는 방식은, 우리가 앞으로 무엇을 할 것인지 그리고 어떻게 살 것인지와 관련해 매우 중요한 영향력을 갖게 되는 것이다.[13]

집단 트라우마는 정치, 경제, 규범이나 법 등에서 광범위한 사회적 변화를 유발한다.[14] 또한 가변스러운 기억을 현재가 재구성하는 경우가 많다.[15] 역사적 트라우마는 자아 심리학에서 말하는 트라우마와 근본적으로 다른 양상들을 지닌다. 첫째, 자아 심리학에서 외상 후 스트레스 장애를 앓고 있는 사람들은 사건을 직접 경험하거나 그것을 옆에서 체험한 자들이다. 반면 역사적 트라우마를 가진 사람들이 보이는 증상은 과거 사건을 직접 경험한 자들에게만 나타나는 것이 아니라 그것과 아무런 체험적 관련성이 없는 자들에게서도 나타난다. 둘째, 더 특이한 것은 이들 비경험자가 세대를 넘어 후세대까지 연장되며 외상 후 스트레스 장애가 세대를 걸쳐 유전된다는 점이다. 셋째, 역사적 트라우마를 갖고 있는 사람들이 개인이 아니라 집단이며 외상 후 스트레스 장애가 한 사회의 이해 불가능한 병리적 현상으로 극단화되어 나타난다는 점이다.[16] 따라서 역사적 트라우마로서 '고난의 행군'이 집단기억이 되는 방식을 분석함으로써 북한 주민의 마음체계와 변화 과정을 이해할 수 있다. 앞서 언급한 김홍중의 마음의 레짐 설명 논리를 바탕으로 고난의 행군과 북한주민의 마음의 관계를 도식화하면 다음과 같다.

〈그림 2〉 '고난의 행군'과 마음체계

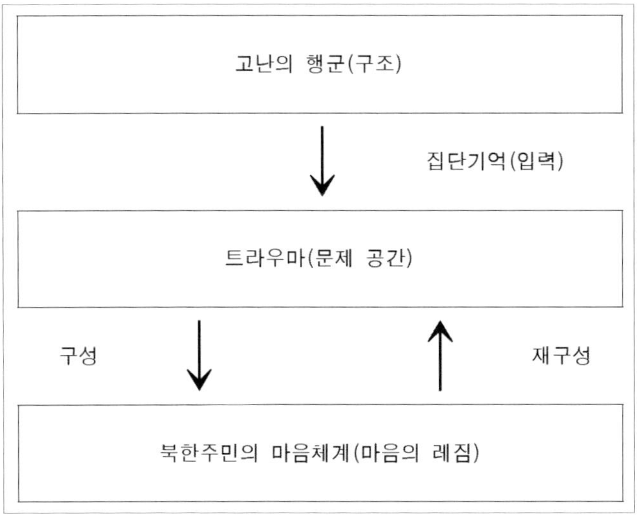

지금까지 의식과 관련하여 '고난의 행군'을 분석한 기존의 논문들도 없지는 않다. 김갑식·오유석은 고난의 행군이 북한주민들의 정치적 의

식, 경제적 의식, 사회문화적 의식 등 세 단층의 변화를 가져왔다고 제시하면서 사회문화적 단층으로는 '이타적인 공적 연대감의 약화', '공적 가족주의의 약화'가 발생하였다고 분석하였고,[17] 이기동은 세대의 관점에서 '고난의 행군' 시기 성장한 젊은 세대가 공식문화에서 벗어나고 있으며, 집단의식이나 체제헌신성이 약해지고 있다고 주장하고 있다.[18] 이주철·오유석은 '고난의 행군'을 거치면서 북한 인민들의 의식과 행동양식이 변화하고 있으며 집단주의가 무력화되고 있으나, 체제가 부과한 이데올로기를 거부하는 수준에는 이르지 못했다고 보고 있다.[19] 문화예술과 관련하여 고난의 행군을 분석한 연구들도 적지 않은데 소설이나 영화에서 고난의 행군을 묘사하는 내용을 분석하거나,[20] 트라우마와 치유의 관점에서 작품을 분석하는 경우가 있다.[21] 고난의 행군을 의식이나 문화와 관련 연구들은 사회변화에 따른 의식체제나 예술작품의 변화를 연관시켜 설명하고 있다는 점에서 의의가 있으나, 구체적으로 '고난의 행군'이라는 구조적 사건이 북한 주민들의 마음에 연결되는 과정에서 대한 논의는 다소 부족하다고 할 수 있다.

기억의 차원에서 본다면 국가가 주체가 되는 부분과 사회구성원이 주체가 되는 부분으로 나누어질 수 있다. '유일지배체제'를 유지하면서 강력한 국가중심의 체제를 유지하고 있는 북한에서는 국가가 기억의 창조와 확산에 중심이 되겠지만 사회구성원들은 주체적인 기억을 생성하고 유지한다고 할 수 있다. '고난의 행군'과 북한주민의 마음체계를 이해하기 위해서는 국가의 기억과 주민의 기억에 대한 검토가 모두 필요하다. 이 글에서는 일차적으로 북한 당국이 고난의 행군을 기억시키는 내용을 알아볼 것이다. 이를 위해서 북한 당국이 생산한 공식문헌과 문학예술작품을 분석 대상으로 삼고자 한다.[22]

2. 국가가 기억하는 '고난의 행군'의 특징

1) 공식문건에 나타난 '고난의 행군'

북한에서 공식적으로 '고난의 행군'을 명명한 것은 1996년도 신년 공동사설에서이다.

> 지난해 우리 혁명의 내외환경은 대단히 어려웠다. 제국주의자들과 반동들은 사회주의보루인 우리 공화국을 고립시키고 사회주의위업을 말살하려고 계속 악랄하게 책동하였다. … (중략) …당과 혁명 앞에 무거운 과업이 나서고있는 오늘 우리 당은 전체 당원들과 인민군장병들, 인민들이 백두밀림에서 창조된《고난의 행군》정신은 제힘으로 혁명을 끝까지 해나가는 자력갱생, 간고분투의 혁명정신이며 아무리 어려운 역경속에서도 패배주의와 동요를 모르고 난관을 맞받아 뚫고나가는 락관주의정신이며 그 어떤 안락도 바람이 없이 간고분투해나가는 불굴의 혁명정신이다. 이 정신이 맥박치는곳에 혁명의 붉은기가 높이 휘날리고 사회주의 승리 만세의 함성이 힘차게 울리게 된다.[23]

공식 문건에서는 고난의 행군 시기 경제적 어려움에 대해 언급하면서도 그 원인은 제국주의자의 압력과 같은 외부적 요인으로 돌리며 사회주의 국가의 붕괴와 자연재해와 같은 북한으로서는 불가항력적인 사건들의 결과라는 것을 강조하고 있다.

> 오늘 우리 혁명의 정세는 매우 복잡하고 준엄하다. 여러 나라에서의 사회주의의 붕괴와 그에 따르는 제국주의자들과 반동들의 반사회주의, 반공화국 책동의 격화, 몇해째 계속되는 혹심한 자연재해로 하여 우리 인민은 형언할수 없는 시련과 난관을 겪으면서 사회주의를 건설해

나가고 있다.[24]

비록 외적인 요인에서 기인했다고 하지만 고난의 행군이 인민들의 어려운 생활을 초래하고 있다는 점은 북한 당국도 인정하고 있다.

> 지난해 우리 당과 인민의 투쟁은 자주적 인민의 삶을 계속 누리느냐 아니면 노예가 되느냐 하는 결사전이였다. 여러해째 계속된《고난의 행군》은 우리에게 있어서 참으로 어려운 시련이였다. 우리 인민은 겹쌓인 난관을 대담한 공격으로 뚫고 우리 식 사회주의 총진군을 힘있게 벌려왔다. 제국주의의 포위속에서, 혹심한 자연재해와 경제적 난관 속에서 단독으로 사회주의를 지키고 주체조선의 존엄을 높이 떨쳐온것은 력사의 기적이다.[25]

> 최근 몇해동안 우리 인민은 류례없는 시련의 언덕을 넘어 왔다. 90년대 후반기 우리가 벌린 《고난의 행군》, 강행군은 우리식 사회주의를 지키기 위한 결사전이였다.[26]

> 피눈물로 가득 차고 증오의 불길로 이글거리고 멸적의 총창으로 서리 발치는 그 나날들은 살아 있는 생명체마냥 세차게 박동치며 우리의 심장에 끊임없이 말하고 있다. 6년, 이 나날은 정녕 짧았던가 길었던가.[27]

그러나 고난의 행군의 사명은 어려운 경제사정을 극복하는 것과 동시에 사회주의 체제 유지하는 것임을 주장한다.

> 우리는 지금 시대와 력사 앞에 지닌 성스러운 사명을 스스로 걸머지고 사회주의와 우리의 운명개척을 위하여 영웅적인 《고난의 행군》을 하고 있다. 사회주의를 지켜 영예롭게 사느냐 아니면 사회주의를 버리고 노예로 되느냐 하는 판가리싸움이 우리 앞에 나서고 있다. … (중략) …

> 위대한 수령 김일성동지의 회고록《세기와 더불어》(계승본) 7권에는 우리 혁명의 가장 어려운 시기였던 항일의 고난의 행군 참가자들을 높이 평가하신 다음과 같은 교시가 인용되여있다. 《고난의 행군에 참가한 사람들은 모두가 영웅들입니다. 이 행군에 참가한 사람들은 산 사람이건 죽은 사람이건 다 영웅들입니다.》[28]

고난의 행군이 고통스럽기는 하였지만 결국 극복하였다고 선언하면서, 이는 곧 '제국주의자에 대한 승리'로 묘사하고 있다.

> 지난해 우리 당과 인민의 투쟁은 자주적 인민의 삶을 계속 누리느냐 아니면 노예가 되느냐 하는 결사전이였다. 여러해째 계속된《고난의 행군》은 우리에게 있어서 참으로 어려운 시련이였다. 우리 인민은 겹쌓인 난관을 대담한 공격으로 뚫고 우리식 사회주의 총진군을 힘있게 벌려왔다. 제국주의의 포위속에서, 혹심한 자연재해와 경제적 난관 속에서 단독으로 사회주의를 지키고 주체조선의 존엄을 높이 떨쳐온것은 력사의 기적이다.[29]

> 오늘 우리 혁명의 정세는 매우 복잡하고 준엄하다. 여러 나라에서의 사회주의의 붕괴와 그에 따르는 제국주의자들과 반동들의 반사회주의, 반공화국 책동의 격화, 몇해째 계속되는 혹심한 자연재해로 하여 우리 인민은 형언할수 없는 시련과 난관을 겪으면서 사회주의를 건설해나가고 있다.[30]

> 90년대 우리 나라는 제국주의와의 가장 치렬한 대결장으로 되였다. 우리 식 사회주의를 압살하려는 제국주의자들의 책동은 전례없이 강화되였지만 갈수록 궁지에 빠지게 된것은 우리가 아니라 제국주의자들이다.[31]

> 주체89(2000)년에 우리 인민은 위대한 김정일동지를 따라 력사에 류

례없는 《고난의 행군》, 강행군을 이겨 냈으며 강성대국건설에서 전환을 가져 오고 조국통일의 밝은 전도를 열어 놓은 승리자의 크나큰 긍지와 자랑을 안고 당창건 55돐을 뜻 깊게 맞이하였다.[32]

《고난의 행군》은 승리자의 영웅서사시이다. 혁명의 길은 평탄한 길이 아니며 혁명의 승리는 꽃피는 봄처럼 저절로 오지 않는다. 준엄한 폭풍을 헤쳐가는 영웅적투쟁을 혁명이고 값비싼 희생으로 안아오는것이 혁명의 승리이다.[33]

고난의 행군을 극복하는데 가장 중요한 요소로 사회주의의 기반인 집단주의와 지도자에 대한 헌신을 지적하고 있다.

사회주의는 개인주의에 기초하고있는 자본주의사회와는 근본적으로 달리 집단주의에 기초하고있는 사회입니다. 사람들의 행동의 통일성과 높은 조직성은 집단주의에 기초한 사회주의사회의 본질적특성입니다.[34]

집단주의는 사회적존재인 사람의 본성적요구입니다. 사람은 사회적집단 속에서만 자기 운명을 자주적으로, 창조적으로 개척해 나갈수 있으며 사회정치적생명을 빛내이면서 보람있는 삶을 누릴수 있습니다.[35]

오늘의 총진군은 위대한 김정일동지의 령도따라 강성대국건설에서 비약을 이룩하기 위한 투쟁이고 준엄한 시련속에서 고수하여 온 우리식 사회주의 불패의 위력을 과시하기 위한 성스러운 투쟁이다.[36]

북한의 공식문건에서 고난의 행군을 기억하는 방식은 다음의 몇 가지 특징을 가지고 있다.

첫째, 경제적 어려움을 인정하고 있다는 것이다. 고통이라든지 난관이라는 표현을 하고 있으며, '형용할 수 없는', '극심한' 등 다소 어조가 강한 형용사를 동원하고 있다. 북한의 공식 문건에서 '종파투쟁'과 같이 정치적 반대세력에 대한 이야기 외에 북한 체제 내의 부정적인 내용을 언급하는 경우가 많지 않다는 점에서 이례적이다. 아사자가 속출하는 등 위기의 범위가 광범위하고 심각하였기 때문이라고 볼 수 있다.

둘째, 위기의 원인을 두 가지 차원으로 구분하고 있다. 하나는 외적 요인으로 제국주의의 압박과 사회주의국가들의 몰락이다. 또 다른 하나로는 수해와 같은 불가항력적인 요인을 강조하고 있다. 그러나 어떤 경우에든 위기의 책임이 국가에 있지 않다는 점을 주민들에게 설득시키고 있다. 이것은 위기의 원인을 외적인 요인으로 돌리면서 내부적인 통합을 위한 시도라고 할 수 있다.

셋째, 위기의 극복을 위하여 과거의 역사적 경험을 활용하고 있다는 점이다. '고난의 행군'이라는 용어 자체가 항일투쟁과 천리마 시대에서 비롯된 것이다. 어려웠던 역사와 극복의 경험을 강조함으로써 현재의 위기를 극복하려는 의도라고 볼 수 있다. 미래지향적이거나 합리적인 대안을 제시하기보다는 과거의 향수를 자극하고 있다는 점에서 설득력을 확보하기에는 한계가 있는 논의 구조라고 볼 수 있다.

넷째, 집단주의를 강조하고 최고지도자에 의존하는 위기극복 담론이 중심을 이루고 있다. 그러나 이례적으로 북한 당국이 인정할 수준의 극심한 식량난임에도 불구하고 위기극복의 대안이 추상적이고 구체적이지 않다는 문제가 있다. 집단주의나 최고지도자에 대한 '결사옹위' 담론은 유일지배체제 성립 이후 지속되어왔던 것이라는 점을 주목할 필요가 있다. '고난의 행군'의 위기가 유례없는 상황이었다는 점에서 기존의 논의 구조와 차이가 없는 위기 극복 담론이 효용성을 갖는 것은 어려울 수 있다.

2) 예술작품에 나타난 '고난의 행군'

북한 문학예술의 일차적 역할은 정치적 선전선동이다. 『로동신문』이나 조선중앙방송이 당의 공식적 입장을 천명하는 매체라면 이것을 일반 주민들에게 전달하는 통로는 문예작품이라는 것이다. 다시 말해, 문학예술작품에는 당의 공식입장이 포함되어 있으며 동시에 선전선동의 효과를 제고하기 위해 주민들의 현실이 고려되고 있다.[37] 고난의 행군 시기를 다루는 북한의 문예작품은 국가에 의해 구성된 기억이 '입력'되는 통로이자, 북한 주민들의 집단적 기억을 '공유'하는 기능을 수행하게 된다. 이러한 맥락에서 '고난의 행군'은 북한 문학예술작품의 중요한 소재이자 주제였다.

북한의 문학예술 작품에서 드러나는 고난의 행군의 첫 번째 모습은 어려움이다.

> 《고난의 행군》이 시작되자 우리 학급에도 결석하는 동무들이 나타났다. 학교에 안 오는 친한 동무들을 생각하면 공부도 제대로 되지 않았다. 나는 수업이 끝나면 굶주려 일어 나지 못하는 아랫마을 광윤이나 철삼이들을 찾아 가군 하였다. 《광윤아, 그렇게 맥을 놓으면 래일은 걷기 싫어지고 모레는 일어 서기 힘들고 그것이 계속 반복되면 죽는단 말이야… 죽음이란 간단한거야.…》 나는 마치 기근의 체험자나 되는듯이 이런 말을 하며 억지로 바다에 끌고 나가군 했다.[38]

> 《고난의 행군》이 시작되던 어느해 봄이였다. 허기진 배를 달래며 령길에 오른 성녀는 둘째딸 춘실이 내외가 보이지 않는다는 것을 알았다. … (중략) … 마당에 들어 서고 부엌에 들어 서도 인적이 느껴 지지 않았다. 부뚜막이 싸늘하여 가마뚜껑을 열어 보니 맹물만 한바가지 들어 있었다. (이 애들이 아침을 끓이지 못했구나…) 며칠전까지만 해도 칡뿌리

> 를 캐여 가루범벅을 해먹는 것을 보았는데 이젠 그것마저 동이 났단 말인가. 방문을 열고 들어 서니 아닐세라 썰렁한 방에 춘실이내외가 누워있었다. 처녀때처럼 늘 발갛한 홍조가 피여 나던 딸의 얼굴은 누렇게 떠서 부석부석 부어 있었고 사위의 검둥한 얼굴은 두눈이 우멍하게 꺼져들어가 있었다.[39]

> 《우리 어머닌 아버지가 돌아간 다음 자꾸 앓았어요. 그래두 계속 직장에 나갔어요. 설계가 밀린다구 하면서… 며칠동안은 너무 아파서 직장두 못 나가구 죽두 못 먹었어요. … (중략) … 깊은 밤에 어머니가 너무 심하게 앓아서 사람들이 날 데리러 왔어요. 내가 엄마 죽하구 숙제장을 안구 달려 갔는데… 어머닌 말두 못하구 숨도 쉬지 않았어요. 〈엄마! 내가 왔어. 숙제를 다 했어. 오늘 5점두 맞았어. 엄마, 죽 먹어.〉 하구 암만 말해두 엄만 눈을 뜨지 않았어요. 엄만… 엄만 죽었어요.》[40]

공식문건이 추상적인 수준에서 고난의 행군의 어려움을 이야기하고 있는 반면 소설에서는 상대적으로 현실적이다. 학교를 못나오는 아이들, 끼니를 굶고, 굶어 죽는 장면도 나타난다. 심지어 출산을 적극적으로 장려하는 북한의 정책과 달리 다른 소설에서는 임신이 되어 걱정하는 경우도 있다.

> 큰딸한테서 해산방조를 바라는 편지가 날아 왔을 때 안해는 한숨을 섞어 가며 푸념을 늘어 놓았었다.《원 셈평들이 없지. 아이도 때를 보아가면서 낳는거지 이건 아무 때나 덜썩…》 … (중략) … 나는 안해의 푸념에 할 말을 찾지 못하고 편지를 밀어놓았다. 미상불 반갑기는 해도 난감한 일이 아닐수 없었다. 한끼 때식이 새삼스러운 때에 햇찹쌀은 어디서 나며 꿀은 무슨 수로 구하겠는가.[41]

굶주림의 고통과 더불어 고난의 행군을 다루는 문학작품에서 자주 등장하는 것은 자연재해의 실태에 대한 이야기이다.

> 비는 보름이 넘도록 쏟아졌다. 늙은이들도 난생 처음 본다는 장마비가 어제 저녁부터는 폭우로 변하여 바께쯔로 쏟아붓듯 퍼부어댔다. … (중략) … 이상한 예감이 들어 자리에서 일어나 창문으로 밖을 내다본 그는 깜짝 놀랐다. 제방을 넘어선 황토색강물이 농장밭들을 삼켜버리고 영배네 터밭으로 밀려들고있었다. 탁아소 소장을 하는 어머니가 물참봉이 되여 뛰여들었다. 나서자란 정든 집과 가산이 순식간에 물속에 잠기는것을 보는 영배의 가슴은 아팠다. 그들 모자는 다급히 밖으로 나와 허리를 치는 물결을 헤치며 산쪽으로 향했다. 산기슭에 아담하게 들어앉은 림산마을이 물속에 잠기고 있었다.[42]

자연재해는 물리적 피해를 가져다주는 것을 넘어서서 지역사회의 해체로 이어지고 있음을 보여주기도 한다.

> 아버지와 함께 일하던 사람들은 이젠 마을에 별로 없다. 특히 최근 《고난의 행군》을 하면서 세상을 많이 떠나갔다. … (중략) … 불안한 밤이였다. 영화나 텔레비죤련속극에서처럼 번개가 번쩍거리고 우레가 으르렁거렸다. 밤중에 바께쓰로 쏟아 붓는 무더기비가 내리기 시작하였다. 새벽녘에 무섭게 범람한 소동천이 염소우리들을 밀어 내기 시작했다. 2층 건물에는 새로받아온 새 품종이 있었다. 마지막 두 마리를 채 안아 내오지 못했는데 집의 한쪽 모퉁이가 무너지기 시작했다. 아버지는 사람들이 만류했으나 다시 2층으로 달려 들어 갔다. 마지막 염소를 그러안은 채 아버지는 그만 밖으로 나오지 못하였다. 집이 통째로 무너졌던 것이다.[43]

소설과 더불어 영화에서도 고난의 행군 시기를 다루는 방법은 동일하다. 2000년 조선예술영화촬영소에서 제작하고, 2001년 개봉한 예술영화 <자강도사람들>이 대표적인 경우이다.[44] 발전소 건설과정에서 자강도 사람들이 겪은 문제를 정면으로 다룬 영화로서 먹을 것을 찾아 벌판을 헤매다 죽은 주인공 송만호가 고난의 행군의 어려움을 단적으로 드러낸다. 영화에서도 어려움을 구태여 숨기려 하지 않는다. 영화는 폭풍한설이 몰아치는 영상 위로 "하룻밤 자고 나면 또 어디에서 사람들이 쓰러졌다. 또 어느 공장이 멎어버렸다. 뼈를 깎아내는 듯한 아픔이 온 나라를 휩쓸고 있는데…"라는 내레이터의 목소리가 처절하게 흐르면서 시작한다. <자강도 사람들>에서는 고난의 행군 시기 자강도의 어려움이 고스란히 녹아 있다. 굴진작업을 하는 광부들에게 주어진 식사는 옥수수 알갱이 40알과 멀건 죽뿐이었고, 대체식량으로 나온 것은 풀뿌리, 니탄 덩어리였다. 먹지 못해 쓰러지고, 약이 없어 죽음을 기다린다.[45]

영화는 다양한 북한의 다양한 예술장르에서도 정치적으로 가장 중요한 장르이기 때문에 <자강도 사람들>은 '고난의 행군'을 다루고 있는 예술작품 가운데서도 가장 중요하다.[46] 즉, <자강도 사람들>은 고난의 행군과 관련된 북한 당국의 공식적 담론을 대변한다고 볼 수 있는데, 이 영화에서도 소설과 마찬가지로 결핍과 죽음 등을 현실성 있게 보여주고 있다는 사실이 의미가 있다.

고난의 행군을 다루는 북한의 예술작품들이 북한 주민의 생존 문제를 비교적 현실적으로 보여주고 있지만 동시에 위기 극복이라는 긍정적인 결과로 마무리한다. 이 과정에서 위기 극복의 방안으로 제시되는 것이 '강계정신'이다. 강계정신은 김정일이 1998년 자강도를 현지 지도한 것을 계기로 시작된 구호이다.[47] 강계정신은 크게 '수령절대 숭배의 정신', '결사관철의 정신', '자력갱생·간고분투의 정신', '혁명적 낙관주의 정신'으로 구성된다. '수령절대숭배의 정신'은 자기 영도자만을 굳게 믿고 받드는 것을 의미하며, '결사관철의 정신'은 김정일의 경제건설 구상과 의도를 실현키 위해 투쟁하는 정신이다. '자력갱생·간고분투의 정신'은 자신의 힘을 믿고 자기 단위의 살림살이를 자체로 꾸려나감을 의미한다. '혁명적 낙관주의 정신'은 사회주의 미래에 대한 믿음과 희망을 잃지 않는 것을 의미한다.[48] 고난의 행군 시기를 대표하는 <자강도사람들>의 배경으로 자강도가 선택된 것은 자강도가 척박한 지역이면서 수해의 피해가 컸던 까닭에 식량문제가 심각하였던 지역이기도 하지만 동시에 강계정신을 부각시키기 위한 의도라고도 볼 수 있다. 『강계정신』은 불멸의 향도 시리즈의 소설이기도 한데,[49] 이 소설에서도 불이 들어오지 않아 난간을 잡고 아파트를 올라가기 때문에 계단의 숫자를 알게 될 정도라고 묘사하면서 심각한 전력난을 그대로 드러내고, 꽃제비가 생겨날 정도의 가족해체도 현실에 바탕을 두고 재현되었다. 그러나 보다 중요한 것은 최고지도자의 영도 아래 자력갱생으로 위기를 극복한다는 메시지이다. 자력갱생과 헌신 그리고 절대충성으로 요약할 수 있는 강계정신과 이를 토대로 한 위기극복은 <자강도사람들>이나 『강계정신』 외의 작품에서도 마찬가지이다.

> 위대한 장군님께서 구상하신 강성대국 건설은 그누구의 도움이나 방조를 바라고 하는것이 아닙니다. 자력갱생으로 강성대국을 건설하는것입니다. 모든 일군들은 자기 맡은 단위와 초소들에서 자기 몫을 찾아야합니다. … (중략) … 물론 사람들은 지칠대로 지쳤습니다. 하지만 수소폭발과 화학시약에 취하여 쓰러졌다가도 다시 일어나 현장을 떠나지 않은 그들입니다.[50]

> 여러사람이 앞을 막아섰으나 그는 발길을 돌리지 않았다. 《나는 이 광산을 다시 복구하기 전에는 절대로 죽지 않소. 나에게는 그럴 권리가 없단 말이요.》… (중략) … 마침내 그들은 그처럼 불가능하게 생각되던

> 광산복구를 두달남짓한 기간에 완전히 끝내고 다시 생산의 동음을 울리게 되었다.[51]

고난의 행군의 어려운 현실을 이야기하고 주민들을 독려하여 위기극복을 부추기고 이 과정에서 정치적 통합을 강조하는 것은 예술작품이나 공식문건이나 비슷하다고 할 수 있으나 구체적으로 살펴보면 차이 또한 적지 않다.

첫째, 예술작품에서는 고난의 행군의 실질적 어려움을 사실적으로 묘사하고 있다는 점이다. 아사의 문제, 가족의 해체, 교실의 붕괴 등 고난의 행군 시기 북한 주민들이 실제로 겪었던 문제들을 있는 그대로 담고 있다는 것이다. 이러한 차이는 정치적 성명이나 사설과 같은 공간 문헌과 문예작품이라는 매체의 차이에서 비롯되었다. 다시 말해, 공식 문건은 선언적인 성격을 띠며 추상적이고 원칙을 표출하고 있는 반면 문학예술 작품은 분량의 제한이 없고 직접적으로 주민들을 설득하는 것이 첫 번째 목적이라는 차이가 있다. 이는 사회주의적 사실주의와 주체사실주의를 창작이론으로 삼고 있는 북한 문학예술의 특성과도 무관하지 않다. 현실 적합성을 강조하는 사실주의 원칙으로 인해 고난의 행군 시기 어려움을 있는 그대로 그리고 있다는 것이다.[52]

둘째, 고난의 행군의 책임을 근본적으로 외적 요인과 자연재해에 전가하고 있다는 점에서 공식 문건, 문예 작품 모두에서 유사하게 나타난다. 생존이 위협받을 정도의 어려움에 대한 책임이 국가와 지도자에 있지 않다는 점을 지속적으로 강조하고 있는 것이다. 따라서 외적요인이나 불가항력적인 재해에서 비롯된 어려움을 극복하는 것은 외부의 '적'에 대한 승리가 되거나 지도자의 탁월한 능력으로 연결시킬 수 있게 된다. 그러나 공식적인 문건들에서와는 달리 문예 작품들에서는 내

부의 책임문제가 언급되기도 한다. 대표적인 작품이 김문창의 『열망』과 강선규의 『교정의 륜리』이다.[53]

> 최관형은 정무원에서 소집한 회의들에 참가하면서 그리고 경제지도 부문의 여러 일군들과 부딪쳐 보면서 가슴 아픔을 금할 수없었다. 과연 나라의 경제를 추켜 세울 수 없단 말인가? 그는 그렇게 생각하지 않았다. 물론 사회주의 시장이 일시에 허물어지고 우리나라에 대한 제국주의자들의 경제봉쇄와 압살책동이 더욱더 악랄해진 환경은 나라의 경제건설에 전혀 영향을 미치지 않는 것은 아니였다. 그러나 그보다도 문제로 되고 있는 것이 경제부문지도 일군들의 무책임성이라고 최관형은 보았다. 우의 일부 지도일군들은 당의 방침을 관철하기 위한 실질적인 경제조직사업은 하지 않고 그것을 아래에 되받아넘기거나 무턱대고 내려 먹이며 빨리 하라고 독촉이나 하는 것으로 자기가 할 바를 다한 것처럼 여기면서 실제적으로는 자리지킴이나 하고 있었다. 지어 어떤 일군들은 경제적 난국을 이겨내기 위한 문제들을 해결하는데 한몸 바쳐 나설 대신 나라와 인민은 어떻게 되든 직위를 악용하여 자기만이 잘 살기 위한 구멍수를 찾는데 더 신경을 쓰고 있었다. 문제는 여기에 있는 것이었다.[54]

위의 인용한 부분을 보면 조심스럽기는 하지만 고난의 행군과 북한 체제의 문제를 내부적 요인으로 분명하게 지적하고 있음을 알 수 있다. 이 소설은 심지어 자력갱생의 한계에 대해서도 고민할 정도이다. 이러한 경향성이 특히 문학작품에서 나타나고 있는 것은 작가의 문제와 관련 있다. 다시 말해, 고난의 행군 시기의 극단적인 곤경에서 벗어나기 시작하면서 작가들은 자신의 이야기를 하기 시작하였다는 것이다. 참상을 겪은 북의 작가들은 더 이상 별다른 일이 없었던 것처럼 세상을 볼 수 없게 되었다. 북의 사회가 이런 심각한 상태로 오게 된 원인에 대해 문제의식을 갖지 않을 수 없었던 것이다.[55]

셋째, 위기 극복의 방안으로 집단주의와 지도자에 대한 충성을 일방적으로 강조하던 공식문건과 달리 문예작품에서는 개인들의 헌신이나 희생이 강조된다. 고난의 행군 시기 소설에서 특별히 순직하는 사람들의 이야기가 많은 것도 이 때문이라고 할 수 있다.

> 최영진아바이는 상상을 뒤엎는 노래소리에 넋이 나간 사람처럼 전화기를 든채 입술을 벌리였다. 그 노래소리가 어딘가 비장한 선율로 안겨왔다. 반장이 지금 최후를 맞이하고 있다는 예감이 뇌리를 스치자 아바이는 가슴이 철렁하였다. … (중략) … 그 순간 김기덕의 비장한 목소리가 전화기를 세차게 울리였다.《동무들, 취수구는 막히였다. 발전기를 부탁…》최영진아바이가 호스를 당기며 반장을 애타게 불렀으나 김기덕의 목소리는 더는 들리지 않았다[56]

중간간부는 간부대로 일반 사람들은 그들의 차원에서 헌신과 희생을 강조하고 이러한 행위를 영웅으로 미화시키고 있다는 것이다. 구조와 체제의 문제 해결을 개인으로 전가한다는 의미인데 이 과정에서 여성, 특히 '어머니'를 부각시키기도 한다.

> 지금 우리가 겪는 이 <고난의 행군>에서 남자들보다 연약하다구 생각했던 녀자들이 오히려 꿋꿋이 살아 나가는걸 보면 저도 모르게 그 어머니들을 생각하게 된다. 지금 어머니들은 그 어머니들에게서 자랐구 그 어머니들보다 더높이 서있다. 명옥아, 다음번엔 너희들 차례다. 우리가 아는 훌륭한 어머니들처럼 살거라. 내 그래서 아무리 힘들어도 어머니의 본도만은 어지럽히지 못하는게다. 어느 책엔가 씌여 있더라. 이땅의 좋은 일에두 나쁜 일에두 다 어머니의 책임이 있다구... 그날 명옥은 자기의 공민증에 네 아이를 자기자식으로 올렸다. 자기가 강가에서 옷을 잃어 버린 그 네아이였다. 어머니의 붉은 피가 흐르고 있는 심혁이가 그의

> 맏아들로 되었다. 그 순간 명옥은 자기의 한생이 자기 어머니와 같은 이 나라의 훌륭한 어머니들처럼 아름답고 빛나기를 빌었으며 또 굳게 믿었다. 그러자 사랑의 곡절이 더는 두렵지도 않았고 놀랍게도 자기의 인생길이 먼 지평선우의 길처럼 어렴풋이나마 보이는것이였다. 아마도 그것은 명옥이가 돌아보는 어머니들의 한생이 수천만 자식들이 믿고 전해 오는 그런 길우에서 언제나 하나로 흐른 그때문이리라.[57]

사회구조적 문제를 개인의 희생으로 극복할 것을 강조하고 있으며, 이를 사회주의의 집단주의와 지도자에 대한 충성으로 정당화하고 있다는 것이다. 공동체에 대한 희생이나 헌신은 집단주의를 강조하는 북한에서 꾸준하게 강조된 것이지만 고난의 행군 관련 문예작품에서 드러나는 희생에는 과거에는 보기 어려웠던 내용들이 있다는 사실을 주목할 필요가 있다. 즉, 과거의 희생들은 항일운동, 한국전쟁, 국가건설 그리고 수령에 대한 '결사옹위'의 차원에서 공적이익 실현을 위한 경우였지만 고난의 행군을 다룬 작품들에서는 체제 위기로 인한 희생들이 나타나고 있다는 점이다.[58] 그리고 공적인 차원의 희생도 개인적인 동기에서 비롯된 경우도 있다.[59] 구조적 차원의 문제를 개인의 차원에서 해결을 시도하거나 모성에 의존하는 해결을 지향하는 담론은 한계가 있다고 볼 수 있다.

3. 국가가 기억하는 '고난의 행군'의 의미

북한체제와 주민들에게 고난의 행군은 다양한 영향을 미쳤다. 다수의 아사자가 발생하였고, 사회주의의 근간인 배급 체제도 와해되었다. 북한으로서는 한국전쟁 이후 최고의 위기 상황이었다. 사회주의체제에서 국가로부터 보호를 받았던 주민들은 갑자기 생사의 갈림길에 내몰렸고, 가족이 해체되는 고통을 경험하였다. 이러한 맥락에서 '고난의 행군'이라는 구조가 집단기억이 되는 과정에서 북한체제와 주민들에게 '역사적 트라우마'라는 문제 공간(Space of Problem)을 제공하였다. 따라서 '고난의 행군을 어떻게 기억하는가'의 문제는 북한 체제의 전환과정과 북한 주민들의 정체성 형성과 마음체계의 변화에 중요한 변수가 될 수 있다. 집단 기억이 다양한 주체의 기억들이 경합하는 과정에서 형성된다고 본다면, 고난의 행군에 대한 국가의 공식적 기억은 사회적 기억의 한 부분이라고 할 수 있다. 그러나 시민사회가 미성숙되어 있고, 실질적인 국가의 규정력이 높은 북한에서 그 영향력은 상대적으로 크다고 볼 수 있다. 이러한 차원에서 국가가 기억하는 '고난의 행군'은 다음의 몇 가지 차원에서 의미가 있다.

첫째, 공식문건이나 문예작품에서 나타나는 고난의 행군은 체제의 위기인 동시에 주민들에게는 고통이었다는 것이다. 실질적 피해가 적지 않았기 때문이지만 위기와 고통을 인정하고 있는 것은 체제의 부정적인 문제들을 드러내기를 꺼려왔던 북한의 전통에서 보면 이례적인 일이다. 그러나 위기와 고통을 인정하는 토대 위에서 위기 극복 담론 강조를 통해 체제의 정당성을 강화하는 데 치중하고 있다. 다시 말해, 국가의 입장에서 '고난의 행군'의 핵심은 위기와 극복이라고 볼 수 있다.

둘째, 고난의 행군 개념이 국가적 차원에서 명명될 때부터 이러한 기획이 존재했다고 할 수 있는데, 항일무장투쟁과 전후복구라는 과거의 승리의 경험을 활용하여 위기 극복을 시도하였다고 할 수 있다. 과거의 기억을 반복하고 있다는 것은 역으로 구체적인 위기 극복의 방안이 부재했을 뿐더러 미래에 대한 긍정적인 비전이 부족했다는 점을 보여준다. '고난의 행군'과 더불어 '붉은기사상'이나 '총대' 개념, 그리고 노래 <적기가>까지 과거의 역사를 되풀이하는 것도 이러한 상황을 대변해 준다. 과거 회귀적인 이야기 구조는 북한이 처한 현실과의 부조화로 인해 주민들에게 설득력을 갖기는 쉽지 않을 것이라 볼 수 있다.

셋째, 국가의 기억에서 고난의 행군의 원인을 외부적 요인과 자연재해의 피해를 강조함으로써 국가의 정책적 실패나 북한 체제의 구조적 요인을 감추려는 시도를 볼 수 있다. 이는 외부적 갈등을 조명함으로써 체제 내부적 통합을 강화시키려는 의도이며 북한주민들의 불만이 정치적 저항으로 이어지는 것을 방지하기 위한 목적에서 비롯되었다고 할 수 있다.

넷째, 고난의 행군을 위기와 극복이라는 차원에서 이야기하고 있는 북한에서 극복과 관련된 담론이 개인의 차원에 집중되고 있는 경향이 있다. 사회주의의 가치를 중시하고 집단주의의 중요성을 강조하고 있음에도 불구하고 문예 작품에서 묘사하고 있는 위기 극복 경험들은 개인들의 희생이나 헌신에 의존하고 있다는 점은 모순적이다. 집단주의적 가치는 구호의 차원에 머무르고 있는 반면 개인의 가치가 중시되는 까닭에 국가가 추구하는 고난의 행군 극복의 기억은 일관성이 결여되는 결과를 가져올 가능성이 있다.

다섯째, 공식문건과 문예작품에서 나타나는 고난의 행군 기억에서 부분적 균열을 발견할 수 있다. 대표적인 것인 체제위기의 원인을 공식 문건에서는 외부 요인으로 돌리고 있는 반면, 일부 작품들에서는 체제 내부의 구조적인 문제를 지적하고 있다는 것이다. 주민들이 겪는 기아의 고통이나 죽음 등 개인의 희생이 내부적 문제에서 발생되었다는 내용이 등장하는 것도 이와 같은 맥락이다. 아울러 공식 문건에서 강조하는 '자력갱생' 담론 또한 일부 작품들에서는 상대적으로 약화되었고, 위기 극복도 정책보다는 개인의 차원에서 이루어지고 있는 점도 공식문건과 차이가 있다. 북한의 문학예술이 창작에서 유통에 이르기까지 당의 엄격한 통제 아래 있다는 점에서 개별 작품과 공식문건 간의 균열은 중요한 의미가 있다. 이와 같이 차이가 나타나는 것은 작품의 창작 주체로서 작가들이 국가와는 다른 방식으로 '고난의 행군'을 기억하고 있음을 보여준다. 이는 기억의 주체로서 작가와 국가 간 분리가 발생하고 있으며, 작가를 하나의 사회 집단으로 보았을 때, 그동안 북한에서 볼 수 없었던 새로운 기억주체가 형성될 가능성을 보여주고 있다고 할 수 있다.

4. 맺음말

공식 문건이 제시하는 '고난의 행군'의 기억은 북한 주민들에게 일방적으로 수용되지 않을 것이다. 앞서 살펴본 『로동신문』 및 공식기구가 생산주체인 간행물과 문학예술작품에서 볼 수 있듯, 고난의 행군에 대한 인식의 차이가 드러나고 있다는 사실은 주민들의 차별적 수용을 반증하고 있다. 더욱이 고난의 행군을 거치면서 국가의 통합 능력의 저하는 선전선동 기능의 저하를 함께 동반하기 때문에 주민들이 자신들이 처한 상황에 대해 주체적으로 인식하는 것을 가능하게 할 수 있다.

그럼에도 불구하고, 일차적으로 국가가 기억시키는 고난의 행군은 북한주민의 마음체계를 구성하는 1차적인 문제 공간인 트라우마를 형성하는 것은 분명하다. 고난의 행군에 대한 공식적인 기억을 토대로 유추해 볼 수 있는 '구성된 북한 주민의 마음체계'는 '위협의 일상화'와 '생존에 대한 집착'이다. 이 때 북한 체제의 토대인 윤리와 이념 그리고 명분은 더 이상 의미가 없게 된다. 이와 더불어 사회주의의 근간인 집단주의의 약화라고 할 수 있다. 위기 극복의 기제를 개인에게 찾고 있는 것도 개인주의의 강화를 초래할 수 있다. 체제 위기 자체를 정면으로 드러내고 있는 것은 국가 체제 및 공동체에 대한 신뢰를 약화시킬 가능성이 있다. 비록 위기의 원인을 체제 내부에 찾고 있지 않는다 하더라도 의식주와 교육 및 보건을 책임져 온 체제의 작동 부재는 주민들의 마음체계에 크게는 국가에서 작게는 가족에 대한 불신을 일반화시킨다. 또한 위기 극복의 방안으로 과거의 경험을 소환하는 것은 미래의 전망 부재와 더불어서 퇴행적이고 복고적인 마음체계의 구성을 자극할 수 있다. 위기 상황과 결합된 과거 지향은 단순히 발전과 진보를 가로막을 뿐만 아니라, 현실의 불안을 회피하는 경향을 조장할 가능성도 크다.

이념과 윤리가 아닌 물질의 중시, 집단보다 중요한 개인의 대두, 국가와 공동체에 대한 불신, 의식의 퇴행은 북한 주민들의 기존 마음체계의 근본을 흔드는 것이라고 할 수 있다. 이것은 개인적이고 집단적 수준의 불안정을 유인하면서 일상과 구조의 동요를 유발할 수도 있다.

물론 고난의 행군의 집단 기억은 국가만이 주체가 되는 것은 아니다. 고난의 행군 시기 북한주민의 마음체계가 (재)구성되는 과정은 고난의 행군을 경험한 북한주민들의 기억 검토하고, 주민의 기억과 국가의 기억 간 어떠한 균열이 발생했는지를 밝혀냄으로써 가능할 것이다. 나아가 고난의 행군과 관련된 북한의 집단기억이 역사적 트라우마로서 북한 주민의 마음 체계에 어떠한 영향을 미칠 수 있는지를 포괄적으로 이해할 수 있을 것이다.

제3부

북쪽 문화예술 이야기

1. 북한의 남한문화 인식
2. 남북한 문화의 차이
3. 북한 문화예술의 개념 및 역할
4. 북한의 대집단체조와 공연예술의 특징
5. 드라마 개념의 분단사

1

북한의 남한문화 인식

1. 머리말

최근 북한의 문화에 대한 관심이 커지고 있다. 북한문화에 관심이 증대되고 있는 것은 기본적으로 김대중 정부가 '햇볕정책', '정경분리' 등 대북 포용정책을 지향함에 따라 북한 문화에 대한 접촉이 상대적으로 쉬워졌기 때문이기도 하고, 한편으로는 문화 자체에 대한 점증하는 관심의 영향이라고도 볼 수 있다. 실질적으로 1998년 연세대에서 분단 이후 처음으로 북한영화제가 개최되고, 공중파를 통해서 북한영화가 방영되는 등 최근 북한문화가 갑자기 우리 곁에 오고 있다고도 볼 수 있다.

그렇다면 북한문화의 '밀려오네'가 과연 통일을 촉진시키는 중요한 통로가 될 것인가? 그러나 이러한 질문에 선뜻 그렇다고 대답하기는 쉽지가 않다. 물론 지난 반세기 동안 북한문화와의 접촉을 '안보적 문제'로 금기시하였던 과거에 비한다면 현재 상황은 크게 바뀌었다고 할 수는 있을 것이다. 그러나 문제는 그 반세기동안의 '접촉금지'는 대부분의 사람들로 하여금 북한문화에 대한 무지를 키워왔다는 데 있다.

더구나 대부분의 사람들은 북한문화를 잘 모르면서도 단지 '한 핏줄'의 문화이기 때문에, 그리고 충실한 반공교육의 덕분으로 잘 알 것이라는 착각들을 하고 있다. 이와 같은 상황에서 다른 문화와 접촉하는 경우 이해의 폭을 넓히는 계기가 되기보다는 오해를 불러일으키고 편견을 조장하는 원하지 않았던 결과를 가져올 위험이 매우 크다. 이와 같은 상황이 초래된다면 북한문화와의 접촉은 통일을 촉진하기보다는 저해하는 과정이 될 수도 있을 것이다.

이 글은 이와 같은 문제의식에서 출발한다. 북한문화를 이해하는 것이 큰 목적이지만, 특히 북한이 남한문화를 어느 정도 그리고 어떻게 이해하는가를 알아보는 것이 우선의 연구목적이 된다. 이를 통해서 앞으로 남북한 문화가 만났을 때 북한이 어떤 태도를 가질 것인가를 가늠해 볼 수 있을 것이고, 동시에 통일된 문화는 어떻게 이루어야 할 것인가를 따져 보는 데도 부분적으로 도움이 될 수 있을 것이다. 북한의 남한문화인식을 위해서는 북한의 문화관을 이해하는 것이 필요할 것이므로 먼저 북한의 문화관을 남한의 문화관과 견주어서 검토할 것이다. 그리고 북한의 남한문화인식을 분석할 것이다. 북한의 남한문화인식의 텍스트는 『조선중앙년감』과 『근로자』로 하였다. 『조선중앙년감』은 매년 발행되는 문건으로 상대적으로 신뢰도가 높으며, 『근로자』도 상대적으로 남한문제를 많이 다루는 잡지이기 때문에 분석의 대상으로 하였다.

실질적인 분석을 위해서는 북한주민의 남한문화인식도 검토하여야 할 것이나, 북한연구의 한계- 현지조사의 어려움으로 이 글에서는 제외하였다. 따라서 이 글에서 다루는 북한의 남한문화 인식은 북한체제의 공식적인 입장이라고 할 수 있다.

2. 북한의 문화관

실제로 남북한은 같은 언어를 사용하고 있음에도 불구하고 언어의 이질화는 심각하게 진행되어왔다.[1] 그러나 언어의 이질화에서 이야기하는 것들은 대부분 단어 자체가 일상생활에서 차이가 있는 것이다. 반면 실제로 같은 단어를 사용함에도 불구하고 단어가 내포하고 있는 의미가 다른 경우는 언어의 이질화 문제에서 크게 다루어지지 않고 있다고 볼 수 있다. 단어 자체가 다르게 사용되는 경우는 언어의 차이가 밖으로 드러나고 있다는 점에서 실제 의사소통 과정에서 상대적으로 쉽게 문제가 제기되고, 교정될 여지가 있다. 따라서 동일한 단어나 언어를 활용하면서도 그것이 갖고 있는 기표나 기의가 다를 경우 남북한 주민들 간의 의사소통에서 보다 심각한 문제를 일으킬 가능성이 크다. 예를 들어 어떠한 일을 제안하였을 때의 응답인 "일 없다"라는 뜻은 남한에서는 부정적인 의미를 갖고 있는 반면, 북한에서는 긍정적인 의미를 내포하고 있다. 이 가운데 특히 문제가 되는 것은 동일한 단어에 유사한 기표를 갖고 있으면서도 기의가 다른 경우로 남북한 단어에서 문화 혹은 문학예술이 대표적인 단어가 된다. 이 경우 남북한 주민들이 만나 문화나 문학예술에 대하여 의견을 교환하거나 상대방 문화 혹은 문학예술을 직접 경험하게 되는 경우 적지 않은 혼란을 경험하게 된다.

남북한의 문학예술 개념 차이를 알기 위해서는 1차적으로 문화에 대한 개념이 차이가 있는가를 따져 볼 필요가 있다. 문화에 대한 남북한의 사전적 정의는 다음과 같다.

북한: 력사발전의 행정에서 인류가 창조한 물질적 및 정신적 부의 총

> 체. 문화는 사회발전의 매 단계에서 이룩된 과학과 기술, 문학과 예술, 도덕과 풍습 등의 발전수준을 반영한다. 문화는 사회생활의 어떤 령역을 반영하는가에 따라 물질문화와 정신문화로 구분된다. 매개 나라의 문화는 자기의 고유한 민족적특성을 가지고 있으며 계급사회에서 문화는 계급적성격을 띤다.[2]

> 남한: 인류가 모든 시대를 통하여, 학습에 의해서 이루어 놓은 정신적·물질적인 일체의 성과. 의식주를 비롯하여 기술·학문·예술·도덕·종교 따위 물심 양면에 걸치는 생활 형성의 양식과 내용을 포함함.[3]

기본적으로 남북한 모두 문화를 사람들이 살아가는 총체적인 삶으로 인식하고 있다는 점에서 인류학적 문화개념과 일맥상통한다고 볼 수 있다. 그러나 구체적으로 살펴보면 북한의 문화 개념은 다음의 몇 가지 차원에서 남한의 문화 개념과 차이를 보인다.

첫째, 남한이 문화를 정치·경제·사회를 지탱하고 있는 가치구조에 내재하는 기본개념이자 그 자체가 목적인 목표개념으로 보고 있는 데 비해, 북한은 문화를 정치·경제·사회발전을 달성하기 위한 수단개념으로 보고 있다.[4]

둘째, 북한의 문화개념에서는 민족적 특성이 강조되고 있다는 점이다. 이것은 문화의 보편적인 특성보다는 개별 사회가 갖고 있는 특수성을 강조하고 있다는 것을 의미한다고 볼 수 있다.

셋째, 문화에 대하여 가치 판단이 가능하다는 점이다. 북한에서는 계급문화를 인정함에 따라 '로동계급의 문화가 가장 선진적이며 혁명적인 문화'가 될 수 있다고 하고 있다.[5] 이와 같은 입장에 따라 바른 문화와 그른 문화가 존재할 수 있으며, 바른(혹은 바람직한) 문화를 유도하는(혹은 강제할 수 있는) 정책이 가능해 진다.

넷째, 문화가 계급적 성격을 띠고 있다고 말하고 있는 것은 문화가 계급에 피종속되는 것으로 인식하고 있다고 볼 수 있다. 문화가 계급에 피종속된다는 것은 문화의 자율성 문제와 연관된다. 즉, 계급에 종속된 문화는 자율성을 갖지 못하고, 계급을 규정하는 정치경제적 조건에 좌우된다.

다섯째, 좋은 문화와 나쁜 문화가 가능하기 때문에 문화는 윤리적인 문제와 결부될 수 있다. 북한에서는 "사람들로 하여금 자주의식과 창조적 능력을 키우고 고상한 정신도덕적 풍모를 갖추며 다양한 문화정서적 요구를 실현하기 위한 문화생활"이 강조된다.[6] 문화와 윤리문제가 결합됨에 따라 문화교육은 윤리교육(혹은 정치교육)과 동일시될 수 있다.

여섯째, 문화에 대한 외연적인 범주가 크다고 볼 수 있다. 북한의 1992년 헌법의 제3장 문화조항에는 문학예술뿐만 아니라 교육, 학술, 언어, 체육, 환경 그리고 의료 및 건강까지 포함되고 있다. 문화의 외연이 확대됨에 따라 북한에서는 문화가 사회일반과 같은 의미로 사용되기도 한다. 이와 같은 개념이 잘 드러나는 것이 문화혁명의 경우이다. 문화혁명은 사상혁명, 기술혁명과 함께 북한의 3대혁명의 일부분이 되며, 문화혁명은 "모든 사람들을 자연과 사회에 대한 깊은 지식과 높은 문화예술수준을 가진 사회주의 공산주의 건설자로 만들며 온사회를 인테리화"하는 것이 된다.[7]

북한에서 문학예술은 개념상으로 문화의 한 부문이 된다. 그러나 실질적으로는 문학예술이 문화의 기본 속성으로 인식되고 있으며, 문학예술과 문화를 구별 없이 받아들이고 있다고 볼 수 있다. 예를 들어 문화인이라고 하는 말은 문학예술인과 동의어로 사용되고 있다. 김일성은 문화인을 '붓으로 싸우는' 사람들로 인식하고 있는데,[8] 이는 문학인과 문화인을 구별하지 않고 있다는 것을 의미한다. 이러한 맥락에서 북한에서는 구체적인 문학예술 작품의 창작과 향수가 문화의 핵심이 되고 있으며 이를 구현하는 것을 문화생활이라고 보고 있다.

문화와 문학예술을 혼용하는 것은 북한의 특수한 상황이라고 보기는 어렵다. 일반적으로 사회주의 사회에서 문화는 어떤 경우에는 문화인류학적 차원에서 개념으로 받아들이는 경우도 있고, 다른 한편으로 문학예술을 지칭하는 개념으로 인식되기도 한다.[9] 그러나 실질적으로 문화현상이나 문화정책과 같이 현상적인 차원에서 문화를 언급하는 경우는 앞의 두 가지 개념 가운데 후자 즉, 문화를 문학예술과 동일시하는 경향이 있다. 이와 같은 경향은 소련의 레닌 이래 사회주의 국가의 일반적인 특성이라고 볼 수 있다.[10] 이러한 이유에서 사회주의 국가에서 문화정책은 예술가에 대한 정책, 작품의 창작과 배급에 대한 정책과 동일시되는 경향이 있다.[11]

북한에서 문학예술이 문화와 같은 수준에서 인식되고 있음은 문학예술에 대한 다음의 정의에서도 잘 나타나고 있다.

> 문학: 언어를 통하여 인간과 생활을 형상적으로 반영하는 예술의 한 형태. 문학은 산 인간을 그리는 인간학으로서 사람들에 대한 사상교양의 수단으로, 미학적교양의 수단으로 복무한다. 우리의 문학은 인민대중을 가장 힘있고 아름다우며 고상한 존재로 내세우고 인민대중을 위하여 복무하는 참다운 공산주의인간학으로 되고 있다.[12]

> 예술: 인간과 그 생활을 형상적 수단과 형식으로 반영함으로써 사람들의 사상정서적교양에 이바지하는 사회적의식의 한 형태. 가극, 음악, 무용, 미술, 연극, 영화 그밖의 여러 가지 형식이 있다. 진실로 사실주의적이고 혁명적인 예술은 인간생활의 가장 아름답고 가장 숭고한 세계를 보

여줌으로써 혁명적세계관을 세우는데 이바지한다.[13]

문학예술: 문학과 예술을 아울러 이르는 말. 인간과 생활을 형상적으로 반영함으로써 사람들의 정신도덕적풍모와 문화수준을 높이며 그들을 투쟁과 혁신에로 고무하는 힘있는 수단.

문학예술에 대한 개념정의는 문화에 대한 개념정의와 비슷하다고 할 수 있다. 문화와 마찬가지로 문학예술은 이념을 전달하는 수단(angency)으로서의 역할이 강조되고 있고(사상교양, 미학적교양, 사상정서적 교양), 사실주의와 혁명적이라는 말에서 알 수 있듯이 문화와 같이 문학예술에서도 방향성이 명확하다.

문학예술에 대한 개념 차이와 더불어 문학예술의 사회적 역할도 남북한 간에 차이가 있다. 북한의 문학예술은 근본적으로 사회적이고 정치적인 산물로 인식하고 있다. 따라서 문학예술의 독자성은 인정하지 않는다. 반면에 남한에서는 문학예술의 상대적 독자성을 인정하고 있으며, 문학예술은 개인적인 차원의 문제로 인식하고 창작과 향수도 개인적인 만족 문제로 환원되는 경향이 있다. 이러한 차원에서 본다면 상대적으로 북한의 문학예술의 사회적 중요성이 남한보다 크다고 볼 수 있다.

사회주의 국가의 문학·예술은 정치와 밀접하게 연관되어 있다. 정부보다는 당이 문학·예술을 장악하고 있다. 문학·예술의 주제나 소재, 그리고 유통까지도 국가에서 관여하고 있을 뿐 아니라 최고지도자의 관심도 높다.[14] 또한 사회주의리얼리즘론에[15] 입각하여 작품이 내포하고 있는 이념성이 문학·예술 작품 평가의 중요한 척도가 되고 있다. 그리고 정치체제와 밀접하게 연관된 까닭으로 최고지도자의 교체나 당노선의 변화 등 정치권의 변화가 민감하게 문학·예술에 영향을 미친다. 이러한 맥락에서 사회주의 국가의 문학·예술은 국가 특히 당의 이념을 전파하는 선전도구로서의 기능을 수행하고 있다고 할 수 있다.

북한의 문학·예술도 사회주의 국가 문학·예술의 일반적인 성격과 크게 다르다고 할 수 없다. 북한에서 문학·예술을 관장하는 것은 정무원 산하의 문화부와 당의 문화예술부이나 당우선의 체제 특성상 당 문화예술부의 역할이 더욱 크며, 당의 선전선동부도 문학·예술 창작에 관계하고 있다. 뿐만 아니라 최고지도자 김일성도 문학·예술에 높은 관심을 갖고 있다.

> 근로대중을 애국주의사상과 민주주의사상으로 무장시키는데서 문학·예술작품이 노는 역할은 매우 큽니다. 사상성과 예술성이 높은 문학·예술작품은 사람들로 하여금 애국심과 투쟁심을 가지게 합니다.[16]

북한에서는 지도자의 교체가 없었기 때문에 권력구조 변화에 따른 문학·예술의 성격변화는 찾아볼 수 없다. 그러나 초기 파벌투쟁과정에서는 문학·예술의 특성이 변하였다고 볼 수 있다. 해방 직후 북한 문예계를 대표했던 일제시대 카프세력의 득세와 몰락은 남로당의 숙청 및 종파투쟁과 관련이 있으며, 1960년대 이후 항일혁명문학의 대두는 김일성 중심의 권력공고화와 밀접한 연관관계를 맺고 있다.[17] 김일성 뿐만 아니라 김정일도 자신이 문학·예술분야에서 경력을 축적하였기 때문에 문학·예술에 대한 관심이 높다.[18]

북한의 문학·예술이 수행하는 정치적 역할을 명확히 규명하기 위해서는 북한 문학·예술의 기본적인 속성을 파악할 필요가 있다. 북한의 문학·예술 작품은 '당성', '로동계급성', '인민성'의 세 가지 원칙하에서 창작되고 있다.[19] 당성이란 "당에 대한 끝없는 충실성"으로 "당의 로선과 결정을 관철하기 위하여 모든 것을 다바쳐 투쟁하는 혁명정신"을 의미한다. 그리고 당성을 "로동계급의 혁명적당과 그 창건자이며 령도자인 수령에 대한 충실성"으로 개념 규정함으로써,[20] 김일성 개인 숭배와 연관시킨다. 이러한 까닭으로 김일성의 개인사를 소재로 삼거나 김일성의 위대성을 부각시키는 작품이 상대적으로 많다. 노동계급성은 "로동계급의 의향과 요구를 반영하고 로동계급의 리익을 견절히 옹호하며 로동계급의 혁명위업에 적극 이바지하는" 것이다. 이러한 맥락에서 "제국주의자들의 침략적 본성과 자본가 계급의 착취적 본성"에 대한 비판을 강조함으로써, 반남한·반미적인 성향의 작품창작을 유도하고 있다. 인민성은 "문학·예술이 철저하게 인민들의 사상과 감정에 맞도록" 창작하는 것을 의미한다.[21] 인민성 부각을 통하여 일반 대중과의 일체감을 고양시키고, 대중들이 흥미있게 작품을 수용할 수 있도록 이념성과 예술성의 조화를 강조하고 있다.

북한의 문예관은 기본적으로 객관적인 현실에 대한 충실한 묘사에 그치는 것이 아니라 사회주의체제가 지향하는 특정한 경향성을 추구하여야 한다는 사회주의적 사실주의의 기본적 특성과 일맥상통한다. 그러나 문학·예술작품이 당보다는 김일성 중심의 북한의 권력구조와 밀접하게 연관되어 있다는 점이 두드러진 차이라고 할 수 있다. 이러한 경향은 1960년대 이후 항일혁명문학이 강조된 이래 더욱 심화되고 있으며, 장르에 상관없이 모든 문학·예술작품에 동일하게 나타나고 있다. 또한 정치체제 특히 집권자에 문학·예술이 종속된 결과 북한의 문학·예술은 획일성의 정도가 높다고 볼 수 있다. 특히 김정일이 '종자론(종자론)'을 제기한 이후에는 사상적 핵을 강조하여 이념적 획일성의 정도가 더욱 높아졌다고 할 수 있다.

지금까지 검토한 북한의 문학·예술의 특성을 바탕으로 북한의 문학·예술의 정치적 역할은 다음과 같이 정리해 볼 수 있다.

첫째, 북한의 문학·예술은 여타 사회주의 체제에서와 마찬가지로 지배이념을 확산하는 중요한 정치적 도구라고 할 수 있다. 더욱이 김일성 및 김정일이 문학·예술에 대한 관심이 각별히 높으므로 북한의 문학·예술의 정치적 비중은 상대적으로 높다고 볼 수 있다. 둘째, 북한의 문학·예술이 전파하고자 하는 이념적 내용은 당성과 로동계급성이나, 그 구체적인 내용의 중심은 김일성의 유일지도체제의 정당성과 김일성의 위대성이다. 그러므로 북한의 문학·예술은 현 권력구조를 정당화하는데 중요한 역할을 수행하고 있다. 셋째, 인민성을 강조하는 데서 알 수 있듯이 북한의 문학·예술은 일반 인민들의 현실 및 정서와 부합하는 측면이 있다. 이것은 문학·예술의 대중성을 중시하는 문화정책이라고 할 수 있다. 더욱이 북한에서는 대항문화(counter culture)의 존재가 불명확하기 때문에 상대적으로 문학·예술에 대한 북한 인민들의 수용 정도는 더욱 높으리라고 볼 수 있다.

북한의 문학예술이 갖는 사회적 역할에서 가장 중요한 것은 문학예술이 이념의 정당화와 주민의 교양 즉 정치사회화의 역할을 수행하고 있다는 점이다. 문학예술을 사회화의 매체로 활용하기 때문에 교육과 문학예술이 밀접하게 연관되기도 한다. 따라서 문학예술에서 가장 중요한 요소는 작품의 이념적 지향성이 된다. 당연히 작품의 창작이나 평가에서 일차적인 기준도 이념성이 된다. 즉, 어떻게 개별 문학예술이 당의 이념을 잘 표현하고 주민들을 설득시키는가 하는 것이 핵심적인 문제가 된다. 물론 '인민성'이라는 기준으로 문학예술이 갖는 대중성이나 오락성도 중시된다고 볼 수 있다. 그러나 인민성은 이념성에 비해 부차적인 문제가 된다.

3. 북한의 남한문화인식

분단되었다는 것은 남북한이 서로 다른 체제를 지향하였다는 의미한다. 정확히 말한다면 남한은 자본주의체제를, 북한은 사회주의체제를 해방 이후 각기 사회발전전략으로 선택하였고, 상대방의 체제와 이념을 피차간에 인정하지 않았다고 할 수 있다. 서로 다른 체제를 채택하였을 뿐만 아니라 남북한 한국전쟁을 경험함으로써 공존의 논리보다는 상호배타적인 적대적인 감정을 내면화하였다. 따라서 기본적으로 남한이나 북한 모두 상대체제에 대해서는 기본적인 시각은 지극히 비판적일 수밖에 없다. 분단이 장기화되고 체제경쟁이 격화됨에 따라 상대체제에 비판은 더욱 강화되었고, 남이나 북이나 모두 상대체제를 인정하는 개인이나 집단은 반역의 수준에서 처벌되었다. 이와 같은 맥락에서 북한이 남한체제를 보는 입장은 기본적으로 부정적일 수밖에 없었고, 분단 반세기 동안 커다란 변화를 보이고 있지 못하다. 더욱이 북한은 극단적으로 권력이 집중되어 있고, 권력구조의 변화가 거의 없는 가운데 강력한 정치적 사회적 통합을 유지하기 위하여 북한의 지배층은 남한에 대한 적대적인 감정을 적극적으로 활용하였다고 볼 수 있다.

남한체제에 대한 북한의 비판적인 입장은 일반적인 자본주의체제에 대한 사회주의의 시각에서 비롯한다. 사회주의 이념이 자본주의체제에 대한 비판에서 발생하였기 때문에 당연히 자본주의체제를 지향하는 남한체제는 비판의 대상이 될 수밖에 없다. 이러한 맥락에서 계급적인 착취, 빈부격차 등과 같은 자본주의가 갖고 있는 기본적인 병폐가 주된 비판의 대상이 된다. 그러나 북한의 남한 비판에서는 자본주의의 일반적인 문제보다는 미국의 지배 상태가 더욱 문제가 된다.

> 남조선에 대한 미제국주의의 지배는 지난날 일제국주의의 통치와 본질에 있어서 아무런 차이가 없습니다. … (중략) … 남조선은 미제국주의자들의 완전한 식민지로, 침략적 군사기지로 전변되였습니다. 남조선의 민족공업은 외국자본의 예속경제로 전변되고 있으며 남조선농업도 심각한 위기를 겪고 있습니다.[22]

미국이 일본을 대신하여 남한을 지배하고 있기 때문에 모든 문제가 발생하는 것으로서 인식하고 있으며, 남한사회는 자본주의 체제이지만 신식민지적 지배 상태에 있다고 보고 있다.[23] 신식민지적 지배하에서는 미제국주의는 정치, 경제, 문화, 군사의 모든 분야를 장악하고 정치경제적 수탈을 가하고 있으며, 이와 같은 상태를 지속시키고 있는 것이 남한의 '파쑈적인' 정치지도자들이라고 보고 있다.

북한이 남한체제의 문제를 미국의 지배정책에서 말미암은 것으로 인식함에 따라 남한의 체제를 반대하지만 가장 중요한 적대세력은 남한이 아니라 미국이 된다. 이것은 남한체제의 문제에 대하여 남한의 일반 사회구성원들은 자유로울 수 있다는 것을 의미한다. 즉, 미국의 지배정책을 대행하는 정치지도자나 일부 집단은 문제가 있으나 다수의 남한주민들은 착취의 대상으로 구원하여야 할 대상이 된다는 것이다.[24] 마찬가지 차원에서 남한체제가 갖고 있는 자본주의적 모순도 미국에 의하여 이식된 것이기 때문에, 미국의 지배고리만 끊어지면 자연스럽게 모든 문제가 해결되고 사회주의체제로의 전환이 가능할 것으로 보고 있다.

북한의 남한문화에 대한 기본적 인식도 체제에 대한 관점과 크게 다르지 않다고 할 수 있다. 앞에서 살펴본 바와 같이 사회주의적 사실주의를 이론적 토대로 문화의 정치적 역할을 중심으로 생각하는 북한의 입장에서 본다면 남한의 자본주의문화는 근본적으로 수용하기 어려운 것이 된다. 그러나 북한이 생각하는 남한문화의 근본적인 문제는 미국문화에 점령당하고 있다는 점이다. 남한문화를 지배하는 미국 문화에 대해서는 북한은 다음과 같이 보고 있다.

> 현대미국문화의 표면은 자본주의문화에서 이른바 아메리카니즘으로써 포괄되는 물질주의 실용주의페시미즘 세계주의등 온갖 자본주의 퇴폐문화의 제특징을 포함하고 있다. 이 경향은 미국 부르조아사회의 제국주의적 특성으로부터 나오는 것으로 미국진보적 문화와의 첨예화된 대립모순을 이루고 있다. … (중략) … 미국지배층은 히틀러로부터 인계받은 파시즘사상과 전쟁선동 인종차별등 팽창주의적 제국주의이념을 공공연히 선전하고 있을뿐 아니라 온갖 저락한 퇴폐주의와 향락주의 신비주의 세계주의의 독소들을 전파하고 있다.
>
> 미국문학예술은 다른 여러부문들과 마찬가지로 두 개의 사상전선으로 대립되어있다. 그 하나는 미국반동의 세계제패무기의 하나로서 이용되는 부르조아 문학예술이고 다른 하나는 민주주의 문학예술이다. … (중략) … 음악부문은 특히 비속하고 음탕한 리즘으로써 충만한 쟈즈선정곡들이 횡행하고 있으며[25]

> 미국식생활양식은 미국의 정치, 경제, 문화를 형성하는데 커다란 영향을 미친 이른바 프론티아적인에 기초하여 이루어졌다. 프론티아 정신이란 약자에 대하 강자의 지배와 략탈을 강행하며 다른 사람들을 희생시켜 자신이 치부하는 것을 미덕으로 여기는 생활 신조이다. … (중략) … 미국식 생활양식이야말로 현대자본주의사회의 온갖 퇴폐풍조와 사회악을 낳는 근원으로서 사람들의 민족자주의식과 건전한 사고력을 마비시키는 사상정신적 독소[26]

북한의 미국문화는 그 자체가 "반동적이며 퇴폐적인" 가장 저질의 문화인데,[27] 이러한 미국문화가 제국주의적 책략하에 남한 문화를 지배함으로써 “민족문화와 조선인민의 고유한 미풍량속은 여지없이 짓밟히고 온갖 패륜과 패덕이 남조선 전역을 휩쓸고” 있으며,[28] 결과적으로 “인민들의 의식을 중독시키고 있다”는 것이다. 이러한 상황을 구체적으로 다음과 같이 묘사하고 있다.

> 미제는 조선의 자주독립을 영원히 억제하고 민족문화와 민족예술을 근본적으로 말살하려고 기도하였다. 오늘 남조선에는 일제잔제의 노예적 식민지 예술과 미국식 퇴폐적이고 망국적인 예술이 횡행하고 있으며 진보적 예술가들은 체포 구금 추방되였으며 일제시에 황도정신을 구가하던자와 미국의 식민지정책을 찬양하는 자만이 미제와 남조선괴뢰정권의 애호를 받고 있다.
>
> 미제국주의자들은 남조선에서 자기들의 세계침략의 사상적도구로 코스모폴리티즘의 독소를 예술면을 통하여 광범히 산포하고 있다. 문화기관들이 인민의 소유로 되는 것을 저해하기 위하여 천일본인의 소유였던 남조선의 극장과 영화관들을 모주리 친일파 모리배들의 개인소유로 넘겨주었다. … (중략) … 미제는 그들을 통하여 헐리우드의 퇴폐영화를 남조선에 마음대로 범람시키고 있다. … (중략) …또한 그들은 일제이상의 혹독한 검열제도를 만들어 조국을 사랑하고 진리를 찾고 침략자를 증오하는등의 애국적사상이 조곰이라도있는 일체의 연예물은 절대로 금지하고 있다.
>
> 미제가 비호육성하고 있는 예술부면을 보면 조선의 민족생활을 부패와 타락에로 인도하고 개인적 테로와 불화와 질투를 장려하는 저속하고 야비한 미국식문화를 강요하고 있다. … (중략) … 애국사상을 마비시키는 우매하고 에로틱한 각본들을 경쟁적으로 상영하고 있으며 … (중략) … 미국영화를 비롯한 영국 불란서 중국 등 4개국의 영화들이며 이는 관중들에게 살벌과 성적충동과 스릴의 쾌감밖에 주는 것이 없을뿐더러[29]

남조선 반동 문학 사조로 되고 있는 인간 증오, 허무주의, 세기말적 퇴폐주의, 동물적 색정주의 경향을 일층 농후하게 하였으며 이것들은 인간정신을 마비시키면서 전쟁·선동과 반소 선전, 공화국 정권에 대한 허위와 기만에 찬 중상과 비방을 일삼고 있다. 김시선의 장편 「시베리야 류형기」와 황순원의 장편 「카인의 후예」는 이런 면에서 대표적 작품으로 되고 있다 … (중략) … 도색소설물인 정비석의 장편 「자유부인」 리정수의 장편 「녀배우」, 박계주의 단편 「음학」 등은 미국식 생활양식을 고취하여 남조선 인민들의 민족적 량심을 마비시키려는 침략자들의 사상에 복무하고 있다. 남조선에서 미국식 생활 양식과 꼬스모뽈리즘을 보급하는데 있어서 영화는 미제의 직접적인 무기로 되고 있다. 남조선의 영화 시장은 헐리우드 영화에 의하여 독점되여 있다. 「출격명령」 등 전쟁을 선동하는 북진선전으로 일관된 것이다. 남조선의 연극은 미국영화의 꼬리를 따라 더욱 반동적으로 더욱 저급한 것으로 전락되고 있다.[30]

북한이 바라보는 남한문화의 구체적인 특징을 정리하면 다음과 같다.

첫째, 독자적 성격이 없다는 것이다. 기본적으로 미국문화에 종속되어 있으나 한일국교 정상화 이후로는 일본문화에도 영향을 받고 있는 것으로 인식하고 있다.

일본군국주의자들은 남조선인민들속에서 반공사상과 군국주의사상, 친일사상, 허무주의, 색정주의를 고취하여 민족적 및 계급적 의식을 마비시키려고 … (중략) … 일본군국주의자들은 사상문화적침략에서 광범위한 대중들을 대상으로 하고 있는 영화와 음악을 중요한 침략수단으로 리용[31]

일본반동들은 사상문화적침투를 강화하여 친일사상을 부식함으로써 제놈들의 침략적야망을 손쉽게 실현하기 위한 사상저지반을 축성 … (중략) … 문화적 이방지대[32]

미국과 일본의 지배정책의 결과로 남한문화의 고유성은 말살되고 미국풍이나 왜풍이 남한문화를 지배하는 것으로 인식하고 있다. 이 결과 민족문화는 자취를 감추었다고 보고 있다. 민족문화가 몰락을 보여주는 대표적인 현상으로 북한은 외래어의 무분별한 사용과 민족유물의 훼손을 비판한다.

> 미제는 남조선을 강점한 첫날부터 고귀한 문화유산물을 략탈하였으며 전쟁 기간 중에는 더 한층 계획적으로 이를 파괴하였다 … (중략) … 합촌 해인사, 경주 첨성대, 경주 소재의 신라 시대의 김유신 장군의 분묘 등이 파괴 도굴된채 방치되여 있으며[33]

즉, "남조선 사람들에서는 고유한 조선말을 쓰는 것은 무식한 것으로 영어와 일본말을 하고 한자를 많이 써야 유식한 사람"으로 여기고 있다는 것이며, 불국사나 석굴암은 관광수입에만 중점을 둔 복원사업으로 원형을 상실하였다고 주장한다.[34] 미국과 일본이 남한에 대한 문화적 지배를 수행하는 것은 크게 두 가지 방법이 있다고 본다. 하나는 할리우드영화와 같이 직접 문화를 전파하는 것이고, 또 하나는 인적교류를 통하는 것이다. 인적교류에는 각종 친선단체도 포함되고, 문화원이나 평화봉사 단체 및 종교도 활용하고 있다고 주장한다.

둘째, 남한문화는 도덕적으로 타락하였다는 것이다. 문학작품은 에로티시즘이 중심이고, 영화의 경우 '색정주의'가 중심이 되고 있으며, 미술은 나체화가 횡행하고, 무용은 여성의 상품화를 대변하고, 대중가요도 선정적이라고 보고 있다.

> 남조선의 예술계에는 고상한 조선인민의 민족적 전통을 고취하는 인민적인 예술문화가 발전하는 대신에 퇴폐적이며 관능적인 미국식 반동

예술의 세기말적 독소가 횡일하고 있다. … (중략) … 미제는 조선인민들을 살육과 성적 충동과 스릴의 체감으로 마비시킴으로서 부화한 일부 청년남녀들 사이에 말세기적인 도덕관념과 미국식 생활양식에 대한 무비판적인 숭배사상을 주입하려고 시도하고 있는 것이다.[35]

미국의 소란스럽고 음탕한 쟈즈문학은 오늘 남조선의 거리마다 범람하고 있으며 인민적 창작으로 되는 음악은 전면 자취를 감추었다. 남조선에 널리 류행하고 있는 류행가들은 대체로 일제 말엽에 류행되던 「목포의 눈물」 「홍도야 울지마라」 등 퇴폐적 류행가들을 비롯하여 「리별의 노래」 「항구의 얼굴」 등 그 제목부터도 추장하기 짝이 없는 것이다. … (중략) … 미술부문에서는 라체화를 춘화처럼 즐기는 부르죠아 취미, 정신병자들과 같은 쑤르레알리즘적 경향이 지배적인 경향을 이루고 있다.[36]

4월 인민 봉기 이후 남조선에는 깽과 도색을 류포하는 미국 영화가 더욱 성행하기 시작하였다. … (중략) … 판로를 잃은 남조선 영화 예술 일군들은 외국문학 작품을 번안하여 국산영화를 헐리우드화하고 있다. 현재 남조선에서 상영되고 있는 국산영화들은 모두가 부패와 색정과 렵기적 모험을 고취하는 작품들이다. 「애수에 젖은 토요일」 … (중략) … 이영화의 화면에는 육체의 로출과 동물적 상태를 보여주면서 인민들의 말초 신경을 자극하는 범죄를 감행하고 있다.[37]

〈영화〉 말초신경을 자극하며 그들의 계급적 및 민족적 각성을 마비시키는 색정주의의 독소 만연 … (중략) … 라체의 녀배우들을 상품처럼 내 놓는가 하면 색정주의와 실존주의가 결합되여... 일본 영화 표절 〈음악〉 광란적인 쟈즈품의 범람은 쑈단의 이름부터 김치 , 패티김, 로라성 모니카류 따위의 위래식투 … (중략) … 민족음악의 상태는 참혹 … (중략) … 일본 류행가의 축음기판을 그대로 복사한 것, 가사만 슬쩍 조선말로 옮겨 놓은 것, 멜로디나 가사를 표절하여 작곡, 작사한 듯이 날조한 것 … (중략) … 〈무용〉 남조선에서는 미국에서 흘러 들어온 트위스

> 트라는 온 몸을 비비꼬며 발광적으로 돌아치는 색정적인 춤이 극장과 거리 심지어 해수욕장에서까지 광란[38]

도덕적 타락은 일상생활에도 영향을 미쳐 “라체질주, 녀자레스링, 녀자축구, 녀자권투와 같은 해괴망측한 놀이”를 하고 있으며,[39] “멀쩡한 남자들이 녀자옷을 입고 머리를 기르며 녀자구두를 신고 목걸이를 걸고다니며 반대로 녀성들이 남자옷차림을 하고 다니는가하면 … (중략) … 심지어 얼굴형태까지 미국놈처럼 만들기 위하여 코를 크게 만드는 것과 같은 … (중략) … 말세기적 생활풍조”에 빠져 있다는 것이다.[40] 이러한 가운데 “남조선녀성들중에는 엉치를 가리울 정도의 이른바 미니스카트라는 것을 입고 젖가슴이나 겨우가리우고 거리를 싸다니고있는 낮도깨비들도 적지 않고”[41], 젊은 여성들이 술을 마시고 담배를 피우고 “양춤장과 유흥가에서” 추태를 부리고 있다고 비판한다.[42] 이러한 차원에서 남한의 문화는 한마디로 ‘말세기적’인 것이 된다.

셋째, 남한문화는 반공주의를 강조하고 있다는 점이다. 전쟁을 소재로 한 영화들이나 분단을 다루는 소설들의 대부분은 북한을 비판하는데 주안점을 두고 있으며, 북한체제를 반대하여 자발적으로 월남한 사람들을 이산가족을 소재로 삼아 북한체제를 모략하고 있다고 생각한다.[43] 반공주의를 지향하는 것은 이승만 정권으로부터 현재까지도 지속되고 있으며, 특히 박정희는 이를 제도적으로 강화하였다고 보고 있다.

> 박정희 도당은 마침내 남조선 문학예술에 대해서도 전대미문의 폭압정책을 실시하였다. 공보부, 사전 검열제 다회단체 재등록에 관한 법률용공이란 구실 밑에 남조선 진보적 작가 시인 예술인들을 체로 구금하는 등 남조선 문학예술에 대한 전례 없는 폭행 … (중략) … 작가 예술인들에게 확고한 반공사상체계 확립을 위한 철저한 정신혁명을 강요. … (중

략) … 어용작가들을 규합하여 「한국문인협회」을 재조직하고 마지막으로 「한국예술문화단체 총련합회」를 조직 … (중략) … 서로 대립되는 진영을 형성하고 나가고 있는바 그 하나는 군사정권에 매달려 반공과 순수문학과 퇴폐 색정주의를 표방하는 극반동적 문학 … (중략) … 이 문학의 선두에는 박종화, 김광섭, 렴상섭, 김동리, 황순원[44]

각종 문화단체와 더불어 문화에 대한 이념적 통제 기구로서 문교부, 공보부, 국방부, 내무부와 각 구 산하의 공보실 등을 지적하고 있으며, 미국과 일본의 문화원도 반동적인 반공문화 확산에 중요한 역할을 수행하는 것으로 보고 있다.[45]

넷째, 남한문화가 전반적으로 문제가 있으나 일부 문학예술인들과 그들의 작품은 진보적인 경향을 띠고 있는 것으로 평가를 한다.

반동적인 주류와 함께 최근에 이르러 남조선의 현실을 있는 그대로 그리려는 자연주의적 계열과 조성된 현실에 대한 혐오와 염증을 표시하고 있는 다른 계열이 나타나고 있다. … (중략) … 김송의 소설 「청개구리」, 「피」, 김광식의 소설 「213호 주택」 그리고 오상원의 희곡 「리상」과 리호우의 시 「바람 벌」 최재형의 시 「동면」 등은 상술한 경향의 중요한 작품이며, 이중의 몇 작품은 이미 공화국 북반부에서도 발표되었다.[46]

부르죠아 반동 작품들과는 달리 4월 인민 봉기 이후 남조선 문단에는 긍정적 작품들이 적지 않게 나오고 있다. 박룡진의 시 「4월의 분노」, 리종운의 시 「저 빛을 당신은 보았기」, 박두진의 시 「경고, 통고, 결의」 김용호의 시 「해마다 4월이 오면」 김수영의 시 「가다오 나가다오」, 오영수 소설 「후일담」, 정한숙 소설 「폭우」 최창희 작 「그 마음」, 김광식 작 「아이스만 견문기」 등은 북반부나 사회주의 진영에 대한 동경이 일정하게나마 표시되고 있음이 주목할 점들이다.[47]

> 영화 제작에서도 지상의 비극, 오발탄 등 비록 그 내용에 사회적 제한성과 결함이 있기는 하나 남조선의 부패한 현실을 비판 폭로하는 경향적 영화가 있다.[48]

> 남조선의 반동적 문단과 무대에는 반공의 간판아래 인간 증오와 침략전쟁 사상을 고취하는 항전의 문학, 생에 대한 허무와 방탕과 죽음을 설교하는 실존주의 문학, 추악한 색정 세계와 썩어빠진 시정 생활의 단면을 묘사하는 이른바 자연주의 문학예술이 범람 … (중략) … 4월봉기를 계기로 활발하였던 진보적 경향의 문예활동은 군사 정변후 극도로 위축되였고. … (중략) … 허무와 색정주의 및 전쟁 소동을 고취하는 이 모든 추악한 무리들과는 반대로 오늘 남조선의 량심적인 작가 예술인들은 미제와 군사정권에 대하여 비협조적인 태도를 견지하고 있으며 반동적 문예정책에 불만을 표시하고 있다.[49]

그러나 남한체제를 비판하고, 상대적으로 북한체제에 대한 이해가 있으며, 통일지향적인 진보적 문학은 상대적으로 많지 않다고 보고 있다.[50]

4. 맺음말

남한문화에 대한 북한의 인식을 통해서 다음의 몇 가지 점을 생각해 볼 수 있다.

첫째, 북한은 남한문화에 대하여 기본적으로 부정적이라는 점이고, 비판의 초점은 미국의 제국주의적 문화지배로 보고 있다. 따라서 상대적으로 남한문화를 창조하고 수용하고 있는 주체인 남한 주민들은 비판의 대상이면서도 포용할 수 있는 대상이 될 수 있다는 것을 의미한다.

둘째, 남한문화에 대한 기본 인식은 시기별로 차이가 뚜렷하지 않다는 것이다. 남한의 정권변화에 따라서 다소간의 편차가 있으나 해방 직후나 현재에 이르기까지 남한문화는 반동, 선정(색정), 허무, 반민족이라는 특징을 갖는 것으로 인식하고 있다.

셋째, 북한의 남한문화에 대한 관심과 연구가 광범위하고 철저하다는 점이다. 『조선중앙년감』을 보면 당해연도에 나온 주요 소설에서 영화 그리고 대중가요에 이르기까지 대부분의 개별 작품에 대한 검토가 이루어진 것을 알 수 있다. 이에는 연극이나 오페라까지 포함되는데 북한에서 꾸준하게 관찰하고 있음을 보여주는 것이라고 할 수 있다.

넷째, 높은 관심에도 불구하고 적절하지 못한 문화이해도 적지 않다고 볼 수 있다. 예를 들어 한일국교정상화 이후 일본문화의 유입을 비판하면서 일본영화의 범람을 주장하는데 실질적으로 일본영화의 남한 공연이 이루어진 것은 최근의 일이다. 또한 남한문화의 바탕을 실존주의에 놓고 있는데,[51] 이는 올바른 상황판단이 아니라고 볼 수 있다.

다섯째, 남한문화의 다양성을 인정하고 있다는 점이다. 상대적으로 진보적인 작가나 작품을 인정하고 있으며, 이를 북한에 바로 소개까지 하고 있다는 점은 주목할 만하다고 할 수 있다.

북한의 남한문화 인식은 기본적으로 북한이 문화관에서 비롯되었다고 볼 수 있다. 문화의 중심역할을 정치적 선전선동에 두고 있는 북한의 입장에서는 남한의 문화의 정치적 역할을 주목할 수밖에 없다. 또한 남한의 문화인식 자체가 북한 문화의 일부라고 본다면 남한문화인식도 북한의 이념적 지평으로부터 자유로울 수 없을 것이다. 남한문화에 대한 왜곡된 인식 혹은 오해도 이러한 이유에서 비롯되었다고 할 수 있다.

북한체제가 경직되어 있는 것처럼 남한체제, 그리고 남한문화에 대한 인식도 경직되어 있는 것은 분명하나 최근 북한의 문예정책에서 외부문화에 대한 태도가 상대적으로 유연해지고 있다는 점을 주목할 필요가 있다. 김정일은 "우리는 언제나 다른 나라의 문학을 주체적인 립장에서 공정하게 대하여야 하며 좋은 것은 허심하게 배울 줄도 알아야 한다"고 주장하고 있으며,[52] 로빈슨크로소나 헴릿의 장점을 수용하여야 한다는 지적을 하고 있기도 하다.[53] 그리고 과거 비판의 대상이었던 이광수 등의 근현대 문인, 실학자, 카프문학을 복원시키기도 하였다. 1990년대 북한을 대표하는 다부작 영화 <민족과 운명>에서도 과거와는 달리 남한이나 자본주의 사회의 화려한 측면을 묘사하기도 한다. 물론 <민족과 운명>에서 강조하는 것은 화려함 뒤의 존재하는 수많은 문제점들이기는 하지만, 과거 문학예술작품에서는 일방적으로 어둡고 비참한 면을 그렸다는 점에서 적지 않은 차이가 있다고 보아야 할 것이다.

최근 북한의 문건이나 작품에서 나오는 남한문화인식이 근본적인 변화는 아니겠으나 장기적인 관점에서 본다면 북한이 남한을 비롯한 자본주의문화를 수용할 준비를 하고 있다고 볼 수도 있을 것이다. 이러한 차원에서 북한이 남한문화를 어떻게 보고 있는가를 정확히 인식하는 것도 중요하지만 이에 못지 않게 남한이 북한, 그리고 북한문화를 어떻게 보고 있는가, 그리고 어느 정도나 알고 있는가를 반성해보는 것도 중요한 작업이 될 것이다.

2

남북한 문화의 차이

1. 머리말: 체제 차이와 문화 차이

분단 이후 남북한은 자본주의와 사회주의 이념을 토대로 국가를 건설했고 이에 부합하는 사회 체제를 발전시켜 왔다. 결국 남북한이 추구하는 서로 다른 국가 형태와 이념, 사회 체제는 남북한 간에 이질적인 문화체계를 초래했다고 볼 수 있다. 문화가 사람들이 살아가는 총체적 방법을 의미한다면,[1] 비록 하나의 민족으로 오랜 기간 동안 동일한 문화를 공유했던 남북한 주민들이라고 할지라도 이질적인 국가 형태와 사회 체제에서 생활하는 한 동일한 문화를 유지할 수 없었음은 자명한 일이다.[2]

또한 남북한은 제도나 구조적인 차원에서뿐만 아니라 일상생활의 차원에서도 다양한 차이를 보이고 있다. 예를 들어 정치적 차원을 살펴보면 자유민주주의와 사회주의라는 정치 이념 및 정치제도의 차이뿐만 아니라 선거의 의미, 정치적 지도자의 이상형, 정치적 의사 교환의 구조 등 정치 과정에서도 차이가 나타난다. 그럼에도 불구하고 남북한의 차이를 이야기하는 연구자들 대부분은 구조적인 차이에만 관심을 집중하는 경향이 없지 않다. 남북한의 통합 문제를 다루는 연구자들도 마찬가지이다. 즉, 정치적 통합을 정치제도의 통합으로 경제적 통합을 경제 체제의 통합으로 간주하고 있으며, 문화적 통합마저도 문화단체나 문화정책의 통합과 같이 제도 통합을 우선적으로 고려하고 있다. 하지만 제도적인 통합은 하나의 필요조건일 뿐 충분조건이 될 수는 없다. 왜냐하면 동일한 정치 이념과 정치 체제를 이룩한다고 하더라도 정치적 언어의 차이가 존재하는 한 진정한 의미의 정치 통합은 달성될 수 없으며, 같은 경제구조에서도 부의 축적이나 절약의 사회적 의미가 다르다면 경제생활의 갈등은 지속될 수밖에 없기 때문이다.

특히 문화 통합에서는 일상생활 수준의 통합 문제가 더욱 중요하다고 할 수 있다. 언어나 상징과 같이 공동체 형성의 기본적인 매체를 포함하여 상호 작용의 기본적인 규칙에 대한 올바른 이해 없이 문화적 통합은 불가능하다. 이러한 맥락에서 가장 핵심적인 문제 중 하나는 문화 혹은 문학예술을 남북한 주민이 어떻게 인식하고 이해하는가를 분석하는 것이다. 문화 혹은 문학예술은 남북한 주민들이 사용하는 일상적인 언어이지만, 각각이 내포하고 있는 구체적인 내용은 상당한 차이를 보이고 있다. 이와 같은 상황에서 우선 남북한 주민들의 일상생활 속 의사소통 과정에서 문제가 생겨날 수밖에 없을 뿐만 아니라 통일 과정 중 문화 교류나 문화 통합에서 심각한 문제가 발생할 수 있다. 이러한 맥락에서 문화, 특히 문학예술이 남북한에서 어떤 의미를 갖고 있는가를 규명하는 것이 이 글의 목적이다. 이를 위해서 이 글에서는 크게 두 부분으로 나누어 남북한 문화의 차이를 검토하고자 한다. 하나는 문화의 개념과 역할이고, 다른 하나는 문화정책의 차이이다.

2. 남북한의 문화 개념

실제로 남북한은 같은 언어를 사용하고 있음에도 불구하고 언어의 이질화가 심각하게 진행되어 왔다.[3] 언어의 이질화 문제는 주로 단어 자체가 일상생활에서 차이가 나는 현상을 중심으로 다루어졌던 반면, 실제로 같은 단어를 사용함에도 불구하고 단어가 내포하고 있는 의미가 다른 경우는 언어의 이질화 문제에서 크게 다루어지지 않았다. 단어 자체가 다르게 사용되는 경우는 언어의 차이가 밖으로 드러나기 때문에 실제 의사소통 과정에서 상대적으로 쉽게 문제가 제기되고, 교정될 여지가 있다. 따라서 동일한 단어나 언어를 활용하면서도 그것이 갖고 있는 기표나 기의가 다를 경우 훨씬 더 심각한 문제를 일으킬 가능성이 높다. 예를 들어 어떠한 일을 제안했을 때의 응답인 '일 없다'라는 말은 남한에서는 부정적인 의미를 갖고 있는 반면, 북한에서는 긍정적인 의미를 내포하고 있다. 이처럼 유사한 기표를 갖고 있으면서도 기의가 완전히 다른 대표적인 예로 남북한의 '문화' 혹은 '문학예술'을 들 수 있다. 결국 남북한 주민들이 만나 문화나 문학예술에 대해 의견을 교환하거나 상대방의 문화 혹은 문학예술을 직접 경험할 때 적지 않은 혼란을 겪게 된다.

남북한 문학예술의 개념 차이를 알기 위해서는 1차적으로 문화에 대한 개념부터 따져 볼 필요가 있다. 문화에 대한 남북한의 사전적 정의는 다음과 같다.

> 북한: 력사발전의 행정에서 인류가 창조한 물질적 및 정신적 부의 총체. 문화는 사회발전의 매 단계에서 이룩된 과학과 기술, 문학과 예술, 도덕과 풍습 등의 발전수준을 반영한다. 문화는 사회생활의 어떤 령역을

반영하는가에 따라 물질문화와 정신문화로 구분된다. 매개 나라의 문화는 자기의 고유한 민족적특성을 가지고 있으며 계급사회에서 문화는 계급적성격을 띤다.[4]

남한: 인류가 모든 시대를 통하여, 학습에 의해서 이루어 놓은 정신적·물질적인 일체의 성과. 의식주를 비롯하여 기술·학문·예술·도덕·종교 따위 물심양면에 걸치는 생활 형성의 양식과 내용을 포함함.[5]

기본적으로 남북한 모두 문화를 사람들이 살아가는 총체적인 삶으로 인식하고 있다는 점에서 인류학적 문화 개념과 일맥상통한다고 볼 수 있다. 그러나 구체적으로 살펴보면 남한이 문화를 정치·경제·사회를 지탱하고 있는 가치구조에 내재하는 기본 개념이자 그 자체가 목적인 목표 개념으로 보는 데 비해, 북한은 문화를 정치·경제·사회 발전을 달성하기 위한 수단 개념으로 인식한다.[6]

문학예술에 대한 개념에 있어서도 남북 간의 차이가 없지 않다.

<북한>

- 문학: 언어를 통하여 인간과 생활을 형상적으로 반영하는 예술의 한 형태. 문학은 산 인간을 그리는 인간학으로서 사람들에 대한 사상교양의 수단으로, 미학적 교양의 수단으로 복무한다. 우리의 문학은 인민대중을 가장 힘 있고 아름다우며 고상한 존재로 내세우고 인민대중을 위하여 복무하는 참다운 공산주의인간학으로 되고 있다.[7]
- 예술: 인간과 그 생활을 형상적 수단과 형식으로 반영함으로써 사람들의 사상정서적 교양에 이바지하는 사회적 의식의 한 형태. 가극, 음악, 무용, 미술, 연극, 영화 그 밖의 여러 가지 형식이 있다. 진실로 사실주의적이고 혁명적인 예술은 인간생활의 가장 아름답고 가장 숭고한 세계를 보여줌으로써 혁명적세계관을 세우는 데 이바지한다.[8]

- 문학예술: 문학과 예술을 아울러 이르는 말. 인간과 생활을 형상적으로 반영함으로써 사람들의 정신도덕적 풍모와 문화수준을 높이며 그들을 투쟁과 혁신에로 고무하는 힘있는 수단.

<남한>

- 문학: 학문·학예·시문(詩文)에 관한 학술. 정서·사상을 상상의 힘을 빌어, 언어 또는 문자에 의하여 표현한 예술 작품. 곧 시가(詩歌)·소설·이야기·희곡·평론·수필 따위. 문예(文藝).[9]
- 예술: 기예(技藝)와 학술(學術). 인간의 정신적·육체적 활동을 빛깔·모양·소리 등에 의하여 미적으로 창조·표현하는 일 또는 그것의 성과. 문학·음악·회화·조각·연극 등, 표현 방법에 따라 공간예술·시간예술로, 표현 목적에 따라 순수예술·응용예술 등으로 나뉨.[10]

남한에서는 전반적으로 문화를 사람들이 살아가는 총체적인 삶으로 인식하고 있다는 점에서 인류학적 문화 개념에 더 충실하다. 이러한 관점에서 본다면 문학예술은 문화의 하위 범주로서 문화에 대한 표현양식 가운데 하나로 취급되는 경향이 강하다. 물론 문화 부문에서 문학예술이 차지하는 비율이 낮지는 않지만, 문학예술이 곧 문화가 되지는 않는다. 그리고 개념적인 차원에서뿐만 아니라 현실적으로 문화와 문학예술은 분리되어 있다. 남한에서는 '문화인'이라고 하는 경우 일정한 수준의 교양을 갖고 있는 지성인을 지칭하며, 문학예술인은 문학예술을 창작하는 전문가를 일컫는 경우가 많다.

남한의 문학예술 개념에서 특징적인 것은 문학예술의 일정한 조건을 강조하고 있다는 점이다. '학술, 정서·사상을 상상의 힘을 빌린다'거나, '미적으로 창조·표현한다'는 것은 일정 정도의 전문적 수준을 요구하고 있음을 나타내는 것이라고 볼 수 있다. 또한 개념적인 차원에서 주목할 대목은 문학예술의 다양성을 보장하고 있는 점이다. 문학예술의 표현 방법뿐만 아니라 표현 목적에서도 다양성을 인정한다는 것은 다양한 문학예술작품의 공존을 지향하며 획일적이거나 지배적 문학예술에 대해서는 부정적임을 의미한다고 볼 수 있다. 반면 북한은 예술의 다양성을 부정하고 보편적인 평가 척도를 강조하고 남한에서 비판적으로 바라보는 문학예술의 정치적 역할을 당연한 것으로 받아들인다. 특히 북한은 정치사회화 혹은 정치교육의 수단으로 문학예술작품을 활용하고 있다.

3. 남북한 문화정책의 변화

1) 남한

남한의 문화정책은 시간이 흐름에 따라 점차 강화되어 왔다. 이승만 정권 시절에는 변변한 문화정책이 없었으나 노태우 정권 시절에는 문화부가 독립하는 등 문화정책을 명실상부하게 독립된 영역으로 간주했다. 따라서 문화에 대한 관심도, 문화정책의 이념, 정책의 주안점, 국가가 문화에 개입하는 양식, 정책의 대상 등에 있어 시기별로 일정한 편차를 보인다고 할 수 있다(<표 1> 참조).

이승만 정권이 문화정책에 관심이 적었던 것은 당시 남한의 정치적 혼란과 경제적 궁핍 때문이라고 할 수 있다. 문화정책이 본격화된 것은 박정희가 집권한 1960년대 이후라고 생각된다. 그러나 1960년대 초에는 경제 성장에 총력을 기울였기 때문에 문화는 여전히 부차적인 문제에 지나지 않았다. 1960년대 후반에 들어서서야 비로소 문화에 대한

〈표 1〉 남한 문화정책의 변화 추이

구 분	1950년대	1960년대	1970년대	1980년대	1990년 이후
문화에 대한 관심	낮음	보통	높음	높음	높음
문화정책 이념	반공주의 민족주의 민주주의	반공주의 민족주의 민주주의	민족주의 반공주의 민주주의	민족주의 복지주의 세계주의 반공주의	세계주의 민주주의 복지주의
국가의 개입 방식	자유방임 직접규제	직접규제 간접지원	직접규제 간접규제 간접지원 직접지원	직접지원 간접지원 간접규제 직접규제	간접지원 직접지원 간접규제
정책의 주안점	-	조직 및 법령정비	민족문화 보존	시설 확충 대중문화지원	문화산업적 접근
정책 대상	전문가	전문가	전문가	일반 국민	일반 국민 문화산업 종사자

관심이 증대되기 시작했는데, 이는 경제 성장 과정에서 중요한 역할을 할 양질의 노동력 공급과 노동 통제에 문화정책이 일정한 기여를 할 것으로 내다봤기 때문이라고 할 수 있다.[11]

1970년대에 문화를 더 중시하게 된 것은 유신체제의 성립과 밀접한 관련이 있다. 유신체제는 국민적 동의에 바탕을 두어 성립되었다기보다는 지배 집단의 독자적인 결정에 따라 수립된 정치체제였다. 따라서 유신체제의 정당성을 국민에게 홍보할 필요가 있었고, 결국 문화가 정치선전의 매개체로 활용되기 시작했다.

전두환 및 노태우 정권에서도 문화는 정치적으로 중요시되었다. 12·12와 5·17을 통해 권력을 획득한 5공화국도 정당성 확보를 위해 문화를 활용했고, 이에 따라 1980년대에도 문화에 대한 관심이 높았다고 볼 수 있다. 정치적 이유 못지않게 일반 국민들의 생활수준이 향상되어 문화에 대한 욕구가 증대된 것도 국가가 적극적인 문화정책을 수립하게 된

결정적인 요인으로 작용했다.[12]

1990년대 이후에는 민주화가 진전되면서 문화정책도 기본적으로 민주주의가 바탕이 되었으며, 세계화가 강조되면서 세계주의가 상대적으로 강조되기 시작했다고 볼 수 있다. 그러나 무엇보다도 1990년대 문화정책에서 중요한 전환은 문화산업적 발상이 전면에 등장하기 시작했다. 즉, 경제적 이익을 창출하는 상품으로 문화를 인식하기 시작하면서 문화산업에 대한 정책이 확대되었다고 볼 수 있다.

문화정책의 강화는 국가 자체의 역량 증대와도 관계가 깊다. 일반적으로 자본주의가 발전하는 과정에서 국가의 기능은 점차 확대되는 경향이 있다고 한다. 더욱이 남한의 경우는 해방 이후 군사정권을 거치면서 국가 부문이 과대하게 성장한 경향이 없지 않다.[13] 국가의 성장이 국가가 영향력을 행사하는 부분이 증가하는 것이라고 한다면, 정치·경제적으로 성장한 남한의 국가는 일상생활의 영역에 포함되는 문화에 대해서도 일정한 지배력을 행사할 수 있게 되었다고 볼 수 있다.

문화정책의 이념은 해방 이후 최근까지 근본적인 변화를 겪지 않았는데, 시기를 막론하고 민족주의와 민주주의는 문화정책의 이념적 지향점이었다.[14] 그러나 그 이면에는 언제나 반공주의가 깔려 있었다. 따라서 해방 후 남한 문화정책의 이념적 토대는 민족주의, 민주주의 그리고 반공주의라고 할 수 있다. 한편 올림픽의 개최를 계기로 세계주의가 대두되었고, 그것은 세계화라는 추세에 따라 더욱 강화되었다.

'민족문화의 창달'로 표현되는 민족주의적 성향은 식민지 시대를 경험한 신생 독립국으로서 당연한 이념적 지향점이라고 할 수 있다. 특히 이승만은 독립운동 경력을 권위 유지를 위해 활용한 까닭에 민족주의를 더욱 강조했었다. '학문과 예술의 자유 보장'으로 표현되는 자유민주주의 이념은 대한민국의 건국이념인 동시에 자본주의 체제를 유지하는 명목적 이념체계로서 강조될 수밖에 없었다.

문화정책에 있어서 반공주의가 핵심적인 이념이 된 것은 분단 때문이라고 할 수 있다. 전쟁을 경험하고 북한과의 대결 구도가 지속되었기 때문에 사회적 차원에서 반공주의를 포기할 수 없었고, 그것이 문화정책에도 일정한 영향을 끼칠 수밖에 없었다. 그러나 이에 못지않게 1960년대 이후 군사정권이 지속된 현실 상황이 반공주의적 문화정책이 강화된 요인으로 작용했다. 북한을 주적(主敵)으로 설정한 교육을 지속적으로 실시하는 군부에서 반공주의는 가장 기본적인 가치일 수밖에 없었고, 군사문화의 바탕도 반공주의가 될 수밖에 없었다. 이와 같은 군사문화에 익숙한 최고 통치자들이 반공주의의 틀을 벗어난 문화를 용인할 수는 없는 것은 당연한 현상이라고 볼 수 있다.

문화정책 이념의 변화도 일차적으로는 정치·경제적인 환경 변화에서 비롯되었다고 할 수 있다. 그러나 1970년대 이후에는 지배문화와 대립하는 대항문화(counter culture)의 활성화가 문화정책의 이념 변화에 적지 않은 영향을 미쳤다고 볼 수 있다. 1970년대 대학가의 탈춤운동으로부터 촉발된 민중문화운동은 반체제운동의 일환으로 활발하게 전개되었고,[15] 지배문화를 구현하고 있는 문화정책도 이에 대해 일정하게 대응했다. 즉, 대항문화가 민주주의를 강조했던 1970년대에 문화정책은 보수주의적인 민족주의를 강조했으며, 민중주의와 민족주의가 대항문화의 핵심이었던 1980년대에는 반공주의와 세계주의를 강조하는 문화정책이 추진되었다.

문화정책을 추진하는 과정에서 국가가 문화에 개입하는 양상은 점차 다양해졌다. 1950년대에는 문화활동에 대해서 국가는 자유방임적인 태도를 보였고, 일부 반체제적인 문화에 대해서만 직접적인 규제를 가했다. 1960년대에는 법률 및 검열 제도 등을 통해 직접적으로 문화를 규제하면서 한편으로는 각종 시상제도를 통해 문화활동을 지원하는 방식을 취하기도 했다. 1970년대에 들어 기존의 직접적인 규제 장치가 활발히 작동하면서 동시에 민간기구를 통한 자율 규제라는 간접적 통제 기제를 활용하기도 했다. 또한 우수 영화 시상과 같이 특정한 방향의 창작을 유도하는 방식을 채택하는가 하면, 문화예술진흥원을 통해 직접적으로 창작활동을 지원하기도 했다.

1980년대 이후에는 문화에 대한 국가의 개입이 규제보다는 지원을 중시하는 방향으로 바뀌었다고 할 수 있다. 문화 예산의 증가와 각종 기금 확보를 토대로 국가가 직접 문화행사를 주관하거나 각종 문화예술단체에 대한 지원을 확대하는 문화정책을 지향했다. 또한 대중문화가 활성화될 수 있는 여건을 조성하는 것과 같은 간접적인 지원정책을 추진하기도 했다.

국가가 문화활동에 참여하는 방식이 다양해진 것은 문화정책이 고도화되었음을 나타낸다. 문화정책의 고도화는 두 가지 차원에서 파악할 수 있다. 첫째, 생활수준이 향상된 국민들이 문화에 대한 욕구가 증가하여 문화 부문에 대한 지원이 확대되었기 때문이다. 일반적으로 문화에 대한 관심이 높아지고 국가가 문화에 대한 투자를 확대하는 경우 자연스럽게 문화정책은 고도화된다.[16] 이러한 차원에서 점증하는 국민들의 다양한 문화적 욕구를 충족시키기 위해 문화시설을 확충하고 문화활동을 지원하는 등 문화정책은 점차 고도화되었다고 볼 수 있을 것이다. 둘째, 적절한 문화 통제를 통해 정치적 안정을 확보하고 체제를 유지하기 위해 문화정책이 고도화되었다고 볼 수 있다. 대항문화가 활성화되고 국민들의 정치 문화 의식이 제고됨에 따라 더 정교한 문화 통제 기제가 필요했고, 이 과정에서 문화정책도 점차 고도화될 수밖에 없었다. 예를 들어 체제에 비판적인 민중문화를 약화시키기 위해 경우에 따라서는 물리력을 동원한 직접 통제를 가하기도 했지만 대립되는 문화를 육성하기도 하는 등[17] 다양한 통제 기제를 활용했다. 그리고 때로는 체제 비판적인 사고와 문화가 확대되는 것을 막기 위해 의도적으로 소비적인 대중문화를 확산시키기도 했다.[18] 이러한 맥락에서 정교한 문화 통제 기제의 발전이 문화정책 고도화에 일정한 기여를 했다고 볼 수 있다.

남한 문화정책의 특성과 변화는 다른 자본주의 국가의 경우와 부분적으로 차이가 있다고 생각된다. 남한의 문화는 원칙적으로 문화적 자율성을 강조하고 있다는 점에서 미국의 문화정책과 일맥상통하는 점이 없는 것은 아니나 문화에 대한 국가의 개입이 점차 확대되어 왔다는 점에서 미국적인 문화정책과 큰 차이를 보인다. 상대적으로 문화정책을 중시하는 프랑스나 독일의 경우와 흡사한 부분이 많다. 그러나 이들 국가들의 문화정책이 문화활동 등에 대한 순수한 지원에 중점을 두고 있는 반면, 남한에서는 통제가 문화정책의 높은 비중을 차지했다는 점에서 구별된다. 문화활동의 지원도 통제의 한 방편이었던 것도 남한 문화정책의 특성이라고 할 수 있다.

자본주의 국가에서 문화정책이 중시되는 경향은 남한에서도 나타나지만 남한의 경우 국가의 문화 부문 개입 정도가 훨씬 더 급격하게 증가했다고 볼 수 있다. 이러한 경향은 남한 사회가 빠르게 발전하는 가운데 국민들의 문화 욕구 및 문화 수준도 급속히 높아졌기 때문으로 짐작된다.

프랑스나 독일에서도 사회당이 집권하면서 문화에 대한 투자가 증대되었다는 점을 고려한다면 문화정책과 정치 환경의 변화가 일정한 함수관계를 형성한다고 볼 수 있다. 따라서 남한의 문화정책이 정치적인 영향을 받고 있는 것이 남한만의 특수한 현상이라고 말할 수는 없다. 하지만 프랑스나 독일에서는 사회당의 집권으로 문화정책이 전반적으로 강조되었으나 정권 교체에 따라 문화정책이 추구하는 문화의 내용과 방향 자체가 변하지는 않았었다. 반면에 남한의 문화정책은 정권의 성격, 집권 정당의 정치적 필요성에 따라 문화정책의 이념이나 내용도 변했다는 점에서 문화정책이 정치에 좌우되는 정도가 훨씬 높았다고 볼 수 있다.

문화 향수권의 확대는 남한도 예외가 아니다. 또한 기존의 전통문화를 유지·보존하려는 시도는 다른 자본주의 국가들에서도 보편적으로 찾아볼 수 있는 현상이다. 즉, 문화의 다양성이 확대되는 과정에서 지역 단위의 특수 문화를 중시하는 문화정책의 변화 양상은 다른 국가들과 마찬가지로 1980년대 이후 남한의 문화정책에서도 나타나고 있다. 하지만 지역 단위에서 독자적인 문화정책이 수립되기보다는 중앙정부의 계획에 따라 문화정책이 수립되고 집행된다는 점에서 남한의 문화정책은 중앙집권적인 성향이 강하다고 할 수 있다. 또한 문화정책의 수립과 집행 과정에서 민간 부문의 참여가 상대적으로 적다고 생각된다.[19]

2) 북한

북한의 문화정책의 목적은 정치 이념의 확산이다. 정치 체제의 변화나 지배자의 실질적인 교체가 없었던 북한에서 근본적인 문화정책의 성격 변화가 일어날 수 없었다. 그럼에도 불구하고 북한 체제 내외의 환경 변화는 문화정책에도 일정한 영향을 끼쳤다고 볼 수 있다. 또한 문화정책의 바탕이 되는 이론이나 문화정책의 역할은 시기별로 조금씩 차이를 보이고 있다(<표 2> 참조).

〈표 2〉 북한 문화정책의 변화 추이

<table>
<tr><th>구 분</th><th>1950년대</th><th>I960년대</th><th>1970년대</th><th>1980년대</th><th>1990년대 이후</th></tr>
<tr><td>문화 정책 목표</td><td colspan="5">사회주의 문화 건설을 위한 근로자 교양
당성·노동계급성·인민성이 구현되는 작품 창작</td></tr>
<tr><td rowspan="2">문화 정책 이념</td><td rowspan="2">민족주의
사회주의</td><td colspan="4">주체사상</td></tr>
<tr><td colspan="4">민족주의. 사회주의</td></tr>
<tr><td>문예 이론</td><td>사회주의리얼리즘
카프 전통</td><td>항일혁명
문학</td><td>주체문예이론
종자론</td><td>주체문예이론
종자론</td><td>주체사실주의</td></tr>
<tr><td>정책의 주안점</td><td>반제의식 확산</td><td>김일성
우상화</td><td>노력 동원</td><td>인민성 제고
권력 세습
정당화</td><td>현 체제 수호
외래문화 유입
대비</td></tr>
</table>

시기별로 변화가 가장 두드러지는 것은 북한 문화정책의 이념적 토대가 되는 문예이론이라고 할 수 있다. 1950년대에는 일제하 카프의 전통을 이어받은 고전적인 사회주의 리얼리즘이 기본 문예이론이었다. 그러나 1960년대 주체사상이 제기되고 1967년 문화계 내의 종파투쟁을 겪으면서 항일혁명문학이 북한의 대표적인 문예이론이 되었다. 그리고 항일혁명문학은 주체사상과 결합하여 주체문예이론으로 귀결된다. 1970년대 이후에는 김정일이 주창한 종자론이 주체문예이론의 실천 이론으로 확립되어 1980년대까지 지속되었다.

북한에서 문예이론이 변화하는 것은 정치 및 사상의 차원에서 유일지배 체제의 완성과 연관이 있다고 할 수 있다. 1950년대까지 김일성의 권력 장악은 완벽하지 않았고, 김일성과 정치적으로 경쟁하는 정치집단도 존재하고 있었다. 더욱이 문화계는 남로당 출신이 주류를 차지하고 있었기 때문에 초기의 문예이론은 전통적인 마르크스-레닌주의에 충실하면서도 민족주의적 경향이 결부된 카프적인 성향이 강조되었다. 그러나 남로당의 숙청과 김일성 유일지배체제의 확립, 그리고 주체사상의 대두는 카프적인 전통이 몰락하고 새로운 문예이론으로서 주체문예이론이 성립하는 결과를 초래했다. 또한 김정일의 등장과 후계 체제의 확립은 사상적 획일성을 강조하는 종자론이 중요한 문예이론으로 인식되는 계기가 되었다.

북한의 문화이론이 변했다고 할 수는 있지만, 그 말이 문화정책의 근본적인 성격 변화를 의미하는 것은 아니다. 예를 들어 반제의식의 고취, 사회주의 우월성의 강조는 1960년대나 1970년대에 있어서도 지속적으로 북한 문화정책의 주안점이 되었다. 다만 강조하는 문화의 내용이나 정도가 시기별로 다소간 차이를 보인다고 할 수 있다.

강조점이 조금씩 변화한 것은 기본적으로 북한 체제의 대내외적인 환경 변화에서 비롯되었다. 전쟁을 경험한 1950년대에는 교전 당사국이었던 미국에 대한 적개심을 바탕으로 반제의식을 고취하는 것이 핵심적인 정책 과제였다고 한다면, 유일지배체제가 성립되던 1960년대에는 김일성 우상화가 문화정책의 주안점이 될 수밖에 없었다. 1960년대 천리마시대를 거쳐 1970년대 3대 혁명의 시대에는 문화를 경제적 선동에 활용했다고 볼 수 있다. 따라서 북한 건국 초기에는 문화의 정치적 측면이 강조되었으나 1970년대 이후에는 경제적 측면이 부각되었다. 1980년대 이후 문화의 여가 기능이 강조되었던 경향은 부분적으로 산업화에 따른 북한 주민의 의식 변화와 사회 체제의 복잡화 때문이라고 생각된다. 1980년대 이후 다시 문화정책에서 사상성이 중시된 것은 사회주의권의 몰락이라는 대외 환경 변화와 김일성-김정일의 권력 이양이라는 내부 권력구조 변화에서 비롯되었다고 볼 수 있다.

'민족적 형식에 사회주의적 내용'이라는 말이 함축하고 있듯이 북한 문화정책의 이념은 민족주의와 사회주의가 혼합된 것이라고 할 수 있다. 이러한 이념적 경향은 해방 이후 현재까지도 유지되고 있지만,

1960년대 이후에는 주체사상이 보다 상위의 이념으로 확립되었다. 따라서 민족주의는 김일성의 항일혁명 유산의 계승이며, 사회주의는 김일성 중심의 북한식 사회주의로 규정할 수 있다.

북한의 문화정책에서 민족주의와 사회주의는 표면적으로 동등한 가치를 지니는 것으로 되어 있으나 정책이 구현되는 과정에서는 민족주의가 상대적으로 우위에 서는 경향이 있다. 해방 직후 식민지 잔재를 청산하는 과정에서는 민족주의 이념이 강조되었으며, 1960년대 이후에는 주체와 자주라는 차원에서 민족주의에 대한 관심이 고조되었다. 더욱이 1980년대 후반 사회주의권이 몰락한 이후 여타 사회주의 국가들과의 차별성을 부각하기 위해 '우리식 사회주의'와 '조선민족제일주의'라는 구호가 등장함에 따라 민족주의적인 경향은 더욱 두드러지고 있다고 보인다.[20] 민족 문화 발굴이나 문화어의 개발, 민족악기 개량사업, 『이조실록』의 번역 작업 등에 정책적으로 관심을 기울이고 있는 것이 그것을 반증한다.

반면에 사회주의 이념은 일반 대중의 참여를 확대하는 군중문화의 추진 정책 등에서 구현되고 있으나, 실질적인 작품 창작이나 평가 과정에서는 고전적인 사회주의 이념보다는 주체사상에 토대를 둔 집단주의적 가치, 김일성주의, 유일사상체계 등에 비해 부차적인 위치에 있다.

당성·노동계급성·인민성을 균형 있게 추구한다는 문화정책의 목표는 비교적 일관되게 추진되고 있다. 그러나 엄격하게 따져 본다면 당성의 구현이 상대적으로 중시되는 편이다. 즉, 문화정책을 실질적으로 관할하는 것이 당이며, 사회주의 이념보다 상대적으로 주체사상이 강조되었기 때문에 당성에 비해 노동계급성이 약화되었다고 할 수 있다.[21] 또한 인민성은 그 자체가 작품 창작에서 추구되는 목표라기보다는 당성 및 노동계 급성이 설득력 있게 구현하기 위한 수단으로 활용되었다고 생각된다.

북한 문화정책의 변화 과정에서 무엇보다 중요한 것은 북한 체제의 내외적 조건 변화이다. 주체사상의 대두나 유일지배체제의 성립, 그리고 김정일 후계 체제의 등장 등과 같은 내부적 요인과 중국 및 소련의 정권 교체, 사회주의권의 몰락과 같은 대외적 요인뿐만 아니라 남한과의 대치상태나 남한의 문화적 상황도 북한 문화정책에 적지 않은 영향을 미쳤다고 볼 수 있다. 민족문화를 강조하고 자본주의 문화에 대해 적극적으로 비판하는 것은, 남한과의 차별성을 부각하고 남한 문화에 대한 북한 문화의 우월성을 주장하기 위한 것이다.

북한의 문화정책은 다른 사회주의 국가들과 기본적으로 궤를 같이 한다. 즉, 당이 문화정책을 관할하고, 문화정책의 기본 목표는 사회주의 이념의 전파이며, 문화 통제를 바탕으로 다양성보다는 획일적인 문화가 강조된다. 그러나 다음의 몇 가지 점에서 북한의 문화정책은 독특한 성격을 갖고 있다.

첫째, 북한의 문화정책은 상대적으로 변화가 적었다고 할 수 있다. 여타 사회주의 국가들은 지도자의 교체나 문학 예술가들의 이론 논쟁에서 문화정책이 변하는 등 굴곡이 있었으나, 정치 지배층의 교체가 없었던 북한에서는 문화정책의 변화를 찾아보기 힘들다. 카프문학을 둘러싼 문학 논쟁이나 문화계 종파투쟁과 같은 문예이론상의 이념 논쟁이 북한에서도 존재했으나 전반적으로 김일성주의화라는 방향으로 문화정책이 변화해 왔다고 볼 수 있다. 1980년대 일시적으로 대중성을 강조하는 정책이 추진되기도 했지만, 문화정책의 근본적인 틀에서 벗어나는 것은 아니었다. 고르바초프 집권 후의 소련이나 등소평 집권 후의 중국에서와 같은 문화적 개혁·개방과는 거리가 멀었다.

둘째, 북한에서는 다른 사회주의 국가들에 비해서 민족문화를 강조하는 경향이 두드러졌다고 할 수 있다. 북한에서도 표면적으로는 사회주의 문화 건설이 문화정책의 궁극적인 목표였으나, 실제로는 민족문화를 강조하는 정책이 추진되었고 민족문화를 중시하는 문예이론을 확립했다. 이것은 주체사상과 유일지배체제의 성립으로 북한 체제를 차별화하기 위한 방편이었다고 볼 수 있다. 따라서 사회주의 문화보다는 민족주의 문화, 민족문화보다는 주체문화가 중시되는 것이 북한 문화정책의 핵심이었으며, 이것은 다른 사회주의 국가에서 찾아볼 수 없는 북한만의 특징이라고 할 수 있을 것이다.

4. 맺음말: 남북한 문화정책의 비교

자본주의 체제인 남한과 사회주의 체제인 북한은 체제의 차이만큼이나 판이한 문화정책을 펼쳐왔다. 무엇보다도 남북한 문화정책이 지향하고 있는 이념이 다르다고 할 수 있는데, 남한은 자유민주주의의 실현을 추구하는 반면 북한은 사회주의 문화 건설을 추구하고 있다. 또한 북한에서는 주체사상과 사회주의라는 획일적인 문화가 강조되지만, 남한에서는 다양한 문화의 공존을 인정하고 있다는 점도 남북한 문화정책의 기본적인 차이라고 할 수 있다. 이념적인 차원에서 파생되는 차이 외에도 다음의 몇 가지 부분에서 남북한 문화정책은 뚜렷이 구별된다(〈표 3〉 참조).

〈표 3〉 남북한 문화정책의 차이

구분	이념	목표	문화정책 중요도	문화정책 담당 부서	국가 개입 양식	문화정책 대상
남한	자유 민주주의	문화 향수권 확대	낮음	정부 및 민간단체	간접+직접	전문가 중심
북한	주체사상	주체사상 내면화	높음	당·정부	직접	인민

첫째, 정부 정책의 전반에 있어 문화정책이 차지하는 비중 면에서 큰 차이를 보인다. 북한은 건국 초부터 문화에 대한 관심이 높았고 문화정책을 중요시했으나, 남한에서 문화정책이 구체화되기 시작한 것은 1960년대 후반부터이며 본격적으로 문화정책이 시행된 것은 1970년대 이후부터라고 할 수 있다. 최근에 남한에서 문화정책이 중시되고 있다고 하더라도 여전히 북한의 문화정책 비중과는 비교할 수 없을 정도로 격차가 심하다.[22]

최고 지도자의 문화에 대한 관심도 큰 차이가 있다. 김일성이나 김정일은 문화에 대해 자주 언급하고 있으나, 남한의 지도자들은 대개 시정 연설이나 선거 공약과 같이 국가 시책의 전반에 대해 이야기하는 가운데 부분적으로 문화를 언급한다. 문화를 언급하는 경우 빈도에 있어서 뿐만 아니라 수준에 있어서도 남북한 최고 지도자 간에는 차이가 있다. 김일성이나 김정일은 문화에 대한 거시적인 견해뿐만 아니라 기술적인 문제까지 관심을 표명하는 경우가 많다. 반면에 남한의 최고 지도자들은 추상적이고 보편적인 수준에서 문화 혹은 문화정책을 이야기하는 경향이 있다.

둘째, 문화정책을 담당하는 부서에서 남북한 간에 차이를 보인다. 남한에서 문화를 담당하는 전문 부서가 독립된 것은 1990년대 이후였으며, 1960년대부터 1990년까지는 문화공보부가 문화를 전반적으로 관리했다. 북한에서는 당 우위의 국가답게 당의 문화부와 선전선동부가 문화를 총괄하고 있다. 북한의 정부 내에서도 담당하는 부서가 건국 직후부터 존재하고 있지만(문화선전성→교육문화성→문화예술부), 실질적인 권한은 당에 있다고 할 수 있다. 문화정책을 실천하는 부서로서 북한에는 조선문학예술총동맹(문예총), 남한에는 한국문화예술진흥원이 있으나, 북한의 '문예총'은 당의 공식적 기관인 반면 문예진흥원은 외형적으로는 국가가 출연(出捐)한 독립 기관이다.

셋째, 국가가 문화에 대해 개입하는 정도에서 차이가 난다. 북한은 문화의 창작 및 분배, 문화예술인의 양성과 조직에 이르기까지 국가가 문화 영역을 직접 지배하고 있다. 그러나 남한에서는 국가가 문화에 직접적으로 개입하는 부분이 없는 것은 아니지만 기본적으로 문화를 자율적인 영역으로 간주하는 경향이 있다. 따라서 문화에 개입하는 방법도 다르다. 북한에서는 규제를 하거나 지원을 하는 경우 당이나 국가가 직접 개입하는 방식을 주로 채택하고 있으나, 남한에서는 국가가 직접 간섭하기보다는 국가가 지원하는 단체 등을[23] 통해 간접적으로 개입하려고 한다.

넷째, 북한에서는 건국 직후부터 일반 주민들을 대상으로 하는 문화정책에 관심을 기울여왔으나, 남한의 문화정책은 주로 문화예술인과 같은 전문가들을 대상으로 하고 있다. 북한은 일반인의 문화 역량을 제고하는 데 관심을 기울였으며 일반인이 참여하는 문화 프로그램 개발에도 투자를 아끼지 않았다. 남한에서 이와 유사한 문화정책이 추진되기 시작한 것은 1980년대 이후부터라고 할 수 있다. 또한 북한은 일반인이 참여할 수 있는 문화시설의 확대에 관심을 기울여온 반면, 남한은 전문 문화예술인이 활용하는 문화시설의 건립을 우선시했다.

체제와 이념에서 비롯된 문화정책의 차이가 두드러짐에도 불구하고 남북한 문화정책은 다음과 같은 공통점을 가지고 있다.

첫째, 문화정책이 정치 및 경제 체제에 예속되는 경향이 강하다. 북한은 사회주의 체제를 지향하기 때문에 문화를 정치사회화의 중요한 수단으로 취급하는 것이 당연하다고 할 수 있다. 그러나 체제의 유지를 위해서뿐만 아니라 김일성의 권력 유지를 위해 문화를 적극적으로 활용하고 있다는 점에서 문화가 정치에 종속된 정도가 높다. 남한의 경우는 1960년대 군사 정권이 수립된 이후부터 정치적 정당화를 위해 문화를 활용한 경향이 없지 않다. 북한이 문화를 당의 선전선동부에서 관할하고 있는 것처럼 남한에서도 문화부가 독립되기 이전까지는 문화공보부에서 문화를 공보 차원에서 다루었다.[24] 그리고 유신이나 전두환 정권의 성립과 같은 정치적 격변기에는 정권과 체제의 정당성을 홍보하는 문화 창작을 적극적으로 유도했다. 또한 북한에서 천리마운동이나 3대 혁명에서 경제적 동원화에 문화를 활용한 것과 마찬가지로, 남한에서는 1960년대 후반부터 경제 성장을 위해 문화정책을 강화하기도 했다. 결국 남북한에서 문화정책의 변화는 문화를 향유하고 창조하는 일반 사회 구성원들의 요구에서 비롯되었다기보다는 해당 시기 지배 집단의 정치·경제적 판단에 의해 의도적으로 추진되었다고 볼 수 있다.

둘째, 이념적인 대립에도 불구하고 남북한 모두 민족문화 건설을 문화 정책의 주요 목표로 삼고 있다. 남한의 경우에 민족문화의 창달이라는 정책 목표는 건국 이후 현재까지 지속되고 있고, 북한의 경우에도 민족문화의 발전적 계승이 문화정책의 기본 목표 중 하나이다. 문화재를 관리하고 유물을 관리하는 데 문화 예산의 많은 부분을 투자하고 이를 적극적으로 홍보하고 있는 것도 남북한 문화정책의 공통적인 특성이라고 할 수 있다. 이와 같은 민족문화 중시는 남북 간 체제 경쟁에서 비롯된 것이다. 분단 이후 민족적 정통성을 내세우는 과정에서 남북한 양 체제는 서로 민족문화를 계승했다는 점을 부각할 필요성이 있었기 때문에 전통문화를 정비하는 등 민족문화를 강조하는 정책을 지향할 수밖에 없었다.

문화정책에서 민족주의적인 성향이 두드러지는 또 다른 이유는 남북한의 지배 집단이 체제 유지 이데올로기로서 민족문화를 활용했기 때문이다. 남한에서 유신 이후 민족문화를 강조하는 경향이 두드러지는 것과 북한에서 주체사상의 등장과 함께 민족적 형식이 거듭 강조된 것은 유신체제와 유일 지배체제라는 정치구조를 정당화하기 위해서였다. 북한의 경우에는 봉건적인 전통문화를 '복고주의'라고 비난하면서도 가부장적 권위주의가 강화되었으며,[25] 가부장적 권위주의를 확대 재생산한 것은 남한도 마찬가지였다고 할 수 있다.

민족문화를 공통적으로 중시했으나 남북한이 상정하고 있는 민족문화에 대한 개념이나 내용은 같은 것이 아니었다. 남한은 전통적인 요소들을 중심으로 민족문화를 규정하는 반면, 북한에서는 김일성의 항일무장투쟁이 민족성의 전형으로 간주하는 경향이 있다. 결국 남한은 유교적 가치와 같은 문화 요소들을, 북한은 김일성의 활동에 부합하는 역사적 전통들을 선택적으로 강조했다고 볼 수 있다. 또한 남한은 복고주의적 성향의 민족 문화 발전 전략을 채택했으나, 북한은 사회주의 건설이나 유일지배체제 확립에 실질적인 도움이 되는 민족문화를 개발하려는 전략에 관심을 가졌다.

남한과 북한에서는 각 사회의 발전 정도 지배 집단의 정치적 필요성에 의해 문화정책의 성격이 변화해왔다고 할 수 있다. 그러나 이와 함께 남북한 각자의 문화정책도 일정하게 상호 작용한 측면도 있었다. 남북한이 민족문화를 경쟁적으로 강조하는 것이나 남한의 반공주의와 북한의 반자본주의적 이념은 각자의 문화정책이 서로 영향을 미친 결과라고 볼 수 있다. 특히 남북한의 분단 상황은, 북한은 물론 남한에서도 탄력적이지 못한 문화정책이 수립되고 집행되는 데 결정적인 역할을 했다.

3

북한 문화예술의 개념 및 역할

1. 북한 체제와 북한 문화

북한 체제를 이해하는 방법은 여러 가지가 있을 수 있다. 절대 권력을 갖고 있으며 체제 전반에 절대적인 영향력을 행사하고 있는 김일성과 김정일에 대한 분석이 하나의 방법이 될 수 있고, 체제의 중심인 주체사상을 연구하거나 사회주의 계획경제의 특성을 파악하는 것도 하나의 접근법이 될 수 있다. 같은 맥락에서 북한 문화를 알아보는 것도 북한 체제를 이해하는 중요한 수단이라 할 수 있다. 이 가운데 어떤 방식이나 통로가 북한을 이해하는 데 더 나은가 논하는 것은 별로 중요하지 않다. 북한을 하나의 체제로 가정한다면, 각각의 방법들은 하위 체제에 대한 연구를 넘어서기가 힘들기 때문이다. 예를 들어 김일성 및 김정일 연구는 정치 체제를, 주체사상 연구는 이념 및 정치 체제를, 집단농장의 운영 방식에 대한 연구는 북한의 경제 체제를 이해하는 것에 지나지 않는다. 따라서 북한 체제를 총체적으로 이해하기 위해서는 하위 체제들에 대한 부분적 이해가 선행되어야 한다. 북한 문화에 대한 연구는 기본적으로 북한의 문화 체제를 이해하는 것이라고 할 수 있다. 왜냐하면 문화의 범위가 상당히 넓다 하더라도 북한 문화에 대한 연구는 북한의 체제 전반이 아니라 하나의 하위 체제를 이해하는 데 그칠 수밖에 없기 때문이다. 그러나 다른 하위 체제와 마찬가지로 문화 체제도 북한 체제 전반이나 정치·경제 등과 같은 다른 하위 체제와 밀접하게 연결되어 있는 점을 고려한다면, 북한 문화의 이해는 북한 체제의 특성을 가늠하는 초석이 될 수 있으며 다른 하위 체제의 특징을 더 잘 이해하는 통로가 될 수도 있다.

아래의 그림은 북한 문화와 북한 체제와의 관계를 도식화한 것이다.

〈그림 1〉 북한 문화와 북한 체제의 관계

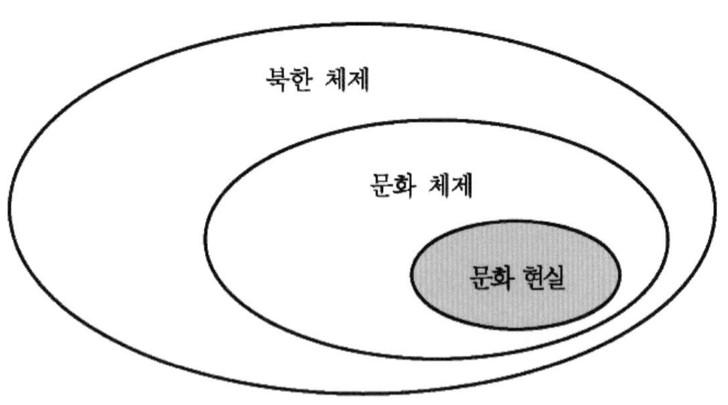

위 그림의 바깥 원을 맥락(context), 안쪽 원을 텍스트(text)라고 본다면 문화 현실과 문화 체제, 그리고 북한 체제는 해석학적 순환(hermeneutical circle) 관계라고 할 수 있다. 즉, 문화 현실이 텍스트라면 문화 체제는 맥락이 되고, 문화 체제가 텍스트가 되면 북한 체제는 맥락이 되는 것이다. 이와 같은 인식론에 따르면 텍스트에 대한 이해(interpretation)를 바탕으로 맥락을 설명(explanation)할 수 있다. 즉, 문화 현실을 이해함으로써 문화 체제를 설명할 수 있고, 궁극적으로 북한 체제의 특성을 설명할 수 있게 된다는 것이다.

북한 문화를 이해하기 위해서 북한에서 문화가 무엇을 의미하는지를 밝히는 작업이 선행되어야 한다. 일상 속에서도 문화라는 말은 사용하는 사람에 따라 의미가 다르지만 학문적인 차원에서도 문화의 개념은 정의하기에 따라 상당한 차이가 발생한다. 이러한 차이는 개념을 정의하는 사람에 따라 양상을 달리하기도 하지만, 공간적 차원(개별 체제)이나 시간적 차원(특정 시대)에 따라 좌우되기도 한다. 이를 염두에 두고 북한에서는 문화가 어떻게 정의되고 있는지, 그리고 문학예술은 어떤 의미로 사용되고 있는지를 분석하는 작업을 통해 문화와 예술이 북한 체제에서 어떤 사회적 위상을 갖고 있는지를 살펴보는 것이 이 글의 목적이다. 북한 문화예술의 개념과 역할은 기본적으로 사회주의 체제의 문화예술의 특성과 분리되기 어렵다는 점에서 우선 사회주의 체제의 문화적 특징을 검토하고자 한다.

2. 사회주의와 문화

자본주의 체제에서와는 달리 사회주의 체제에서 국가는 문화활동에 직접적으로 개입한다. 이러한 특성은 문화나 예술을 정치와 분리시키지 않는 '사회주의 예술론'에 기인한다고 할 수 있다. 사회주의 국가의 공식적인 예술론은 '사회주의 리얼리즘'이다.[1] 사회주의 리얼리즘의 특성은 "세부 묘사의 충실함 외에 전형적인 상황에서의 전형적인 성격들의 충실한 재현을 의미한다"[2]라는 엥겔스(Engels)의 설명에 잘 집약되어 있다. 즉, 문학예술작품은 객관적인 현실에 대한 충실한 묘사에 그치지 말고 사회주의 체제가 지향하는 특정한 '경향성(tendency)'을 추구해야 한다는 것이다. 경향성이라는 것은 소망스러운 상태 혹은 이룩되어야 할 목표라고 볼 수 있다.[3] 따라서 본질적으로 사회주의 예술은 정치적 이념과 밀접하게 연결되어 있다.

사회주의 체제에서 국가가 문화활동에 개입하는 또 다른 이유는 사회주의 지도자들이 예술작품의 창작과 감상을 계급투쟁의 수단으로 인식했기 때문이다.[4] 레닌을 비롯한 초기 사회주의 지도자들은 프롤레타리아트 사회를 완성하기 위해서는 봉건적·부르주아적 문화를 극복할 필요성이 있다고 생각했다.[5] 따라서 프롤레타리아트의 이념에 투철한 문화·예술을 의도적으로 생산해야만 한다.[6] 이러한 맥락에서 개별 작가들이 요구하는 사상의 자유, 비평의 자유, 문학창작의 자유는 자산계급 지식분자의 개인주의적 표현으로 비판받으며,[7] 사회주의 예술 종사자들은 공산당이 실천으로 증명한 '진리'를 구현하는 예술정책을 무조건 따라야 한다.[8]

사회주의 체제에서는 문화와 예술의 정치성을 강조하고 문예작품을 혁명의 수단으로 인식하고 있기 때문에 국가가 문화에 대해 관심이 높을 수밖에 없다. 사회주의 국가가 문화에 개입하는 양식을 구체적으로 살펴보면 다음과 같다.

첫째, 문화를 직접 담당하는 주체는 공산당이다. 당은 문학예술과 예술가의 주재자이고, 문화사업도 당의 감독 아래 있으며 당의 명령을 따라야 한다. 신문은 다양한 당 조직들의 기관지이고, 출판과 배포, 인쇄, 서점, 독서실, 그리고 도서관 및 기타 시설들도 당의 통제 아래 있다.[9]

둘째, 당 이념과 부합되지 않는 문화활동은 배척받는다. 유산계급의 문화는 말할 것도 없고, 심지어 무산계급 문화라 할지라도 당의 지도를 받지 않고 독자성을 주장하는 경우 비판의 대상이 된다.[10] 검열에 의해 예술작품뿐만 아니라 신문·잡지 등의 내용도 엄격히 규제된다.

셋째, 사회주의 이념을 구현할 수 있는 작가들을 당이나 국가가 직접 발굴하여 양성한다. 발굴한 작가들은 작가조직에 소속시킴으로써 작품 활동을 규제한다. 그리고 당원들을 중심으로 작가들에 대한 감시를 지속하고 당 이념으로부터 이탈하는 작가들을 숙청한다.

넷째, 문화정책을 교육정책과 연결시킨다. 봉건적인 질서에 익숙하거나 자본주의 의식에 빠져 있는 일반 대중을 재교육하고 조직화하는 방법으로 교육과 문화를 묶어서 활용한다. 또한 일반 주민들이 사회주의 문화를 수용하기 위해서는 일정한 교육이 필요하기 때문에 교육과 문화를 밀접하게 연결한다.[11]

다섯째, 대상자에 따른 차별적인 문화정책을 추진한다. 인민들의 교육 수준이 고르지 않을 뿐만 아니라 당 간부는 인민을 교양할 책임이 있기 때문에 당 간부들에게는 높은 수준의 문화를 제공하고 일반인들에게는 낮은 수준의 문화를 제공한다.[12]

3. 북한 문화예술의 개념

북한의 문화예술 개념을 알아보기 위해 우선 문화의 사전적 정의를 검토해 보자.

> 문화: 력사발전의 행정에서 인류가 창조한 물질적 및 정신적 부의 총체. 문화는 사회발전의 매 단계에서 이룩된 과학과 기술, 문학과 예술, 도덕과 풍습 등의 발전수준을 반영한다. 문화는 사회생활의 어떤 령역을

> 반영하는가에 따라 물질문화와 정신문화로 구분된다. 매개 나라의 문화는 자기의 고유한 민족적 특성을 가지고 있으며 계급사회에서 문화는 계급적 성격을 띤다.[13]

사전적인 의미를 중심으로 살펴보면 북한의 문화 개념은 다음의 몇 가지 특징이 있다고 할 수 있다.

첫째, 남한이 문화를 정치·경제·사회를 지탱하고 있는 가치구조에 내재하는 기본 개념이자 그 자체를 하나의 목표 개념으로 보고 있는 데 반해, 북한은 문화를 정치·경제·사회 발전을 달성하기 위한 수단 개념으로 규정한다.[14]

둘째, 북한의 문화 개념에서는 민족적 특성이 강조되고 있다. 이것은 문화의 보편적인 특성보다는 개별 사회의 특수성을 강조한다고 볼 수 있다.

셋째, 문화에 대한 가치 판단이 가능하다. 북한에서는 계급문화를 인정하여 '로동계급의 문화가 가장 선진적이며 혁명적인 문화'가 될 수 있다고 상정한다.[15] 따라서 바른 문화와 그른 문화가 존재할 수 있으며, 바른(혹은 바람직한) 문화를 유도하는(혹은 강제할 수 있는) 정책이 가능해진다.

넷째, 문화가 계급적 성격을 띤다는 것은 문화를 계급에 종속되는 것으로 인식한다고 볼 수 있는데, 그것은 문화의 자율성 문제와 연관된다. 즉, 계급에 종속된 문화는 자율성이 없으며 계급을 규정하는 정치·경제적 조건에 좌우된다.

다섯째, 좋은 문화와 나쁜 문화의 구분이 가능하기 때문에 문화는 윤리적인 문제와 결부될 수 있다. 북한에서는 '사람들로 하여금 자주의식과 창조적 능력을 키우고 고상한 정신 도덕적 풍모를 갖추며 다양한 문화 정서적 요구를 실현하기 위한 문화생활'이 강조된다.[16] 문화와 윤리 문제가 결합됨에 따라 문화교육은 윤리교육(혹은 정치교육)과 동일시될 수 있다.

여섯째, 문화에 대한 외연적인 범주가 크다고 볼 수 있다. 북한의 1992년 헌법의 제3장 문화 조항에는 문학예술뿐만 아니라 교육, 학술, 언어, 체육, 환경 그리고 의료 및 건강까지 포함되어 있다. 문화의 외연이 확대됨에 따라 북한에서는 문화가 사회 일반과 같은 의미로 사용되기도 한다. 이와 같은 개념은 문화혁명의 정의에 잘 드러난다. 문화혁명은 구체적으로 "모든 사람들을 자연과 사회에 대한 깊은 지식과 높은 문화예술수준을 가진 사회주의 공산주의 건설자로 만들며 온사회를 인테리화"[17]하는 것이며 사상혁명, 기술혁명과 함께 북한의 3대 혁명 중 하나이다.

북한에서 문학예술은 개념상 문화의 한 부문이다. 그러나 실질적으로는 문학예술이 문화의 기본 속성으로 인식되고 있으며, 문학예술과 문화를 구별 없이 받아들인다고 볼 수 있다. 심지어 문화인이라고 하는 말은 문학예술인과 동의어로 사용되고 있다. 단적인 예로 김일성은 문화인을 '붓으로 싸우는' 사람이라고 정의했다.[18] 이러한 맥락에서 북한에서는 구체적인 문학예술작품의 창작과 향수가 문화의 핵심이며 이를 구현하는 것을 문화생활이라고 보고 있다.

문화와 문학예술을 혼용하는 것은 북한만의 특수한 상황이라고 보기는 어렵다. 일반적으로 사회주의 사회에서 문화는 어떤 경우에는 문화인류학적 차원의 개념으로 받아들여지고, 한편으로는 문학예술을 지칭하는 개념으로 인식되기도 한다.[19] 그러나 실질적으로 문화현상이나 문화정책과 같이 현상적인 차원에서 문화를 언급하는 경우 앞의 두 가지 개념 가운데 후자, 즉 문화를 문학예술과 동일시하는 경향이 있다.

이와 같은 경향은 레닌 이후 사회주의 국가에 일반적으로 나타난다.[20] 그에 따라 사회주의 국가에서 문화정책은 예술가에 대한 정책, 작품의 창작과 배급에 대한 정책과 동일시되는 경향이 있다.[21]

북한에서 문학예술이 문화와 같은 수준으로 인식되고 있음은 문학예술에 대한 정의에서도 잘 나타나 있다.

> 문학: 언어를 통하여 인간과 생활을 형상적으로 반영하는 예술의 한 형태. 문학은 산 인간을 그리는 인간학으로서 사람들에 대한 사상교양의 수단으로, 미학적 교양의 수단으로 복무한다. 우리의 문학은 인민대중을 가장 힘 있고 아름다우며 고상한 존재로 내세우고 인민대중을 위하여 복무하는 참다운 공산주의인간학으로 되고 있다.[22]

> 예술: 인간과 그 생활을 형상적 수단과 형식으로 반영함으로써 사람들의 사상·정서적 교양에 이바지하는 사회적의식의 한 형태. 가극, 음악, 무용, 미술, 연극, 영화 그 밖의 여러 가지 형식이 있다. 진실로 사실주의적이고 혁명적인 예술은 인간생활의 가장 아름답고 가장 숭고한 세계를 보여줌으로써 혁명적세계관을 세우는 데 이바지한다.[23]

> 문학예술: 문학과 예술을 아울러 이르는 말. 인간과 생활을 형상적으로 반영함으로써 사람들의 정신 도덕적 풍모와 문화수준을 높이며 그들을 투쟁과 혁신에로 고무하는 힘 있는 수단.

문학예술에 대한 정의는 문화에 대한 정의와 비슷하다고 할 수 있다. 문화와 마찬가지로 문학예술은 이념을 전달하는 수단(agency)으로서의 역할이 강조되고 있고(사상교양, 미학적 교양, 사상 정서적 교양), '사실주의'와 '혁명적'이라는 말에서 알 수 있듯이 문화와 같이 문학예술에서도 경향성이 뚜렷하다.

남북한 문학예술의 개념은 다음의 몇 가지 차원에서 차이가 있다. 첫째, 문학예술의 다양성이다. 북한은 특정 경향의 문학예술을 절대적으로 보는 반면 남한은 다양성을 인정한다. 다양성의 인정 여부는 문학예술의 평가와 연결된다. 다양성을 인정하는 경우 개별 작품에 대한 절대적 평가가 불가능하지만, 특정한 문학예술을 중시하는 경우 보편적인 기준을 통한 평가가 가능해진다. 둘째, 문학예술의 외연에서 차이가 있다. 북한의 문학예술은 예술인 동시에 교육(정치교육)이 된다. 문학예술을 의식 현상의 하나로 보고 있다는 점에서는 남북한이 유사하지만, 북한의 문학예술은 교육의 수단 혹은 정치적 이념체계로서 기능한다. 따라서 북한의 문학예술의 외연이 남한보다 더 크다고 할 수 있다. 셋째, 문학예술의 상대적 자율성에서도 차이가 있다. 남한에서는 문학예술의 상대적 자율성이 보장되는 반면 북한에서는 그렇지 않다. 북한의 문학예술은 문화적 현상일뿐만 아니라 정치·사회적 현상이다. 문학예술은 사회 및 정치 체제에 종속되어 있어 정치·사회적인 의미가 뚜렷하게 부각된다.

4. 문화예술의 사회적 역할

북한의 문화예술은 사회주의 국가의 일반적인 성격과 크게 다르지 않다. 북한에서는 정무원 산하의 문화성이 문화예술을 관장하지만 체제의 특성상 당의 선전선동부나 문화예술부의 역할이 더욱 크고, 선전선동부는 문학 및 예술 창작에 간여하기도 한다. 그뿐만 아니라 최고 지도자 김일성도 문학예술에 높은 관심을 갖고 있었다.

> 근로대중을 애국주의사상과 민주주의사상으로 무장시키는데서 문학·예술작품이 노는 역할은 매우 큽니다. 사상성과 예술성이 높은 문학·예술작품은 사람들로 하여금 애국심과 투쟁심을 가지게 합니다.[24]

북한에서는 지도자가 교체된 적이 거의 없었기 때문에 권력구조 변화에 따른 문학예술의 성격 변화는 찾아볼 수 없다. 그러나 초기 파벌투쟁 과정에서 문학예술의 특성이 변했었다. 해방 직후 북한 문예계를 대표했던 일제 강점기 카프 세력의 득세와 몰락은 남로당의 숙청 및 종파투쟁과 관련이 있으며, 1960년대 이후 항일혁명문학의 대두는 김일성 중심의 권력 공고화와 밀접하게 연결되어 있다.[25] 김일성뿐만 아니라 김정일 자신도 문학예술 분야에서 경력을 축적했기 때문에 문학예술에 대한 관심이 높다.[26]

북한의 문학예술이 수행하는 정치적 역할을 명확히 규명하기 위해서는 북한 문학예술의 기본적인 속성을 파악할 필요가 있다. 북한의 문학예술 작품은 '당성', '로동계급성', '인민성'의 세 가지 원칙하에 창작되고 있다.[27] 당성이란 "당에 대한 끝없는 충실성"으로 "당의 로선과 결정을 관철하기 위하여 모든 것을 다바쳐 투쟁하는 혁명정신"을 의미한다. 그리고 당성을 "로동계급의 혁명적당과 그 창건자이며 령도자인 수령에 대한 충실성"[28]으로 규정함으로써 김일성 숭배와 연관시킨다. 이러한 까닭으로 김일성의 개인사를 소재로 삼거나 그의 위대함을 부각시키는 작품이 상대적으로 많다. 노동계급성은 "로동계급의 의향과 요구를 반영하고 로동계급의 리익을 견결히 옹호하며 로동계급의 혁명위업에 적극 이바지하는" 것을 말한다. 이러한 맥락에서 "제국주의자들의 침략적 본성과 자본가 계급의 착취적 본성"에 대한 비판을 강조하고 반남한·반미적인 성향의 작품 창작을 유도하고 있다. 인민성은 "문학예술이 철저하게 인민들의 사상과 감정에 맞도록" 창작하는 것을 의미한다.[29] 인민성을 부각시킴으로써 일반 대중과의 일체감을 고양시키고 대중이 흥미롭게 작품을 수용할 수 있도록 이념성과 예술성의 조화를 강조하고 있다.

북한의 문예관은 기본적으로 객관적인 현실에 대한 충실한 묘사에 그치지 않고 사회주의 체제가 지향하는 특정한 경향성을 추구해야 한다는 사회주의 리얼리즘과 일맥상통한다. 하지만 문학예술작품이 당보다는 김일성 중심의 북한의 권력구조와 밀접하게 연관되어 있다는 점에서 차이가 크다. 이러한 경향은 1960년대 이후 항일혁명문학이 강조된 이래 더욱 심화되고 있으며 장르에 상관없이 모든 문학 및 예술작품에 동일하게 나타나고 있다. 또한 정치 체제, 특히 집권자에게 문학예술이 종속된 결과 북한의 문학예술은 상당히 획일적이다. 특히 김정일이 '종자론'을 제기한 이후에는 사상적 핵을 강조하여 이념적 획일성의 정도가 더욱 높아졌다고 할 수 있다.

지금까지 검토한 북한의 문학예술의 특성을 바탕으로 북한의 문학예술의 정치적 역할을 정리하면 다음과 같다.

첫째, 북한의 문학예술은 여타 사회주의 체제에서와 마찬가지로 지배이념을 확산시키는 중요한 정치적 도구라고 할 수 있다. 이러한 경향은 김일성과 김정일이 문학예술에 대해 관심이 각별했기 때문에 더욱 심화되었다.

둘째, 북한의 문학예술이 전파하고자 하는 이념적 내용은 당성과 노동계급성이지만, 그 중심은 언제나 김일성의 유일지도체제의 정당성과 김일성의 위대함이다. 따라서 북한의 문학예술은 현 권력구조를 정당화하는 데 중요한 역할을 수행하고 있다.

셋째, 인민성을 강조하는 데서 알 수 있듯이 북한의 문학예술은 일반 인민의 현실 및 정서와 부합하는 측면이 있다. 이것은 문학예술의 대중성을 중시하는 문화정책이라고 할 수 있다. 더욱이 북한에서는 대항문화(counter-culture)의 존재가 불명확하기 때문에 문학예술에 대한 북한 인민의 수용도는 상당히 높을 것으로 예상된다.

북한 문화예술의 사회적 역할 중 가장 중요한 것은 이념의 정당화와 인민의 교양, 즉 정치사회화의 역할이다. 문화예술을 사회화의 매체로 활용하기 때문에 교육과 문화예술은 상당히 밀접한 관련이 있다. 따라서 문화예술에서 가장 중요한 요소는 작품의 이념적 지향성이며, 결국 작품의 창작이나 평가의 1차적인 기준도 이념성이 된다. 즉, 어떻게 개별 문화예술이 당의 이념을 잘 표현하고 주민들을 설득시키는가가 핵심적인 문제가 된다. 물론 '인민성'이라는 기준에 의해 문화예술이 갖는 대중성이나 오락성도 중시된다고 볼 수 있지만, 인민성은 이념성에 비하면 부차적인 요소에 지나지 않는다.

5. 문화예술인의 지위

북한에서 문화예술에 종사하는 사람들은 전문적인 문화예술 창작가이지만 남한의 문화예술계 종사자들은 일반적인 지식인 중 하나로 간주되는 경향이 있다. 그뿐만 아니라 북한의 문화예술인들은 정치 이념을 다룬다는 점에서 정치적인 위상을 확보한다고 볼 수 있다. 정치적인 역할을 하는 까닭에 북한의 문화예술인들은 국가 혹은 정당의 공식적인 인정을 필요로 한다.

북한에서는 당이나 국가가 직접 문화예술인들을 발굴하고 훈련시킨다. 북한 헌법 52조에는 "국가는 창작가, 예술인들을 사상예술성이 높은 작품을 많이 창작하도록 한다"라는 규정이 있다. 김일성종합대학이나 김형직사범학교, 평양연극영화대학 등의 문학 관련 학부 출신 혹은 지방 소재 예술대학 출신으로 문화예술인이 되는 경우에도 국가가 인정한 절차를 통과해야만 한다. 조선로동당 산하 조선문학창작사와 작가동맹이 일반인들을 대상으로 신인 작가를 직접 발굴하기도 한다. 조선문학창작사는 문학 창작을 대중화하고 신인 선발을 위해 해마다 2·16, 4·15를 비롯한 국경일을 기념하여 문학통신원과 문예소조원들을 주 대상으로 현상 응모를 실시하고, 작가동맹 중앙위원회는 작가가 되기를 원하는 사람들을 대상으로 창작 전형을 시행한다. 작가로 인정을 받으면 작가동맹은 그들에게 사상교육 등을 실시하고 개별적으로 지도하기도 한다.[30]

북한 당국은 문화예술인으로서 존속할 수 있는 물질적 기반을 제공하기도 한다. 작가들은 전업작가(일명 현역작가)와 현직작가(일명 직장작가)로 나눠지기도 하는데, 그들은 체제 이념의 전파 등 정치적 역할이 높다는 점에서 '문필전사'로 불리고 있으며 상대적으로 높은 대우를 받고 있다. 의식주 공급에 있어 이들은 '일반공급대상'이 아니라 기본적으로 정무원 각부 계장급 이상에만 적용되는 '중앙공급대상'에 해당된다. 특히, 김정일이 문화예술 분야를 직접 관할하던 시기에는 문화예술인에 대한 정치적인 배려가 더욱 극진했다. 또한 체제에 어려움이 닥치면 문화예술의 활동 영역이 넓어지고 그 영향력이 커졌기 때문에 '로력영웅'의 칭호를 부여하거나 '김일성훈장'이 주어지기도 했으며, 이 밖에도 각종 공훈제도를 통해 문화예술인에 대한 정치적·물질적 보상을 지속하고 있다.[31]

북한의 문화예술인들은 당과 국가가 정치적인 위상을 인정하기 때문에 일정한 경제적 수준을 확보하고 있으며 사회적 지위도 상대적으로 높다고 볼 수 있다. 이러한 상황에서 그들은 지위를 부여한 당과 국가의 평가를 중시하고 당과 국가의 요구에 절대적으로 순응할 수밖에 없다.

남한에서는 문화예술인의 사회적 위상이 다양한 반면, 북한의 문화예술인의 그것은 동일하다고 볼 수 있다. 다만 북한의 문화예술인은 같은 사회적 위상에서 위계적 차이를 갖는다고 볼 수 있다. 위계적인 차이는 대부분 정치적 판단에 의해 이루어지는 경우가 많으며, 특히 최고 지도자의 평가가 중요한 의미를 갖는다.

4

북한의 대집단체조와 공연예술의 특징

1. 머리말: 사회주의와 집합체조

북한을 이해하는 첫 번째 키워드는 사회주의이다. 장기간에 걸친 유일지배체제를 유지하고 있고, 권력이 독점되어 있기 때문에 독재국가라는 비판을 받고 있지만 정치, 경제, 사회, 문화에 이르기까지 사회주의 원칙에 따라 구성되었고 운영되고 있기 때문이다. 개인보다는 공동체를 앞세우는 것이나 문학예술의 1차적인 역할이 정치적 선전선동에 있다는 것도 사회주의 이념에 따른 것이라고 볼 수 있다. 이와 같은 집단주의의 가치를 실현하면서 선전·선동이라고 하는 예술의 기능이 결합된 것이 북한의 '대집단체조와 공연예술'이라고 할 수 있다.

집단체조와 매스게임은 많은 사람이 맨손이나 기구를 이용해 집단으로 행하는 체조 및 율동이다. 체조는 집단적으로 하는 경우라도 개인을 대상으로 한 것이지만, 매스게임은 집단적 제일운동의 표현성을 가장 중요시한다. 어떤 때에는 심미적 관점에서, 또 어떤 때에는 국민적 정신 운동으로 실시된다. 전자의 좋은 예는 전국 체육대회나 올림픽 대회에서 공개 연기로 행해지는 매스게임이며, 후자는 체코의 프라하에서 열리는 국민운동으로서의 소콜(sokol)이 좋은 사례다. 일반적으로 매스게임은 관중을 전제로 하며, 일제히 동작을 취하기 위해 형식이 제한된다. 일부 사람들의 독점이 아니라 모든 사람들에게 운동을 개방한다는 점과 전체 속에 개인을 조화시키려는 노력, 관람객이 자신들의 연기를 본다는 의식에 의한 운동열의가 자연스럽게 환기되는 등 여러 점을 고려하면 교육적 가치도 중요하다고 볼 수 있다. 국가주의가 강했던 독일에서 비롯된 집단체조는 사회주의에서 번창하게 되는데, 이러한 흐름이 북한으로 이어졌다.

2. 대집단체조와 공연예술의 특징

많게는 수만 명이 참여하는 북한의 집단체조는 높은 사상성과 예술성, 세련된 체육기교가 배합되었다. 종합적인 체육예술, 체조와 무용율동을 기본 표현으로 하고 이에 음악, 미술 등 다양한 예술적 수단들이 유기적으로 통일되면서 일정한 주체사상에 근거해 웅장하고 아름다운 화폭을 이룬다. 집단체조는 청소년학생들의 체력을 증진시킬 뿐 아니라 집단주의 정신을 기르고 조직성과 규율성을 키워주면서 예술적 소양을 높여준다.

사전적 정의를 바탕으로 북한의 집단체조는 첫째, 규모가 크다는 것, 둘째, 사상성, 예술성과 기교가 결합된 종합예술이라는 점, 셋째, 체조와 무용 율동을 기본 표현수단으로 하고, 그 외에 음악, 미술 등 다양한 예술적 수단들이 유기적으로 결합되어 있다는 점, 넷째, 청소년들의 체력 증진 및 집단주의 정신, 조직성과 규율성, 예술적 소양을 키워주는 기능을 한다고 정리할 수 있다. 집단체조에 대해서는 김정일이 구체적으로 지시하고 있는데, 이를 토대로 북한 집단체조를 정리하면 다음과 같다.

첫째, 집단체조의 미학은 주체사실주의의 연장선상에 있으며, 수령 선전을 중심으로 하고 있다. 1967년 이후 유일지배체제를 구축한 북한은 이를 정당화하기 위해 문학예술을 적극적으로 활용하였다. 북한 집단체조의 원형을 1930년대 김일성의 '꽃체조'로 삼으면서 집단체조 자체가 수령형상화의 상징이 된다.

둘째, 공연장르상으로 체조와 예술(무용 및 음악)이 결합된 종합체육이다. 그러나 체육이 주를 이룬다는 점에서 다른 공연예술과 차이가 있다. 사람의 육체적 기교를 중심으로 하는 공연으로 교예(서커스)가 있으나 교예에는 체력교예, 요술, 동물교예, 교예막간극 등을 포괄한다는 점에서 집단체조와 차이가 있다. 무용과 음악이 부과되고 있는 동시에 하나의 이야기 구조를 갖고 있다는 점에서 집단이 모여서 하는 단순한 체조와는 구별이 되면서 예술적 성격을 확보한다.

셋째, 집단체조는 체조대와 배경대로 구성되어 있다. 체조대 운동장에 있는 매스게임이고 배경대는 관중석에서 펼쳐지는 카드섹션이라고 할 수 있다. 일반적인 매스게임과 체육활동을 하는 운동장 안의 사람들과 이를 구경하는 관중의 결합이라는 점과는 차이가 있다.

넷째, 집단체조는 대중교양의 수단으로서 체제를 강화하는 데 기여하고 있으며 이념성이 강하다. 율동에 참여하는 사람들(체조대)뿐 아니라 관중들(배경대)도 참여하게 함으로써 과정 자체가 집단주의 교양이라고 할 수 있다. 매스게임의 형성에서부터 발전과정에서 기본적으로 집단의 규율유지와 밀접하게 관련되어 있는데, 북한 주민들은 참여와 관람을 통해 북한체제에 적극적으로 동의하게 된다.

북한에서는 집단체조가 8·15 광복 후부터 중요한 기념일을 계기로 광범위하게 진행되어 왔다. 해방 이듬해인 지난 1946년 5월에 진행된 〈소년들의 련합체조〉로부터 2002년 2월의 〈선군의 기치 따라〉까지 모두 84개의 작품이 창작되어 총 900여 회에 걸쳐 상연됐으며, 연 1천 600만 명이 관람했다.

1948년 당시의 내외정세를 반영하여 〈조선은 하나다〉(48년 10월), 〈조국의 통일을 위하여〉(49년 10월)라는 제목의 집단체조가 창작, 상연되었는데, 이 작품들은 '인민들을 조국통일운동에로 불러일으키는 내용으로 일관된 작품'이었다. 이처럼 북한에서의 집단체조는 시기마다 국가의 노선과 정책을 알리고 주민들을 참여시키는 내용으로 창작되었다. 북한은 1930년 김일성 주석이 창작, 지도했다는 꽃체조 〈조선의 자랑〉이 집단체조의 시원이라고 밝히고 있는데, 이 작품도 '전체 조선인민이 대동단결하여 조선의 독립을 이룩하자'는 것이 주제다.

북한의 집단체조 발전역사에서 첫 단계는 '배경대(스탠드 카드섹션)와 체조대'의 배합이다. 배경대는 작품의 주제사상을 부각시키는 데 큰 역할을 담당하고 있다. 집단체조에 배경대가 처음으로 도입된 작품은 지난 1955년 8월 선보인 〈해방의 노래〉로서 세계적으로도 최초의 일이다. 당시 배경대에는 '배우자 단결하자', '경축 8.15' 등 단순 글자만 새겨졌으나 이후 작품들에서 그림이 도입되기 시작했다. 집단체조는 장과 절로 나뉘어 진행되는 등의 발전단계를 거쳐 점차 체계적인 형태를 갖추기 시작했다.

1961년 9월 '북한식 집단체조의 원형'으로 일컬어지는 〈로동당 시대〉가 창작되었는데, 이 작품은 김정일이 지도한 첫 작품으로 '하나와 같이 움직이는 체조대, 구호와 그림이 새겨지는 배경대, 경쾌하고 힘있는 음악이 하나의 주제사상으로 유기적으로 결합'되었으며 규모와 형식에서도 획기적 전환을 이룬 작품이라고 이야기된다. 김정일의 교시가 반영된 첫 작품이 1961년 항일투쟁의 역사와 북한 건국 이후의 역사를 소재로 만든 〈로동당시대〉였다. 이 작품에 대해 잡지는 "순수 체육적인 기교 동작으로 연결되던 집단체조에 역사적이며 시대적인 화폭을 담은 것은 커다란 전환이었다"고 평가했다.

이후 〈조선의 노래〉, 〈인민들은 수령을 노래합니다〉, 〈일심단결〉 등 사상적 단결을 강조한 작품이 잇따라 창작되었다. 1971년 11월에는 집단체조의 창작과 보급을 체계적으로 주관하는 '집단체조창작단'이 설립됐고, 1983년 1월에는 체조수들을 양성하는 전문학교인 집단체조구락부를 창립했다. 이 구락부는 지난 1997년부터 청소년체육학교로 개칭되었다. 1990년대에는 조명 기술의 발전에 따라 실내 집단체조가 등장했다.

북한의 집단체조 발전과정에서 전환점이 두 번째 계기는 '체육과 예술의 융합'이다. 이러한 새로운 형식의 작품은 2000년 들어 창작됐는데 첫선을 보인 것이 2000년 10월 12일부터 5·1경기장에서 진행된 〈백전백승 조선로동당〉이다. 이 작품은 대집단체조와 예술공연이란 형식으로 진행, 처음으로 체육과 예술이 융합되었다. 또한 낮이 아니라 저녁에 상연함으로써 조명효과를 최대한 살리고 배경대를 거대한 스크린으로 이용하는 등 새로운 형식과 기술이 도입되었다.

출연자 규모에 있어서도 처음으로 10만 명을 기록했다. 체조에 무용을 배합한 대표작은 2장 1경의 〈시련의 파도를 헤치시며〉인데, 북한이 어려움에 처했던 '고난의 행군'의 강행군 시기 6년을 단 10분 장면으로 표현하고 있다.

〈백전백승 조선로동당〉을 발전시킨 〈아리랑〉도 대집단체조와 예술공연의 형식으로 구성되어 있다. 2002년 초연된 〈아리랑〉은 평양 릉라도의 5·1경기장에서 공연되었다. 대집단체조와 공연예술은 2013년 이후 중단되었다가 2018년 9월 <빛나는 조국>으로 재개된다.

3. 맺음말: 대집단체조와 공연예술의 의미

북한 집단체조의 형성과정은 북한체제의 형성과정과 밀접하게 연결되어 있다. 집단체조의 시작이 근대 국가의 형성과정에서 집단주의를 '국민'들에게 앙양하기 위한 것이었고, 2차 세계대전 이후 사회주의 국가에서 발전되어 온 것과 같은 맥락이다. 북한에서도 사회주의 국가의 완성과 이후 김일성 중심의 유일지배체제 구축과정에서 집단체조가 발전되어 왔다고 할 수 있다. 이러한 맥락에서 북한 집단체조의 의미를 정리하면 다음과 같다.

첫째, 북한의 집단체조는 국가주의의 완성과 유일지배체제 성립과 밀접하게 관련되어 있다. 해방 이후 처음 공연되었던 <소년들의 련합체조>와 <특별체육의 밤>은 체육 행사라고 할 수 있지만, 다음부터 창작된 <김일성장군만세>나 <조선의 하나>, <조국의 통일을 위하여>는 북한의 건국 정당화와 결합되어 있다. 이러한 경향은 전후 복구시대에도 지속되는데, 집단체조가 정치적 목적에 활용되고 있음을 보여준다. 그러나 더욱 중요한 것은 유일지배체제 이후 집단체조의 성격도 이에 부합하여 바뀌었다는 것이다.

1960년대 이후 북한 문학예술이 전반적으로 수령형상문학과 항일혁명문학 중심으로 재편되는데, 집단체조도 마찬가지였다. 집단체제의 원형이 김일성이 창작하였다는 1930년대 '꽃체조'가 되었고, 내용도 유일지배체제의 정당화, 김일성 위대함을 강조하는 것으로 바뀌게 된다. 내용뿐 아니라 창작과 공연에서도 김일성, 김정일의 지도가 절대적인 가치를 갖는 것도 같은 맥락에서 이해할 수 있다. 그리고 김일성, 김정일의 생일을 기념하는 집단체조가 공연되고, 가장 많이 공연되었던 집단체조가 <인민들은 수령을 노래합니다>라는 것도 유일지배체제와의 연관성을 대변한다.

둘째, 집단체조의 형식이나 내용의 변화가 지속되었다는 것이다. 처음에는 문자 그대로 집단으로 하는 체조로서 소년들의 육체적 단련을 중시하였던 북한의 집단체조는 1955년 <해방의 노래>에서 배경대가 도입되면서 공연 참여자와 관람자가 모두 참여하는 형식이 된다. 체조대 배경대와 더불어 음악이 부가되면서 집단체조의 3대 구성요소가 완결되고 형상문제, 유사성과 예술화가 완성되는 것이 1961년의 <로동당시대>라고 하고 있다.

이후 수상집단체조나 빙상집단체조 등 형식의 다양화가 이루어지는데 2000년 <백전백승 조선로동당>을 계기로 형식의 전면적으로 바뀌게 된다. 이전에도 체조에 예술성이 가미된 것이 집단체조였으나, 공식적으로 이름 자체가 "대집단체조와 예술공연"으로 바뀌면서 기념일 등에 실시하는 체육이벤트에서 독립적인 하나의 예술공연이 되었다는 것이다. 이전의 집단체조에서는 체조대가 체육을 기반으로 하였다면 대집단체조에서는 무용이나 민속공연 등이 결합하면서 종합예술적인 성격을 지향하고 있다. 대집단체조와 예술공연의 형식은 2018년 <빛나는 조국>에까지 지속되고 있다.

셋째, 북한의 집단체조가 유일지배체제의 대두와 같은 정치적 환경 변화와 밀접하게 연관되어 있지만 동시에 사회적 변화나 대외환경 변화와도 무관하지 않다고 할 수 있다. 형식에서 일대전환이라고 할 수 있는 '대집단체조와 예술공연'의 등장도 '고난의 행군'을 넘어선 북한이 대내외적으로 체제유지를 과시할 필요성이 있었기 때문이었다. 다시 말하자면 외적으로는 체제가 건재함을 과시하고 내적으로는 고난의 위기를 경험하면서 이완되고 있는 주민들을 재통합하기 위해서 10만 명에 달하는 인원이 참가하는 집단체조를 구성하였다는 것이다. 북한을 최초로 방문한 미국의 올브라이트 국무장관이 공연 <백전백승 조선로동당>을 관람한 것처럼 <아리랑>도 북한을 방문한 남한 주민들을 포함하여 외부인들에게 일종의 관광코스의 역할도 하였다는 것도 북한체제의 대내외 환경변화가 집단체조의 성격 변화에 영향을 미쳤다고 볼 수 있다.

북한이 자랑하던 대집단체조와 공연이 2013년부터 중단되었던 사실도 의미가 있다. 집단체조에 참여하는 구성원에 어린 아이들이 포함돼 인권침해 논란이 지속되어 왔다. 따라서 부분적으로 인권 비판에 대한 북한 당국의 대응의 성격이 있다. 그러나 2018년 형식이나 참여 구성에서 차이가 크지 않은 <빛나는 조국>이 공연되었다는 점에서 대외적인 대응보다는 내부적 요인에서 중단의 원인을 찾는 것이 적절하다.

1차적으로는 김정은 정권 수립 이후 문화예술을 전반적으로 개조하는 작업을 진행하고 있는 것과 관련이 있다고 할 수 있다. 김정은이 직접 창립하였다는 모란봉악단을 일종의 '기준'으로 삼아 모든 문학예술을 바꾸고 있는데, 이것은 남한문화를 포함한 외부문화에 익숙한 북한주민들의 문화취향 변화와 관련이 있다. 또한 시장화가 진전되는 과정에서 이념이나 물질, 그리고 집단보다 개인이 중시되는 분위기가 고양되면서 집단체조의 공연의 정치사회적 통합기능이 약화되었기 때문으로 볼 수 있다.

5

드라마 개념의 분단사

1. 머리말: 대중문화의 중심 '텔레비전(텔레비죤) 드라마(문예물)'

텔레비전을 틀어보면 어느 채널에선가는 반드시 드라마가 방영되고 있다. 한때는 우리나라를 드라마 공화국이라고 할 정도로 드라마가 대중문화의 핵심적인 장르였다. 시청률이 높은 드라마는 방영 이후 일상에서 대화의 핵심 소재가 되었고, 주연 배우들은 '스타'가 되어 광고를 휩쓸었다. 그리고 드라마에 삽입된 노래는 인기순위의 상층을 차지했다. 인터넷 등 다양한 매체가 생겨나고, 각종 예능 프로그램을 포함한 새로운 포맷의 창작물들이 쏟아지면서 드라마가 과거만큼의 영향력은 줄어들었다고 할 수 있지만, 여전히 드라마는 대중문화에서 중요한 위치를 차지하고 있다. 대중문화가 자본주의 시장과 결합되어 있다는 점에서 드라마는 문화산업에서 차지하는 역할도 적지 않다.

한편 드라마는 대중문화를 대표하면서 동시에 동시대의 사회상을 반영하기도 한다. 대중문화가 근본적으로 대중적 소비를 겨냥하기 때문에 드라마는 대중의 문화적 취향이나 사회적 성향을 따른다. 시청률이 텔레비전 드라마를 평가하는 1차적인 지표라는 점을 생각하면 쉽게 이해할 수 있을 것이다. 이와 더불어 텔레비전 드라마(라디오 드라마도 포함하여)는 방송기술의 발전과 연관되어 있다는 사실도 시대 상황과 분리될 수 없는 또 다른 이유가 된다. 물론 다른 예술 장르도 시대적 맥락과 분리하기 어렵지만 텔레비전 드라마는 더욱 사회적·시대적 상황과의 연관성이 높다고 할 수 있을 것이다. 텔레비전 드라마가 갖는 중요성은 북한에서도 예외는 아니다. "누구나 하루 일을 마친 저녁이면 텔레비죤을 보며 문화 정서 생활을 즐긴다. 텔레비죤 방송프로 중에서 류달리 시청자들의 인기를 끈 것은 텔레비죤문예물이다"라고 언론에서 말하고 있고,[1] 김정일은 "문화정서생활에 텔레비죤이 널리 리용되면서 텔레비죤문학이 대단히 인기를 끌고 있다. 텔레비죤문학은 문학예술분야에서 자기의 지위를 급속히 넓혀나가면서 사람의 관심을 집중시키고 있다"라고 말하고 있을 정도이다.[2]

그렇다면 남한에서 이야기하는 텔레비전 드라마와 북한에서 이야기하는 텔레비죤문예물은 어떻게 같고 다른가에 대한 의문이 생겨날 수 있다. 이 글은 이러한 의문에 답을 하고자 하는 것이다. 드라마 혹은 연속극은 라디오라는 매체를 통하여 시작되었다고는 하지만 이 글에서는 텔레비전 드라마에 한정해서 남북의 개념 변화 추이를 검토해 보고자 한다.

2. 텔레비전 드라마의 전개

드라마는 유사한 용어가 많다. 고전적인 차원에서는 희곡, 즉 플레이(Play)라는 말과 동의어로 사용되기도 한다.[3] 아리스토텔레스는 드라마, 즉 희곡을 신의 행적과 말과 동작으로 옮기는 '극시'로 분류한 다음

'연극은 행동의 모방'이라는 전제하에서 ''극시'는 얘기하는 형식으로서가 아니라 행동하는 인간으로서 보는 사람을 감동시킨다'라고 말하고 있다. 이것은 드라마의 뿌리가 되는 연극을 규정한 것인데, 영어의 드라마라는 말은 행동한다는 의미를 지닌 희랍 말의 동사 'dran'에서 유래되었다고 할 수 있기 때문이다.[4] 즉, 드라마는 연기를 통한 특정한 허구를 표현하는 예술 형태를 의미한다. 그러나 일상의 행동은 드라마일 수가 없고 '극적인 행동'이 드라마라고 할 수 있다. 문학 사전에는 '드라마는 그 속에 인생이 그 행동의 비개인적인 그리고 남을 흉내 내는 모방형식으로서 담아지는 문학 형식이다'라고 설명하고 있다.[5] 드라마의 개념과 역사를 설명하는 글들이 대부분 고대 희랍의 연극에서 드라마가 비롯되었다고 보고 있다.[6] 또한 드라마는 종합 예술적인 성격을 갖고 있는데 문학, 음악, 무용 미술 등 다양한 단일예술의 집합으로 이루어지고 있기 때문이다. 고대 희곡과 연극에서 비롯된 드라마는 영화를 거쳐 텔레비전으로 옮겨가게 된다. 공연장에서 이루어졌던 연극의 관람 형태가 필름을 통하여 극장과 텔레비전으로 감상할 수 있는 형태로 관람의 수단과 장소가 바뀌었다고 할 수 있다.

텔레비전 드라마가 시작된 것은 1928년 미국이다. 영화 등장 이후 33년 만이라고 할 수 있는데, 텔레비전 드라마의 시작은 텔레비전의 개발과 맞물려 있다. 미국의 더블유지와이(WGY) 방송사에서 1928년에 제작한 〈여왕의 사자〉가 효시로 알려져 있고, 1930년 영국에서는 비비씨(BBC, British Broadcasting Corporation)에서 〈꽃을 문 사나이〉가 방영되었다. 한편 일본에서는 1940년 기술박람회에서 〈석향전〉이라는 드라마가 일본 최초의 드라마로 기록되고 있다. 텔레비전 드라마가 극장 연극의 연장선에 있다고 할 수 있지만, 텔레비전의 매체적인 특성으로 인하여 남의 이야기, 먼 이야기를 내 이야기, 가까운 이야기로 만

들어 낸다는 점에서 전통적인 드라마와 차이를 가지게 된다.[7]

한국에서 텔레비전 드라마는 방송극이라고도 하는데 '방송의 대표적인 오락프로그램으로서 텔레비전을 통하여 방영되는 허구물인 드라마'라고 정의되고 있다.[8] 최초의 텔레비전 드라마는 1956년 에이치엘케이제트(HLKZ)의 개국과 함께 시작되어 7월의 <천국의 문>, 8월 <이조국>, 9월 <사형수>가 에이치엘케이제트(HLKZ)를 통하여 방영되었다. 1958년에는 <화요극장>이 정규편성 되었고, 1961년 개국한 국영방송 한국방송공사(KBS)를 통하여 1962년 <나도 인간이 되련다>가 방영된 후 <금요극장>이 정규 편성되었다. 초기의 단막극이었던 텔레비전 드라마는 연속극의 형태로 바뀌게 되는데 연속극을 사전에서는 "라디오나 텔레비전에서 일정한 시간을 정하여 조금씩 이어서 방송하는 극"이라고 개념 정의하고 있다.[9] 정규편성 되었던 초기의 드라마에서는 단막극적인 성격이 강했으나 이후에는 연속극이 텔레비전 드라마의 중심적인 형식이 되었다.

북한의 텔레비전 방송국은 1963년 3월 3일 '평양텔레비죤방송국'으로부터 시작되었다. 김일성은 1953년 9월에 북한에서 '텔레비죤 방송을 할 데 대한 원대한 구상'을 펼치었으며 조선로동당 제4차 대회(1961년 9월 11일~9월 18일)에서 '텔레비죤 방송을 시작할 데 대한 방침'을 제시하였다고 말하고 있다. 이에 따라 조선로동당 제4차 대회에서 자체의 방송 설비를 가지고 첫 텔레비죤 시험 방송을 하였다. 북한은 조선로동당 제4차 전당대회(1961년 9월 11일~9월 18일) 이후 7개년 계획의 하나로 텔레비전(TV) 방송국을 건설하기로 하고 1962년 평양에서 텔레비전(TV) 방송국 건설에 나서 1963년 8월 15일까지 완공키로 했으나, 1960년 이후 계속된 소련으로부터의 원조 중단과 기술 원조 부진으로 계속 늦어졌다. 따라서 본격적인 텔레비전(TV) 방송은 소련의 원조가 재개되는 1960년대 후반으로 보는 것이 타당하다. 북한에서는 김일성은 1971년 1월 29일 교시를 비롯하여 여러 차례의 교시들에서 텔레비죤 방송의 특성에 맞게 그 특성을 살리는 문제로부터 '온 나라의 텔레비죤화'를 실현하는 문제에 이르기까지 텔레비전 방송이 나아갈 방향을 제시하였다고 이야기한다. 북한에서는 김일성과 당 중앙의 지도하에 조선중앙텔레비죤 방송은 방송실 방송과 함께 현지 실황 중계 방송, 영화 방송, 록화 방송 등 여러 가지 방송 형태를 실현할 수 있는 텔레비죤 방송으로 발전하였으며, 1974년 4월 15일부터 천연색 방송도 하게 되었다고 말하고 있다.[10] 조선중앙텔레비죤 방송은 창설 후 오늘에 이르기까지 김일성과 당의 위대성, 당과 수령에 대한 충실성 선전을 기본으로 하여 사상, 기술, 문화의 3대 혁명을 추동하는 힘 있는 수단으로 복무해 왔다고 이야기한다.

북한에서는 초기 TV극이라는 표현을 쓰면서 1970년대 초에 텔레비죤문예물이 시작되었다고 하고 있는데, 5~10분짜리 토막극이 시작이었다.[11] 이와 관련하여 1973년 7월 22일 김정일이 우리식 텔레비죤문예물창조사업을 지도한 역사적인 날이라고 하고 있고 이를 계기로 '텔레비죤창작사'가 만들어졌다고 말하고 있다. 이 시기까지는 조선중앙방송위원회의 창작가들이 "사회주의조국의 현실과 남조선괴뢰들의 반통일정책과 반인민적책동을 폭로하는 작품들을 텔레비죤련속극형식으로 만들어 반영하였다"고 한다.[12]

3. 텔레비전 드라마와 텔레비전 문예물의 개념 변화

남한에서 텔레비전 드라마는 문학예술의 한 장르였지만 동시에 대중문화의 중심이었다. 텔레비전 드라마 초기에는 창작 극본에 의한 작품도 있었지만 서양고전을 포함한 기존 소설이나 희곡을 극화한 경우가 대부분이었다. 이것은 텔레비전 드라마가 독자적인 장르라기보다는 문학예술 작품의 형식적 변용으로 생각한 것이라고 할 수 있다. 그러나 텔레비전 드라마는 별도의 극본이 만들어지고 텔레비전이라는 틀에 맞추는 방식으로 형식과 구성이 변하게 된다. 이러한 변화는 텔레비전 드라마가 연속극의 형태로 편성이 변해 가는 과정에서 시청자의 욕구가 반영되었기 때문이라고 볼 수 있다. 본격적인 상업방송이었던 동양방송(TBC, Tongyang Broadcasting Company)은 1964년 개국 다음 해부터 한운사의 〈눈이 내리는데〉 등 4편의 일일극을 편성했고, 1969년 개국한 문화방송(MBC)은 김희창의 〈여성이 가장 아름다울 때〉 등 두 편의 일일연속극을 제작 편성하였다. 즉, 텔레비전 드라마는 초기의 단막극에서 주간 연속극을 거쳐 일일연속극으로, 1980년대에는 주말연속극과 대형 단막극 중심으로 형식적 변화를 경험하게 된다.[13] 텔레비전 드라마의 연속극화는 영화 매체와의 차별성에서 비롯되었다고 할 수 있다. 영화관에서 제한된 시간 관람을 하는 영화는 상대적으로 긴 시간의 런닝타임과 단일한 서사구조를 가질 수 있었지만, 접근성에서 영화보다 우위를 가지고 있고, 일상에서 반복적으로 시청이 가능한 텔레비전은 연속극의 형식이 가능하였다. 그리고 이야기의 지속은 시청자들의 관심을 끌 수 있었던 까닭에 광고라는 자본에 의존하였던 상업방송 체제에서는 더욱 장점이 있었던 형식이었다.[14]

텔레비전 드라마는 TV 드라마라는 개념과 같이 쓰였는데 라디오 드라마와 대비되는 차원에서 생겨난 개념이라고 할 수 있다. 그러나 점차 텔레비전 보급률이 확대됨에 따라 텔레비전 드라마는 드라마와 같은 뜻이 되었다고 볼 수 있다. 즉 일상적으로 드라마라 하면 텔레비전 드라마를 의미하였고 방송극은 같은 뜻을 갖는 개념이었다. 그러나 텔레비전 드라마가 대중적인 관심을 갖게 되고 인기가 확산되면서 연속극(일일, 주간)이 텔레비전 드라마를 대치하는 용어로 사용되기도 한다.[15] 연속극과 달리 한 회에 이야기가 완결된다는 차원에서는 '단막극'이라는 개념이 활용되었고, 일정한 시간에 계속 방송되면서 연속극의 형태는 띠고 있으면서 무대와 등장인물은 고정적인 반면 매번 새로운 소재를 다루는 방송극인 시츄에이션 드라마도 등장하게 된다.[16] 형식적인 차원에서 세분화된 텔레비전 드라마는 1987년 미니시리즈라는 새로운 형식을 만들어낸다.[17] 미니시리즈는 8회에서 16회로 상대적으로 짧게 편성되어 하나의 이야기 구조로 전개되는 형식이다. 형식적 차원에서 텔레비전 드라마에 포함되는 것으로 대하 드라마가 있다. 하나의 드라마당 길게는 100회를 넘는 구조를 갖고 있는 것인데 주로 역사적 소재를 다룬다는 점에서 형식과 더불어 내용 차원의 드라마 분류라고 할 수 있다.

소재의 차원에서 본다면 텔레비전 드라마는 홈드라마, 멜로드라마, 수사드라마, 사극(시대극) 등으로 세분화되었다. 가족 중심의 홈드라마가 초창기 드라마의 중심이었다면 치정을 포함하여 남녀 간의 연애가 중심이 되는 멜로드라마가 점차 인기를 끌기 시작하였고, <수사반장>으로 대표되는 수사드라마도 한 부분을 차지하기 시작하였다. 형식적으로는 대하 드라마이지만 내용으로는 역사물이라고 할 수 있는 역사드라마와 시대드라마도 1980년대 이후 대중적인 인기를 끌었다고 할 수 있다. 드라마가 세분화됨에 따라 남한에서는 범주적 차원의 텔레비전 드라마보다는 구체적인 장르나 형식에 따른 드라마의 개념이 대중적으로 사용되는 경향이 있었다.

북한에서는 텔레비전을 텔레비죤으로 표기하는데 남한의 텔레비전 드라마에 대응하는 개념은 텔레비죤극이라고 할 수 있다. 조선대백과사전에는 텔레비죤극을 극적인 생활을 대사를 기본형상수단으로 하여 보여주는 텔레비죤 문예 편집물이라고 하면서 "텔레비죤극은 텔레비죤영화와 달리 대사를 기본형상수단으로 삼는다. 텔레비죤극은 일반 연극보다 무대 조건과 시공간적인 제한성을 덜 받으면서도 기본사건이 벌어지고 있는 장소가 일정하게 고착되어야 한다"(김정일 선집 12권 563쪽)라는 김정일의 교시를 활용하여 설명하고 있다. 텔레비죤영화는 생활 세부를 구체적으로 보여주는 데서 제한성이 있는 텔레비죤극의 약점을 극복하기 위하여 행동예술로서의 영화적 속성을 도입한 것이다.

또한 텔레비죤극은 방영시간과 시청방식의 특성에 따라, 텔레비죤극과 텔레비죤연속극으로 나뉜다고 하고 있다.[18] 텔레비죤극과 더불어 TV극이라는 개념도 쓰고 있는데 TV극은 극적인 생활을 대사를 기본형상수단으로 하여 보여주는 TV문예편집물의 한 형태로서 영화적 속성을 가지고 있는 TV영화와 다르다. TV극은 대사예술로서의 속성을 가지고 있다고 하면서 방영시간과 시청시간에 따라 TV토막극과 TV련속극으로 나뉘어 있는데 련속극은 매회별로 상대적인 매듭이 지어지는 것이 특징이라고 설명하고 있다.[19] 이와 더불어 TV소설이라는 장르가 있다. TV소설은 소설원문을 그냥 읽어주던 형식에서 소설의 등장인물들이 대사를 주고받는 장면을 배우들을 등장시키는 형식이다. 초기 단편소설들만 선택하던 TV소설이 얼마 후 중편소설을, 뒤이어 장편소설을 각색하는 단계로 넘어가는데, 이에 따라 처음에 2~3회짜리 짧은 규모의 TV문학작품들이 나왔다면 현재는 10~15회 이상의 큰 작품들도 많이 나오고 있다.[20]

북한에서는 텔레비죤문예물이라고 하는 일종의 범주적 개념이 있는

데 여기에는 텔레비죤영화, 텔레비죤련속극, 텔레비죤소설을 비롯하여 텔레비죤방송의 특성에 맞는 여러 가지 형태의 문예물이 포함된다.[21] 동시에 TV극이라는 용어도 같이 사용하고 있다. 북한에서 설명하고 있는 내용을 바탕으로 정리하면 텔레비전에서 방영되는 창작물의 토대가 되는 것이 '텔레비죤문학'이다. 텔레비죤문학은 문학 일반의 형상수법과 더불어 영화를 비롯한 종합예술의 형상수단과 수법을 전면적으로 이용할 수 있고, 모든 사람이 날마다 감상할 수 있는 유리한 점을 갖고 있다고 본다.[22] 'TV문학'은 텔레비죤문학과 같은 뜻으로 사용하고 있다. 텔레비죤문학은 제작을 통하여 텔레비전으로 방영되는 창작물이 되는데 이것을 총괄하여 텔레비죤문예물 혹은 텔레비죤문예편집물이라고 하고, 여기에 앞에서 TV방송극(연속극 포함), TV소설, TV예술영화 등이 포함된다.[23] 텔레비죤극과 혼용되는 용어의 또 하나는 '텔레비죤극예술'인데 텔레비죤문예물과 내용적으로 차이가 없다.[24]

북한에서는 장르를 불문하고 모든 문학예술은 선전선동의 기능을 수행하여야 하며 조선로동당의 지도를 받아야 한다. 또한 당의 이념을 구현하는 당성과 사회주의 이념을 강조하는 계급성, 그리고 인민들의 현실과 요구를 반영하는 인민성이 구현되어야 하는 것은 작품 창작의 기본이다. 이것은 북한의 텔레비죤련속극의 일차적인 목표가 "수령님의 혁명사상과 교시, 당의 로선과 정책을 설득력 있게 해설"하는 것이기 때문이다.[25] 텔레비죤의 경우 기존의 정치적 특성과 더불어 '문화성'이 강조된다. 문화성을 "텔레비죤방송이 라디오방송과 달리 화면을 활용하여야 한다"고 하면서 이를 통하여 "나라의 발전 모습과 인민들의 문화수준, 정신도덕적풍모"를 소개하는 것으로 설명하고 있다.[26] 이러한 설명은 텔레비죤련속극의 시각적 맥락을 중시하는 것이라고 볼 수 있다. 선전선동이 중요하다고 하더라도 텔레비죤련속극이 북한인민들의 대중적 호응이 높은 경우가 있다. 대표적인 것이 1992년작 <석개울의 새봄>이나 2000년작 <붉은 소금>이다.

4. 맺음말: 같으면서도 다른 텔레비전 드라마와 텔레비죤문예물

남한의 텔레비전 드라마나 북한의 텔레비죤문예물 모두 텔레비전의 등장과 보급이라는 기술적 진보와 밀접하게 관련된 예술 장르라고 할 수 있다. 텔레비전 드라마의 역사 자체가 오래되지 않았고, 남북한 모두 근대산업화가 다른 국가들에 비해서 늦었던 까닭에 텔레비전 드라마, 텔레비죤문예물 모두 1960년대 이후 본격적으로 등장하였다는 특징이 있다. 따라서 전통적인 문화적 유산으로부터도 상대적으로 자유롭고, 근대에 들어온 다른 장르들과 달리 일제 강점기에 이식된 일본 문화로부터도 거리가 있는 장르라고 할 수 있다. 그리고 다른 문학예술의 개념들과 달리 분단 이전에는 존재하지 않았기 때문에 엄격하게 이야기하자면 개념이 분단된 경우는 아니라고 할 수 있다.

분단 이전에 존재하지 않았던 새로운 개념이라고 할 수 있지만 비슷한 시기에 남과 북에서 출현하였던 유사 개념으로서 그 차이와 공통점을 검토하는 것은 의미가 있다. 첫째, 텔레비전 드라마나 텔레비죤문예물은 기술 종속적인 특징을 갖고 있다는 것이다. 그리고 텔레비전(TV)이라는 매체의 특성에 따라 시각이 강조되는 종합 예술적 성격을 갖고 있고, 별도의 공연장이 아닌 집에 있는 생활공간에서 경험이 가능하다는 점에서 용이성을 가지고 있는 장르이다. 둘째, 드라마가 희극, 연극에서 비롯된 것처럼 남과 북의 드라마는 이야기 구조를 가진 문학적 토대를 가지고 있다. 텔레비전(TV)을 위하여 창작된 작품이거나 기존 소설이나 연극을 바탕으로 하였거나 일정한 스토리를 기반으로 작품이 만들어지고 있으며, 대부분의 이야기들은 일상과 밀접하게 연결되어 있다. 셋째, 남북한에서 모두 대중의 일상과 관련된 예술 장르, 즉 대중문화적 성격을 강조하고 있다는 점도 텔레비전 드라마나 텔레비죤문예물에서 공통적인 특징이다. 근본적으로 대중문화는 문화의 상품성에 초점을 맞추고 있는 까닭에 사회주의에는 적용되기 어려운 개념이지만 북한에서도 대중문화의 효과적인 수단이라고 이야기하고 있고, 대중성의 변용으로 사회적 관심이라는 표현을 쓰기도 한다. 남한 못지않게 북한의 련속극도 "다음 부를 기다리는 관중의 심리를 자극하여 더 많은 사람들을 텔레비죤 수상기 앞으로 모여"들도록 제작된다.[27]

남한의 텔레비전 드라마와 북한의 텔레비죤문예물은 차이점도 적지 않다. 첫째, 체제에 따른 문화의 위상에서 비롯되었다고 할 수 있는데, 북한의 텔레비죤문예물은 정치적 역할이 가장 중요하다고 한다면 남한의 텔레비전 드라마는 상업성이 가장 중요하다. 특히 남한의 경우는 시청률이라는 평가수단이 있는 까닭에 대중의 취향이 더욱 중요하다. 또한 상업방송의 경우 광고를 제작비 및 이익의 기반으로 삼고 있기 때문에 광고주(대부분이 기업주)의 이해로부터도 자유롭지 못하다. 반면 북한의 문예물은 해당 시점의 정치적 구호나 선전이 작품 창작이나 평가에 가장 핵심적인 요소가 된다. 상대적으로 남한의 드라마가 정치적이지 않다고 할 수 있지만, 구체적인 내용들을 보면 반드시 그렇지 않다. 권위주의 정부 시절 방송이 국가에 종속되어 있었던 까닭에 드라마도 일정한 영향을 받을 수밖에 없었다.[28]

둘째, 정치성과 상업성이라는 차이와 연결되는 문제인데 북한의 텔레비죤문예물들은 내용보다는 형식적으로 분류가 두드러진다. 즉, 텔레비죤극, 텔레비죤소설, 텔레비죤영화 등 형식에 따라 나누어진다고 할 수 있다. 그러나 남한의 경우는 형식도 중요하지만, 형식보다는 소재나 주제 등 내용에 따라 멜로드라마, 홈드라마, 수사드라마 등으로 분류하는 경향이 강하다. 북한에서도 형식적 구별과 더불어 내용상 분류도 존재한다. 예를 들어 정탐물, 전쟁물, 경희극 등 상대적으로 소재의 차이는 중시되지 않는 경향이 있다. 이것은 텔레비죤련속극이든 텔레비죤소설이든 텔레비죤영화이든지 정치적 역할이 동일하다는 것으로 구체적인 작품의 내용은 시대적 요구 정확히 말하자면 시대별 정치적 요구에 따라 다르게 나타날 수 있다는 것이다.[29] 다만 작품이 제작된 혹은 방영된 시점에 요구되는 내용은 형식의 차이에 영향을 크게 받지 않는다고 할 수 있다. 반면 남한의 텔레비전 드라마의 종류가 다양한 것은 대중문화의 상품적 성격이 강하다는 것을 반영한다. 팔리는 문화로서 다양한 구색을 갖추어야 할 것이고 잘 팔리는 문화상품이 되는 과정에서 유행도 있고, 새로운 흐름에도 민감하여야 하기 때문이라고 볼 수 있다. 결과적으로 북한의 텔레비죤문학예술의 종류는 방영 초기부터 커다란 변화가 없었지만 남한은 항상 새로운 형식과 종류가 등장하고 있다.

셋째, 북한의 텔레비죤문예물은 문학예술의 한 장르로서 대접을 받고 있지만, 남한의 텔레비전 드라마는 저급한 문화로 인식하는 경향이 강하다. 북한에서는 최고지도자의 문학론에 언급될 정도로 텔레비죤문예물들의 위상이 높다. 반면 남한에서는 "저속(저질)하고 퇴폐적이며, '말이 안 된다'고 한다"라고 할 정도로 텔레비전 드라마는 비난의 대상인 경우가 많았다.[30] 상업방송이 드라마를 주도하면서 그리고 광고와 시청률에 좌우되면서 남한의 드라마는 예술이라기보다는 소모적이고 일회적인 저급한 상품과 같은 수준으로 인식되었다. 그러나 남한의 텔레비전 드라마는 2000년대 '한류' 이후 저질적 상업문화라는 오명을 극복하고 문화산업의 하나로 바뀌게 된다.[31] 즉, '시간 죽이기(time-killing)' 용도의 소비적 대중문화에서 국가를 대표하는 산업의 하나가 되었다는 것이다. 하나의 상업적 상품에서 산업으로 텔레비전 드라마의 개념이 변하였다고는 하지만 자본의 영향력이라는 특징은 여전하다고 할 수 있다.

넷째, 남한의 텔레비전 드라마나 북한의 텔레비죤문예물이 내용이나 개념의 변화 수준에서 차이가 있다. 대중의 소비대상이라는 성격이 강한 남한의 텔레비전 드라마는 대중의 변화와(문화적 취향의 변화, 정치·사회 의식의 변화 등을 포함하여) 소비환경이라고 할 수 있는 남한 사회의 정치경제적 상황 그리고 기술적 진보(new media의 출현 등)와 외부문화와의 접촉 등에 따라 새로운 드라마 개념이 만들어질 정도로 변화가 많았다. 반면 북한은 주민들의 의식변화나 체제의 성격 변화가 지체되었던 까닭에 문예물의 변화도 크지 않았다고 할 수 있다. 외부문화를 엄격하게 제한하였던 문화정책도 북한의 텔레비죤문예물의 변화가 적었던 또 다른 배경이었다.

남한의 텔레비전 드라마나 북한의 텔레비죤문예물은 개념적으로나 내용적으로 공통점과 차이점을 모두 갖고 있다고 할 수 있다. 그러나 분단체제로부터 자유롭지 못했다는 또 다른 차원의 공통점도 존재한다. 정치성을 개념 속에 포함시키고 있는 북한의 텔레비죤문예물은 물론이고 개념상으로는 정치와 무관하게 보이는 남한의 텔레비전 드라마도 분단체제의 영향을 받았다는 것이다. 상대체제에 비난은 드라마의 주된 소재의 하나거나 최소한 배경이 되는 경우가 많았다는 점이 이를 반증한다. 또한 적대적인 남북관계가 지속된 비슷한 시기에 시작한, 그리고 본질에서는 유사점이 많은 남북한 드라마 간의 교류도 거의 없었다는 것도 남북한 드라마가 분단체제의 한 부분이었다는 것을 보여준다. 그러나 김정은 정권 수립 이후 북한의 텔레비죤문예물의 변화가 두드러지고 있고, 남한의 개방성도 좀 더 확대되고 있다는 점을 고려한다면 앞으로 남북한 텔레비전(TV) 드라마 간의 상호영향이 확산될 가능성도 적지 않다고 볼 수 있을 것이다.

제4부
남과 북, 갈라서며 다가서는

1. 새로운 통일담론의 필요성
2. 임수경 방북사건과 남북관계의 전환
3. 남북정상회담과 사회문화교류
4. 남북한 접촉지대와 마음의 통합 이론
5. 남아프리카공화국과 북아일랜드의 사례가 남북한 통합에 주는 시사점
6. 한국의 체제전환 연구의 비판적 검토
7. 사회통합 개념의 비판적 검토

1

새로운 통일담론의 필요성

1. 머리말: 새로운 남북한 관계와 통일담론

반세기 만인 2000년 정상회담이 개최되었다. 총부리를 겨누고 살아온 지난 50년을 생각한다면 그야말로 혁명적인 변화라고 할 수 있다. 정상회담 덕분에 300여 명의 이산가족이 감격적인 상봉을 하였으며, 조선국립교향악단과 평양교예단의 남한 방문 공연이 성대하게 이루어졌다. 남한 방송사의 북한 방문 취재도 이루어졌으며, 불완전하지만 남북한 방송의 합작사업도 일정한 성과를 거두었다. 남한 가수가 북한에서 남한의 대중가요를 부르고 이것이 북한 방송에서 중계되기도 하였다. 비무장지대를 뚫고 경의선이 복원되고 있으며, 경제협력을 명분으로 수많은 남한 사업가의 평양방문이 이루어지고 있다. 따지고 보면 정상회담 이후 남북관계는 엄청난 변화를 겪었다고 볼 수 있다.[1] 남북관계뿐만 아니라 남한과 북한 내부의 변화도 적지 않았다. 남한에서는 북한 영화가 공중파를 통해서 방영되었고, 김정일 위원장과 관련된 팬사이트가 인터넷에 생겨나기도 하였다. 언론기관이 운영하는 홈페이지 북한 세션에서는 북한 영화가 버젓이 공개되고 있다. 북한도 마찬가지다. 관영 언론매체들도 더 이상 남한 정부를 비판하고 있지 않으며, 공식 석상에서 처음으로 남한의 대통령을 인정하고 있다.

그러나 지난 1년여 동안의 남북관계, 그리고 남북한의 실질적인 변화는 사회적으로 무시되고 있다. 김대중 정부의 대북정책은 일방적인 '퍼주기' 정책으로 효과가 없었다고 비판받고 있으며, 냉전시대의 유물이라고 할 수 있는 보안법은 개정될 가능성이 그다지 크지 않다. 뿐만 아니라 냉전적 시각은 여전히 남한사회의 '주류'로 위력을 갖고 있다. 북한이 언젠가는 남한을 침략할 것이고, 적화통일의 '야욕'은 영원할 것이라는 생각, 북한의 어린이들이 굶어 죽는다고 하더라도 북한을 지원하면 안 된다는 생각, 보다 정확히 말해서 북한이 완전히 붕괴되어야 한다는 믿음이 여전히 팽배하고 있다. 따라서 정상회담 이후의 남북관계, 그리고 북한의 실체적 변화와 상관없이 남북관계의 본질은 지난 반세기간 지속된 틀에서 벗어나고 있지 못하다.

남북관계는 분명히 실재하는 구조라고 할 수 있다. 그러나 그 정치사회적 의미는 남북관계를 어떻게 바라보느냐는 관점에 따라 좌우된다고 할 수 있다. 남북관계를 바라보는 관점을 포괄하는 것은 통일담론이라고 할 수 있다. 일반적으로 정치는 거대한 담론의 체계라고 할 만큼 상징과 담론이 동반되지 않는 정치행위는 찾아보기 힘들다.[2] 그리고 담론이 단순한 수사가 아니라 규범과 가치를 생산하고 실천을 인도한다고 할 때, 분단체제는 남·북한 정권이 행사한 강제력만이 아니라 담론에 의해서도 유지된다고 할 수 있다.[3] 따라서 기존의 통일담론이 지배적인 한 남북관계의 변화는 근본적으로 생각하기 어렵다. 조금 극단적으로 이야기한다면 새로운 남북관계는 새로운 통일담론의 형성되어야 가능하다는 것이다. 이 글은 이와 같은 문제의식에서 출발한다. 그 동안 실질적으로 남북관계를 규정하였던 통일 담론의 특성을 비판적으로 검토하고, 이를 대신할 통일담론을 제시해 보고자 한다.

2. 지금까지 통일을 이야기한 방식

일상적인 상식과 배치되는 것 가운데 하나가 "우리의 소원은 통일"이라는 것이다. 물론 대부분의 통일 관련 여론조사를 보면 통일을 바란다는 의견이 절대 다수를 차지하고 있다.[4] 그리고 <우리의 소원>은 남북한 사람이 공통으로 부를 수 있는 몇 안 되는 노래 가운데 하나다. 그러나 통일문제에 대해서 솔직한 대화를 나누어보면 많은 사람들이 통일문제에 대하여 소극적이며, 북한에 대해서는 무관심하다고 할 수 있다. 여론조사에서 통일이 필요하다고 대답하는 것은 일종의 통일이 당위라고 생각하기 때문이고, 어릴 적부터 '정답' 맞추기에 익숙해져 있기 때문이라고 볼 수 있다. 정말로 사람들은 통일을 바라고 있는 것일까? 아니, 현실은 그러하지 못하다. 다음은 통일이 자신들에게 어떤 의미가 있는가에 대하여 쓴 대학생들의 글이다.

> 솔직히 나는 통일이 안 되어도 별로 상관없다고 생각한다. 아니 안 되는 편이 낫다고 본다, 왜냐하면 통일이 되어서 별로 좋은 점이 없을 것 같기 때문이다. 가뜩이나 어려운데 실업자들도 늘어날 것이고 범죄율도 늘어날 것 같기 때문이다. 그리고 우리나라가 북한을 먹여살여야 할 입장이 아닌가. 아마 통일이 된다면 경제는 곤두박질할 것이다.

> 솔직히 말씀드리자면 통일이 저에게 주는 의미는 거의 없는 것 같습니다. … (중략) … 물론 제가 무관심한 부분도 있겠지만 어려서부터 북에 대해 좋지 않은 말들만 들어왔으며 … (중략) … 벌써 분단이 된 지

> 50년이 넘은 시간입니다. … (중략) … 이제는 한 동포 한 민족이 아닌 남이 돼버린 이야기 같습니다.

> 나와 한국의 주민들에게 더 많은 세금을 부과시킬 것입니다. 북한 사람들이 남한으로 내려와 우리를 혼란시킬 것입니다.

대학생을 포함한 젊은 사람들뿐만 아니라 일반 사람들도 통일에 대해서 소극적이고, 북한문제에 대하여 무관심하다. 무엇보다도 반세기 만에 남북정상 회담이 개최되었어도 선거에 하등 영향을 주지 못하였으며,[5] 남북한 방송이 협력하여 제작한 역사적인 텔레비전(TV) 프로그램의 시청률은 10%에도 미치지 못하였다. 국민들이 정부에 요구하는 사항에서 통일문제가 차지하는 순서는 뒤쪽인 것을 보면 이러한 현실을 잘 알 수 있다.

통일문제에 대하여 소극적인 것은 지금까지 지속된 통일 관련 담론이 반통일적이었음을 보여주는 것이라고 할 수 있다. 통일 관련 교육이 대표적인 예가 된다. 분단 이후 반세기 가까운 기간 동안 이루어진 교육은 통일교육이 아니라 반공교육이었고, 반공교육은 북한을 두려워하거나 무시하는 정서를 모두에게 철저하게 내면화시켰다고 볼 수 있다.[6] 북한 체제를 부셔버려야 할 것으로, 북한의 지도층은 괴수로, 그리고 북한의 일반 주민들은 무식하고 싸움만 잘하는 사람으로 생각하면서, 그들과 합친다는 것은 말이 안 되는 것이다. 이와 같은 교육을 받은 결과 통일은 고사하고 그들과 더불어 사는 것조차도 문제가 되는 것이다. '반통일적인 통일담론(?)'은 언론계에서도 마찬가지였다고 볼 수 있다. 반공주의·반북주의를 강조하면서, 동시에 통일은 우리의 소원이라는 식의 앞뒤 안 맞는 이야기는 대부분의 신문과 방송에서 수십 년 동안 계속되어 왔다는 것이다.[7]

더욱이 독일 통일 이후 통일의 후유증을 강조하면서 통일비용 문제가 대두되었고,[8] 결과적으로 일반 국민들의 반통일적인 경향성은 더욱 두드러졌다고 할 수 있다, 근본적으로 통일을 추구하는 이유가 마땅치 않은 마당에 엄청난 비용이 들고, 결국 이것이 개개인 몫의 부담이 된다면 통일을 지향해야 할 이유는 정말 없게 되는 것이다.

지금까지의 논의를 바탕으로 통일담론이 갖고 있는 몇 가지 특징을 살펴보면 다음과 같다.

첫째, 통일은 주로 정치구조의 차원, 체제이념의 차원에서 이야기되어 왔다고 할 수 있다. 즉, 2개의 다른 정치체제를 하나로 만드는 것이 통일을 의미한 것이었다는 것이다. 정치체제뿐만 아니라 당연히 이념체제도 하나여야 된다. 마치 대한민국과 조선민주주의공화국이라는 2개의 국가 간의 통합을 이야기한 것 같지만, 실제로는 전체 체제의 통합이 아니라 정치와 이념이라는 하위체의 통합만이 관심사였다. 극단적으로 이야기하자면 정치체제 결정론이었고, 다른 하위체제는 이에 종속되어 있는 것으로 인식하였다.[9]

둘째, 남북관계는 항상 제로섬 관계였다. 전쟁의 경험에서 비롯되었다고 볼 수 있겠지만, 적과 우리가 항상 구분되었으며 한쪽이 잘 되는 것 자체가 다른 한쪽이 참을 수 없는 것이었다.[10] 전쟁 이후에는 모든 것이 경쟁 대상이었고 7·4공동성명 이래로 남북한은 화해와 협력을 이야기해 왔지만 내부적으로 흡수통일(남한)과 적화통일(북한)이 실질적으로 폐기된 적이 없었다. 이러한 맥락에서 자신과 체제·이념이 다른 경우는 바로 적이 되었고 중간이념도 마찬가지였다.[11] 따라서 중간적인 이념이나 혼합체제에 대한 논의는 탄압의 대상이 되곤 하였다. 최근에는 달라졌다고는 하나 얼마 전까지만 하더라도 남북한 간 체육시합에 참여하는 선수들은 목숨을 걸고 뛰었다. 남북한은 통일을 이야기하면서도 실제로는 자신의 체제와 이념으로 상대를 병합하는 것을 목표로 하였다는 것이다. 따라서 통일이 반공과 동의어로 쓰여지는 것이고, 때로는 통일보다 반공이 우선하는 가치가 되기도 하였다.[12]

셋째, 통일문제는 항상 체제와 구조의 문제였다. 체제를 구성하고 있는 사람, 구조의 인자인 행위자는 통일과 무관한 문제였다. 통일 과정에서 어떤 제도, 어떤 체제를 만들 것인가가 관심의 대상이었으며, 통일 이후 남북한 사람들은 어떻게 살아갈 것인가 어떤 문화를 가질 것인가에 대한 관심은 별로 없었다. 결과적으로 통일담론은 일상과 분리되어 있었다. 남북관계의 경우도 남북한 사람의 관계와는 상관없었다. 남북한 사람의 통일문제나 남북한 사람의 행위관계는 완벽하게 체제 간의 관계에 복속되었다.

넷째, 국제정치적 맥락에서 통일이 이야기되었다. 물론 분단의 한 원인이 국제관계에 있으나 해방공간 우린 사회체제의 내부 구조 문제도 분단의 중요한 원인이 되었다. 분단원인 가운데 하나가 체제 내부에 있다면 분단의 해결과정에서 내부문제가 중요하게 고려되어야 당연하다. 그럼에도 통일을 이야기하는 경우에 항상 중요한 것은 국제관계, 특히 미국의 동향, 정확히 말한다면 미국 지배세력의 의사였다. 남북한 내부의 문제, 특히 남북한 일반 민중은 고려의 대상이 아니었다. 이 과정에서 통일문제는 국제정치학자들의 고유영역이 되었다.

다섯째, 통일담론의 기본 토대는 합리적 사고에 있지 않고 정서적 당위에 있었다.[13] 과연 통일이 필요한가, 민족과 통일은 어떤 관계를 가져야 하는가에 대한 진지한 성찰 없이 '한 민족 = 한 국가'라는 생각이 절대적이었다. 세계사적으로 보면 1민족 1국가가 적용되는 경우는 그다지 많지 않다. 하나의 민족이 여러 국가로 나뉘어 있는 경우도 있고, 반대로 여러 민족이 하나의 국가를 이룩한 경우도 있다. 물론 근대

국가의 성립과 근대민족 성립이 밀접하게 연관되어 있다고는 하지만 반드시 이것이 적용되는 것은 아니라고 할 수 있다. 우리의 경우 오랜 기간 동안 하나의 단일국가를 이루어온 민족이라는 역사적 경험이 있다고는 하지만, 이것이 통일의 불가피함을 이야기하는 것은 아니다. 더욱이 최근에는 민족의 개념 자체가 묽어지고 있으며, 특히 젊은 세대들은 하나의 민족이기 때문에 통일이 되어야 한다는 것 자체를 납득하지 못하는 경향이 있다. 그럼에도 불구하고 지금까지는 하나의 민족이기 때문에 당연히 통일을 지향하여야 한다는 무비판적인 당위가 통용되어 왔다고 볼 수 있다.[14]

여섯째, 지금까지 통일담론을 주도한 세력은 기본적으로 분단체제의 수혜자였다. 이승만 정부 시절의 북진통일론으로부터 시작해서 흡수통일론에 이르기까지 남한 내에서 통일문제를 이야기하는 것은 지배집단의 배타적 권리였다. 그 과정에서 일부 인사들이 독자적으로 통일을 이야기하였지만 사회적 영향력은 미미하였다. 1980년대 들어 운동권을 중심으로 지배세력과 다른 통일논의가 활성화되었지만 기존의 통일담론을 대체할 정도는 아니었다.[15] 분단체제에서 기득권을 갖고 있는 집단은 통일이 되는 경우 기득권의 많은 부분을 상실할 수 있다. 이러한 사람들이 주도하는 통일담론은 어떻게 포장하든 간에 내용적으로는 분단담론이 될 수밖에 없다.[16]

지금까지 검토한 기존 통일담론의 특성과 문제점은 결국 기존 통일담론이 통일에 기여하기는커녕 분단구조의 극복에도 그다지 도움이 되지 못하는 결과를 초래하였다고 볼 수 있다. 엄격하게 본다면 기존 통일담론은 분단체제의 지속에 기여해 왔다고 볼 수 있다. 문제는 분단지향적인 통일담론이 단순히 이념적인 차원에서뿐만 아니라, 일상적인 영역에도 영향을 주고 있다는 점이다,

3. 분단구조의 일상화[17]

보통 사람들이 통일을 당연한 것으로 말하면서도 실질적으로 통일에 대한 거부감이 많은 가장 중요한 이유는 지금까지의 통일논의가 현실과 유리되어 있었기 때문이라고 할 수 있다. 즉, 개인의 삶을 향상시키고 행복을 증진시킨다는 차원이 아니라, 나와 상관이 없는 민족·국가·이념의 차원에서 통일을 이야기하였기 때문이라는 것이다. 이와 같은 상황에서는 통일이 개인적인 삶에 불이익이 줄 수도 있다는 생각을 하게 되면 통일에 부정적인 태도를 갖는 것은 당연하다.

중요한 문제는 통일이 과연 어떤 혜택을 줄 것인가 하는 것이 아니라 우리가 살고 있는 현재의 삶이 어떤 것인가 하는 것이다. 우리의 삶이 현재 만족스럽다면 커다란 변화가 불필요할 것이고, 현재의 삶이 불만스럽다면 무언가 변화를 추구할 필요성이 생긴다. 그러나 이에 못지않게 중요한 것은 현재의 삶이 불만스러움에도 불구하고 그 삶에 익숙해져 있다면 변화의 필요성을 느끼지 못한다는 것이다. 여기에 덧붙여 우리가 살고 있는 현재 삶의 조건이 많은 사람에게 마땅치 않다고 하더라도 일부의 사람들이 만족하고 있으며, 이들이 자신들의 이익과 행복을 유지하기 위하여 끊임없이 변화가 가져다줄 수 있는 문제를 계속해서 강조한다면 기존의 삶에 익숙한 사람들도 변화를 거부하게 된다.

우리의 분단구조가 갖고 있는 문제는 바로 이것이다. 분단구조가 반세기 동안 지속되어 왔고, 대다수의 사람들이 분단에 익숙해져 있다고 볼 수 있다. 우리는 북한사람들이 우리와 다른 사람들이라고 생각하고 있고, 평양이나 원산은 그들의 도시이고 백두산이나 금강산도 우리의 산이라고 생각하지 않고 있다. 또한 대한민국의 남자로 태어난 이상 가장 활발히 활동할 수 있는 나이에 3년에 가까운 기간을 군대에서 보내야 하는 것을 당연하게 받아들인다. 비록 군대에 가는 것이 대단히 싫다고 하더라도 군대를 안 간 사람들은 사회적 공적으로 지탄하고, 왜 군대에 가야만 하는지는 생각하지 않는다.

50년 동안 선을 넘지 않고 고기를 잡아왔기 때문에, 얼마 떨어져 있지 않은 바다에 물고기 떼가 있다고 하더라도 당연히 포기하는 것이다. 드라마 <태조 왕건>이 인기를 끌고 관련된 책도 잘 팔리지만, 고려가 건국하였던 개성에 가서 직접 보고 싶다는 생각은 하지 않는다. 비록 휴전선 가까운 전망대에서 날씨가 좋은 날은 개성시를 눈으로 확인할 수 있다고 하더라도 그곳은 당연히 우리가 가지 못하는 금단의 땅으로 받아들이고 있다. 공원이 줄어들고 가던 길이 휘어도 도시에 중요한 지역을 차지하고 있는 미군들이 우리와 더불어 살고 있는 것은 자연스러운 현상인 것이다. 모든 자본주의 국가에서 당연히 존재하고 있는 노조를 사회불안의 요소로 받아들이고, 노조의 당연한 권리인 단체행동은 억제되어야 하는 것이며, 노조가 없는 이상한 현상을 기업의 자랑으로 삼고 있는 것이다. 또한 길거리에 노숙자가 늘어나고, 실업 예산은 부족하고, 낡은 교실에 맞지 않는 책걸상에 학생들이 괴로워도, 여전히 돈이 없어 치료를 받지 못하는 심장병 어린이가 있어도 엄청난 값의 비행기와 잠수함과 헬리콥터는 반드시 구입하여야 하는 것이다.[18]

반세기 동안 이와 같은 조건 아래 살아왔기 때문에 사람들은 현재의 분단구조를 당연한 것으로 받아들일 수밖에 없다. 분단에서 비롯된 수많은 문제들이 아무리 많아도 느끼지 못하고 있다. 그리고 분단구조에서 이익을 누리고 있는 분단 기득권자들이 권력을 가지고, 여론을 지배하고 있다면, 익숙해져 있는 분단의 폐해는 더욱 감추어질 수밖에 없게 된다.

1) 일상의 분단구조1 : 비정상적인 사고

영동고속도로를 가다 보면 강원도 평창군에 '이승복 기념관'이 있다. 강원도의 주요 관광지역의 하나이며 매년 10월 셋째 주 목요일에는 1968년 울진 삼척 지역에 침입한 공비에 의하여 무참하게 살해된 이승복 어린이(당시 9세)의 추모 행사가 열린다. 또한 전국의 초등학교 대부분에는 "나는 공산당이 싫어요"라며 죽어갔다는 이승복 어린이의 동상이 설치되어 있다. 1998년에는 이승복 어린이가 과연 공산당이 싫다고 하면서 죽어갔는가에 대한 시비가 언론사 간에 벌어지기도 하였다.[19]

그런데 정말로 중요한 것은 9살짜리 어린이가 목숨을 걸고 이념을 지켰다는 비정상적인 행동을 당연하게 받아들인다는 것이다. 어른이라고 할지라도 목숨이 위협을 받는다면, 가장 소중한 것도 포기하는 것이 자연스러운 현상이다. 만일 이승복 어린이가 정말로 "공산당이 싫어요"라는 말을 하였기 때문에 죽어갔다면, 그를 죽인 공비들이 직접적인 살인범이지만, 피어보지도 못한 어린이가 이념과 목숨을 바꾸도록 가르친 남한의 지극히 효과적인 반공교육이 그 죽음의 또 다른 공범인 것이다. 이승복 어린이의 죽음을 안타까워하기보다는 영웅시하는 것이 그동안 우리 사회의 당연한 사고였다. 우리들은 지금까지 사람의 생명보다 이념이 앞선다는 것을 강조하여 왔다는 것이다.

비정상적인 사고가 당연한 것으로 받아들여지는 것은 이승복 어린이의 경우만이 아니다. 최근 북한은 심각한 식량난으로 아사자가 속출할 정도로 위기를 맞고 있다. 물론 식량위기를 겪고 있는 나라는 북한만이 아니다. 아프리카의 몇몇 나라들은 만성적인 식량위기를 겪고 있으며, 분쟁지역이나 천재지변을 당한 나라에서도 일시적으로 식량난을 겪고 있다. 이러한 나라들에 대해서 남한은 인도적인 차원에서 가능한 범위 내의 일정한 지원을 하고 있다. 굶는 어린이, 병든 사람들에 대한 지원은 문자 그대로 인도적인 차원에서 무조건적인 것이 되어야 한다. 그러나 같은 민족이라는 북한에 대해서는 예외가 된다.

가장 순수하다고 하는 아이들조차 아프리카에 식량을 보내는 것은 당연하다고 생각하지만, 북한에 대해서는 왜 도와주어야 하냐고 반문한다. 북한의 인권을 주장하는 사람들은 정치적 억압을 소리 높여 비판하면서 기본권의 확보를 주장한다. 자유민주주의의 바탕인 기본권 이전의 문제는 생존이지만, 이를 보장할 수 있는 쌀과 약품의 보급은 정치적 거래의 대상이 된다. 배고프고 어려운 사람을 돕는 것이 당연하지 않을 수 있음을 알면서 아이들을 자라나는 것이고, 결국 기본적인 인권도 정치적 판단의 대상이 된다는 생각을 하는 어른이 된다.

분단구조에서 강화된 북한에 대한 적개심은 북한 사람에 대한 비합리적인 사고로 이어진다. 반공주의가 강조되던 시기에는 북한 아이들도 총을 잘 쏘고 북한 여성들도 싸움을 잘하는, 따라서 북한 사람은 무서운 사람이 된다. 또한 체제경쟁이 심화되고 북한 체제가 대내외적인 위기상황에 시달리게 된 이후에는 북한 사람들은 지저분하고 열등한 사람들로 생각한다. 이와 같은 태도는 남한으로 이주한 탈북 주민들에 대한 행동에서 구체적으로 나타난다. 한편으로 두려워하면서 다른 한편으로 깔보는 것이다. 문제는 사람을 사람 자체가 아니라 그가 속한 집단에 따라 판단하는 것이 북한 사람에게만 국한되지 않는다는 것이다. 사회주의 국가 사람들은 말할 것도 없고, 제3국 노동자에 대해서 심지어 남한 내의 다른 집단 사람들에게도 동일한 태도를 보이게 된다.

2) 일상화된 분단구조2 : 획일화된 사고

분단구조가 만들어놓은 비정상적인 상황 가운데 가장 문제가 되는 것은 자기검열로 사고의 자유와 다양성을 스스로 봉쇄하고 있다는 것이다. 분단은 단순히 지역적으로 남쪽과 북쪽에 2개의 국가가 존재하는 것이 아니다. 각 국가는 사회발전전략으로 자본주의와 사회주의를 선택한 것이며 분단 자체가 2개의 발전전략이 서로 타협할 수 없었음을 의미한다고 볼 수 있다.[20]

냉전적인 세계질서에서 하나의 체제 안에 2개의 발전전략이 공존한 경우는 없었지만, 대부분의 근대 국가, 특히 자본주의와 자유민주주의를 발전전략으로 선택한 나라들은 상대편 체제이념을 일정한 정도 수용하였다. 예를 들어 영국이나 프랑스 같은 서구국가들이나 일본도 공산당이 합법화되어 있다. 그리고 제2차 세계대전 이후 체제이념의 선택을 두고 좌우로 갈렸던 오스트리아는 수년간의 논의 끝에 체제에 대한 합의를 이루어 냈고, 지역적으로 동·서 이념의 접점에 있었던 북유럽 국가들은 사회민주주의 체제를 채택하여 근대국가로의 성장을 추진하였다. 그러나 남북한은 체제이념에 대한 합의를 이루어내지 못했을 뿐만 아니라, 전쟁을 경험하면서 지극히 협소하고 배타적인 자본주의와 사회주의 체제를 유지하게 되었다.

문제는 전쟁과 적대적 분단구조로 상대편 체제이념을 철저하게 거부하게 되었다는 것이고, 이것은 결과적으로 체제 내에서는 완전한 이념적 통합을 추구하는 배경이 되었다는 것이다. 이와 같은 조건 아래서 정치적 견해는 항상 제한될 수밖에 없고, 획일화된 이념적 통합으로부터 벗어나는 것은 국가의 보위라는 차원에서 법률적·정치적으로, 그리고 '빨갱이'라는 손가락질 아래 사회적으로 엄단된다.

어릴 적부터 끊임없이 강조받아온 정치적이고 이념적인 폐쇄성은 일상적인 사고와 문화적인 폐쇄성으로 이어진다. 정치적으로 다른 생각을 하는 순간, '이런 생각을 해도 되나' 하는 자기검열을 하게 되고, 혹시라도 문제가 생길 것 같으면 자신의 견해를 밝히지도 않을 뿐만 아니라 생각 자체를 지워버리게 된다. 예를 들어 북한에서 월남자를 박해하였듯이 남한도 월북자 가족을 억압하였다고 하는 사실을 말하는 것, 심지어 이를 생각하는 것도 거부하게 된다. 회사를 개혁하자는 생각, 학교를 바꾸자는 의견, 심지어 동문회나 향우회를 개혁하자는 생각도 '빨갱이 같은 놈'으로 몰릴 수 있다.

사고나 사상만 그러한 것이 아니라 문화현상에서도 마찬가지다.[21] 머리모양도 미국 백인 스타일은 상관없지만, 아프리카나 중남미 흑인 스타일을 한 연예인은 방송 출연을 못한다. 백인 중산층의 노래는 되지만 흑인 빈민층의 노래는 안 된다. 학생들은 같은 옷에 같은 머리를 하고 있어야 공부를 열심히 할 것이라고 생각한다. 또래집단이 놀러 간다고 하면 그 집단의 모든 사람들이 반드시 가야 한다. 미술 시간에 그림을 그려도 정답은 있다, 새로운 발상, 기존 구조에 대한 비판, 주류와 일치하지 않는 생각이 이상한 것으로 몰리는 상황에서는 창의적인 아이디어가 생겨나기 어려우며 개성적인 사고나 문화가 발전할 수 없다. 보다 근본적으로 다양한 인간들을 이해할 수 없다.

3) 일상화된 분단구조3: 전쟁사회

한국전쟁이 끝난 지 50년이 지났지만, 여전히 남북한 사회는 전쟁 분위기 속에서 살고 있다.[22] 한반도는 휴전선을 사이에 두고 200만에 가까운 군인들이 대치상태에 있으며 분쟁 가능성이 상존하는 지역이다, 이에 따라 '유격대 국가'라고 이야기하듯이 북한 체제는 군사국가적인 특성을 갖고 있다. 남한은 30년에 걸친 군부독재와 권위주의적인 정부 아래에서 전쟁의 공포를 확대 재생산하면서 전쟁사회적인 특성을 일상화시켰다.[23]

전쟁사회의 특성 중 가장 대표적인 것은 적과 나를 구분하는 이분법적인 사고가 팽배하다는 것이다.[24] 이러한 이분법은 정치적 정당성을 결여한 집권세력에 의해 사회적으로 조장된 것이라는 성격을 강하게 갖지만, 이보다 더 중요한 것은 그것이 전쟁을 직접 경험한 사람들의 체험적 지혜의 소산이기도 하다는 점이다. 집권세력은 이러한 대중의 체험적 지혜를 성공적으로 이용하였다고 볼 수 있다. 이러한 성공은 이데올로기적으로 반공주의를 통해 관철되어 왔지만, 여기에서도 한국전쟁의 영향력은 결정적이었다. 따라서 남한의 반공주의는 참혹한 전쟁의 체험에서 비롯된 '적과 나의 이분법'의 이데올로기적 형태라고 볼 수 있다. 전쟁사회에서 반공주의가 토론의 대상이 될 수 없는 것은 당연한 일이었다.

적과 나의 이분법은 근본적으로 전쟁과 북한과의 대치상태에서 비롯되었지만. 단순히 외적인 차원에만 머무르지 않는다는 데 문제의 심각성이 있다. 일상화된 적과 나의 이분법은 외부의 적을 막는다는 구실하에 끊임없이 내부의 적을 찾아낸다. 그리고 이러한 형태는 정치적이고 이념적인 부문에만 국한되는 것이 아니다. 조직이나 집단 간에도 적과 나의 이분법적인 사고가 팽배하고, 집단이나 조직 안에서는 그룹별로 적과 내가 구별된다. 더 나아가 개인 간에도 적인가 아닌가가 중요한 문제가 된다.

전쟁사회로서 적과 나의 이분법적 사고는 단순히 나누어진다는 데 그치지 않는다. 나 아닌 집단이나 사람을 문자 그대로 사생결단, 타도와 정복의 대상으로 바라보게 된다. 따라서 자본주의의 기본 속성이라고 할 수 있는 경쟁은 항상 '목숨을 건 형태'가 된다. 당연히 경쟁의 규칙이나 절차보다는 승패라는 결과만이 중시되어 편법이 활성화된다.

전쟁사회의 또 다른 특징은 군사문화의 일상화라고 할 수 있다. 남한사회의 군사문화의 확산은 한 세대에 걸친 군부지배라는 정치적 요인이 적지않은 역할을 하였지만 군사문화의 확산은 분단과 대치상황이 기본 조건이 되었다. 예를 들어 군대 얼차려의 일종인 머리박기(일명 원산폭격)가 여자 중학생 선후배 사이에서도 이루어질 정도고, 중고등학교는 물론이고 초등학교에서 대학까지, 그리고 일반 회사에서도 군사적 위계질서가 일상화되고 있다. 군사문화의 또 다른 영향은 폭력의 일상화라고 할 수 있다. 싸움과 같이 폭력이 수반되는 행위는 말할 것도 없이 교실 내에서의 구티는 징벌의 하나로 명분을 얻으면서 일상적인 현상이 되었다. 최근 구타를 금지하는 교육정책과 학생들의 반발 등으로 징벌로서의 폭력이 다소 완화되었다고는 하나, 체육수업에서부터 작업장에 이르기까지 일상생활에서 폭력은 여전히 쉽게 볼 수 있는 행위유형이라고 할 수 있다.

4. 통일을 새롭게 이야기하는 방식

분단구조는 우리가 인식하고 있지 못하지만 일상생활 곳곳에 영향을 미치고 있다. 개인의 일상적 행위와 사고로부터 전체 사회체제의 특징, 그리고 문화현상에 이르기까지 다양한 차원에서 분단의 흔적은 남아 있다고 볼 수 있다. 이것은 다른 말로 표현하지면 개인의 보다 자유로운 삶과 체제의 바람직한 발전에 분단은 항상 걸림돌이 되고 있다는 것이다. 더욱이 현재 우리가 지향하고 있는 사회발전의 방향이 인간의 존중, 민주적 사회, 그리고 다양한 문화의 공존에 있다면 분단문제의 해결은 사실 시급한 문제라고 할 수 있다, 그러나 분단구조의 해결이 곧 통일을 의미하는 것은 아니다. 제도나 정치체제라는 차원에서 본다면 통일은 분명히 분단문제의 해결일 수 있으나 사회문화적 관점에서 본다면 통일은 탈분단의 필요조건이 될 수 있으나 동시에 충분조건이 되지는 않는다는 것이다. 이것은 1945년 8월 15일 제2차 세계대전의 결과로 우리나라는 정치적으로 해방이 되고 독립국가를 형성하였지만 사회문화적으로는 식민성을 극복하지 못한 것, 즉 탈식민화에 성공하지 못한 것과 마찬가지 논리다.

통일이 된다고 하더라도 분단문제가 여전히 남아 있을 것이라는 부정적인 전망은 남한의 탈북 주민들을 보면 알 수가 있다. 과거 남북한 간에 경쟁과 갈등이 극심하였던 시기에는 탈북자를 정치적으로 이용하는 데 급급하였고, 현재는 이들을 2등 시민으로 취급하는 경향이 강하다. 비록 이들을 대하는 정책이 바뀌었다고는 하나, 그 어떤 경우에나 탈북 주민을 공동체의 일원으로 생각하지 않고 대상이나 수단으로 보기는 마찬가지다.[25] 최근 북한을 이탈하여 남한에 정착한 사람이 "남한 사람들은 우리들에게 양자는 삼을 수 있으나 사위는 안 된다고 한다"라는 말을 한 적이 있는데, 이 말이 탈북 주민들에 대한 남한 체제, 그리고 남한 사람의 보편적인 태도를 함축하고 있다고 볼 수 있다. 즉, 그들을 어느 정도 도와줄 수는 있어도 공동체의 일원으로 받아들이지는 않겠다는 것이다.

그러나 통일로 분단문제가 해결되지 않는다는 이야기가 통일이 불필요하다는 것을 의미하지는 않는다. 분단문제의 해결에서 통일은 중요한 계기가 되는 것은 분명하지만 통일이 이루어짐으로써 문제가 해결되는 것은 아니라는 의미다. 분단구조의 문제는 분단에서 비롯되었기 때문에 분단의 해소가 기본 전제가 되어야 하는 것은 당연하다. 다만 반세기 동안 지속되어온 분단문제는 이미 완전히 구조화되어, 국가통합을 의미하는 통일, 정확히 이야기해서 특정 시점의 사건으로서의 통일이 문제를 일거에 해결해 주지 못할 것임을 분명히 알 필요가 있다는 것이다. 이와 더불어 우리가 지금까지 막연하게 생각해왔던 분단이나 통일에 대한 생각을 재정립하는 것이 대단히 중요한 일이라고 할 수 있다.

그동안 우리는 막연히 남과 북이 서로 다른 이념에 따라 독자적인 체제를 수립한 것이 분단이라고 인식하여 왔다. 따라서 분단의 해결은 이념을 하나로, 체제를 하나로 만드는 통일로 이루어진다고 여겼다. 그러나 분단이 의미하는 것은 단순히 두 개의 서로 다른 체제의 존재가 아니라 50여 년간에 걸친 두 체제 간의 적대적인 관계, 그리고 그 관계로부터 파생한 남북한 내부체제를 아우르는 것이다. 앞에서 살펴보았던 일상생활의 분단문제들도 분단의 개념에 포함되어야 한다는 의미다. 또한 분단은 단순히 역사적인 사건이 아니라 그 자체가 하나의 체제변화 과정이었다고 보아야 한다는 것이다. 이러한 맥락에서 본다면 반세기 동안 분단은 지속되어 왔으며 동시에 분단구조는 심화되어 왔다고 할 수 있다.

통일에 대해서는 차원을 나누어서 생각할 필요가 있다. 정치적인 차원, 이념적 차원, 그리고 제도적인 차원에서 모두 하나가 될 때 통일이라는 개념이 정확해진다. 즉, 궁극적으로 하나의 국가이념, 하나의 정치체제, 하나의 경제체제가 되어야 한다는 것이다. 같은 의미에서 학교 편제도 같아야 하고, 사람들이 쓰는 도량형이나 화폐도 하나가 되어야 한다. 그러나 사회적인 차원에서 본다면 통일이라는 개념은 올바르지 않으며 통합이라는 용어가 적절하다. 남북한 주민들이 하나의 공동체를 이루고 살아간다는 의미에서의 통합이다. 문화적인 차원에서는 통합도 적절하지 않다. 현대사회가 지향하고 있는, 그리고 현재 남한 사회가 바람직하다고 생각하는 문화는 다양성이 인정되는 문화다. 따라서 문화 차원에서는 공존이라는 말이 적절하다. 남북한 문화가 우열을 따지는 적대적 관계를 청산하고, 지역별·세대별·집단별로 다양한 문화가 서로 공존하는 상태가 궁극적인 목표가 되어야 한다.

〈표 1〉 분단과 통일에 대한 개념 재정립

과거 개념: 사건		→	새로운 개념: 과정	
분단	이념과 체제가 다른 2개의 국가로 분리		분단	2개의 체제로 분리 적대적인 관계 구조 체제 내의 분단문제 심화
통일	동일 이념을 갖는 국가, 사회 체제 성립		통일	이념 및 제도: 통일 사회체제: 통합 문화체제: 공존

또한 분단과 마찬가지로 통일도 사건이 아니라 과정으로 생각하여야 한다. 보다 정확히 말한다면 현재 분단구조가 만들어 놓은 여러 가지 문제점을 극복해 나가는 과정, 그래서 남북한의 모든 사람들이 현 단계보다 나은 삶을 누리는 과정의 한 부분으로 받아들여야 한다. 이와 같은 관점에서 통일을 바라본다면 분단구조의 타파와 통일은 남북한 모든 이들에게 정말로 필요한 것이 된다. 민족의 재결합이라는 당위로서의 통일은 의무지만, 분단구조의 타파라는 차원에서 통일은 필요가 되는 것이다.

분단과 통일문제에 대한 개념을 재정립하는 것은 단순히 생각을 바꾸는 것으로 끝나지 않는다. 통일에 대하여 회의적인 남한 사람들을 '통일과정-분단 극복과정'에 적극적으로 참여하게 하는 계기가 될 것이며, 이는 보다 나은 상태로 사회를 변혁하는 결과를 가져올 수 있다. 또한 개인으로부터 집단, 그리고 국가에 이르기까지 보다 실천적인 차원에서 지금부터 통일을 시작할 수 있는 이유를 제공할 수 있다고 볼 수 있다.

5. 맺음말: 새로운 통일담론이 남북관계 변화를 보장할 것인가?

새로운 통일담론은 남북관계의 변화를 초래할 수 있다. 그러나 반드시 변화를 동반하는 것은 아니다. 그것은 무엇보다 먼저 지금까지 이야기한 통일담론이 지배적 위상을 가져야 하기 때문이다. 지배적 위상을 갖는다는 것은 남한 내에서만 국한되는 것은 아니다. 분단체제는 남북한에 걸쳐 있고 과거의 통일담론은 지역과 사회적 지위에 상관없이 남북한 주민 전체에게 영향력을 갖고 있었기 때문이다. 더욱이 그러한 담론은 반세기 동안 굳건하게 구조화되어 있었고, 담론을 생산하고 유통한 집단의 힘은 여전히 강하다. 또한 미국을 비롯한 국제적 이해관계도 기존의 담론을 지지하고 있다.

그러나 기존의 분단고착적인 통일담론이 지향한 분단체제는 남북한 모두에게 더 이상 설득력을 잃고 있다. 식량난으로 대변되는 북한 체제의 위기는 말할 것도 없고, 독재로 산업화를 이룩한 남한도 광범위하고도 심각한 각종 사회문제에 시달리고 있기는 마찬가지다. 이와 같은 구조적 유인성은 체제 내적으로 새로운 사회질서의 확립을, 그리고 외적으로 분단구조의 본질적인 변화를 요구하는 힘이 되고 있다. 즉, 남이나 북이나 최소한 현재 상태는 안 된다는 것은 분명하다. 분단구조가 체제 내에서 갖는 규정성이 절대적이지는 않다고 하더라도 체제 내의 변혁을 위해서는 반드시 극복하여야 할 요인 가운데 하나임을 잊어서는 안 된다. 그리고 그 출발은 남북한 체제, 남북관계를 규정해 온 통일담론의 극복으로부터 시작된다.

2

임수경 방북사건과 남북관계의 전환

청춘의 기상이 나래치고 친선과 우의의 정이 차넘치는 이 감동적인 자리에서 축전 명예손님들을 비롯한 모든 외국의 벗들을 열렬히 환영하며 축전에 참가한 남조선 <전대협> 대표와 해외동포들에게 뜨거운 감사를 드린다.

제13차 세계청년학생 개막식 김일성 축하연설, 1989.7.1.

공안당국의 수사결과 전대협은 최근 북한 조선학생위원회의 지시에 따라 임양을 북한에 밀파한 것으로 밝혀졌다. … (중략) … 궁극적으로 전대협이 북한측 대남적화통일을 위한 전위기라는 이적성을 입증하고 있다고 밝혔다.

『조선일보』, 1989.7.2.

1. 머리말

1948년 분단 이후 남북한은 서로를 '원수'로 여기면서 적대적 대결을 지속하여 왔다. 이와 같은 관계는 오늘날에도 여전하다고 할 수 있지만 꼼꼼하게 살펴보면 남북관계는 그동안 적지 않게 변해왔다. 대표적으로 한국전쟁 이전과 이후의 남북관계는 근본적으로 다르다고 할 수 있다. 전쟁으로 인하여 상대에 대한 적대감은 극단적인 수준이 되었고, 무엇보다 체제의 차원이 아니라 남북한 주민들에게 증오심은 일상적인 것이 되었다고 할 수 있다. 그러나 적대적인 관계와 감정은 일정한 것은 아니었다. 전쟁 이후 체제경쟁이 가속화되면서 대결적인 관계는 더욱 심화되었지만 1972년의 7·4 남북공동성명이 상징하고 있듯이 남북 간 화해시도가 없던 것이 아니었다. 1985년에는 불가능한 일이라고 생각했던 이산가족의 고향방문이 성사되기도 하였다. 현재까지도 범위와 심도 면에서 그 수준을 넘어설 수 없는 남북한 간 합의문인 '남북사이의 화해와 불가침 및 교류·협력에 관한 합의서'와 부속합의서들이 1992년 체결되었다. 또한 2000년과 2007년에는 최고위급의 정상회담과 공동선언 발표가 두 차례에 걸쳐 성사되었다. 이와 같은 남북관계의 변화는 동시에 남북한 각자의 체제변화와 맞물려 있기도 하였다고 할 수 있다.

근본적으로 분단체제 그 자체가 남북한의 내부구조를 제약하고 있었지만, 다른 한편으로는 각 체제 내부의 변화가 남북관계를 규정하기도 하였다. 예를 들어 적대적 남북관계가 장기간에 걸쳐 지속된 남북한의 권위주의 체제를 정당화하는 데 기여하였지만 동시에 남북한의 경제성장 정도나 민주화의 진전은 역으로 남북관계의 변화를 추동하였다는 것이다. 전후 복구에 성공적이었던 북한이 1960년대에 남북관계 개선에 적극적이었고, 1960년대 들어 산업화에 적극적이었던 남한은 1970년대 이후에는 남북관계 정상화에 관심을 갖기 시작하였다고 할 수 있다.[1] 1972년의 7·4공동성명도 이와 같은 남북한 내부의 체제변화와 연관되어 있다. 1980년대 들어 경제성장의 성과를 바탕으로 남한이 공세적인 대북정책을 펴기 시작하였다고 할 수 있다. 이 과정에서 특히 남한이 오랜 기간의 군부 권위주의체제를 극복하고 민주화에 성공하면서 남북관계를 변화시킬 수 있는 중요한 계기가 되었다고 할 수 있다.

남북한체제 내부의 변화와 더불어 국제적 환경의 변화도 남북관계에 영향을 미치는 중요한 요인이었다고 할 수 있다. 분단 자체가 2차 세계대전 이후 냉전체제의 구축과 무관하지 않기 때문에 당연한 이야기지만 냉전구조의 심화와 이완도 남북관계 변화와 관계가 있었다. 특히 1980년대 후반에 소련을 포함한 동구 사회주의국가들이 체제 전환을 경험하면서 냉전체제는 와해되었고, 중국이나 베트남과 같이 사회주의를 유지하던 국가들도 시장경제를 수용하는 등 개혁과 개방을 가속화하였다. 이와 같은 상황에서 남한은 '북방정책'을 기치로 중국, 소련과 수교를 추진하였고, 고립된 북한도 체제유지를 위한 다양한 노력을 경주하면서 남북관계 변화의 환경이 조성되었다.

남북한 내부의 변화와 한반도를 둘러싼 국제환경의 변화와 더불어 중요한 사건들도 남북관계의 변화와 관계가 있다고 할 수 있다.[2] 분단사의 일대 사건인 한국전쟁은 말할 것도 없이 1968년의 1.21사태나 푸에블로호 피랍사건, 1974년의 육영수 여사 시해 사건 등 다양한 사건들은 남북관계에 영향을 미쳤다. 개별적인 사건들은 크든 작든 남북관계에 영향을 미쳤는데, 특히 개별적인 사건들이 구조적인 변화 요인들과 결합할 때 그 파급력이 더욱 커졌다고 할 수 있다. 이러한 차원에서 볼 때 1989년의 임수경 방북 사건은 남북한 체제 내부의 변화와 국가 사회주의 몰락이라는 외적 변화요인과 결합하여 남북관계 변화에 중요한 의미를 갖는다고 할 수 있다.

2. 임수경 방북 이전의 남북관계

한국전쟁 이후 반공에 기반하는 이승만의 북진통일론으로 대표되는 남한 정부의 통일공세는 실질적으로 그 내용은 없었으며, 다분히 북한의 통일공세에 수세적인 자세로 나타난 것이라고 볼 수 있다. '4.19 학생의거'로 인한 이승만의 하야와 더불어 남한사회에서 민족주의에 기초를 급진적 우파적 통일논의 확산과 이에 대한 북한의 대남평화공세로 인해 남북관계는 대화의 장이 열리는 듯했다. 하지만 반공을 앞세운 박정희 군사정권 등장, 베트남전쟁, 북한의 4대군사노선, 1960년대 후반 북한의 대남 강경노선 등으로 인해 1960년대까지 남북관계는 폐쇄적인 관계였다고 할 수 있다. 이 기간에 남북한은 서로의 체제 불인정과 극단적인 이데올로기적 대립을 지속하였고, 서로를 인정하는 발언, 행동 등 모두가 법적 처벌의 대상이었다. 1954년 4월 한국전쟁 휴전협정 관련 제네바 정치회담과 1964년 도쿄올림픽 단일팀 구성과 참가를 위해 1963년 스위스 로잔과 홍콩에서 열린 체육인 접촉이 전부였지만, 이 두 번의 접촉도 결렬되고 말았다.[3] 남북한의 접촉은 두 번에 걸쳐 이루어졌지만, 북한은 중립국 감시 아래의 남북한 총선거 제의(1958년), 남북연방제 제의(1960년) 등 공세적인 대남전략을 추진하였다. 반면 남한은 북한의 제의를 대부분 거부하였고, 박정희 정권이 들어선 이후 남북관계는 더욱 악화되었다고 볼 수 있다.[4]

1970년대에 들어오면서 세계는 냉전질서가 약화되기 시작하고 화해의 시대가 시작되면서 남북관계도 변화를 맞게 된다. 미·중이 화해를 하고 이를 계기로 동서 냉전체제가 완화되는 데탕트가 시작되면서 1971년 남북한은 당국자들이 자리를 마주하게 되었다.[5] 남한의 대북정책 변화는 1970년 8월 15일의 박정희 대통령의 담화로서 그는 북한이 모든 적대행위를 중지하고 무력 남침 의도를 포기하고, 그것이 확인되면 어떤 '획기적 조치'를 취할 의사가 있다고 말하고, 동시에 북한이 국제연합(UN)의 권위를 인정한다는 조건하에서 국제연합(UN)에서 한국문제에 대한 토의에 참가하는 것을 반대하지 않겠다고 선언하였다. 이에 대응하여 같은 해 11월에 열린 노동당 제5차 당대회에서 김일성은 남한의 민족적 양심을 가진 민주인사들과 언제 어느 곳에서든지 협상할 용의가 있다고 밝힘으로써 남북대화의 여지를 만들었다고 볼 수 있다. 이의 결과가 1972년 '7.4 남북공동성명'으로서 세계사적 변화에 대응하는 남북관계의 질적 변화를 상징하는 것이라고 볼 수 있다.[6]

남북 간에 대화가 시작된 것은 데탕트라고 하는 국제적 환경의 변화 못지않게 남북한 내부의 환경변화도 영향을 미쳤다고 할 수 있다. 남한에서는 박정희 집권 이후 산업화에 성공하면서 북한에 대한 일정 수준의 자신감을 갖게 되었지만 정치적으로 3선개헌을 무리하게 추구하면서 민주화 요구가 격화되었고, 1970년 대통령 선거에서 신승하면서 정치적 돌파구를 찾았다. 이러한 가운데 데탕트와 미군의 베트남 철수는 한편으로는 자주국방의 필요성을 자극하였다. 이 과정에서 남한 정부는 북한과의 대화를 통해 북한의 의도를 파악하고 군사력 강화의 시간을 벌겠다는 생각을 하였다고 할 수 있다. 북한도 중국과 소련이 미국과 화해하는 국면에서 위기를 느끼게 되었고, 경제적으로도 성장 추세가 둔화되면서 국가안보역량을 강화하면서 지속적인 집권명분을 창출하기 위해서 남한과의 대화가 필요했다고 할 수 있다.[7]

대내외적인 필요성으로 대화를 시작한 남북한은 이후 남북적십자회담(1971)을 거쳐 남북조절위원회 설치와 7·4공동성명으로 이어지게 된다(1972). 이와 같이 남북대화는 꽃을 피우는 듯했으나 더 이상 진전되지 못한다. 남한은 1973년 '6.23 선언'을 통하여 한반도의 분단을 잠정적으로 합법화하고 북한의 정치적 실체를 인정하였지만, 북한은 이를 두 개의 조선을 획책하는 분열주의라고 비판하게 된다. 그리고 8월 28일 북한은 도쿄에서 발생한 김대중 납치사건을 빌미로 남북대화 중단을 천명하게 된다. 이후 남북은 각각 내부체제의 단속에 몰두하게 된다. 남한에서는 유신체제 등장과 방공체제 강화, 북한의 유일사상체제 강화와 후계문제 가속화 등을 추구하면서 남북대화는 단절이 된다. 1979년에는 박정희 대통령이 무조건적인 대화를 제의하면서 몇 차례에 걸친 남북 접촉이 있었고, 미국의 카터 대통령이 3자회담을 제의하기도 하였지만 뚜렷한 성과가 없었다. 1970년대 후반의 남북 간 대화는 대화 중단의 책임을 서로 전가시키기 위한 명분적 차원의 대화였다고 볼 수 있다.[8]

박정희 대통령이 서거한 이후 1980년대 들어 북한은 남북회담을 적극적으로 제기하였다. 1980년대 초반의 당국 간 회담은 무산되었지만, 1984년 9월부터 10월 거쳐 최초로 남한의 수재를 지원하기 위한 북의 대남 원조가 성사되었고, 1985년도에는 역시 전쟁 이후 처음으로 두 차례에 걸쳐 남북 이산가족 고향 방문 및 예술공연단 교환이 이루어진다. 1980년대에 남북관계에 비교적 활기를 띠게 된 것은 남북한의 내부정치적 상황변화와 연관되어 있다고 할 수 있다. 남한은 12·12사태와 5·18을 거쳐 권력을 장악한 전두환 정권이 남북관계 개선을 정치적으로 활용하고자 하였다고 볼 수 있다. 1982년 실질적인 통일방안으로서 처음이라고 할 수 있는 '민족화합 민주통일방안'을 천명하고, 최고지도자의 교환방문을 제의하였다. 북한은 김정일로의 권력세습을 공식화하는 가운데 1980년 제6차 당대회에서 '고려연방공화국창립방안'을 제시하면서 대남평화공세를 가속화하였다. 1984년 들어와서 북한은 대남정책을 전술적으로 변화시킨다. 남한보수정권을 강화하고 대외경제사업에 지장을 주는 폭력도발노선을 지양하고 한반도에 평화 분위기를 조성하려는 움직임을 보인다. 이에 맞춰 전두환 정권이 남북 교류와 경제협력 실시를 제의하고 북한이 이에 호응함으로써 제2의 남북 대화기가 도래하였다고 볼 수 있다.

1980년대의 남북 간 대화가 부분적으로나마 이루어지게 된 것은 남북 모두 국내 정치적 필요성이라는 다분히 정략적 차원에서 비롯되었다고 할 수 있지만, 성과가 전혀 없는 것은 아니었다. 1980년 북한이 대화 재개를 요구하면서 처음으로 '대한민국'이라는 표현을, 1981년 남한은 공식적으로 '조선민주주의인민공화국'이라는 표현을 처음 사용함으로써 상대방의 실체를 인정하기 시작하였다는 점이다. 상호실체의 인정은 남북관계 진전의 선결과제로서 이념적인 상호비난이나 대결관계를 극복할 수 있는 여지를 제공하였다고 할 수 있다. 따라서 이산가족 방문을 포함한 사회문화교류 등 구체적인 대화와 협상이 가능해질 수 있었다. 또한 1980년대 초반에는 북한이 남한의 정치적 불안을 겨냥하면서 대화를 제의하는 등 관계 개선의 주도권을 쥐었지만 이후 점차 남한의 관계 개선에서 적극적인 태도를 보였다고 볼 수 있다. 전두환 정권에서 처음으로 공식적인 통일방안이 마련되었고 경제협력을 포함한 다양한 대북제의가 이루어진 것이 이러한 적극성을 대변한다고 할 수 있다.

남북관계에서 남한이 주도적인 역할을 하기 시작한 것은 근본적으로 남한의 국가 능력의 확대와 관련이 있다고 볼 수 있다. 1970년대까지 북한에 비해 경제적으로 열세에 있었던 남한은 남북관계에서 수동적이었다고 할 수 있으나 산업화 성공으로 자신감을 갖게 되면서 남북관계에도 능동적일 수 있었다고 할 수 있다. 특히 1988년 올림픽 개최가 확정되면서 남북 간의 긴장 상태를 완화시키는 것이 중요한 과제가 되면서 남북대화의 현실적 필요성이 높아졌기 때문이라고 할 수 있다.

남북관계를 추동하는 요인들이 있었음에도 불구하고 적대적인 관계의 청산은 쉽지 않았다. 1983년에는 소련에 의한 것이지만 전투기에 의해 대한항공(KAL)기가 격추되는 사건이 일어났고, 같은 해에 미얀마를 방문하였던 전두환 대통령 일행을 겨냥한 폭탄 테러사건이 북한에 의해 일어나 많은 사람들이 죽고 다쳤다. 그리고 부산 다대포 앞바다에서는 무장간첩 침투사건이 일어나는 등 북한의 도발이 지속되었다. 1984년에는 로스앤젤레스 올림픽 공동 참여를 의제로 체육회담 제의, 군사회담 제의 등 북한의 대남대화 제의 및 다양한 회담이 개최되었지만 남북관계의 정상화와는 다소 거리가 있었다.

1980년대 남북관계가 대화제의와 단절 그리고 갈등과 협상이 반복되었다는 점에서 분명히 이전 시기에 비하여 진일보한 것이라고 할 수 있다. 무엇보다도 대화 및 접촉의 빈도 자체가 많았다는 점을 주목할 필요가 있다. 정치회담에서 체육회담에 이르기까지 다양한 차원에서 대화가 진행되었고, 분단 이후 최초의 이산가족 고향방문 및 예술단 교환이라는 일정한 성과도 이루어냈다. 이와 더불어 단순한 관계 개선이 아니라 통일이라는 주제가 좀 더 구체화되었다는 사실도 1980년대 남북관계의 성과라고 할 수 있다. 이는 남한이 통일방안을 구체화한 결과라고 할 수 있는데 대화의 수준이 한 단계 올라섰다고 볼 수 있다.

그럼에도 불구하고 남북관계가 여전히 한계를 보인 것은 다음의 몇 가지 이유 때문이라고 할 수 있다. 첫째, 갈등으로 점철된 적대적인 남북관계가 일시에 해결되는 것은 근본적으로 어려운 일이었다고 볼 수 있다. 한국전쟁을 차치하고라도 남북 간의 충돌은 계속되어 왔으며, 이러한 경험은 상대방에 대한 불신의 뿌리를 깊게 하였다고 할 수 있다. 둘째, 그동안의 간헐적인 접촉의 경험도 그다지 긍정적이지 않았고, 상대방을 향한 대화제의도 진정성에 바탕을 두었기보다는 각자의 체제유지와 상대체제를 흔들기 위한 의도가 있었다고 볼 수 있다. 셋째, 통일문제를 국내 정치적 맥락에서 접근하는 경향이 있었다. 그 동안도 대내외적인 환경에 따라 남북관계가 좌우되기 경우가 적지 않았지만, 김정일로의 권력이양에 주안점을 두었던 북한이나 정치적 정당성이 부족하였던 남한의 정권 모두 남북관계를 정치적으로 이용하였다고 볼 수 있다.

3. 임수경 방북과 남북관계

1) 임수경 방북의 배경와 진행과정

1980년대 후반은 남북관계뿐만 아니라 세계사적으로도 매우 중요한 해이다. 소련 고르바쵸프 정권은 미국과의 적극적인 협력과 평화공존에 나서게 되며 동북아에도 상당한 영향을 주었다. 남한 내부적으로는 직선제 등으로 대표되는 거센 민주화 바람, 대학가를 중심으로 북한바로알기운동의 확대, 88서울올림픽 개최 등으로 대표되는 것들을 통해 남한의 대북 자신감 증대, 북한에 대한 수세적 입장 또는 반공적 인식에서 적극적 입장으로(북방정책), 민족공동체 입장에서 북한을 바라보는 인식적 전환이 시작되었다고 볼 수 있다. 이제 남북관계는 화해 모색기로 접어들었다고 볼 수 있다. 이를 구체적으로 살펴보면 다음과 같다.[9]

첫째, 국제적인 차원에서는 소련과 공산권의 몰락으로 이념의 탈피와 냉전구조의 해체가 수반되었다는 점이다. 소련은 1987년 미국과 중거리 핵전력협정을 체결하고 1988년 세바르드나제 당시 소련 외상은 유엔 총회에서 국제사회에서의 계급투쟁의 종식을 선언하게 된다. 또한 1986년 소련은 블라디보스토크 선언을 통하여 극동지역의 개발과 아시아 태평양 지역 나라들과의 경제협력을 강조하면서 세계적인 차원에서뿐만 아니라 동북아에서도 탈냉전 분위기가 고양되었다고 할 수 있다. 이것은 한반도를 둘러싼 냉전구조가 와해되기 시작하였다는 것을 의미한다.

둘째, 남한의 민주화라고 할 수 있다. 1987년 6월 항쟁을 통하여 1961년의 군사구데타 이후 지속되어왔던 권위주의적 군사정부가 오랜 민주화 투쟁의 결과로 종식되었다는 사실은 중요한 의미를 갖고 있다. 직선제를 통하여 노태우가 대통령으로 당선되었고, 지방자치제가 실시되고 언론 자유가 신장되는 등 민주화가 진전되면서 국민들의 다양한 욕구들이 분출되고 다양성과 다원성이 존중되기 시작하였다고 볼 수 있다. 이 과정에서 통일운동도 활성화되었다고 할 수 있다. 특히 1980년대 민주화 투쟁과정에서 통일문제는 중요한 의제 가운데 하나였다. 이 과정에서 국가가 독점하던 통일논의에 대한 시민사회의 적극적인 참여가 시도되었으며 민주화의 성공은 남한 내 통일논의의 근본 구조가 바뀔 수 있는 토대를 마련하였다고 할 수 있다.[10]

셋째, 대외환경의 변화 그리고 민주화의 실현이라는 대내환경의 변화를 토대로 노태우 정부가 적극적인 대북정책을 추진하기 시작하였다는 것이다. 1988년의 올림픽의 성공적인 개최를 위해서는 소련과 중국을 포함한 동구권과의 적극적인 관계개선이 현실적으로 필요하였지만, 무엇보다 민주적 제도를 통하여 집권하였다는 정치적 자신감은 '북방정책' 추진의 또 다른 토대였다. 정치적 자신감과 더불어 확연하게 벌어진 남북한의 경제력 격차는 북한에 대한 사회적인 인식 전환으로 이어졌고 보다 적극적인 대북정책을 추진할 수 있는 조건이 형성되었다고 할 수 있다.

다양한 요인 가운데 특히 주목할 것은 남한사회 내부의 변화 양상이라고 할 수 있다. 민주화과정에서 통일과 관련된 시민사회의 참여가 확대되었고, 이는 단순히 북한에 대한 사회적 인식이나 대북정책의 변화만을 의미하는 것은 아니었다. 과거 남북관계에서 국가가 독점적인 지위를 가졌던 것과 달리 시민사회도 남북관계의 또 다른 주체로 도약할 수 있는 환경이 되었다는 사실이다. 시민사회가 남북관계의 한 축이 된 것은 민주화과정의 역량강화와 국가 부분의 축소와도 밀접하게 관련되어 있지만 동시에 전두환정부에 들어서 확립된 남한의 공식적인 통일방안이 된 '민족화합 민주통일방안'의 지향점과도 무관하지 않다고 할 수 있다. 이후 노태우정부에서 '한민족공동체 통일방안'으로 발전한 남한의 통일방안은 기본 철학이 단계적이고 평화적인 통일방안이라고 할 수 있다. 이 통일방안은 경제교류와 사회문화교류를 통일과정에서 중요시한다. 이것은 통일과정에서 국가와 시민사회 그리고 기업이 협력하는 거버넌스적인 접근을 지향한다는 것을 의미한다.[11]

통일을 둘러싼 대내외적인 환경변화와 시민사회의 성장이라는 상황에서 발생한 사건이 임수경의 방북이라고 할 수 있다. 당시 대학생이었던 임수경은 1989년 '제13차 평양 세계청년학생축전'에 전대협을 대표하여 북한을 방문하여 축전에 참가하고, 김일성 주석을 만나고 금강산 등 곳곳을 방문하면서 북한의 대대적인 환영을 받게 된다.

〈표 1〉 임수경 방북 사건 일지[12]

날짜	장소	내용
7.1	평양	축전국제준비위원회 상설위원회 성원들을 방문
7.2	-	축전국제준비위원회 상설위원회 성원들을 방문
7.3	-	축전의 여러 행사들에 참가
7.3	-	외신기자들과 회견
7.4	-	북남학생회담 북측대표단과 상봉
7.4	-	국제대학생회의에 참가하여 토론
7.5	-	축전국제준비위원회 상설위원회를 방문, 연회에 참가
7.5	-	평화, 군축, 핵무기 없는 세계, 안전센터에서 토론
7.6	-	조선구락부를 방문
7.6	-	국제학생동맹대표단과 만남
7.7	-	연대성집회에 참가, "조국의 자주적 평화통일에 관한 남북청년학생들 공동선언문" 발표
7.9	-	《전대협》대표를 위한 국제변호인단 구성-임수경대표 숙소에서 변호인단 성원들을 만남
7.10	-	김형직사범대학 방문, 서해갑문 참관
7.13	-	《하나된 조국의 자랑스러운 딸이고자 합니다》《전대협》대표 임수경이 부모들에게 남긴 편지
7.14~15	금강산	금강산과 송도원을 유람
7.18	-	조선예술영화촬영소와 동명왕릉을 참관
7.22	-	남조선 《전대협》대표 임수경의 출정선언문
7.24	-	《전대협》대표 임수경이 서부독일 여성작가 루이저 린저에게 회답편지
7.26	개성	남한당국이 판문점 통과를 불허한 것과 관련하여-《전대협》임수경대표가 내외기자들과 회견
7.27	-	임수경대표 단식투쟁을 선포
7.27	-	《전대협》의 100만 학도들에게 보내는 임수경의 성명
7.27	-	전대협》대표 임수경이 평양축전에 참가하였던 세계 여러 나라 청년학생 조직들과 국제기구들에 전문
7.29	-	임수경대표 판문점 남쪽 문을 열어놓을 것을 다시금 촉구
7.30	-	4일째 단식중에 있는 임수경대표가 지자회견 진행
7.30	-	임수경대표를 비롯한 단식농성참가자들이 기자회견 진행
7.31	-	단식농성중인 임수경대표가 심한 탈신상태에서 의식을 잃음
7.31	-	단식농성자참가자들이 통일각에서 기자회견 진행
8.1	-	의료진의 치료로 임수경대표가 의식을 회복

날짜	장소	내용
8.1	-	대한적십자 김상현 총재님께 보내는 편지
8.1	-	국제적십자 및 적반월회련맹위원장 마리오빌드엘란데코에게 보내는 편지
8.1	-	성명-6일간의 단식농성을 마치면서(전대협 대표 임수경)
8.9	-	임수경대표의 건강상태 호전
8.11	-	임수경대표 평양시내 여러 곳을 참관
8.12	-	허담동지가 남조선《전대협》대표 임수경을 만남
8.12	-	서부독일녹색당 지도부성원이 임수경대표와 만남
8.12	-	남조선 《전대협》대표 임수경 국내외기자들과 회견
8.12	-	전대협 100만 학도들에게 보내는 편지
8.14	-	임수경일행, 판문점을 향해 평양 출발
8.14	-	임수경대표의 일행 개성에 도착
8.15	-	남조선《전대협》대표 임수경 일행 판문점 도착
8.15	-	《전대협》대표 임수경일행이 판문점을 통해 분계선을 넘음

2) 임수경 방북에 대한 남북한의 입장

한 달 보름간에 걸친 임수경의 방북은 북한의 청년학생축전에 전대협을 대표하여 참가한 것이지만, 이외에도 북한의 여러 지역을 방문하고 최고지도자인 김일성을 비롯한 여러 집단의 북한 사람들과의 만나는 등 다양한 활동을 펼쳤다고 할 수 있다. 그리고 단순히 북한 방문일정에 그친 것이 아니라 외국 언론과 기자회견도 진행하는 등 통일문제에 대한 정치적인 견해를 표명하고 분단의 상징인 판문점을 통하여 귀국함으로써 분단문제에 대한 대내외적인 관심을 제고하였다고 할 수 있다. 그러나 남북한이 임수경은 보는 시각은 판이하였다고 할 수 있다.

1989년 임수경의 방북이 알려지기 전의 남한의 상황은 노태우정부가 집권한 이후 총선에서 야당에게 패배하여 여소야대 상황이 지속되고 있었다. 이러한 가운데 1987년 민주화투쟁에서 성과를 거둔 시민사회는 전향적인 남북관계를 요구하는 등 민주주의에 대한 요구가 더욱 확대되었던 반면 보수적인 집단들은 이러한 상황에 대한 우려감이 적지 않았다. 이러한 가운데 1989년 3월에는 당시 전국민족민주운동연합 상임고문이었던 문익환 목사의 방북 사건이 벌어졌고, 6월 27일에는 평민당 국회의원이었던 서경원의 방북사실이 밝혀지고 구속되는 일이 벌어졌다.[13] 민주화 이전에는 상상하지도 못하였던 국가의 승인 없는 연이은 방북 사건으로 인해 '공안정국' 조성되는 가운데 임수경의 방북 사건이 생기면서 전통적인 반공을 무기로 보수주의적 주장이 힘을 얻었다고 할 수 있다. 특히 전대협을 포함한 사회운동권에 대한 보수진영의 비판이 강화되었다고 할 수 있다.

> 역사적 진실이 그렇고 전문가들의 증언이 그러함에도 불구하고 이를 애써 외면한채 굳이 평양정권이 주장하는 북침설과 민족해방전쟁론만 맹신하고 춤추며 장구치는 젊은이들의 머릿속은 대체 어떻게 된 것인가.[14]

> 자유민주주의 체제를 부정하고 폭력혁명투쟁을 선봉하고 있는 날로 확산되고 있다는 것은 이만저만한 심각한 문제가 아니다.[15]

특히 서경원 의원의 방북사건은 당시 제1야당이었던 평민당과 김대중 대표에 대한 공격이 가능한 일이었다. 이러한 상황에서 불거진 임수경 사건에 대해서도 비판적인 시각이 주를 이루었다고 할 수 있다. 아래의 글은 임수경 사건에 대한 한 신문의 칼럼이다.

> 참으로 기막힌 일이다. 전대협대표인 외대여학생이 평양참가를 위해

> 밀입북한 것도 엄청난데, 평양에서 했다는 기자회견내용은 더욱 기막히는 것이다. … (중략) … 이 여대생은 전대협이 통일의 길을 열기 위해 축전에 참가하겠다는 것을 정부가 봉쇄했으므로 반통일 세력이라고 단정하였다. … (중략) … 우리 젊은 세대들이 하필이면 공산권에서도 비판이 되고 있는 주체사상에 빠져 통일을 이룩하겠다고 하는지 안타깝기만 하다.[16]

문익환 목사와 서경원 의원, 그리고 임수경의 방북이 이어지면서 전반적인 사회적 여론은 비판적인 흐름이 대세를 이루었다고 할 수 있다. 그리고 공안기관은 '좌경척결'을 주창하면서 반정부적인 단체에 대한 단속을 심화했다고 할 수 있다.[17]

임수경 사건과 더불어 그가 참여하였던 북한의 세계청년축전에 대해서도 대단히 비판적이었다고 할 수 있다.

> 지상최대의 「정치쇼」에 열중하고 있다. 그들은 내일의 세계를 담당해야 할 세계의 청년학생들을 평양으로 불러들여 이른바 「제국주의자들의 범죄적 죄행을 폭로 규탄하는 반제재판소를 만들어 놓고 정치선전에 열을 올리고 있다. … (중략) … 평양에 온 남한의 어린 여대생 한명을 「영웅」으로 추켜세우면서 김일성주체사상의 꼭두각시 놀음을 연출하고 있다. … (중략) … 순진한 여대생 하나를 불러놓고 그를 상대로 통일분위기를 조성할 수 있다고 생각하는 그들의 저의는 무엇인가. 그렇게 하면서 우리에게 평화통일의지를 믿어달라고 할 수 있는가.[18]

또한 임수경을 북한에 보낸 전대협의 행동에 대하여 몰지각하다고 이야기하면서 대단히 비판적이었다.

> 여대생 일명을 전대협의 대표로 평양에 보내 북한당국의 대남공작의

> 마수 앞에 노출시키는 것을 통일운동이라고 생각하는 지각없는 사람들이 몇 명이나 될지 헤아려 보라.[19]

> 임양의 평양축전 참가 모습을 보는 일반 국민들의 심정은 의구심에 가득 차 있다. 듣던 대로 전대협은 세칭 주사파가 장악한 북한편향학생 집단인가 아니면 적어도 그 지도부나 일부 추종 세력이 정부와 국민들에게 등을 돌리는 이적행위자들일까 하는 경계심이 확산되고 있다.[20]

일부에서는 정국 조성이나 창구 단일화에 대해서는 비판적인 시각도 존재하고 있었다고 할 수 있었고, 민주화에 역행하는 공안정국에 대한 우려가 있었지만,[21] 임수경 방북사건에 대해서 일반적으로 비판적인 시각이 주류를 형성하고 있었다고 볼 수 있다. 이러한 시각의 기본적인 입장은 다음과 같다고 할 수 있다.

첫째, 부문별한 방북, 특히 현행법을 넘어서는 행위에 대한 문제제기이다. 남북관계의 특수성을 고려할 때 당국과 협의 없는 방북행위나 북한과의 접촉을 비판하는 것이라고 할 수 있다.

둘째, 임수경의 방북을 북한의 사주나 대남전략의 일환으로 보는 경향이다. 독자적인 통일운동의 가치를 인정하지 않고, 북한과 그리고 북한의 영향력에 있는 집단이 북한의 입장을 강화하고 남한 내 분열을 추구하는 책동으로 이해하고 있다는 것이다.

셋째, 남한사회 내의 진보경향의 확대를 우려하는 시각이라고 할 수 있다. 민주화의 성과를 인정하면서도 전통적인 반공주의의 맥락에서 좌익세력 확대에 대한 경계가 지속되고 있다고 볼 수 있다. 특히 북방정책 추진의 기초가 된 7·7선언에 대한 비판적 시각과 연결된다고 할 수 있다.[22]

남한과 달리 북한은 임수경의 방북에 대하여 환영일색이었다.[23] 김일성은 세계청년축전의 개막식 연설에서 "평양축전에 참가하기를 열렬히 희망한 남조선청년학생들"로 지칭하고 있고, 축전관련 기사에서는 "남조선학생들의 의로운 투쟁조직인 「전대협」 대표"의 참가 소식을 알리고 있다.[24]

> 한핏줄을 이은 형제의 정, 형제의 의리는 그 무엇으로써도 막을 수 없다. 그리하여 「전대협」 대표가 마침내 축전도시 평양으로 온 것이다. … (중략) … 림수경 전대협 대표의 평양소식이여서 온겨레가 쌓이고 쌓인 혈육의 정을 일시에 터쳐놓은 것이었다. … (중략) … 그 격정의 파도로 하여 로련한 촬영가들도 초점을 맞추기가 어려웠다.[25]

『로동신문』은 임수경의 북한 방문 행적을 연일 보도 하는 동시에 기자회견 등 다양한 행사를 개최하여 사회적 관심사로 부각하게 하였다.

> 림수경이 3일 여러 축전행사들에 참가하였다. … (중략) … 연도에 늘어선 수천수만 청년학생들과 서민들 속에서는 "만세!"의 환호와 "조국통일!"의 구호가 터져나오고 꽃물결로 설레이였으며 뜨거운 동포에의 정이 차고넘쳤다.[26]

> 서로 얼싸안고 얼굴들을 비비며 기쁨의 눈물짓는 북남학생들의 상봉은 조선은 하나이며 우리는 하나의 겨레이며 둘로 갈라져서는 절대로 살 수 없는 반만년 역사국의 단일민족임을 뜨겁게 느끼게 하였다.[27]

또한 남한당국의 전대협 조사 등도 보도하는 한편 전대협의 임수경 방북과 관련한 입장에 대해서도 자세히 알리면서 임수경의 방북에 적극적인 의미를 부여하고 있었다. 그리고 남한당국이 처벌에 대하여 언급하자 "어린 녀학생의 몸으로 민족이 겪고 있는 분열의 고통을 가시려고 평화와 통일을 주장하는 것이 장한일이면 장한일이지 그것 때문에 구속되여야할 리유가 무엇인지"에 대해서 문제삼고 있다.[28]

북한의 언론이 당국의 통제하에 있다는 점에서 『로동신문』에서 보도한 것이 현실과 일치하는가 여부에 대한 논란이 있을 수 있으나 다시 방북하였던 사람이나 탈북자의 증언에 따르더라도 임수경에 대한 평양당국뿐만이 아닌 일반시민들의 관심과 환영분위기는 대단하였다고 볼 수 있다.[29] 이와 같은 임수경 방북에 대한 북한 태도의 특징을 정리하면 다음과 같을 것이다.

첫째, 임수경의 방북을 평양축전 개최의 정당성을 확보하는 것으로 활용하였다. 특히 반제와 통일을 명분으로 하였던 행사에서 남한 청년대표의 참가는 북한으로서 대단히 의미 있는 일이었다. 따라서 항상 임수경이라는 표현 앞에는 전대협 대표라는 수식어가 따라다녔다고 할 수 있다.

둘째, 선전선동의 역할이 중요한 공식언론 매체에서 비중있고 자세하게 임수경의 일거수일투족을 다루었다는 점이다. 『로동신문』의 경우 6면에 불과하지만 7월 1일부터 남한으로 귀국하는 8월 15일까지 거의 매일같이 관련 기사를 내보냈다. 단기간에 이와 같이 조명 받는 인물은 북한에서도 별로 없다는 점에서 관심 자체가 대단히 높았다고 할 수 있다.[30]

셋째, 축전 참가를 불허하고 임수경의 방북을 불법 행위로 천명하고 처벌의사를 표명한 남한정부에 대한 비판을 위한 수단으로 임수경 사건을 활용하였다. 이러한 차원에서 남한 대통령을 포함하여 당국에 대한 비판이 축전 참가기간 동안 지속하였다. 특히 임수경이 '판문점'을 통하여 귀국하는 과정에서 남한당국과 충돌하고, 이후 사법적인 처벌을 받게 됨에 따라 임수경과 관련된 남한 정부에 대한 비판이 강화되기도

하였다고 할 수 있다.

넷째, 공식 언론 등이 관심을 갖고 있는 것은 임수경의 정치적 행보였다고 한다면 일반 주민들은 임수경 개인에 대한 관심이 높았다고 할 수 있다. 공식언론은 행사 참여와 발표하는 정치적 견해를 주로 다룬 반면, 외모를 포함하여 개인사에 대한 문제에 대하여 당시 북한 주민들의 관심이 집중되었다는 것이다.[31]

4. 남북한의 임수경 방북 의미

1) 임수경 방북이 남한에 미친 영향

임수경의 방북 사건이 의미가 있는 것은 무엇보다도 시기적 문제라고 할 수 있다. 1987년 민주화 투쟁이 성공하여 제도적인 민주화에 성공하면서 이를 주도한 시민사회가 한국사회에서 일정한 지분을 갖게 되었고, 시민사회의 자신감도 충만하게 되었다고 볼 수 있다. 반면 노태우 대통령의 당선에서 알 수 있듯이 권위주의적 군사정부 기간에 구축된 보수적 기득권 세력의 존재도 여전하였고, 민주화도 여전히 미완이었다. 이러한 가운데 민주화를 주도하였던 세력은 통일운동에 역량을 집중하였다고 볼 수 있다. 대북정책과 관련하여서도 1988년도에 발표된 7·7선언으로 북방정책이 추진되고 화해협력과 공존의 방향으로 통일철학이 전환하고 있던 시점이라는 점도 중요하였다고 할 수 있다. 이러한 가운데 발생한 임수경의 방북사건은 다음의 몇 가지 점에서 정치사회적 의미가 있다고 할 수 있다.

첫째, 전대협이라는 강력한 조직의 대표라고는 하지만 순수한 민간인이 방북을 감행함으로써 남북관계에서 국가와 시민사회의 관계가 전면적인 과제가 되었다는 것이다. 임수경의 방북을 전후하여 이미 남한 사회 내에서 통일운동이 대중화 단계에 접어들었고, 남한의 민주화운동과 통일운동이 결합되는 모습을 보이고 있었다. 그리고 통일문제는 민주화과정에서도 정부에 대한 비판의 중요한 고리였지만 민주화 이후에도 여전히 국가가 독점적 영향력을 행사하였던 부분이었다는 점에서 국가와 시민사회가 충돌할 수 있는 공간이었다고 할 수 있다. 1989년도 초의 문익환 목사의 방북과 전년도의 일이지만 임수경의 방북 직전에 공개된 서경원 의원 방북 사건과 맞물려 통일 문제가 더 이상 국가의 일방적인 문제가 아니라는 것이 명백해졌다고 볼 수 있다.

둘째, 통일문제에 대한 사회적 관심이 제고되는 계기가 되었다는 것이다. 연약해 보이는 여학생이 북한에 들어가고 북한 주요 행사의 중심이 되는 일정이 매일 보도 되었고, 더욱이 처벌을 감수하고 분단의 상징인 판문점을 통하여 귀국하는 과정은 국가적 관심사가 되기에 충분하였다. 물론 부정적인 여론이 주류를 이루었다고 하더라도 분단사의 금기가 깨지는 것을 일반시민들이 목격하게 되었다는 것도 분명한 사실이다. 운동권에 대한 공안당국의 일제 단속이 이루어지고 임수경의 귀국 이후 법적공방이 지속되었지만 이것 역시 통일문제에 관심을 제고하는 역할을 수행하였다고 할 수 있다.[32] 이와 더불어 방북기간 동안 임수경의 행적을 통하여 그동안 낯설었던 북한의 다양한 모습을 접하게 된 것도 북한에 대한 관심 증대에 일조하였다고 할 수 있다.

셋째, 현실적으로 공안정국이 조성되면서 남한 내 사회운동 세력의 재정비가 강요되었다는 점이다.[33] 이미 불법단체로 낙인찍혀 탄압을 받고 있었던 전대협 3기 체제는 통일운동 추진을 핵심으로 하고 있었다.[34] 그러나 임수경의 방북사건을 계기로 의장이 체포되는 등 조직이 적지 않은 타격을 입었다. 이후 전대협 4기 체제가 들어서지만 '반민자당투쟁'이 핵심 목표가 되는 반면 통일운동은 1990년에 결성된 '조국통일범민족연합(범민련)'이 주도하게 된다.[35]

2) 임수경 방북이 북한에 미친 영향

임수경 방북은 남한뿐만 아니라 북한에도 커다란 영향을 미쳤다고 할 수 있다. 첫째는 남한의 문화를 전파하는 가운데 북한주민들이 일종의 문화적 충격을 경험하였다는 점이다. 특히 자유분방한 남한 여대생의 행동이나 말투는 당시 집중적으로 보도되었던 언론의 힘까지 빌어 북한사회에서 최고 관심사였다. 이러한 가운데 당시까지 동급생끼리도 남학생은 반말을 쓰고 여학생은 존댓말을 쓰는 가부장적인 북한의 대학의 일상도 임수경의 힘으로 일정 부분 바뀌었다는 증언이 적지 않다. 여성이 일반 바지를 입는 것에 대해서도 부정적인 북한에서 청바지를 입고 행사에 참여하는 임수경의 행동은 북한에서 대단한 반향을 일으켰고, 임수경을 따라하는 유행이 생길 정도였다고 한다. 더욱이 북한이 '통일의 꽃'으로 정치적으로 상징화한 결과 임수경의 모든 행동은 비판의 범위를 넘어서는 것이었고, 일반 주민들도 거리낌 없이 따라할 수 있었다. 임수경뿐만 아니라 평양축전에 참여한 다수의 젊은 외국 학생들의 자유스러운 행동까지 더해져 임수경 방북을 전후로 한 문화충격은 적지 않았다고 할 수 있다.

둘째, 남한자체에 대한 관심이 고조되었다고 할 수 있다. 북한 주민들은 부분적이고 편향적이라고 할지라도 남한 주민이 북한에 대하여 알고 있는 것보다 더 많은 정보를 갖고 있었다고 할 수 있다.[36] 북한의 문학지에 남한의 소설을 소개하는 글이 실리기도 하였고 통일을 대비하기 위해서도 남한에 대한 관심을 지속적으로 강조하여 왔다. 그러나 임수경의 경우는 대다수 북한 주민들이 직접 경험하지 못하였던 남한의 젊은 학생이었기 때문에 관심을 끌었고, 이는 곧 남한에 대한 관심으로 이어졌다고 할 수 있다.

셋째, 과거 경험하지 못하였던 유형의 사람이었던 임수경과의 조우, 그리고 그가 가져온 문화의 충격 등은 정치사회적 의식 변화에도 일정한 영향을 미쳤다고 할 수 있다.

> 북한에서 금기시하는 청바지를 입고 면티를 입은 이 아가씨는 너무나 자유분방하게 행동했다. 원고도 없이 즉석연설을 하는데 아무리 찾아봐야 독재 사회에서 억눌려 기죽어 살아온 흔적이 없어 더구나 신기했다. 다리 아래서 거지들이 득실거리는 그 땅에서 저렇게 곱게 자랄 수도 있을까 이해되지 않았다. 남한 정부를 마구 비판하는 모습에 북한 사람들은 "어구구…용감하긴 한데 재네 집은 이제 3대가 몽땅 망했다. 어쩔려구 저런 말 함부로 하노"하면서 불쌍한 눈으로 바라보았다. 임수경이 판문점으로 나간다고 했을 때 또 한번 놀랐다. "설마, 그런 일이야 있을려구…" 남한 정부에서 불허한다고 했을 때 "그럼 그렇겠지. 남조선에서 볼 때 찢어 죽여도 시원치 않을 역적인데 그걸 분계선 통해 넘어오게 할라고…" 그랬다. 그런데 단식투쟁을 하더니 8월 15일 끝내 넘어간단다. 북한 사람들의 상식에는 도저히 이해되지 않는 일이 벌어진 것이다. 그리고 그해 8월 15일 임수경과 문규현은 분단선 위에 섰다. 북한의 모든 사람들의 눈이 이날 TV에 머물렀다. 다행히 이때의 북한은 요즘처럼 정전이 되지 않아 누구나 TV를 볼 수 있었었다.[37]

북한당국은 임수경을 통하여 평양축전 개최의 정당성을 홍보하고, 동구 사회주의국가들이 체제 전환을 하는 위기 상황에서 대내적인 차원의 사회통합을 제고하는 데 기여하려고 하였다고 할 수 있다. 『로동신문』 등 언론매체에 임수경의 일거수일투족을 보도한 것도 이와 같은 배경이었다고 할 수 있다. 그러나 임수경을 '영웅화'하는 데는 성공하였지만 동시에 앞의 인용문이 나타나고 있듯이 의도하지 않은 결과로 남한체제에 대한 기존 교양과 다른 생각을 하게 되었다는 점이 중요하다. 방북 시점에도 뿐만 아니라 이 이듬해 북한의 기자단이 임수경의 집을 기습방문해서 취재하는 등 지속적으로 임수경에 대한 소식을 전한 것도 결과적으로 남한체제의 민주주의를 선전하는 결과를 가져왔다.

북한 주민들의 종교에 대한 생각도 변화하는 계기가 되었다고 할 수 있다. 이전의 문익환 목사, 그리고 가톨릭 신도였던 임수경과 그와 함께 판문점을 넘어와 당국에 체포되었던 문규현 신부는 과거 부정적인 것으로 이야기되었던 종교 특히 기독교와 가톨릭에 대한 주민들의 생각이 긍정적으로 바뀌는데 영향을 미쳤다는 것이다.[38] 제국주의와 동일한 개념으로 인식되던 기독교 사람들이 처벌을 무릅쓰고 통일운동에 참가하는 행동에 감동을 받아 종교에 대한 관점 자체가 바뀌었다고 할 수 있다.

문화충격이나 남한에 대한 관심 고조나 정치사회적 의식변화가 체제변화와 직접 연결되는 것은 아니고, 그 영향이 제한적이기는 하지만 중요한 것은 북한 당국이 의도하지 않았다고 하더라도 결과적으로 당국이나 지배집단이 일방적으로 주도하였던 주민들의 의식의 균열되는 계기가 되었다는 사실이다. 물론 임수경 개인의 방북과 행동만이 유일한 변화의 원인이라고 할 수는 없다. 경제적 위기가 심화되는 과정에 과시적 행사에 과도한 투입이 이루어지면서 주민의 불만은 점차 축적되고 동구권의 체제전환 소식이 점차 확산되어 불안의식이 조금씩 퍼지고 있었던 시대적 상황과 임수경과 동일한 나이 또래인 산업화 이후 세대인 '혁명 4세대'가 새롭게 사회의 중추로 나서는 인구사회적 환경이라는 구조적 조건에 주목하여야 한다는 것이다. 이와 같은 구조적 요인과 상황적 요인이 임수경 방북과 결합하여 작지만 의미있는 북한 내 변화의 출발이 되었다고 할 수 있다.

5. 맺음말: 남북관계 변화로 본 임수경 방북의 의미

임수경 방북이 남북관계에서 갖는 가장 중요한 의미는 그동안 이어져 왔던 남북한 당국자 간 교류에서 '전대협'이라는 남한의 민간단체가 방북을 주도했다는 점이다. 당시 남한 당국의 허가가 없는 불법적 방북이었지만 교류의 확대를 불러왔다. 그뿐만 아니라 남북의 통일논의에 대한 대화창구 논란에 대해 정부를 압박하는 효과를 불러왔다고도 볼 수 있다. 곧 통일논의는 통치권과 연계 속에서 진행되는 것만이 아닌 일반 국민, 단체들에게도 참여할 수 있는 범위를 넓혔다는 점에서 임수경 방북을 비롯한 일련의 방북사건은 통일논의 개방에 불을 지폈다는 것이다. 물론 1988년 정부는 7·7선언을 통하여 교류주체의 다양화를 인정하였고 남북 당국자 간 대화가 오가는 상황이었기 때문에 전대협의 방북추진은 좌경극단주의로 비쳤다고도 볼 수 있다. 그러나 정부의 허가 여부에 상관없이 시민사회가 독자적으로 남북교류에 나설 수 있다는 것을 실증적으로 보여주었다고는 점이 중요하다. 이것은 남북관계에서 새로운 주체가 등장하였다는 것을 의미한다. 즉, 이전에는 남과 북의 정부가 배타적으로 남북관계를 주도하였다면 이제는 최소한 남한의 시민사회가 새로운 남북관계의 주체가 되었다는 것이다.

남북관계의 새로운 주체로 시민사회가 부각된 것은 근본적으로 남한사회 내의 민주화와 이에 동반하는 시민사회의 성장에서 비롯되었다고 할 수 있다. 따라서 임수경을 포함한 당시 독자적인 방북을 감행하였던 사람들에 대한 사법적 처벌이나 정치적 공세에도 불구하고 일련의 방북사건들은 남북관계에서도 더 이상 국가가 독점적 지위를 갖지 못한다는 것을 상징적으로 보여주었다고 할 수 있다. 임수경에 대한 사법적 처벌의 강도가 상대적으로 작았다는 사실이나[39] 보수집단의 비판도 불법성과 자의성에 집중하였다는 사실도 궁극적으로 민주화된 체제 그리고 시민의 자율성을 토대로 한 자유민주주체제에서 남한에서 거버넌스적인 접근이 통일문제에서도 불가피하다는 점을 반증하였다는 것이다.

북한의 경우 자신들의 정치사회적 이벤트를 선전하고 남한사회 내의 분열을 추구하는 전통적인 '통일전선전술'의 연장선상에서 전대협과 임수경을 이용하고자 하였다고 하더라도 결과적으로는 남북관계에서 새로운 세력을 공식화하게 되었다고 볼 수 있다. 이러한 구도는 남쪽의 분열로 북한이 이득이라고 생각할 수도 있겠지만, 남북관계의 새로운 주체인 시민사회가 북한의 의도대로 움직이지 않고, 독자적인 입장을 갖는다면 북으로도 대응하여야 할 대상이 늘었다는 점에서 반드시 유리하지 않다고 할 수 있다.[40] 또한 앞에서 살펴보았듯이 임수경에 열광한 북한주민들의 변화 특히 새로운 세대의 성장은 장기적인 관점에서 북한의 일반주민들이 남북관계나 교류과정에서 일정한 역할을 담당할 가능성을 보여주었다고 할 수 있다.

남북관계에서 새로운 축의 형성과 더불어 임수경 사건이 남북관계에서 갖는 중요한 의미는 통일논의 자체의 다양성을 보여주었다는 것이다. 비록 임수경 사건으로 남한사회의 '통일운동은 친북세력, 좌경용공세력'이라는 인식 확산을 불러왔다는 점도 분명한 사실이다. 그러나 동시에 과거 지하영역에 머물러 있었던 '친북'적 논의 즉 북한의 주장이 공개적인 토론의 장에 나왔다는 점은 의미가 있다. 이 과정에서 공안정국을 주도하였던 보수적 입장도 목소리를 높이면서 본격적인 통일관의 충돌이 시작되었다고 할 수 있다. 다원적 사고의 인정이 민주주의 기초라고 한다면 북한이나 통일문제와 같은 중요한 이슈에도 의견의 충돌을 불가피하면서도 필요하다고 할 수 있다. 이러한 맥락에서 본다면 임수경 사건은 통일문제의 본격적 이념갈등이 시작되는 동시에 전 사회적으로 확산되는 계기였다고 할 수 있다.

남북관계의 관점에서 임수경 사건 전후를 본다면 남한의 주도권이 보다 확실해졌다고 볼 수 있다. 정부는 7·7선언이나 '한민족공동체통일방안'을 발표하면서 적극적인 대북정책을 추진하였고, 민간부분은 정주영 회장의 방북을 포함하여 다양한 방북 사건을 통하여 북한을 유인하였다고 할 수 있다. 방북사건을 둘러싼 공안정국 조성 및 보수적 여론의 확산에도 불구하고 1990년 초반 총리급회담의 성사와 남북기본합의서의 체결 등 남북의 화해국면으로 들어갔다. 쌍방이 있는 관계라는 점에서 북한의 입장이나 의지를 무시할 수는 없지만 남북관계 개선은 남한(국가와 시민사회 양자를 포함)의 역할이 더욱 중요해졌다는 것을 1990년대 이후 남북관계의 진행과정에서 알 수 있다.

3

남북정상회담과 사회문화교류

1. 머리말

북한의 평창올림픽 참가와 2018년 4월 27일 개최된 남북정상회담 및 '판문점 선언'을 계기로 남북관계의 전환을 기대하는 사람이 늘고 있다. 그동안 남한의 보수정권 집권과 북한의 핵개발, 미사일 발사 등으로 남북관계는 경색되었고, 한국전쟁 이후 또 전쟁 가능성이 제기될 정도였다는 점에서 최근 상황은 남북한주민 모두에게 환영할 만한 일이다. 따지고 보면, 분단과 함께 두 나라는 전쟁을 겪으면서 적대적 갈등관계를 유지했지만, 1972년 7·4 공동선언을 보듯 관계개선 노력도 병행해 왔다. 이후 관계가 악화되기도 했지만 1992년 남북기본합의서 채택, 2000년과 2007년 두 차례의 남북정상회담에서 6·15, 10·4 공동선언이 발표되기도 했다. 장기적 관점에서 보면 전쟁 이후 남북관계는 짙은 굴곡이 있으면서도 평화를 지향하는 방향으로 진행되었다고 볼 수 있다. 그러나 동시에 두 나라의 관계가 '해피엔딩'으로 마무리될 것인지에 대한 회의가 있은 것도 분명하다.

단기적으로는 북한의 핵 문제 해결이 시급한 일이지만 장기적으로 평화와 통일을 달성하기 위해 분단 이후 70여 년 동안 남북관계 발전을 가로막는 장애를 근본적으로 제거하고 성찰할 필요가 있다. 분단으로 파생된 문제는 이념투쟁이나 군사적 대치뿐 아니라 문화적 이질화, 일상의 차이에 이르기까지 다양한 까닭에 비핵화와 같은 우선적 과제가 극복하더라도 남북관계 진전을 위해서는 예상되는 걸림돌이 적지 않다. 가령, 남북한 당국의 대북·대남정책이나 한반도 주변의 국제정치적 맥락을 이해하는 것뿐만 아니라 남북관계를 지향하는 사회내부의 동력들도 점검해야 한다. 북한지도부의 의지와 내부 사회경제적 현실 변화를 정확하게 파악하는 일도 빼놓을 수 없다. 이러한 맥락에서 이 글에서 주목하는 것은 남북한 사회문화교류이다.[1]

평창올림픽을 계기로 10여 년 만에 성사된 남북한 간 공연예술단의 교환 방문은 대규모 사회문화교류사업으로 높은 관심을 받았다. 뒤이어 열린 남북 정상회담에서도 이산가족 상봉을 포함한 다양한 사회문화교류가 주요 의제로 언급된 까닭에 앞으로 교류협력은 더욱 활성화될 것으로 보인다.[2] 남북관계가 전면적으로 단절된 지난 몇 년을 생각하면 사회문화교류에 대한 관심이 당연하다고 볼 수 있지만 기대만큼 활성화되고 발전할 수 있을지는 의문의 여지가 있다. 2000년대 활발하게 추진된 사회문화교류들이 두 나라의 관계 발전이나 상호 증진에 기여한 바가 생각보다 많지 않았기 때문이다. 따라서 이 글은 기존 사회문화교류의 문제점은 무엇인지 따져 보고 이를 바탕으로 발전적인 사회문화교류는 어떻게 이루어져야 하고 이를 위해 어떤 요소들을 검토해야 할지 논의했다.

2. 사회문화교류와 남북관계

현재 남한의 공식 통일방안은 '민족공동체통일방안'이다. '한민족공동체통일방안'은 1989년 노태우 정부가 제시했고, 1994년 김영삼 정부에서 마련한 민족공동체통일방안은 평화적 수단에 의한 통일, 단계적·점진적 통일을 지향하고 있다. 구체적으로, ①화해·협력 단계, ②남북연합단계, ③통일국가 완성 3단계로 설정하고 있다.[3] 민족공동체통일방안이 발표된 후 20여 년이 지났고, 그동안 정권이 수차례 바뀌었지만, 민족공동체통일방안이 폐기된 적은 없으며, 근본 철학이나 원칙이 바뀔 가능성도 높지 않다.[4] 민족공동체통일방안에 따르면, 남북관계가 단계적으로 진전하는 경우 한반도의 냉전구조도 해체되면서 평화체제가 구축된다.[5] 민족공동체통일방안에서 사회문화교류가 제기된 것은 화해협력단계에서 남북한이 적대와 대립을 화해와 협력관계로 전환해 나가는 과정의 중요한 수단이기 때문이다. 즉, 남북은 상호 두 체제를 인정·존중하는 가운데 경제·사회 ·문화 등 각 분야의 교류와 협력을 통해 신뢰를 쌓게 되어 있는데, 이 과정에서 경제협력과 사회문화교류가 필요하게 된다.[6]

사회문화교류는 화해협력단계를 넘어 남북연합과 통일국가 단계에서도 중요한 역할을 한다. 화해협력단계에서 사회문화교류를 통해 사회문화공동체가 형성되면 경제협력을 통해 이룩된 경제공동체와 연합단계의 토대가 마련되고, 이를 바탕으로 정치공동체가 형성되면 통일국가가 완성되기 때문이다.

사회문화교류와 남북관계를 구체적으로 설명한 것이 다음의 <그림 1>이다. 순환구조의 처음은 아래 부분의 남북한체제 내 변화에서 비롯되는 경향이 있다. 민주화와 산업화에 성공하여 1987년 체제를 성립한 남한이 이를 토대로 민족공동체방안을 마련하고 적극적으로 남북관계 개선을 시도하였다. 이후 1991년 남북기본합의서 체결과 2000년 남북 정상회담 개최를 통해 사회문화교류가 확대되기 위한 조건이 형성됐다. 교류확대를 통해 접촉면이 넓어지면 상대방에 대한 기존 관점이 변화하고, 통일에 대한 국민적 관심도 더욱 늘어날 것이다. 또 남북 사회문화교류에 참가하는 주민들은 '인간통합'을 경험하게 된다.[7] 이러한 과정을 통해 남북한은 교류확대를 위한 세부 제도를 마련하는 등 체제 내부 변화를 겪으면서 사회문화 공동체 형성을 위한 선순환구조를 반복하게 된다.[8]

〈그림 1〉 사회문화교류와 남북관계

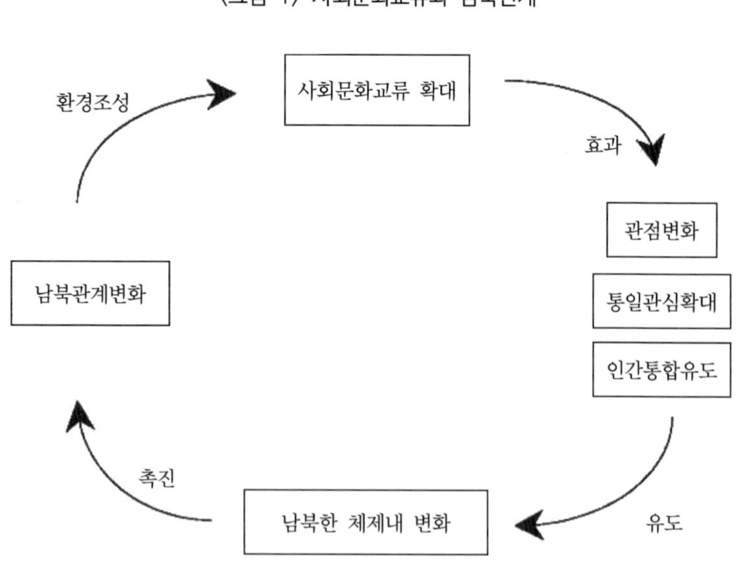

사회문화교류는 남북관계 진전과정뿐 아니라 통일 이후 사회통합을 위해서도 중요하다. 통일은 단순히 단일한 국가체제를 달성하는 것이

아니라 사회적 차원에서는 남북한 주민 간의 사회공동체를 형성하는 것이고, 문화적 차원에서는 통일문화를 형성하여야 비로소 완결된다. 이러한 맥락에서 사회문화교류는 통일국가가 이루어진 다음에는 사회문화 통합과정이 된다. 사회문화교류(통일 이전)와 사회문화통합과정(통일 이후)이 제대로 수행되지 못한다면 독일 등 분단국가의 통일과정에서 보듯 사회문화적 갈등이 격화될 가능성이 있다.[9]

〈그림 2〉 통일 이후 사회문화통합과정

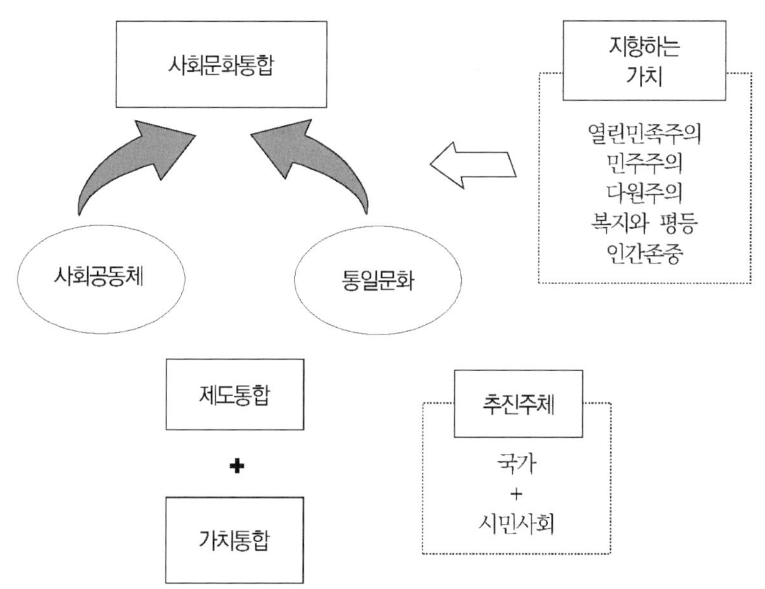

사회문화교류가 통일과정이나 통일 이후에도 필요하지만, 모든 사회문화교류가 〈그림 1〉처럼 남북관계 개선이나 통합과정에 순기능만 있는 것은 아니다. 남북한과 같이 적대적인 관계를 유지하면서 상대체제

뿐 아니라 주민들과 문화에 대한 배타적인 태도를 유지해 온 경우, 교류과정의 접촉이 상호이해가 아니라 거리감을 확대시킬 수 있기 때문이다.[10] 흔히 사회문화교류 확대가 상호이해를 증진시키고 평화공존과 통일에 긍정적인 영향을 미칠 것으로 생각하지만 이것은 지나치게 단순하고 순진한 사고다. 역사적으로 볼 때, 독자적으로 구조화된 문화들이 만나서 공존하는 사례보다 충돌하는 경우가 많았고, 결과적으로 사회갈등으로 비화된 일이 많았다.[11] 이러한 맥락에서 단순히 사회문화교류 확대를 강조하기보다 긍정적인 결과를 동반하는 사회문화교류를 지향하는 일이 필요하다.

3. 기존 사회문화교류의 성찰

분단 후 30여 년 동안 남북 사회문화교류는 한반도 내 냉전 기류 속에서 진전된 성과를 거두기 어려웠다. 1950~60년대에 걸쳐 북한이 남북 언론인 교류(1957), 제17차 올림픽대회 단일팀 구성(1958), 남북 공동 영화제작 및 연극경연대회(1965), 남북 기자 및 과학자 교류(1966) 등 수차례 제의를 한 바 있으나, 통일전선전략차원의 '선전성 제안'에 불과할 뿐 실천할 의지가 부족했다. 1980년대 들어 남북교류는 체육회담, 적십자회담 등 당국 간 논의가 진행된 가운데 이산가족 고향방문단 및 예술공연단 상호교환(1985)이 교류의 첫 성과로 기록됐다. 그러나 1988년 남한 정부의 '7·7 특별선언'으로 인해 남북사회문화교류는 새로운 전기를 맞았다.[12]

'7·7 선언'으로 남북 교류의 적극화 의지가 대내외적으로 표명된 이래 '남북교류 협력에 관한 기본지침' 시행(1989), '남북교류협력 추진협의회' 발족(1989), '남북교류협력법'과 '남북협력기금법' 제정(1990), '남북문화교류의 5대원칙'[13] 발표(1990), '남북기본합의서'와 '부속합의서' 채택·발효(1992), '남북사회문화협력사업처리에 관한 규정' 제정(1997), '남북교류협력에 관한 법률 시행령' 개정(1998) 등 일련의 법제도적 장치가 마련됐다. 1998년 출범한 김대중 정부는 '평화 화해·협력' 실현과 남북관계 개선을 대북정책의 목표로 설정하고, 대북포용정책 추진을 천명했다. 그동안 간헐적으로 이뤄진 사회문화교류 역시 2000년 남북정상회담 이후 급격한 변화를 맞았다.

1985년 처음 열린 이산가족상봉이 15년 만에 재개됐고, 정상회담 직전 북한 소년예술단과 평양 교예단이 서울을 방문해 공연을 펼쳤다. 8·15 광복절을 기념하는 음악회에서는 조선국립교향악단의 단독공연, KBS교향악단과 합동공연이 선보였다. 남한의 언론사 사장단은 북한을 방문해 적대적 언론보도를 지양한다는 약속을 했고, 한국방송공사(KBS)가 추석을 맞아 백두산 현지에 생방송을 가지기도 했다. 삼성 탁구단은 평양에서 시합을 벌였고, 그 장면은 생방송으로 전파를 탔다. 이 외에도 대중가수들의 평양공연과 텔레비전(TV) 프로그램 합작 등 대중문화교류, 북한 미술품의 남한전시 같은 순수예술교류가 활발하게 전개됐다. 문화재 교류를 포함한 다양한 분야의 학술 교류, 일반인에서 국가대표에 이르는 체육교류 등 사회문화와 관련된 대부분의 분야에서 교류도 이루어졌다.[14]

과거와 비교해 2000년 정상회담을 계기로 이뤄진 사회문화교류는 다음과 같이 몇 가지 차이가 있다.

첫째, 제3국이 아닌 남북한 현지에서 사회문화교류가 이루어졌다는 점이다. 과거 사회문화교류 중심은 남북한보다 일본이나 중국 등 제3국이었다. 그러나 2000년대 사회문화교류는 남한(소년예술단·평양교예단·평양교향악단)과 북한(탁구 시합·백두산 현지방송)에서 진행됐다. 단순히 장소 문제만은 아니다. 제3국의 사회문화교류는 참여자에 국한된 교류이지만, 현지에서의 사회문화교류는 비록 인원이 충분하지 않더라도 남북의 문화를 상대편 사람들이 직접 경험할 기회를 준다는 점에서 질적으로 다른 차원에서의 교류로 볼 수 있다.

둘째, 교류장소를 비교할 때 남한에서 추진된 사회문화교류가 과거에 비해 많아졌다. 비교적 남북교류가 활발했던 1990년대 초 총리급회담과 기본합의서 체결을 전후한 사회문화교류 장소는 제3국이나 북한이 많았다. 북쪽 사람들이 남한을 방문해 공연을 펼친 것은 1985년 이산가족 방문단을 교환할 당시 동반한 예술단 공연 이후 전무했지만 2000년대 초 소년예술단과 교예단, 북한의 예술작품 및 문화재 교류는 남한에서 이루어졌다. 6·15와 8·15 행사 역시 남북을 오가며 개최됨으로써 남한을 방문하는 북한 사람도 과거에 비해 크게 늘었다고 볼 수 있다.

셋째, 국가가 사회문화교류에 직접 관여하는 정도가 많아졌다는 점이다. 제1차 정상회담을 계기로 이뤄진 문화교류는 외면적으로는 민간의 주도로 되어 있다. 그러나 정상회담 직전에 있었던 소년예술단과 교예단 방한은 정부가 일정한 역할을 했고, 평양교향악단공연 역시 남한 정부의 영향력이 적지 않았던 것으로 알려져 있다.[15] 뿐만 아니라 정상회담 이후 통일부와 문화관광부 등 관련 부처는 사회문화교류를 적극적으로 주도했다. 직접 지휘하지 않았다고 해도 통일부의 협력기금 등을 통해 사회문화교류에 영향력을 행사하는 경우도 적지 않았다.

넷째, 자본의 결정력이 높아졌다는 점을 들 수 있다. 평양교예단이나 평양교향악단의 공연 등 북한 예술단 초청뿐 아니라 북한을 방문하는 공연 등에도 필요한 경비 외에 북한은 별도 대가를 요구하면서 자

본의 영향력이 높아졌다. 경비 문제는 남한에서 소위 '퍼주기'라는 정치적 논란으로 번지기도 했다.[16]

다섯째, 언론이 결합되는 등 사회문화교류가 복합적인 성격을 띠었다. 시민들이 공연이나 행사를 직접 참여하지 못해도 신문과 방송을 통해 사회문화교류를 경험할 수 있게 되면서 사회문화교류의 경험을 확산시킨다는 의미를 가진다. 물론 언론 교류 자체도 의미 있는 성과지만 이에 못지않게 사회문화교류의 성과를 확대시켰다는 점은 주목할 부분이다.

여섯째, 사회문화교류의 다양성이 확대되었다는 점이다. 소년예술단, 교예단, 교향악단, 방송, 체육 등 정상회담 전후 각종 사회문화교류의 종류가 다양하다. 특히 남한이 교류의 중심지가 됨으로써 과거에 접하지 못하였던 북한문화를 직접 체험하는 기회가 되었다.

정상회담을 통해 2000년대 사회문화교류가 폭발적으로 늘어난 것은 궁극적으로 남북관계의 성격변화에 기인한다. 즉, 정상회담을 계기로 남북관계가 개선되면서 자연적으로 사회문화교류가 활성화되었다는 분석이다. 그러나 양적으로 확대된 사회문화교류는 다음 몇 가지 문제도 갖고 있었다.

첫째, 사회문화교류가 활성화됐다고 하지만 반대로 정치의 예속성은 더욱 높아졌다. 2000년대 사회문화교류는 정상회담 개최와 합의문 도출 등 남북관계 개선에서 힘입은 바 크다. 즉, 과거에는 정부가 민간의 사회문화교류를 막아왔던 것과 마찬가지로 역으로 2000년대 이후에는 정부가 정치적 필요에 따라 사회문화교류를 독려했다고 볼 수 있다. 이후 정부의 정치적 입장에서 따라 사회문화교류가 좌우되는 결과로 이어졌다.

둘째, 남북관계 발전이 정부의 적극적인 정책 추진에서부터 비롯된 만큼 사회문화교류에서도 정부의 몫이 확대돼 민간부문이 위축되었다는 점이다. 비록 남북관계에서 정부의 영향력이 지대하다고 하더라도 국가가 사회문화교류에 적극 개입한 것은 바람직하지 않다. 기본적으로 문화의 자발성을 강조한다면 남북 사회문화 교류도 예외가 될 수 없으며, 국가가 개입하는 교류는 정치적 홍보로 전락해 사회통합이라는 본질적 의미가 퇴색될 수밖에 없다.

셋째, 사회문화교류에 대한 자본의 영향력이 점차 확대되면서 사회문화교류에서 상품성이 지나치게 강조됐다는 점이다. 출연료나 공연료 등의 사례는 어느 공연에나 필요한 지출이지만 적절한 가격과 동떨어져 과도한 비용을 지불했다면 문제가 될 수 있다. 크게 두 가지 차원으로 볼 수 있는데, 사회문화교류마저 대자본에 종속될 수 있다는 점, 향후 사회문화교류도 시장원리가 적용돼 상품성이 높은 문화만이 교류대상이 될 수 있다는 지적이다.

넷째, 반세기 동안의 적대적 분단상황으로 인해 상대 문화를 수용할 준비가 거의 되어 있지 못했다는 점이다. 남북이 경험한 분단상황은 단순히 둘로 나뉘어 있는 것을 넘어 정치·군사적 적대관계가 지속되는 것이었다.

남북한 주민 간 만남은 곧 위법이었고, 상대 문화는 당연히 '인정할 수 없다'는 논리가 형성됐다. 특히 남한에서는 북한 문화에 접촉하는 자체가 보안법 위반 사항이었고, 이는 반국가사범인 것을 의미했다.[17] 이처럼 상대 문화에 대한 기본적인 이해는커녕 아무런 경험이 없는 상태에서 문화적 적개심을 유지한 채 갑자기 새로운 문화를 접하는 것은 일시적 호기심 충족 수준에 그치거나, 과거의 문화적 편견을 확인하는 결과를 가져올 수 있다. 평양교예단의 공연을 보면서 북한 독재체제의 공포를 이야기하는 것이 대표적인 사례다.[18] 그렇지 않다고 하더라도 사회문화교류를 통해 '문화적 거리감 → 인간적 거리감'을 확인할 수 있다는 것이다.

4. 남북관계 발전을 위한 사회문화교류의 방향

분단 이후 현재까지 진행된 사회문화교류를 살펴보면, 기본적으로 남북관계에 영향을 받을 수밖에 없었다는 것을 알 수 있다. 즉, 화해 분위기가 고양되면 사회문화교류가 활성화되고 반대로 경색되면 사회문화교류도 위축됐다는 사실이다. 사회문화교류가 전방위적으로 활성화되기 위해선 남북한 간의 화해협력의 분위기가 정착돼야 한다. 2018년 평창올림픽과 4·27 판문점 정상회담은 교류 활성화를 위한 토대를 마련했다. 물론 사회문화교류가 남북한 상호이해를 위한 중요한 수단이라고 해도 그 자체가 충분조건은 아니다. 통일 과정에서 사회문화교류는 역기능을 수행할 가능성도 배제할 수 없다. 중요한 것은 사회문화교류의 바람직한 요소를 확대하면서 파생되는 여러 문제점을 신속하게 해소하는 일이다.[19] 이러한 맥락에서 발전적인 사회문화교류를 위해 다음 몇 가지 기본방향이 필요하다.

첫째, 사회문화교류를 통해 남북 간 차이를 인정하는 바탕에서 공동의 요소들을 확보해 민족공동체를 새롭게 구성해야 한다. 지난 70년은 체제 간 차이로 인하여 문화와 생활방식 전반에서 이질화가 심화된 과정이라 할 수 있다. 같은 말을 쓰면서도 용례가 다르고, 정치체제의 차이에서 오는 문화 차이는 갈등의 대상이 되기도 한다. 북한을 다녀온 사람들이 많이 느끼듯 그 사회를 지탱하는 김일성, 김정일 두 지도자의 초상화와 동상, 구호 등이 북한에 대한 생경한 인식을 심화시키는 대표적인 기제들이다. 이러한 문화차이는 곧바로 남한 사회의 갈등으로 비화되기도 하는 것이다. 사회문화교류는 이러한 상호 이질성에 대한 확인 과정이 아니라, 우리 문화가 단일민족성을 유지하면서도 사회 내부에 다양한 문화형식이 축적되어 왔음을 이해하는 과정이 되어야 한다.

둘째, 상호 이해와 신뢰 형성 과정의 축적이라는 관점에서 사회문화교류 및 협력을 추진해 나가야 한다. 사회문화교류를 둘러싼 남북 간 관점 차이는 시대별로 변화해 왔다. 북한이 체제경쟁에서 우위에 있었던 1950년대에는 사회문화교류에 적극적이었다.[20] 그러나 체재 경쟁에서 남한이 우위를 점하게 된 1990년대에는 남한이 사회문화교류에 공세적이었다.[21] 이러한 역사가 보여주는 것은 남북 사회문화교류가 자칫 각자의 체제 우월성의 선전 공간으로 자리하게 될 가능성이 있다는 점이다. 사회문화교류는 체제경쟁에서 벗어나 그 과정 하나하나를 통해 신뢰를 구축해 나가는 과정이 되어야 한다.

셋째, 남북관계 발전과 사회문화교류도 제도화 단계로 가야 한다. 사회문화교류 제도화란 공동기구 구성을 비롯해 공동의 준거틀을 만들어 법제화함으로써 제반 교류가 일시적 혹은 일회성에 그치지 않고 지속적으로 유지되도록 하는 것을 의미한다. 2000년 남북정상회담에도 불구하고 남북관계가 단절과 재개가 반복되면서 사회문화교류도 불안정했던 제도화 부족의 탓이 크다. 그런 점에서 2018년 남북정상회담은 남북관계의 불안정성을 극복하고 제도화 단계로 진입하는 기회를 제공하고 있다.

넷째, 남한 사회에서 민주주의를 확대하고 평화문화를 정착시키는 한편, 남북 사회문화의 전반적인 발전을 도모하는 과정이 되어야 한다. 사회문화교류가 사회통합 또는 더 나아가 사회문화적 공동체 구성이라는 원대한 목표를 향해 나아간다고 했을 때, 현 단계의 사회문화교류가 남과 북에 이미 존재하는 것들만의 교류가 되는 것으론 부족하다. 남북 내 사회현상, 문화현상에서 여전히 분단의 잔재들이 남아있기 때문이다. 북한이 '유격대국가'적인 성격을 갖고 있는 전쟁 지향적이고 권위주의체제라고 해서 남한의 입장에서 사회문화교류를 '북한 변화 유도'로 규정하는 것도 문제가 있다. 남한이 민주화를 이뤘다고 하나 여전히 분단문제에 자유롭지 않기 때문이다.[22] 분단을 극복하고 통일을 지향하는 문화는 새롭게 형성되어야 할 필요가 있다는 의미다. 그 바탕은 민주주의의 확산과 평화문화의 정착이라 할 수 있다. '접근을 통한 변화'가 북한을 일방적으로 변화시키는 것이라면 이와 반대로 남북한이 모두 '변화를 통한 접근'을 지향해야 한다. 사회문화교류를 통해 남북은 더 가까워질 것이고, 북한의 변화는 스스로 하는 것인 만큼 남한도 남북통합의 미래 구상 위에서 발전적으로 변화시키는 일이 중요하다.[23]

다섯째, 점진적, 단계적 방향하에 민·관이 협력해 모든 영역에서 통합을 실현해야 한다. 사회문화교류가 사회통합이라는 큰 틀 속에 있음은 물론, 단계적이면서도 점진적인 통일 과정과도 부합되어야 한다. 따라서 정부와 남북 사회문화교류 협력 단체 간의 조정, 협력기구를 시급히 형성해 정책과 사업을 추진해야 한다.

기본 방향을 바탕으로 사회문화교류를 진행하는 과정에서는 아래와 같은 사항을 고려해야 한다.

첫째, 남북한 관계의 진전과 부합해야 한다. 적대적 상황인지 혹은 화해협력 상황인지, 평화정착 단계인지에 따라 사회문화교류의 주안점과 구성은 각기 다를 수 있다. 또 남북관계 진전은 남북당국 간 회담을 포함해 제도화를 동반한다는 점도 생각할 필요가 있다.[24] 1991년 기본합의서 채택 후 사회문화 관련 부속합의서가 체결된 것처럼, 향후 남북관계 개선이 진전되면 문화협정 체결도 가능할 것이며, 사회문화 교류에 대한 기본 틀은 협정 내용에 의해 좌우될 수 있다.

둘째, 남북한 체제의 현실을 고려해야 한다. 2000년대 이후 북한은 시장화가 진전됐고, 이 과정에서 한류를 포함한 외부문화의 유입도 가속화됐다.[25] 김정은 집권 이후에는 '모란봉악단'이 상징하듯 문화정책의 변화도 적지 않다.[26] 남한은 범지구화가 빠르게 진행되고, 문화적 다양성은 확대되고 있는 반면 젊은 세대의 민족 및 통일의지는 약화되고 있다. 남북한의 사회문화적 현실을 반영하지 않는 교류사업은 추동력을 얻기 어려울 것이다.

셋째, 실현 가능성이 있는 사회문화교류가 되어야 한다는 점이다. 남북관계나 남한 내부 상황뿐 아니라, 교류를 추진하는 주체나 교류 상대인 북한의 역량 등을 고려할 필요가 있다. 과거 지방자치단체가 경쟁적으로 사회문화교류를 추진했지만, 북한의 지방자치단체가 독자적으로 남북교류 사업을 추진할 수 없다는 점에서 현실성이 떨어졌다. 이산가족 상봉문제도 다르지 않다. 남한에서 이산가족은 월남자를 생각하는 경향이 크지만, 역설적으로 북한에서는 '체제 배신자'에 속한다. 인도적이지만 정치적으로 민감한 사안이라는 이유가 여기에 있다. 이 밖에도 남북한이 교류 아이템을 실질적으로 소화할 수 있는지 여부도 고려 대상이다.[27]

넷째, 사회문화교류의 개념을 확대해야 한다. 사회문화교류를 일반적으로 인적 교류와 동일시하는 경향이 있지만 실제 그 성격은 매우 복합적이고 인적 접촉이 없이도 가능하다. 예를 들자면, 남한 사회에서 북한 소설을 출판하거나, 남한 텔레비전(TV)에서 북한 영화를 방영하는 것도 중요한 사회문화교류가 될 수 있다. 인터넷을 포함한 뉴미디어(New Media)를 통한 교류도 생각할 수 있다는 의미다. 이와 같은 교류는 북한의 내부 사정과 관계없이 추진 가능하다는 장점이 있다.

다섯째, 사회문화교류 발전을 위한 남한체제 내부의 정비부터 서두를 필요가 있다. 통일부와 문화체육관광부, 교육부 등 사회문화교류와 관련 있는 정부 부처 간 업무분장이 시급하고, 지방정부를 포함한 사회문화교류 관련 정부·민간·기업의 협력 체제를 다져야 한다. 또 업무담당 공무원의 의식 전환을 추진하는 것은 물론 보안법과 저작권법 등 사회문화교류를 저해할 수 있는 제도적 장치를 정비하는 일도 빼놓을 수 없다. 필요하다면 가칭 '사회문화교류 진흥원' 같은 법적 기구를 설치하는 것도 검토해야 할 것이다.

5. 맺음말: 정상회담 이후 사회문화교류

그동안 정치 환경이 남북관계에 큰 영향을 끼쳤다는 점에서 4·27 판문점 남북정상회담을 계기로 사회문화교류의 가능성이 커진 것은 분명하다. 더욱이 현재 문재인 정부는 화해협력을 기반으로 하는 김대중·노무현 정부의 대북정책을 계승한다고 밝혔고, 시민의 자율성이나 중요성을 지지하고 있기 때문에 민간이 주도하는 사회문화교류 활성화에는 긍정적인 정치적 환경이 조성됐다고 볼 수 있다. 판문점 선언에서 합의한 대로 남북연락사무소가 운영되면 교류협력을 위한 남북한 제도화 수준을 높이는 효과도 있을 것이다. 또 경제협력 사업과 달리 대북제재와도 무관하게 추진될 수 있는 분야가 사회문화교류다. 그럼에도 불구하고 사회문화교류 확대에 부정적인 요인들도 있다는 점도 직시할 필요가 있다.

첫째, 사회문화교류를 추동할 수 있는 남한 사회 내 동력이 약화되었다는 점이다. 1990년대 이후 사회문화교류는 남한이 주도해 왔다. 그러나 최근 북한에 적대적인 보수 정권이 10년 가까이 유지되는 가운데 북한에 대한 시민들의 인식도 악화돼 사회문화교류에 대한 사회적 지지도 낮아질 가능성이 크다는 것이다.[28] 2000년대 10여 년 동안 이루어진 사회문화교류 사업에서 얻은 교훈 가운데 하나는 남북 사회문화교류가 상업적으로 성공하기 어렵다는 점이다. 시장을 기초로 한 남한 사회에서 사회문화교류사업을 민간부분에서 독자적으로 추진하는 것은 쉽지 않다는 것을 의미한다. 평창올림픽과 더불어 예술단 교환 방문이 관심을 끌었던 것은 지난 10여 년 동안 남북한 간 교류 이벤트가 없었기 때문이었다. 더욱이 북한에 대한 부정적인 인식이 지배하는 현실에서 사회문화교류를 추진하는 것은 쉬운 일이 아니다.

둘째, 사회문화교류를 추진할 시민사회의 환경이 열악한 현실에서 국가가 개입하는 사회문화교류가 심화될 가능성이 있다. 과거 사회문화교류에 적극적이었던 시민사회단체들은 장기간 걸친 교류단절로 관련 사업을 포기한 경우가 많았고, 실무자로 교류의 경험을 쌓았던 인적자원들의 손실도 적지 않았다. 사회적 지지도 부족하고 물적 토대도 약화된 시민사회가 정상회담 이후 사회문화교류를 적극적으로 담당하지 못하면 2000년대 초반과 같이 정부 주도의 사회문화교류가 중심을 잃을 수 있다. 국가나 공공부분의 적극적인 사회문화교류가 꼭 나쁘다고 볼 수는 없지만 정치적 이해에 좌우되거나 정치적 논란의 대상이 될 여지가 있다는 의미다.

셋째, 2000년대와 최근 북한의 모습은 다르다는 점이다. 특히 경제적인 안정이 이루어지면서 과거 사회문화교류에 북한을 유인했던 경제적 동기가 더 이상 효과가 없을 가능성이 크다. 예를 들어 과거 사회문화교류에서 대북지원 사업이 역할이 적지 않았는데,[29] 현재 북한은 1990년대 후반이나 2000년대 전반과 같이 긴급구호가 절실하지 않다.[30] 과거 대중문화공연을 비롯한 문화교류에도 북한이 비용을 받았지만, 경제난이 해소된 오늘날에도 과거와 같은 입장을 지속할지 의문이다. 체제경쟁에서 열세에 있는 북한이 접촉이 동반되는 사회문화교류에 소극적인 현실에서 북한을 유인할 수 있는 중요한 수단의 효력이 떨어졌다는 것이다.

북한 핵 문제가 해결의 길로 들어서고 판문점 선언에서 합의했듯 남북정상회담이 정례화되면 상대적으로 정치적 부담이 적은 사회문화교류부터 활성화될 가능성이 크다. 그러나 지난 사회문화교류에 대한 성찰이 없이 진행되면 문제점은 반복될 것이고, 사회문화교류의 의미도 퇴색될 수 있다. 과거 사례에 대한 구체적인 분석과 발전적인 교류방안을 모색하는 로드맵을 구축하면서 교류를 시행하는 것이 어느 때보다 필요하다는 지적이다.

이와 더불어 통일 개념에 대한 근본적 고민도 사회문화교류 발전을 위해서 필요하다. 통일이라는 말은 그 자체로 하나가 되는 것을 의미한다.

실제로 대부분의 사람들이 분단의 의미가 하나였던 체제가 둘로 나누어진 것이라 여긴다면 원상회복은 당연히 하나로 되돌아가는 것이라 생각한다. 하지만 하나가 된다는 것이 어떤 의미인가에 대해서는 보다 진지한 논의가 필요하다. 전체 체제라는 관점에서 보면 통일을 커다란 개념으로 받아들인다고 해도 사회 각 부문이나 하위체제에서도 통일을 적용할 수는 없을 것이다. 사회 체제에서는 통합이 적절한 개념이 될 수 있지만 문화 수준에서는 적절하지 않다. 흔히 '통일문화'라는 말을 사용하지만, 문화적 통일, 문화적 통합은 전체주의 사회에서나 가능한 것으로, 제국주의 문화론에서나 지향하는 일이다. 문화는 통합도 아니면 통일도 아니며 공존이 되어야 한다는 의미다. 우리가 일상적으로 쓰는 통일은 제도적 통일, 사회적 통합, 문화적 공존이 되어야 한다. 이러한 인식이 토대가 돼 사회문화교류를 추진해야 할 것이다.

4

남북한 접촉지대와 마음의 통합이론

'마음의 지질학' 시론

이우영 · 구갑우(북한대학원대학교)

1. 머리말

남북한 주민들이 서로 만나는 접촉지대(contact zone)에 대한 실증연구를 통해 남북한 마음의 통합이론과 그 이론의 한 구성요소인 북한적 마음체계의 이론을 구축하는 것이 이 글의 목적이다. 그러나 경험적 지식의 무한성을 고려한다면, 귀납적 이론화에는 한계가 있을 수밖에 없다. 이론이 법칙을 설명할 수 있는 진술들의 집합이라면, 이론은 발견되는 것이 아니라 발명되는 것이기 때문이다.[1] 그럼에도 우리가 귀납적 이론화란 사유과정의 경로를 선택한 이유는 접촉지대에서 발견되는 남북한 마음체계의 규칙성에 대한 경험적 연구 없이, 접촉지대에 대한 실증적 연구를 위해 필요했던 전(前) 이론의 이론으로의 전화, 즉 이론의 발명이 불가능하다고 생각하기 때문이다.

이 글에서 남북한의 접촉지대라는 개념에 주목하는 이유는, 남북한의 제도적, 비제도적 접촉지대가 한반도 미래의 거울이라 단정할 수는 없지만, 접촉지대에서 발생하고 있는 자연발생적 상호작용의 경험이 남북한 사회통합을 기획하고자 할 때, 고려되어야 하는 북한적 마음체계의 기초자료라고 보기 때문이다. 접촉지대를 구성하는 다양한 요소 가운데 마음체계라는 개념에 입각하여 경험적 연구를 진행한 이유는, 사회통합의 궁극적 형태가 행위자들의 마음의 통합이라는 문제의식 때문이다. 접촉지대는 남한과 북한의 마음체계가 만나는 장소다. 접촉지대에서 나타나는 북한적 마음체계는 마치 다양한 마음의 퇴적층과 같은 지층구조를 가지고 있다. 우리가 '마음의 지질학'(geology of mind)이란 은유를 사용하는 이유다. 접촉지대의 개념에서 마음의 개념을 경유하여 경험적 연구를 정리한 후 마음의 지질학에 기초하여 미시적 수준에서 남북한 마음체계의 통합이론을 구축하려 한다.

이 글의 구성은 다음과 같다. 첫째, 접촉지대와 마음체계의 개념을 정의한다. 둘째, 남북한 접촉지대에 대한 경험적 연구성과를 정리한다. 특히 주목하는 것은, 마음의 통합의 한 축인 북한이탈주민을 포함한 북한주민들의 마음체계를 결정하는 변수들이다. 셋째, 북한적 마음체계에 대한 지질학적 연구성과를 기초로 미시적 수준에서 남북한 마음의 통합이론을 제시한다.

2. 접촉지대와 마음체계

1) 접촉지대의 개념

비교문학 연구자 프랫(M. L. Pratt)은, '접촉지대'를 "고도로 비대칭적인 권력관계의 맥락에서, 문화들이 서로 만나고, 충돌하고, 싸우는 사회적 공간들"로 정의한다.[2] 접촉지대는, 식민주의나 노예제 또는 그 유산들이 남아 있는 지역에서부터 학교의 교실과 같은 공간까지, 서로

'다른' 문화들이 만날 때 형성될 수 있다. 접촉지대의 대척에는 하나의 문화가 상상되는, '공동체'(community)란 개념이 있다. 인쇄자본주의(print capitalism)를 매개로 경계·주권·연대를 상상하는 근대 민족이 그 사례 가운데 하나다.[3] 그러나 만약 '상상의 공동체'가 사실 접촉지대라면, 이 공동체의 매질인 쓰기와 읽기의 제도화는 권력관계의 소산임이 드러난다. 즉 접촉지대란 개념은, 상상됨으로 은폐된 차이와 차이를 무화하는 권력관계가 드러나게 하는 효과를 가질 수 있다.

접촉지대가 사회적 공간인 이유는 다른 자아, 다른 문화, 다른 공동체의 만남에서 배제와 포섭, 충돌과 소통, 갈등과 공존의 '역동성'이 교차하며, 새로운 '우리' 및 '우리'와 '그들'의 '경계'를 만드는 또 다른 '정체성'(identity)을 배태하기 때문이다. 공간은 빈 그릇이나 배경이 아니라 권력관계를 포함한 '사회적 관계'를 주조하는 틀이다.[4] 즉 하나의 공간으로서 접촉지대는 수동적 대상이 아니라 적극적으로 사회적 관계를 형성하는 매개체의 역할을 할 수 있다.

남북한의 접촉지대는, '장소'(place)로서의 '지리적 공간'과 '공간의 제도화' 존재유무라는 두 변수를 사용하여 유형화할 수 있다. 첫 번째 변수인 장소는, 남북한의 '경계' 그리고 경계에 의해 공간이 획정되는 '영토'로 구분할 수 있다. 이 영토는, 또한 남북한 각각의 영토 내부 그리고 해외의 장소를 상정할 수 있다. 다른 한편 남북의 접촉지대는 만들어진 제약인, '게임의 규칙'의 존재여부, 즉 '제도화/비제도화'의 기준을 통해 분류할 수 있다.[5] 이 변수들을 이용한 도식화가 <표 1>인데, 각 항은 남북한 접촉지대의 사례들이다.[6]

〈표 1〉 남북한의 접촉지대

장소 \ 구분		제도화	비제도화
경계		(1) 남북협상	(2) 북방한계선(NLL)
영토	남한	(3) 탈북자 거주지역	(4) 비공식 부문 탈북자
	북한	(5) 개성공업지구, 금강산	(6) 인도적 지원, 사회문화교류
	해외	(7) 유엔, 6자회담	(8) 탈북자의 해외 거주지역

2) 마음과 마음체계의 개념

접촉지대는 사람이 만나는 곳이고, 따라서 마음의 만남을 수반한다. 물리적 접촉지대는, 비가시적이지만 실재하는 마음의 접촉지대이기도 하다. 한 진화심리학자가 지적하는 것처럼, "마음을 가졌는가에 대하여 아무리 그럴듯한 의문을 제기해도 결국은 서로가 주고받는 말 때문에 그것을 사실로 받아들인다."[7] 접촉지대에서도 말을 통해 상호작용이 이루어진다. 언어는 마음의 도구다. 몸의 상호작용도 몸이란 언어의 상호작용이라 할 수 있다.

접촉지대에서 나타나는 남북한 주민의 마음의 상호작용을 관찰하기 위해, '마음이란 무엇인가'라는 질문에서 시작한다. 직관적으로 마음이 실재함을 알고 그것이 무엇인지 마음으로 알 수 있지만, 마음을 이해하고, 마음을 가진 주체의 행위를 설명하기 위해 마음의 정의가 필요하기 때문이다. 마음의 본질을 묻는 질문에 두 가지 방법으로 답을 할 수 있다. 첫째, 철학적 사변 또는 과학적 실험을 통해 마음의 형태와 기능을 찾는 작업이다. 수반되는 질문은, 비가시적, 비물질적 실체인 '마음이 어디에 있는가,' '마음은 무엇을 하는가' 등이다. 둘째, 마음의 관계적 성격을 담지한 마음의 표상인 언어적, 비언어적, 반언어적 '행위'(act)의 분석을 통해 마음의 본질에 다가설 수 있다. 접촉지대의 연구에서 부분적으로 드러나듯, 행위는 '진지한' 수행과 '무대화된' 수행, '타당한' 또는 '부당한' 또는 '일시적' 행동 등 양가적인 모순의 형태로 나타나곤 한다.[8]

마음의 개념사는 '마음이란 무엇인가'란 질문에 답하고자 하는 두 접근을 통합하는 한 방법이다. 마음은 무시간적(timeless) 개념처럼 보이지만, 마음은 진화의 산물이고, 마음의 개념도 진화하고 있기 때문이다.[9] 개념사는 "한 개념의 역사에서 당대의 경험공간과 기대지평을 측정하"는 방식으로 그 개념의 지속과 변화를 통시적으로 살펴보고자 한다. 따라서 "한 개념에 포함되어 있을 수 있는 비동시적인 것의 동시성에 주목한다."[10] 특히 개념사가 텍스트와 언어를 연구대상으로 한다는 점에서, 언어라는 마음의 도구를 통해 외부환경을 내부환경에 담을 수 있는 인간생물의 마음이란 무엇인가에 대한 답의 마음을,[11] 즉 '마음의 마음'을 읽기 위한 유용한 방법론일 수 있다.

개념사의 시각을 직유하면, 마음의 개념사는 마음의 사회사를 위한 이론적 전제다. 마음의 개념사는, 한국어 '마음'의 기능적 등가물들 - 중국어의 心, 일본어의 こころ, 영어의 mind 또는 heart, 불어의 cœur 등등 - 을 사회사적 맥락 속에서 검토하고, 각 개념들의 전개과정을 비교하는 작업이다.[12] 그러나 개체, 집단, 사회, 국가, 지역 등에서 다르게 나타날 수 있는 마음'들'을 개념사적 방법론으로 포괄하는 것은 불가능할 수 있다. 특정한 '권역'을 설정하고 그 내부에서 '평균적' 마음의 개념을 탐색하는 것이 한 대안이다. 이 경우에도 개별적 마음에서 평균적 또는 집합적 마음을 추출하거나 평균적 또는 집합적 마음을 개별적 마음과 등치할 때, 개별적 오류와 생태적 오류를 범할 수 있다.[13] 다시 언급하겠지만, 우리는 평균적 또는 집합적 마음을 마음체계의 개념으로 포착하려 한다.

마음의 개념연구는 권역을 동양과 서양으로, 그리고 동양의 철학적 전통을 유학과 불교로 나누는 방식을 진행되고 있다. 물론 이 권역 설정에 누락되는 부분들도 있다. 예를 들어 이슬람 권역이나 아프리카와 라틴아메리카 지역 등에서 나타나는 마음연구를 접하기란 쉽지 않다.[14] 한반도적 맥락에서 마음의 개념사 연구는 근대 이후 마음개념의 수입원이었던 서양철학적 전통과 근대 이전 한반도적 마음을 반영하며 주조하는 역할을 했던 동양철학적 전통이 교차하는 영역이다. 다른 한편 마음의 개념은, 심리학과 인공지능을 연구대상에 포함하는 융합학문인 인지과학(cognitive science)의 연구대상이다. '마음이란 무엇인가'라는 질문의 답은 철학사와 현대의 심리학과 인지과학 두 갈래에서 찾아질 수 있다.

동서양의 철학적 전통에서 마음은 '주체'와 연관된다. "서양의 철학적 전통이 인식의 주체, 사유의 주체로서의 마음에 천착"했다면, "동양에서의 마음이란 인식과 사유를 넘어서는 종교적 완성의 주체"이기도 했다.[15] 즉, 세계에 대한 인식과 그 인식에 기반한 행위를 하는 '주체'가 있다면, 그 주체는 '마음'을 가지고 있다는 의미다. 마음은 몸과 더불어 주체를 구성하는 한 요소다. 데카르트(R. Descartes)에서 시작된 서양 근대에서 의식이 마음과 등치되면서 마음이 독립된 실체로서 주체를 구성하는 요소였다면, 동양적 전통에서는 마음으로 번역되는 심(心)은 "나의 성격과 영역, 역할에 대한 규정의 체계"로, "임금"으로 표현할 정도로 주체를 규정하는 요소이면서 동시에 '착한 삶'의 실현을 가능하게 하는 규범적 구성요소였다.[16]

마음의 개념과 관련하여 동서양의 철학적 전통을 관통하는 두 쟁점은, 마음과 몸의 관계 그리고 마음과 외부세계의 관계다. 서양의 고전적 철학전통에서는 마음과 몸이, 서로 대립되는 범주이면서도 서로 밀접히 연관되어 있다는 모순적 진술로 인간이란 주체의 통일성을 확보하고자 했다.[17] 다른 한편, 유학적 전통에서 심이란 몸의 중심을 의미했다. 따라서 심은 몸과 마음을 하나로 보는 일원론적 시각을 내재하고 있었다. 맹자(孟书) 이래로 심학(心學)에 제기된 문제는 "신체에 의존하면서 동시에 신체를 주재한다는 것은 양립할 수 없는 모순 아닌가"였다. "심은 단순히 심장인 것이 아니라 외부세계와의 감응을 총괄하고 주재하는 신경생리학적 중심인 동시에 신체성을 극복하고 규제하여 도덕적 이념을 실천할 수 있는 사유·도덕 기관으로서의 정신적인 성격을 지닌 마음"이었다.[18]

유학적 전통에서는 마음을 반응과 계산이 포함된 지각으로 정의하고, 도덕법칙과 같은 이(理)와 개인의 욕망과 같은 기(氣)의 개념을 도입하여, 이기가 합쳐진 것으로서의 마음을 "선한 반응과 행위를 이끌어내는 마음"으로, 기로서의 마음을 "자신의 이익을 계산하는 마음"으로, 이로서의 마음을 "옳고 그름을 계산하는 마음"으로 정리했다.[19] 서양적 근대와 마주하기까지 동아시아와 한반도에서 마음의 개념을 둘러싼 논쟁의 성과였다. 반면 서양적 근대에서의 마음의 개념은 몸과 마음의 관계에 대한 질문의 연장이었다. 대표적으로 데카르트는 마음과 몸의 이원론을 제시했다. 나와 동의어인 마음은 그 본질이 생각하는 것인 실체이고, 어떠한 공간도 물질적인 것도 필요로 하지 않는다는 것이었다. 전형적인 기독교적 세계관에 입각한 것으로, 몸이 존재하지 않을지라도 마음은 존재할 수 있다는 의미였다.[20]

데카르트의 마음개념은 전형적인 신을 대체하는 이성중심주의라 할 수 있다. 신약성서 요한복음 1장 1절의, "한처음에 말씀(the Word)이 계셨다. 말씀은 하느님과 함께 계셨는데 말씀은 하느님이셨다"를 떠올리게 한다.[21] 데카르트에 따르면 마음은 비신체적 실체였다. 마음은 그 기능으로 정의되는데, 생각하는 기능이 핵심이었다. 몸과 마음의 이원론은 마음을 비공간적(non-spatial)인 것으로 정의하게 했다. 물리적인 것의 특징이 연장(extension)이라 할 때, 데카르트의 마음은 점이나 소립자처럼 공간적 위치(location)는 있지만, 공간적 연장은 없는 실체로 정당화될 수 있었다. 데카르트의 마음에 관한 정의는 "기계 속 유령"을 상정하는 것과 비슷했다.[22]

데카르트보다 20여 년 늦은 시대를 살았던 파스칼(B. Pascal)은 기계라는 은유를 사용하면서도 마음과 관련하여 이성보다는 감정에 초점을 맞추었다.[23]

> 우리는 정신이면서 또 그만큼 자동 기계다. 그러므로 설득에 사용되는 수단은 증명만이 아니다. 증명된 사물이란 얼마나 적은가! 증명은 오직 이성만을 설득한다. 습관이야말로 가장 강력하고 가장 신뢰받는 증명을 이룬다. 습관은 자동 기계를 기울게 하고 자동 기계는 무의식중에 정신을 이끌어 간다. … (중략) … 습관은 억지도 기교도 이론도 없이 사물을 믿게 하고 우리의 모든 기능을 이 믿음으로 기울게 함으로써 우리의 마음은 자연스럽게 그 속에 빠져들어 간다. … (중략) … 이성의 움직임은 "완만하고 수많은 관점에서, 그리고 수많은 원리 위에서 이루어진다. 이 원리들은 항상 눈앞에 현존해야 하는데 이성은 이 모든 것들을 간직할 수 없으므로 으레 몽롱해지거나 갈팡질팡한다. 감정은 이렇게 움직이지 않는다. 감정은 순식간에 발동하고 늘 움직일 태세가 되어 있다. 따라서 우리의 믿음을 감정 안에 두어야 한다. 그렇지 않으면 항상 비틀거릴 것이다.

마치, 유학적 전통에서 반응과 계산 가운데 어느 편이 주체를 가능하게 하는 마음의 본질인가를 연상하게 한다. 인간의 마음 가운데 감

정과 이성 어느 편이 마음의 본질인가를 묻는 것이기도 하다.[24]

다른 한편, 정신과 물질을 서로 독립적 실체로 생각했던 데카르트의 이원론은 정신과 물질 어느 한편에서 다른 것을 도출하는 관념론과 유물론의 대립을 나타나게 된다. 그러나 유물론의 완화된 표현인 물리주의(physicalism)를 지지하는 철학자들 내에서도 마음현상이 물질적 속성으로 환원될 수 있는가의 여부는 여전히 논쟁의 대상이다.[25]

인공지능의 진화가 마음의 한 구성요소인 계산을 대체하는 현상이 발생하면서 인지과학에서는 인간의 마음을 컴퓨터에 비유하곤 한다. 인지과학자는 마음에 관한 질문에 대해 컴퓨터적 접근을 하는 이들로 정의되기까지 한다.[26] 인지과학에서는 마음연구를, 뇌 속에 존재하는 '마음과정'(mental processes)에 대한 연구라 생각한다.[27] '정신생활(mental life)의 과학'이라는 심리학의 고전적 정의도 같은 맥락이다. 즉 우리의 내부에서 어떤 일이 벌어지고 있는가를 관찰하겠다는 것이다.[28] 예를 들어 인지과학의 한 은유로 마음과정은 지각, 기억, 생각, 추론 등등이 뇌의 하드웨어 속에서 실현되는 추상적 프로그램이다. 전형적인 데카르트적 인지과학이 마음을 연구할 때 고려하는 비유다.[29]

그러나 다시금 서양철학에서 반복되었던 몸과 마음을 둘러싼 논쟁이 인지과학에도 투사되고 있다. 비데카르트적 인지과학은 유물론적이다. 마음을 비물리적 실체로 정의하지 않는다. 정신적 상태와 과정이 순수하게 뇌 속에서 발생한다는 주장도 거부한다. 마음의 일부는 그렇지만 전부 다는 아니라는 것이다. 마음상태와 과정은 뇌 속에서 발생하는 어떤 것들일 뿐만 아니라 부분적으로 우리의 몸에서 부분적으로는 우리의 몸 밖에 있는 세계에서 발생하는 어떤 것이다.[30]

비데카르트적 인지과학은 네 가지 마음을 상정한다.[31] 첫째, 신체화된(embodied) 마음이다. 신체화된 마음은 뇌과정과 더불어 몸의 구조와 과정을 포함한다. 심리적 과정은 몸의 공헌 없이 완성되지 않는다. 신체화된 마음은 세 종류로 구분된다. 첫째, 지식적(epistemic)이다. 마음과정이 위치한 몸의 구조를 이해함이 없이 인지과정의 성격을 알기란 불가능하다. 인지가 뇌 속에서 발생한다는 주장도 사실 신체화된 마음과 다르지 않다. 마음은 이해하지만 몸이 이해하지 못하는 사례를 본다. 둘째, 존재적(ontic)이다. 인지과정이 몸의 구조에 의존한다는 의미다. "몸은 내가 숨기려는 비밀을 얼굴을 붉히거나 손을 떨거나 땀을 흘려서 기어이 드러낸다."[32] 셋째, 다른 존재적 의미는 몸의존성보다 구성(constitution or composition)을 강조한다. 몸의 구조, 예를 들어 귀 사이의 거리가 인지과정을 부분적으로 구성한다는 것이다.

둘째, 연장된(extended) 마음이다. 유기체의 마음과정 일부가 세계에 대한 행동에 의해 구성된다는 것이다. 세계에 대한 행동을 통해 외부 구조를 조작하고 이용하며 변형한다는 의미다. 셋째, 내재된(embedded) 마음이다. 인지과정이 환경 속에 내재해 있다는 것이다. 존재적 테제로 연장된 마음이 구성이라면 내재된 마음은 의존이다. 넷째, 작동적(enacted) 마음이다. 물건을 본다는 것은 그것을 만지는 것과 유사하다. 네 가지 마음은 결국 신체화된 마음과 연장된 다음의 '결합된(amalgamated) 마음'이다. 즉 존재적 테제로 인지과정이 부분적으로 구성된다는 것이다. 인지과정은, 신경구조와 과정, 몸의 구조와 과정, 그리고 환경구조와 과정의 결합이다.

결합된 마음이 성(性), 정(情), 의(意), 지(志)를 모두 포괄한다고 할 때, 마음의 활동은 기능주의적(functionalist) 시각에서, 정보를 수집하고, 처리하고, 이해하고, 사용하는 과정이라는 점에서 정보처리체계(information processing system)일 수 있다.[33] 기능주의적 시각에서 마음이 '하는 일'은 주체의 호명이다.[34] 이 '집합적' 마음은, 특정한 정치경제적 국면에서 구조화되어 주체를 형성하는 하나의 '레짐'(regime)으로 등장한다. 마음의 레짐은, "주체를 만들어내는 담론적 혹은 비담론적 요소들의 네트워크이자, 권력의 특수한 요구에 의해서 역사적으로 형성되어 특정 시대에 특정한 방식의 인식과 실천의 주체들을 걸러내고, 빚어내고, 결절시키는 구조를 가리키는 일종의 장치라 할 수 있다."[35] 우리는 마음의 레짐이라는 개념을 수용하지만, 특정 국면에서의 마음의 레짐과 더불어 규범적 지향인 마음의 통합을 위한 '공동의' 필요와 행동을 포함한 보다 구조화된 포괄적 개념으로 '마음체계'라는 개념을 사용하고자 한다.

마음의 '체계'는 국제관계이론을 원용한다면, 행위자들 사이의 규칙, 기대, 처방, 의사결정 절차의 틀을 지칭하고 분명하게 정의된 '이슈영역'(issue area) 안에서 만들어지는 레짐과, 상호성의 원칙에 기초하여 협력적 관계를 수립하는 데 필요한 공동의 인식과 행동을 동시에 포착하기 위한 개념이다.[36] 즉, 마음체계는 자아를 호명하는 이데올로기, 신화, 사상과 같은 것들이다. "근대적 주체는 우연한 사건과 상처를 필연적인 것으로 떠맡는 행위에 의해서 비로소 주체가 된다."[37] 물론 이 연구에서 마음의 체계는 보편적 개념이 아니라, 접촉지대라는 '특정한' 시공간과 '특정한' 이슈영역에서 주체의 형성과 행위자를 제약하는 지시적, 규범적 개념이다. 특정성을 강조하는 이유는 예를 들어 1990년대 중반 이후 북한에서 나타난 '속물주의'(snobbism)나 남한에서 경제적 양극화의 해소를 위한 대안으로 등장하고 있는 '공동체주의'(communitarianism)처럼, 마음체계의 변화 가능성에 주목하기 위해서다.

3. 남북한 접촉지대 연구와 마음체계의 실증

남북한 주민은 국내외의 접촉지대에서 다양한 형태로 관계를 맺고 있다. 그 관계에는 한반도의 분단이 반영된다. 분단이란 조건 때문에 남북한 사람들의 접촉은 제한적일 수밖에 없지만, 1990년대 북한의 경제위기 이후 탈북자가 증가했고, 그 결과 한국 및 해외에서 남북한 사람들의 접촉면이 증가했다. 또한 김대중 정부와 노무현 정부 시기 대북 화해협력정책이 추진되면서 남북한 주민의 교류가 증가했고, 따라서 남북한 주민의 접촉지대도 증가했다. 이명박 정부와 박근혜 정부를 거치면서도 제한적이지만, 남북한 주민의 교류와 접촉은 진행되었다. 〈표 1〉과 같은 접촉지대에서 나타나는 남북한의 주민의 마음체계의 관계에 대한 실증연구의 결과를 정리하면 다음과 같다.

첫째, '몸'의 체제전환을 한 탈북자들과 남한 사람들의 관계다. 국내외의 접촉지대에서 탈북자는 모두 '사회적 소수자'의 특성을 지닌다. 반면, 한국사회의 접촉지대에서 남한 사람들은 주류와 다수가 된다. 해외의 접촉지대에서는 남한사람들도 탈북자와 마찬가지로 사회적 소수자가 된다. 따라서 국내의 접촉지대와 해외의 접촉지대에서 남북한 사람들의 권력관계는 상이하게 나타난다. 달리 표현한다면, 접촉지대의 '공간적 효과'가 남북한 주민의 상호작용에 영향을 미친다는 의미다. 국내의 접촉지대에서 남한사람과 북한사람의 만남과 마음체계의 변화는 인천 남동구 탈북자 집단 거주지역을 대상으로 생활공간에서의 관계와 직장에서의 자본-노동관계 등을 살펴본다. 해외의 접촉지대의 사례는 영국 뉴몰든 코리아타운에서 발생하는 남북한 이주민들의 상호작용이다. 두 접촉지대 사례에 대한 실증연구를 토대로 탈북자의 신체화된 마음과 연장된 마음의 체제전환이 발생하고 있는가를 검토한다.

국내의 접촉지대인 인천시 남동구는 한국사회의 구 단위에서는 탈북자가 가장 많이 거주하는 지역이며 특히 임대아파트가 집중된 논현동 일대는 북한 출신 주민들의 가시성이 두드러져 때때로 '작은 북한'이라고도 불린다.[38] 그러나 '작은 북한'은 탈북자의 밀집 때문에 발생한 하나의 비유다. 실제로는 다수의 남한주민이 일상을 영위하고 있는 지역이고 중국의 조선족과 한족, 그리고 귀국 사할린 동포 등이 분포되어 있는 지역이다. 인천 남동구의 접촉지대에서 핵심 역할을 수행하는 아파트라는 분절과 폐쇄의 공간을 탈북자들은 집단주의적이고 관계중심적인 북한적 마음체계의 발현을 통해 분절과 간섭의 공간으로 만들고 있다. 탈북자 '그들끼리의' 모임과 사회적 소수자인 탈북자를 지원하는 다양한 남한사람의 방문이 공간의 성격을 변화시키고 있는 셈이다. 인천 남동구 논현동의 아파트는 탈북자가 중국과 한국에서 자본주의적 문화를 학습했음에도 '신체화된 마음'의 전면적 체제전환이 한계적임을 확인하게 한 접촉지대다. 다른 한편, 논현동의 아파트는 탈북자의 집단거주라는 환경변화에 직면한 남한주민의 '연장된 마음'이 구성되는 계기를 제공한다.[39] 남한사람들은 같은 남한사람들보다 탈북자들에 대해 인지적·정서적 측면에서 부정적 태도가 강했고, 사회적 거리감이 크며, 신뢰는 낮은 모습을 보이고 있다.

인천 남동구에 거주하는 탈북자들의 다수는 한국사회에서 자본주의적 생산관계에 '임금노동자'로 진입하고 있다.[40] 임금노동자는 생존을 위해서 노동력을 자본에 판매한다. 실업이 존재하는 가운데 임금노동자 내부에 경쟁이 발생하게 된다. 노동계급 내부의 경쟁은 노동자들을 개별화시키고 연대를 어렵게 한다. 그 결과 자본주의 사회에서 자본과 노동 간에는 권력관계가 형성되는 경우가 지배적이다.

자본은 노동의 고용부터 노동의 배치, 노동시간과 강도, 고용, 임금

배분 등을 결정할 수 있는 권한을 가지고 있기 때문이다. 한국사회에서 탈북자들은 저임금 노동력이 되는 경우가 많다. 탈북자들 가운데 상당수가 한국의 노동시장에 필요한 기술과 교육수준을 가지고 있지 못하기 때문이다. 게다가 북한에는 경제위기가 오랫동안 지속되면서 잔업, 특근, 야근 같은 것들이 없을 정도로 공장가동률이 현저히 낮았지만, 한국의 공장들은 그에 비해서 노동시간이 길고 강도도 센 편이다. 탈북자들은 북한과 비교할 때 높은 노동강도와 한국노동자들과 비교할 때 상대적인 저임금 상태로 인해서 상대적 박탈감을 느끼게 되는 경우가 많다. 또한 남한기업의 사장이나 직장 상사 및 동료들과 교류가 없는 경우에 높은 노동강도와 낮은 임금수준에 대한 불만이 더욱 높은 것으로 나타나고 있다. 상대적으로 회사에 적응을 잘한 경우에도 탈북자들이 승진이나 임금수준면에서 남한사람들과 비교할 때 뒤처지게 된다는 점에 대해서도 상실감을 가지고 있다.[41]

서비스 분야에 고용된 탈북자 노동자들은 남한사람을 그 서비스를 소비하는 고객으로 만나고 있다. 북한생활에 익숙한 탈북자에게 남한의 서비스는 잘 이해할 수 없는 사례다. 탈북자들은 남한의 음식점이나 술집에서의 서비스가 과도하다고 느낄 때가 많다. 서비스 노동 혹은 감정노동에 대해서 탈북자들의 피로도는 남한사람과 비교할 때 더욱 높은 것으로 나타나고 있다. 그런데 더욱 힘든 점은 남한의 손님들과의 관계에 있다. 남한 사람들은 음식을 주문하거나 다른 서비스를 요구할 때, 용어나 단어가 생소해서 말을 못 알아들으면 곧바로 다른 사람을 부른다. 이렇게 되면 같이 일하는 다른 동료들에게 주문이 몰리게 된다. 결국 "말을 못 알아듣는다"는 것 때문에 손님은 물론 동료들의 눈치를 보는 일이 생기게 된다. 이 경우 탈북자 가운데는 자신의 말과 말투가 바뀌었으면 좋겠다고 느낄 정도로 자기정체성을 부정하는 사람들이 생겨나기도 한다. 그리고 이른바 팁을 주는 문화 역시 낯설게 느끼고 있다. 고마움을 느낄 때도 있지만 동정을 받는 것 같아 언제나 기분이 좋지는 않다는 것이다. 북한지역에서 신체화된 마음체계가 새로운 환경인 남한의 서비스 문화와 충돌하는 지점 가운데 하나다.

국외의 접촉지대인 영국 런던 근교의 뉴몰든에서는 남북한 이주민 모두 사회적 소수자의 성격을 가지고 있다.[42] 따라서 인천 남동구 논현동과 달리 남한사람이 다수자고 북한사람이 소수자인 관계는 성립하지 않는다. 약 5,000명 미만의 남한 이주민이 먼저 정착한 공간에 2004년부터 2012년 현재까지 650여 명의 숫자의 측면에서 상대적 소수자인 탈북자가 난민으로 이주한 접촉지대라는 점에서 자원의 비대칭은 존재하지만 '종족경제'의 구성원으로서 남북한 사람, 그리고 조선족 이주민이 상호작용하며 생활공간을 구성하고 있다. 이 초국가적 접촉지대에서 나타나는 남북한 사람들의 사회관계는 '코리안'이라는 사회적 소수자로서의 동일성, 남한사람 고용주와 북한사람 피고용인, 남한사람 판매자와 북한사람 구매자라는 경제적 의존관계, 난민이기 때문에 상대적으로 높은 영국정부의 복지혜택을 받는 북한사람 등으로 정리할 수 있다. 따라서 남북한 사람의 상대적 평등성이 두드러지는 뉴몰든의 공간에서 남북한 사람의 신체화된, 연장된 마음체계는 인천 남동구 논현동과 다르게 나타나고 있다. 북한사람들은 남한사람을 "고맙지만은 않은 사람", "친해지기 어려운 협력의 대상", "더 이상 기죽지 않아도 될 상대"로 느끼고 있다면, 남한사람은 북한사람을 "불쌍하지만은 않은 사람", "협력할 수밖에 없는 사람", "가까이 하기엔 너무 먼 사람"으로 생각하고 있다.

둘째, 남북한의 교류와 협력으로 북한지역에서 북한사람과 남한사람이 만나는 접촉지대다. 대표적으로 2002년부터 2016년까지 운영된 개성공업지구가 그 사례다. 이 접촉지대에서는 남북한 사람은 남한사람 관리자와 북한사람 노동자의 관계를 형성하고 있다. 그러나 북한지역에 위치한 개성공단에서는 일반적인 노사관계와는 다른 관계가 형성되고 있다. 예를 들어 <그림 1>에서 볼 수 있는 것처럼, 남한 입주기업 경영자 및 관리자들은 북한 노동자들에게 직접 지시를 하지 못하게 되어 있다.[43] 북한 노동자의 대표격인 직장장을 반드시 경유해야 한다. 주로 개성 현지법인의 대표인 법인장이 북한의 직장장에게 각종 지시 관련 사항을 전달하면 북한의 직장장이 반장-조장을 거치거나 직접 노동자에게 지시를 하달하는 구조로 되어 있다.[44]

〈그림 1〉 개성공단 입주기업 운영체제

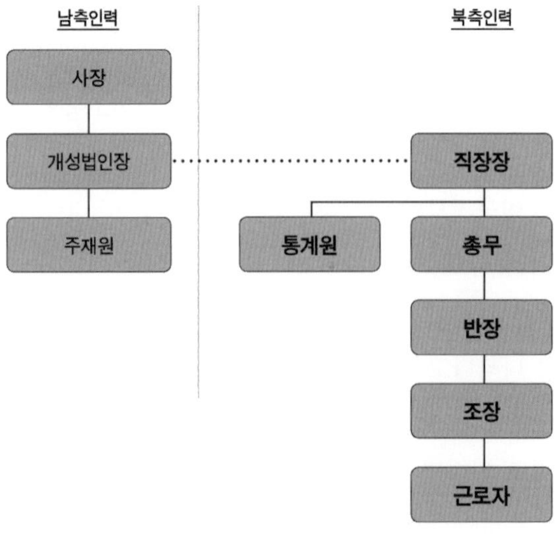

특수한 노사관계는 남북한 사람들의 마음체계에서 발현된다. 남한

기업인들은 북한의 직장장이나 총무를 북한의 노동자 대표 정도로 생각한다. 남한기업에서는 수평적이 아닌 수직적 상하관계가 작동하고 있다고 생각하기 때문이다. 반면 북한사람들은 남북한 사람들이 노사관계의 존재에도 불구하고 수평적 관계라 생각하는 경향이 있다. 북한지역에 있는 개성공단의 공간적 효과 때문이라 할 수 있다. 남한 사람들의 마음체계 영향을 미치는 요소가 남한기업의 노사관계 관행이라면, 북한사람들의 마음체계는 장소가 주는 공간적 효과에 영향을 받고 있다고 할 수 있다.

공간적 효과와 더불어 개성공단에서는 사회관계의 형성에서도 특수성이 드러난다. 개성공단에서 남북한 사람들의 사적인 접촉은 극히 제한된다. 북한 노동자가 남한 관리자와 만날 때 결코 혼자 만나는 일이 없다. 그리고 개인 간의 접촉에서도 북한당국의 영향력이 매우 크다. 뿐만 아니라 남북한 관계의 변화에 영향을 받지 않을 수 없다. 남북한 관계의 경색 국면일 때 개성공단에서 남북한 사람들의 관계와 남북한 관계가 좋을 때의 관계는 다를 수밖에 없다. 그런데 흥미로운 점은 이렇게 개성공단에서 남북한 사람들의 관계를 통제하거나 영향을 주는 외부적 요인이 강력함에도 불구하고, 남북한 사람들의 마음의 변화가 나타나고 있다는 점이다. 특히 북한 사람들의 태도가 주목된다. 북한 노동자들의 남한 사람들에 대한 적대감이 약화되고 있다.[45] 즉, 개성공단이란 접촉지대에서 남북한 사람들의 마음의 변화는 외적 제약이 존재함에도 불구하고 서로의 마음체계에 영향을 주고 있는 것이다.

대북 인도적 지원으로 북한지역에서 만들어지는 또 다른 접촉지대도 있다. 이 공간에서 남한정부와 시민사회단체는 공여자로 북한주민은 수혜자로 각자의 위치가 결정되어 있다.[46] 이 두 주체를 매개하는 역할은 북한의 민족화해위원회와 같은 기관이 수행한다. 그러나 공여자와 수혜자가 직접 접촉하는 경우는 제한되고 있다. 매개기관이 그 접촉을 차단하기 때문이다.[47] 공여자·수혜자 관계에서 일반적으로 나타나는 권력관계도 이 접촉지대에서 관찰되고 있다.[48] 따라서 갈등과 경쟁이 불가피한 형태로 나타나고 있다. 분단의 효과인 상대방에 대한 선입견과 자기검열 그리고 개인수준에서의 경쟁의식 등이 그것이다. 더불어 감시와 통제도 남북한 마음체계 쌍방에 영향력을 미치고 있다. 즉, 마음체계의 발현을 막는 장치들이 작동하고 있다. 상대에 대한 지식부족과 가치 및 언어의 차이도 상호적 마음체계의 형성에 장애를 일으키는 장벽이다. 정리하면, 이 접촉지대에서 남한사람의 마음체계에서는 북한사람들에 대한 우월감과 동정심이, 북한사람의 마음체계에서는 경계심과 고마움의 공존 등이 발견된다. 추가적으로, 남북관계가 침체와 경색의 시기에 직면할 때 남북한 사람들의 서로에 대한 마음체계의 변화가 발생하고, 대북지원사업이 난항을 겪게됨을 확인할 수 있다.

셋째, 남북한의 공식대화와 같은 접촉지대에서 남북한은 각각 정부대표의 자격으로 만난다.[49] 따라서 여느 외교회담처럼 대등한 관계를 형성할 수 있다. 그러나 남북대화는 일반적인 외교회담과는 그 성격이 근본적으로 다르다. 이는 유엔가입 문제를 놓고 남북한 간에 벌어졌던 신경전에서 확인할 수 있다. 노태우 정부는 유엔 동시가입을 추진했지만, 북한은 '조선은 하나다'라는 논리로 남북한 동시가입을 반대했다. 국제사회에서 남북한은 모두 주권을 가진 국가임을 자임하지만, 남북한은 서로의 주권을 인정하지 않았다. 이는 일반적인 국가 간의 회담에서 찾아보기 힘든 일로서 남북관계가 분단국가들의 관계, 즉 특수관계임을 말해준다. 따라서 남북회담에서는 자기 체제의 정당성을 과시하고 상대방 체제의 문제점을 지적하는 마음체계의 발현이 나타난다.

첫 번째는 상대방 체제의 문제점과 이데올로기를 연결시켜 상대방을 비난하는 방식이다. 두 번째는 회담과정에서 발생하는 일련의 문제들을 상대방의 책임으로 돌리는 경우이다. 마지막은 첫 번째와 두 번째 방식을 혼합한 것이다. 예컨대 회담이 결렬되면 그것은 상대측의 이념과 체제 때문이라고 주장하는 것이다. 그러나 남북대화 역시 남북한이 자신의 이해관계를 관철시키기 위한 외교의 장이다. 따라서 공동의 이익을 형성하게 되면 남북대결의 모습이 사라지게 된다. 즉 남북한의 이익이 합치되면, 협력을 지향하는 마음체계가 형성된다. 역사적으로 남북대화는 여러 차례의 합의에 도달한 바 있다.

4. 마음의 지질학과 마음의 통합이론: 북한적 마음체계의 탐사

1) 북한적 마음체계와 마음의 지질학

접촉지대 연구에서 발견한 북한적 마음체계는 은유적으로 '마음의 지질학'이라 부를 정도의 모습이다. 북한적 마음체계의 지층구조는, 기저에 한반도라는 지리적 조건들—지정학적, 지경학적, 지문화적 조건들—에 기초한 한(韓)민족의 마음과 그 위에 각기 다른 역사적 기원을 가지는 분단/사회주의 마음, 탈분단/체제전환의 마음, 그리고 개별 사건들과 인간들의 마음 등이 퇴적된 중층적 형태를 띠면서 하나의 체계를 형성하고 있다. 〈그림 2〉는 이 지층구조의 도식화다.

〈그림 2〉 북한적 마음체계의 지층구조

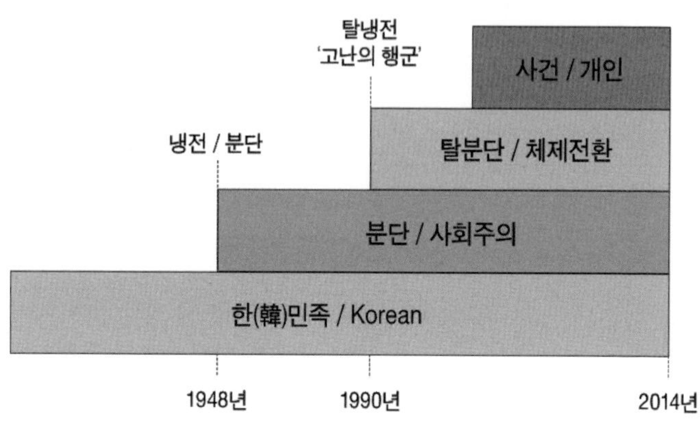

이 지층구조는, 프랑스의 아날학파(Annales)가 제시한 세 가지 역사학의 시한개념—장기지속(longue durée), 주기적 국면(conjoncture), 개별적 사건—과 그 시간구분에 기초하여 개념화한 집합적 마음의 구조화된 질서인 '집단심성'(mentalité)을 떠올리게 한다.[50] 북한의 마음체계에 적용해 본다면 한민족의 마음은 장기지속적 시간을, 분단/사회주의 마음과 탈분단/체제전환의 마음은 국면의 변화를 반영하는 사회사적 시간을, 북한주민이나 탈북민의 마음은 각각 개별적 시간을 가지고 있다고 할 수 있다. 북한주민의 집단심성은 이 시간들과 접촉하는 공간을 가로지르며 형성된다.

우리는 이 집단심성을 마음체계란 개념으로 포착하고 있다. 한민족의 고유어인 '마음'을 연구의 주제어로 선호하는 이유는, 마음의 고어로 알려진 'ᄆᆞᅀᆞᆷ'이 '마중'이나 '맞이함'과 같은 어원을 가지고 있는 것에서 볼 수 있듯이 마음이 생물과 무생물을 포함한 다른 주체와의 관계를 통해 형성된다는 점에 주목하기 위해서다.[51] 성격이나 품성과 같은 단어의 동의어로 마음이 사용될 때 무관계적으로 보이는 마음조차 자아 내부의 산물이지만 자아의 외부적 맥락 속에서 형성되는 것이고, 외부 세계에 표현될 때 그 실체를 확인할 수 있다. 마음의 한 구성요소가 외부의 타자를 통해 자신을 규정하며 자신(self)과 타자(other)의 경계를 긋는 과정에서 만들어질 때, 이 경계가 사회과학적 의미에서 "나는 또는 우리는 누구인가"를 결정하는 정체성(identity)을 생산한다.[52]

이 이론적 기반에 입각한 북한적 마음체계의 지층구조에 대한 지질학적 탐사는 두 방향으로 진행된다. 첫째, 각 지층형성의 기원을 찾는 마음의 역사학이다. 특히 사회사적 시간범주를 담지하고 있는 분단/사회주의 마음과 탈분단/체제전환의 마음이 왜 그리고 어떻게 형성되었는가라는 질문에 답하는 작업이다. 분단/사회주의 마음이 남한이란 타자와의 경계짓기를 통해 형성된 것이라면 탈분단/체제전환의 마음에서는 북한 스스로가 타자화되는 모습을 보인다는 점에서 두 마음의 형성과정은 차이를 보인다. 마음의 표현이 이루어져야 그 마음의 지층을 추론하고 측정할 수밖에 없다고 할 때, 정치, 경제, 사회, 사회심리 등의 분야에서 마음을 표현하는 다양한 언어적, 비언어적 매개체들을 통해 마음체계의 기원과 '원형'(prototype)을 찾는 작업이다.[53]

둘째, 북한적 마음체계는 <그림 2>에서 볼 수 있는 것처럼 서로 기원을 달리하는 다양한 마음들이 접합(articulation)되어 있는 복합체의 성격을 지니고 있다. 서로 모순되는 마음들이 갈등하며 탈구(disarticulation)하고 있는 마음구성체가 마음체계다. 접촉지대 연구에서 우리는 분단/사회주의 마음으로 대표되는 북한적 마음체계에 영향을 주는 변수로 1990년대 중반 이른바 '고난의 행군'이라 불리는 경제위기가 '결정적 사건'(critical incident)으로 기능하고 있음을 본다. 1990년대 초반 냉전의 해체 이후의 지정학적 변화는 냉전의 해체보다 지체된 1990년대 중반 북한의 경제위기와 결합되면서, 북한적 마음체계에 탈분단/체제전환의 마음이란 지층을 만들어냈다. 북한 국내적으로도 결정적 사건이 결정적 국면(juncture)을 형성하면서 새로운 제도의 건설을 위한 씨앗이 되었다. 예를 들어 자생적 질서(spontaneous otder)였던 농민시장/장마당의 제도화는 북한적 마음체계의 탈구를 야기한 구조적 변화였다. 즉, 북한이 '고난의 행군'이라 부르는 1990년대 중반의 경제위기는 1945년 해방 이후 북한의 사회주의건설에 버금갈 정도로 북한적 마음체계의 변화를 야기한 결정적 사건이었다.

북한적 마음체계가 접촉지대에 진입하여 남한적 마음체계를 만날 때 북한적 마음체계의 첫째 층위는 한민족의 마음과 더불어 분단/사회주의 마음이다. 자신들이 살아온/살아가는 공간에서 만들어진 마음의 체계다. 인천 남동구, 뉴몰든, 개성공단, 남북대화 모두에서 발견되는 마음체계다. 둘째 층위는 접촉지대로 진입하기 전 서로에 대한 인식이 만들어내는 마음의 체계로 첫째 층위와 밀접히 관련된다. 특히 탈북자와 남한사람이 만나는 접촉지대인 남한지역과 해외의 접촉지대에서 탈북자에게 탈분단/체제전환의 마음이 작동함을 확인할 수 있다. 셋째 층위는 접촉지대라는 사회적 공간에서 남북한 사람들의 상호작용에 의해 만들어지는 상호적 마음체계다.

접촉지대에서 북한적 마음체계의 접합과 탈구, 그리고 남북한 사람들의 상호적 마음체계의 형성과정에 영향을 미치는 변수들은 '공간적 효과'(spatial effects), '사회관계', '자원의 분포'의 조합으로 정리된다. 첫째, 공간적 효과는 앞서 지적한 것처럼 공간이 사회관계를 담는 그릇이나 배경이 아니라 사회관계를 주조하는 역할을 한다는 의미다. 예를 들어 탈북자가 국내에서 참여하는 접촉지대에서 탈북자는 사회적 소수자가 된다. 그러나 탈북자가 해외에서 남한사람과 만나는 접촉지대에서는 탈북자와 남한사람 모두 사회적 소수자가 된다. 즉, 탈북이란 몸의 체제전환에도 불구하고 행위주체를 호명하는 마음체계는 공간적 효과에 따라 다르게 나타나고 있다.[54] 공간의 차이가 사회관계를 상이하게 주조하고 있다. 북한지역의 접촉지대인 개성공단에서는 자본과 노동의 관계가, 대북 인도적 지원사업에서는 공여자와 수혜자 관계가 형성되고 있고, 남북회담에서는 특수관계와 국제관계의 이중성이 나타나고 있다. 즉, 북한이란 고정된 장소도 지정학적·지경학적·지문화적 공간변화에 따라 다른 마음체계를 생산하는 장소로 전환된다.

둘째, 접촉지대의 사회관계는 자원의 분포에 따라 그 성격의 변이가 나타나고 있고, 사회관계의 관념적 형태인 마음체계들의 관계, 즉 상호적 마음체계에 영향을 미치고 있다. 국내외의 탈북자가 연루된 접촉지대에서 탈북자는 주로 피고용인으로 등장한다. 남한사람 고용인과 탈북자 피고용인 관계 또는 남한사람 판매자 탈북자 구매자의 관계는 자원분포의 비대칭성 때문에 야기되는 전형적 사회관계다. 반면 북한지역에서 형성되는 자본과 노동의 관계, 공여자와 수혜자의 관계에서는 상대적으로 자본과 공여자의 지위가 상대적으로 약화되는 모습을 보인다. 두 사회관계에서 일반적으로 나타나는 수직적 관계가 관철되지 않는 이유는 북한이란 공간이 주는 제약과 공간 자체가 북한에 위치하면서 북한사람들이 동원할 수 있는 자원이 상대적으로 증가하기 때문이다.

2) 마음의 통합이론

접촉지대에서 발생하는 마음의 체계의 상호작용과 상호적 마음체계에 대한 연구는 "무엇이 사회구성원을 하나로 묶어주는가"라는 고전적 사회통합 논의를 미시적 수준에서 고찰하려는 시도다. 사회통합(social integration)을 거시적 수준에서 체제의 지배 정당성이 사회구성원에 의해 인정되고 수용되는 '체제통합'(system integration)과 개인 및 집단의 상호작용을 통한 관계성의 증가인 '사회활동의 통합'(societal integration)으로 구분할 수 있다면,[55] 마음의 체계의 상호작용에 대한 연구는 거시적 사회통합의 미시적 기초를 밝히는 연구이다.

미시적 수준의 사회통합과 관련하여, 통합을 바라보는 시각에 따라 방향성을 둘러싸고 세 가지의 관점이 있다.[56] 첫째, 사회통합을 구성원들의 기회·권리의 평등성 확대와 소통의 확대에 기초한 연대성의 확장으로 보는 긍정적 시각이다. 둘째, 통합을 통제에 기초한 획일성의 증가로 보는 부정적 입장이다. 셋째, 사회적 관계의 조직화된 패턴을 기술하는 가치중립적 개념으로 생각할 수도 있다. 사회통합 논의에 탈근대성(post-modernity)을 도입할 경우 서로의 차이를 인정하고 존중하면서도 공동의 가치와 연대성을 형성하는 과정으로서 사회통합을 바라볼 수 있다.

미시적 사회통합에 대한 우리의 규범적 시각은 탈근대적 사회통합에 근접해 있다. 그러나 통합 자체가 규범성을 담지하지만, 그 시각을 선험적으로 사회통합에 부과하지 않는다. 실증에서 나타나는 서로 다른 남북한 마음체계가 상호적 마음체계를 형성하는 심리과정에 주목한다. 예를 들어 A가 보내는 마음의 출력을 성향적(dispositional) 요인에 기인한 것이라 판단할 때, A에 대한 B의 마음은 변하지 않게 된다. 즉, B의 A에 대한 마음은 고정되어 있을 가능성이 높다. 성향의 근본적 전환은 마음의 지질학을 고려한다면 불가능한 일이다. 마음체계의 접합과 탈구의 형태만이 가능할 뿐이다. 반면 상대방의 출력을 그것이 사건이든 행동이든 상황적(situational) 요인으로 해석한다면,[57] 상호작용을 통해 A와 B의 마음체계가 변하며 제3의 상호적 마음의 체계를 형성할 수 있다. 마음체계와 마음체계가 만날 때, 특정한 윤리적 태도를 담지한 상호적 마음체계가 만들어질 수 있다. 우리는 이 상호적 마음체계의 형성을 마음의 통합으로 정의한다. 그리고 이 상호적 마음체계의 형성과정을 두텁게 기술하려 한다. 이론적 설명은 정확한 기술일 수 있기 때문이다.[58] 접촉지대의 실증연구는 그 작업이다.

남북한 사람들의 마음체계의 상호작용은 '충돌'과 '순응'이라는 이분법뿐만 아니라 마음체계들 사이의 '협상'이나 서로의 마음의 체계를 새롭게 '구성'하여 상호적 마음의 체계를 만들어내고 있다.[59] 충돌이 상호적 마음체계의 형성을 전제하지 않는다면 순응은 일방의 타방으로의 흡수일 수 있다. 즉 접촉지대에 진입하기 전의 남북한 마음체계가 유지되는 형태다. 접촉지대의 대척에 공동체가 있다면 충돌과 순응은 접촉지대와 공동체의 순수한 형태다. 반면 협상과 구성이 차이를 인정하지만 공동의 이익과 가치를 만들어 가면서 연대할 수 있는 상호적 마음체계의 형태라는 의미다. 협상과 구성에서는 소통을 기반으로 상호작용이 이루어져야 한다는 전제가 있고 따라서 소통과 같은 상호작용의 형태에 대한 이론적 추가가 필요하지만,[60] '기억의 재구성'과 마음체계의 '새로운 지층'의 형성을 통한 남북한 마음체계의 변화틀 수반할 수밖에 없기 때문이다. <그림 3>은 상호적 마음체계의 형성과정을 도식화한 것이다.

〈그림 3〉 상호적 마음체계의 형성과정

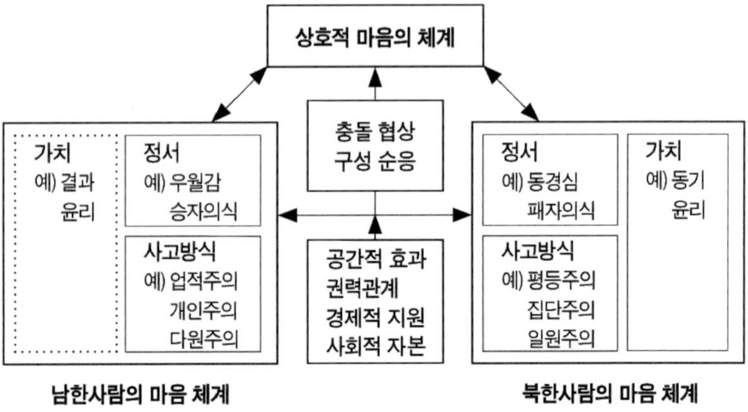

상호적 마음의 체계

충돌 협상
구성 순응

공간적 효과
권력관계
경제적 지원
사회적 자본

가치
예) 결과
윤리

정서
예) 우월감
승자의식

사고방식
예) 업적주의
개인주의
다원주의

남한사람의 마음 체계

정서
예) 동경심
패자의식

사고방식
예) 평등주의
집단주의
일원주의

가치
예) 동기
윤리

북한사람의 마음 체계

접촉지대 연구는 협상과 구성을 내용으로 하는 상호적 마음체계의 가능성을 보여준다. 인천 남동구 연구에 따르면 탈북자와의 접촉빈도가 높을수록 탈북자들을 긍정적으로 느끼고, 사회적 거리감도 적으며, 이해도도 높은 것으로 나타나고 있다. 다양한 접촉의 지점을 만드는 것이 서로의 이해에 기초한 사회통합에 긍정적으로 작용할 수 있다는 의미다.[61] 이질적·적대적 문화와 주체의 '불평등한' 교차공간인 인천 남동구에서도 마음체계의 충돌만이 아니라 서로의 차이를 발견하고 번역하는 문화번역의 과정이 발견된다.[62] 예를 들어 남한사람들이 탈북자를 '불쌍한 사람들'로 연민하며 위계화하고 타자화하는 방식의 해석틀을 채택하는 경우도 있다. 타자를 열등한 타자로 설정하는 방식으로 자신의 마음체계 내부에서 협상을 한 사례이다. 탈북자와 이웃으로 산다는 사실이 남한사회 내에서 자신들을 열등한 타자로 만든다는 인식과 결합되어 이 내적 협상과 함께 상호적 마음체계로 발현되곤 한다. 반면 사회적 소수자인 탈북자는 인정투쟁에 돌입할 경우 남한화를 통해 스스로를 탈북자 내에서 이탈시키려는 시도를 하기도 한다. 이 시선은 남한주민의 계층화와 연계되어 중상층과는 연대를, 임대주택 거주자인 하층을 타자화하는 모습으로 나타나기도 한다. 개인의 마음이 중층성과 모순성을 담지하는 사례로 순응의 상호적 마음체계의 사례라 할 수 있다.

북한지역에서 만들어지는 접촉지대인 대북지원사업에서는 정서적 차원에서 공여자-수혜자 관계에서 비롯되는 남한사람의 우월의식과 북한사람의 패배의식이 저변에서 작동을 한다. 그러나 반복적인 접촉이 이루어지면서, 적대감을 완화하고 정치적으로 민감한 주제를 회피하려는 협상이 발생하기도 한다. 사업의 목적을 실현하기 위해 서로의 마음체계를 변형하는 것이다. 그럼에도 효율을 지향하는 남한 사람의 마음체계가 명분을 선호하는 북한사람의 마음체계와 충돌하는 현상은 접촉의 반복에도 불구하고 반복되고 있다.[63] 남북대화는 마음체계의 충돌이 가장 전형적인 접촉지대이면서 동시에 협상이 가시적인 공간이기도 하다. 개성공단과 같은 구성에 기초한 상호적 마음체계가 형성된 사례로 있지만 남북관계의 질적 전환을 의미하는 갈등의 전환은 한계적이다.

북한지역에 만들어진 '상설' 접촉지대로서 개성공단은 남북한 마음체계가 서로를 변형시켜 구성의 상호적 마음체계의 형성이 이루어질 수도 있음을 보여주는 사례다. 공간의 지속성과 사회관계의 안정성, 그리고 자원분포에 대한 서로의 인지가 일상화된 접촉지대에서 마음체계의 상호구성을 가능하게 한 동력이다. 개성공단에서의 자본-노동관계에서 남한기업 또는 북한당국 일방이 결정권을 가지지 않고 있음을 발견할 수 있다.[64] 갈등과 타협이 반복되면서, 임금 및 근로조건의 개선, 생산 및 교육훈련 등의 영역에서 협상이 발생하고 있는 것이다. 남한사람과 북한사람의 갈등이 이데올로기의 충돌에서 권리와 이익을 둘러싼 갈등과 협상으로 전화되면서 나타나는 현상이다. 북한지역에 위치한 개성공단은 접촉지대의 일상화가 구성이란 형태로 상호적 마음체계를 형성할 수 있음을 보여준 사례다.

물론 사회통합의 한 형태인 상호적 마음체계의 형성이 남북한 사람들의 마음의 지층구조의 붕괴를 의미하지는 않는다. 예를 들어, 경제적 접촉지대에서 북한사람들은 남한사람의 업적주의를 협상을 통해 수용하지만, 자신들의 집단주의나 일원주의를 거래하지 않기도 한다. 즉, 상호적 마음의 체계는 다양한 상호작용의 형태가 결합되어 있으면서 지배적 형태가 무엇인지를 보여주는 복합체의 성격을 가지고 있다. 마음의 통합은 지정의가 결합되어 각기 다른 작용을 하는 복합체로서 마음이 진화한다고 가정할 때, 성립될 수 있는 실천이자 개념이다.

5. 맺음말: '기억의 재구성'의 과제

접촉지대 연구에서 드러나듯, 마음은 변하기 어렵다.[65] 마음이 기억을 기반으로 한다고 할 때,[66] 기억은 이 복합체가 표현되는 방식이고 따라서 기억의 재구성이 마음체계의 변화에 필수적이다. 기억하기는 정보를 입력하고(encoding), 저장하며(storage), 검색하는(retrieval) 과정이고, 내부기억장치와 외부기억장치, 정보처리절차 등으로 구성된다.[67] 예를 들어 북한이탈주민은 외부기억장치를 상실한 몸의 체제전환 사례다. 마음의 지질학은 달리 표현하면 기억의 지층구조에 대한 탐색이다. 그 기억의 과정은 정치적이다. 즉, 기억은 선택적이고, 해석적인 과정이다. 특히 기억의 목적이 미래를 시뮬레이션하기 위한 것이라 할 때,[68]

기억의 재구성이 이루어지지 않는다면 협상의 상호적 마음체계로, 기억의 재구성이 가능하다면 상호적 마음체계의 구성이란 방식으로 접촉지대와 공동체란 이분법으로 환원되지 않는 남북한 사회통합의 형태를 상상할 수 있을 것이다.

5

남아프리카공화국과 북아일랜드의 사례가 남북한 통합에 주는 시사점

1. 머리말

원칙적으로 자유민주주의는 다양한 의견의 존재를 전제로 한다. 정치적 다원주의를 보장하는 것이나 언론의 자유를 보장하는 것도 이러한 이유에서라고 할 수 있다. 따라서 자유민주주의 체제하에서는 정치적 의견 상충이나 사회적 갈등이라는 것은 병리적 현상이라고 할 수 없는 것이다. 정치적이고 사회적인 차원에서 단일한 의견만이 존재하거나 사회적 갈등이 표출되지 않는 체제는 자유민주주의에서 배격하는 독재나 전체주의 사회라고 할 수 있다. 이와 같이 사회적 갈등이나 의견 충돌이 자연스러운 현상임에도 불구하고 어떤 체제나 사회공동체가 일정한 사회통합을 지향하는 것도 분명한 현실이라고 할 수 있다. 문제는 다양성의 인정과 사회적 통합이 논리적으로 상충될 수 있다는 점이고, 현실에서는 적지 않은 문제를 일으키기도 한다는 점이다. 개인의 자유와 정치사회적 다양성 간의 조화는 오랜 기간에 걸쳐 자유민주주의를 확립한 서구 유럽이나 미국의 경우에도 끊임없이 논란의 대상이 되어왔으며, 민주주의의 경험이 일천한 신생독립국의 경우에는 심각한 문제였다. 이러한 이유에서 전 세계적으로 인류가 사는 곳에서는 늘 갈등과 분쟁이 끊이지 않았다고 할 수 있다. 냉전 시기에는 이념이 정치사회적 갈등의 씨앗이었다면, 탈냉전 이후에는 민족, 인종, 계층 등의 이유로 지금도 세계 곳곳에서는 전쟁과 분쟁이 일어나고 있다.

탈냉전의 세계사적 흐름에서 소외되어 있는 한반도의 경우는 이러한 문제가 더욱 심각하다고 할 수 있다. 단순한 '냉전'이 아니라 남과 북은 한국전쟁의 아픈 경험을 겪고, 서로에게 깊은 상처를 주었고, 남북 간에 그리고 각자의 사회체제 내부에서도 사회적 갈등은 지속되었다고 할 수 있다. 특히 전쟁 이후에는 남북은 전쟁의 경험으로 인해 서로에 대한 부정적, 적대적 인식을 변화시키기 어렵게 되었을 뿐 아니라 갈등과 분쟁의 재발 소지를 늘 지니고 생활하게 되었다. 이러한 남북의 대치상황과 사회내부적 갈등은 오늘날에도 남과 북이 서로를 존중하고 신뢰하며 평화롭게 공존하기 어렵게 하는 장애물로 작용하고 있다고 할 수 있다. 이는 전쟁의 경험으로 형성된 구조와 적대적 인식의 고착화로 인해 남과 북이 상호 기본적인 의사소통과 협의 및 최소한의 합의에 이르지 못하기 때문이다. 갈등과 분쟁은 서로에게 깊은 불신을 낳고 이는 소통의 부재로 이어져 다시 불신으로 이어지는 악순환의 고리를 만들게 된다.

사회적 갈등이 심각하다고 해서 전체주의적 방식으로 의견의 차이를 묵살하고 획일적 통합을 유지하는 것은 바람직하지 않다. 중요한 것은 민주적 원칙, 다시 말하면 개인적 자유와 정치사회적 다원주의를 유지하면서 정치사회적 갈등을 어떻게 관리하고 바람직한 상태의 사회적 통합을 유지하는가 하는 것이라고 할 수 있다. 이러한 관점에서 사회적 갈등이 극심하였던 국가들이 사회적 갈등을 어떻게 처리하고 서로 다른 의견들을 어떻게 소통하였는가를 알아보는 것은 갈등이 심각한 한국사회의 해결방안을 모색하는 데 도움이 될 수 있다.

심각한 갈등과 분쟁을 경험한 이후 다시 소통을 시도하고 이로 말미암아 새로운 관계를 만들어 나가려는 노력을 계속하면서 일정한 결실을 맺고 있는 국가 및 지역이 적지 않다. 여러 사례 중에서 본 연구는 남아프리카공화국과 북아일랜드의 사례를 다루어보고자 한다. 다양한 갈등 혹은 분쟁국가 가운데 두 나라를 선택한 것은 다음의 세 가지 이유에서이다.

첫째, 갈등의 발생론적 배경의 유사성 때문이다 근대 국가의 사회적 갈등의 요인은 다양하지만 이 가운데 "사회적 장벽(social partition)"이 존재하는 국가들이 있는데 사회적 장벽은 사회를 분리시켜 갈등을 격화시킨다. 그런데 이러한 사회적 장벽은 식민지화와 탈식민지화 과정에서 구축되고 강화된다. 한국의 경우도 마찬가지인데 북아일랜드 와 남아프리카공화국의 사회적 갈등도 식민지 과정에서 구축된 사회적 장벽에서 비롯되었다고 할 수 있다. 아일랜드는 영국의 식민지화로 인하여 구교(기존 종교), 신교(새로운 종교)라는 종교적 기준으로 장벽이 구축되었고, 테러로 점철되는 심각한 사회적 갈등을 겪었다.

둘째, 갈등 전개과정의 유사성이다. 아일랜드의 경우는 민족문화를 공유하고 있음에도 불구하고 종교라는 요인으로 사회적 장벽이 형성되고 분리되었지만 식민지배를 지지하는 지배집단과 이를 거부하는 피지배집단 간 갈등이 격화되었다. 남아프리카의 경우는 식민지화과정에서 인종을 기준으로 사회적 장벽이 구축되고 갈등이 심화되었지만, 지배집단 백인과 피지배집단 흑인 간의 정치적 갈등이 접합되었다. 한국의 경우는 탈식민지 과정에서 이념을 중심으로 사회적 장벽이 구축되었지만 내적으로 근대국가 복원과정의 계급적 헤게모니 투쟁과 결합되어 갈등이 심화되었다고 볼 수 있다. 즉, 종교(아일랜드), 인종(남아프리카), 이념(한국)이라는 장벽의 성격은 다르지만 정치경제적 지배-피지배 문제와 결합하여 사회적 장벽을 공고화하고 사회적 갈등이 격화되었다는 것이다. 이 과정에서 세 국가 모두 유혈충돌을 포함한 폭력적 갈등을 경험하였다는 점도 중요하다. 남아프리카에서는 아파르트헤이트 시절 내내 국가 폭력과 무장투쟁이 격돌하였고 북아일랜드는 블러디선데이 이후 영국과 아일랜드공화국군 간의 탄압과 테러가 반복되었다. 한국은 심각한 전쟁을 치렀고, 1980년 광주라는 비극적 사건을 경험하였다는 점에서 갈등 전개과정의 또 다른 유사성이 있다.

셋째, 사회적 갈등이 심각하였던 다른 국가들과 달리 북아일랜드나 남아프리카공화국 모두 갈등을 극복하면서 사회적 통합의 길을 경험하고 있다는 점이다. 테러 혹은 인종차별이라는 문제를 넘어서서 새로운 체제를 구축하면서 과거의 갈등과 상처를 어떻게 치료하고 어떤 정책을 동원하고 있는가 하는 문제는 갈등의 극복과 소통의 확대라는 현 한국 사회의 핵심적 명제와 잇닿아 있다고 할 수 있다. 물론 갈등의 원인인 사회적 장벽의 성격이나 갈등의 심화 과정 그리고 해결방안이 남북한이나 한국의 경우와 일치하지 않지만 어떠한 조건에서 어떠한 문제가 발생하였고 이를 어떻게 극복하였는가 하는 현실은 우리에게 주는 시사점이 적지 않다고 할 수 있다.

갈등의 극복과 소통의 확립이라는 차원에서 이 글은 남아프리카공화국과 북아일랜드 두 국가의 갈등과 분쟁의 역사를 살펴보고, 이러한 갈등을 해소하고 통합해가려는 소통의 노력을 분석해볼 것이다. 또한 이러한 분석을 통해 두 사례에서 드러나는 소통의 전제 조건과 차이 요인을 밝힐 것이다. 그리고 이를 토대로 한국사회에 줄 수 있는 시사점을 도출해 보고자 한다. 더 나아가 통일과정에서 남북한 사회통합이나 소통 증진에 어떠한 의미가 있는지에 대해서도 알아볼 것이다.

2. 사회적 장벽과 갈등의 메커니즘

모든 사회는 다양한 갈등의 요소들을 가지고 있고, 실제로 갈등이 전혀 발생하지 않는 사회는 없다고 할 수 있다. 오히려 자유가 보장된 사회일수록 차이를 숨기지 않고 드러낼 수 있기 때문에 집단 간 차이와 구별은 더 활발히 표현된다. 그 과정에서 발생하는 이해관계의 충돌은 일상적인 일이기도 하다. 사회집단 간 갈등은 다양한 원인에 의해 일어나게 되지만 집단 간의 구별과 장벽이 일시적이라면 사회갈등의 정도도 약하고 지속적이지 않을 수 있다. 집단 간 구별이 차별이 아닌 다양성으로 읽히는 곳에서는 다양한 소통의 통로를 만들어낼 수 있고, 이를 통해 여러 이해관계들을 조정하고 타협할 수 있기 때문이다.

그러나 사회집단 간의 구분이 뚜렷하고 구별이 구조화되어 있을 때는 갈등의 정도가 강하고 지속적일 가능성이 높다. 이러한 점에서 집단 간 갈등과 분쟁의 발생이 연계되어 있는 '사회적 장벽(partition)'의 성격은 주목할 필요가 있다.[1] 또한 이러한 사회적 장벽이 갈등의 발생과 증폭에 어떤 영향을 끼치는지에 대한 고찰도 필요하다.

워터맨(Stanley Waterman)은 사회적 장벽에 대한 연구에서 몇 가지 설명을 시도하고 있다. 먼저 사회적 장벽 개념에 대해서 그는 "이전에 하나의 (행정적으로) 단일한 실체였던 것으로부터 두 개나 그 이상의 새로운 국가가 탄생하고, 새로운 개체들 중 적어도 하나가 이전의 국가와의 직접적인 연계를 주장할 때 사회적 장벽이 형성된다"고 설명하고 있다.[2] 또한 새롭게 만들어진 국가들과 분할 이전 영토적 단위들이 연계되는 방식은 분할이 상황을 변화시킨 이후에도 지속적으로 표현된다. 어떤 예에서는 새로운 국가들 중 하나나 그 이상이 분리된 행정단위의 영토에 대해 독점적으로 합법적인 계승자임을 주장하고 그 영토에 대해 헌법적 지위를 주장하는데, 대표적인 경우로 아일랜드 공화국, 서독, 그리고 분단된 한국을 들고 있다. 이런 점에서 워터맨의 '사회적 장벽' 개념은 '분단(division)'과 깊게 연관되어 있다.

한편 죠 클리어리(Joe Cleary)는 극심한 사회적 분열과 갈등을 경험한 국가들의 경우 대체로 공통적으로 나타나는 사회적 장벽의 '식민적(colonial)' 성격에 주목하고 있다.[3] 이런 국가들의 경우 사회적 장벽 자체가 식민지 경험과 잇닿아 있는 경우가 많다는 것이다. 독립 이후에도 식민지 시대의 역사적 경험이 새로운 국가건설과정에서 영향을 미친다는 탈식민주의 논의는 식민지 시대의 유산들을 주목하는데, 이러한 맥락에서 현재 주요한 분쟁 지역(혹은 국가)의 분열과 사회적 장벽도 탈식민적 현상의 하나라고 볼 수 있다.

일반적으로 탈식민적 논의의 대상이 되는 국가들은 제국주의 지배가 종식되어 식민지 시대 이전의 국가가 복원되거나 아니면 새로운 국가가 성립된 경우가 대부분이다. 그러나 여러 가지 이유로 식민지 이전의 상태로 복원되지 않는 경우가 있는데. 분단국가들이 대표적이라고 할 수 있다. 독일의 경우는 다르지만 남북한을 포함하여 베트남이나 예멘 등은 식민지의 결과로 분단을 경험하였다는 공통점을 갖고 있다. 이들 분단국가들은 식민지시대 이전에는 하나의 국가체제를 유지하였으나 식민지 경험 이후 원래의 국가체제로 회귀되지 못하고 두 개의 독립적 국가로 나뉜 것이라고 할 수 있다. 따라서 다른 국가들과 달리 탈식민적 시대에도 식민지시대의 유산이 보다 직접적으로 영향을 미쳤다고 볼 수 있다. 분단으로 성립된 두 개의 국가는 서로 다른 이념과 전략을 가지고 독자적으로 발전을 추구하면서도 하나의 국가체제를 지향하게 되는데, 이 과정에서 심각한 갈등이 초래되며, 이 갈등의 중심에 사회적 장벽이 존재한다고 할 수 있다.

'분단'의 정도로 심각하게 분리된 사회에서 '사회적 장벽'의 존재는 작은 갈등을 증폭시켜 분쟁을 촉발하는 역할에 그치지 않는다. 사회적 장벽은 갈등의 해결을 위한 다양한 소통의 통로 건설을 방해하고 분쟁의 상처, 즉 트라우마를 재생산하는 기제 발생을 촉진시킨다. 분리된 사회의 경우 다양한 미디어를 통한 문화적인 내러티브들이 분리의 트라우마를 지속적으로 기념하고 사람들에게 각인시키는 중요한 기능을 담당하게 된다.[4] 갈등이 사회적 장벽을 강화시키고 분쟁으로 이어져 분리된 사회에서 권력을 잡은 분리주의자들은 여러 가지 문화적인 기구를 동원하여 분리의 역사·사회·문화적인 담론을 재생산하고 이를 이용하게 된다. 분리, 분단의 트라우마는 이러한 메커니즘 속에서 확대재생산되어 가상의 자기 정체성과 타자 정체성을 형성시키는 데까지 이어지기도 한다.

이러한 차원에서 사회적 장벽을 바라볼 때, 통일을 지향하면서 두 개의 독립된 국가로 분단되어 있는 남북한의 경우 역시 사회적 장벽의 문제에 주목해야 함을 알 수 있다. 또한 이로 인한 갈등의 증폭과 재생산의 메커니즘도 소통의 가능성을 모색하는 데 필요한 연구가 될 것이다. 이 글에서 다루려고 하는 남아프리카공화국과 북아일랜드 사례도 분열이 극심하여 '분리'되어 있는 사회에서 갈등을 증폭, 재생산하는 강고한 사회적 장벽이 존재하는 사회의 예들이다. 각 국가들의 사회적 장벽이 존재하는 사회의 예들이다. 각 국가들의 사회적 장벽의 종류나 발생 원인이 다르며 장벽의 강도 또한 다르다. 남아공의 경우는 인종이, 북아일랜드의 경우는 민족과 종교가 장벽의 핵심이라고 할 수 있다. 하지만 그럼에도 불구하고 국제적 차원에서 분쟁으로 주목받는 '분리된 사회'라는 점에서 공통적이라고 볼 수 있다. 이는 남북한의 상황에 유의미한 시사점을 던져줄 수 있을 것이다.

3. 갈등과 분쟁의 역사

1) 남아프리카공화국

남아프리카공화국은 1910년 남아프리카법의 제정으로, 케이프지역과 나탈, 트란스바알과 프리스테이트를 통합한 백인 중심의 남아프리카연방이 세워진데 그 연원이 있다. 이후 20세기 내내 남아프리카공화국의 정치는 다수 흑인들에 대한 백인 지배권의 유지로 특징지어졌다. 이에 1912년 흑인들은 아프리카국가회의(African National Congress, ANC)를 출범시키고, 흑인을 배제하는 정권에 대한 항거로 이어졌으며 무력투쟁을 고조시켰다. 이처럼 인종차별적인 정권에 대한 반발이 더욱 거세어지는 과정에서 정부는 1913년 '원주민토지법(Native Land Act)'을 제정하고[5] 백인들에게 특혜를 주는 고용 관련법과 케이프 지역의 혼혈인들의 선거권을 박탈하는 등의 차별 법안들을 통과시켰다.

제2차 대전이 끝나고 1948년에 백인계인 아프리카너(Afrikaner)[6] 중심의 국민당(NP)이 정권을 차지하게 되었다. 새로운 정부는 '아파르트헤이트(Apartheid)'[7]라는 흑백인종차별정책을 공식적인 정책으로 채택했고, 이에 따라 기존의 인종 간 계급제도는 모든 정치·경제 구조에서 백인과 흑인을 양 극단에 놓는 구조로 고착화되었다. 1940년대 이후 정부가 보다 강한 권력으로 인종차별정책을 펴자 흑인 반대파도 더욱 활발한 활동을 벌이게 되었다. 1943년에는 젊은 세대로 이루어진 정치세력이 등장하여 아프리카국가회의(ANC) 청년연합을 설립하고, 이를 통해 넬슨 만델라(Nelson Mandela)와 올리버 탐보(Oliver Tambo), 월터 시술루(Walter Sisulu) 등 아프리카국가회의(ANC)를 이끌 차기 지도자를 양성하였다. 아프리카국가회의(ANC)는 아파르트헤이트정책이 시행된 직후부터 행동계획에 착수하여 백인정권의 지배를 거부하고 항의와 파업, 시위 등의 행동을 촉구하기 시작했다. 1950년대에는 대규모 시위의 새로운 면모를 보여주면서 1955년 소웨토 의회에서는 자유의 헌장을 낭독하였다.[8]

이에 따라 정부는 아프리카국가회의(ANC)와 범아프리카회의(Pan Africanist Congress, PAC) 등의 대규모 조직 활동을 금지하는 등 일체의 저항운동에 대해 더욱 적극적인 탄압을 실시하였다. 그러던 중 1960년 샤프빌(Sharpeville)에서 통행법에 반대하던 시위자 69명에 대한 학살이 일어나면서, 국가비상사태가 선포되었고 재판 없는 구속을 단행하였는데 이 사건을 가리켜 '샤프빌 대학살'이라고 한다.[9]

그러나 이러한 흑인들의 저항활동은 계속하여 정부의 탄압을 받았고, 1961년에는 H. F. 벌보어드 총리가 이끄는 남아공의 국민당 정권이 백인만의 국민 투표에서 승리한 뒤 남아공을 '공화국'으로 선포하고, 인종의 순수성을 지키기 위한 정책을 실시하기 시작했다. 다른 인종 간의 성행위를 금지하는 것(배덕법, 背德法, Immorality Act)을 비롯하여 주민 등록에 있어서 모든 남아공인들은 특정 인종에 속하도록 해야 한다는 규정 등을 포함한 법을 제정하였다. 거주지역에 대한 차별도 이루어져 마을주민 전체를 유색인종 지역으로 강제이주시키는 조치도 시행되었다.[10]

이후 이 백인정권은 '분리 발전 정책'을 고안해내어 아프리카 민족을 임의적으로 민족 '국가'로 분리하고, 각각의 '홈랜드'를 지정함으로써 '독립'을 보장한다고 선언하였으나, 이는 말뿐인 '독립'이었다. 사실상

지방의 토지는 이미 인구 과밀화 현상과 경작 남용 등으로 황폐화되어 있었고, 흑인 및 유색 인종은 백인 거주 지역으로 지정된 고향에서 쫓겨났다. 백인 거주 지역에서 강제 이주된 흑인 및 유색 인종의 수는 약 350만 명에 달하며 홈랜드로 불리는 지방 마을에서는 빈민가가 형성되었다. 이 외에도 통행법과 주민 수 제한 등의 규정이 더욱 확대되어 엄격히 적용되기 시작하는 등 유색인종, 특히 흑인에 대한 차별정책은 갈수록 그 강도를 더해갔다.

이 무렵 흑인 정치조직의 지도자들은 이 당시 모두 체포되거나 망명 중이었는데 이러한 분위기 속에서 아프리카국가회의(ANC)와 범아프리카회의(PAC)는 오랜 기간 고수해온 비폭력 저항 노선을 포기하고 독립을 쟁취한 이웃 국가들에 기반을 두고 무장투쟁에 나섰다. 국가 내에 머물고 있던 아프리카국가회의(ANC)의 새로 창설된 무장 세력인 '음콘토 위 시즈웨(국가의 창)' 소속의 최고 지도자 등은 1963년 정부에 체포되었다. 악명 높은 '리보니아 재판'에서 만델라를 포함한 8명의 아프리카국가회의(ANC) 지도자들은 본래 기소된 '반역' 혐의가 아닌 국가 전복을 기도한 죄로 종신형을 언도 받았다.

이처럼 1960년대 내내 반대파의 무력행동을 제압하기 위한 특단의 조치들이 행하여졌지만 1970년대 초 부활하기 시작한 저항운동은 거센 움직임을 보여, 1976년에는 아파르트헤이트에 대한 지속적인 항거를 위한 중요한 계기가 발생하게 된다. 1976년 6월 소웨토의 초등학교에서 아파르트헤이트의 교육정책에[11] 반대하는 학생들의 시위가 발발하였는데 13세의 어린이가 총에 맞아 사살되는 사건이 벌어졌다. 이에 일어난 봉기는 전국적인 봉기로 이어지게 되었다.[12]

엄청난 규모의 시위와 항거에 당황한 백인정부는 1980년대 초에 들어와 여러 가지 개혁을 단행하기 시작하였다. 일례로 흑인 노조의 설립을 인가하고, 1983년 개헌을 통해 소수 민족인 컬러드와 인도인의 하원참여를 제한적으로 허용하고, 1986년 원성 높았던 통행법을 마침내 폐지하는 등의 조치를 취하였다. 1990년대 들어서는 아파르트헤이트 종식을 위한 국제 사회와 여론의 압력이 더욱 강화되자 1990년 2월 당선된 드 클레르크(F. W. de Klerk) 대통령은 민주화운동에 대한 해금조치를 취하고 유명한 만델라 등의 인사를 포함, 흑인 정치인들을 석방시키는 등의 전향적인 조치를 취하기 시작하였다.[13]

2) 북아일랜드

현재까지도 이어지고 있는 북아일랜드 갈등의 시작은 17세기 영국의 아일랜드 이주정책으로부터 시작한다. 17세기에 아일랜드를 식민지화한 영국은 전통적으로 가톨릭 국가인 아일랜드에 신교도들의 이주정책을 감행하였고, 이후 많은 영국계 신교도들이 아일랜드에 정착하게 되었다. 하지만 끊임없는 아일랜드인의 독립 운동과 저항으로 1920년 아일랜드가 영국으로부터 독립하게 되자, 영국계 신교도들이 많이 거주하고 있는 북아일랜드 지역은 여전히 영국의 관할 아래 남게 되었다. 이에 가톨릭교도를 중심으로 하는 북아일랜드 민족주의자들은 영국의 지배에 저항한 반면, 신교도들은 계속해서 영국 잔류를 희망해 양 민족 간 갈등이 표출되게 된 것이다.[14]

이에 아일랜드계 가톨릭교도들은 오랜 저항운동을 벌여왔다. 1968년 이래 가톨릭교도에 대한 영국의 차별에 항의하는 가톨릭계의 민권 운동이 시작되었고, 1969년부터는 아일랜드 공화국군(Irish Republican Army, IRA)의 활동이 본격화되었다. 한편, 아일랜드 공화국군(IRA)의 활동이 본격화되자 북아일랜드 신교도계 또한 얼스터 민병대(Ulster Defence

Association)를 조직하여 아일랜드 공화국군(IRA)에 대항하였고 양측은 잦은 무장 충돌을 벌였다. 1972년에는 영국이 북아일랜드의 자치권을 회수함으로써 아일랜드인들의 유혈 폭력 운동을 고조시켰으며, 소위 '피의 일요일 사건'이라 불리는 유혈사태가 발생하게 되었다. 이 시위에서 영국정부군이 시위대에 발포하여 13명이 사망하는 결과를 가져왔고, 이후 양측의 테러로 29년간 약 3,200명에 이르는 사망자를 기록하게 된다. 이후 영국과 아일랜드는 북아일랜드 사태의 평화적 해결을 위해 노력하였으나, 아일랜드 공화국군(IRA)의 테러 등 지속되는 분쟁사태로 인해 번번이 무산되는 경험을 하게 되었다.[15]

그러나 1997년에 아일랜드 공화국군(IRA)이 휴전을 선언함으로써 북아일랜드 문제는 획기적인 상황을 맞이하게 되었고, 신교도계 과격파들도 적극 호응하기 시작하였다. 이에 1998년 4월에 열린 다자회담에서 비로소 '성금요일 협정(Good Friday Agreement, GFA)'으로 불리는 북아일랜드 평화협정을 체결하기에 이른다. 평화협정에는 1972년 이래 영국이 갖고 있던 입법, 행정권을 북아일랜드가 회수하고 아일랜드와 북아일랜드 인사들로 구성된 국경위원회를 창설하기로 되어 있었다. 이는 1968년부터 지속되어 온 가톨릭교도와 개신교도들 간의 유혈 갈등의 종식과 항구적 평화의 정착을 목적으로 북아일랜드 지역의 다양한 정파들이 참여하는 민주적 자치정부를 구성하기 위한 것이었다. 한편 북아일랜드 지역을 현재처럼 영국 연합왕국(United Kingdom of Great Britain and Northern Ireland)의 일부로 남겨둘 것인가 아니면 분리하여 아일랜드 공화국에 합병할 것인가 또 아니면 제3의 길을 택할 것인가는 장차 민주적 자치정부가 안정 궤도에 들어서고 난 후 북아일랜드 주민들의 국민투표를 통해 결정하기로 하였다.[16]

이에 따라 치러진 1998년 총선의 결과, 성금요일 협정의 체결을 주도한 바 있던 온건파, 즉 얼스터 연합당(UUP 개신교도 온건파를 대표)과 사회민주노동당(SDLP, 가톨릭교도 온건파를 대표)들이 승리를 거두게 되었다. 그러나 1998년의 계기에도 불구하고 평화정착 과정은 순탄치 않았다. 1999년에 구성하기로 되어 있던 북아일랜드 자치정부는 협상 결렬이라는 난관을 만났으며, 양측은 다시 아일랜드 공화국군(IRA)의 무장해제 문제로 대립하게 되었다. 이에 더해 2000년 2월에는 아일랜드 공화국군(IRA)의 파생 조직인 '컨티뉴어티(Continuity) 아일랜드 공화국군(IRA)'의 소행으로 추정되는 폭발 사건이 발생하였다.

한편, 2003년 총선 결과는 1998년과는 반대로 두 진영 모두에서 강경파들의 승리로 나타났다. 강경파 개신교도들을 대표하는 민주연합당(DUP)이 제1당이 되고 가톨릭교도 진영 내에서도 아일랜드 공화국군(IRA)의 대변자역할을 해오던 신페인(Sinn Féinn)이 제1당이 된 것이다. 이후 부침을 겪던 북아일랜드 문제는 2005년 아일랜드 공화국군(IRA)의 무장해제 선언으로 다시 해결의 실마리를 찾는 듯하였으나 정치권의 불안한 동거 속에서 테러와 유혈사태는 간헐적으로 발생하였다.[17]

4. 소통과 통합의 방식

1) 남아프리카공화국

(1) 갈등의 해결: 용서와 치유

남아프리카공화국과 북아일랜드의 사례와 같이 갈등이 유혈사태와 무장투쟁으로 번지게 되는 경우 구성원들의 피해는 물리적, 제도적 차원은 물론, 심리적·정신적 차원으로까지 확대된다. 남아프리카공화국은 총체적인 상처, 트라우마의 치유와 회복에 노력을 기울였다.

1995년 남아프리카공화국은 <국가통합과 화해 증진법(Promotion of National Unity and Reconciliation)>을 제정하게 된다. 이는 아파르트헤이트로부터 다수결 민주주의로의 평화적 전환을 이루기 위해 남아공의 주요 정당들에 의해 시작된 협상의 결과이자 드 클레르크의 국민당과 넬슨 만델라가 이끄는 아프리카국가회의(ANC) 사이 타협의 산물이라고 할 수 있다. 특별히 이 법령은 1960년 3월[18]과 1994년 5월 19일[19] 사이의 총체적인 인권 유린을 조사, 가해자에 대한 사면과 피해자에 대한 배상 적용을 '진실과 화해위원회(Truth and Reconciliation Commission, TRC)'에 위임하였다.[20]

이러한 기구의 설립과 위임은 합법적인 위임의 차원을 넘어서서 곳곳에서 자행된 살인과 총체적인 인권 유린의 사실을 폭로함으로써 화해를 촉진시키고 국가적 협력을 획득하고, 잘못된 과거를 폭로함으로써 국가가 그 사실을 인정하고 민주적이고 다민족 공존적인 미래를 진척시키기 위한 초석이었다.

진실과 화해위원회(TRC)의 과업을 구체적으로 살펴보면 우선적으로는 진실을 밝히는 작업을 수행하는 것이었다. 아파르트헤이트의 숨겨진 역사적 사실, 즉 인권 유린의 '본질과 이유, 정도' 등을 폭로하고, 총체적인 인권유린의 가해자와 피해자를 확인하여 적절한 조치를 취하는 것이었다. 이 과정에서 밝혀진 피해자들을 위해서 진실과 화해위원회(TRC)는 그들의 말에 귀를 기울이고 실제적인 배상과 사회복귀를 제공하는 동시에 고통과 정신적 충격을 다루는 시설을 제공함으로써 심리적으로 치유 받을 수 있는 기회를 제공하는 역할을 담당하였다. 한편 가해자들에게는 인권유린의 범죄자와 사회적 책임에 대해서 사실상 사면을 부여하였다. 또한 정부와 다른 인권 유린의 가해자, 그리고 피해자 사이의 관계를 회복시키는 것 또한 진실과 화해위원회(TRC)의 과업이었다. 이러한 진실과 화해위원회(TRC)의 과업은 총체적인 치유의 작업이었다.

(2) 통합의 방식: 다수결 민주제의 추진과 다문화국가 건설

남아프리카공화국이 진실과 화해위원회(TRC)를 통해 목적한 것은 뿌리 깊은 갈등과 아픔의 치유를 시도하고 과거를 정리함과 동시에 새로운 국가의 비전과 기반을 제시하기 위함이었다. 갈등의 근원적인 해소와 공평한 사회, 바람직한 소통의 통로를 만들기 위해서는 새로운 비전의 제시와 제도적인 차원에서의 보완이 뒤따라야 하는 사안이었다. 남아공은 국가의 새로운 비전을 '무지개국가', 즉 평등하고 다양성이 존중되는 다문화국가에 두고, 이를 위해 '다수결 민주제'라는 제도를 채택하였다.

1991년 아파르트헤이트가 사실상 철폐된 이후 권위주의적 인종차별체제가 민주주의적인 탈인종차별체제로 이행되기 시작한 남아공의 최대과제는 비민주주의적인 과거 관행들의 청산과 국가·사회적 통합, 인종화합을 이루는 것이었다. 만델라가 대통령으로 취임할 당시 남아공은 과거 권위주의적인 백인정권 아래 형성된 보타(Louis Botha) 대통령의 초강력 대통령제를 벗어나 대의민주주의적인 대통령제를 채택하였다. 이는 인종차별주의적이고 반국가통합주의적인 세력들의 반발을 막으면서 민주·헌법질서 안에서 온건적이고 포용적인 접근방식 모색의 일환이었다. 만델라와 드 클레르크를 위시한 과도정부는 대통령 선출방식을 국민 직접선거투표 방식 대신에 총선에서 정당명부식으로 선출된 국회의원의 득표수에 따라 가장 많은 표를 얻은 정당에서 선출한 1순위 의원을 대통령으로 선출하는 의회제와 대통령제의 혼합형태를 취하였다.

이러한 다수결제도는 인종별, 종족별로 분리되었던 남아공 사회에서 표면적으로 인종별 소수세력의 보호 및 국민통합과 참정권 확대 유도의 목적으로 채택된 것이다. 하지만 결과적으로 일당 절대다수의 형성을 최고 수준에서 보장하므로 거대 단일정당의 정치권력 독점과 정당 지도부의 권한 집중, 이로 인한 권력주체들의 정치적 소외가 야기될 수도 있다는 제도상의 한계를 지니고 있는 것도 사실이다.

이러한 다수결 제도를 통해 결국 지향하고자 하는 국가상은 건강한 다문화국가이다. 남아공은 구조적, 문화적으로 다원성을 띠고 있는데 아파르트헤이트가 오랜 시간 인종집단 사이에 존재하는 차이점만을 강조함으로써 인종 간 차별의식이 잔존하고 있었다. 이러한 차별의식을 소멸하기 위해 아파르트헤이트 시기 이후 정부는 각 문화집단이 서로 존중하는 다문화국가(무지개 국가) 건설을 지향하고 있다. 즉 통일된·비인종적인·비민족적인 국가이면서도 인종과 자치단체의 다양성을 보장하는 형태로 나아가려고 하는 것이다. 대표적인 예를 들자면 아파르트헤이트 시기에는 영어와 아프리칸스어만 공식어로 채택하였는데 1994년 이후 아프리카국가회의(ANC)는 기존 공식어에 9개의 아프리카어(African languages)를 공식어로 추가한 바 있다.[21]

다문화 공존 정책의 대표적인 예로 교육분야를 들 수 있다. 교육 분야 또한 이전에는 아파르트헤이트 정책이 강력히 시행되었다. 후세대를 양성하는 교육분야의 특성상, 교육은 분리주의원칙이 어느 곳에서보다 확실히 지켜져야 할 분야였다. 교육에서 분리정책은 일찍부터 시작되었다. 1953년 정부는 '반투 교육 법령'(Bantu Education Act)을 가결하였고, 담당 부처 장관은 이 법령의 목적을 "흑인들이 사회에서 열등하고 종속적인 지위를 받아들이도록 준비시키는 교육을 제공하는 것"이라고 언급하였다.[22] 이후 남아공의 교육정책은 '반투 시스템'으로 불리며 철저한 흑·백인종 차별정책을 실시하게 되었다.

아파르트헤이트 정부는 곧 이러한 분리 교육의 원칙을 다른 인종 그룹에까지 확대하였다. '컬러드 교육 법령'은 1963년에, '인도인 교육 법령'은 1965년에 만들어졌고 담당 부처도 모두 달라졌다.[23] 행정구조의 분리에 따라 네 인종 그룹에게 각각 분리된 커리큘럼이 개발되었다. 또한 의무교육은 단지 백인에게만 해당되었고 흑인과 유색인종의 아이들은 학교 수업료를 지불해야 했다.

강고하게 지속되어온 교육 내 분리주의 원칙도 아파르트헤이트의 철폐와 함께 변화가 일어났다. 교육정책의 중요한 변화들은 1989년부터 시작되었는데 백인 학부모와 교사들의 강한 반발은 계획들을 실행하는데 어려움을 야기하기도 했다. 하지만 1991년부터는 드 클레르크 정부와 아프리카국가회의(ANC)가 공동으로 인종적으로 분리된 교육분야의 통일을 위해 노력하였고 모든 인종 그룹의 학생들에게 국립학교를 개방하기 시작했다.[24] 1993년 1월 교육성이 내놓은 '교육 갱신 전략' 중에는 9년의 의무교육을 포함하여 모든 남아프리카인들에게 단일한 교육시스템을 구성한다는 내용이 포함되어 있었다.

주목할 만한 변화로 모든 남아프리카인들을 위해 10학년까지 무료 의무 교육을 제공하고, 취학 전 교육과 교사 훈련의 진행, 성인교육, 그리고 여성들에 대한 평등한 교육 및 훈련 기회의 제공과 같이 공식적으로 무시되었던 영역의 개선을 추구하였다는 점을 들 수 있다. 하지만 이러한 정책상의 변화들에도 불구하고 아파르트헤이트 시기 불평등의 많은 부분이 여전히 지속되는 한계도 있다. 공립학교들은 모든 인종 그룹에게 열려있지만, 실제로는 백인학교 학부모들의 완강한 저항 때문에, 또는 오랜 시간 동안 실시되었던 주거지역 분리정책으로 인한 거리상의 문제 때문에 기존의 백인학교는 여전히 백인학생들이 대부분이다. 학교의 시설이나 교사의 자질 등 여러 자원들이 여전히 불균등하게 분배되는 문제도 발생하고 있다. 또한 아파르트헤이트의 정신적 유산의 잔존으로 통합을 추구하는 교육의 현장에서도 학부모, 교사들이 열린 마음으로 서로 다른 인종을 받아들이고 같은 권리를 누리는 것을 용납하지 못하는 경우도 있다.

2) 북아일랜드

(1) 정치적 협의주의: 소수의 참여권 보장

북아일랜드의 경우는 1998년 '성금요일 협정'을 계기로 협의주의를 채택하였다. 협의주의는 다극사회, 즉 균열이 심화된 사회에서 한쪽이 동화되거나 상호 독립의 방식을 취하지 않고 민주적 절차를 통해 공존하기로 할 때 선택이 가능한 대안이다. 협의주의 연구자 레입하트(Arend Lijiphart)는 "균열이 심화된 사회에서 민주주의와 사회평화가 유지되기 위해서는 엘리트들이 포용적 자세를 가져야 하고 원심적 경쟁을 지양하여야 한다. 따라서 승자독식의 원리가 지배하는 다수결 민주주의는 적합하지 않으며 오히려 집단 간의 대연정을 통한 권력분점, 선거제도 및 자원배분에 있어서 비례대표제의 도입, 지리적 혹은 기능적 자율의 보장, 묵시적 혹은 명시적 상호비토의 인정 등을 주요 내용으로 하는 협의민주주의가 요구된다"고 하였다.

이러한 협의주의는 모든 집단으로 하여금 공동으로 정부를 구성하게 하므로 공동다수의 지배를 가능하게 하는 대연합정부(grand coalition government)를 특징으로 한다. 그리고 통합참가의 안전도를 높이기 위해 소수파에게 사활이 걸린 이익을 보장해 주는 상호 비토권을 부여한다. 또한 주요 하부 집단이 내각이나 다른 의사결정체 속에 대체로 인구에 비례하여 대표되는 비례대표제 등을 특징으로 한다. 이러한 협의주의는 소수의 의견이 반영되지 않는 다수결 민주주의의 폐단을 극복할 수 있는 대안으로 간주되고 있다.

성금요일 협정 또한 이러한 협의적 요소들을 지니고 있다. 북아일랜드 자치정부는 영국계와 아일랜드계 양쪽에서 모두 수장을 세워 행정권을 분점하도록 되어 있고 비례대표제를 사용하고 있다. 또한 의무적인 통합을 피하고 차이를 동등하고 공정하게 다루기 위해 공동자치와 평등을 지향하고 있으며, 의회와 법정에서 소수의 거부권도 보장하고 있다.[25] 북아일랜드 사례의 경우 영국계 개신교도와 아일랜드계 가톨릭교도 간에 수와 세력에 있어서 차이가 크기 때문에 다수결주의를 채택할 경우 기득권의 권한이 더욱 강화될 수밖에 없으므로 협의주의를 채택하여 양측이 동등한 위치를 점할 수 있도록 한 것이다.

(2) 교육문화적 통합: 다원주의적 교육

정치적 갈등을 해소하기 위해 협의주의라는 제도적 방안을 선택했다면 정치, 종교적으로 분파된 사회집단 간 갈등을 다루기 위한 대표적인 방안인 통합 교육과정을 눈여겨 볼 수 있다. 성금요일 협정은 통합학교의 발전을 지원, 아일랜드 언어 교육에 대한 지원 및 관용의 문화(cultus of tolerance)를 발전시키려는 필요성에 대해 언급하고 있다.[26] 이러한 협정을 바탕으로 북아일랜드에는 종교적 차이로 분리된 단일한 종교학교가 갈등을 지속시키는 요인이라는 판단하에 지역 내 활동가들을 중심으로 통합학교가 설립되었다.[27]

1989년 교육개혁령에 의해 상호이해교육(Education for Mutual Understanding)과 문화유산(Cultural Heritage)의 두 주제를 포함하는 필수교육과정이 채택되었다. 이 과정은 학생들이 자신과 다른 이들을 존경하고 가치 있게 여기는 것을 배우고, 사회 내 구성원들의 상호의존을 인식하며 그들이 공유하는 문화적 전통뿐만 아니라 차이를 이해하는 것, 비폭력적인 방법으로 갈등을 다루는 방법을 인지할 수 있도록 하는 것이 주목적이다.[28]

북아일랜드의 통합교육의 효과는 배타적 집단과 분리되어 최소한의 피상적인 갈등으로 구성된 환경에서 교육받는 학생들은 문화적 고립을 경험하지만, 통합교육을 받는 학생들은 타 집단에 속한 구성원 간에 더 많은 신뢰를 표하거나 긍정적인 행위를 하는 것을 상호작용이론(inter-group contact theory)을 통해 설명이 가능하다.[29]

통합교육으로 인한 배타적 사회집단 간의 상호이해를 증진하기 위한 노력은 미비하지만 증가추세에 있다. 1980년대에 10개의 학교, 1990년대에 27개의 학교가 설립된 이래 2008년에는 61개의 학교에서 통합교육을 실시하고 있고 재학생수도 증가하고 있는 것을 확인할 수 있다.[30]

예산지원의 효율성, 여전한 종교적 비판 등의 한계에도 불구하고 북아일랜드의 통합교육은 인권과 평등 감성을 기초로 한 시민성 양성의 목표에서 영국과 아일랜드 간 제도적 형태, 독립된 공동체 등의 형태를 뛰어 넘은 미래 사회 구상에 대한 실험으로 이어지고 있다. 북아일랜드 내 배타적 집단이 추구하는 공통의 미래가 통합과 발전의 공유인지 평화적 공존과 분리된 발전인지에 대한 근원적 질문이 교육 과정에도 영향을 미치고 있는 것이다.[31] 유럽연합의 출범으로 인한 시민권에 대한 개념의 확장과 학교 내 통합교육의 긍정적 효과를 표출할 수 있는 공적공간을 확대하기 위한 여러 노력은 사회적 갈등을 관리하기 위한 북아일랜드의 제도적 성과인 것이다.[32]

5. 소통의 전제조건과 차이요인

1) 소통의 전제조건

남아프리카공화국과 북아일랜드 사례는 모두 심각한 유혈분쟁을 겪고 평화롭고 새로운 관계를 만들어 나가고 있는 국가들이라고 할 수 있다. 평화롭게 공존하기 위해 두 국가는 모두 소통의 노력을 경주하고 있는데 두 사례의 소통의 방식은 다소 다르다고 할 수 있다. 남아프리카공화국이 평등한 '다문화국가'를 건설하기 위해 다수결 민주제를 채택하고 있다면, 북아일랜드는 협의주의를 통해 평화로운 공존을 추구하고 있다. 하지만 두 사례 모두 최소한 서로 피를 흘리는 적대적인 입장을 떠나서 대화와 타협을 위한 소통의 발판을 마련하고 있으며 부침이 있을지언정 일정수준 성과를 거두고 있음에는 틀림이 없다.

그렇다면 두 사례를 통해 심각하게 분열된 사회에서 소통을 가능케 하는 전제조건을 도출해 보자. 첫째, '약자에 대한 배려'가 소통의 중요한 전제조건이라는 점이다. 남아프리카공화국과 북아일랜드 모두 약자에 배려하는 방식으로 제도를 만들었다. 남아공의 경우 약자가 다수를 점하는 흑인 집단이었으므로, 다수의 권한을 보호할 수 있는 다수결 민주주의와 다문화를 보장하는 방식으로 소통의 조건을 만들어내었다.

한편 북아일랜드는 약자가 소수인 가톨릭계 아일랜드인이었으므로 소수의 권익을 인정하는 협의주의적 방식을 채택하여 소통의 환경을 구성하였던 것이다.

둘째, '폭력의 종식과 타자의 인정'이 있어야만 소통의 기반이 마련된다. 남아공과 북아일랜드 모두 국가적 기획, 제도의 조정을 통해 폭력을 종식하고 타자를 인정하는 과정을 구성해 나갔다. 남아공은 만델라 대통령 취임 이후 진실과 화해위원회(TRC)를 통해 역사적 진실을 밝혀내고, 집단 간, 개인 간 발생한 증오와 아픔을 치유, 화해를 시도하였다. 북아일랜드의 경우 양측의 무장해제를 꾸준히 추구하고 있으며, 일부 통합학교에서 공통의 역사교육을 시도하는 등 상대를 인정하는 사회·문화적 인식 구성을 위해 노력하고 있다. 이는 물리적 폭력의 종식을 제도적으로 보장할 뿐 아니라, 폭력적 행위가 정당화되도록 하는 인식을 바꾸기 위한 노력이라고 할 수 있다.[33]

2) 소통방식의 차이 요인

그렇다면 두 국가가 모두 소통의 전제조건들을 충족시킴에도 불구하고 드러나는 소통방식이 차이를 지니는 이유는 무엇일까? 그것은 내부적인 상황의 차이, 즉 갈등의 성격 차이와 외부행위자 요인의 차이에서 기인한다고 할 수 있다. 먼저, 갈등의 성격을 살펴보면 앞서 언급한 바와 같이 남아프리카공화국은 백인인 아프리카너와 흑인 간 인종갈등이자 억압을 받는 약자가 다수를 차지하는 구조인 반면, 북아일랜드는 소수인 가톨릭계 아일랜드인과 다수인 계신교계 영국인 사이의 갈등이다. 따라서 남아공은 다수의 권익을 행사할 수 있는 방식으로 북아일랜드는 소수의 권리를 인정해 주는 방식으로 소통의 환경을 재구성한 것이라고 할 수 있다.

또 한 가지 간과할 수 없는 요인으로 외부행위자 요인을 들 수 있다. 남아프리카공화국은 한 국가 내에서 다른 민족과 인종 집단 간의 분쟁이 직접적인 요인이었다. 물론 아파르트헤이트의 종식과 평등한 평화 국가 건설로의 이행에는 정권에 대한 국제 여론의 영향력을 무시할 수 없지만, 이는 어디까지나 간접적인 차원이었다. 그러나 북아일랜드 사례는 영국과 아일랜드 공화국까지가 주요한 행위자가 된다. 이 때문에 북아일랜드 문제의 해결은 단일 국가의 경계를 넘어서는 제도를 요구하는 형태가 될 수밖에 없었다. 남아공은 국내적 차원에서의 조건이 더욱 중요하지만, 북아일랜드는 외부행위자가 주요하게 참여할 수밖에 없으며 이는 북아일랜드 협의주의에 주요한 요소가 된 것이다.

6. 통합과 소통을 위한 시사점

남아공과 북아일랜드 사례에서 남북한 관계의 소통에 대한 몇 가지 시사점을 도출해 낼 수 있다. 첫째, 앞서 밝힌 바대로 소통의 전제조건은 무엇보다 '약자에 대한 배려'라는 점이다. 동등한 입장과 자격을 지닐 수 있다고 인정될 때 양측이 '대화'할 수 있다. 한쪽이 일방적으로 자신의 의지를 관철시키겠다는 의지를 지닐 때 '소통'은 불가능하다. 정치경제적으로 북한이 약자인데다 분리 정도가 매우 심한 남북한의 경우, 통합을 지향할 때 다수결주의보다는 협의주의 모델을 고민해볼 수 있을 것이다. 또한 남북한의 경우 통합지향의 자치적 모델을 구성한다 하더라도 분단의 과정과 이해관계로 인해 미국과 중국 등 외부행위자의 요인을 무시할 수 없는 북아일랜드의 사례와 유사한 측면을 지니고 있다는 점에서 또한 협의주의 모델에 대한 진지한 고찰이 필요하다. 남아공에서 아파르트헤이트 이후 새로운 국가건설을 추진하면서 소수자가 되었던 백인정권에 대한 일정한 '배려'가 있었다는 점을 기억할 필요가 있다.

물론 '사회적 장벽'이 완전히 해소되거나 갈등의 증폭, 재생산의 기능을 상실할 정도의 사회적 조건이 마련되지 않은 상황에서 합의에 이르기까지 이해관계를 조정하고 타협하는데 긴 시간이 필요하고 그 사이 일어날 수 있는 갈등 상황의 재현 가능성에 대해서도 고려하고 이를 보완하는 장치 또한 고민해야 할 것이다.

둘째, 군축문제에 대한 논의 진전이 반드시 함께 동반되어야 한다. 전쟁의 경험과 전쟁 재발의 가능성이 상존하는 현실에서 남북교류협력이 일정 수준 진행되어 오는 과정에서도 군사 분야에서는 실질적인 진전이 이루어지지 않았다는 지적이 많다. 하지만 실제적인 군축 문제가 진행되지 않고서는 근본적으로 양측이 서로에게 신뢰를 가지기 어렵고 이는 소통을 불가능하게 만드는 중요한 요인이 된다. 북아일랜드의 성금요일 협정에서도 양측의 무장해제가 핵심적 관건이었다는 점을 상기할 필요가 있다. 한편으로는 교류협력을 시도하면서 다른 한편 군사활동과 무력시위를 지속하는 것은 교류협력 등 소통의 성과를 반감시키고, 서로에게 불신을 심어 언제든지 신뢰의 수준을 예전 수준으로 떨어뜨릴 수 있는 행위이다. 이를 위해서 남과 북이 함께 군축 문제를 논의할 뿐 아니라 한쪽에서 먼저 조금씩이라도 이를 시도할 필요도 있다. 또한 군축문제는 사실 남북한만의 문제가 아니라 중국, 미국 등 외부행위자가 연계되어 있는 문제로서 함께 논의하고 실행해 나가야 할 의제이다.

셋째, 과거를 정리하는 방식에 대한 협의를 해나가야 할 것이다. 앞서 설명했듯이 분리된 사회에서 사회적 장벽은 분쟁과 분리의 경험을 확대, 재생산하고 이를 통해 가상의 자아와 타자 정체성을 구성시킨다. 이는 상대집단을 '악'으로 자기집단을 '선'으로 위치시키고 모든 잘못을 상대집단에 귀속시키며, 상대집단을 인정하지 않는 현상으로 나타난다. 남북한의 경우 분단 이후 60여 년이 지나는 시기 동안 이러한 작업이 지속되어져 왔고 이는 서로를 인정하지 않고 적대적으로 인식하는 심성체계를 발전시켜왔다. 남한 사회에서는 이를 허무는 작업들이 이미 시작되고 있지만 보다 구체적이고 적극적인 시도들을 고민할 필요가 있다. 특히 남한만이 아니라 남북한 간 협의를 통해 이러한 작업들을 해나가야 한다. 남아프리카공화국의 경우 '용서와 치유'라는 목적을 가지고 진실과 화해위원회(TRC)가 그러한 작업을 수행했고, 일정 수준 성과를 거두었다고 할 수 있다. 북아일랜드도 공통의 역사를 가르치려는 노력들이 행해지고 있다. 남북한 차원에서도 서로를 신뢰하면서 대화와 소통의 상대로 인정하기 위해서 이러한 프로젝트가 준비될 필요가 있다. 이는 통합을 위해 반드시 필요한 사전 작업이기 때문이다.

넷째, 남북한은 통합의 비전을 함께 고민해야 할 필요가 있다. 남아프리카공화국이 새로운 국가건설을 시작하면서 자유롭고 평등한 다인종·다문화국가인 '무지개 국가'를 통합의 슬로건으로 내세우고 이를 위해 매진하였던 것처럼 남북한도 분명한 통합의 비전이 필요하다. 남북한이 통합, 또는 통일이 되면 정치경제적으로 부강해질 것이라는 강대국 지향의 단선적인 논리만으로는 부족하다. 어느 한쪽만의 일방적인 논리가 아닌 양측이 합의하고 함께 지향할 수 있는 보편적 가치 지향의 비전이 필요하다.

이때 남아공의 통합 시도를 생각해 볼 수 있는데, 남아공의 경우 인종문제로 심각한 갈등과 아픔을 겪고 이를 해결해 나가는 과정에서 다른 인종을 모두 존중하고 포용하는 비전으로 나아갔다는 점에서 갈등의 핵심이 새로운 비전 구성의 원동력이 되는 경우라고 할 수 있다. 남북한의 경우 여러 복합적인 요인으로 '한국전쟁'을 겪고 현재까지 모든 책임을 서로에게 전가하며 아픔을 재생산하고 있다. 여기서 역으로 양측이 모두 '한국전쟁'이라는 공통의 아픔과 고통을 지녔다는 점을 상기한다면 그러한 전쟁이 재발하지 않는 '평화'와 '공존'의 '비전'을 지향하는 출발점이 될 수도 있을 것이다.

사회적 갈등은 자연적으로 해결되는 것은 아니다. 이것은 정치적인 노력과 사회적 노력이 필요하다는 것을 의미한다. 남아프리카공화국과 북아일랜드의 경우에도 마찬가지라고 할 수 있다. 정치적인 차원은 구체적인 정책으로 구현되었다고 할 수 있는데, 두 나라의 경우를 통해서 볼 때 정책적 차원에서 다음의 몇 가지 시사점을 얻을 수 있다.

첫째, 정치적 타협이 우선되어야 한다는 것이다. 북아일랜드는 내전에 준하는 폭력적 충돌이 지속되었지만, 성금요일협정을 통하여 갈등의 극복이 가능해졌다고 할 수 있다. 성금요일협정은 신교와 구교세력, 그리고 영국이 참여하는 일종의 정치회담이라고 할 수 있다. 갈등의 당사자들이 직접 앉아서 정치적 교섭을 하였다는 점은 중요한 의미를 갖고 있다. 남아프리카공화국의 경우도 가해자와 피해자가 서로 마주하며 정치적 해결의 실마리를 열었다는 점이 중요하다. 정치적 타협이 이루어진 다음 북아일랜드는 권력분점을 위한 협의주의가 입안될 수 있었고, 남아프리카공화국도 흑·백 정치지도자 간의 타협을 통하여 정권 이양이 평화적으로 이루어지면서 아파르트헤이트가 종식되고 사회적 갈등의 해소가 시작되었다고 할 수 있다. 이러한 점에서 한국의 사회적 갈등 극복과 소통해소를 위해서는 정치적 집단들 간의 타협이 선결요인이 된다고 할 수 있다.

'남남갈등'으로 대변되는 한국사회의 사회적 갈등은 북한 문제나 통일문제를 중심으로 이루어졌지만 실질적으로 남한사회의 정치적 갈등이 근본원인이라고 할 수 있다.[34] 민주화와 권력교체 등의 정치과정에서 정치적 갈등이 심화되면서 사회적 갈등이 심화되었고, 정치집단들은 사회적 갈등을 정략적 목적으로 확산하여 왔다고 볼 수 있다. 따라서 갈등의 극복과 소통의 출발은 정치집단 간의 타협에서 시작되어야 한다는 것이다.

둘째, 소통의 회복을 위해서는 구체적인 정책을 입안하고 실행하여야 한다는 것이다. 갈등의 종식이 이루어진다고 하더라도 이것이 곧바로 사회적 소통의 증대로 이어지지 않는다. 남아프리카공화국의 경우 아파르트헤이트의 종식과 정권교체의 합의로 기존의 흑백갈등은 극복되었다고 할 수 있지만, 흑백 간의 사회적 갈등은 여전히 유지되고 있다고 볼 수 있다. 이러한 맥락에서 진실과 화해위원회(TRC)의 구성과 활동은 과거의 상처를 치유하고 새로운 통합을 위한 구체적이고 적극적인 정책적 개입이라고 할 수 있다. 진실과 화해위원회(TRC)의 성과에 대해서는 논란의 여지가 있지만, 중요한 것은 적극적인 정책입안을 추진하였다는 점이다. 이와 더불어 갈등의 종식과 소통의 확대를 위한 남아프리카공화국에서 수행한 교육 정책도 유의해서 볼 필요가 있다.

적극적인 정책의 중요성은 사회적 소통의 확대과정에서 한국사회의 국가가 구체적인 정책을 제기할 필요가 있다는 것을 의미한다. 사회적 소통이라고 하지만 현재 갈등의 한 축이 국가라는 점에서도 국가가 소통에 적극적으로 나서야 할 필요가 있다고 할 수 있다. 그리고 이보다 더 중요한 것은 정책의 주체가 국가이기 때문이다. 소통을 위한 구체적인 정책의 입안과 추진은 국가가 주도할 수밖에 없다는 것이다. 또한 교육에 소통의 문제를 적극적으로 반영하는 것이 중요하기 때문에 교육자치단체들도 사회적 소통문제에 관심을 기울일 필요가 있다고 할 수 있다.

셋째, 상황에 적합한 갈등해결과 소통 확대를 위한 정책을 추구하여야 한다. 아일랜드가 일반인 다수결 민주주의가 아니라 일종의 지분을 보장하는 협의제로 정치제도를 구축한 것이나 남아프리카공화국의 새로운 국가건설에서 가장 먼저 과거의 상처를 극복하는 것에 주안점을 둔 것은 각 국가의 특수한 역사적 경험과 인구비례와 같은 현실적 조건에서 비롯되었다고 할 수 있다. 구교도가 소수인 북아일랜드에서 권력분점을 위해서는 일방적인 다수결이 아닌 협의제가 불가피하였다.[35] 그리고 인종차별의 아픈 역사가 있었지만 동시에 백인의 협조가 불가피한 남아프리카공화국의 현실에서 처벌보다는 진실규명과 피해자에 대한 심리적 보상이 현실적인 정책이었다는 것이다.

따라서 한국의 경우에도 역사적 경험과 현실적 조건을 고려한 정책이 입안될 필요가 있다. 예를 들어 현재의 남남갈등이 대북정책과 연관되어 있으며, 장기적으로 통일 이후 남북의 사회갈등과 결합될 여지가 많다는 점에서 소통의 문제와 통일정책 혹은 대북정책을 같이 고려할 필요가 있다는 것이다. 또한 근대화 이후 장기간에 걸친 권위주의적 군사정권의 유산으로 갈등해소의 경험이 부족한 한국사회의 현실을 생각할 때 갈등해소 교육을 추진하는 것도 상황과 조건을 고려한 정책이 될 수가 있다.

7. 맺음말: 통합을 위한 소통의 과정

남아프리카공화국이나 북아일랜드 모두 극심하게 분열된 사회에서 통합과 소통을 시도한 경험을 보여주고 있다. 남아프리카공화국이나 북아일랜드는 정치사회적 약자를 물리적으로 억압하는 것이 아니라 상대를 배려하는 것에서부터 출발하였고 결과적으로 폭력을 종식하고 타자를 인정하는 방식으로 그 기반을 마련하였다는 점에서 공통적이라고 할 수 있다. 그러나 구체적인 과정이나 결과는 차이가 있다고 할 수 있다. 남아프리카공화국에서는 다수결이라는 일반적인 민주주의적 원칙에 따라 흑인 정권이 수립되었다. 그러나 흑인정권은 정치적 약자가 된, 과거 인종차별의 주역이었던 백인들의 비도덕적 행위에 대한 진상 규명을 추구하였지만, 궁극적으로 화해를 지향하면서 갈등을 극복하였다고 할 수 있다. 반면 북아일랜드는 과거 탄압의 대상이었던 가톨릭계의 권리 회복과 보장을 위해서 협의주의 체제를 발족하였다. 이것은 구교가 정치사회적 약자였을 뿐만 아니라 숫자에 있어서도 소수였기 때문에 비롯된 결과라고 할 수 있다.

남아프리카공화국의 경우 악명 높았던 아파르트헤이트의 종식을 추구하는 국제적 압력이 강했지만 갈등의 극복과 해결은 피부색이 다른 남아프리카인들 스스로가 주도하였다고 볼 수 있다. 반면 북아일랜드는 영국과 아일랜드공화국이라는 외부 세력의 일정한 개입이 갈등 극복과정에 있었다고 할 수 있다. 이러한 차이들은 사회적 갈등이 형성된 역사적 배경의 차이와 갈등의 정도와 빈도의 차이, 그리고 인구구성을 포함한 사회적 조건의 차이에서 비롯되었다고 할 수 있다.

현재 남아공과 북아일랜드의 사례는 완성되거나 완벽한 것은 아니다. 남아프리카공화국의 경우 백인중심의 경제구조는 여전하고 정치적 권력을 잡았다고는 하지만 대다수 흑인들의 사회경제적 지위는 취약하다. 진실과 화해위원회(TRC)의 활동에 불만을 가진 사람들은 흑인과 백인 양쪽에 존재하고 있다. 북아일랜드에서 권력분점을 보장하는 협의주의의 존재 자체가 사회적 통합이 지극히 어렵다는 것을 보여준다고 볼 수 있다. 신교와 구교인들은 유사인종주의 정도로 차별적 정체성을 가지고 있다. 법적으로 통치권을 갖고 있는 영국과 바로 옆에 붙어 있는 아일랜드 공화국은 언제든지 원심력을 제공하여 분열을 촉진할 수 있다.

그러나 중요한 것은 여전한 어려움들과 불안요소가 남아있는 미래에도 불구하고 과거 경험하였던 갈등을 되풀이하지는 않아야 하겠다는 생각이 갈등의 주축들에게 공유되고 있다는 사실이다. 이를 위하여 다양한 소통을 시도하였고, 굴곡을 경험하면서도 협상을 포기하지 않았다는 것이다. 이러한 맥락에서 장기적인 시각에서 본다면 이들 국가는 소통의 확대를 통한 사회적 통합으로 나아갈 가능성이 크다고 할 수 있다.

두 나라의 경험을 검토하면서 주목하여야 할 것은 균열되어 있는 집단 간 힘의 균형을 맞추는 것이 소통의 전제조건으로서 매우 중요하다는 사실이다. 그리고 획일적으로 어떠한 제도를 마련하는 것이 해결책이 아니라, 사회마다 적절한 소통의 환경을 구성해 나가는 것이 관건이 될 것이라는 사실 또한 중요한 함의라고 할 수 있다. 이는 제도적인 뒷받침과 더불어 사회 집단 간의 인식구조를 변화시켜나가는 끈기있는 노력이 필요한 과정이 될 것이다.

현재 남한은 여러 가지 쟁점을 둘러싸고 사회적 갈등이 심화되고 있다고 할 수 있다. 1980년대의 사회적 갈등이 국가와 시민사회의 일종의 단선적 갈등이었다면 민주화를 이룩한 1987년 이후, 특히 2000년대

들어서서 경험하고 있는 사회적 갈등은 다층적이고 복합적이라고 할 수 있다. 그리고 북한과의 화해협력과 갈등심화가 파동적으로 반복하면서 남한 내 갈등과 남북한 갈등은 접합되는 경향도 있다. 따라서 통일을 지향하는 과정에서 남북한 간에 일어날 수 있는 사회적 갈등은 지금까지 경험하였던 갈등들보다 한층 더 심각할 수 있다. 따라서 현 단계의 사회적 갈등을 극복하고, 장기적인 차원에서 통일을 준비하기 위해서도 소통을 증진시키는 구체적인 노력이 절실하다고 할 수 있다. 이러한 차원에서 갈등을 경험하고 극복하고 있는 남아프리카공화국이나 북아일랜드가 우리의 경험과 다소 다른 점이 있다고 하더라도 이들의 사례에 보다 더 많은 관심을 가질 필요가 있다는 것이다. 또한 이들 국가뿐만 아니라 이스라엘-팔레스타인의 갈등과 소통, 그리고 캐나다의 영국계-프랑스계 주민들 간의 갈등과 화해 등 더 많은 사례들을 살펴보는 것도 한국사회의 바람직한 사회적 소통과 남북한 간의 화해를 위해서 필요할 수 있다.

6

한국의 체제전환 연구의 비판적 검토

남북한 사회문화적 갈등과 통합 연구를 위한 제언

1. 머리말

소련의 탄생으로부터 출발한 국가사회주의는 2차 세계대전 이후 동구에서 중국, 그리고 북한으로까지 확산되었다. 사회주의 국가들은 30년 동안 자본주의 국가들과 경쟁하는 냉전체제를 유지하였으나 1980년 말부터 소련 연방이 해체되는 등 체제전환을 경험하게 된다. 체제 전환(system transformation)은 계획경제를 기반으로 당국가 체제를 통하여 근대국가로 변화해 왔던 국가들이 시장을 수용하고 정치적으로 민주제도를 수용하는 것이라고 이야기한다.[1] 체제전환으로 2차 세계대전 이후 지속되었던 냉전체제가 해체되면서 시장 중심의 경제체제와 자유주의를 기반으로 한 민주체제가 확산되는 세계사적 전환이 이루어졌다고 할 수 있다. 체제전환이라는 역사적 경험은 냉전체제의 상징이었던 한반도에서도 중요한 관심사가 되었으며, 특히 남북한과 더불어 2차 세계대전 이후 분단되었던 동서독의 통일은 남한에서 한편으로는 부러움의 대상이 되었고, 다른 한편으로는 통일의 기대감으로 높이는 계기가 되기도 하였다. 그리고 냉전체제의 와해와 사회주의 국가의 몰락은 유일지배체제를 유지하고 있는 북한체제가 변화하기를 희망하는 남한의 사회적 열망을 자극하는 환경이 되기도 하였다. 따라서 한국에서 사회주의 국가의 체제전환에 대한 관심이 고조된 것은 자연스러운 일이었고, 관련된 연구가 1990년대 이후 다양한 분야에서 이루어져 왔다.

사회주의 국가의 체제전환과 관련된 연구들은 나름의 성과를 거두었지만, 동시에 몇 가지 한계도 가지고 있다. 특히 북한 연구나 통일문제와 관련된 기존 체제전환 연구가 통일과정에서 생겨날 수 있는 사회문화적 갈등과 통합문제와 연결하는 논의가 부족한 것은 아쉬운 일이라고 할 수 있다. 이와 같은 배경에서 기존 사회주의 체제전환과 관련된 연구들을 비판적으로 검토하고 북한 사회 연구나 통일연구, 특히 사회문화 통합 문제에 체제전환 연구가 기여하기 위해서는 어떻게 발전하여야 할지를 모색하는 데 이 글의 목적이 있다.[2]

2. 체제전환 연구 활성화의 배경

사회주의 국가의 체제전환 연구는 1980년대 말부터 시작된 국가사회주의의 몰락에서 비롯되었다. 냉전체제에서 공고하게 유지될 것 같은 이른바 사회주의 블록의 국가들이 급격하게 와해되고 국가에 따라 정도의 차이가 있지만 시장경제를 수용하고 구소련 및 동유럽에서는 공산당이 지배하는 정치체제가 민주적 정치체제로 바뀌는 과정을 목격하면서 새로운 체제변동에 대한 관심사가 일어나기 시작하였다. 이러한 세계사적 전환은 정치학·경제학·사회학 등 사회과학의 다양한 분야의 관심 영역이 되었다. 또한 체제전환은 일국가 내의 변동 문제이면서 동시에 냉전구조라는 국제적 관계의 변화를 포괄하였기 때문에 체제 내부에 관심을 가지는 연구자들이나 체제 간의 관계에 관심을 가지는 연구자 모두의 연구 주제가 되었다는 것도 한국 사회에서 체제전환에 대한 학문적 관심이 제고되는 배경이 되었다.

체제전환이 국제적으로는 사회주의 체제를 주로 연구하는 학자들이나 국제정치를 연구하는 학자들에게 흥미로운 주제였으며, 지역학적 차원에서도 관심이 대상이었고 관련된 연구들이 활발하게 진행되었다. 그러나 분단체제에서 살고 있는 한국 사회에서는 통일문제와 직결되기 때문에 관련 연구를 더욱 자극하였다고 볼 수 있다. 한국 사회에서 체제전환 연구가 활발하게 이루어진 것은 북한의 변화 가능성에 대한 고민 때문이었다.[3] 대내외적인 상황 변화에서 북한체제가 어떤 방향으로 변화할 것인가가 북한 연구자들의 질문이었고, 이에 대한 시사점을 줄 수 있는 것이 사회주의 국가의 체제 변환 과정이었다. 다시 말하자면 북한연구 수준의 제고를 위하여 비교연구, 그리고 사례연구 차원에서 사회주의 체제전환 연구가 촉진되었다는 것이다. 냉전해체나 국가사회주의 몰락에도 불구하고 유일지배체제를 유지하였던 북한도 1990년대 '고난의 행군'으로 상징되는 극심한 체제위기를 경험하였고 2000년대 들어 시장화가 급격하게 진전되면서 '북한식 체제전환'에 대한 관심이 배가되었다고 볼 수 있다. 이와 아울러 독일의 통일도 체제전환 과정의 하나로 볼 수 있다는 점에서 남북의 통합이나 통일을 위한 시사점을 얻기 위하여 체제전환 연구가 더욱 활성화되었다. 독일 통일 과정 연구에서 동독의 체제변화가 포함되어 있었고, 동독의 체제 전환과정에서 나타나는 문제점들은 향후 남북 통합 과정에서 발생 가능한 문제들을 전망하는 데 도움이 될 수 있다는 생각이 전제되어 있었다.[4] 북한 체제 자체를 집중적으로 연구하는 학자나 통일 문제에 관심이 높은 연구자 모두에게 체제전환은 중요한 연구 주제가 될 수 있었다는 것이다.

다음으로 사회주의 국가의 체제과정이 예상보다 복잡하고 순탄치 않았다는 점도 체제전환 연구를 자극하는 또 다른 배경이었다. 동유럽 국가를 장기간 지배하였던 공산당 중심의 정치구조가 무너지고 시장화가 진행되기 시작하였던 시점에는 일종의 '역도미노' 현상이 벌어지면서 대부분의 구 사회주의 국가들의 사회주의 계획경제 체제는 자본 주의체제로 전환하고 일당지배의 정치체제는 민주주의가 수립될 것으로 예상하였다. 그러나 실제로는 국가별로 체제전환 과정이 차별적으로 진행되었다. 기존의 국가체제는 유지되면서 민주화와 자본주의화를 진행한 폴란드, 루마니아와 같은 경우가 다수였으나, 국가가 분열되어 여러 나라로 나뉜 구소련과 유고슬라비아나 두 개 국가로 분리된 체코슬로바키아, 그리고 기존 국가체제가 와해된 동독의 경우 등 국가체제 자체의 존속 여부나 변화 형태도 일률적이지 않았다. 또한 중국이나 베트남, 쿠바와 같은 국가들은 공산당 지배의 정치구조는 유지하면서 경제, 사회적으로 시장경제를 수용하였다는 점에서 앞의 국가들이 생겨나는 등 체제전환의 과정이 차별적이었다.

체제전환 형태도 다양하였을 뿐 아니라 체제전환 과정 자체도 순탄치 않았다는 사실도 체제전환 관련 연구에 대한 관심을 높이는 데 기여했다. 국가사회주의 몰락의 중요한 원인 가운데 하나였던 경제난이 극복되기는커녕 빈곤 문제도 해결하지 못한 국가들도 적지 않았다.[5] 경제적인 어려움 외에도 정치사회적 문제도 적지 않았는데, 러시아에서 독립한 중앙아시아의 신생국들이나 러시아 인접국가들은 공산당 일당독재만 폐기되었을 뿐 간판을 바꿔 단 집권당이나 일인 독재 체제가 유지되면서 정치적 갈등이 지속된 경우도 있었다.[6] 사회적으로도 사회주의의 복지제도가 붕괴되고 불평등이 심화되는 등 적지 않은 문제가 발생하기도 하였다.[7] 이와 같은 체제전환 국가의 다차원적인 문제들도 체제전환 연구에 관심을 갖게 된 또 다른 배경이었다.

3. 한국 사회의 체제전환 연구의 특성

그동안 한국 사회에서 이루어진 체제전환 연구들은 다음과 같은 특성이 있었다.

첫째, 다양한 학문적 배경에서 체제전환 연구가 이루어졌다는 것이다. 전공별로는 정치학자들의 관련 연구들이 중심이 되었다. 체제전환의 배경으로 냉전체제 해제를 다루거나[8] 체제전환 국가들의 정치구조 변동에 초점을 맞추는 연구들이다. 정치구조와 관련해서는 엘리트의 교체나 이념의 변동, 정당구조의 변화 등과 관련된 연구들이 이루어졌다.[9] 경제학에서도 체제전환 연구에 관심이 많았다. 사회주의 경제가 시장화되는 과정에서 나타나는 현상이나 특징을 분석하거나 전환 경제의 문제점에 연구 초점을 맞추는 경우가 많았다.[10] 사회학이나 사회 복지학 등에서도 체제전환 문제를 꾸준히 다루어 왔다. 노동자나 여성에 초점을 맞추어 체제전환 과정의 불평등 문제를 다루는 연구들이 있었고,[11] 평등을 핵심적 가치로 생각하는 사회주의체제 붕괴 이후 사회정책이나 복지정책의 변화를 다루는 연구들이 이루어졌다.[12] 또한 체제전환 이후 사회의식이나 이념, 공간 문제 그리고 시민사회 문제 등을 다룬 연구들도 있다.[13]

둘째, 지역학적인 차원에서 이루어졌다. 국가사회주의 양축이라고 할 수 있었던 러시아와 중국과 관련된 연구 대부분이 체제전환과 관련되어 있다.[14] 러시아와 중국의 체제전환 연구는 정치학·경제학·사회학·인류학 등 인문사회과학에서 고루 이루어졌다. 외교정책을 포함한 정치체제의 변화나 경제구조의 변화가 중심을 이루고 있지만 도시 농촌 등 지역문제나 사회집단 문제, 문화현상과 같은 구체적인 주제의 연구들도 다수 발표되고 있다. 체제전환의 중심이었다는 차원에서 사회주의를 경험하였던 유럽 국가들의 체제전환 연구도 적지 않다. 체제전환 초기에는 헝가리, 폴란드, 체코, 루마니아 등을 전공으로 하는 연구자들의 연구가 중심이 되었고,[15] 최근에는 북부 유럽의 발틱 3국에 대한 연구도 이루어지고 있다.[16] 같은 맥락에서 베트남과 쿠바의 체제전환 연구도 활발하게 진행되고 있다.[17] 지역연구 차원에서 이루어졌다는 공통점이 있지만 연구 초점은 다소 차이가 있다. 동부유렵 국가의 경우 개별 국가의 정치·경제·사회적 변화에 중점을 두고 있지만 발트 3국과 같이 구 소련연방 국가들은 주로 독립과 국가건설의 과정이 연구의 중심인 경향이 있다.

셋째, 독일과 관련된 체제전환 연구가 있다. 동독이 서독에 흡수되어 통일독일이 만들어졌다는 점에서 다른 체제전환국가와는 다른 경우라고 할 수 있다. 그러나 구동독의 차원에서 본다면 통일과정 그리고 통일 이후의 변화는 체제전환 과정의 하나라고 볼 수 있다. 동서독 통일 직후부터 주된 관심은 통일 과정이나 배경이었다.[18] 따라서 동독에 관련된 연구도 전환과정이라기보다는 구체제의 청산이라는 차원에서 한정되는 경향이었다.[19] 그러나 통일 이후 동서독 간의 다양한 갈등이 표출되면서 동독 지역의 체제전환 전반에 대한 관심으로 연구 초점이 변하였다고 볼 수 있다.[20] 분단기간 동안 동서독 간의 체제경쟁이 없었던 것은 아니지만, 남북한과 달리 동서독은 전쟁을 경험하지 않았고, 자유 이주를 포함하여 다양한 교류협력이 이루어졌다. 통일 과정도 결과적으로 서독 중심의 흡수통일이었으나 정당한 절차를 통하여 동독주민들의 의사를 토대로 통일이 완성되었던 까닭에 통합과 정도 순조롭게 진행될 것으로 생각하였다. 그럼에도 불구하고 제도적 통합 이후에 동서독 주민 간의 갈등을 포함하여 다양한 정치· 경제·사회 문제가 속출하면서 비록 국가는 아니라고 할지라도 구동독지역의 변화를 체제전환의 관점에서 연구하는 분위기 조성되었다.[21] 공간의 차원에서 구동독의 지역문제를 다루거나 정치적 갈등에 초점을 맞추는 연구들도 있었고,[22] 동서독 주민들 간의 갈등, 구동독지역의 사회 정책, 구동독의 미디어 문제, 구동독 주민들의 의식변화를 다루는 연구들도 이루어졌다.[23]

한국 사회 체제전환 연구 활성화의 중요한 배경이 북한 변화에 대한 관심이었던 까닭에 북한과 통일을 체제전환과 연계시키는 연구들이 지속되었다.[24] 북한과 관련된 체제전환 연구는 북한 변화를 설명하는 방법, 특히 비교사회주의 입장에서 기존 국가사회주의 체제전환의 경험을 북한 변화 연구에 활용하는 경우가 있다.[25] 국가사회주의 몰락 이후 고난의 행군을 경험하면서 배급제를 기반으로 한 북한의 사회주의 경제체제가 시장중심으로 바뀌는 과정을 체제변환 국가들의 사례를 참고하는 것이다. 1990년대 이후 북한이 겪고 있는 변화과정을 체제전환 과정의 하나로 이해하면서 다른 체제 전환 국가들의 변화와 비교하는 연구들이다. 정치적으로는 유일 지배체제는 상대적으로 안정적으로 유지되고 있기 때문에 상대적으로 변화가 많았던 경제체제가 주된 연구의 대상이 되는 경향이 있다. 그리고 최근 북한의 변화를 분석하면서 체제전환의 가능성을 전망하거나 통일과정 혹은 남북 한 통합의 과제를 제시하기 위한 방편으로 북한의 체제전환을 검토하는 연구도 있다.[26] 이러한 연구들은 통일연구나 부분별 교류 및 통합 논의와 결합되는 경향이 있으며, 향후 대북정책 및 통일정책과 관련된 정책제안으로 이어지는 경우가 많다.

그동안 이루어진 한국 사회의 체제전환 연구는 다음 몇 가지 점에서 일정한 성과를 거두었다고 볼 수 있다.

첫째, 체제전환 연구의 학문적 수준을 높이는 데 기여하였다는 점이다. 지속적으로 이루어진 체제전환이나 탈사회주의 이론과 관련된 연구들을 주목할 필요가 있다.[27] 이한복은 "사회주의체제의 붕괴와 같은 독특하면서도 복잡한 현상들을 이론화하는 것이 가능한가"라는 질문을 기반으로 체제전환과 관련된 사건들을 범주화하고 해석하는 시도를 하고 있다.[28] 그는 체제전환에 기존 이론적 논의를 비판적으로 검토하고 중범위 수준의 이론, 그리고 학제 간 연구의 보완을 통하여 모델링 작업의 필요성을 강조하고 있다.[29]

김태환은 정치경제학적인 차원에서 경제개혁의 불확실성, 자원지대, 정치연합에 초점을 맞추어 체제전환 과정을 연구하고 있다. 이를 토대로 그는 권위주의 정권의 정치 연합과 개혁저항의 유형화를 시도하고 있다.[30] 한병진은 비교정치의 연구 대상의 확대 필요성을 주장하면서 동유럽, 구소련, 중국의 개혁정치에 대하여 기존 이론에 비추어 분석하고 있다.[31] 체제전환국을 분석 대상으로 하지만 그는 이를 통하여 비교정치학의 질적 제고가 가능하며 동시에 중동 및 중남미 지역의 선거권위주의론과 같은 이론적 자원을 활용하여 설명력과 이해력을 높일 수 있다는 것이다. 또한 체제나 구조가 아닌 행위자 중심의 이론화 필요성을 역설하고 있는데 이를 통하여 지역적 연구의 고립성을 극복할 수 있다는 것이다.[32]

이론적 논의와 관련된 글들은 체제전환 연구뿐 아니라 더 나아가 체제변동이나 비교정치, 그리고 비교사회학적인 차원의 학문적 논의를 자극하는 데 기여하고 있으며, 다시 체제전환 현상에 대한 경험적 연구의 발전에 기여할 수 있다.

두 번째로 다양한 국가들에 대한 체제전환 연구들을 학문적 연구 대상 자체를 확대시키는 동시에 학제 간 연구의 유효성을 강조하는 데 기여하였다. 범지구화가 진전되면서 최근 지역학의 대상 국가들이 확장되고 있었으나 여전히 미국이나 일본, 그리고 이른바 서구의 선진국들이 주요 관심 대상이었다. 근대화과정에 대한 관심에서 일부 중남미 등의 사회발전에 대한 연구가 이루어졌다는 점에서 한국 사회의 지역연구 대상은 제한적이었다. 그러나 체제전환 연구의 경우 구소련이나 중국 등이 남북한에 직접적인 영향을 미치는 국가들과 관련된 논의들이 다수이긴 하지만, 상대적으로 관심이 적었던 동부나 북부유럽의 국가들이나 중앙아시아 및 베트남 등의 연구를 자극하였다는 것이다. 즉, 체제전환 연구 자체가 학문적 연구 대상의 확장으로 이어졌다고 볼 수 있다.

그리고 정치, 경제, 사회 행정 등 사회과학뿐 아니라 문화연구나 역사학적인 접근 등 인문학적인 연구가 다양하게 진행되면서 동일 주제에 대한 학제 간 연구가 가능하고 또한 필요하다는 인식을 확장시켰다고 볼 수 있다. 체제전환 자체가 다차원적으로 진행되고 동시에 차별적으로 진행되었기 때문에 종합적인 이해를 위해서는 부분적인 분석이 전제될 필요가 있다. 그러나 동시에 체제전환의 핵심이라고 할 수 있는 시장경제의 도입과 경제발전의 성공여부는 정치체제나 엘리트 집단 그리고 시민사회의 변화와 무관하지 않고, 전환과정에서 발생하는 갈등은 복지정책의 작동 여부나 사회구성원들의 의식이 변화와 관련되어 있다는 점을 체제전환과 관련된 학제적 연구들이 잘 성명해 주고 있다. 또한 역사적 배경이나 국가사회주의 시기의 구소련국가의 지리적 인접성이나 국제정치적 관계도 체제전환 과정에 영향을 미치고 있다는 것을 설명하는 연구들도 이루어지고 있다. 이러한 맥락에서 분야별 연구와 학제 간 연구가 체제전환의 배경이나 과정, 그리고 결과를 이해하는 데 필요하다는 기존 연구들이 보여주고 있다는 것이다.

셋째, 북한 연구 확장에 기여하고 있다. 1990년대 이후 북한에 대한 이해를 증진시키고 북한학의 학문적 위상을 높이기 위해서 북한 연구자들은 지속적으로 노력하여 왔다. 이념 지향적인 북한연구의 성격을 둘러싸고 '내재적 접근법' 논쟁도 치열하게 이루어졌고, 비교사회주의 방법론, 행위자 중심 연구 및 일상사 연구를 포함한 미시적 접근 그리고 신유물론의 활용 등 이론적 실험도 계속하여 왔다.[33] 그러나 여전히 이론적이고 방법론적인 차원서 지속적인 발전이 필요하다는 주장이 적지 않다.[34] 북한 변화와 관련된 체제전환 연구는 근본적으로 비교사회주의적 접근법이 전제된다. 비교사회주의는 냉전 시기 소련 및 동구 국가체제 연구에서 꾸준히 활용된 방법이나 여러 가지 이유에서 긍정적인 평가를 받은 것만은 아니었다.[35] 북한 연구에서도 비교사회주의 접근법을 활용하여야 한다는 주장은 꾸준히 있어 왔으나 그 초점은 기존 북한 연구가 가지고 있는 특수주의 경향을 극복하기 위한 것이었다.[36] 국가사회주의의 기반이었던 스탈린주의를 토대로 비교사회주의 방법을 활용하여 북한체제의 특성 특히 정치체제와 작동 방식을 설명하는 것이 대표적인 경우라고 할 수 있다.[37] 비교사회주의가 북한 연구의 특수주의를 극복할 수 있는 계기를 제공하였다는 것은 분명하지만 북한체제 형성 과정 설명에 집중하였다는 한계를 갖고 있었다. 반면 체제전환을 활용한 비교사회주의 연구들은 기존 비교사회주의가 정치체제 중심으로 이루어진 것과 달리 경제, 사회 문화 등 최근 북한 변화를 다차원적으로 풍부하게 설명할 수 있는 수단을 제공하고 있다는 점에서 의미가 있다는 것이다. 북한에 대한 이해를 증진시키고 북한 연구의 수준을 높이는 데 기여할 수 있을 뿐 아니라 북한관련 체제전환

연구가 역으로 냉전체제 해체 이후 정체된 비교사회주의의 접근법에 새로운 활로를 제공할 수 있다.[38]

넷째, 통일논의의 전환에 체제전환 연구가 영향을 미치고 있다. 분단 이후 한국 사회를 통일 논의는 단일민족을 기반으로 한 단일국가 성립을 당위적인 차원에서 이야기하는 경향이 있었다.[39] 그리고 냉전체제가 해체되고 서독 중심으로 독일이 통일되면서 북한 붕괴론이 위세를 떨치게 된다.[40] 여기에 한국전쟁을 거치고 군사정권을 거치면서 지배적 헤게모니를 가지고 있었던 반공주의가 결합하여, 북한체제는 붕괴하면서 남한으로의 흡수통일로 귀결될 것이라는 기대 섞인 전망이 확산되었다. 그러나 국가사회주의의 체제전환이 여러 가지 형태로 이루어지고, 특히 중국이나 베트남, 쿠바와 같이 사회주의 정치구조를 유지하면서 체제전환을 겪는 국가들을 목격하면서 북한 붕괴론의 위세는 약화되었다. 또한 체제전환 국가들의 정치·경제·사회적 문제들이 부각되고 통일 이후 독일 특히 구 동독지역의 불평등 문제나 동서독 주민 간의 사회문화적 갈등에 대한 연구들이 진행되면서 통일 과정의 복잡성을 이해하게 되었다. 체제전환을 통하여 시장 중심의 서구식 자본주의 경제체제로 완전히 바뀌는 것이 아니며, 공산당 지배가 종식되었다고 하더라도 시민사회를 기반으로 한 민주주의가 기존 체제를 대체하지 않을 수 있다는 것을 알게 됨으로써 체제전환으로 북한이 유일지배체제를 기반으로 한 '우리 식 사회주의'가 종식되고, 남한의 자본주의 체제가 이식되면서 통일로 이어질 것이라는 전망도 약화되었다는 것이다. 또한 체제전환은 정치나 경제체제와 구조적 차원에서만 이루어지는 것이 아니라 사회구성원의 의식이나 일상 문화의 변화를 동반하는 것을 이해하게 됨으로써 통일과정이나 통일 이후의 다차원적인 문제의 발생 가능성에 대해서 고민하고 준비할 필요성이 생겼다는 것이다.

4. 맺음말: 사회문화 통합을 향하는 체제전환 연구

그동안 이루어진 체제전환 연구들은 남북통합연구에도 적지 않은 기여를 하였다. 기본적으로 통합의 대상이라고 할 수 있는 북한의 변화에 대한 이해를 제고하여 실효성 있는 통합연구를 가능하게 하였다는 점이다. 북한이 유일지배라는 정치체제를 유지하고 있지만 1990년대 '고난의 행군'을 거치고 시장화를 경험하면서 북한 나름의 체제전환을 경험하고 있다. 이것은 남북의 통합은 전통적인 국가사회주의인 북한이 아니라 체제전환을 겪고 있는 북한을 대상으로 한다는 것을 의미한다. 그리고 체제통합이 앞으로 진행되는 과정이라고 본다면 북한의 체제전환 과정을 올바르게 이해하여야 하며, 이를 위해서는 사회주의 국가들의 다양한 체제전환을 광범위하게 연구하는 것이 필요하다는 것이다. 이것은 향후 진전될 통합과정의 단계별로 구체적이고 실효성 있는 통합 관련 정책이나 대안을 제시할 수 있게 한다고 볼 수 있다.

체제전환 연구가 적지 않은 성과를 거두었음에도 불구하고 몇 가지 아쉬움도 존재한다. 첫 번째로, 여전히 냉전시대의 유산인 자본주의 혹은 자유민주주의 중심의 이념적 편향이 존재하고 있다는 점이다. 국가사회주의를 타자화하면서 시장중심 자본주의의 전면적 도입이나 시민사회 기반의 민주주의 체제 완성을 정상의 경로로 산정하고 그렇지 못한 경우는 일탈 혹은 문제적 상황으로 이해하는 경우가 많다.[41] 체제전환 과정의 긍정적 결과들보다는 문제점들을 주로 다루는 것도 이러한 입장과 무관하지 않다고 볼 수 있다. 체제전환이 사회주의의 붕괴와 실패와 동의로 쓰이고 북한의 경우 체제전환은 기존 체제의 와해와 동일시된다.[42] 그리고 체제전환을 경제성장 및 소득 수준의 향상과 동일시하면서 시장화와 개방화, 국영기업의 사유화가 체제전환국에서 가장 중요한 요소라고 평가한다.[43] 경제성장을 우선하고 상대 적으로 파생 가능한 정치·사회적 갈등을 일종의 비용으로 생각하는 경향이 있다. 이러한 차원에서 체제전환 연구들은 2차 세계대전 이후 제3세계의 사회발전의 이론적 토대였고 한국 사회의 대표적 성장이론인 '근대화론'과 일맥상통한다.[44] 근대화론에서 전근대적 요소들을 극복 혹은 배제하려는 이분법적 사고와 마찬가지로 체제전환 연구를 통하여 국가사회주의 시기의 긍정적인 성과들이 무시되면서 결과적으로 체제전환 이후 체제전환 국가의 사회문화적 갈등을 심화시키는 결과를 초래할 수 있다는 것이다.

두 번째로, 비교방법론, 특히 비교사회주의 접근법이 활용되고 있기는 하지만 표면적이고 현상적인 결과 비교에만 그치고 있다는 문제이다. 경제성장이나 정치·사회적 불평등 지표 등을 활용하여 국가별 상황을 비교하고, 정책이나 제도의 비교도 많이 이루어지고 있으나 비교역사주의나 비교사회학, 비교사회주의에서 강조하는 맥락적 접근이나 이해는 상대적으로 부족하다. 체제변화 과정이나 결과의 다기성이 국가사회주의 몰락 이후 새로 만들어진 정치경제 체제의 특성이나 정책의 결과라고 할 수 있다. 그러나 국가사회주의가 만들어지는 과정이나 냉전시기 형성된 국가사회주의의 역사적 맥락이나 국가 간 관계와 같은 공간적 맥락도 고려하여야 할 체제전환 과정을 설명하는 변수가 될 수 있다. 원칙적으로 비교적 방법론이 거대적 구조와 폭넓은 과정에 대한 대규모 비교를 통하여 인과구조의 논리를 추적하는 것이라면,[45] 비교를 앞세우는 체제전환 연구들도 비교적 방법, 특히 비교역사적 방법을 충실하게 따르고 있다고 보기는 어렵다. 현상적 비교는 역으로 개별 국가의 특수성만 부각할 수 있으며 체제전환에 대한 보편적 관심은 축소시키는 부작용을 초래할 수 있다. 또한 형성 과정과 같은 역사적 맥락에 대한 이해가 부족한 체제전환 연구는 결과적으로 체제전환의 과정이나 문제의 차별성을 설명하는 데 한계를 갖게 된다.[46]

세 번째로 정치체제나 경제제도의 변화가 체제전환의 핵심인 까닭에 구조나 체제와 같은 거시적인 접근법에 집중하는 정도가 심하다는 것이다. 불평등 문제나 주민들의 의식 변화와 관련된 연구들이 간헐적으로 이루어지고 있으나 행위자들에 대한 연구는 상대적으로 부족하다. 또한 행위자와 사회집단과 관련해서도 주로 엘리트나 정치적 지배층이 연구의 중심인 반면 시민사회에 대한 논의는 상대적으로 드물다고 할 수 있다. 문자 그대로 '체제'전환이기 때문에 체제나 구조가 논의의 중심은 당연하다고 할 수 있다. 그러나 체제전환 국가들에서 나타나는 불평등 문제의 실질적인 피해자는 사회구성원들이며 다수의 체제전환국에서 나타나는 권위주의 정권 문제 해결을 위해서 시민사회의 역량이 중요하다는 점에서도 국가가 아닌 시민사회, 그리고 구조가 아닌 사회구성원에 대한 관심도가 더욱 확대될 필요가 있다는 것이다.[47]

한국 사회에서 체제전환 문제는 일차적으로 북한의 변화에 대한 관심과 연결되어 있다. 그러나 북한의 변화는 바로 통일 문제와 연결되기 때문에 체제전환 논의는 통일과 통합문제와 직간접적으로 연관되어 있었다. 이 가운데 필자가 관심을 주목하는 것은 체제전환 논의와 사회문화 통합문제의 결합 문제이다.

1990년대 이후 북한연구와 마찬가지로 통일문제에 대한 다양한 연구들이 활성화되면서 남북한 사회문화통합과 관련된 논의들도 활발하게 이루어졌다. 사회문화통합에 대한 관심이 생기면서 '통일문화'가 상징하는 단일성을 지향하는 동질성 회복식의 통합논의는 지양되고 사회문화 통합의 다층적이고 복합적 성격에 대한 성찰도 진행되면서 통일이나 통합논의도 진보하여 왔다고 할 수 있다.[48] 이 과정에서 독일 통일 이후 동서 간 사회문화 갈등 연구서들은 남북한 사회문화통합 연구에 많은 시사점을 주었다고 할 수 있다. 독일 이외 국가 관련 체제전환 연구자들에서도 체제전환과 사회문화통합 문제를 집중적으로 연구한 경우도 있어 남북한 사회문화통합 논의에 도움이 되고 있다.[49]

체제전환 연구가 남북한 사회문화통합 논의에 필요한 것은 통합의 상대인 북한의 변화를 잘 보여줄 수 있기 때문이다. 통합 논의는 기본적으로 미래 지향적이고 따라서 시간 진행형일 수밖에 없다. 국가사회주의 체제전환이 공유하고 있는 특성들과 동시에 특수한 경험을 경험하고 있는 북한식 체제전환을 이해함으로써 통합의 배경이나 조건을 이해하는 데 도움이 될 수 있다는 것이다. 다음은 통합의 사례로서 의미가 있다. 이것은 다시 크게 두 차원으로 나눠질 수 있는데, 그 하나는 독일의 경험이다. 독일 통일은 통일연구나 통합연구의 핵심적 사례였으나 기존 연구는 통일을 주도하고 통합정책을 추진하는 주로 서독적 시각이 중심이 되었다. 그러나 체제전환 연구는 동독지역이나 동독주민에 초점을 맞추게 된다. 이러한 이유에서 통합과정의 예상 가능한 사회갈등에 대한 전망의 폭을 넓혀 주는 동시에 북한주민들이 경험할 어려움도 대비할 수 있는 여지를 제공한다는 것이다. 다른 하나는 체제전환 국가의 다양한 사회문화 갈등의 사례를 이해함으로써 통합과정에서 대비하여야 할 사회갈등의 범위와 필요한 정책이나 사회운동을 미리 생각할 수 있게 한다는 것이다. 또한 체제전환 국가의 사회문화적 갈등을 북한 당국이나 주민들이 준비할 수 있도록 향후 사회문화 교류의 방향을 잡을 수 있게 도움이 될 수 있다.

지금까지의 논의를 중심으로 남북 사회문화 통합 문제에 기여할 수 있는 체제전환 연구가 되기 위해 다음의 몇 가지 사항을 제언할 수 있다.

첫째, 체제전환 국가의 사회문화적 갈등과 통합문제에 대한 주제 연구가 더욱 확대될 필요가 있다. 체제전환 국가들의 변화과정의 다양성을 고려하며 체제전환의 유형화를 추구하고 이를 토대로 어떤 사회갈등이 어떤 조건이나 배경에서 어느 정도의 강도와 범위로 일어나는지에 대한 연구가 필요하다. 또한 이에 대한 국가들의 정책적 대응이나 시민사회의의 사회적 대응을 포함한 통합노력도 비교 검토할 필요가 있다. 이 과정에서 비교역사주의적 접근법이나 관점이 필요하다. 현상의 비교를 넘어서는 맥락적 비교를 통하여 사회문화적 갈등과 통합 연구를 진행하는 것이 향후 남북한 간 사회문화 통합 문제에 대한 연구나 실천에 실질적으로 도움이 될 수 있다는 것이다.

둘째, 보편적 연구와 더불어 미시적이고 일상적 수준의 체제전환 연구가 필요하다. 통일 과정에서 동서독이 차별적으로 변화를 경험하고 있다는 것은 대부분 동의하고 있지만 실제로는 구동독 내에서도 통일 이후 사회변화나 정치·경제·사회적 현실의 차이가 지역별로 적지 않다.[50] 이것은 국가 차원에서뿐 아니라 지역별로도 체제전환 과정이나 문제도 다르게 나타날 수 있다는 것이다. 그리고 같은 맥락에서 성별, 세대별 등 사회집단별로 체제전환은 다르게 수용되고 체제전환의 문제는 다르게 표출될 수 있다. 공간과 지역, 계급을 포함한 집단별 체제전환 연구는 남북한 사회문화통합에 실질적인 도움을 줄 수 있다.

셋째, 사회문화 통합의 주제별로 체제전환 사례를 확대하여 연구할 필요가 있다. 예를 들어 지역적 불평등 및 갈등의 사례에 적합한 경우와 성적 불평등이나 소득 불평등이 두드러진 사례는 다를 수 있다는 것이다. 마찬가지로 국가사회주의의 이념이나 의식과 새로운 문화나 사고의 충돌 그리고 세대갈등이 강하게 나타나는 경우도 다를 수 있다. 국가단위가 아닌 갈등과 통합의 주제를 기준으로 한 체제전환 사례를 추진하는 것이 도움이 될 수 있다.

넷째, 경험적인 연구를 추진할 필요가 있다. 체제전환국에 대한 각종 통계조사는 다양한 국제기구를 통하여 이루어지기 있고, 이를 활용한 연구가 활성화되고 있다. 그러나 체제전환 과정에서 외적 지표로 나타나기 어려운 문제들에 대해서는 여러 가지 방법을 통한 실질적 조사를 추진할 필요가 있다. 현지인들에 대한 설문조사나 심층면접이나 참여관찰 등도 가능할 것이며, 문화예술 작품을 포함한 멀티미디어 텍스트를 활용하는 방법도 고려할 수 있다. 직접 조사하는 것뿐 아니라 해당 국가의 연구기관이나 연구자들 간의 협업과 학제 간 연구도 도움이 될 수 있다는 것이다.

체제전환 연구는 냉전구조가 지속되고 냉전문화가 지배적인 그리고 여전히 분단 문제가 체제에서 일상에까지 영향을 미치고 있는 한반도 상황에서 다차원적으로 도움이 될 수 있는 부분이 많다. 이러한 이유에서 지금까지 다양한 체제전환 연구가 이루어졌고 앞으로도 지속될 것이다. 이 과정에서 그동안 상대적으로 연계성이 적었던 체제전환 연구가 남북 사회문화 통합 연구 및 실천과 결합된다면 양자가 모두 긍정적인 효과를 거둘 수 있을 것이다.

7

사회통합 개념의 비판적 검토

1. 머리말: 실질적 통합 논의와 사회통합

분단 이후 남북한 통일이라는 말은 거의 숭고의 의미를 갖고 있었다고 할 수 있다. 남북한 사람이 만나서 함께 부르는 노래가 <우리의 소원>이라는 사실이 이러한 경향을 상징하고 있다. 북한 사람들은 통일 이야기만 나오면 눈물을 글썽이고 남한에서도 여론조사를 하면 통일을 바란다는 의견이 절대다수를 차지하고 있다.[1] 그리고 <우리의 소원>은 남북한 사람이 공통으로 부를 수 있는 몇 안 되는 노래 가운데 하나이다. 그러나 통일문제에 대해서 솔직한 대화를 나누어 보면 많은 사람들이 통일문제에 대하여 소극적이며, 북한에 대해서는 무관심하다고 할 수 있다. 여론조사에서 통일이 필요하다고 대답하는 것은 일종의 통일이 당위라고 생각하기 때문이고, 어릴 적부터 '정답' 맞추기에 익숙해져 있기 때문이라고 볼 수 있다. 인터뷰를 통합 심층 면접을 수행하여 보면 대부분의 사람들은 북한 체제뿐만 아니라 북한 사람들에 대해서도 친밀감을 느끼지 못하고 있으며, 그들과 더불어 지내는 것도 부담스러워한다. 당연히 여론조사 결과와는 다르게 통일을 진심으로

원하는 사람은 주위에 그다지 많지 않다.

통일에 대한 실질적인 거부감이 팽배한 것은 무엇보다도 그간의 통일 담론이 국민 개개인의 일상과 유리된 채, 거시적이고 구조적인 맥락, 이념적 차원, 그리고 정략적 차원에서 진행되었기 때문이라고 할 수 있다.[2] 그것이 비록 바람직하건 아니건 간에 사실 현재 남한에서 바라는 것은 통일이 아니라 남북한의 평화공존이라고 할 수 있다. 대부분의 시민들은 전쟁의 위협에 시달리지 않고 자유로운 교류가 보장되는 그러한 상태를 원하고 있다는 것이다. 그리고 사실 이러한 바람은 남한의 공식적인 통일방안에도 녹아있다고 볼 수 있다. 비록 대북정책을 둘러싼 '남남갈등'이 격화되고 있다고들 이야기하지만, 화해협력과 평화공존을 거쳐 통일을 지향한다는 단계적이고 점진적인 통일정책은 노태우 정권의 '한민족공동체통일방안' 이후 수차례의 정권교체에도 불구하고 여전히 지속되고 있다.[3]

북한의 급속한 체제 붕괴와 같은 상황이 생기지 않으리라고 볼 수 없지만, 통일과 관련된 대내외적인 상황을 생각한다면 점진적이고 평화적인 통일이 가장 바람직한 동시에 가능한 것이라고 할 수 있다.[4] 반면 북한의 핵 위기로 한반도를 둘러싼 국제 정세가 급박하게 돌아가고 남북한 간의 관계도 경색된 감이 없지 않지만, 2000년 남북정상회담을 계기로 남북한 간에는 다양한 교류를 중심으로 화해 협력의 분위기가 정착되는 과정에 있다고 할 수 있다. 물론 앞으로 평화공존으로 나아가기 위해서는 적지 않은 어려움이 있겠지만 현재까지의 남북관계 진전의 방향성은 불가역적이라고 할 수 있다.

남북한 관계의 발전이나 점진적인 통일의 과정에서 중요한 것은 실질적인 통합이라는 개념이라고 할 수 있다. 실질적인 통합은 과거 구호적 차원에서 주장하여 왔던 통일 담론의 이념과 구조의 통합이 아니라 다양한 분야에서 교류를 중심으로 이루어지는 실천 가능한 통합을 의미한다.[5] 실질적 통합이라는 개념을 생각한다면 분야별로 다양한 개념의 통합이 가능하며, 동시에 각각의 통합들은 각기 상이한 시간에 걸쳐 다양한 형태로 진전이 가능하다. 예를 들면 경제통합이 먼저 시작될 수 있지만 정치적 통합이 먼저 완수될 수도 있다는 것이다. 이러한 실질적 통합의 개념은 무엇보다도 통일과 남북한 사회구성원의 개별적인 삶을 연결시켜 줄 수 있다는 장점이 있으며, 또한 문자 그대로 다양한 통일의 실천을 가능하게 함으로써 통일의 동력 자체를 높여줄 수 있다는 긍정적인 측면이 있다.

실질적 통합이라는 말에 하부체제의 다양한 통합논의가 가능하다면 당연히 분야별로 통합의 개념에 대한 보다 정확한 논의가 필요하다고 할 수 있다. 이러한 관점에서 이 글은 사회통합의 개념에 대한 검토를 추구하고자 한다.

2. 사회통합의 개념

1) 사회통합논의의 전개

통합의 개념이 전반적으로 관심을 갖게 된 것은 남한 국력이 북한을 압도하기 시작하면 통일문제에 적극적으로 대처하기 시작한 1980년대 이후부터라고 할 수 있다. 특히 독일이 극적으로 통일을 이룸에 따라 통일을 가시적인 사건으로 생각하면서 통합에 대한 논의도보다 심화되었다고 할 수 있다. 그러나 지금까지 남북통일을 주제로 한 연구는 대체로 정치학 내지 국제관계론이 주도해 왔듯이 국내의 주요 연구들이 주로 의지해 온 이론적 자원들은 아직도 정치학과 국제관계론의 테두리에서 크게 벗어나지 못하고 있다고 할 수 있다.[6] 정치학적 논의에서 경제통합과 사회통합을 다루기는 하지만[7] 사회통합에 대한 논의는 상대적으로 미약한 현실이다.[8]

그러나 남한에서 통합에 대한 관심을 이끌었던 독일 경우에서 보듯이 정치적 통합이나 경제적 통합과 같은 제도적 통합이 이루어졌다고 하더라도 동서독 간 사회문화적 갈등이 확산되면서 사회문화적 통합이 더욱 중요한 문제가 되었다고 할 수 있다. 이러한 경향을 보여주듯이 국내에서도 사회적 통합, 문화적 통합, 심리적 통합에 대한 다양한 논의가 활성화되었다고 볼 수 있다.[9]

과거에 비하여 사회통합에 대한 논의가 활성화되었다고 볼 수 있지만 여전히 사회통합에 대한 보다 세밀한 논의는 다소 부족하다고 볼 수 있다. 이러한 차원에서 사회통합에 대한 이론적이고 실천적인 고민이 필요하다고 할 수 있다. 이러한 차원에서 일반적인 사회통합에 대한 논의를 우선적으로 검토할 필요가 있다.

2) 사회통합의 일반 개념

현대의 통합이론은 2차 세계대전 이후 유럽에서 나타난 국가 간의 통합이라는 국제적인 현상을 대상으로 연구가 시작되면서 개발되었다. 전쟁이나 폭력이 아닌 평화적인 절차를 통해서 민족국가의 경계를 넘어 유럽공동체와 같은 국가들 간의 협력체가 형성되어 가는 현상을 설명하면서 통합이론이 발달하였다. 분석수준에서 통합연구는 단일국가 내부의 통합인 국가통합(national integration)과 둘 이상의 국가들 간의 통합인 지역통합(regional integration)으로 나누어진다. 그리고 연구의 초점에 따라서 통합의 조건과 요인을 연구하거나 또는 통합 과정을 연구하는 것으로 나뉜다.

국제정치학에서 "통합이란 여러 부분들을 하나의 전체로 구성하게 하는 것 또는 상호의존(interdependence)을 산출한다"고 정의되고 있다.[10] 다원론적 통합이론을 발전시킨 도이치(Deutsch)는 통합을 이전의 분리된 단위들이 하나의 결합된 체계의 구성요소들로 전환시키는 것으로 정의하였다. 그러나 그는 후에 통합의 의미를 안전공동체(security community)의 조건과 연결시켰다.[11] 즉 한 집단에 속한 사람들이 일정한 영역 안에서 장기간에 걸쳐 '평화적인 변경'이 가능하다고 믿을 수 있는 기대를 약속받는, 가장 강하고 광범위한 공동사회의 의식, 제도 및 실제를 달성하는 조건이 중요하다고 본 것이다.[12]

그러나 사회체제의 유지 또는 해체와 관련하여 "무엇이 사회구성원을 하나로 묶어주는가" 하는 사회통합의 문제는 사회학의 오랜 관심의 대상이어 왔고, 고전적인 사회학 이론에서부터 사회통합은 보편적인 주제였다고 할 수 있다. 일반적으로 사회가 통합되어 있다는 것은 사회구성원들 상호 간에 공동체에 대한 애착과 헌신 몰입을 확보하고 공동체적 질서를 확립하여 사회통제를 유지하는 상태를 의미한다. 모든 사회는 분화와 갈등을 겪게 마련인데 이 분화와 갈등을 구조적 조정과 문화적 적응을 통해 흡수하지 못하면 해체되거나 붕괴되고 만다.

근대사회의 성립기를 함께한 고전 사회학 이론가들이 고민하였던 문제가 바로 이러한 것들이었다고 볼 수 있는데, 이를 대표하는 학자가 뒤르켕(E. Durkeim)이었다. 그는 사회통합에 대해 보다 본격적인 논의를 시작하였다고 할 수 있는데 "개인은 자유로워질수록 사회에 더욱 의존하게 된다"는 하나의 역설적 현상을 고찰하면서 노동분화의 발달에서 그 해답을 찾고자 했다. 그는 사회변동에 따라 노동분화가 진행될수록 기계적 연대에 기초를 둔 특수한 질서는 유기적 연대에 기초한 새로운 사회질서로 점점 대치된다고 하였다.

공동가치와 신념에 의한 통합으로서의 전통사회의 특징을 기계적 연대로 표현하고 상호의존성을 통한 통합으로 발전된 사회의 기초를 유기적 연대로 지칭하면서 유기적 연대가 기계적 연대보다 더 강하며 도덕적으로도 우위에 있다고 보았다. 즉 유기적 연대의 경우 사회 전체의 각 부분들은 다른 기능을 수행할 뿐만 아니라 나름대로 고유한 의미를 가지게 되므로 전체로부터 쉽게 붕괴될 수 없다는 것이다.[13]

현대의 대표적 사회학자 파슨스(T. Parsons)는 사회적 통합이 긍정적 측면과 부정적 측면의 두 차원에서 복합적으로 이루어진다고 주장하였다. 먼저, 긍정적인 차원에서 사회통합을 살펴보면, 사회성원으로 개인은 자발적이고 적극적으로 사회의 가치, 신념, 규범 언어, 상징과 같은 문화적 유형들을 자신의 신념체계로 내면화함으로써 체제에 통합되며, 이러한 사회통합에 있어 중요한 것은 사회성원들이 얼마나 효과적으로 그 사회의 가치, 신념, 규범, 상징과 같은 문화의 유형을 내면화(internalization)했느냐에 좌우된다. 사회의 공통적 가치들이 개인의 인성 구조에 내면화되는 이 과정이야말로 그 사회체제를 지탱하는 핵심적 요인이라고 할 수 있다. 부정적인 차원에서 사회통합은 여러 가지 상벌제도의 통제적 수단으로 말미암아 사회의 가치에 순응하고 체제의 가치에 통합된다고 설명한다. 표면적 혹은 잠재적으로 통합되지 않은 행동이나 가치에 대해서도 사회는 충분히 통제할 수 있는 수단을 가지고 있으며 일탈과 변화의 경향을 어느 정도 미연에 방지하거나 되돌릴 수 있는 기제를 갖추고 있다. 따라서 사회체계는 그 자체적으로 변화를 통제 혹은 변화에 적응할 수 있는 탄력적인 체제를 유지한다.[14]

한편 기든스(A. Giddens)는 사회통합의 개념구조를 사회적 통합과 체제통합으로 양분하여 설명하고 있다. 사회적 통합이란 미시적 차원에서 개인 및 집단들 간의 상호작용이 상대적 자율성과 의존의 관계를 구성하는 것을 말한다. 이는 사회통합에 있어서 사회적 행위자들의 다양성과 평등성 및 자발성을 전제로 하는 것이다. 그리고 체제통합이란 거시적 차원에서 체제의 지배정당성이 사회구성원들에 의해 인정되고 수용되는 것을 뜻한다. 이는 사회통합에 있어서 민주주의 원칙을 지적하는 것이다. 사회통합의 목적이 사회의 안정과 재생산이라고 할 때, 그 과정에 참여하는 주체로는 제도적 차원을 대변하는 국가영역과 개인 및 집단으로 구성되는 사회적 차원 두 가지 모두가 중요하게 부각된다.[15]

고전사회학에서 현재의 사회학까지 다루어온 사회통합의 개념은 주로 사회변동 과정에서 체제의 일관성이 어떻게 유지될 수 있는가, 사회의 본질은 무엇인가와 연결되어 있다고 할 수 있다. 앞에서 살펴본 정치학이나 국제정치학적 통합이론과 다소 차이가 있다. 정치학적 통합이론이 구체적인 통합사례가 중심으로 촉발되어 왔다고 한다면 사회학적 통합이론은 상대적으로 추상적이고 본질적인 차원에서 진행되어 왔다고 볼 수 있다. 물론 정치학적 통합이론이 구체적인 통합문제를 고민하였다는 점에서 남북한의 통일문제에 기여할 수 있는 바가 적지 않지만,[16] 제도나 국가의 통합과 다른 사회문화적 통합이 핵심적인 과제인 경우에는 사회학에서 논의해 온 통합이론이 실질적인 의미를 가질 수 있다.

3) 남북한과 사회통합의 개념

구체적인 남북한 문제와 관련된 사회통합 개념은 분단국 통합사례를 연구하면서 등장하며 또한 학자에 따라 상이한 강조점을 가지고 있다. 우선 남북한,[17] 독일의[18] 통일의 연구에서 사회통합이란 분열되어 있던 두 주민 집단이 갈등과 반목을 극복하고 더불어 사는 상황이라는 의미로 어떤 사회의 이상적 통합상태를 뜻한다. 그러나 베트남 통일사례 연구[19]에서는 억압과 강제를 통해서라도 남북 베트남이 분열하지 않고 통합상태를 이루어 안정을 찾고 있는 상태를 의미하고 있다.

사회통합을 이상적 차원에서 설정한 경우에도 강조점이 서로 다르다. 일부 학자는 사회통합과 관련하여 다른 문제들을 제기하면서도, 문제 핵심으로서 남북한 문화·정서적 이질성과 그 극복을 상정하고 있다. 대표적으로 최협은 "사회통합의 궁극적 해결의 열쇠는 50년에 가까운 분단 때문에 야기된 남북한 주민들의 가치와 의식구조의 이질화 극복의 문제"[20]라고 주장한다.[21] 이에 대하여 사회통합에서 문화·정서적 차원보다는 사회·정책적 차원을 중요시하는 입장이 존재한다. 장경섭은 통일의 과정에서 특히 북한 주민에게 "최소한의 인간적 생활을 할 헌법적 권리"라는 뜻에서의 '기본적 사회권을 보장하는 것이 가장 경제적인 사회통합 방안이 될 수 있다'고 주장한다.[22] 한편 전태국은 체제통합과 사회통합을 구분하는 록우드(Lockwood)와 하버마스(Havermas)의 개념을 활용하기를 주장하고 있다. 그는 하버마스의 논의를 빌려 화폐와 권력의 체계규제적 구조가 생활세계의 상호이해와 합의의 사회통합적 구조를 무력하게 만드는 것으로 궁극적으로 '내적 식민지'가 되는 것으로 말하면서, 체제통합만 몰두하는 경우 결국 북한을 남한의 내부 식민지로 만들 것이라고 경고하고 있다.[23]

따라서 사회통합은 사회의 중심적인 가치구조와 행동모형에의 행동적 및 의식적 동화의 과정을 의미하여야 하며, 파슨스의 지적처럼, 사회의 공통적 가치가 사회체계의 구조적 요소 안에 제도화되고, 공통의 가치모범과 행동지향이 내면화될 때 사회통합이 달성된다는 것이다. 그리로 이러한 공통의 가치는 뒤르껭이 이야기하는 집합의식(collective consciousness)을 구성하며 가치적, 규범적 표준들이 효과적으로 내면화되어 사회의 성원들은 집합의식을 동일한 방식으로 표현하며, 유사하게 사용할 수 있다는 것이다. 이러한 차원에서 본다면 남북한의 사회통합은 남북한 주민들이 상호이해를 통해 '내적 통일'을 성취하는 것으로 내적 통일이란 국가 질서의 가치기초에 대한 주민들의 동의를 의미한다는 것이다. 다만 전태국은 공속감을 강화시키는 구속력 있는 공통의 가치와 규범은 말할 것도 없이 남한사회의 시장경제와 민주주의임을 분명히 하고 있으며, 이를 북한 주민들이 내면화하는 것이 통합으로 간주하고 있다.[24]

박형중은 독일의 사회학자 오페(Claus Offe)의 이론을 적용하여, 이러한 상이한 뉘앙스와 강조점을 포괄하는 사회통합 개념을 사용하기를 주장한다. 오페에 따르면, '통합'이란 지속성, 안정, 신뢰성 있는 행위조정과 참여라는 관념과 결부되어 있다.[25] 이러한 차원에서 본다면 사회의 거시적 통합은 정치, 경제, 또는 문화의 세 차원을 주축으로 하여 일어난다는 것이다.

- 문화적 차원의 통합방식: 역사, 언어, 문화와 종교에 의해 논증되어 있는 것으로 간주되는 해당 사회의 통일성에 대한 (때로는 매우 국수주의적) 관념에 의한 사회통합.
- 정치적 차원의 통합방식: 헌법 규범의 강력한 구속력, 억압적인 (경우에 따라 매우 억압적인) 정치제도, 그리고 이들이 정치 갈등을 조절하고 집권화시킬 수 있는 능력 등에 의한 사회통합.
- 경제적 차원의 통합방식: 투자, 생산, 소비의 상호 관련이 당장은 아니더라도 미래에, 사회의 모든 부분에 대하여 복지와 안전의 상식적 기

> 준을 충족시켜 줄 것이라는 기대에 의한 사회통합. 분배 관련 갈등은 그 종류와 처리 방식에 따라, 통합에 이바지할 수도 해를 끼칠 수도 있다.

오페의 생각에 따르면 잘 통합된 사회는 세 차원 모두에서 조정 메커니즘을 구비하고 있을 수 있다. 서방의 중심국가의 경우에는 정치적 차원에서는 정치적 다원주의와 법치를 통해, 경제적으로는 시장경제와 복지국가와 대량소비 체계, 문화적으로는 제도체계에 대한 충성심과[26] 대중문화 등의 다차원적 메커니즘에 의해서 사회통합이 일어난다.

그러나 취약한 통합이라는 조건에서는 정치, 경제, 문화 중 어느 한 차원이 최소한의 현상 유지를 위한 행위조정 메커니즘의 주축을 이룬다. 예를 들어 구동독은 분단국가라는 현실 때문에, 민족의식에 기초한 문화적 통합은 기능하지 않았으나, 동유럽에서 주민들에게 최고 수준의 복지와 안전을 제공할 수 있었다는 뜻에서 주로 경제적으로 통합된 사회였다. 이에 비해 폴란드, 헝가리 등은 주로 민족적 정체성에 입각하여 사회통합이 이루어지던 국가였고, 불가리아와 루마니아는 주로 억압적 정치지배에 의해서 통합된 국가였다.

오페의 개념 설정은 한 사회의 통합상태에 관하여 매우 분화된 분석을 가능하게 해준다. 오페의 분석을 볼 때, 통합의 상태, 즉 "지속성, 안정, 신뢰성 있는 행위조정과 참여"는 반드시 어떤 사회가 이상적이고 조화로운 상태에 처해있는 것을 뜻하지 않는다. 예를 들어 과거 동독의 통합이 주로 경제적 차원에서 이루어졌다는 것은, 정치적 부자유와 억압, 그리고 민족문화적 정체성의 부재하에서도 '지속성, 안정, 신뢰성 있는 행위조정과 참여', 즉 통합이 존재했다는 것이다. 이러한 문제 설정에서 사회통합은 '모든 사회집단이 조화롭게 더불어 살 수 있는 사회의 구현'을 포함하지만, 그것만을 뜻하지는 않는다. 또한 어떤 사회가 통합을 이루는 핵심 중추가 어떠한 것인가, 즉 그것이 정치적 차원의 것인가, 경제적 차원의 것인가 또는 문화·정서적 차원의 것인가를 구분할 수 있게 해준다. 오페의 개념은 어떤 사회가 붕괴하지 않고, '지속성, 안정, 행위조정과 참여', 즉 거시적 사회통합을 구현할 수 있는 여러 방도와 상태, 그리고 그러한 통합의 정도를 연구할 수 있는 길을 열어 주는 개념이라는 것이다.[27]

오페의 개념은 보다 사회통합을 추상적이고 거시적인 차원에서 고찰하는 것이 아니라 사회체제의 하위체제의 분야별로 구분하면서 설명하고 있다는 점에서 현실 적합성이 높다고 할 수 있다. 독일 통일 이후 사회통합의 문제에 대한 논의에서 오페의 개념이 적극적으로 활용되는 것도 이와 같은 이유에서라고 할 수 있다.

비록 오페의 논의가 사회통합의 방안을 구체적인 방안을 제시하는데 도움이 되는 분석틀이기는 하지만 남북한 사회의 역사적 경험과 현실에 바로 적용될 수 있는가에 대해서는 논란의 여지가 있다. 정책적 제안에 대해서 주목하면서 특정 이론보다는 이미 시행 중인 사회통합 정책을 참고하여야 한다는 것이 윤인진의 주장이다.[28] 그는 기존의 남북한 사회통합논의를 검토하고 나서 남북한 사회문화 통합에 시사점이 높은 사례로 캐나다의 다문화주의를 말하고 있다.

캐나다는 초기 건국과정부터 영국계와 프랑스계 주민들로 연합된 연방주의 국가이기 때문에 사회통합을 이루기 위한 이중문화적인 정책이 국가 차원에서 실천된 사회이다. 특히 1970년대 이후로 세계 각지에서 다양한 인종·민족 집단들의 이민이 가속화되면서 캐나다 사회는 모자이크와 같이 복합적인 사회로 변해갔다. 이러한 시대적, 인구학적 변화를 반영하면서 사회통합을 모색하는 과정에서 다문화주의가 출현하였고, 지금은 캐나다 모든 국민과 정부의 지지 속에 사회통합의 가치와 이념으로 발전해 가고 있다. 이러한 정책을 민족적 모자이크(ethnic mosaic)라고 하는데, 이것은 1971년에 연방정부가 문화적 다원주의(cultural pluralism)에 기초한 다문화주의를 공식적인 사회통합의 이념으로 제창하면서 출현하였다. 다문화주의는 대체적으로 다음과 같은 서로 관련된 세 가지의 현상을 지칭한다.

캐나다의 다문화주의는 단지 문화적 다양성의 가치를 수동적으로 인정하는 것에 그치는 것이 아니라 정부 차원의 적극적인 지원으로 나타난다. 캐나다인들의 문화적 자유를 보장하는 가장 확실한 수단으로써 다음과 같은 네 가지 정책을 공식적으로 구체화한다. 첫째, 정부는 캐나다 사회의 발전에 지속적인 노력과 열망을 보이는 모든 집단에 대한 자원 지원을 위해 노력한다. 이와 같은 지원은 집단의 크기나 세력과는 무관하게 이뤄진다. 둘째, 정부는 사회에 대한 참여를 가로막는 문화적 장벽을 극복하기 위해 상이한 문화 집단에 대한 지원에 차이를 두지 않는다. 셋째, 정부는 캐나다 국가 전체의 이익을 위해서 상이한 문화 집단 간의 상호교류를 적극적으로 장려한다. 넷째, 정부는 새로운 이민자들에 대해 그들이 완전한 캐나다 사회의 구성원이 될 수 있도록 최소한 하나 이상의 공식적인 언어를 습득할 수 있도록 지원한다는 것이 구체적인 정책 내용들이다. 또한 이 같은 다문화주의 정책을 실행하기 위해 연방정부는 문화행사를 위한 지원금을 증액하고, 캐나다 대학 내에 민족학 연구(ethnic studies) 과정을 개설하고, 영어 또는 불어 교육 프로그램을 강화하고, 다문화주의 프로그램 전담 기구를 설치하였다.

캐나다의 다문화주의는 한편으로는 인구학적, 사회문화적으로 다양화되어 가는 캐나다 사회의 현실을 직시하고 기존 질서를 방어하려고

하기보다는 오히려 적극적으로 개방된 사회로 나아가려는 노력으로 해석할 수 있다. 그러나 보다 근본적으로는 영국계와 프랑스계로 양분된 캐나다 사회가 분리되지 않고 하나의 통합된 체계로 존속하기 위해서는 필연적으로 선택할 수밖에 없는 방안이라고 볼 수 있다. 서로 다른 인종·민족집단들의 가치관, 사고방식, 생활양식 등을 인정하고 존중하는 개방적이고 관용적인 자세, 모든 개인들이 성, 인종, 민족, 국적, 종교 등의 차이로 인해 차별받고 배제되지 않고 기회의 형평성을 보장받을 수 있다는 신념, 그리고 정부가 적극적으로 이러한 사회 이념을 보호하고 실현하려는 노력이 캐나다 사회가 다양성 속에서 통일성(unity in diversity)을 이루어갈 수 있는 토대를 마련하였다고 볼 수 있다.

윤인진은 캐나다의 다문화주의적 사회통합이 남북한 간에 바로 적용될 수 있는 것은 아니라고 하고 있다. 왜냐하면 캐나다의 경우는 이미 존재하는 하나의 사회에서 서로 다른 성격의 구성집단들 간의 사회통합을 이루는 것이고 우리의 경우에는 분단된 두 개의 구성집단들이 하나의 통일된 체제 안에서 사회통합을 이루는 것이기 때문이다. 또한 캐나다의 경우에는 다인종, 다민족들 간의 사회통합을 이루는 것이라고 한다면 우리는 단일민족 간의 사회통합이기 때문에 인종, 민족에 기초한 사회통합이 우리에게 적용되기는 어려울 것이다. 그럼에도 불구하고 우리의 경우에 지역성은 의사인종(quasi race)의 성격을 띠며, 지역, 인종, 민족 그 자체보다는 그것들에 기초한 사회 불평등을 어떻게 극복하느냐의 공통문제를 안고 있다고 생각한다는 것이다.[29]

3. 사회문화교류와 사회통합

오페의 통합개념이 사회의 하위체제 수준에서 통합 추진하는 틀을 제공하였다고 한다면 캐나다의 다문화주의는 바람직한 사회문화 통합의 방향성과 시각을 제시하고 있다고 할 수 있다. 따라서 양자 모두 남북한 사회문화통합에 많은 시사점을 준다고 할 수 있다. 그러나 동시에 두 개의 이론은 일단 제도적 통합이 이루어진 이후를 전제하고 있다는 한계가 있다. 오페가 고민했던 것은 통일 이후 동서독이라고 할 수 있고, 캐나다의 경우 이민정책의 변화 이후 직면하였던 다인종, 다민족 사회에 대응이 필요하였다는 것이다. 이러한 차원에서 본다면 오페의 통합개념이나 캐나다의 다문화주의는 통일 이후 남북한 사회통합 문제에 도움이 될 것이나, 문제는 현 단계 남북관계에서 어떤 시사점을 줄 것인가 하는 점이다.

물론 하위체계의 부분별 통합을 전제하고 이를 위한 준비를 하여야 한다는 점에서 오페의 통합개념은 현재에도 유용한 시각이고, 통합의 기본적인 태도를 강조하는 다문화주의는 통일준비라는 차원에서 바람직한 관점이라고 할 수 있다. 특히 다문화주의는 최근 급증하고 있는 북한이탈주민의 남한사회의 적응이라는 차원에서 현실적으로도 적용이 가능한 논의라고 할 수 있다.[30] 그러나 중요한 것은 사회통합은 통일 이후에만 가능한 것이 아니라 통일 이전부터도 고려할 수 있는 것이며, 오히려 독일의 통일 후 사회갈등을 고려할 때 통일 이전에 보다 적극적으로 준비하여야 한다는 점에 유의하여야 한다는 것이다. 따라서 통일 이전에 사회통합의 개념을 어떻게 정리할 것인가는 중요한 동시에 시급한 과제라고 할 수 있다.

1) 남북관계의 변화 추이와 현재의 상황

거시적인 차원에서 본다면 현재 남북한은 2000년 6월의 정상회담을 계기로 반세기의 걸친 적대적인 관계를 청산하고 화해협력을 강화하여 왔다고 볼 수 있다. 2004년부터 시작된 2차 핵 위기가 남북관계의 진전을 가로막고 있다고 하지만 남북관계의 전반적인 변화 추세 자체는 계속되고 있다고 할 수 있다. 분단 이후의 남북관계를 보면 한국전쟁 이후 지속된 적대관계는 7·4공동성명을 계기로 화해협력을 모색하기 시작하여 남북합의서의 채택, 그리고 김대중 정부의 등장 이후 화해협력관계로 전환하였다고 할 수 있다. 1990년대부터 시작된 다양한 경협사업과 정상회담 이후 활발하게 진행된 이산가족 상봉, 사회문화교류, 대북 인도적 지원 등이 화해협력관계의 반증이었다고 할 수 있다. 물론 반세기에 걸친 적대적인 관계는 하루아침에 해소될 수 있는 것도 아니고, 일반적인 사회변화 추세와 마찬가지로 남북한 화해협력기에도 적대적인 관계는 부분적으로 공존할 수밖에 없었다.[31] 그리고 여전히 남북한 간에는 갈등 관계가 남아있지만 평화적 공존으로 넘어가는 문턱에 있다고 할 수 있다.

그동안의 화해협력이 부분적으로 적대적 인식을 유지한 채 진행되어 왔다는 점에서 일종의 적대적 협력이었다고 볼 수도 있다. 그러나 이를 통하여 서로 간의 이해에 의해 확대되고 심화될 경우에는 이념적으로는 체제의 성격을 달리하더라도 정치·군사적 측면에서도 부분적으로 협력할 수 있는 "평화공존"의 시대가 남북관계에 도래할 수 있다는 것이다. 자본주의와 사회주의를 지향함으로써 이념적으로는 상이하더라도 경제, 사회, 문화분야에서의 상호 간 전면적인 교류와 협력이 이루어짐은 물론 정치, 군사적 측면에서도 남북한이 부분적으로 합의

하여 당국 간의 관계가 정상화되고 군사적으로도 긴장이 완화되어 상호 신뢰를 구축하는 상황으로 남북관계가 발전하게 되는 것이다.

나아가 평화공존이 본격화되고 그 과정에서 남북 간에 커다란 정치적 합의가 이루어질 경우에는 우리가 염원하는 민족통일의 궁극적 형태인 "1민족 1국가 1체제"로 향하는 도정에서 "1민족 2국가 2체제" 형식의 "남북연합"이 가시화되어 "사실상의 통일"(de facto Unification)이 이루어질 수 있는 가능성도 열리게 된다. 남북연합의 단계에서는 남북한이 이념적으로 서로 다른 체제를 유지하기는 하나 사회 모든 분야에서 전면적인 교류와 협력이 이루어지게 되는 것이다. 그리고 궁극적인 한반도 통일은 이러한 과정을 통해 사회의 전반적 영역에서 남북한 상호 간에 통합의 수준이 서서히 높아지는 가운데 민족합의에 의해 평화적으로 이룩될 수 있다.

이와 같은 남북관계의 진전 구도에 더하여 남북관계에 국제적 차원이 고려된 "한반도 냉전구조 해체" 및 "한반도 평화체제 구축" 구상 간의 상관관계는 다음과 같다. 일반적으로 평화체제 구축은 전쟁상태를 청산하는 "평화의 회복"(소극적 평화)과 평화 상태를 지속적으로 관리하는 "평화의 유지" 두 가지 모두를 포괄하는 개념(적극적 평화)이다.[32] 따라서 한반도 냉전구조 해체는 평화의 회복에 중점을 두어 남북관계를 "적대적 협력"단계에서 "평화공존"단계로 진입시키는 것을 의미하며, 한반도 평화체제 구축은 적극적 평화의 개념으로서 한반도 냉전구조 해체를 포함함은 물론 평화의 유지를 항구화하기 위해 남북관계를 "평화공존"단계에서 "남북연합"단계로 진전시키는 전 과정을 의미한다.[33] 이러한 남북관계의 발전 방향에 대한 기대는 <그림 1>과 같이 표현될 수 있다.[34]

〈그림 1〉 남북관계 진전구도

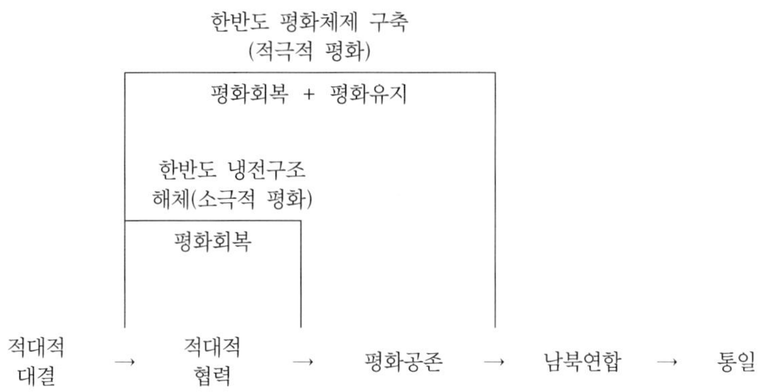

화해협력이나 평화공존 그리고 더 나아가 통일을 지향하는 과정에서 남북한 사회문화교류는 중요한 매개체 역할을 하게 된다. 그동안 통일문제에 대한 갈등이 많았고, 그 중심에는 통일방안이 있었지만, 엄밀하게 따져 보면 통일방안의 기저는 크게 바뀌지 않았다. 사실 남한에서 통일에 대한 관심이 구체화된 것은 국력의 신장으로 북한과의 체제경쟁에서 우월한 위치를 점하게 된 1980년대 이후부터라고 보아야 할 것이다. 남한은 과거의 수세적 입장에서 벗어나 적극적으로 통일방안을 모색하게 되었으며 이 과정에서 협상을 바탕으로 한 점진적이고 단계적인 통일방안이 채택되었다고 할 수 있다. 이 결과가 노태우 정부에서 구체화된 '한민족 공동체 통일방안'이다. 기능주의 통합방식에 기초한 '한민족공동체통일방안'의 특징은 제반 분야에서 교류와 협력을 통하여 남과 북이 하나의 민족공동체를 회복하고 정치적 통합의 여건이 성숙되면, 단일민족국가를 이룰 수 있다는 것으로 민족통일을 통해서 국가통일을 실현한다는 것이다. 이후 새로운 정권이 들어설 때마다 새롭게 통일방안을 내세우고 있으나 근본적으로 평화적 통일, 단계적 통일, 점진적 통일이라는 점에서는 동일한 성격을 갖고 있다고 할 수 있다. 예를 들어 김영삼 정부의 '3단계 3기조' 통일방안 역시 '한민족공동체통일방안'의 기본골격을 유지한 채, 단계적 기능주의 입장을 택하고 있다. 김대중이 주장한 3단계 통일방안의 경우도 단계적 통일을 주장하고 있다는 점에서 커다란 차이를 보이고 있지 않다. 그리고 노무현 정부는 김대중 정부의 대북정책을 승계하고 있다는 점에서 기본 정신은 유지되고 있다고 보아야 한다.

단계적이고 점진적인 통일방안은 교류협력을 통하여 적대감을 해소하는 동시에 기능적 통합을 추구하면서 분야별로 실질적 통일을 추구한다는 것을 의미한다. 그리고 이 과정에서 단순히 제도나 정치적 통합 못지않게 경제 통합, 사회문화적 통합이 의미를 갖게 되었다고 볼 수 있다. 한민족 공동체 통일방안의 경우에는 경제공동체, 사회문화공동체, 정치공동체 형성을 단계적으로 추진하는 것으로 되어 있으며, 마지막 정치 공동체의 실현이 통일의 완성으로 보고 있다고 할 수 있다.[35]

단계적이고 점진적으로 그리고 평화적으로 통일을 추진한다는 기본 입장은 정권교체와 갈등에도 불구하고 1980년대 이후 지속되어 왔으며, 앞으로도 바뀔 가능성이 크지 않다. 그리고 최소한 공개적 수준에서 본다면 이에 대한 국민적 합의도 이미 이루어져 있다고 볼 수 있다.[36]

2) 교류협력과 평화공존을 위한 사회통합개념: 사회문화공동체

남북한이 분리되어 있는 현실에서 그리고 물리적인 통합이 이루어지지 않은 현실에서 하나의 체제를 전제한 사회통합 개념은 적용하기 어렵다고 할 수 있다. 이러한 차원에서 명실상부한 사회통합을 준비하기 위해서 그리고 현 단계에서 실현 가능한 사회통합 개념이 남북한 사회문화공동체의 실현이라고 할 수 있다.

사회문화공동체가 본격적으로 논의되기 시작한 것은 '한민족공동체 통일방안'에서부터라고 할 수 있다. 여기서 민족공동체란 정치·경제·사회·문화 등 민족 생활의 모든 분야를 포괄하는 종합적인 성격의 공동체를 지칭하는 개념으로 분야별로 경제공동체, 문화공동체, 사회공동체, 정치공동체로 구분된다. 민족공동체를 구체적으로 실현하는 방법에는 비정치 분야 위주의 공동체인 경제·사회·문화 공동체와 정치·이념 분야인 정치공동체를 구분할 수 있다. 이 가운데 사회문화경제공동체의 형성에 초점을 둔 민족공동체의 실현은 '민족통일'로 규정되고, 정치공동체까지 포함한 민족공동체의 실현은 '국가통일'로 규정된다. 즉, 한민족공동체 통일방안은 궁극적인 통일실현(민족공동체 형성의 바탕 위에 통일국가를 이루는 실질적인 통일) 이전의 단계로서 민족공동체 형성을 위한 기반조성단계와 남북연합 단계를 설정하고 있다.

한민족공동체 통일방안을 구체적으로 실현하기 위해서는 민족통일과 국가통일의 개념 구분을 전제로 접근해야 할 필요가 있다. 이러한 기본인식하에 정치공동체까지 포괄하는 민족공동체 형성 여건 조성을 위하여 비정치 분야의 사회문화경제공동체 형성작업을 우선적으로 추진하는 것이 중요하다. 이는 통일실현 이전에라도 민족성원의 삶의 질을 향상시키기 위한 노력을 해야 한다는 것을 의미하는 것이며, 정치공동체 또는 이념공동체 형성에 따른 어려움을 이유로 생활공동체 형성을 유보할 수 없다는 인식에 근거한다.[37]

사회문화 공동체의 형성에는 교류·협력이 필수적인 수단이 된다. 남북한 간 교류·협력은 지난 반세기 동안 불신과 대결을 지속해 온 남북

간의 대결구조를 평화구조로 전환하고, 이질화된 민족사회의 동질성을 회복하여 민족공동체를 형성·발전시키는 동시에 궁극적으로는 통일국가 수립에 기여할 수 있다는 것이다. 또한 대외적으로 남북 간 교류·협력을 통해 우리 민족은 공동체 관계를 회복·발전시켜 국제사회에서 공존공영하며 민족적 이익을 보존·확대하고, 특히 동북아지역 협력체제에 능동적으로 참여함으로써 국제적 지위와 역할을 제고할 수 있다.

현재까지의 남한 통일방안 등에서 드러나고 있는 사회문화공동체의 특징은 다음과 같이 정리될 수 있다.

첫째, 사회문화공동체는 경제공동체 및 정치공동체와 더불어 민족공동체를 구성하는 부분 요소의 하나이다.

둘째, 사회문화공동체는 경제공동체와 함께 정치공동체 구성의 전 단계라고 할 수 있다.

셋째, 사회문화공동체와 경제공동체가 정치공동체에 선행되는 이유는 논리적 적합성이라기보다는 분단 반세기에 걸친 남북한 대치상황에서 상대적으로 사회문화공동체의 형성이 용이하기 때문이다.

넷째, 사회문화공동체의 구성은 사회문화 교류협력의 확대를 통하여 시작될 수 있다.

다섯째, 사회문화공동체 형성 정치공동체의 이전 단계에서 시도될 수 있으나, 경제공동체나 정치공동체에 비해서 사회문화공동체의 구성은 오랜 기간이 소요될 수 있다.

여섯째, 사회문화공동체도 남북한 관계의 성격에 영향받을 수 있다.

일곱째, 사회문화공동체의 형성은 단계적으로 시도할 수 있다.

일반적으로 사회공동체와 문화공동체를 이야기할 때 하나의 독자적인 체계로 구성되어 있는 것을 의미한다고 볼 수 있다. 이러한 차원에서 사회공동체가 의미를 갖게 위해서는 첫째, 사회구성원들이 정당성을 인정하는 일정한 가치와 규범이 존재하고 있는 동시에 사회구성원들이 상호작용을 통하여 사회적 역할 분담이 가능하여야 할 것이며, 둘째, 문화공동체는 사회구성원들이 공유하고 있는 문화요소들을 바탕으로 구성되는 주문화가 존재하면서 동시에 사회집단별로 하위문화 및 반문화가 공존할 수 있는 환경이 구축되어야 한다고 볼 수 있다.

사회문화공동체의 일반론적인 의미와 통일방안에서 이야기하는 사회문화공동체의 개념을 종합적으로 고려한다면, 남북한 사회문화 공동체 구축에는 다음의 몇 가지 조건이 충족되어야 할 것이다.

첫째, 분단 이후 현재까지 독자적으로 형성되어 온 각각의 사회문화공동체는 단계적으로 해체하여 민족공동체라는 더 큰 범주에 포괄되어야 한다. 남한이나 북한은 모두 고유의 사회문화공동체를 형성하여 왔지만, 기본적으로 분단구조라는 조건에 영향을 받아 왜곡된 형태로 구성되어 있다고 볼 수 있다. 따라서 민족공동체 구성을 위해서는 기존의 분단 지향적인 사회문화공동체는 해체되거나 개편되어야 한다는 것이다.

둘째, 민족공동체를 구성을 위해서는 상대편 사회문화체계에 대한 적대적 태도를 불식하고 상대편 사회문화체계를 이해하고 인정하는 태도를 함양할 필요가 있다. 전쟁 이후 심화되어온 남북한 간 적대적 대결구조에서 남북한은 상대체제를 근본적으로 부정하여 왔다. 문제는 상대의 이념체제와 정치체제 혹은 지배구조뿐만 아니라 사회문화체제와 그 구성원들까지도 부정의 대상에 들어있다는 것이다. 이와 같은 상황에서는 사회문화공동체 구성이 근본적으로 불가능하다.

셋째, 남북한 사회문화공동체를 구성하기 위해서는 남북한 구성원이 동의할 수 있는 가치와 규범이 필요하며, 그 출발점은 민족적 정체성에서 찾을 수 있을 것이다.[38] 남북한 통일의 필요성의 중요한 한 가지는 분단 이전까지 하나의 민족공동체를 구성해서 살아왔다는 것이다. 따라서 분단 이후 남북한 서로 다른 사회문화체제를 만들어 왔지만 여전히 공유하고 있는 요소들이 적지 않다. 따라서 사회문화공동체의 출발점은 양 체제가 공유하고 있는 요소들이 될 수밖에 없다고 할 수 있다.

넷째, 사회문화적 공동체 형성을 위해서는 사회구성원 간에 사회적 상호작용이 필요하며, 문화적 공존을 위해서는 남북한 문화가 접촉이 필요하다는 것이다. 따라서 남북한 주민들의 접촉이 확대되어야 하며, 문화교류가 활성화되는 것이 불가피하다고 볼 수 있다.

다섯째, 사회문화공동체 형성만이 궁극적인 목표가 되어서는 곤란하다. 사회문화공동체는 민족공동체 구성의 한 요소이기 때문에 민족발전의 방향과 부합하는 사회문화공동체가 형성되어야 한다고 할 수 있다. 통일 자체도 단순히 민족적 당위에서 필요한 것이 아니라 분단구조를 극복하여 보다 나은 민족의 발전이라는 차원에서 추진되어야 한다. 따라서 단순한 통합자체가 목적이 아니라 미래지향적이고 발전적인 성격을 갖는 사회문화공동체 형성이 필요하다는 것이다.

4. 맺음말: 사회통합개념의 확대를 위하여

사회통합에 대한 관심이 증대된 것 자체가 통일에 대한 실질적 논의의 증대와 연결되어 있다는 점에서 바람직한 일이라고 할 수 있다. 과거의 통일 담론이 체제와 이념과 같은 거대 담론에 매몰됨으로써 일반시민의 삶과 유리되고 결과적으로 통일에 부정적인 생각을 만드는 데 일조하였다는 점에서 더욱 그러하다. 그러나 한편으로는 통일 이후 독일의 사회갈등이 사회통합에 대한 관심 고조에 영향을 미쳤다는 점에서 통일에 대한 두려움을 야기하는 데도 일정 부분 책임이 있다고 할 수 있다.

그럼에도 불구하고 남북관계가 점진적으로나마 개선되고 이 과정에서 북한 및 통일문제에 대한 실질적 인식이 증대되는 가운데 다양하게 사회통합 논의가 이론 및 실천적 수준에서 활발하게 진행된 것은 장기적으로 통일에 기여할 것임은 분명하다. 그러나 무엇보다도 사회통합이라는 개념 자체가 명확하지 않고, 경우에 따라서 개념 자체에 대한 논란도 적지 않다는 점이 문제가 된다. 예를 들어 갈등론적인 관점에서 보면 사회의 본질 자체가 갈등이기 때문에 사회통합은 불가능하다고 보고 있으며, 이론적 입장에 있지 않더라도 나치 독일이나 군국주의 일본, 그리고 현재의 북한과 같은 전체주의적 사회통합에 대해서 동의할 사람은 거의 없다는 것이다. 즉, 바람직한 사회통합상태는 그 자체로서 많은 논란을 동반할 가능성이 크다고 할 수 있다.

사회통합은 앞에서 검토하였듯이 단순히 남북문제뿐만 아니라 근대사회의 본질적인 고민이었고, 이에 대한 논의도 활발히 진행되어 왔다고 볼 수 있다. 뿐만 아니라 오늘날 남한사회에서도 사회적 갈등에 대한 논의와 더불어 사회통합의 문제에 대한 고민이 지속되고 있다고 할 수 있다. 또한 남북한 통일문제에서 사회통합의 문제는 중요한 관심사임이 분명하다. 이러한 맥락에서 지금까지 이루어진 통합 관련 논의에 대한 면밀한 검토는 대단히 중요할 일이라고 할 수 있다. 그러나 문제는 일반적인 사회변화의 추세와는 달리 통일이란 문제는 두 개의 다른 체제가 하나가 되는 것이며, 현재 남북한은 이를 향해가고 있는 과정에 있다는 것이다. 이러한 상황은 대단히 어려운 문제를 야기할 수밖에 없는데, 체제통합 이전에 사회통합의 환경과 체제통합 이후의 사회통합 환경이 판이하게 다르다는 것이다. 예를 들어 사회통합 과정에서 중요한 변수가 될 수 있는 사회적 이동(수직이동과 수평이동을 포함하여), 교육과 미디어를 포함하여 사회화 매체의 공유 여부 등이 체제통합 이전과 이후는 본질적으로 다르기 때문이다.

그렇다고 해서 사회통합의 방향이나 본질이 완전히 다르다면 체제통합 자체가 사회통합에 부정적인 영향을 줄 수 있다. 또한 사회통합이 제도나 체제와 달리 상대적으로 오랜 시간을 필요로 한다면 체제통합 이전부터 일정한 축적이 필요하다고 할 수 있다. 이러한 점에서 하나의 체제를 전제로 한 사회통합의 개념에만 얽매이기보다는 사회통합의 개념을 보다 확장할 필요가 있다는 것이다. 사회문화공동체의 개념을 강조하는 것은 이와 같은 논의에서 출발하고 있다고 할 수 있다. 남북한 사회문화공동체를 형성해 나아가는 것 자체가 분단 상태에서 광의의 사회통합이 될 수 있으며, 이것이 순조롭게 진행된다면 분단 이후의 하나의 사회체제에서의 사회통합에도 긍정적으로 기여할 수 있다는 것이다.

주석

들어가는 이야기: 북한·통일 문제와 '사회학적 상상력

1 『조선중앙통신』은 2023년 12월 26일에서 30일에 걸쳐 열린 조선로동당 중앙위원회 제8기 9차 전원회의에서 "북남(남북) 관계는 더 이상 동족 관계, 동질 관계가 아닌 적대적인 두 국가 관계, 전쟁 중에 있는 두 교전국 관계로 완전히 고착됐다"라며 "대한민국 것들과는 그 언제 가도 통일이 성사될 수 없다"라고 말했다고 보도했다. https://www.hani.co.kr/arti/politics/defense/1122439.html(검색일: 2024.5.9.).

2 http://nbsurvey.kr/archives/4721(검색일: 2024.5.8.).

3 삼국지의 첫 구절로 "분열된 지 오래되면 반드시 통일된다"라는 뜻이다.

4 이우영, "북한 사회연구 혹은 사회학적 북한연구," 『현대북한연구』 제8권 1호(2005), 122쪽.

5 송승섭, "북한관련 연구 동향의 계량적 분석," 『북한』 제313호(1998.1) 참조.

6 이우영, "북한 사회 연구 혹은 사회학적 북한연구," 123쪽.

7 고유환, "분단 70년 북한연구 경향에 관한 고찰," 『통일정책연구』 제24권 1호(2015) 참조.

8 김정수, "북한체제 연구방법론의 쟁점과 과제: 외재적 접근법과 내재적 접근법의 유용성과 한계성을 중심으로," 『통일문제연구』 제20호(1998) 참조.

9 북한연구의 다양화에 대해서는 북한연구학회, 『북한연구학회 20년사』(서울: 북한연구학회, 2016) 참조.

10 북한 및 통일관련 교육 및 연구기관의 형성에 대해서는 박명규, 『남북경계선의 사회학』(파주: 창비, 2012), 215~216쪽 참조.

11 고유환은 북한연구를 세대별로 구별하여 새로운 연구 동향을 4세대로 명명하는 등 이에 대하여 자세히 설명하였다. 고유환, "분단 70년 북한연구 경향에 관한 고찰," 『통일정책연구』 제24권 1호(2015) 참조.

12 북한 및 통일연구에서 가장 큰 북한연구학회의 경우 등록된 회원이 800명을 웃돌 정도이다.

13 홍민·박순성, 『북한의 권력과 일상생활』(파주: 한울아카데미, 2013); 박순성·홍민 엮음, 『북한의 일상생활세계』(파주: 한울, 2010).

14 이우영 외, 『북한 도시주민의 사적 영역 연구』(파주: 한울아카데미, 2008).

15 이우영 외, 『분단된 마음 잇기』(서울: 사회평론아카데미, 2016); 이우영 외, 『분단 너머 마음 만들기』(서울: 사회평론아카데미, 2019) 등.

16 이우영, "북한 사회연구 혹은 사회학적 북한연구," 123~124쪽.

17 김성경, "북한사회문화연구의 쟁점과 도전," 『북한연구학회 20년사』(서울: 북한연구학회, 2016) 참조.

18 구조화 이론을 주장한 앤서니 기든스(A. Giddens)나 소통으로 사회적 체계를 설명하는 니클라스 루만(N. Luhmann), 실천의 차원에서 구조와 행위를 결합하고 있는 피에르 부르디외(P. Bourdieu) 등이 구조와 행위를 경합시키는 대표적인 사회학자이다. 김중섭, "기든스의 구조화 이론과 사회 행위," 『현상과인식』 제8권 1호(1984); 이철, "구조/행위 대립 극복으로서 루만의 커뮤니케이션 체계," 『한국사회학』 제45권 5호(2011); 양은아, "부르디외 실천이론과 행위와 구조의 동학: 아비투스 개념을 중심으로," 『교육사회학연구』 제33권 1호(2023) 참조.

19 한국적 사회학에 대해서는 사회학계의 오랜 논란이 지속되었다. 강신표, "한국 이론사회학의 방향에 대한 작은 제안," 『사회와 이론』 제6호(2005) 참조. 그러나 여기서 주목할 것은 사회학에서는 이론과 방법론 자체가 항상 중요한 관심사였다는 것이다. 한국적 사회학의 형성과정에 대해서는 정수복, 『한국 사회학과 세계 사회학』(서울: 푸른역사, 2022) 참조.

20 이재민·강정한, "지식생산의 구조와 이론사회학의 위상," 『사회와 이론』 제19호(2011) 참조.

21 사회학의 형성에 대해서는 레이몽 아롱 지음, 이종수 역, 『사회사상의 흐름』(서울: 홍성사, 1983) 참조.

22 이봉범, "냉전과 북한연구, 1960년대 북한학 성립의 안팎," 『한국학연구』 제56호(2020), 29쪽; 정영철, "북한학의 현황과 전망," 『황해문화』 제57호(2007), 306쪽 참조.

23 남한 체제의 형성과 변화과정에 분단구조가 대단히 중요하였다고 보는 입장인 백낙청 등의 논의를 주목하여야 한다. 백낙청, 『분단체제변혁의 공부길』(서울: 창작과비평사, 1994); 정병준 외, 『분단체제의 구조적 변화와 통일』(한국연구재단 연구보고서, 2000) 참조.

24 북한대학원대학교와 동국대학교에서는 북한도시연구를 팀을 구성하여 진행한 바가 있다. 최완규 외, 『북한 도시의 형성과 발전』(파주: 한울, 2004); 고유환 외, 『북한도시 함흥·평성 자료해제집』(서울: 선인, 2013) 등. 이밖에 통일연구원에서도 북한 도시 연구를 진행한 바 있다. 조정아, 『평양과 혜산: 두 도시 이야기』(서울: 통일연구원, 2017); 홍민, 『북한의 시장화와 사회적

모빌리티』(서울: 통일연구원, 2015) 등.

25 북한 연구뿐 아니라 남북한 사회체제 비교에서 비교사회학적 방법을 활용하는 것도 가능할 수 있다. 비교사회학 방법에 대해서는 김용학 외, 『비교사회학』(파주: 나남출판, 2005) 참조.

26 탈분단 논의를 제기한 것은 조한혜정 외, 『탈분단 시대를 열며』(서울: 삼인, 2000)이 출발이라고 할 수 있다. 통일을 대비한 통합논의를 종합적으로 정리한 대표적인 논의는 전태국, 『사회통합과 한국 통일의 길』(파주: 한울아카데미, 2013) 3장, 4장 참조. 평화와 통일에 관해서는 박명규, 『남북경계선의 사회학』, 4부 참조.

27 김홍중, 『마음의 사회학』(파주: 문학동네, 2009), 1장 참조.

28 논리적 적합성은 차치하고라도 '반공'이나 '반북'은 이성적 차원의 문제이지만, '혐북(嫌北)'이나 '염북(厭北)'은 감정과 정서의 차원으로서 극복이 쉽지 않다.

29 인문학에서 북한 및 통일연구를 체계적으로 활발히 진행한 대표적인 연구기관이 건국대학교 통일인문학 연구단이다. 2015년부터 현재까지 포스트 통일시대의 '통일인문학'과 '통합적코리아학' 구축 목표로 연구와 교육사업을 진행하고 있다. https://tongil.konkuk.ac.kr/(검색일: 2024.5.10.).

제1부 남쪽 사회 이야기

1. 박정희 통치이념에 대한 연구

1 기존의 연구들은 정치학에서 퍼스낼리티나, 리더십의 연구에 초점을 맞추거나 아니면, 정치경제학적 파라다임에서 자본주의 발전단계의 하나로 환원시켜 보거나 하고 있으며, 그렇지 않을 경우 찬양일변도의 홍보를 위한 연구와 전기들이라고 할 수 있다.

2 박정희는 집권 초부터 '민족중흥'을 주장하였으며 그의 대표적인 저서도 『민족중흥의 길』, 『민족의 저력』 등의 제목을 쓰고 있다.

3 윤회중, "박정희 대통령의 담화문 및 신문의 보도성향에 관한 연구," 고려대학교 대학원 박사학위논문(1982).

4 한지수, "한국사회 지배이데올로기의 형성과 재생산," 『80년대 한국인문사회과학의 현단계와 전망』(서울: 역사비평사, 1988).

5 정재경, 『한민족의 중흥사상: 박정희 대통령의 정치철학』(서울: 신라출판사, 1979).

6 어휘나 단어의 빈도수 조사 등이 시대적 경과에 따라 변화는 것은 의미가 있으나 빈도수의 많음이 중요성을 말한다고 하기 어렵다.

7 국가독점자본단계의 파시즘적인 특징으로 상정함으로써, 그의 정치이념이 지배이념으로서 반공주의로 획일화된다.

8 그의 집안은 박혁거세의 후손으로 대대로 무관이 배출되었고 어머니도 지방관리의 후손이었다고 한다. M. Keon 지음, 김병익 옮김, 『내일생 조국과 민족을 위해(박정희대통령전기)』(서울: 지식산업사, 1977), 77쪽; 정광모, 『청와대』(서울: 어문각, 1967), 224쪽.

9 부친이 동학과 연관성이 있었느냐에는 이론(異論)이 있다. ① 동학군에 대항한 공로로 영월 군수로 임명되었다는 설, 정광모의 『청와대』. ② 동학에 참여하였다가 관군에 체포되었으나 고종의 특사로 풀려났다는 설, 김종신, 『박정희대통령』(서울: 한림출판사, 1979). ③ 무과에 급제하여 평안도 지방의 현감으로 임명받았으나 동학으로 부임하지 못했다는 설, 송효빈, 『가까이서 본 박정희대통령』(서울: 휘문출판사, 1977).
그러나 최소한 그가 살았던 지역과 시기가 동학에 연결되어 있다. 馬淵貞利, "갑오농민전쟁의 역사적 위치," 노태구 엮음, 『동학혁명의 연구』(서울: 백산서당, 1982), 292쪽. 갑오농민전쟁의 중심은 전라도이고 그다음이 충청도 지방이라고 하지만 최제우 자신이 경주출신의 경상도 양반이고 실제로 동학은 7도에 걸쳐서 일어났다. 동학과 갑오농민전쟁에 대해서는 노태구 엮음, 『동학혁명의 연구』 그리고 이현희 편, 『동학사상과 동학혁명』(서울: 청아출판사, 1984) 등을 참조할 수 있다.

10 박정희를 가졌을 때 부모의 나이가 각각 54, 44세로 그의 어머니는 며느리까지 본 처지와 어려운 가정형편으로 낙태를 시키려는 노력을 하였다고 한다. 김종신, 『박정희대통령』, 14~21쪽; 정광모, 『청와대』, 118~119쪽; 송효빈, 『가까이서 본 박정희대통령』, 225~226쪽; 박동성·심고령, 『오월정신: 박정희』(서울: 일요신문사, 1965), 42쪽. 그러나 막내가 장자에 비해 보다 현실적인 지향성을 갖고, 특히 늦게 태어난 아이가 보다 강한 힘에 의존하여 자신을 보호하는 경향이 있다고 한다. G. R. Medinnus & R. C. Johnson, *Child and Adolescent Psychology*(New York: Jone Wiley and Sons, Inc. 1976), pp. 170~202.

11 그의 아버지가 서예에 조예가 깊었다는 점에서 전통적인 서당교육 등을 받았고, 남자 형제 중에 비교적 오래 살았던 큰형 동희도 동생이 대통령이었음에도 불구하고 농부로서 생을 마쳤다는 것을 생각해 볼 수 있다.

12 그의 집권의 변(辯)이나 그 이후 여러 곳에서 유년기의 가난에 대한 생각을 찾아볼 수 있다. 윤상철, "박정희 대통령: 그 인간과 사상," 『정경문화』(1979.12).

13 대구사범 시절에 박상희가 이광수의 『성웅 이순신』을 빌려주는 등 박정희의 의식형성에 영향을 끼쳤다고 한다. 김종신, 『박정희대통령』, 83쪽.

14 1908년에 반포된 '사립학교령'과 1906년의 '보통학교령'으로서 관공립 6년제 소학교를 4년제 보통학교로 개편하여 교육의 질 저하와 조선인에 대한 우민화정책이 추진되었다. 강만길, 『한국근대사』(서울: 창작과 비평사, 1984), 285쪽. 그리고 30년대에 들어서는 내선일체라는 명분으로 소위 '일선동조론·황국신민화운동'에 의하여 교육적으로는 동화교육에 강조되었다. 이호철, "일제의 식민정책(1905~1945)," 한국사연구회 엮음, 『한국사연구입문』(서울: 지식산업사, 1987), 494쪽. 이것은 결국 한국 민족의 교육적 분열, 민족문화의 무시와 파괴, 사회와 인권에 대한 자각의 저지를 추구하였다는 것이다. 정재철, "일본의 식민지 교육정책과 조선인의 교육저항," 윤병석·신용하·안병직 엮음, 『한국근대사론』 제1권(서울: 지식산업사, 1977), 360~362쪽.

15 1935년만 하더라도 초등교육이라고 할 보통학교의 취학률이 20%에 불과하였다. 정재철, "일본의 식민지 교육정책과 조선인의 교육저항," 393쪽.

16 당시에 민족적 교육은 전통서당이나 노동야학 중심일 수밖에 없었다는 견해가 많다. 강동진, "일본지배하의 노동야학," 『역사학보』 46집(1970) 참조.

17 보통학교 4학년 때를 빼고는 항상 1등을 놓치지 않았다는 이야기도 있다. M. Keon 지음, 김병익 옮김, 『내일생 조국과 민족을 위해(박정희대통령전기)』, 77쪽. 그러나 다른 자료에서는 4학년 정도까지는 평균 정도였고 그 이후 성적은 최고였다고 한다. 정광모, 『청와대』, 132~133쪽. 그러나 나중에 대구사범에 들어간 것으로 미루어 최상위권의 학생임에는 틀림이 없다. 실제로 박정희가 입학하였을 때 지원자 1,900명 중에서 합격자는 100명에 불과하였고, 모교인 구미보통학교는 1920년 개교 이래 박정희가 처음 입학생이었다. 김종신, 『박정희대통령』, 74~75쪽. 만주군관학교에서는 수석졸업으로 황제로부터 금시계를 타고, 곧바로 일본 육사에 들어갈 수 있었다. M. Keon 지음, 김병익 옮김, 『내일생 조국과 민족을 위해(박정희대통령전기)』, 82쪽; 송효빈, 『가까이서 본 박정희대통령』, 237쪽.

18 많은 전기들에서는 박정희가 일제에 동화되지 않고 민족의식을 학교생활에서도 보이고 있다고 주장하고 있다. 박동성·심고령, 『오월정신: 박정희』, 49쪽; 정재경, 『한민족의 중흥사상: 박정희 대통령의 정치철학』, 28쪽. 그런데 그런 민족의식을 가지고 있으면서 사범학교 입학과 발령이 가능하였다고 보기 어렵다.

19 병합 초기에 기존의 한국무관학교를 폐쇄하고 영친왕 등의 왕족을 일본육사에 데리고 갔었고, 그 후 1930년까지 조선인의 일본육사 입학 자체가 봉쇄되었었다. 만주군관학교는 1931년의 대륙침략과 1932년 세워진 괴뢰국인 만주국의 사관학교로서 1939년에 설립되었으나 실제적으로는 대륙공략의 인적자원 양성이 주목적이었다. 이상우, "건군 40년, 한국의 군부," 『신동아』(1988.10), 355~357쪽.

20 김정원, "한국군부의 성장과정과 5·16," 김성환 외, 『1960년대』(서울: 거름, 1984), 110쪽. 정보계통에서의 정치적 역할, 그리고 관동군이라는 일종의 고

문관제도의 익숙함 등이 해방 이후 만군 출신의 입지를 넓히고 5·16의 중심이 되었다는 견해도 있다. 한석태, "한국군부의 정치개입," 『경남대논문집』(1978), 188~189쪽.

21 ① 일본인 교장과의 갈등이 원인이라는 설: 정광모, 『청와대』, 148~149쪽. ② 장학사 테라노와의 갈등이 원인이라는 설: 송효빈, 『가까이서 본 박정희 대통령』, 235쪽; M. Keon 지음, 김병익 옮김, 『내일생 조국과 민족을 위해(박정희대통령전기)』, 80쪽. ③ 일본인 병사를 지휘하고 해방 후 한국군을 조직하기 위해서라는 설: 김종신, 『박정희대통령』, 114~115쪽. ④ 경제적인 이유라는 설: 이상우, "고독한 권력자, 그 감춰진 내면세계," 『신동아』(1984.7), 355쪽. ⑤ 어차피 징병이 될 바에는 장교를 택했다는 설: 양성철, 『분단의 정치: 박정희와 김일성 비교연구』(서울: 한울, 1987), 81쪽.

22 일제의 패망 후 광복군에 참여하였다는 설은 정확한 근거도 없고, 만일 그러하였다면 귀국과정도 달랐을 것이다. 박정희가 귀국 후 얼마간 시간이 지나고 고심끝에 군에 투신하였다는 것은 찬양적인 전기들에서도 드러나고 있다. 박동성·심고령, 『오월정신: 박정희』, 72쪽.

23 박동성·심고령, 『오월정신: 박정희』, 61~66쪽. 그렇지 않은 경우 다른 전기들에서는 이 시기에 대한 언급은 대체적으로 생략되는 경향이 있다.

24 이상우, "박정희체제 그 권력의 막후①: 5·16이념은 급조되었다," 『신동아』(1985.5), 252쪽. 63년의 대통령 선거에서도 사상문제가 중요한 이슈가 되었다. 윤보선, 『救國의 가시밭길: 나의 회고록』(서울: 한국정경사, 1967), 13장; 김경래, "전향자냐 아니냐," 『사상계』(1963.11); 최창규 지음, 한국사료연구소 엮음, 『해방30년』 4권 제3공화국(서울: 성문각, 1976), 188~191쪽; 이영신, "황태성은 간첩인가 밀사인가," 『신동아』(1984.7), 167~169쪽 참조.

25 5.16 직후의 '황태성 사건'에서 그가 간첩인지 밀사인지 불명확하지만, 그의 행적으로 볼 때 북한에서는 박정희의 이념에 대한 공산주의적 경향을 오해하였거나 아니면 최소한 기대하였다고 할 수 있다. 이영신, "황태성은 간첩인가 밀사인가," 참조. 그리고 박정희가 이집트의 나셀을 찬양하는 등 사상논쟁을 불러일으켰다고도 할 수 있지만, 최창규 지음, 한국사료연구소 엮음, 『해방30년』 4권 제3공화국, 190쪽. 동기야 어떤 것이던 혁명공약의 첫 번째가 반공이었고, 이것은 집권기간 내내 지속되었다고 할 수 있다.

26 동기에서는 말할 것도 없고, 후배에게까지 심지어 두 계급 정도까지 진급이 늦었고 보직도 대체적으로 한직이 주를 이루고 있다. 이상우, "박정희 체제 그 권력의 막후②," 254쪽.

27 5·16의 동기 특히 주동자들의 동기에 대해서는 이견(異見)이 있다. 대체적으로 주동자 쪽에서는 2공화국의 실정과 구국의 불가피성을 내세우고 있으나, 그들 자신이 5·16을 처음으로 모의하였다는 소위 '충무장결의'(박학래, 『신의와 배신: 5·16비사』(서울: 광휘출판사, 1969), 96~98쪽)가 장면 정권 출범후 불과 1달 남짓밖에 안 되었기 때문에 설득력이 약하다고 할 수 있다.

박정희 자신의 인사와 시국에 대한 불만, 그리고 주동세력인 육사 5기와 7기들의 인사불만등이 중요한 원인이라고 할 수 있다. 군 내부의 5·16 원인에 대해서는 이상우, "박정희 체제 그 권력의 막후②; 장을병, "5·16 쿠데타의 성격," 『분단한국사: 민주공화국 40년』; 김세진, "한국군부의 성장과정과 5·16," 김성환 외, 『1960년대』(서울: 거름, 1984)를 참조할 수 있다.

28 Chai-sik Chung, "Chon To-chon :Architect of Yi Dynasty Government and Ideology," Theodore de Bary and Jahyun Kim Habousch(ed.), *The Rise of Neo Confucianism in Korea*(N.Y.: Columbia Univ. Press, 1984).

29 박충석, "현대한국사상의 시찰," 한국정치학회 엮음, 『현대한국정치론』(서울: 법문사, 1986), 244~255쪽.

30 강신표, "근대화와 전통문화," 한국사회과학연구회 엮음, 『한국사회의 변화와 문제』(서울: 법문사, 1986), 373~374쪽.

31 정재식, "유교문화 전롱의 보수이론," 『종교와 사회변동』(서울: 연세대학교 출판부, 1982), 175쪽.

32 최재석, 『한국가족연구』(서울: 민중서관, 1966), 250~255쪽.

33 강신표, "근대화와 전통문화," 373쪽.

34 한상복, 『한국인과 한국문화』(서울: 심설당, 1982), 296쪽.

35 이지훈, "한국정치문화의 기본요인," 『한국정치학회보』 16집(1982), 104~105쪽.

36 일본 근대화의 과두적 성격에 대해서는 S. N. Eisenstadt, *Modernization: Protest and Change*(Englewood: Prentice Hall, 1966), pp. 75~76. 일본의 청년장교들의 활동에 대해서는 한배호, "아시아적 파쇼체제의 흥망," 한배호 외, 『현대 일본의 해부』(서울: 한길사, 1978), 86~87쪽. 일본의 파시즘의 특징에 대해서는 요시미 요시아키(吉見義明), "일본파시즘의 성립," 다카하시 고하치로(高橋幸八郎) 외 엮음, 차태석·김이진 역, 『일본근대사론』(서울: 지식산업사, 1981) 참조.

37 한배호, "아시아적 파쇼체제의 흥망," 108~109쪽. 파시즘과의 관계에 대해서는 I. Morris, *Japan 1931-1945: Militarism, Fascism, Japanism?*(Boston: D.C. Health and Co., 1963) 참조.

38 M. Janiowitz, *The Military in the Political Development of New Stales* (Chicago: Chicago Univ. Press, 1964), pp.63~64.

39 E. A. Nordlinger, *Soldiers in Politics; Military Coups and Governments* (Englewood: Prentice Hall, 1977), pp. 118~119. 후진국의 군사주의 일반에 대해서는 K. Fidel, "Militarism and Development," K. Fidel ed. *Militalism in Developing Countries*(New Brunswick: Transaction Books, 1975) 참조.

40 조영갑, "한국군부의 정치참여 과정과 역할에 관한 연구(1962~1972)," 연세대학교 행정대학원 석사학위논문(1987), 45~49쪽.

41 헌팅턴(Huntington)의 구직업주의와 반대되는 스테판(Stephan)의 신직업주

의를 말한다. A. Stephan, "신직업주의와 군부의 역할팽창," 김영명 편역, 『군부정치론』(서울: 녹두, 1986), 110쪽.

42 손영원, "1950년대 반공이데올로기의 사회적 성격," 『한국현대사를 어떻게 볼 것인가』(서울: 열음, 1987), 178~79쪽; 허재영, "한국의 자유민주주의, 그 전개와 특질," 조진경 외, 『한국사회의 성격과 운동』(서울: 공동체, 1987), 225~227쪽.

43 손영원, "1950년대 반공이데올로기의 사회적 성격," 176쪽; 정해구, "한국사회의 이데올로기 변동," 김진균 외, 『한국사회론』(서울: 한울, 1990), 76~78쪽.

44 S. N. Eisenstadt, *Modernization: Protest and Change*, ch.l; W. E. Moor, *Social Change*(Englewood: Prentice Hall, 1963), ch. V; A. Almond & J. S. Coleman, eds., *The Politics of Developing Areas*(Princeton: Princeton Univ. Press, I960), p. 532.

45 A. Inkels, "Making Men Modem," A. Etzioni & E, Etzioni-Halevy(eds.), *Social Change*(New York: Basic Books, 1964), p. 345.

46 식민지시대를 자본주의로 보자는 입장과 식민지半봉건사회로 보자는 입장이 있다. 전자의 견해는 박현채, "현대한국사회의 성격과 발전단계에 관한 연구(I)," 『창작과 비평』 57호(1985). 후자의 견해는 장시원, "식민지 反봉건사회론," 이대근·정윤영 엮음, 『한국자본주의론』(서울: 까치, 1984)가 대표적이다. 이 문제에 대해서는 주정환, "일제하 한국자본주의의 성격규정문제," 『한국자본주의사론』(서울: 한울, 1988)을 참조할 수 있다.

47 박경식, 『일본제국주의의 조선지배』(서울: 청아, 1986), Ⅲ부 참조.

48 특히 농촌의 '자력갱생'을 강조하면서 노동력의 완전한 소화를 유도하였으나 토지 소유관계에는 변함이 없어, 지주를 중심으로 한 착취구조를 심화시켰다고 할 수 있다. 박경식, 『일본제국주의의 조선지배』, 337쪽.

49 전직 육군대신으로 취임하자마자 내선인의 혼화융합을 강조하는 시정방침을 발표하였다. 박경식, 『일본제국주의의 조선지배』, 334쪽.

50 박현채, "남북분단의 민족경제사적 위치," 강만길 외, 『해방전후사의 인식 2』(서울: 한길사, 1985), 233~238쪽. 농지개혁에 대해서는 장상환, "농지개혁에 대한 실증적 연구," 강만길 외, 『해방전후사의 인식 2』(서울: 한길사, 1985)과 황한식, "한국농지개혁연구," 최장집 엮음, 『한국현대사 I』(서울: 열음, 1985) 참조.

51 이대근, "한국전쟁과 1950년대 자본축적," 서울대학교 대학원 박사학위 논문(1987), Ⅲ장 참조.

52 이념적 갈등에 대해서는 김광식, "8.15 직후 정치지도자들의 노선 비교," 강만길 외, 『해방전후사의 인식 2』(서울: 한길사, 1985) 참조.

53 최봉대, "정치적 이데올로기를 통해서 본 이승만 정권의 성립과 그 함의," 최장집 엮음, 『한국현대사 I』(서울: 열음, 1985), 372~377쪽.

54 오익환, "반민특위의 활동과 와해," 송건호 외, 『해방전후사의 인식 1』(서울: 한길사, 1979) 참조.

55 이대근, "한국전쟁과 1950년대 자본축적," Ⅵ장.

56 谷浦孝雄, "해방후 한국 상업자본의 형성과 발전," 진덕규 외, 『1950년대의 인식』(서울: 한길사, 1981), 310~331쪽.

57 김대환, "1950년대 한국경제의 연구," 『1950년대의 인식』, 249~255쪽.

58 진덕규, "이승만시대의 권력구조의 이해," 진덕규 외, 『1950년대의 인식』(서울: 한길사, 1981), 25~28쪽; 한승주, "제1공화국의 유산," 진덕규 외, 『1950년대의 인식』(서울: 한길사, 1981), 35~38쪽; 한승주, 『제2공화국과 한국의 민주주의』(서울: 종로서적, 1983), II장; 최봉대, "정치적 이데올로기를 통해서 본 이승만 정권의 성립과 그 함의," 372~377쪽; 김호진, 『한국정치체제론』(서울: 박영사, 1990), 212~214쪽.

59 4·19에 대해서는 한완상 외, 『4.19혁명론』(서울: 일월서각, 1983) 참조.

60 김정원, "제2공화국의 수립과 몰락," 김성환 외, 『1960년대』(서울: 거름, 1984), 85쪽.

61 김호진, 『한국정치체제론』, 214~216쪽; 이택휘, "민주주의 토착화와 시련," 양동안 외, 『현대한국정치사』(성남: 한국정신문화연구원, 1987), 202~207쪽; 한승주, 『제2공화국과 한국의 민주주의』, V, Ⅵ장; 차기벽, "4.19과도정부 및 장면 정권의 의의," 『4.19혁명론 I』, 167~172쪽; 김성환, "4·19혁명의 구조와 종합적 평가," 『1960년대』, 45~57쪽.

62 4,200여 명의 깡패를 체포하고 수입사치품을 폐기하고 4만여 명의 공직자를 숙정하는 등 초창기에는 청교도적인 강경책을 펴서 『동아일보』나 『사상계』 등의 비판적 언론으로부터도 지지를 받았다. 김정원, "군정과 제3공화국," 김성환 외, 『1960년대』(서울: 거름, 1984), 158~159쪽.

63 장달중, "경제성장과 정치변화," 한국사회과학연구협의회 엮음, 『한국사회의 변화와 문제』(서울: 법문사, 1986), 59~60쪽; 강민, "한국정치체제의 구조적 특성: 신권위주의를 중심으로," 한국정치학회·현대사회연구소, 『한국정치발전의 특성과 전망』(서울: 현대사회연구소, 1984), 50~51쪽; 김재춘, "5·16 혁명사는 다시 쓰여져야 한다," 『신동아』(1983.10), 230~233쪽.

64 이정식, "근대화의 정치," 양동안 외, 『현대한국정치사』(성남: 한국정신문화연구원, 1987), 235~236쪽.

65 김정원, "군정과 제3공화국," 169쪽.

66 한기춘, "경제개발에 있어서의 정부의 역할," 한국정신문화연구원, 『한국정치의 현대적 조명』(성남: 한국정신문화연구원, 1987), 132~133쪽; 김성환 외, 『1960년대』, 278~283쪽.

67 장달중, "제3공화국과 권위주의적 근대화," 한국정치학회 엮음, 『현대한국정치론』, 235쪽.

68 박영호, "한국에 있어서의 자본주의화 과정," 이산 조기준박사 고희기념논문집 간행위원회, 『한국자본주의 성격 논쟁』(서울: 대왕사, 1988), 428~429쪽.

69 15만표의 차이로 윤보선에게 승리하였다. 최창규 지음, 한국사료연구소 엮음, 『해방30년』 4권 제3공화국, 188~193쪽.

70 한일국교정상화에 대해서는 최창규 지음, 한국사료연구소 엮음, 『해방30년』 4권 제3공화국, Ⅲ장; 이재오, 『한일관계사의 인식 I』(서울: 학민사, 1984); 한일관계연구회, "60년대 한일경제관계의 구조," 김성환 외, 『1960년대』; 이상우, "박정희체제, 그 권력의 막후③: 박정권 대일 편향의 내막," 『신동아』(1985.9) 참조.

71 월남파병이 미국의 참전 권유에 의하여 이루어졌지만, 그 동기에 대해서는 경제적 요인이라는 것과 정치 안보적 요인이라는 양론이 있다. 그러나 결과적으로 한국의 자본축적에 일조했다. 최창규 지음, 한국사료연구소 엮음, 『해방30년』 4권 제3공화국, Ⅳ장 4절; 장달중, "경제성장과 정치변화," 61쪽; 김정원, "군정과 제3공화국," 187~188쪽; Hahn Bae-ho and Kim Haryong, "Part Bureaucrats and Part Development," in Suh Dae-sook and Lee Chae-jin(eds.), *Political Leadership in Korea*(Seatle: Univ. of Washington Press, 1976), pp. 68~79; 최영, "베트남전쟁 참전," 『현대한국을 뒤흔든 60대 사건』(『신동아』 별책 부록, 1988.1) 참조.

72 주정환, "해방후 한국자본주의의 기본성격," 『한국자본주의사론』, 390~392쪽; 이병천, "전후 한국자본주의 발달사," 김진균 외, 『한국사회론』(서울: 한울, 1990), 27~29쪽.

73 임종철, "경제성장과 경제자립," 『한국사회의 변화와 문제』, 150~151쪽; 정윤형, "개방체제로의 이행과 1960년대 경제개발의 성격," 박현채 외, 『한국사회의 재인식 1』(서울: 한울, 1985), 90~91쪽; 조명기, "한국자본주의의 전개과정과 주변부적 특질," 『한국자본주의 성격논쟁』, 442~443쪽.

74 차점자인 윤보선보다도 백만표이상 득표를 하고 당선된다. 다만 경상남북도의 표차가 전체 표차보다 많았다는 특징을 가지고 있다. 최창규 지음, 한국사료연구소 엮음, 『해방30년』 4권 제3공화국, 392쪽. 이어진 국회 의원 선거에서 국회구성 이래 최대의 의석을 확보하여 개헌안보다 13석이나 많았다. 그러나 서울에서 1명 부산에서는 2명밖에 당선이 안 되고 전국적인 부정선거의 시비가 일었다. 최창규 지음, 한국사료연구소 엮음, 『해방30년』 4권 제3공화국, 398~400쪽.

75 최창규 지음, 한국사료연구소 엮음, 『해방30년』 4권 제3공화국, 442~453쪽; 예춘호, "전공화당 사무총장 예춘호씨 회고록," 『신동아』(1985.8, 9, 12) 참조.

76 3선개헌으로 인하여 민주정치에의 제도화가 거부되었다. 장달중, "제3공화국의 권위주의적 근대화," 『현대한국정치론』, 244쪽. 71년 선거에서의 박정희의 득표율은 53.2%, 김대중은 45.3%였다. 김호진, 『한국정치체제론』, 22쪽.

동서 간의 표차는 더욱 강화되었다고 볼 수 있다. 최창규 지음, 한국사료연구소 엮음, 『해방30년』 4권 제3공화국, 488쪽. 뒤이어 치루어진 국회의원 선거에서는 신민당이 '珍山파동' 등의 내분에 휩쓸렸고 자금과 조직의 불리함에도 불구하고 공화당 48.8% 와 신민당 44.4%라는 성과를 올렸다. 최창규 지음, 한국사료연구소 엮음, 『해방30년』 4권 제3공화국, 492쪽.

77 통일추구의 정책이 진실성이 있었느냐 하는 데는 의문이 있다. 실제로 7·4 공동성명이 나온 후 석달만에 유신이 선포되었고, 그 이후에 유신의 명분 중의 하나였던 동일의 시도가 거의 없었기 때문이다. 양호민, "남북공동성명의 정치적 의미," 김학준 "1970년대의 통일논의," 양호민 외, 『민족통일론의 전개』(서울: 형성사, 1982) 참조.

78 권위주의화의 강화와 맞물려서 저항운동도 다양해졌다. 제도정치권의 반대운동뿐 아니라, '민비련'으로 대표되는 학생들의 저항운동, 지식인이라고 할 수 있는 판사와 언론인, 종교인의 저항운동, 그리고 전태일로 대표되는 노동자들과 광주대단지의 도시빈민들의 저항운동들이 그것이다. 이에 대해서는 김윤환, "한국노동운동의 역사적 과제와 방향," 김윤환 외, 『한국경제의 전개과정』(서울: 돌베개, 1981); 이재오, 『해방후 한국 학생운동사』(서울: 영성사, 1984); 최장집, "과대성장국가의 영성과 성지 균열의 구조," 『한국사희연구 3』(서울: 한길사, 1985); 신명순, "한국정치갈등에 나타난 제특징," 心村 추헌수교수 회갑기념 논문집 간행위원회 엮음, 『한·중 정치의 전통과 전개』(서울: 대왕사, 1984); 한국기독교교회협의회 인권위원회, 『1970년대 민주화운동』(서울: 동광출판사, 1986) 참조.

79 실제적으로 국내 저축률이 고금리 정책에 힘입어 점차적으로 중대하여 대외종속성이 줄었다고 볼 수도 있지만, 조명기, "한국자본주의의 전개과정과 주변부적 특질," 433쪽. 차관의 질적 내용은 악화되었다고 할 수 있다. 임종철, "경제성장과 경제자립," 157쪽.

80 박영호, "한국에 있어서의 자본주의화 과정," 430쪽.

81 이병천, "전후 한국자본주의 발달사," 30쪽; 임종철, "경제성장과 경제자립," 155~156쪽.

82 노동쟁의가 69년의 130건, 70년의 165건에서 71년에는 무려 1,656건으로 격증하고 있다. 이병천, "전후 한국자본주의 발달사," 31쪽.

83 경제개발 초기의 공기업은 점차로 민영화되어 대기업의 사적 자본이 증대하고 있다고 할 수 있다. 이병천, "전후 한국자본주의 발달사," 30쪽. 그리고 차관을 중심으로 한 기업들의 45%(1969년의 경우)에 이르는 부실화를 극복하기 위해서 국가가 정리 과정을 통하여 대기업에게 이익을 주었다. 정윤형, "개방체제로의 이행과 1960년대 경제개발의 성격," 96쪽. 그리고 실제적으로 여전히 수출산업의 생산력 기반이 미약하고 불안정하여 국가의 정책적 지원이 필요했고, 이의 수혜자는 대기업일 수밖에 없었다. 이재희, "자본축적과 국가의 역할," 『한국자본주의론』(서울: 까치, 1984), 214~215쪽.

84 김영순, "유신체제의 수립에 관한 연구," 『오늘의 한국자본주의와 국가』(서울: 한길사. 1988), 28~47쪽; 김호진, 『한국정치체제론』, 220~221쪽; 안병만, "국가존속력 강화와 권위주의 체제," 양동안 외, 『현대한국정치사』(성남: 한국정신문화연구원, 1987), 308~313쪽. 이밖에 유신에 대한 연구로서, 한상진, "관료적 권위주의와 한국사회," 서울대학교 사회학연구회 엮음, 『한국사회의 전통과 변화』(서울: 법문사, 1983); 최완규, "유신체제의 성립요인에 관한 연구," 경희대학교 대학원 박사논문(1987); 김영명, "한국의 정치변동과 유신체제," 한국정치학회 엮음, 『현대한국정치와 국가』(서울: 법문사, 1986) 참조.

85 김호진, 『한국정치체제론』, 222~225쪽; 정관용, "한국의 정치변동에 관한 일 연구," 『학술단체연합심포지움 발표논문집』(서울: 역사비평사, 1988), 216~217쪽.

86 예를 들어서 GNP성장률은 70년에 7.9%, 71년에 9.2%, 72년의 7.0% 등 전시대에 비해서는 떨어졌고, 인플레의 확대와 국제수지의 위기가 도래하였다. 장달중, "경제성장과 정치변화," 67쪽. 투자율도 점차로 하락하였다. 1969년 28.8%에서 1972년 21.7%. 정관용, 정관용, "한국의 정치변동에 관한 일 연구," 215쪽.

87 보호무역체제와 IMF체제의 개편, 자원민족주의의 경향이 주요 원인으로 수출신장 및 자원조달서의 제약, 해외 원자재의 가격상승 등의 위기가 도래했다. 강민, "한국정치체제의 구조적 특성: 신권위주의를 중심으로," 56쪽.

88 사채동결에 대해서는 이성형, "국가 계급 및 자본축적: 8·3조치를 중심으로," 『한국자본주의와 국가』(서울: 한울, 1985) 참조. 공공부문이 GNP에서 차지하는 비율은 70년대 10년 동안 평균 36.6% 정도이다. 장달중, "경제성장과 정치변화," 64쪽. 외자의 도입도 확대되고 수출 증가 정책도 결과적으로 독점 자본이 생산과 무역을 유기적으로 결합하여 고도화하는 데 기여하였다. 변형윤, "한국의 경제발전과 독점자본," 『한국사회의 재인식 1』, 224~225쪽; 정윤형, "경제성장과 독점자본," 『한국경제의 전개과정』, 138~139쪽.

89 이재희, "자본축적과 국가의 역할," 217~219쪽.

90 국가의 개입은 중화학공업화를 추진하는 데 결정적으로 기여하였으며, 이후에 제2금융권의 대재벌의 장악으로 인하여 이들이 국가경제에서 차지하는 역할은 더욱 커졌다. 이병천, "전후 한국자본주의 발달사," 35~38쪽.

91 GINI 계수는 1965년 0.344에서 78년에는 0.404로 악화하였다. 장달중, "경제성장과 정치변화," 68쪽. 노동자와 농민이 분배국민소득에서 차지하는 비율은 75.1%로 떨어졌다. 임종철, "경제성장과 경제자립," 162쪽.

92 조형제, "한국국가와 정치의 역사적 전개," 김진균 외, 『한국사회론』(서울: 한울, 1990), 49쪽.

93 기본적인 민족의 능력을 부정하고 있는 것은 아니다. "우리는 지구상에서

가장 집요하고도 잔인했던 침략자의 압제 하에서도 분연히 궐기하여 우리 민족의 자주민임을 절규로써, 혹은 궐기로써, 혹은 실력으로써 과시한 혁혁한 독립투쟁의 역사를 가지고 있다."(1968.4.29. 윤봉길의사 의거 기념사).

94 조선시대의 경우.

95 해방 이후의 경우.

96 "2차대전 후의 독일의 노동자들은 독일의 경제가 다시 부흥될 때까지 노동쟁의를 하지 않겠다고 결의했다. 그리하여 독일은 전 세계에서 경이적인 경제성장을 가져왔다. 국가도 그만큼 발전하고 기업주도 그만큼 발전하고, 모든 사람이 직업을 얻고 근로자들도 여러 가지 처우와 사회보장을 받게 된 것이다."(1969.1.10. 연두회견).

97 1차에서 4차에 이르기까지 경제개발계획의 가장 중요한 정책목표는 항상 "자립경제"의 확립이었다.

98 정윤형, "경제학에서의 민족주의적 지향," 송건호·강만길, 『한국민족주의론 I』(서울: 창작과 비평사, 1982), 274~276쪽 참조.

99 진덕규, 『현대민족주의의 이론구조』(서울: 지식산업사, 1983), 159~161쪽.

100 정재경, 『한민족의 중흥사상: 박정희 대통령의 정치철학』, 40쪽에서 인용.

101 이상우, "고독한 권력자 그 감추어진 내면의 세계," 357쪽.

102 예를 들어서 5·16이전까지의 한국경제의 문제를 미국의 왜곡된 원조정책의 탓으로 돌리고 있다. 박정희, 『국가와 혁명과 나』(서울: 상문사, 1963), 40쪽.

103 "세계 제1의 일등국가이면서 보다 큰 발전을 위하여 <위대한 사회>의 건설을 부르짖고 있는 미국을 보라."(1966.1.1. 신년메세지), "독일의 부흥을 기적이라 보지 말고 5,700만 독일 국민들의 단결의 힘이, 그들의 피와 땀의 대가가 오늘의 독일을 가져왔다는 것은 나는 우리 애국동포에게 다시 한번 호소한다." (1964.12.24. 박대통령 독일 방문 소감).

104 식민사관의 대표적 내용으로서 반도적 성격론과 정체론을 들 수가 있다. 이만열, "일제 관학자들의 식민사관," 이우성·강만길 편, 『한국의 역사인식(下)』(서울: 창작과 비평사, 1976), 515~519쪽.

105 "일찍이 우리 선조들은 조국이 환난에 처했을 때 일신의 안위를 돌보지 않고 국난극복에 헌신함으로써 5천년의 유구한 역사를 지켜왔다"(1977.6.6. 제22회 현충일추념사)

106 정재경의 『한민족의 중흥사상: 박정희 대통령의 정치철학』을 포함하여 기존의 박정희 사상을 분석한 것에서는 그의 민족주의적 사관을 긍정적으로 보고 있다. 정재경, 『한민족의 중흥사상: 박정희 대통령의 정치철학』, 2장 참조.

107 예를 들어서 박정희는 자신은 한국사회가 역사적 발전을 해왔다는 점에서 식민사관과 다르고, 그 한 예로서 조선시대만을 정체기로 보고 있다고 주장하고 있으나(박정희, 『우리민족의 나갈 길』, 58쪽), 조선시대의 정체적 시각도 결국은 한국사회 정체론의 한 부분이라고 할 수 있다. 그리고 그가 조선

시대 유학을 비판하면서 들고 있는 사대주의론도(박정희, 『우리민족의 나갈 길』, 248쪽) 그가 일본과 미국과 독일에 대한 시각을 생각한다면 불식되었다고 하기 어렵다.

108 실제적으로 그는 전체주의의 대표라고 할 수 있는 히틀러까지도 긍정적으로 보고 있다. 박정희, 『국가와 혁명과 나』, 215쪽.

109 일본 등의 공해산업수출을 무비판적으로 받아들인다든지하는 것이 예가 될 것이다. 유인호, 『한국경제의 실상과 허상』(서울: 평민사, 1979), 105쪽.

110 5·16 직후에 군사정권이 추진하였던 부정축재자로서의 재벌에 대한 처벌과 농촌 고리채의 정리들이 유야무야되었거나 실패하였다고 볼 수 있다. 부정축재자 처리과정에 대해서는 김진현, "부정축재처리전말서," 『신동아』(1964.12), 농업부분의 개혁정책에 대해서는 권승구, "농지개혁이후의 농민층 분해의 실태와 그 성격," 동촌 주정환박사화갑기념논문집간행위원회 엮음, 『한국자본주의론』(서울: 한울, 1989) 참조.

111 70년대의 중화학육성정책을 들 수가 있다.

112 1972년의 8·3조치가 그 예가 된다.

113 실제로 63년에는 도시근로자소득에 대한 농가소득의 비율은 116.2%에 달했던 것이 70년대에 들어서는 60% 남짓하게 된다.

114 임종철, 『근대화의 이념과 한국경제』(서울: 명진, 1977), 252쪽.

2. 한반도 세계시민성 담론의 성찰

1 한국 사회에서 세계시민의 교육 관련 연구 동향은 박환보·조혜승, "한국의 세계시민교육 연구동향 분석," 『교육학연구』 제54권 제2호(2016), 197~227쪽 참조.

2 심희정·김찬미, "세계시민교육 국내 연구동향 분석: 2000년부터 2018년 등재학술지게재 논문을 중심으로," 『한국교육』 제45권 제3호(2018), 5~29쪽.

3 심희정·김찬미, "세계시민교육 국내 연구동향 분석: 2000년부터 2018년 등재학술지게재 논문을 중심으로."

4 유석렬, "특집 1: 세계화, 통일, 민주시민교육," 『시민교육연구』 제21권(1995), 1~8쪽; 허영식, "세계화와 세계시민교육," 『초등교육연구』 제11권(2001), 91~110쪽.

5 세계시민교육 관련 연구에서 서구를 모델로 하는 경우와 탈식민주의 관점에서 교육사례를 찾는 경향이 공존. 심희정·김찬미, "세계시민교육 국내 연구동향 분석: 2000년부터 2018년 등재학술지게재 논문을 중심으로," 『한국교육』 제45권 제3호(2018), 19쪽.

6 김영삼 정부의 세계화는 전두환·노태우 정부 시절의 '신자유주의의 확산'의

결과라고 볼 수 있음. 허윤철·박홍원, "한국언론과 세계화 담론: 조선일보와 한겨레의 세계화 보도 비교연구,"『언론과학연구』 제10권 제4호(2010), 562쪽.

7 허영식, "세계화시대의 다문화교육과 시민교육," 〈한국사회교과교육학회 학술대회〉(2010.5), 1~11쪽.

8 시민사회의 점진적인 성장은 국가의 일방적 통일논의 과정에 시민사회의 참여 지분이 확대되는 계기가 되면서 국가 중심의 통합론에서 사회 구성원 중심의 통합 논의가 전개되는 것과 관련이 있으며, 평화에 대한 강조 강화와 통일교육 방향 전환도 세계시민교육 논의의 발전과 관련이 있다. 박형빈, "Emile Durkheim의 도덕론을 통해서 본 다문화시대 통일교육의 사회통합 역할 모색: 민족주의와 세계시민주의 담론의 한계와 가능성을 중심으로," 〈한국도덕윤리과교육학회 2018년도 학술대회〉(2018.8.9), 114쪽; 강순원 외, "[특집좌담: 통일교육 대전환··· 평화·공존 패러다임으로!] 한반도 분단체제 극복··· 세계시민교육 향해야,"『통일한국』 399권(2017), 12~27쪽.

9 임현묵, "세계시민교육의 현황과 과제," 〈2015 시민교육포럼〉(2015.4.23).

10 민주시민교육은 특히 '문민정부'를 강조한 김영삼 정부부터 강조되는 경향이 있음. 이와 관련해서는 다음의 논문을 참조. 최현섭, "외국의 민주시민 교육: 한국의 민주시민교육의 발전방향 탐색을 위하여,"『미래의 한국과 세계』 제1권 제5호(1994), 25~43쪽; 장은주, "한국의 민주시민교육: 사회적 합의의 방향과 제도화의 과제,"『시민과 세계』 제34호(2019), 99~134쪽.

11 이인규, "한국교육의 시민 개념 구체화를 위한 탐구," 동국대학교 대학원 박사학위 논문(1998), 98~99쪽.

12 강창동, "단일민족사관의 사회사적 형성과 다문화교육의 방향 탐색,"『교육사회학연구』 제20권 제4호(2010), 1~25쪽.

13 허영식, "세계화시대의 다문화교육과 시민교육," 〈한국사회교과교육학회 학술대회〉(2010.5), 7쪽.

14 김진희·허영식, "다문화교육과 세계시민교육의 담론과 함의 고찰,"『한국교육』 제40권 제3호(2013), 115~181쪽.

15 다문화수용지수는 2015년 기준 53.95로 유럽 국가들과는 20점 이상 차이 나게 낮다. http://www.korea.kr/news/pressReleaseView.do?newsId=156115231 (검색일: 2019.9.25.).

16 세계시민 담론에는 자본주의 세계 체제의 동요와 관련이 있으며, 따라서 반국가주의와도 연계되는 경향이 있다. 이수훈, "세계체제 동요와 반국가주의 흐름: 세계화와 시민사회에 대한 한 조망,"『비교사회』 제5호(2003), 11~33쪽.

17 윤인진, "민족교육, 시민교육, 세계시민교육,"『민족연구』 제50권(2012), 13쪽.

18 안서현, "백낙청의 제3세계문학론 연구," 〈한국현대문학회 2014년 제2차 전국학술대회〉(2014.8), 490쪽.

19 백낙청,『현대문학을 보는 시각』(서울: 솔, 1991).

20 이수형, “백낙청 비평에 나타난 지정학적 인식과 인간본성의 가능성,” 『외국문학연구』 제57호(2015), 349쪽.

21 세계시민 담론이 근대의 시민성과 비교한다면 탈국가적 시민성을 지향하고 있다는 점을 고려할 필요가 있다. 설규주, “탈국가적 시민성의 대두와 시민교육의 새로운 방향: 세계시민성과 지역시민성의 조화로운 함양을 위한 후천적 보편주의 시민교육,” 『시민교육연구』 제32권(2001), 155쪽.

22 세계시민성은 보편적 가치 추구를 위한 초국가적 차원의 성찰과 참여라고 한다면 지역시민성은 지역 및 공동체에 대한 참여와 정체성 획득이 중심이 될 수 있다. 설규주, “탈국가적 시민성의 대두와 시민교육의 새로운 방향: 세계시민성과 지역시민성의 조화로운 함양을 위한 후천적 보편주의 시민교육,” 156~157쪽.

23 백낙청, 『현대문학을 보는 시각』; 백낙청, 『흔들리는 분단체제』(서울: 창작과 비평사, 1998).

24 강순원 외, “[특집좌담 : 통일교육 대전환··· 평화·공존 패러다임으로!] 한반도 분단체제 극복··· 세계시민교육 향해야,” 18쪽.

25 개인의 희망에 따라 영국이나 아일랜드 혹은 북아일랜드의 시민으로 자기 정체성을 지니고 함께 살아간다는 ‘혼종적 시민성’ 개념에 기반하여 시민교육은 북아일랜드 교육과정에서 중요한 내용으로 자리 잡음. 이후 EU의 가이드라인에 따라 북아일랜드의 시민교육은 다양성, 포용, 평등, 사회정의, 민주적 참여와 인권 등의 가치로 재개념화된 ‘공유된 시민성’의 방향으로 진행. 강순원, “[통일의 길] 통일교육, 공존의 패러다임으로! (8): EU 민주시민교육, 민족을 넘어 세계시민으로!,” 『통일한국』 385권(2016), 60쪽.

26 조은, “지구촌화, 세계시민사회 그리고 신사회운동,” 『한국사회과학』 제19권 제2호(1997).

27 조은, “지구촌화, 세계시민사회 그리고 신사회운동”.

28 백종송·남영숙, “월경성 환경문제를 활용한 수업이 세계시민 의식 함양에 미치는 영향,” <2017년 한국환경교육학회 상반기 학술대회>(2017.6.).

29 신연재, “세계시민사회의 성장과 환경운동,” 『국제정치연구』 제13집 제2호(2010), 233~253쪽.

30 이혜숙, “지구화·지방화 시대 지역여성운동과 여성연대의 전망: 경남여성단체연합의 연대활동을 중심으로,” 『여성과 역사』 18권(2013), 39~81쪽.

31 성열관, “세계시민교육 교육과정의 보편적 핵심 요소와 한국적 특수성에 대한 고찰,” 『한국교육』 제37권 제2호(2010), 120~121쪽.

32 이주자의 증가로 다문화인이 증가하고 있으나 전체 인구에 비해서는 소수에 불과하다.

33 한국인들이 백인 중심의 문화에 대해 선망하면서도 아시아계 이주민에 대해서는 열등한 것으로 생각하는 것을 박홍순은 한국인들의 심리에 내재된 ‘복

제 오리엔탈리즘'의 분석틀로 설명하고 있다. 박흥순, "이주민의 정체성과 포스트콜로니얼 대안," 유네스코 아시아·태평양국제이해교육원 엮음, 『다문화 사회와 국제이해교육』(파주: 동녘, 2009), 115~146쪽.

34 이정은, "한국에서의 인권개념 형성 과정," 『민주주의와 인권』 제1권 제2호(2001), 152쪽.

35 신연재, "세계시민사회의 성장과 환경운동," 234쪽.

36 유학의 경우가 대표적인데 중국은 다양한 유학 종파들이 발전하여 왔지만, 조선의 유학은 주자학에서 비롯된 성리학만을 유일한 정통으로 받아들였고, 집중적으로 발전시켜 왔다. 같은 유학이라고 하더라도 양명학 등은 비판의 대상이 될 뿐이었다.

37 국내 다문화 숫자는 2015년 88만 8천 명, 2016년 96만 3천 명, 2017년 96만 4천 명에서 2018년에는 100만 9천 명으로 꾸준히 늘었다. "[다문화가구원 100만] ①인구 2%는 '다문화'…이웃으로 자리잡다," 『연합뉴스』, 2019년 9월 21일; https://www.yna.co.kr/view/AKR20190920071600371(검색일: 2019.10.30.).

3. 한국 사회의 반(反)세계시민 담론

1 김영명, "한국 정치의 특수성에 관한 연구 서설: 분단, 압축성장, 단일사회문화," 『비교민주주의 연구』 제7권 1호(2011), 5~35쪽.

2 한민족 디아스포라가 구체적으로 얼마나 되는지는 확실하지 않다. 인구대비로 유태인 다음이고 거주하고 있는 국가 수는 최고라고 한다. http://www.polinews.co.kr/news/article.html?no=441616(검색일: 2020.9.1.). 외교부의 재외동포 통계에 따르면 2019년 현재 749만 명이고 거주 국가는 190여 국가이다. htlps://http://www.yna8.kr/view/AKR20190925074500371(검색일: 2020.9.2.). 한민족 디아스포라와 관련해서는 김재기, "세계 한민족 Diaspora와 네트워크 구축의 정치경제," 『21세기정치학회보』 제15권 2호(2005), 121~145쪽 참조.

3 http://www.yracok7view/AKR20190911116600371(검색일: 2020.9.1.).

4 이기형, "세계화 파고 속의 한국 사회와 언론 그리고 민족주의라는 문제," 『관훈저널』 125호, 43~51쪽.

5 박노영, "세계화와 민족국가," 『사회과학연구』 9호(1998), 21~40쪽.

6 이기형, "세계화 파고 속의 한국 사회와 언론 그리고 민족주의라는 문제," 47쪽.

7 언론재단에서 운영하는 빅카인즈(www.kinds.or.kr)는 신문 방송 등 국내 54개 주요 언론사의 1990년 이후 기사를 축적한 온라인 아카이브다.

8 백은진, "'국가주의' 역사교육과 그 응전으로서의 담론들," 『역사와 교육』 12호

(2015), 183~200쪽.

9 김육훈, “국가주의와 역사교육, 그 너머를 향하여,” 『역사와 교육』 11권(2015), 139쪽.

10 허영식, “다문화사회에서 편견차별의 문제와 해결방안,” 『다문화와인간』 제4권 2호(2015); 황갑진, “한국 다문화사회의 특성과사회적 갈등: 인터넷 신문에 나타난차별 내용을 중심으로,” 『사회과교육연구』 제22권(2015).

11 서희진·김민·김기운, “2018 평창 동계올림픽 푸른 눈의 국가대표 관련 언론보도에 나타난 민족주의 담론,” 『한국스포츠사회학회지』 제30권 4호(2017).

12 평창동계올림픽 출전 선수 130여 명 가운데 19명의 선수가 귀화외국이었다. http://newakhan.co.kr/kh_news/khan_art_view.mml?art_id=201902072037015(검색일: 2020.9.2.).

13 서희진·김민·김기운, “2018 평창 동계올림픽 푸른 눈의 국가대표 관련 언론보도에 나타난 민족주의 담론,” 『한국스포츠사회학회지』 제30권 4호(2017).

14 『한국일보』, 2018.12.27.

15 윤인진, “(특집: 탈북자 증가의 의미와 전망: 탈북자의 한국사회 적응 문제) 경제적 적응은 물론, 남한 사람들의 편견과 차별이 힘들다,” 『북한』 393호(2004).

16 김형덕, “탈북자&남한사회,” 『내일을 여는 역사』 56호(2014).

17 『중앙일보』, “탈북 여성 성매매 방치하면 한반도 미래가 없다,” 2016.7.27.

18 정진아, “탈북자에 대한한국사회의 시선(남북청년통일실험: 어서 오시라요)에 대한 악성댓글 사건,” 『민족문화연구』 76호(2017).

19 김원준, “코로나19가 가져올 사회경제적 변화,” 『EMD Medical News』. https://mdon.co.kr/mobile/article.html?no=27239(검색일: 2020.10.10.).

20 신용하, “‘민족’의 사회학적 설명과 ‘상상의 공동체론’ 비판,” 『한국사회학』 제40권 1호(2006).

21 박명규, “한국 내셔널 담론의 의미구조와정치적 지향,” 『한국문화』 41권(2008).

22 임지현, “(특집: 지구화와 민족 그리고 문학의 자리)민족담론의 스펙트럼: 원초성, 근대성, 탈근대성,” 『안과 밖』 8호(2000).

23 임지현, “(특집: 지구화와 민족 그리고 문학의 자리) 민족담론의 스펙트럼: 원초성, 근대성, 탈근대성,” 80쪽; 이동후, “국가주의 집합기억의 재생산,” 『언론과 사회』 제11권 2호(2003), 80쪽.

24 이소영, “2016년 미국대선에서 나타난 백인 유권자들의 자민족중심주의(Ethnocentrism),” 『민족연구』 70권(2017).

25 차별금지법(差別禁止法)은 성별, 성정체성, 장애(신체조건), 병력, 외모, 나이, 출신국가, 출신민족, 인종, 피부색, 언어, 출신지역, 혼인여부, 성지향성, 임신 또는 출산, 가족형태 및 가족상황, 종교, 사상 또는 정치적 의견, 범죄

전력, 보호처분, 학력, 사회적 신분 등을 이유로 한 정치적·경제적·사회적·문화적 생활의 모든 영역에 있어서 합리적인 이유 없는 차별과 혐오 표현을 금지하는 법률이다. 2007년, 2010년, 2012년 등 세 차례에 걸쳐 입법이 시도됐지만 회기 종료와 함께 폐기되었다.

26 https://www.kinds.or.kr/v2/news/search.do(검색일: 2020.10.10.).

4. 북한관과 남남갈등

1 최수영 외, 『1995년도 통일문제국민여론조사』(서울: 민족통일연구원, 1995); http://www.kinu.or.kr:50000/k4m/GetHStyle.asp?DID=7983&VER=0&UID=1&SID=144&HSTR=%20여론%20조사%20여론조사#L46418688 참조.

2 1995년도 통일연구원 조사의 경우에는 30대가 유일하게 도발 가능성이 있다는 응답이 48.3%로 유일하게 과반수 이하로 보고 있는 반면 다른 세대들은 평균과 유사한 정도로 도발 가능성이 크다고 보고 있다.

3 386세대라는 말이 내포하고 있는 것이 동기효과이다. 즉, 성장 과정에 어떤 사회역사적 경험을 하였는가 하는 것이 세대의 의식에 더 영향력이 있다는 말이다.

4 http://service.joins.com/asp/print_articale.asp?aid=24333196&esectcode.

5 http://service.joins.com/asp/print_articale.asp?aid=2435039&esectcode.

5. 북한 허위정보의 사회적 영향과 대응

1 1986년 『조선일보』의 김일성 피격 사망설 보도, 2013년 『조선일보』의 현송월 총살설 보도, 2015년 씨엔엔(CNN)의 김경희 독살설보도, 2016년 정부가 제공한 리영길 처형설, 2019년 『조선일보』의 김영철, 김혁철 숙청설 등이 대표적인 경우이다.

2 한국언론진흥재단의 정의에 따르면, 가짜뉴스는 '정치·경제적 이익을 위해 의도적으로 언론사 보도기사의 형식을 하고 유포된 거짓 정보'라고 되어 있다. 이전부터 자극적 뉴스를 통하여 상업적 이익을 추구하는 황색언론은 존재하여 왔으나 2010년대 이후 에스엔에스(SNS)가 급속도로 확산되면서 이를 이용하여 완전히 조작된 거짓 정보를 유포하고 이를 언론으로 위장하는 형태가 발생하였고, 이것들을 가짜뉴스라 명명하기 시작했다. 기존 황색언론과의 차이점이라면 황색언론은 취재 기자나 편집부 등 언론사로서의 형식적인 조직 및 성격은 갖추고 있는 반면, 가짜뉴스는 처음부터 언론과 무관한 개인이나 단체가 조작하여 기사의 형식만을 기존 언론의 성격으로 위장

한 채 유포하고 있다는 것이다. 가짜뉴스에 대해서는 최영준, "국내외 가짜뉴스(FakeNews)에 대한 뉴스 공정성 연구논의 탐색," 『한국사회과학연구』 제40권 1호(2018); 노성종·최지향·민영, "가짜뉴스 효과의 조건," 『사이버 커뮤니케이션 학보』 제34권 4호(2017); 김민정, "가짜뉴스(fake news)에서 허위조작정보(disinformation)로," 『미디어와 인격권』 제5권 2호(2019) 참조.

3 씨엔엔(CNN)의 '김정은 위중' 보도 당일 주가가 한때 2.99% 포인트나 떨어지고, 원-달러 환율이 9.2원 급등했던 것이 대표적인 사례이다.

4 타블로이드 신문은 황색언론과 같은 뜻이며 주로 판매부수 경쟁에만 열을 올려서 과도하게 공격적, 선정적, 자극적인 소재들을 다루는 언론이다.

5 현재도 국가보안법 및 관련 규정 등을 엄격하게 적용한다면 북한 정보를 개인 및 민간이 자유롭게 획득하거나 정보 획득을 위해서 북한주민과의 임의적 접촉 자체가 처벌의 대상이 될 수 있으나, 정권의 성격에 따라 법의 적용여부 등 통제의 정도는 차이가 적지 않았다.

6 예를 들어 북한인권문제를 부각하기 위하여 북한의 부정적인 인권상황을 강조하거나 북한에 대한 적대감을 사회적으로 유지하기 위하여 북한 지도층의 비도덕성을 부각하는 시도가 이루어졌다는 것이다.

7 『로동신문』·『조선중앙년감』 등 북한 언론기관 홈페이지는 물론 '우리민족끼리' 등 대남 선전 사이트와 『조선신보』와 같은 일본 총련의 사이트도 접속이 제한되고 있다.

8 과거 북한에 방문하는 외국인은 핸드폰을 북한 거주 기간 동안 북한당국에 맡겼어야 했으나 김정은 정권 수립 이후에는 개인 소지가 가능해졌다. 또한 제한된 지역이기는 하지만 인터넷의 사용도 가능하다.

9 국내 입국 북한이탈주민들이 북한에 남아있는 가족들을 지원하기 위하여 돈을 부치는 경우가 다수 있으며, 이를 대행하는 송금브로커가 활동하고 있다. 한 조사에 의하면 북한으로 송금하는 북한이탈주민의 비율이 62%이며, 지속적으로 연락을 취하는 비율이 47%에 달한다고 한다. https://www.voakorea.eom/korea/korea-politics/4818812(검색일: 2020.5.23.).

10 북한이탈주민들이 운영하는 유튜브채널이 다수 있으며, 이들은 대부분 화해지향하는 대북정책을 비판하거나 북한의 부정적인 현상을 강조하는 내용을 구성하고 있다. 대표적으로 '강명도tv'의 목차를 보면 '북한폭망', '김정은도 가짜, 김여정도 가짜', '북한의 맹비난에 비굴해지는 청와대' 등이다. https://www.youtube.com/channel/UCeWML3K38BS535Xz6_9IEbg(검색일: 2020.5.23.).

11 <채널A>의 '지금 만나러 갑니다,' <TV조선>의 '모란봉클럽' 등이 대표적인 프로그램이다. 이와 관련 김명준·임종섭, "탈북자의 미디어 등장과 '북한정보' 흐름의 변화: '통제'에서 '경쟁'으로," 『사회과학연구』 제23권 2호(2015) 참조.

12 남북통합당으로 창당대회에는 보수야당과 보수시민사회 인사 다수가 참여하였다. https://namu.wiki/w/%EB%82%A8%EB%B6%81%ED%86%B5%EC%9D%BC%EB%8B%B9 참고.

13 종편의 탈북자 활용 프로그램은 북한정보를 제공한다는 명분 아래 자신들이 제공한 북한정보를 확산시키고 있으며, 탈북여성들을 타자화하는 경향이 강하다. 태지호·황인성, "텔레비전 토크쇼 <이제 만나러 갑니다>(채널 A)의 탈북 여성들의 사적 기억 재구성 방식과 그 의미에 대하여,"『한국언론정보학회』 제60호(2012) 참조.

14 『데일리NK』의 회사소개를 보면 "김일성-김정일-김정은으로 이어진 북한의 3대 세습 독재정권은 안으로는 주민의 자유를 빼앗고, 밖으로는 핵과 미사일로 한국과 국제사회를 위협하고 있습니다. 자유를 빼앗긴 채, 가난과 폭력에 고통받고 있는 2천5백만 북한주민을 구하는 일은 더 이상 미룰 수 없는 시대적 과제가 됐습니다. 북한정권의 핵과 미사일로 위기에 빠진 한반도에 평화를 실현하는 일도 중대한 과제가 아닐 수 없습니다. … (중략) … 데일리NK는 북한 내부 통신원과 협력해 빠르고 정확한 북한 뉴스를 북한 주민과 전세계에 전함으로써 북한의 변화에 기여할 것입니다. 한편으로는 북한주민의 언론자유와 알권리를 증진하고, 다른 한편으로는 한국과 국제사회가 북한의 개혁 개방과 민주화, 한반도 평화를 지원하는 데 필요한 정보를 제공하는 데 앞장서겠습니다"라고 하고 있다. https:// www.dailynk.com/%ED%9A%8C%EC%82%AC%EC%86%8C%EA%B0 %9C/(검색일: 2020.5.20.).

15 보수와 진보유튜브 비교에 대해서는 https://www.youtube.com/watch7vuqSFxr-8iCiO (검색일: 2020.5.10.).

16 <Daily Mirror> 북한관련 페이지가 대표적이다. 김정은이 유학시절 컨닝을 관리하고 도색잡지를 가지고 다니는 문제아였다든지 하는 근거가 불명확한 반면 선정적인 내용들이 중심을 이루고 있다. https://www.mirror.co.uk/all-about/north-korea(검색일: 2020.5.15.).

17 박근혜 정부의 리영길 처형설 보도자료 배포의 경우가 여기에 해당된다.

18 "전직 조선일보 기자부터 탈북민까지… 북한 가짜뉴스의 진원지," http : //www.ohmynews.com/NWS_Web/View/at_pg.aspx?CNTN_CD=A0002642563&CMPT_CD=P0001&utm_campaign=daum_news&utm_source=daum&utm_medium=dauinnews(검색일: 2020.5.20.).

19 남남갈등은 1987년 민주화 이후 대두된 개념인데, 2000년 정상회담 이후 『조선일보』에서 남북갈등보다 남남갈등이 문제라는 기사를 쓰면서 사회적으로 관심받는 개념이 되었다. 주봉호, "남한사회 남남갈등의 양상과 해소방안 모색,"『한국동북아논총』 64집(2012), 147쪽; 손호철, "제1부: 남남갈등의 기원과 전개과정,"『남남갈등 진단 및 해소방안』(서울: 경남대학교 극동문제연구소, 2004), 14쪽.

20 일종의 매카시즘이라고 할 수 있는데, 세계사적으로 매카시즘은 냉전체제 시작과 더불어 시작되었지만 한국사회에서는 역설적으로 냉전체제가 와해되는 과정에 본격화되었다고 볼 수 있다. 주재원, "민주화 이후 한국언론의 반공 담론 연대기," 『언론과 사회』 제25권 3호(2017).

21 일부 정치인들은 남북한의 특수관계에서 정보의 판단 근거를 명확히 밝히기 어려운 정부의 입장을 정략적으로 활용함으로써 정부의 신뢰도 하락을 지향하는 경우도 있다.

22 문화시설임에도 불구하고 탈북자가 참여한다는 이유로 주민들의 반대가 많았던 '남북통합문화센터'가 대표적인 사례이다.

23 남북의 특수한 상황에서 북한관련 정보를 공개적으로 정부가 판단하는 경우 정보획득 과정이 노출되거나 국가 간의 신뢰문제가 야기될 수 있다.

제2부 북쪽 사회 이야기

1. 북한 사회연구 혹은 사회학적 북한연구

1 국가보안법의 존재가 이를 대변하고 있다.

2 내재적 방법론을 둘러싼 논란이 대표적인데 사실 외적으로는 방법론적인 논의인 것 같으나 내용상으로는 북한에 대한 관점에 대한 문제라고 보는 것이 옳을 것이다. 최완규, "북한연구방법론 논쟁에 대한 성찰적 접근," 경남대학교 북한대학원 편, 『북한연구방법론』(서울: 한울, 2003) 참조.

3 송승섭, "북한관련 연구 동향의 계량적 분석," 『북한』 313호(1998) 참조.

4 정상회담을 계기로 활성화된 교류의 중심에는 각종 공연을 포함한 사회문화교류가 핵심이었다. 북한의 문화를 직접 경험한다든지, 북한 현실에 대한 보도가 증가하면서 자연스럽게 북한 문화, 북한 사회 그리고 북한 사람에 대한 관심이 높아졌다고 할 수 있다.

5 사회학적인 관심뿐만 아니라 여타 학문에서도 북한에 대한 관심이 확대되었다고 할 수 있다. 강성윤, "「북한학」 연구의 현황과 과제," 북한연구학회 편, 『분단 반세기 북한 연구사』(서울: 한울아카데미, 1999) 참조.

6 전체성의 오류는 논의의 대상을 개별화시키지 않는 것을 의미한다. 예를 들어 흑인은 지저분하다라든지 여성은 생각이 없어 하는 식의 논의가 전체성의 오류이다. 흔히 사회적 약자에 대해서 이러한 사고가 나타난다. 북한에 대해서도 마찬가지인데 북한 사람들은 무섭다거나 북한은 호전적이라거나 하는 식이 생각이 일종의 전체론이라고 할 수 있다는 것이다.

7 유격대국가론이나 가부장국가론 등이 여기에 해당한다. 명시적으로 추구하지는 않았지만 결과적으로 이러한 논의들은 북한의 전근대성을 강조하였으며, 궁극적으로 북한은 비정상국가 혹은 체제라는 가치개입적 평가로 이어졌다는 것이다.

8 분단체제론은 백낙청이 제기한 개념인데 이에 대한 논쟁이 꾸준하게 지속되었다. 남북한 체제의 성립과 변화가 분단에 영향을 받았다는 것인데 김병로의 책에서 이에 대한 구체적인 분석이 이루어지고 있다는 점이다. 백낙청, 『분단체제변혁의 공부길』(서울: 창작과 비평사, 1994) 참조.

2. 북한에서의 국가와 사회

1 분단은 일반인의 사회심리적 특성으로부터 체제의 성격, 사회발전 전략에까지 광범위하게 영향력을 행사하고 있다고 할 수 있다. 백낙청, "분단체제의 인식을 위하여," 『분단체제 변혁의 공부길』(서울: 창작과 비평사, 1994) 참조. 단순히 분단상황이라는 구조적인 요인뿐만 아니라 분단의 한 축인 북한이 어떤 정책을 취하는가에 따라 남한체제가 영향을 적지 않게 받았고, 이것은 북한에게도 마찬가지였다. 잠수함 침투와 공안정국의 조성, 팀스피리트 기간의 북한의 동원체제 작동 등이 작은 예가 될 것이며, 1970년대 남한의 유신헌법과 북한의 헌법개정은 보다 큰 예가 될 수 있다.

2 박상섭, 『자본주의 국가론』(서울: 한울, 1985), 12쪽.

3 엥겔스, "가족, 사유재산 및 국가의 기원," 맑스·레닌주의 연구소 편, 『맑스·엥겔스 선집 Ⅱ』(서울: 백의, 1989), 366쪽.

4 엥겔스, "공상에서 과학에로의 사회주의의 발전," 맑스·레닌주의 연구소 편, 『맑스·엥겔스 선집 Ⅱ』(서울: 백의, 1989), 164쪽.

5 맑스주의의 국가론에 대해서는 박상섭의 『자본주의 국가론』; N. Poulantzas 지음, 박병영 옮김, 『국가, 권력, 사회주의』(서울: 백의, 1994), 1장 참조.

6 레닌 지음, 문성원·안규남 옮김, 『국가와 혁명』(서울: 돌베개, 1992), 121쪽.

7 레닌 지음, 문성원·안규남 옮김, 『국가와 혁명』, 120쪽.

8 Graeme Gill, *Stalinism*(London: Macmillan, 1989) 참조.

9 Alex de Tocqueville 지음, 박지동 역, 『미국의 민주주의』(서울: 한길사, 1983) 참조.

10 K. Marx, *Grundrisse*(New York: Vintage Books, 1973), p. 84.

11 신광영, "시민사회의 개념과 시민사회의 형성," 유팔무·김호기 엮음, 『시민사회와 시민운동』(서울: 한울, 1995), 92쪽. 그람시의 시민사회론에 대해서는 유팔무, "그람시 시민사회론의 이해와 한국적 수용의 문제," 『시민사회와 시민운동』 참조.

12 신광영, "시민사회의 개념과 시민사회의 형성," 108~111쪽.

13 분단 이후 1970년대까지 북한연구 대부분이 이러한 입장에 있다고 해도 과언은 아니다. 이에 대해서는 강정구, "북한연구사의 지식사회학적 검토," 『통일시대의 북한학』(서울: 당대, 1996) 참조.

14 황장엽의 경우.

15 와다 하루끼, "유격대 국가 북한의 성립과 전개," 『극동문제』(1993.12).

16 북한연구에서 특수성에 대한 문제는 유격대국가론에서만 대두되는 것은 아니다. 주체사상에 대한 논의나 수령론에 대한 논의도 특수성의 문제를 안고 있다. 이에 대해서는 박형중, "북한 정치연구," 북한연구학회 엮음, 『분단반세기 북한 연구사』(서울: 한울, 1999) 참조.

17 박형중, 『북한적 현상의 연구: 북한 사회주의 건설의 정치경제학』(서울: 연구사, 1994) 참조.

18 서재진, 『또 하나의 북한사회』(서울: 나남, 1995); 안청시·김근식, "사회주의 시민사회론과 북한시민사회의 형성 가능성," 『사회과학과 정책연구』 16권 2호(1994)이 대표적인 글이다.

19 N. Bobio, *Which Socialism?*(London: Tavistock, 1987); J. Kenane, *Democracy and Civil Society*(London: Verso, 1988) 참조. 그러나 이와는 달리 국가사회주의의 몰락을 사회주의의 원칙 훼손에서 보는 입장도 있다. R. Miliband, "공산주의 정권의 위기에 관한 성찰," R. Blackburn et al., 김영희 외 옮김, 『몰락 이후』(서울: 창작과 비평사, 1994) 참조.

20 안청시·김근식, "사회주의 시민사회론과 북한시민사회의 형성 가능성," 143쪽.

21 사회통합의 형태에 대해서는 이우영, 『전환기의 북한 사회통제체제』(서울: 통일연구원, 1999) 참조.

22 형태적으로도 완전하게 국가와 분리되어 있다고 보기 어렵다. 바둑가협회의 경우 국가체육위원회 산하 기구이다.

23 1945년 결성된 '조선불교도연맹'을 시초로 '조선기독교도연맹(1946),' '조선천도교 중앙지도위원회(1946),' '조선천주교인협회(1988)' 등이 있으며, 각종 종교조직을 망라한 '조선종교인협의회'는 1989년에 창립되었다.

24 북한에서 절도를 주로 하였다는 탈북자 ㅈ씨의 증언에 따르면, 지역을 중심으로 범죄단이 있다고 한다. 절도범들은 은어로 '꼬마'라는 말을 쓰며, 지역별로 '평양꼬마(평꼬)', '사리원꼬마' 등이 있다고 한다. 그러나 이들의 조직화 수준은 자본주의 국가들의 조직범죄까지는 이르지 못한 것으로 보인다. 일종의 느슨한 동업자 조직으로 범죄시 개인적인 도움을 준다거나, 피신처를 제공하는 수준인 것으로 보인다. 위계관계나 역할분담이 분명한 것은 아니라는 점에서 사회조직의 기본 요건을 충족시키고 있지는 못하고 있는 것 같다.

25 남북한이 각각 사회발전의 이념적 토대로서 자본주의와 사회주의를 채택하

였지만, 국가주도의 계획경제였다는 점은 공통적이었다. Byoung-Lo Philo Kim, *Two Koreas in Development*(New Brunswick: Transaction Pub., 1992), pp. 53~64.

26 북한 문학예술정책의 변화 형태에 대해서는 이우영, "문학예술을 통해서 본 김정일 시대의 북한," 『경제와 사회』 49호(2001), 113~119쪽 참조.

27 김연자 공연은 녹화중계되었을 뿐만 아니라, 이를 해설하는 특집방송이 편성되었고, 기타 매체에서도 적극적으로 다루었다. 이에 대해서는 이영미, "김연자 공연이 말해주는 것: 2001년 상반기 대중적 공연물 교류의 허와 실," 문화정책개발원 주최 <2001 통일문화정책 제6차 포럼>(2001.7) 발표 논문 참조.

28 김일성사회주의청년동맹 기관지 『청년전위』는 사설을 통해 "청년들속에 밖으로부터 반동적이고 퇴폐적인 부르주아 도덕과 생활풍조가 침습하지 못하도록 모기장을 든든히 치는 동시에 그것이 발을 붙일 수 있는 온상인 낡은 도덕과 생활양식을 뿌리 뽑기 위한 조직적인 통제와 사상투쟁을 끊임없이 강하게 벌여 나가야 한다"고 강조한 바 있다. 『청년전위』, 2001.5.25.

29 북한경제의 시장부분이 50% 이상이라는 주장도 있다. 이에 대해서는 남성욱·문성민, "북한의 시장 경제 부문 추정에 관한 연구: 1998년을 중심으로," 『현대북한연구』 3권 1호(2000), 149~215쪽.

30 서재진, 『또 하나의 북한사회』, 305~308쪽.

3. 혁명구호

1 김병로, 『북한사회의 종교성』(서울: 통일연구원, 2000); 김병로, 『북한사회의 통합방식과 기독교의 유사성』, 남북나눔운동 연구위원회 엮음, 『민족통일을 준비하는 그리스도인』(서울: 두란노, 1994); 김병로, "북한의 자발적 사회통합 메커니즘," <북한체제의 유지 MECHANISM>(경원대학교 사회과학연구소 제8회 통일문제학술세미나)(1995.11.10.); 서재진, 『주체사상의 형성과 변화에 대한 새로운 분석』(서울: 통일연구원, 2001); 이우영, 『전환기의 북한 사회통제체제』(서울: 통일연구원, 1999) 참조.

2 『조선말대사전』 제1권(평양: 사회과학출판사, 1992), 322쪽.

3 『조선말대사전』 제1권, 824쪽.

4 ① 우리 수령 제일주의 ② 우리 사상 제일주의 ③ 우리 군대 제일주의 ④ 우리 제도 제일주의

5 사물현상의 연쇄 가운데서 다른 고리들을 규제

6 민족통일연구원, 『남북한 국력추세 비교』(서울: 민족통일연구원, 1992) 참조.

7 "당과 수령의 주위에 뭉쳐 혁명의 길로 전진하는 우리 인민은 필승불패이

다!”(1966년)라는 식으로 초기에는 김일성과 당이 동격이었으나, 점차 “조선은 김일성 수상이 령도하는 불패의 나라이다!”(1967년)라는 식으로 김일성의 우선성이 확보되어 간다.

8 군사(“탁월한 령도자 김일성 동지를 모신 조선인민군은 불패이다!”)에서 사상(“수령께서 제시하신 우리당의 주체사상으로 튼튼히 무장하자!”) 그리고 통일문제 (“위대한 수령의 두리에 굳게 뭉쳐 남조선에서 미제를 몰아내고 조국통일을 앞당겨 나가자!”)까지 수령의 령도는 전 분야에 걸치게 된다.

9 <피바다>나 <꽃 파는 처녀> 등 5대 혁명가극과 <성황당> 같은 5대 혁명연극 등 기념비적 작품들이 완성되어 보급되고, 김일성의 삶을 소재로 한 『불멸의 력사』(소설), <조국의 별>(영화)이 창작되는 것도 이 시기이다. 이우영, 『남북한 문화정책 비교연구』(서울: 민족통일연구원, 1994) 참조.

10 체제에 영향을 미치는 역사적 사건이 많은 경우 동기효과가 중시되는데, 분단, 전쟁, 산업화 등을 겪은 남한의 경우도 동기효과가 세대문제에서 중요하다. 이우영, 『통일문제에 대한 세대간 갈등 해소 방안』(서울: 민족통일연구원, 1996) 참조. 일반적으로 ‘386’이라고 할 때, 30대를 의미하는 ‘3’은 연령효과이고, 80년대 학번과 60년대 출생은 동기효과를 의미한다.

11 “민족의 령수 김정일 장군님의 령도를 높이 받들고 조국통일성업을 기필코 실현하자!”와 같은 구호를 보면 통일과 지도자를 연결시키는 것이 명확하게 드러난다.

12 평양시내의 주요 건물에는 “위대한 수령 김일성 장군님은 영원히 우리와 함께 계신다”라는 혁명구호가 장식되어 있는데 다른 혁명구호들이 페인트를 이용하여 만들어진 것과 달리 석물을 이용하는 등 반영구적인 구조를 갖고 있다.

4. 북한체제 내 사적 담론 형성의 가능성

1 아리에스 외 엮음, 『사생활의 역사 1·2·3』(서울: 새물결, 2002) 참조

2 이영림, “근대 초 프랑스에서의 사적 영역의 창출: 개인, 사회, 국가,” 『사회와 역사』 63집(2003), 164쪽; 김득룡, “공적 삶과 사적 삶: 제3의 사적 영역의 가능성,” 『범한철학』 19집(1997), 42쪽.

3 위르겐 하버마스, 『공론장의 구조변동』, 한승완 옮김(서울: 나남출판, 2001), 245쪽. 하버마스가 주목하는 것은 사적 영역과 공적 영역이 양극화의 길을 걷지만, 복지국가의 출현 등 자본주의 체제에서는 다시 사적 영역이 축소되고 공적 영역과 사적 영역은 상호침투(mutual infiltration)하게 된다. 그리고 자유로운 소통을 바탕으로 하는 새로운 공론의 장이 만들어져야 한다고 보고 있다. 기본적으로 하버마스는 자본주의 체제에서 민주주의의 실현 가능

성에 관심을 기울이고 있다고 할 수 있다. 그는 공론장이 사적 영역을 포괄하는 생활세계에 정박해 있으면서, 시민사회를 중심으로 하는 다양한 행위자들의 갈등을 매개하고, 시민사회와 체계 영역을 매개하는 민주주의의 핵심 근거가 된다고 보고 있다.

4 고르(Andre´ Gortz)는 사람들의 활동을 세 가지 차원, 즉 ① 사회적 필요에 의해 명령된 경제적으로 합리적 노동(타율노동), ② 개인 욕구와 일치하는 스스로 명령한 활동(자율노동), ③ 필요노동이지만 타율노동이 아닌 자활활동으로 구분한다. 이 가운데 미시사회적인 자활활동은 가족과 시민사회가 얽힌 사회 조직망을 구성하고 있으며, 사적 영역에서 행해지는 노동이 미시적 사회관계망을 만들어 내는 자활활동이다. 문순홍, "앙드레고르: 현대 자본주의 비판과 사적 영역의 재탈환 정치," 『문화과학』 통권 제27호(2001년 가을), 235쪽.

5 이영재, "하버마스의 소통적 권력과 민주주의 상관성에 관한 연구," 동국대학교대학원 박사학위 논문(2003), 155~160쪽.

6 이영재, "하버마스의 소통적 권력과 민주주의 상관성에 관한 연구," 167쪽.

7 Cohen, J and A. Arato, *Civil Soceity and Political Theory*(Boston: MIT Press, 1992), p. 441.

8 사적 영역의 성립과정에는 사적 소통의 문제가 중요해진다. 예를 들어 사적 영역이 확장되는 가운데 예술 장르에서도 새로운 장르 혹은 새로운 형식이 대두된다. 노지승, "1920년대 초반, 편지 형식 소설의 의미: 사적 영역의 성립 및 근대적 개인의 탄생 그리고 편지 형식 소설과의 관련에 대하여," 『민족문학사연구』 제20호(2002) 참조.

9 자본주의 성립과 핵가족화 이후 여성이 가족이라는 사적 영역에 유폐되는 경향이 있다고 비판하는 입장에서 말하는 사적 영역이 이러한 경우이다. 한편 사적 영역의 확대는 공적 영역의 축소로 이어지기 때문에 환경문제와 같은 부정적인 문제가 야기된다는 주장도 있다. 이홍균, "사적 영역의 팽창에 의한 공적 영역의 파괴," 『현상과 인식』 30권 3호(2006) 참조. 그러나 이러한 논의는 개인 영역과 사적 영역의 개념이 불분명한 데에서 비롯되었다고 볼 수 있다.

10 물리적 통제와 더불어 배급체제로 상징되는 다양한 사회통제체제가 작동하고 있다. 이우영, 『전환기의 북한 사회통제체제』(서울: 통일연구원, 1999) 참조.

11 이기형, "담론분석과 담론의 정치학: 푸코의 작업과 비판적 담론분석을 중심으로," 『언론과 사회』 14권 3호(2006), 109~110쪽.

12 이기형, "담론분석과 담론의 정치학: 푸코의 작업과 비판적 담론분석을 중심으로," 119쪽. 담론에 대한 관심이 높아진 1960년대 이후부터 담론 연구는 주로 지배담론의 문제인 사회적 불평등의 문제와 관련되어 있다. 다이안 맥

도넬 지음, 임상훈 옮김, 『담론이란 무엇인가』(서울: 도서출판 한울, 2002), 제1장 참조. 부르디외가 주목하는 상징권력도 비슷한 맥락이라고 할 수 있다. 이상호, "사회질서의 재생산과 상징권력 부르디외의 계급이론," 현택수 외, 『문화와 권력: 부르디외 사회학의 이해』(서울: 나남출판, 1998) 참조.

13 백선기·김소라, "지배담론과 대항담론: 동성애에 대한 '매스미디어'와 '게이 커뮤니티'의 담론관계를 중심으로," 『한국커뮤니케이션학』 6권(1998), 83쪽.

14 이종영, "정치적프락시스로서의담론투쟁: 자본주의 국가의 정책을 둘러싼 담론투쟁에 대하여," 이영환 엮음, 『통합과 배제의 사회정책과 담론』(서울: 함께읽는 책, 2003) 참조.

15 사물현상의 연쇄 가운데서 다른 고리들을 규제하는 고리를 말한다.

16 구호의 비중에 따라 장식되는 방식이 달라진다. 중요한 구호는 석재로 장식되어 장기간 게시되며, 일반적 구호는 도색을 통해 게시된다. 실내 게시판의 경우 상대적으로 게시되는 기간이 짧다고 할 수 있다.

17 2000년부터 실리주의가 강조되면서, 일선 조직에 대한 축소가 진행되었고, '7·1'조치 이후 축소가 본격화되었다고 한다. 특히, 직맹, 사로청, 여맹 이런 조직들은 30% 정도의 인원 감축이 있었다고 하는데, 이들은 기존 공적 지배담론의 중요한 담지집단이었다고 볼 수 있다(탈북자 면접 PS2, 2005.11.4).

18 선전부가 인기가 없는 것은 뇌물이 없기 때문이라고 한다. 강화된 것은 조직부, 간부부, 그리고 당원 등록과라고 한다. 그래서 선전부 일꾼들을 "손가락을 빨고 있다"라고 한다(탈북자 면접 PS21, 2005.11.6). 조직 축소에서도 선전부 쪽이 가장 타격이 컸다고 한다.

19 "2000년 이후 고난의 행군을 하고 나서부터 사람들은 이제 정치에 크게 신경을 안 쓴다. 또 돈만 있으면 현재 1만 원 정도 찔러주고, 나이가 한 27살 이상 되면 당원 등록 과정을 통해서 입당하기 때문에 크게 걱정을 안 한다. 그렇지만 이제 당원이라고 해서 생활에 크게 도움이 되는 것도 아니고, 간부사업이 크게 도움이 되는 것도 아니기 때문에 크게 관심을 갖지 않는다" (탈북자 면접 PS21, 2005.11.6).

20 경제적 실리를 얻을 수 있는 부서나 장사를 하는 사람들로부터 금품을 얻을 수 있는 사회안전원, 보위성원, 군인들과 반대급부를 얻기 어려운 교사 등의 직업을 가진 사람들 간의 격차가 확대된다는 것이다.

21 심지어 학교를 졸업한 이후 직장에 배치받고도 마음에 들지 않으면 2년 동안 버텨도 문제가 없었다고 한다(탈북자 면접 PS11, 2005.11.6).

22 정치교육에 대한 주민의 참여도 떨어지고 있으며, 심지어 북한체제 통합의 핵심 가운데 하나인 생활총화에 빠지는 주민들도 늘어나는 반면 이에 대한 비판은 약화되고 있다고 한다. 조정아, 『경제난 이후 북한 문학에 나타난 주민 생활 변화』(서울: 통일연구원, 2006), 98~99쪽.

23 일부 지역에서는 직장에서 땅을 나누어주어 개별 혹은 소집단별로 경작하여

식량을 해결하도록 했다고 한다(탈북자 PS17 면접, 2006. 2. 28). 공식 영역이 와해되면서 친족 등의 비공식·사적관계가 경제의 핵심이 되는 것은 중국에서도 나타나는 현상이다. 김광억, "중국연구를 위한 방법론: 공식 영역과 비공식 영역의 관계," 『아시아태평양지역연구』 2권 2호(2002) 참조.

24 임순희, 『북한 새 세대의 가치관 변화와 전망』(서울: 통일연구원, 2006) 참조.

25 심지어 잘 맞춘다는 점쟁이를 찾아서 타지역에서 오는 경우도 있다고 한다(탈북자 면접 PS11, 2005.11.6).

26 탈북자들은 북한 문화 콘텐츠보다 중국이나 한국의 콘텐츠가 더욱 인기가 있다고 말하고 있다. 최근에는 비디오와 더불어 시디(CD)를 볼 수 있는 기기를 통하여 새로운 문화와 정보를 접하고 있다고 한다. 당연히 북한의 공식 방송에 대해서는 주민들의 관심이 줄어들고 있다(탈북자 PS18 면접, 2006.2.28).

27 탈북자들은 2000년경부터 중국에 친인척이 있는 사람들이 중국 핸드폰을 사용하기 시작하였다고 한다(탈북자 PS1 면접, 2004.10.31).

28 장사꾼들은 대부분 전화를 설치해 영업하고 있으며, 심지어 도매 단위 장사꾼은 전화로만 영업하는 경우도 있다고 한다(탈북자 면접 PS11, 2005.11.6).

29 1990년대 후반 고난의 행군 시기에는 중학교 한 반의 정원 40명 중 학교에 나오는 학생이 4~5명인 경우까지 있었다고 한다(탈북자 PS1 면접, 2005.10.31). 교원을 지냈던 탈북자의 증언에 따르면, 학생뿐 아니라 교사들도 생계를 위해 시장에서 장사를 한다고 한다. 또한 고난의 행군 시기에 나이든 교원들이 죽는 등 교원 자체도 부족했다고 한다. 최근에는 북한 내에서도 촌지가 활성화되면서 학교 내 신뢰 분위기도 저하되고 있다고 한다(탈북자 면접 PS22, 2006.3.22).

30 교사의 경우 봉급이 3일치 정도밖에 안 나오는 시기가 있어 장마당에 가서 장사를 하였으나, 장사 등으로 자본을 축적한 사람들이 나오면서 이들 집안 아이들에게 개인적 교습을 해주어 수입을 얻는다고 한다. 탈북자 면접 PS22, 2006.3.22). 또 지역에 따라서는 교사가 20명 정도의 아이들에게 피아노를 가르치는 '학원'급의 개인교습도 있다고 한다(탈북자 면접 PS11, 2005.11.6).

31 최봉대, "계층구조와 주민의 의식 변화," 정영철·고성호·최봉대, 『1990년대 이후 북한 사회변화』(서울: 한국방송, 2005) 참조.

32 월남자 가족은 한국전쟁 시기 남한 군대의 북한 점령 시 도움을 주었던 '치안대' 출신들과 더불어 북한에서 실질적으로 최하위계층이었다. 그러나 상봉 이후 남한의 가족에게서 경제적 지원을 받은 월남자 가족들이 이를 밑천으로 부를 축적함에 따라 이제는 선망이 대상이 되고 있다.

33 남한의 방북자들이 주로 숙박하는 고려호텔이나 양강도호텔의 음식도 조미료를 많이 쓰는 등 남한화(?)되는 경향이 있으며, 남한 사람들의 접촉이 많은 평양의 젊은 여성들이나 개성공단의 여성 노동자들의 화장도 남한 여성

들을 좇는 경향이 있다.

34 남한 영상물 등은 거래되기보다는 친구들끼리 복사하고 돌려본다고 한다(탈북자 PS1 면접, 2005.11.2). 함경도 일부 지역에서는 남한방송이 잡히는 경우도 있다고 하나, 사람들은 대부분 '록화물'로 남한의 영화나 드라마를 접했다고 한다(탈북자 면접 PS11, 2005.11.6).

35 탈북자 면접 PS3(2005.11.4).

36 매대나 매점은 공식적으로 사업관리소에서 관리한다. 그러나 운용은 개인적 차원에서 이루어진다고 보아야 할 것이다(탈북자 면접 PS2, 2005.11.5).

37 탈북자 면접 PS11(2005.11.6).

38 옷가지, 특히 상대적으로 북한에서 고급으로 평가받는 남한산 옷가지 등은 집에서 파는 경우가 많다고 한다(탈북자 면접 PS11, 2005.11.6).

39 탈북자 면접 PS21(2005.11.6).

40 돈주는 다시 큰 돈주와 새끼 돈주로 나뉘는데 북한 인민들을 이들을 '사회주의 자본가'라고 부른다. 함흥이나 단천 등지에는 10만 달러 정도의 투자 여력을 갖고 있는 사회주의 자본가들이 몇 명씩 있다고 한다(탈북자 면접 PS21, 2005.11.6).

41 탈북자 면접 PS21(2005.11.6).

42 국경지역에서 물건의 반입을 보장하는 대가로 일정한 수수료를 받는 것부터 이익을 확대할 수 있는 생산기구, 예를 들어 성능 좋은 어선, 목이 좋은 매대자리 등을 배정하면서 대가를 받는 등 다양한 형태의 관계가 구축되고 있다(탈북자 면접 PS4, 2005.11.8).

43 탈북자 면접 PS22(2005.11.12).

44 옷을 파는 경우도 주로 취급하는 물품이 나뉜다고 한다. 즉, 고급 수제 옷을 간부 등 상류층을 대상으로 판매하는 사람과 시장에서 기성복을 파는 사람이다. 그리고 고급 옷을 파는 사람들은 개인적 소개로 집을 찾아다니면서 판다고 한다(탈북자 면접 PS11, 2005.11.6).

45 '양문(문이 양쪽으로 열리는)' 냉장고를 구입하는 사람들도 있으며, 집안 장식 등에 대해서도 서로 경쟁한다고 한다(탈북자 면접 PS11, 2005.11.6).

46 탈북자 면접 PS21(2005.11.6).

47 규범을 준수하는 정도도 다르며 실리적이라는 명분 아래 불법적인 일에도 거리낌 없이 관계한다고 한다(탈북자 면접 PS22, 2005.11.12).

48 탈북자 면접 PS4(2005.11.8).

49 과거에 비해 체제에 대한 비판적인 이야기는 많이 한다고 하더라도, 최고지도층과 관련되거나 당의 지도부를 비판하기는 어렵다고 한다. 당의 하부조직, 내각이나 정책에 대한 비판이 허용되는 것과는 차이가 있다(탈북자 면접 PS21, 2005.11.6).

5. '고난의 행군'과 북한주민의 마음

1 공식적으로 북한에서는 1996년 신년공동사설에서 고난의 행군을 천명하였고, 2000년에 종료되었다고 하나, 구체적인 시기에 대해서는 다소 논란이 있다. 김갑식, "1990년대 '고난의 행군'과 선군정치: 북한의 인식과 대응,"『현대북한연구』 제8권 제1호(2005), 9쪽 참조. 고난의 행군 기간 동안 사망자가 수백만에 이른다는 주장이 있을 정도였지만, 최근 통계청에 따르면 33여만 명이 사망한 것으로 추산하고 있다.『1993~2055』(서울: 통계청, 2010).

2 대규모 기근은 다양한 개인화 체제에 다양한 영향을 미치게 되는데, 고난의 행군도 마찬가지라고 할 수 있다. 정진선, "기근과 죽음: 고난의 행군시기 인민의 죽음," 북한대학원대학교 석사학위 논문(2014).

3 김갑식, "1990년대 '고난의 행군'과 선군정치: 북한의 인식과 대응."

4 차문석, "고난의 행군'과 북한 경제의 성격 변화: 축적 체제와 조정 기제의 변화를 중심으로,"『현대북한연구』 제8권 제1호(2005),

5 정은이, "북한의 자생적 시장발전 연구: 1990년대 '고난의 행군' 이후를 중심으로,"『통일문제연구』 제21권 제2호(2009).

6 이무철, "북한 주민들의 경제관과 개혁, 개방 의식: 북한이탈주민 면접 조사를 통한 추론,"『북한연구학회보』 제10권 제2호(206), 191~194쪽; 이기동, "'고난의 행군' 세대의식과 체제변화,"『북한학보』 제36권 제2권(2011), 22~24쪽.

7 한국전쟁이 북한체제에 미친 전반적인 영향에 대해서는 고병철 외,『한국전쟁과 북한 사회주의체제 건설』(서울: 경남대학교 극동문제연구소, 1992) 참조. 특히 사회적 영향력에 대해서는 한성훈,『전쟁과 인민: 북한 사회주의 체제의 성립과 인민의 탄생』(파주: 돌베개, 2012) 참조.

8 김홍중, "마음의 사회학을 이론화하기,"『한국사회학』 제48권 제4호(2014). '북한붕괴론'과 같이 목적론적인 분석이 남한의 북한 연구 분야에서도 여전히 위세를 떨치고 있지만 과거와는 달리 다양한 이론과 방법을 동원하여 북한체제를 다양한 차원에서 연구가 이루어지고 있는 것도 분명한 사실이다. 양문수·이우영, "북한경제·사회연구의 성과와 과제," 양문수 편,『김정은 시대의 경제와 사회: 국가와 시장의 새로운 관계』(파주: 한울. 2014). 그러나 여전히 북한연구에서 이론적 논의는 상대적으로 충분치 않으며 북한연구의 질적 제고도 지체되고 있다고 할 수 있다. 이러한 맥락에서 김홍중의 이론화가 아직 완성 단계에 이르지 못하고 있더라도 북한연구에 적용해 보는 것도 의미가 있을 것이다.

9 김홍중, "마음의 사회학을 이론화하기," 202~203쪽.

10 김홍중, "마음의 사회학을 이론화하기," 202쪽.

11 제프리 K. 올릭(Jeffrey K. Olick) 지음, 강경일 옮김,『기억의 지도』(서울: 옥당, 2011) 1장과 알렉산더(Jeffrey Alexander)의 *Cultural Trauma and Collective*

Identity(Berkeley: University of California Press, 2004)를 참조.

12 전진성, "기억과 역사: 새로운 역사·문화이론의 정립을 위하여," 『한국사학사학보』 제8권(2003), 108쪽.

13 김영범, 『민중의 귀환, 기억의 호출』(파주: 한국학술정보, 2010), 252~253쪽.

14 최윤경, "집단 트라우마와 마음의 치유," 『한국사회학대회 논문집』(2014.6), 78쪽. 9/11 테러의 경우, 미국 사회는 위반 행동에 대한 규제를 통해 집단 구성원들을 위험으로부터 보호하기 위한 사회적 책임감을 강조하였고, 테러에 의해 야기된 위협감과 집단 불안전감의 증가와 관련해서 '사회 질서' 규범화가 나타났다. 이와 달리, 허리케인 카트리나 이후 미국 사회는 인종차별 문제, 늑장대응과 피해에 대한 책임 공방 등, 국가적 절망과 막대한 부당함에 직면하였고, 이는 '사회 정의' 동기를 활성화시켰다(Janoff-Bulman & Sheikh, 2006). 집단기억과 역사적 트라우마에 대해서는 제프리 K. 올릭(Jeffrey K. Olick) 지음, 강경일 옮김, 『기억의 지도』, 60~64쪽 참조.

15 Mikyoung. Kim, "Myths, ilieu and Facts History Textbook Controversies in Northheast Asia," Hasegawa Tsuyoshi and Togo Kazuhiko. eds. *East Asia's Haunted Present: Historical Memories and the Resurgence of Nationalism* (New York: Praeger, 2008), pp. 95~96. 특히 기억하기엔 너무나 힘든 트라우마의 경우, 망각, 부정 또는 왜곡이라는 개체보존의 기능으로 나타난다. Peter J. McKeena, A. Paula McKay, and Keith Laws, "Memory in Functional Psychosis," German E. Berrios and John R. Hodges. eds. *Memory Disorders in Psychiatric Practice*(Cambridge: Cambridge University Press, 2000).

16 김종곤, "'역사적 트라우마'에 대한 개념의 재구성," 『시대와 철학』 제24권 제4호(2013), 41~42쪽.

17 김갑식·오유석, "'고난의 행군'과 북한사회에서 나타난 의식의 단층," 『북한연구학회보』 제8권 제2호(2004).

18 이기동, "'고난의 행군' 세대의식과 체제변화."

19 이주철·오유석, "1990년 이후 북한주민의 경제위기 대응과 의식변화," 『지역사회학』 제8권 제2호(2007).

20 임옥규, "'고난의 행군' 이후 북한문학에 나타난 여성·모성·조국애 양상: 조선문학(1997~2006)을 중심으로," 『여성문학연구』 제18권(2007); 오창은, "'고난의 행군' 시기 북한 문학평론 연구: 수령형상 창조·붉은기사상·강성대국건설을 중심으로," 『한국근대문학연구』 제15호(2007); 김은정, "《불멸의 향도》에 나타난 "고난의 행군" 묘사방식과 〈적기가〉의 수용양상," 『세계문학 비교연구』 제15권(2006).

21 전영선·권정기, "집단적 치유와 제의로서 북한 영화: 〈자강도 사람들〉을 중심으로," 『북한연구학회보』 제17권 제1호(2013).

22 공식문헌은 『로동신문』과 조선중앙통신을 활용할 것이고, 문학예술작품은

2000년대 『조선문학』에 나온 소설 가운데 고난의 행군을 다룬 작품을 분석 대상으로 하였다.

23 『로동신문』, 1996.1.1.

24 『로동신문』, 1997.11.28.

25 『조선중앙년감』, 1999, 487쪽.

26 『조선중앙년감』, 2001, 517쪽.

27 『로동신문』, 2000.10.3.

28 『조선중앙년감』, 2001, 517쪽.

29 『조선중앙년감』, 1999, 487쪽.

30 『로동신문』 1997.11.28.

31 『조선중앙년감』, 2001, 518쪽.

32 『조선중앙년감』, 2001, 80쪽.

33 『로동신문』, 1997.12.12.

34 『로동신문』, 1997.12.12.

35 『김정일 선집 12』, 1997, 9쪽.

36 『로동신문』, 1997.12.12.

37 북한 문학예술의 창작의 기본 원칙이 '당성,' '로동계급성,' 그리고 '인민성'인데 인민성은 북한 주민들의 현실에 부합하여야 하고, 주민들의 문화적 취향이 반영되어야 함을 의미한다. 선전선동에서 중요한 것은 기본적으로 작품의 사상성이지만 이것이 주민들에게 받아들여지지 않으면 평가받기 어렵다. 따라서 북한의 예술작품에는 창작 시점의 당의 입장이 포함되어 있지만 동시에 주민들의 입장도 반영되어 있다.

38 황청일, "천한산의 붉은 단풍," 『조선문학』 10호(2002), 48~49쪽.

39 김명진, "고임돌," 『조선문학』 3호(2002), 21~22쪽.

40 오광철, "어머니에 대하여 말하다," 『조선문학』 6호(2001), 73쪽.

41 김홍철, "풋 강냉이," 『조선문학』 9호(2000), 33쪽.

42 김순철, "관측원들은 보고한다," 『조선문학』 7호(2008), 58쪽.

43 황청일, "천한산의 붉은 단풍," 50~51쪽.

44 북한에서는 김정일이 직접 영화제작을 지도하였다고 할 정도로 중요한 영화로 평가받고 있다. 『조선문학예술연감 2002』(2003), 53~54쪽. 자강도 사람들의 줄거리에 대해서는 한국영화데이터베이스를 참조, http://www.kmdb.or.kr/vod/vod_basic.asp?nation=F&p_dataid=24664#url.

45 항일투쟁 시기를 제외하고 북한영화에서 굶어 죽는 사람이 나온 것도 처음이다. 전영선·권정기, "집단적 치유와 제의로서 북한 영화: 〈자강도 사람들〉을 중심으로," 207쪽.

46 〈자강도 사람들〉 외에도 〈추억의 노래〉나 〈민족과 운명: 어제 오늘 그리고 래일편〉 등 '고난의 행군'을 북한 영화가 여러 편이 있지만 최고지도자가 관심을 보이고 평론이 집중된 영화는 없다.

47 『로동신문』, 1998.2.16.

48 통일부 북한정보포탈. http://nkinfo.unikorea.go.kr/nkp/term/viewNkKnwldgDicary.do?pageIndex=1&koreanChrctr=&dicaryId=1(검색일: 2015.8.11.).

49 리신현, 『강계정신』(평양: 문학예술출판사, 2002).

50 김광남, "젊은 탄광지배인," 『조선문학』 2호(2001), 77쪽.

51 김우경, "보답의 길," 『조선문학』 7호(2005), 63쪽.

52 탈북자 면접 과정에서도 〈자강도 사람들〉이 그리고 있는 고난의 행군 시기의 생활상이 현실에 비교적 부합한다는 의견이 많았다.

53 김문창, 『열망』(평양: 문학예술종합출판사, 1999); 강선규, 『교정의 륜리』(평양: 학우서방, 2001).

54 김문창, 『열망』, 82쪽.

55 김재용, "탈냉전적 분단구조와 '고난의 행군' 이후 북의 문학," 『한국근대문학연구』 제15호(2007), 10쪽.

56 림병순, "꺼지지 않는 메아리," 『조선문학』 4호(2000), 67~68쪽.

57 오광철, "어머니에 대하여 말하다," 78쪽.

58 전영선·권정기, "집단적 치유와 제의로서 북한 영화: 〈자강도 사람들〉을 중심으로," 210쪽.

59 김은정, "《불멸의 향도》에 나타난 "고난의 행군" 묘사방식과 〈적기가〉의 수용양상," 460쪽.

제3부 북쪽 문화예술 이야기

1. 북한의 남한문화 인식

1 한 연구에 의하면 남북한에서 서로 다르게 사용되는 단어의 수가 6,000여 개에 이르는 것으로 나타났다. 이현복, 『남북한 언어의 비교』(서울: 통일원, 1993).

2 『조선말대사전』 제1권(평양: 사회과학출판사, 1992), 1185쪽.

3 신기철·신용철 편, 『새우리말 큰 사전(상)』(서울: 삼성출판사, 1992), 1248쪽.

4 오양열, "남·북한 문예정책의 비교연구," 성균관대학교 대학원 박사학위 논

문(1997), 13쪽.

5 『백과전서』(평양: 과학,백과사전출판사, 1983), 808쪽.

6 『백과전서』, 808쪽.

7 북한 헌법 제40조.

8 김일성, "문화인들은 문화전선의 투사로 되어야 한다(1946년 5월 24일)," 『김일성저작집 2』(평양: 조선로동당 출판사, 1979), 231쪽.

9 Bottomre, Tom, *A Dictionary of Marxist Thought*(Worcester: Blackwell Reference, 1983), p. 109.

10 레닌 블라듸미르(Lenin, Vladumir Il'ich) 지음, 이길주 역, 『레닌의 문학예술론』(서울: 논장, 1988).

11 이우영, 『남북한 문화정책 비교연구』(서울: 민족통일연구원, 1994), 22~28쪽.

12 『조선말대사전』 제1권, 1184쪽.

13 『조선말대사전』 제1권, 1761쪽.

14 예를들어 레닌은 똘스토이에 대하여 깊은 관심을 표현하고 있다. 『레닌의 문학예술론』, 323~327쪽.

15 사회주의적 사실주의를 엥겔스는 디테일의 충실함 이외에도 전형적인 상황에서의 전형적인 성격들의 충실한 재현이라고 개념 규정하고 있다. Marx & Engels, *On literature and Art: A selection of writings*. Lee Baxandall & Stefan Marawski, trans.& ed.(St.Louis: Telos Press, 1973), p. 114.

16 김일성, "문화선전사업을 강화하여 대외무역을 발전시킬데 대하여(1949년 7월 18일)," 『김일성 저작집 5』(평양: 조선로동당출판사, 1980), 105쪽. 김일성이 문예에 관심을 갖고 있는 것은 항일유격대 시절부터라고 한다.

17 김재용, "북한문학계의 '반종파투쟁'과 카프 및 항일혁명문학," 『역사비평』 16(1992), 246~251쪽.

18 김정일은 1970년대 이후 김일성이 항일운동시절에 창작하였다고 하는 <피바다>, <꽃파는 처녀>, <성황당> 등의 작품을 혁명가극화하는데 주도적 역할을 수행하였다고 하며, 북한의 정치·경제 등 모든 분야를 총괄하고 있는 현재에도 1990년대의 대표적인 다부작영화인 <민족과 운명>의 작업현장에서 현지지도를 하고 있다고 한다.

19 박승덕, 『사회주의문화건설리론』(평양: 사회과학출판사, 1985), 169쪽.

20 한중모, 『주체적 문예리론의 기본1: 사회주의 공산주의문학예술의 건설』(평양: 문예출판사, 1992), 114쪽.

21 한중모, 『주체적 문에리론의 기본1』, 120~130쪽.

22 김일성, "국가활동의 모든 분야서 자주, 자립, 자위의 혁명정신을 구현하자(1967년, 12월, 16일)," 『김일성저작선집 5』(평양: 조선로동당출판사), 301, 541쪽.

23 최필원, "남조선에 대한 미제 신식민주의 정책의 반동적 본질," 『근로자』(1971), 52쪽.
24 실질적으로 북한의 대부분의 문건에서 남한주민들에 대한 배타적이거나 적대적인 표현은 거의 없다.
25 『조선중앙년감』(평양: 조선중앙통신사, 1950), 681~683쪽.
26 리영환, "부패하고 퇴폐적인 미국식 생활양식," 『근로자』(1984.8), 61~64쪽.
27 김일성, "조선로동당 제4차대회에서한 중앙위원회 사업총화보고(1961년 9월 11일)," 『김일성 선접 3』(평양: 조선로동당 출판사, 1961), 145쪽.
28 김일성, "국가활동의 모든 분야서 자주, 자립, 자위의 혁명정신을 구현하자(1967년 12월 16일)," 『김일성 저작선집 5』(평양: 조선로동당출판사, 1968), 541쪽.
29 『조선중앙년감』(평양: 조선중앙통신사, 1950), 373~374쪽.
30 『조선중앙년감』(1956), 165~166쪽.
31 『조선중앙년감』(1971), 307쪽.
32 강은식, "경제문화적침투는 일본반동들의 해외침략의 올가미," 『근로자』(1973.12), 59쪽.
33 『조선중앙년감』(1956), 165~166쪽.
34 『조선중앙년감』(1943), 472쪽.
35 『조선중앙년감』(1951~52), 396쪽.
36 『조선중앙년감』(1956), 166쪽.
37 『조선중앙년감』(1961), 304쪽.
38 『조선중앙년감』(1965), 253~254쪽.
39 『조선중앙년감』(1977), 278쪽.
40 『조선중앙년감』(1976), 428쪽.
41 홍성락, "남조선에 대한 미제의 반동적인 사상문화적 침투와 양풍양화의 썩어빠진 풍조," 『근로자』(1974.7), 62쪽.
42 서치렬, "남조선에 류로되고 있는 미국식 생활양식의 해독적 후과," 『근로자』(1987.12), 83쪽.
43 은종섭. "남조선 반공문학의 민족반역적 정체," 『근로자』(1987.8).
44 『조선중앙년감』(1962), 328쪽.
45 김찬호, "남조선에 대한 미제의 식민지 통치수법," 『근로자』(1964.23), 39쪽.
46 『조선중앙년감』(1957), 140쪽.
47 『조선중앙년감』(1961), 304쪽.
48 『조선중앙년감』(1962), 328쪽.
49 리상현, "최근 남조선문학예술의 경향성," 『근로자』(1962.12), 33~35쪽.

50 은종섭, "남조선 반공문학의 민족반역적 정체," 『근로자』(1987.8), 80쪽.
51 김철희, "실존주의 반동성과 그것이 남조선 사상계에 미치는 해독적 작용," 『근로자』(1962.14), 20~22쪽.
52 김정일, 『주체문학론』(평양: 조선로동당출판사, 1992), 271쪽.
53 리기도, 『주체의 문예관과 외국문학』(평양: 문학예술출판사, 1996), 72, 157쪽.

2. 남북한 문화의 차이

1 Milton Singer, "The Concept of Culture," in David L. Sills, ed., *International Encyclopedia of the Social Sciences,* Vol.3(New York: The Macmillan Co. & The Free Press, 1968), p. 527. 문화의 개념의 다양성에 대해서는 양종회, "사회이론에 있어서 문화의 위치," 『한국사회학』 28집(1994), 4~7쪽 참조.
2 파슨스(T. Parsons)는 두뇌공학적(cybernetic) 모델에서 문화체계가 사회체계 유형을 유지하는 기능을 수행한다고 주장한 바 있다. 따라서 남한에는 자본주의적 문화가, 북한에서는 사회주의적 문화가 독자적으로 발전해 왔다고 할 수 있다. 파슨스 지음, 이종수 역, 『사회의 유형(Societies)』(서울: 홍성사, 1978), 57~58쪽.
3 남북한에서 서로 다르게 사용되는 단어의 수는 6,000여 개에 이르는 것으로 보인다. 이현복, 『남북한 언어의 비교』(서울: 통일원, 1993).
4 사회과학출판사 편, 『조선말대사전1』(평양: 사회과학출판사, 1992), 1185쪽.
5 신기철·신용철, 『새 우리말 큰사전(상)』(서울: 삼성출판사, 1992), 1248쪽.
6 오양열, "남북한 문예정책의 비교연구," 성균관대학교 대학원 정책학 박사학위 논문(1997), 13쪽.
7 사회과학출판사 편, 『조선말대사전1』, 1184쪽.
8 사회과학출판사 편, 『조선말대사전2』, 1761쪽.
9 신기철·신용철, 『새 우리말 큰사전(상)』, 1247쪽.
10 신기철·신용철, 『새 우리말 큰사전(상)』, 2406쪽.
11 경제성장의 전제 조건으로 문화정책을 생각하는 견해는 김적교, "개발도상국가의 문화정책," 『문화정책』 4권 4호(1977), 35~37쪽 참조.
12 도시 가구의 예를 들면 전체 소비지출에서 교양오락비가 차지하는 비율이 1965년에는 1.2%에 불과했으나, 1980년에는 2.6%가 되었고 1985년에는 3.3%가 되었으며 1990년에는 4.4%였다. TV의 소유 비율은 전국적으로 1970년의 6.4%에서 1985년에는 99.1%로 급증하게 된다. 박물관 관람객 수도 1981년 2,622,016명에서 1990년에는 4,599,690명으로 두 배 가까이 증가했다. 한국문화예술진흥원 문화발전연구소, 『한국의 문화정책』(서울: 한국문화예술진

흥원 문화발전연구소, 1992), 206~221쪽.

13 이러한 논의에 대해서는 최장집, "과대성장국가의 형성과 정치균열의 전개," 『한국현대정치의 구조와 변화』(서울: 까치, 1989), 81~113쪽 참조.

14 수차례에 걸친 헌법 개정에도 불구하고 민족문화의 추구와 민주적 문화 풍토를 조성한다는 내용은 변화가 없었다.

15 대항문화로서의 민중문화의 발달 과정에 대해서는 최승운, "문화예술운동의 현단계," 『문화운동론 2』(서울: 공동체, 1986), 5~40쪽 참조.

16 정홍익, "문화행정연구," 『행정논총』 27권 1호(1989), 247쪽.

17 근로자 축제, 근로자 가요제 등을 국가가 직·간접적으로 지원하여 '근로자' 문화를 육성함으로써 소위 의식화된 '노동자' 문화의 상대적 약화를 추구한 것이 이에 해당할 것이다.

18 이에 대해서는 김여수, "문화정책의 이념과 방향," 『문화예술논총』 1집(1988), 28쪽; 유재천, "민중문화와 대중문화," 김용복 외, 『문화와 통치』(서울: 민중사, 1982), 29쪽 참조. 1981년에 개최되었던 '국풍'이 하나의 예가 될 수 있다. 민족문화의 현대화와 대중화라는 취지대로라면 '국풍'이 한 번의 행사로 끝나지 않았을 것이다. 프로스포츠의 활성화도 이러한 맥락에서 생각해 볼 수 있다. 5공화국과 6공화국의 대중문화 확산정책 비판에 대해서는 다음의 글들을 참조. 전일균, "제5공화국의 문화정책," 『고대문화』 24집(1984); 임상훈, "6공화국의 문화 지배정책," 『서강논집』 5호(1991); 이종남, "프로야구는 이렇게 만들어졌다," 『마당』(1982.4).

19 미국이나 프랑스, 독일 등 대부분의 국가에서는 문화정책 수립과 집행에는 명실상부하게 자율성이 있는 민간단체가 중심이 된다. 국가에 따라 문화정책의 예산을 국가가 담당하거나 기금 모집을 활용하기도 하지만, 국가가 전면에서 문화정책을 주도하는 국가는 드물다.

20 전상인, 『북한 민족주의 연구』(서울: 민족통일연구원, 1994), 100~111쪽.

21 노동계급성을 강조하는 작품들도 궁극적으로는 당성(유일사상체계)을 부각하기 위해 활용되는 경우가 많다.

22 남한에서 문화 부문 예산이 총예산에서 차지하는 비율은 0.4%에 불과하지만, 북한에서는 1950년대에 총예산의 1.5%가 문화 부문에 투입되었다.

23 지원을 담당하는 한국문화예술진흥원이나 규제를 담당하는 공연윤리위원회 모두 명목상으로는 민간기구라고 할 수 있다.

24 자본주의 국가에서 문화부가 독립되어 있지 않은 경우 문화를 담당하는 주무 부서는 교육부인 경우가 많다. 일본의 경우가 대표적인데, 문부성에서 문화를 담당하고 있다.

25 북한에서 전통문화를 정치적으로 활용하는 문제에 대해서는 이우영, 『북한 정치사회화에서 전통문화의 역할』(서울: 민족통일연구원, 1993) 참조.

3. 북한 문화예술의 개념 및 역할

1 내용상으로 사회주의 리얼리즘은 1917년 러시아의 10월 혁명 과정에서 레닌에 의해 사회주의 국가의 공식적인 예술양식으로 승인받았다. 그러나 초기에는 프롤레타리아트 리얼리즘, 경향적 리얼리즘, 공산주의적 리얼리즘 등 다양한 이름으로 불렸다. 사회주의 리얼리즘이 명칭으로 정착된 것은 1932년 스탈린이 공식적으로 '사회주의 리얼리즘'으로 명명한 이후라고 할 수 있다. 반성완, "사회주의 리얼리즘의 역사적 전개와 그 이론," 『중소연구』 제14권 제4호(1990), 10~11쪽; C. V. James, 『사회주의 리얼리즘론: 기원과 이론』(서울: 녹진, 1990), 130~131쪽.

2 F. Engels, "Letter to Margaret Harkness," edited and translated by Lee Baxandall & Stefan Morawski, *Marx & Engels: On Literature & Art*(St. Louis: Telos Press, 1973), p. 114.

3 경향성에 대해서는 Manfted Kliem(ed.), 조만영·정재경 공역, 『맑스·엥겔스 문학예술론 1』(서울: 돌베개, 1990), 155~156쪽 참조.

4 Avner Zis 지음, 연희원·김영자 역, 『마르크스주의 미학강좌』(서울: 녹진, 1989), 277쪽. 모택동은 "문예로 하여금 혁명이라는 전체 기계의 한 부분조직으로서의 역할을 잘하게 함으로써, 인민을 단결시키고 교육하여 적에 타격을 가하고 소멸시키는 유력한 무기가 되어 인민들이 마음과 뜻을 합하여 적과 투쟁하도록 도울 수 있게 하여야 합니다"라고 말했다. 모택동(毛澤東) 지음, 이등연 역, 『연안 문예강화: 당팔고에 반대한다』(서울: 두레, 1989), 16쪽.

5 소련 공산당 중앙은 1925년 6월 18일 통과된 "예술·문학정책에 관한 결의안"에서 "문화혁명은 공산주의 사회로 계속 매진하는 선결조건이다"라고 말했다. 천지파(陣繼法) 저, 총성의(叢成義) 역, 『사회주의 예술론』(서울: 일월서각, 1979), 174쪽.

6 "문학은 프롤레타리아트의 공동 대의의 일부분이 되어야 하며, 전 노동계급의 정치의식화된 전 전위에 의해 가동되는 단일한 거대한 사회민주주의적 기계장치의 '톱니바퀴와 나사'가 되어야 한다. 문학은 조직적·계획적·통일적인 사회민주당 작업의 구성요소가 되어야 한다." Vladimir Il'ich Lenin, "당조직과 당문학," 이길주 역, 『레닌의 문학예술론(On literature and Art: A selection of writings)』(서울: 논장 1988), 52쪽.

7 천지파(陣繼法), 『사회주의 예술론』, 69쪽.

8 천지파(陣繼法), 『사회주의 예술론』, 151쪽.

9 V. I. Lenin, "당조직과 당문학," 53쪽.

10 천지파(陣繼法), 『사회주의 예술론』, 172쪽.

11 V. I. Lenin, "성인교육에 관한 제1차 전러시아 대회 격려사," 『레닌의 문학예술론』, 178~182쪽; 모택동(毛澤東), 『연안 문예강화; 당팔고에 반대한다』,

39쪽.

12 모택동(毛澤東), 『연안 문예강화; 당팔고에 반대한다』, 43쪽.

13 과학백과사전출판사 엮음, 『조선말대사전』(평양: 과학백과사전출판사, 2004), 1185쪽.

14 오양열, "남북한 문예정책의 비교연구," 성균관대학교 대학원 박사학위 논문(1997), 13쪽.

15 과학백과사전출판사 엮음, 『백과전서』(평양: 과학백과사전출판사, 1983), 808쪽.

16 과학백과사전출판사 엮음, 『백과전서』, 808쪽.

17 『북한 헌법』 제40조 참조.

18 김일성, "문화인들은 문화전선의 투사로 되어야 한다(1946년 5월 24일)," 『김일성저작집 2』(평양: 조선로동당출판사, 1979), 231쪽.

19 Tom Bottomore, *A Dictionary of Marxist Thought*(Worcester: Blackwell Reference, 1983), p. 109.

20 V. I. Lenin, 『레닌의 문학예술론』 참조.

21 이우영, 『남북한 문화정책 비교연구』(서울: 민족통일연구원, 1994), 23~28쪽.

22 과학백과사전출판사 엮음, 『조선말대사전』, 1184쪽.

23 과학백과사전출판사 엮음, 『조선말대사전』, 1761쪽.

24 김일성, "문화인들은 문화전선의 투사로 되어야 한다(1946년 5월 24일)," 『김일성저작집 2』, 105쪽. 김일성이 문예에 관심을 갖게 된 것은 항일유격대 시절부터라고 한다. 김일성, 『세기와 더불어 2』(평양: 조선로동당출판사, 1992), 171~172쪽.

25 김재용, "북한문학계의 '반종파투쟁'과 카프 및 항일혁명문학," 『역사비평』 18호(1992), 246~251쪽.

26 김정일은 1970년대 이후 김일성이 항일운동 시절에 창작했다고 하는 <피바다>, <꽃파는 처녀>, <성황당> 등의 작품을 혁명가극화하는 데 주도적 역할을 수행했고, 북한의 정치·경제 등 모든 분야를 총괄하고 있는 현재에도 1990년대의 대표적인 다부작 영화인 <민족과 운명>의 작업 현장에서 직접 지도하고 있다고 한다.

27 박승덕, 『사회주의문화건설리론』(평양: 사회과학출판사, 1985), 169쪽.

28 한중모, 『주체적 문예리론의 기본1: 사회주의 공산주의문학예술의 건설』(평양: 문예출판사, 1992), 114쪽.

29 한중모, 『주체적 문예리론의 기본1: 사회주의 공산주의문학예술의 건설』, 120~130쪽.

30 오양열, "남북한 문예정책의 비교연구," 158~160쪽.

31 오양열, "남북한 문예정책의 비교연구," 161~162쪽.

5. 드라마 개념의 분단사

1 "우리식의 텔레비죤문예물창작에 깃든 위대한 스승의 손길," 『로동신문』, 2013.7.22.

2 김정일, 『주체문학론』(평양: 조선로동당출판사, 1992), 265~266쪽.

3 김영무, 『드라마의 본질적 이해』(서울: 지성의 샘, 2006), 15쪽.

4 곽노홍, 『드라마의 이해와 작법』(서울: 한누리미디어, 1999), 25쪽.

5 김영무, 『드라마의 본질적 이해』, 18쪽.

6 조용재, 『드라마총론』(익산: 원광대학교출판사, 1996), 2장; 한옥근, 『드라마(Drama)의 이론과 실기』(서울: 국학자료원, 2000), 2장 참조.

7 오명환, 『텔레비전 드라마 예술론』(서울: 나남출판, 1994), 30쪽.

8 "방송극," 한국민족문화대백과사전. https://encykorea.aks.ac.kr/Contents/Item/E0021720(검색일: 2019.10.2.).

9 "연속극," 네이버 국어사전. https://ko.dict.naver.com/#/entry/koko/f47e611c457d403c9bdbe 27fde34b7e4(검색일: 2019.10.1.).

10 박우용, 『북한 방송 총람』(서울: 커뮤니케이션북스, 2014), 27쪽.

11 리철준, "TV문학편집물에 대한 간단한 고찰," 『조선어문』(2008.4), 47쪽.

12 "우리식의 텔레비죤문예물창작에 깃든 위대한 스승의 손길," 『로동신문』, 2013.7.22.

13 오명환, 『텔레비전 드라마 사회학』(서울: 나남출판, 1994), 73~74쪽.

14 텔레비전 드라마의 제작비는 광고주의 영향력에서 자유롭지 않았다. 초창기 정규 편성이 되었던 <화요극장>은 제작비 과다로 광고주의 비판이 적지 않았다고 한다. 오명환, 『텔레비전 드라마 예술론』, 126쪽.

15 요일별로 정규편성된 것은 텔레비전방송극이 시장되었던 1960년대부터이지만 이야기가 매일 연결되는 일일연속극이 본격화된 것은 1970년대부터이다. 동양방송(TBC)의 <아씨>가 상징하는 일일연속극 시대는 10년 가까이 지속되었다. 신상일, 『한국 TV 드라마 변천사』(서울: 시나리오친구들, 2013), 194~195쪽.

16 1980년대에 등장한 <전원일기> 등이 여기에 포함된다. 코미디 성격이 강한 경우는 시트콤이라는 표현을 쓰는데 1990년대 후반부터 주목을 받았던 '순풍산부인과' 등이 여기에 포함된다.

17 미니시리즈의 출발로 <불새>를 이야기한다. 오명환, 『텔레비전 드라마 사회학』, 107쪽.

18 "텔레비죤극," 『조선대백과사전 22』(평양: 백과사전출판사, 2001).

19 "연극의 종류와 형태," 『광명백과사전 6』(평양: 백과사전출판사, 2008), 663쪽.

20 리철춘, "TV문학편집물에 대한 간단한 고찰"; "우리식의 텔레비죤문예물창작

에 깃든 위대한 스승의 손길" 참조.

21 김정일, "텔레비죤방송의 사상예술적 수준을 높일데 대하여: 조선로동당 중앙위원회 선전선동부 및 텔레비죤방송부분 일군들과 한 담화(1972.5.22.)," 『김일성 선집 2』(평양: 조선로동당출판사, 1993), 426쪽; 『조선의 영화예술』(평양: 조선영화수출입사, 2018), 198쪽; 황갑수, "텔레비죤극예술 2," 『조선예술』(1993.5), 58~59쪽.

22 김정일, 『주체문학론』(평양: 조선로동당출판사, 1992), 266쪽.

23 북한에서 텔레비죤 프로그램은 보도편집물, 일반편집물, 문예편집물로 구성된다. 김정일, "텔레비죤방송의 사상예술적 수준을 높일데 대하여," 422쪽. 그러나 실제 용어의 사용은 엄격하게 구별되지 않아 텔레비죤문예물, 텔레비젼문예편집물, TV문예물 등을 혼용하고 있다.

24 황갑수, "텔레비죤극예술 1," 『조선예술』(1993.3), 57쪽.

25 김정일, "텔레비죤방송의 사상예술적 수준을 높일데 대하여," 422쪽.

26 김정일, "텔레비죤방송의 사상예술적 수준을 높일데 대하여," 427쪽.

27 황갑수, "텔레비죤극예술 3," 『조선예술』(1993.6), 59쪽.

28 전두환 정권의 등장과 한국방송공사(KBS) 대하드라마 제작이 관계가 깊으며, 정권을 비판하는 드라마가 수난을 겪은 경험도 없지 않다. 이에 대해서는 오명환, 『텔레비전 드라마 사회학』, 9장 참조.

29 예를 들어 선군시대가 되면 텔레비죤련속극에서도 선군 메세지가 강조되어야 한다는 것이다.

30 조항제, "머릿말," 고선희 외, 『한국의 텔레비전 드라마: 역사와 경계』(서울: 컬처룩, 2013), 9쪽. 1970년대 동양방송(TBC)과 문화방송(MBC)이 채널당 4~5개씩 쏟아낸 일일연속극은 특히 통속적이고 저급한 대중문화를 상징하는 것으로 많은 비판을 받았다. 오명환, 『텔레비전 드라마 사회학』, 89쪽.

31 2000년의 〈가을동화〉, 2003년의 〈대장금〉과 〈겨울연가〉가 드라마 한류의 시작이었다.

제4부 남과 북, 갈라서며 다가서는

1. 새로운 통일담론의 필요성

1 특히 사회문화교류의 경우는 과거 반세기 동안의 교류를 합한 것을 능가할 정도의 수준에서 이루어졌다. 이우영, "남북정상회담의 문화적 효과," 『평화논총』 4권 2호(2000).

2 강명구·박상훈, “정치적 상징과 담론의 정치: 신한국에서 세계화까지,” 『한국사회학』 31(1997), 122~123쪽.

3 김정훈, “남북한 지배담론의 민족주의 비교연구: 역사적 전개와 동질이 형성,” 연세대학교 사회학과 박사학위 논문(1999).

4 통일이 필요하다고 하는 국민여론은 항상 70%를 넘어섰다. 박종철 외, 『1992년도 통일문제 국민여론조사 결과』(서울: 민족통일연구원, 1992); 서재진 외, 『사회주의체제 개혁·개방사례 비교연구』(서울: 통일연구원, 1993); 최수영 외, 『1994년도 통일문제 국민여론조사 결과』(서울: 민족통일연구원, 1994); 최수영 외, 『1995년도 통일문제 국민여론조사 결과』(서울: 민족통일연구원, 1995); 최진욱 외, 『1998년도 통일문제 국민여론조사 결과』(서울: 민족통일연구원, 1998); 최수영 외, 『1999년도 통일문제 국민여론조사』(서울: 통일연구원, 1999)

5 총선거 시간 동안에 정상회담이 발표되어 남북관계를 선거에 이용한다는 논란이 있었지만, 여당이 선거에 패배함으로써 결과적으로 남북관계 개선이 집권당에 유리한 소재가 아니라는 것이 증명되었다.

6 권혁범, “반공주의 회로판 읽기: 한국반공주의의 의미체계와 정치 사회적 기능,” 조한혜정·이우영 엮음, 『탈분단시대를 열며』(서울: 삼인, 2000).

7 이우영, 『통일과정에서 매스미디어의 역할』(서울: 민족통일연구원, 1996); 조민, 『한국사회 냉전문화 극복방안 연구』(서울: 통일연구원, 1999)

8 통일부, 『독일의 통일비용』(서울: 통일부, 1991); 오승구, “독일 統一비용, 90-94년 “50억 마르크”,” 『삼성경제』 47호(1996).

9 이를테면 정치적 통합이 된다면, 사회문화체제의 통합은 자동적으로 이루어진다는 생각이다.

10 전효관, “분단의 언어, 탈분단의 언어,” 조한혜정·이우영 엮음, 『탈분단시대를 열며』(서울: 삼인, 2000), 71쪽.

11 남한이나 북한 모두 국가보안법이나 형법을 통하여 상대 체제 및 이념 동조세력을 철저하게 통제하였다. 한승헌, “한국의 통일정책과 국가보안법,” 성균관대학교 사회과학연구소 엮음, 『한반도통일운동의 과제와 그 방향』(서울: 인간사랑, 1991).

12 이와 같은 경향은 과거 교과서에서도 나타나고 있다. 이종태, 『분단시대의 학교교육』(서울: 푸른나무, 1990), 7쪽. 국회에서 대한민국의 국시가 반공이 아니라 통일이라고 하였다가 국회의원직을 박탈당하고 범법자로 몰린 경우도 있었다는 점을 기억할 필요가 있다.

13 권혁범, 『민족주의와 발전의 환상』(서울: 솔, 2000), 105, 179쪽.

14 민족주의를 통일담론의 근간으로 삼는 것은 남북한이 다르지 않다. 김정훈, “남북한 지배담론의 민족주의 비교연구: 역사적 전개와 동질이형성,” 연세대학교 사회학과 박사학위 논문(1999); 조한혜정·이우영 엮음, 『탈분단시대를

열며』(서울: 삼인, 2000).

15 박순성·최진욱, 『통일논의의 변천과정, 1945~1993』(서울: 민족통일연구원, 1993).

16 홍윤기, "우리는 과연 통일과정에 들어가 있는가: 통일담론의 거품 빼기와 새집 짓기로서 통일," 『창작과 비평』, 통권 109호, 29쪽.

17 분단체제에 대한 관심은 백낙청으로부터 촉발되었다고 볼 수 있다. 백낙청, "분단체제의 인식을 위하여," 『창작과 비평』 통권 78호(1992). 그는 1980년대의 '사구체(사회구성체)' 논쟁에서 제기되었던 민족모순과 체제모순 문제에서 출발하여, 한반도를 규정하는 분단모순을 하나의 체제로 보아야 한다는 주장을 하고 있다. 백낙청의 분단체제론에 대해서는 다양한 논의들이 있었다. 이종오, "분단과 통일을 다시 생각해보며," 『창작과 비평』 통권 80호(1993); 정대화, "통일체제를 지향하는 '분단체제'의 탐구," 『창작과 비평』 통권 8호(1993); 손호철, "'분단체제론'의 비판적 고찰," 『창작과 비평』 통권 84호(1994); 박순성, "분단체제의 미래와 동북아 질서," 『창작과 비평』 통권 103호(1999). 이 글에서는 분단체제론의 문제제기를 어느 정도 받아들이면서, 실질적으로 분단체제가 일상적인 차원에 서 어떤 양상으로 나타나고 있는가에 관심을 가지고 있다. 이런 차원에서 분단체제가 아닌 분단구조라는 말을 사용하였다.

18 통일비용을 우려하는 사람들이 간과하고 있는 요소들이 분단비용과 통일의 편익이라고 할 수 있다, 즉 분단과정에서는 일정한 비용이 지속적으로 든다는 것이고, 통일은 비용을 지출할 뿐만 아니라 통일을 통하여 얻게 되는 이익도 적지 않다는 점을 생각하여야 한다. 조동호, "통일의 경제적 비용과 편인," 통일연구원 편, 『분단비용과 통일비용』(서울: 통일연구원, 1997).

19 이승복 어린이가 죽었던 당시(1968년) 『조선일보』 기자가 현장에 있었는가 하는 문제를 둘러싸고 월간지 『말』, 『미디어 오늘』, 문화방송 등이 문제를 제기하여 언론사 간에 논쟁이 붙었다. 이에 대해서는 http://www.digitalmal.com/news/news_read.php?no=110 참조.

20 Kim, Byoung-Lo Philo, *Two Koreas in Development*(New Brunswick : Transaction Publishers, 1992).

21 이우영, "편협된 사회의 획일적 문화," 『세계정치경제』 8호(2001).

22 홍성태, "50년 전쟁체제'의 사회적 결과: 비정상성의 정상화," <한국산업사회학회 주최 비판사회학대회: 남북간 대립 사회체제의 동요와 새로운 갈등구조의 이해>(2000).

23 정진상, "한국전쟁과 전근대적 계급관계의 해체," <경상대 사회과학연구소 주최 1999년 동계학술대회: 한국전쟁 50주년과 한국자본주의>(1999); 장상환, "국가보안법 체제의 성립과 몰락," <경상대 사회과학연구소 주최 1999년 동계학술대회: 한국전쟁 50주년과 한국자본주의>(1999); 성경륭, "분단체제

와 시민사회,” 『아시아문화』 16호(2000).

24 전효관, “분단의 언어, 탈분단의 언어,” 조한혜정·이우영 엮음, 『탈분단시대를 열며』(서울: 삼인, 2000), 73쪽.

25 조한혜정, “분단과 공존: 제3의 공간을 열어 가는 통일교육을 지향하며,” 조한혜정·이우영 엮음, 『탈분단시대를 열며』(서울: 삼인, 2000), 356쪽.

2. 임수경 방북사건과 남북관계의 전환

1 남북관계와 남북한 내부체제의 관계에 대해서는 박상현·최준영, “선호도의 변화를 중심으로 살펴본 남북관계발전의 통사적 연구,” 『한국정치학회보』 제43집 제4호(2009), 125~149쪽; 김용현, “북한 내부정치와 남북관계: 7·4, 남북기본합의서, 6·15 비교,” 『통일문제연구』 42권(2004), 275~296쪽 참조.

2 국제관계와 남북관계에 대해서는 이정철, “북미대립과 남북관계: 변화와 동조화,” 『정신문화연구』 32권 1호(2009) 참조.

3 최대석, “남북관계 60년, 남북 대화 60년,” 이화여자대학교 통일학연구원 편, 『남북관계사』(서울: 이화여자대학교 출판부, 2009), 14~15쪽.

4 1960년대 후반에 휴전선 부근에서 무력 충돌이 급증하였으며, 박정희 대통령 암살기도(1968년), 미 해군 푸에블로 나포사건(1968년), 미 해군 정찰기 EC-121기 격추사건(1969년)이 일어난 것도 이 시기였다. 고병철, “남북한 관계의 역사적 맥락,” 경남대학교 북한대학원 편, 『남북관계론』(파주: 한울, 2005), 42~43쪽.

5 배긍찬, “1970년대 전반기의 국제환경변화와 남북관계,” 한국정신문화연구원 편, 『1970년대 전반기의 정치사회변동』(서울: 백산서당, 1999), 25쪽.

6 7·4공동성명의 핵심은 통일 3대 원칙으로 첫째, 통일은 외세에 의존하거나 간섭을 받지 않고 자주적으로 해결하여야 한다. 둘째, 통일은 서로 상대방을 반대하는 무력생사에 의지하지 않고 평화적인 방법으로 실현해야 한다. 셋째, 사상과 이념, 제도의 차이를 초월하여 우선 하나의 민족으로서 민족대단결을 도모하여야 한다로 구성되어 있다. 고병철, “남북한 관계의 역사적 맥락,” 45쪽.

7 김형기, 『남북관계 변천사』(서울: 연세대학교 출판부, 2010), 60~63쪽.

8 통일노력 60년발간위원회 편, 『하늘길 땅길 바닷길 열어 통일로』(서울: 통일부, 2005) 참조.

9 김형기, 『남북관계 변천사』, 136~147쪽 참조.

10 정영철, “민주화와 통일의 역동성과 시민사회의 발전,” 우리민족서로돕기운동, 『남북관계와 시민사회』(서울: 우리민족서로돕기운동, 2008), 67~70쪽.

11 김국신 외, 『남북한 통합을 위한 바람직한 통일정책 거버넌스 구축방안』(서울: 통일연구원, 2005) 참조.

12 『로동신문』 해당 연월일을 참고하여 작성.

13 문익환 목사는 1989년 3월 25일부터 4월 3일까지 북한을 방문하였다. 그는 조국평화통일위원회 위원장인 허담과 회담을 갖고 1989년 4월 2일 인민문화궁전에서 기자회견을 열어 '자주적 평화통일과 관련된 원칙적 문제 9개항'이란 제목의 합의성명으로 발표했다. 합의성명의 주요내용은 ①자주·평화·민족대단결의 3대원칙에 기초한 통일문제 해결, ②정치·군사회담 진전을 통해 남북의 정치·군사적 대결상태 해소와 동시에 다방면의 교류·접촉 실현, ③연방제 방식의 통일, ④팀스피릿 훈련 반대 등이었다. 귀환 즉시 문익환 목사는, 정부와 사전협의 없이 독자적으로 방북했으며 평양 도착성명에서 '존경하는 김일성 주석'이라는 표현을 사용하고 한국정부를 일방적으로 비방했다는 이유로 국가보안법상의 '반국가단체잠입죄'로 구속되었다. 이 사건을 계기로 정부는 '공안합동수사본부'를 구성해 전국민족민주운동연합(전민련)의 주요 간부를 연행해 조사하고, 시인 고은과 전민련 조국통일위원회 위원장이었던 이재오를 구속하였다. 이 사건으로 문익환 목사는 지령수수, 잠입, 탈출 혐의가 인정되어 징역 7년을 선고받고 복역하다가 1993년 3월 6일 사면되었다. http://100.naver.com/100.nhn?docid=725704(검색일: 2011.5.10.). 전라남도 함평 출신 평화민주당(평민당) 소속 국회의원이었던 서경원은 1988년 7월 19일부터 21일까지 사흘간 북한을 방문했다. 이 사실이 뒤늦게 알려져 1989년 6월 27일 서경원 의원은 국가보안법 위반혐의로 구속되었다. 국가안전기획부(안기부)는 서경원 의원이 북한 체류 중 허담이 배석한 가운데 김일성 주석과 면담, 통일문제 등에 관해 회담을 가졌으며 김일성으로부터 5만 달러를 건네받아 간첩 활동을 했다고 발표했다. 서경원 의원은 1심에서 실형을 선고받아 의원직을 상실했다. http://100.naver.com/100.nhn?docid=725721(검색일: 2011.5.10.).

14 "사설," 『경향신문』, 1989.6.24.

15 "사설," 『경향신문』, 1989.6.29.

16 "동아광장: 기막히는 일들," 『동아일보』, 1989.7.1.

17 임수경 방북사건을 전후하여 검찰은 주사파 일제 수사에 나서 서점 및 출판사를 압수 수색하였고, 시민들은 무분별한 방북을 우려하는 경향이 강화되었다. 『경향신문』, 1989.6.23~29. 참조.

18 "사설," 『동아일보』, 1989.7.4.

19 "사설," 『동아일보』, 1989.6.30.

20 "사설," 『동아일보』, 1989.7.6.

21 서경원 방북 등과 관련하여 김수한 추기경은 기자회견에서 다양한 교류의 필요성을 강조하면서 이러한 우려를 표명하였다. 『동아일보』, 1989.7.1. 참

조. 민주화에 대한 우려에 대해서는 “사설,” 『조선일보』, 1989.7.5. 참조.

22 1988년 7월 7일 노태우 대통령이 발표한 ‘민족자존과 통일번영을 위한 특별선언’으로 공산권에 대한 개방정책과 공존의 대북정책을 강조하였다. 7·7 선언에 대해서는 김형기, 『남북관계사』, 149~151쪽 참조.

23 임수경이 방북하였을 당시 평양시민들은 공항부터 인산인해를 이루었고 호텔에도 많은 인파들이 몰려들었다고 한다. “김찬구의 대북사업 16년: 평양에서 임수경을 만나다,” http://www.dailynk.com/korean/read.php?cataId=nk04110&num=14254(검색일: 2011.5.15.) 참고.

24 『로동신문』, 1989.7.2.

25 『로동신문』, 1989.7.2.

26 『로동신문』, 1989.7.5.

27 『로동신문』, 1989.7.6.

28 『로동신문』, 1989.7.7.

29 임수경은 축전의 주인공이었다. 북한 사람들 전부가 ‘미제의 식민지 땅에서 헐벗고 고생하던’ 남조선 여학생을 신기한 눈으로 바라보았다. 별의별 소문들이 북한에 떠돌았다. ‘남한에선 임수경 같은 얼굴을 미인이라고 한대. 하도 남조선 여자들이 못생겼으니깐 저 정도는 정말 대단한 거래’ 등. 당시 평양의 주민들의 임수경에 대한 관심에 대해서는 주성하, “임수경이 북한에 뿌렸던 금단의 열매들,” http://blog.donga.com/nambukstory/archives/259 (검색일: 2011.5.15) 참조.

30 임수경은 북한문화 전반에서 일종의 화두였는데 하나의 예로서 북한 아동문학과 임수경 방북에 대해서는 이재철, “림수경 방북과 북한 『아동문학』지,” 『아동문학평론』 제28권 제3호(2003) 참조.

31 주성하, 『서울에서 쓰는 평양 이야기』(서울: 기파랑, 2010) 참조.

32 임수경은 이 사건과 관련해 국가보안법 위반죄로 징역 5년을 선고받고 복역하던 중 1992년 특별 가석방된 뒤, 1999년에 복권되었다. 임수경 사건에 대한 인식은 오늘날에도 여전히 논쟁적이라고 볼 수 있는데, 다음의 글을 참고 할 수 있다. 조갑제, “문익환, 임수경 처벌을 ‘탄압’이라 가르치는 교과서!,” http://www.newdaily.co.kr/news/article.html?no=75158(검색일: 2011년 5월 13일); 최영환, “통일의 꽃이 넘은 분단의 벽 ‘임수경 방북 사건’,” http://blog.naver.com/kdemo0610? Redirect=Log&logNo=20057871055(검색일: 2011.5.16).

33 임수경 사건을 전후한 공안정국에 대해서는 편집부, “공안정국과 분단체제” 『창작과 비평』 제17권 제3호(1989), 2~7쪽; 신준영, “공안정국 노림수 정계개편 공작,” 월간 『말』 통권 38호(1989.8), 14~21쪽 참조.

34 임수경 방북을 추진하였던 전대협 3기에 대해서는 “한국학생운동100년사 7탄: 조국은 하나다! 3기 전대협,” http://blog.daum.net/23mjj/8151019(검색일:

2011.5.18) 참조.

35 범민련의 형성과정에 대해서는 http://www.tongil-i.net/(검색일: 2011.5.15) 참조.

36 남한주민들이 북한에 대한 정보 접근은 원천적으로 봉쇄되어 있었지만, 북한 당국은 정치적으로 필요한 경우를 중심으로 선별적으로 남한의 정보를 주민들에게 제공하였다. 이우영, 『북한의 자본주의 인식변화』(서울: 통일연구원, 2000) 참조.

37 주성하, "임수경이 북한에 뿌렸던 금단의 열매들." 탈북자들이 북한체제 비판에 적극적이라는 점에서 위의 인용도 다소 과장되었을 가능성을 배제할 수 없다. 그러나 정도의 차이는 있지만 탈북자들이 임수경 사건에 대한 진술에서 위의 인용문과 같은 이야기가 나오고 있다.

38 김홍수, "북한종교의 변화와 사회적 환경," 『종교연구』 32권(2003) 참조.

39 과거 공안사건에서는 장기형이 남발되었던 것과 비교할 때 임수경에 대하여 선고된 5년형은 상대적으로 심한 처벌이 아니었다고 할 수 있다.

40 실제로 임수경 사건 당시의 전대협 등은 북한과의 교감이 일정 수준 이상이었지만, 이후 남북 간 사회문화교류가 활성화되는 가운데 활동의 중심이 되는 각종 시민사회단체들은 북한과의 이해 충돌이나 이념 갈등이 적지 않았다.

3. 남북정상회담과 사회문화교류

1 사회문화교류는 협의의 차원에서는 남북한 간 학술 문화예술, 종교, 체육, 언론출판 분야의 교류이고 광의에서 본다면 대북지원 및 이산가족 상봉 등 인도적 차원의 인적 교류도 포함된다. 심영희, "남북 사회문화교류: 대북포용정책의 의의와 전망," 『사회과학논총』 제20권(2001), 143~144쪽. 이 글에서는 넓은 의미의 사회문화교류를 다루고자 한다. 남북 협력 사업은 경제 분야에서 남북이 이익을 추구하고 달성하는 것이라는 점에서 교류사업과 차이가 있다.

2 판문점 선언에서 사회문화 관련 조항은 다음과 같다. 1-③ 남과 북은 당국 간 협의를 긴밀히 하고 민간교류와 협력을 원만히 보장하기 위하여 쌍방 당국자가 상주하는 남북공동연락사무소를 개성 지역에 설치하기로 하였다. ④ 남과 북은 민족적 화해와 단합의 분위기를 고조시켜 나가기 위하여 각계각층의 다방면적인 협력과 교류 왕래와 접촉을 활성화하기로 하였다. 안으로는 6·15를 비롯하여 남과 북에 다 같이 의의가 있는 날들을 계기로 당국과 국회, 정당, 지방자치단체, 민간단체 등 각계각층이 참가하는 민족공동행사를 적극 추진하여 화해와 협력의 분위기를 고조시키며, 밖으로는 2018년 아

시아경기대회를 비롯한 국제경기들에 공동으로 진출하여 민족의 슬기와 재능, 단합된 모습을 전 세계에 과시하기로 하였다. ⑤ 남과 북은 민족 분단으로 발생된 인도적 문제를 시급히 해결하기 위하여 노력하며, 남북 적십자회담을 개최하여 이산가족·친척상봉을 비롯한 제반 문제들을 협의 해결해 나가기로 하였다. 당면하여 오는 8·15를 계기로 이산가족·친척 상봉을 진행하기로 하였다.

3 김상범·김종수, "'민족공동체통일방안'의 계승, 발전 방안 연구," 『북한학연구』 제12권 1호(2016), 153쪽.

4 대북정책이나 통일정책을 둘러싼 남남갈등이 극심하였음에도 불구하고 통일방안이 지속되어 왔다는 것은 의미가 있다. 이것은 민족공동체 통일방안이 다양한 국민들의 의견을 수렴하여 만들어졌으며 무엇보다도 점진적이고 평화적인 통일이 대다수 국민들의 지지를 받고 있기 때문이라고 볼 수 있다. 이와 관련해서 김상범·김종수, "'민족공동체통일방안'의 계승, 발전 방안 연구," 156쪽; 이창헌, "한민족 공동체 통일방안의 특징과 평가," 『통일문제연구』 제9권(1991), 78~81쪽; 고유환, "민족공동체 통일방안의 이행과정과 추진전략 재검토," 『통일인문학』 제60집(2014).

5 이우영·손기웅·임순희, 『남북한 평화공존을 위한 사회문화, 교류협력의 활성화 방안』(서울: 통일연구원, 2001), 6쪽.

6 이기동, "통일환경의 변화와 「민족공동체 통일방안」," 『한국동북아논총』 제71권(2014), 194쪽.

7 사회문화교류 과정에서 남북한 사람들을 서로가 다른 사람들이 아니라 같은 고민들을 가지고 있는 소통할 수 있는 공동체 구성원이라는 것을 느끼게 되는데 이를 인간적 통합이라고 할 수 있다. 이우영, "대북 인도적 지원과 남북한 마음의 통합," 『현대북한연구』 제17권 2호(2014).

8 2000년대 사회문화교류가 확대되면서 남한에서는 교류를 뒷받침하기 위하여 관련 법령 등의 정비가 이루어졌다. 북한은 교류 초기에 남북한 사람들의 접촉을 최소화하기 위해서 노력하였으나 점차 접촉면의 제한이 축소하는 방향으로 정책이 바뀌었다.

9 심영희, "남북 사회문화교류: 대북포용정책의 의의와 전망," 141쪽.

10 반공교육과 반자본주의교육에 받아온 남북한 주민들은 냉전문화에 길들여져 있고, 서로 다른 문화를 형성해 온 까닭에 사회문화교류 과정이 이질성을 확인하는 계기가 될 수 있다는 것이다.

11 Samuel Phillips Huntington 지음, 이희재 역, 『문명의 충돌』(서울: 김영사, 2016).

12 7·7선언은 남북교류의 적극추진, 남북한 간 신뢰구축 및 긴장완화를 통한 관계개선과 평화정착을 목표로 하였다.

13 문화교류과정에서 분단이전의 민족전통문화를 우선적으로 교류, 승부 및 경

쟁적 분야의 배제, 전통문화의 원형을 변형, 또는 훼손하는 표현방식의 지양, 쉽고 작은 일부터 시작, 공동실행을 위한 지속적인 노력 경주 등을 내용으로 하고 있다.

14 민족화해범국민협의회, 『남북 사회문화교류 중장기 로드맵 설정 및 추진 전략 연구』(서울: 통일부, 2007), 3장.

15 교향악단의 경우 KBS교향악단이 초청대상자였으나, 이미 한 민간단체가 4월에 북측과 방문공연에 계약한 적이 있으며, 이로 인해 법적인 분쟁도 야기되었다.

16 이화여대 통일학연구원 편, 『남북 관계사: 갈등과 화해의 60년』(서울 이화여대 출판부, 2009), 507쪽.

17 북한의 경우는 다소 다르다. 남북한문화의 본질적인 차이 즉 남한의 문화가 상대적으로 다양하였기 때문에 남한 문화 가운데 일부분을 북한에서 적극적으로 소개한 경우가 있다. 예를 들어 황석영의 작품이 대표적이며, 이 밖에도 주로 민중문학 계열의 작품들은 북한 주민들이 접할 수 있었다.

18 '교예단원이 실수하면 탄광에 끌려가기 때문에 잘할 수밖에 없다'거나 소년예술단의 공연을 보면서 '어릴 때부터 가혹하게 훈련시킨 결과'라고 생각하는 식이다.

19 백영철 외, 『21세기 남북관계론』(서울: 법문사, 2000), 371쪽.

20 1954년 4월 27일 제네바 회담에 나온 북한 대표 남일은 "조선의 민족통일을 실천하기 위해 경제 및 문화교류, 즉 통상, 재정회계, 운수, 경계선 관계, 주민의 통행 및 서신의 자유, 문화 및 과학교류 및 기타를 설정, 발전시킬 대책들을 즉시 취하자"고 주장하였다. 이수석, "북한의 대남 사회문화교류정책에 관한 연구," 『KOREA SCOPE 연구논문자료』 제5권(2000), www.koreascope.org/gnuboard(검색일: 2007.11.25).

21 당시 남한은 "남과 북은 신문, 라디오, 텔레비전 및 출판물의 상호개방을 통해 민족구성원들이 서로 상대방의 실상을 알 수 있도록 한다"라거나 "남과 북은 민족전체의 복지향상과 균형발전을 도모하기 위하여 교통·체신, 학술·교육, 언론출판, 종교, 보건, 환경, 체육, 과학·기술 등 여러 분야에서 상호교류와 협력을 실시한다"는 매우 강한 안을 제시하였다. 이에 대해 북은 남한이 제기한 안에서 신문, 라디오, 텔레비전 등을 빼는 안을 제기하면서 "악취를 풍기는 썩은 문화의 오염"으로부터 보호하기 위한 것이라 주장하였다. 최대석, "남북한 사회문화교류협력 추진방향," 『통일연구논총』 제4권 2호(1995), 80쪽.

22 조한혜정 외, 『탈분단 시대를 열며: 남과 북, 문화공존을 위한 모색』(서울: 삼인, 2000).

23 대표적으로 국가보안법 같은 경우가 있다. 국제적으로도 비난을 받는 이 법의 문제점을 과감히 고치는 것이다. 통일교육에 대해 평화문화를 확산시키

는 교육으로 변화시키는 일도 있다.

24 판문점 선언의 개성 공동 사무소 설치가 대표적인 경우이다.

25 박영정, “북한에 부는 ‘한류 열풍’의 진단과 전망,” 『JPI 정책포럼』, No. 2011-30(2011).

26 강동완, 『모란봉악단, 김정은을 말하다』(서울: 선인, 2014), 1부 1장.

27 예를 들어 한때 윤이상 음악제를 남북이 개최하는 것을 검토한 적이 있었다. 당시는 남북관계가 악화되어 음악제가 성사되지 못하였지만, 당시 남한의 어떤 오케스트라도 윤이상의 주요 작품을 완주할 수 있는 편성을 갖고 있지 못하여 기술적인 차원에서도 문제가 될 수 있었다.

28 남한 정부의 적대적 대북청책과 더불어 북한의 핵 개발 및 미사일 실험 반복으로 반공(反共)을 넘어서서 혐북(嫌北) 분위기가 확산되고 있다. 강호제, “혐북은 어떻게 작동하는가,” 『통일뉴스』, 2017년 4월 10일; http://www.tongilnews.com/news/articleView.html?idxno=12037(검색일: 2018.4.29).

29 대북협력민간단체협의회·북한대학원대학교 미시연구소, 『대북지원 20년 백서: 1995~2015』(서울: 대북협력민간단체협의회, 2015).

30 최근 대북지원단체들은 개발지원으로의 성격전환을 논의하고 있으나, 당장 추진되기에는 적지 않은 문제가 있다. 김석진, “개발협력 국제규범과 북한적용 문제”; 정구연, “시민사회의 대북개발협력 가이드라인 및 협력 방향,” <초록우산어린이 재단·통일연구원과 대북개발협력 학술회의: 대북개발협력의 경험과 새로운 패러다임>(2018.4.20.).

4. 남북한 접촉지대와 마음의 통합이론

1 K. Waltz, *Theory of International politics*(Reading: Addison-Wesley, 1979), pp. 4~6.

2 M. Pratt, “Arts of the Contact Zone,” *Profession,* 91(1991).

3 B. Anderson, *Imagined Communites*(London: Verso, 1983). 네트워크이론의 은유를 이용한다면, 접촉지대는 서로 다른 문화적 특성을 가진 노드들(nodes)이 비대칭적 링크(links)와 플로우(flows)를 가짐에도 하나의 공동체 또는 네트워크‘처럼’ 기능하는 공간이다. 즉, 접촉지대는 하나처럼 기능하지만, 네트워크들의 접합체인 인터네트워크(inter-networks) 또는 네트워크의 네트워크 또는 복합네트워크라 할 수 있다. 네트워크들의 관계는 강제와 동의의 링크들—지배와 피지배, 사회통합의 결절점들—에 의해 접합된다. 행위자네트워크이론(actor-network theory)이 지적하는 것처럼, “어떻게 네트워크들이 단일 행위자처럼 보이게 되는지”를 설명하기 위해서도 접촉지대의 개

념은 유용하다. 어떤 네트워크들이 단일 행위자로 기능하지 못할 때, 공동체가 접촉지대임을 확인할 수 있다. 즉, 네트워크 밖의 관계는 '무한한' 네트워크의 안을 볼 수 있는 계기를 제공하곤 한다. 행위자네트워크이론에 대해서는 브루노 라투르 외, 홍성욱 엮음, 『인간·사물·동맹』(서울: 이음, 2010) 참조.

4 A. Giddens, *Social Theory and Modern Sociology*(Oxford: Basil Blackwell, 1987), p. 144.

5 더글러스 노스 지음, 이병기 옮김, 『제도·제도변화·경제적 성과』(서울: 한국경제연구원, 1996), p. 13.

6 이 패러그래프와 <표 1>은, 본 저자들이 소속되어 있는 한국사회과학연구(SSK) 사업단이 공유하는 전 이론적 진술들이다. 예를 들어, 윤철기·양문수, "북한 연구의 미시적 접근과 남북 접촉지대 연구," 『현대북한연구』 제16권 2호(2013), 257~ 258쪽에 동일한 내용이 담겨 있다.

7 대니얼 대닛 지음, 이희재 옮김, 『마음의 진화』(서울: 사이언스북스, 2006).

8 행위의 복합성은 자크 데리다 지음, 정승훈·진주영 옮김, 『문학의 행위』(서울: 문학과 지성사, 2013).

9 대니얼 대닛 지음, 이희재 옮김, 『마음의 진화』; 아지트 바르키·대니 브라워 지음, 노태복 옮김, 『부정본능』(서울: 부키, 2015). 진화심리학은 동물을 포함한 행위자의 '의도성(intentionality)'을 마음의 본질로 포착한다. 인간이, 필멸에 대한 인식과 그것에 대한 '부정'의 과정에서, 서로를 의도성을 가진 독립적 존재로 이해하는 단계에 이르렀다는 것이다.

10 라인하르트 코젤렉지음, 한철 옮김, 『지나간 미래』(서울: 문학동네, 1998), 121~144쪽.

11 "남에게 자기 생각을 숨기려고 발명한 것이 언어다. 자기의식의 발전은 남의 마음에서 벌어지는 사태에 대한 가설을 개발하고 검증하기 위한 전략이었다." 대니얼 대닛 지음, 이희재 옮김, 『마음의 진화』.

12 김홍종, "마음의 사회학을 이론화하기: 기초개념들과 설명논리를 중심으로," 『한국사회학』 48권 4호(2014), 183쪽.

13 '개별적 마음에는 잔여지만 핵심일 수 있는 남는 것이 있는 것일까?'라는 질문은 또 다른 천착의 주제다. 주체의 호명이 이루어지더라도 모든 대상이 동일한 행동을 하는 것은 아니기 때문이다.

14 이슬람 바로 알기를 위해 기획된, 마크 A. 가브리엘 지음, 최상도 옮김, 『이슬람 테러리스트의 마음 엿보기』(서울: 글마당, 2011)가 예외적 제목을 달고 있다.

15 서울대학교 철학사상연구소 엮음, 『마음과 철학: 서양편 상』(서울: 서울대학교 출판문화원, 2012); 서울대학교 철학사상연구소 엮음, 『마음과 철학: 서양편 하』(서울: 서울대학교 출판문화원, 2012); 서울대학교 철학사상연구소

엮음, 『마음과 철학: 유학편』(서울: 서울대학교 출판문화원, 2013); 서울대학교 철학사상연구소 엮음, 『마음과 철학: 불교편』(서울: 서울대학교 출판문화원, 2013)의 '발간사' 중 한 구절이다.

16 정원재, "유학에서 보는 마음: 거울과 저울, 또는 사랑과 앎의 변주곡," 서울대 철학사상연구소 엮음, 『마음과 철학: 유학편』.

17 강진호, "마음을 이해하는 서양철학의 세 가지 전통," 서울대 철학사상연구소 엮음, 『마음과 철학: 서양편 상』.

18 문석윤, 『동양적 마음의 탄생』(파주: 글항아리, 2013).

19 정원재, "유학에서 보는 마음."

20 P. McLaughlin, "Descartes on Mind-Body Interaction and the Conservation of Motion," in Tom Sorell, ed., *The International Library of Critical Essays in the History of Philosophy: Descartes*(Brookfield: Ashgate, 1999). 물론 데카르트가 이원론을 절대적으로 옹호한 것은 아니다. 예를 들어, 데카르트는, 배의 도선사처럼 내가 나의 몸속에만 거주하는 것은 아니지만 나는 몸과 밀접하게 연관되어 있음을 인정하기도 했다.

21 한국에서 발간된 『가톨릭성경』의 번역이다.

22 M. Rowlands, *The New Science of the Mind: From Extended Mind to Embodied Phenomenology*(Cambridge: The MIT Press, 2010).

23 파스칼 지음, 이환 옮김, 『팡세』(서울: 민음사, 2011). 인간이란 종이 가지는 마음은 특이한데, "솔직히 다른 생물 종 가운데 인간처럼 어떤 것에, 심지어 어떤 책에서 읽은 사상에 목숨을 걸고 목숨을 잃기도 하는 종이 또 있을까"라는 질문은, 인간이란 종의 마음의 본질이 이성보다 감정에 있음을 생각하게 한다. 리드 몬터규 지음, 박중서 옮김, 『선택의 과학: 뇌과학이 밝혀낸 의사 결정의 비밀』(서울: 사이언스북스, 2011).

24 "이성을 마비시키는 감성 능력은 아마도 우리의 진화 과정에서 핵심 부분이었을" 것이다. 아지트 바르키·대니 브라워 지음, 노태복 역, 『부정본능』(서울: 부키, 2015), 51쪽.

25 김기현, "환원적 물리주의," 서울대학교 철학사상연구소 엮음, 『마음과 철학: 서양편 상』.

26 D. Borchert, ed., *Encylopedia of Philosophy* Vol. 2(Farmington Hills: Thomson Gale, 2006), p. 297.

27 M. Rowlands, *The New Science of the Mind*.

28 G. Butler and F. McManus, *Psychology: A Very Short Introduction*(Oxford: Oxford University Press, 1998).

29 M. Rowlands, *The New Science of the Mind*.

30 M. Rowlands, *The New Science of the Mind*.

31 M. Rowlands, *The New Science of the Mind*.

32 대니얼 대닛 지음, 이희재 옮김, 『마음의 진화』.

33 신현정 외, 『마음학』(서울: 백산서당, 2010); G. Butler & F. McManus, *Psychology : A Very Short Introduction*(Oxford: Oxford University Press, 2000).

34 심광현, 『맑스와 마음의 정치학: 생산양식과 주체양식의 변증법』(서울: 문화과학사, 2014).

35 김홍중, 『마음의 사회학』(파주: 문학동네, 2009), 22~24쪽.

36 레짐의 정의는, S. Krasner, ed., *International Regimes*(Ithaca: Cornell University Press, 1983); 체계에 대한 정의는, 평화체계란 개념을 사용했던 D. Mitrany, *A Working Peace System*(Chicago: Quadrangle Books, 1966) 참조.

37 박가분, "변신하는 리바이어선과 감정의 정치," 『창작과 비평』 제42권 4호(2014).

38 인천 남동구의 사례는, 이수정, "접촉지대와 경계의 (재)구성: 임대아파트 단지 남북한 출신 주민들의 갈등과 협상," 『현대북한연구』 제17권 2호(2014).

39 이수정·양계민, "북한출신주민과의 지역사회 내 접촉수준에 따른 남한출신 주민의 태도의 차이: 인천 논현동 지역 거주자를 중심으로," 『북한연구학회보』 제17권 1호(2013).

40 윤철기, "북한이탈주민의 노동권과 마음의 통합: 인천시 남동구의 비정규직·비공식분야 노동자의 심층면접을 중심으로," 『법과 인권교육 연구』 제7권 2호(2014).

41 다양한 국가적 기원을 가진 이주노동자가 노동력을 판매하고 있는 인천 남동구 지역에서, 탈북자들은 이주노동자와 같은 다른 사회적 소수자 집단에 대해서 이중적인 태도를 보이고 있다. 첫 번째는 이주노동자에 대한 연대의식을 가지게 되는 경우이다. 탈북자들은 남한사회에서 사회적 소수자에 대한 '차별'과 '불평등'을 인식하게 되면서, 다른 사회적 소수자 집단에 대해서 동질감을 느끼게 되는 경우가 있다. 탈북자들은 자신들에 대한 차별과 선입견 가진 문제를 직접 체감함에 따라 다른 사회적 소수자 집단에 대한 차별이 가진 문제점 역시 심각하게 인식하게 된 것이다. 두 번째는 다른 이주노동자와의 경쟁심을 가지게 되는 경우이다. 탈북자는 이는 같은 민족임에도 불구하고 오히려 다른 국적을 가진 이주노동자들보다 오히려 더 못한 처우를 받는다고 느낄 때는 남한 사장에 대해서는 서운함을, 다른 노동자들에 대해서는 경쟁심을 느끼는 것으로 나타났다. 같은 민족이기 때문에 그리고 탈북자는 엄연히 한국인이기 때문에 다른 국적을 가진 이주노동자보다 못한 처우를 받아서는 안 된다는 생각을 가지고 있는 것이다.

42 이수정·이우영, "영국 뉴몰든 코리아타운 내 남한 이주민과 북한난민 간의 관계와 상호인식," 『북한연구학회보』 18권 1호(2014).

43 『개성공단 사업 현황 및 과제』(서울: 통일부, 2012).

44 양문수·이우영·윤철기, "개성공단 북한 근로자에 대한 남한 주민의 태도에 관한 연구," 『통일문제연구』 제59호(2013), 147~148쪽.

45 북한 주민들에 대한 태도 변화는 직접적으로 설문할 수 없다. 남한 관리자들이 인식하는 변화일 수밖에 없다. 양문수·이우영·윤철기, "개성공단의 남북한 접촉이 북한 근로자에 미친 영향에 관한 연구," 『통일연구』 제17권 제2호(2013).

46 이우영, "대북 인도적 지원과 남북한 마음의 통합," 『현대북한연구』 제17권 2호(2014).

47 대북 지원단체의 활동가들을 인터뷰한 결과 공여자와 수혜자 간의 직접적인 대화와 만남이 대단히 어렵다는 점을 다시 한 번 확인할 수 있었다. 특히 대북지원 활동이 본격화되기 이전에 북한 정부가 남한의 시민사회단체를 정확히 인지하지 못했다고 한다. 북한 정부와 사람들이 국가와 시민단체에 대한 구별이 명확하지 않기 때문이다. 특히 대북지원활동에서 자주 부딪치게 되는 북한 민족화해협력위원회 참사들에게 시민단체가 무엇인지 설명하고 이해시키는 데 오랜 시간이 걸렸다고 한다.

48 남한의 시민사회단체들이 북한의 기관과 주민들과 접촉할 때 겸손을 강조하는 이유도 이 때문이다.

49 윤철기·구갑우, "남북한 대화에서 남북한의 상호인식 변화: 노태우 정부 시기 남북고위급회담을 중심으로," 『북한학연구』 제9권 제1호(2013).

50 페르낭 브로델 지음, 김홍식 옮김, 『물질문명과 자본주의 읽기』(서울: 갈라파고스, 2012); 뤼시앵 페브르 지음, 김응종 옮김, 『16세기의 무신앙 문제』(서울: 지만지, 2008).

51 문석윤, 『동양적 마음의 탄생』; 아지트 바르키·대니 브라워, 『부정본능』.

52 K. Woodward, *Understanding Identity*(New York: Oxford University Press, 2002).

53 북한적 마음체계의 추론과 측정은 방법론의 측면에서 두 가지 난점을 지닌다. 첫째, 현장조사가 불가능한 북한이란 연구대상의 문제다. 둘째, 마음체계의 조작화(operationalization)를 통한 측정의 문제다. 이 두 어려움의 극복을 위해 현장 연구(field research), 암묵적 연합검사(implicit association test), 설문조사, 텍스트분석, 관객분석, 결정적 사건분석 등의 방법을 결합하여 사용한다. 특히, 보이는 마음과 보이지 않은 마음을 다 보기 위해서는 방법론적 다원주의가 필수적일 수밖에 없다.

54 서구의 현상학에서도 몸이 외부의 세계를 지각하는 것을 '감각'으로 규정하면서, 이 외부적 맥락으로 공간, 사회, 역사, 즉 시공간을 설정한다. 모리스 메를로퐁티 지음, 류의근 옮김, 『지각의 현상학』(서울: 문학과 지성사, 2002). 마음은 감각을 통해 외부 세계와 소통한다는 의미다.

55 A. Giddens, *Profiles and Critiques in Social Theory*(Berkeley: University of California Press, 1982).

56 L. Mayhew, *Talcott Parsons: On Institutions and Social Evolution*(Chicago: The University of Chicago Press, 1982).

57 J. Mercer, *Reputation & International Politics*(Ithaca: Cornell University Press, 1996). 머써는 적들이 기대와 달리 긍정적으로 행동할 때, 우리는 이 상궤를 벗어난 행동을 상황적 귀인으로 설명한다. 반면 적들이 부정적 기대와 일치하게 행동할 때 성향적 귀인으로 설명한다. 이 심리이론은 심리실험의 결과를 바탕으로 하고 있다. 예를 들어 동일한 살인 사건에 대해 미국 신문들은 범인의 인격적인 결함을 부각시키는 보도를 한 반면, 중국 신문들은 범인이 처했던 상황에 초점을 맞추었다는 것이다. 이를 일반화한 진술이다. "사회심리학에서 가장 잘 알려진 현상인 기본적 귀인 오류는 어떤 사람의 행동을 설명할 때 상황적 원인보다는 행위자 내부의 원인을 더 중요하게 간주하는 경향을 말한다. … (중략) … 아리스토텔레스 윤리학의 가정에 따르면 사람들의 행동을 바꾸기 위해서는 그 사람의 천성을 바꾸어야 하지만, 그것은 매우 어렵고 비생산적인 일이다. 그보다는 원하는 행동을 했을 때 최선의 결과를 얻을 수 있는 상황을 마련해주고, 원치 않는 행동을 하도록 부추기는 상황을 제거해 주는 것이 낫다. 이러한 상황 중심 윤리는 동양인의 관점에 더 일치한다." 리처드 니스벳 지음, 최인철 옮김, 『생각의 지도』(파주: 김영사, 2004).

58 브루노 라투르, 『인간·사물·동맹』. 두터운 기술은 또한 공식담론이 은폐하거나 구조적 설명이 간과하는 행위자들의 일상을 복원함으로써 공식담론이나 구조적 설명과 현실 사이에 존재하는 긴장과 모순을 드러내는 역할을 한다. 박순성·고유환·홍민, "북한 일상생활 연구의 방법론적 모색," 『현대북한연구』 제11권 3호(2008).

59 상호작용의 네 결과는, 한국과 미국의 관계를 이 틀을 이용해 분석한, 신욱희, 『순응과 저항을 넘어서』(서울: 서울대학교 출판문화원, 2010)를 원용한 것이다. 물론 충돌과 순응 사이는 인위적으로 결절의 지점이 확정되지 않는 연속선(continuum)이다. 즉, 협상과 구성이 혼합된 형태도 존재할 수 있다. 이 사고의 원형은, 기업이 제공하는 서비스나 생산물의 질이 하락했을 때, 소비자의 선택으로 '탈출(exit)', '저항(voice)', '충성(loyalty)'을 제시한 A. Hirschman, *Exit, Vaice, and Loyalty: Resposes to Decline in Firms, Organizations, and States*(Cambridge: Harvard University Press, 1970)에서 찾을 수 있다. 이 선택지에 대한 도식화는, 자발적 결사체, 노동조합, 정당 등으로 확대될 수 있다. 이 글에서는 상호적 마음체계의 형성을 도식화할 목적으로 이 선택지를 활용한다.

60 "마음과 합심 개념의 용례들을 통해서 우리가 포착한 것은 소통 행위이다. 이성과 감성을 포괄하는 총체로서 마음 개념은 사회관계를 매개하는 핵심적

실체이며, 마음의 소통으로 이해할 수 있는 합심은 또 하나의 새로운 의사소통의 단위로 규정할 수 있"다. "마음을 매개로 한 합심이라는 소통은 소통양식의 질적 단계에서 가장 심화된 형태로 볼 수 있는 동조적 소통양식에 다름 아님을 확인할 수 있었고, 기존의 소통이 합심이라는 소통양식 안에서 중요한 소통 영역이라는 점도 밝혀낸다." 유승무·박수호·신종화, "'마음'의 사회학적 재발견과 '합심'(合心)의 소통행위론적 이해: 조선왕조실록의 용례 분석에 근거하여," 『사회사상과 문화』 28집(2013).

61 이수정·양계민, "북한출신주민과의 지역사회 내 접촉수준에 따른 남한출신주민의 태도의 차이."

62 이수정, "접촉지대와 경계의 (재)구성."

63 이우영, "대북 인도적 지원과 남북한 마음의 통합."

64 박천조, "개성공단 노사관계 연구," 북한대학원대학교 박사학위논문(2014).

65 H. Gardner, *Changing Minds*(Boston: Harvard Business School Press, 2006).

66 "'나'는 인식하고, 판단하고, 의사결정하고, 실행한다. 그러나 그 마음의 작동은 모두 과거에서 경험하고, 배우고, 기억한 정보와 조합을 통해 수정되고, 이미지화하는 복잡한 프로세스를 거친다. 현재의 뇌 과학은 여기까지 밝혀내고 있다. 즉 과거에 얻은 정보-기억이 없으면, 아무 것도 인식할 수 없다. … (중략) … 익숙한 원고지와 펜이 거기에 있다는 '기대'를 가지고 본다." 오이 겐 지음, 안상현 옮김, 『치매 노인은 무엇을 보고 있는가』(성남: 윤출판, 2013), pp. 135~136.

67 J. Foster, *Memory: A Very Short Introduction*(Oxford: Oxford University Press, 2009). 세 가지 종류의 기억이 언급된다: 절차적(procedural) 기억, 의미적(semantic) 기억, 삽화적(episodic) 기억.

68 미치오 카쿠, 박병철 옮김, 『마음의 미래: 인간은 마음을 지배할 수 있는가』(파주: 김영사, 2015), 182~183쪽. 사회통합은 기억의 통합이다. 마음의 지질학에서 발견되는 누적적 축적 서사(narrative)가 마음체계의 상호작용을 통해 구성적(constitutive) 서사를 발명하는 것이 사회통합이란 의미다. 제프리 K. 올릭 지음, 강경이 옮김, 『기억의 지도』(서울: 옥당, 2011) 참조.

5. 남아프리카공화국과 북아일랜드의 사례가 남북한 통합에 주는 시사점

1 분리된 사회의 사회적 장벽에 대한 사례연구로는 Joe Cleary, *Literature, Partition and the Nation State*(Cambridge: Cambridge University Press, 2002) 참조.

2 Stanley Waterman, "Partition and Modern Nationalism," C. H. Williams and E. Kofman (eds.), *Community Conflict, Partition and Nationalism*(London:

Routledge, 1989), pp. 17~32.

3 Joe Cleary, *Literature, Partition and the Nation State*, p. 3.

4 Joe Cleary, *Literature, Partition and the Nation State*, p. 2.

5 흑인이 선조 때부터 소유한 땅 이외의 땅을 파악하여 나머지 땅을 백인들이 차지하기 위한 수법이었다. 당시 '홈랜드'로 불리는 흑인 소유의 땅은 남아공 전체 토지 면적의 약 13%밖에 되지 않았다. 김윤진, 『남아프리카 역사』(서울: 명진, 2006), 221쪽.

6 아프리카공화국의 네덜란드계 자손을 중심으로 하는 백인을 일컫는다. 처음에는 보어인으로 불렸으나 나중에 네덜란드 본토어에서 파생된 아프리칸스어를 쓰게 되면서 그 이름을 본따 '아프리카너'라고 불리게 되었다. 김윤진, 『남아프리카 역사』, 239쪽.

7 아파르트헤이트는 남아프리카공화국의 소수 백인과 다수 유색인종의 관계를 지배했던 정책을 뜻한다. 아파르트헤이트는 유색 인종에게 불리한 인종분리와 정치 및 경제면에서의 차별 대우를 인정해왔다. 이한규, "남아프리카공화국의 화해과정과 의미," 『4·3과 역사』 제2호(2002), 256쪽.

8 이 선언문에서는 이때까지의 투쟁을 인권과 반 인종차별의 문화로 묶는 투쟁의 원칙을 발표하였다. 곽은경, "남아프리카공화국: 반인공주의 투쟁과 만델라의 화해정책," 『역사비평』 통권 41호(1997), 219쪽.

9 "Sharpeville Massacre, 21 March 1960," http://www.sahistory.org.za/topic/sharpeville-massacre-21-march-1960(검색일: 2016.9.15.).

10 이한규, "남아프리카 공화국의 화해과정과 의미," 257쪽.

11 모든 수업을 백인지배계층의 언어인 아프리칸스어로 하라는 내용. 곽은경, "남아프리카공화국: 반인공주의 투쟁과 만델라의 화해정책," 221쪽.

12 김윤진, 『남아프리카 역사』, 10장; 곽은경, "남아프리카공화국: 반인공주의 투쟁과 만델라의 화해정책," 222~225쪽 참조.

13 곽은경, "남아프리카공화국: 반인공주의 투쟁과 만델라의 화해정책," 227쪽.

14 신혜수, "북아일랜드, 길고도 멀었던 대립과 갈등," 『역사비평』 통권 43호(1998), 371~376쪽.

15 윤철기, "북아일랜드 평화구축의 정치경제학과 한반도를 위한 시사점," 『세계북한학 학술대회 자료집』 2권(2015), 196쪽; 북아일랜드의 갈등과정에 대해서는 David McKittrick & David McVea, *Making Sence of the Troubles: The Story of the Conflict in Northern Ireland*(Chicago: New Amsterdam Books, 2000), Ch.3~5 참조.

16 구갑우, "탈식민적 분단국가의 재생산: 남북한과 아일랜드," 『한국과 국제정치』 제28권 제3호(2012), 209~211쪽; Brendan O'Leary, "The Nature of the Agreement," J. McGarry & B O'Leary, *The Northern Ireland Conflict: Consociational Engagements*(Oxford: Oxford Univ. press), pp. 260~263.

17 모종린, "북아일랜드 "성금요일(Good Friday)" 평화협정," 『전략연구』 18호(2000), 105~106쪽.

18 샤프빌(Sharpville)에서 대학살이 일어난 시기.

19 넬슨 만델라가 남아공의 대통령으로 취임한 시기.

20 김광수, "남아프리카공화국의 국가건설: 진실과 화해위원회(TRC)가 역사청산, 국민화합, 그리고 민주화 과정에 기여한 역할을 중심으로," 『아프리카연구』 제15호(2002); 남아프리카의 진실과 화해위원회에 대해서는 Richard A. Wilson, *The Politics of Truth and Reconciliation in South Africa: Legitimizing the Post-Apartheid State*(Cambridge: Cambridge Univ. Press, 2001) 참조.

21 김광수, "남아프리카 공화국의 문화적 정체성," 『한국아프리카학회지』 제12집(2000), 96~97쪽.

22 Marion Keim, *National Building at Play: Sport as a Tool for Social Integration in Post-apartheid South Africa*(Oxford: Meyer & Meyer sport, 2003), p. 16.

23 Marion Keim, *National Building at Play*, p. 17.

24 Marion Keim, *National Building at Play*, p. 45.

25 북아일랜드의 협의주의에 관해서는 John McGarry and Brendan O'Leary, *The Northern Ireland Conflict: Consociational Engagements*(New York: Oxford University Press, 2004) 참조.

26 Alan Smith, "Citizenship Education in Northern Ireland: Beyond national identity?," *Cambridge Journal of Education*, 33:1(2003), pp. 21~22.

27 오주연, "북한이탈청소년 대안학교의 분리교육 고찰 통합교육의 필요성을 중심으로," 『국제 이해교육 연구』 제10권 제1호(2015), 146쪽.

28 Alan Smith, "Citizenship Education in Northern Ireland: Beyond national identity?," p. 22.

29 SEP, Shared Education in Northern Ireland: A Review of Literature, (http://www.school sworkingtogether.co.uk/reports.html).

30 박종철·김동수·박영자 외, 『통일 이후 통합을 위한 갈등해소 방안: 사례연구 및 분야별 갈등해소의 기본방향』(서울: 통일연구원, 2013), 209쪽.

31 Alan Smith, "Citizenship Education in Northern Ireland: Beyond national identity?," pp. 27~28.

32 강순원, "분단극복을 위한 북아일랜드 통합교육운동의 역사적 성격," 『비교교육연구』 25권 6호(2015), 93쪽.

33 강순원, "1998년 벨파스트 평화협정과 북아일랜드 평화교육의 상관성: 상호이해교육(EMU)에서 민주시민교육(CE)으로," 『비교교육연구』 제13권 제2호(2003), 241쪽.

34 이우영, "북한관과 남남갈등: 여론조사와 신문기사를 중심으로," 『남남갈등 진단 및 해소방안』(서울: 경남대학교 극동문제연구소, 2004) 참조.

35 민주주의 원칙에 어긋나 보이지만 협의제는 인종이나 다문화적인 문제를 경험한 나라들에게 일반적으로 나타나는 것으로서 벨기에의 경우도 여기에 해당된다고 할 수 있다.

6. 한국의 체제전환 연구의 비판적 검토

1 사회주의 체제의 변화와 관련하여 체제전환과 더불어 체제이행(transition) 그리고 체제개혁(reform) 개념이 함께 사용된다. 개혁은 혁명(revolution)과 더불어 사용되기도 하는데 개혁과 혁명이 변화의 양상이나 정도 그리고 속도에 집중하는 것이고 이행은 사회주의 경제에서 시장경제로의 변화에 초점을 맞춘 반면 체제전환은 정치·경제·사회 등 하위체제의 변화를 포괄하는 개념이라고 할 수 있는 까닭에 체제 변화의 차원에서는 체제전환이라는 용어가 설명력이 더 크다고 할 수 있다. 체제 전환의 개념에 대해서는 정흥모, 『체제전환기의 동유럽 국가 연구』(서울: 오름, 2001), 6장; 김근식, "사회주의 체제전환과 북한 변화," 『통일과 평화』 제2집 2호(2010) 참조.

2 이 글에서 분석의 대상이 된 연구들은 체제전환, 탈사회주의, 사회주의 개혁, 독일 통일을 키워드로 학술연구정보서비스(RISS)에서 검색된 국내 학술논문과 단행본이다.

3 대부분의 북한 연구자들에게 사회주의 체제전환은 중요한 관심사였다. 윤대규 엮음, 『사회주의 체제전환에 대한 비교연구』(파주: 한울, 2008), 3쪽.

4 김누리 편저, 『머릿속의 장벽』(파주: 한울, 2006), 5쪽

5 체제전환 국가들의 경제난에 대해서는 정일용, "동유럽의 체제 이행과 경제발전," 『경제발전연구』 제13권 1호(2007); Michael Forster, David Jesuit and Timothy Semmding, "Regional poverty and income inequality in central and eastern europe evidence from the Luxembourg Income Study," *World Institute for Development Economics Research. Discussion Paper*, No.65 (2003) 참조.

6 체제전환 과정의 정치적 문제에 대해서는 윤덕희, "동유럽 공산주의 계승정당의 재출현에 관한 연구," 『국제정치논총』 제42권 4호(2002); 이규영·김경미, "체제전환 이후 동유럽 극우주의의 발흥과 극우정당의 발전에 대한 연구," 『유럽 연구』 제30권 1호(2012) 참조.

7 민기채·유현경, "주요 탈사회주의 체제전환국들의 경제사회적 성과 비교," 『동유럽 발칸연구』 제40권 2호(2016); 이양호·권혁용·지은주, "후기 사회주의 국가의 전환경제과정에서 나타난 사유화와 불평등: 중동부유럽 국가와

중앙아시아 국가 비교," 『국제지역연구』 제20권(2016).

8 이삼성, "세계체제의 재편구조: 냉전체제의 본질과 제2차 냉전의 발전과 붕괴," 경남대학교 극동문제연구소 엮음, 『현대세계체제의 재편과 제3세계』(서울: 경남대학교 극동문제연구소, 1991).

9 정흥모, 『체제전환기의 동유럽 국가 연구』; 윤대규 엮음, 『사회주의 체제전환에 대한 비교연구』, 2, 3, 4장; 윤덕희, "동유럽 공산주의 계승정당의 재출현에 관한 연구"; 이규영·김경미, "체제전환 이후 동유럽 극우주의의 발흥과 극우정당의 발전에 대한 연구"; 박정원, "중유럽의 민주주의 후퇴와 '인정의 정치' 복원 모색: 헝가리를 중심으로," 『정치정보연구』 제24권 1호(2021).

10 정형곤, 『체제전환의 경제학』(서울: 청암미디어, 2008); 윤대규 엮음, 『사회주의 체제전환에 대한 비교 연구』, 5장; 한국조세연구원, 『체제전환국 조세정책의 분석과 시사점: 남북경협 및 경제통합 관련 조세·재정분야 기초연구』(서울: 조세재정 연구원 2001); 현영미, 『사회주의 체제전환』(서울: 선인, 2008), 1, 2부; 김수정·강성진·정태용, "경제체제전환국의 경제성장 요인분석과 북한 체제전환에 대한 시사점," 『한국경제연구』 제36권 4호(2018).

11 이양호·권혁용·지은주 "후기 사회주의 국가의 전환경제과정에서 나타난 사유화와 불평등 중동부유럽 국가와 중앙아시아 국가 비교"; 우태현, 『탈사회주의 이행기 사회의 노동조합 변화양상에 관한 연구: 러시아와 중국의 국가-노동관계의 비교연구를 중심으로』(서울: 한국노총 중앙연구원, 2008); 최창용·김대홍, "체제전환 20년 소득불평등, 제도 발전 그리고 경제 성장에 관한 실증연구," 『지역발전연구』 제27권(2018); 함인희, "동구 사회주의 국가의 붕괴와 성 불평등의 재구조화 과정," 『한국여성학』 제20권 2호(2004).

12 윤도현, "동유럽 복지국가에서의 사회정책의 차이" 『동유럽발칸연구』(2013); 정흥모, "체제전환국의 복지체제: 체코·헝가리·폴란드를 중심으로," 『한독사회과학 논총』 제17권(2007).

13 원재연, "사회주의 중국에서 탈사회주의 주체의 형성," 『성균 차이나브리프』 제5권 4호(2017); 박채복, "독일통일의 사회 심리적 변화와 갈등문제," 『아태연구』 제7호(2000); 정재원, "중부·동남부 유럽 탈사회주의 국가들에서의 사회민주주의 정치세력의 발전과 분화," 『경제와 사회』(2013); 이상준, "체제전환 이후 동유럽국가의 지역공간 변화에 관한 연구," 『국토연구』 제28호(1999); 이문영, "탈사회주의 국가의 사회주의 노스탤지어 비교연구," 『슬라브학보』 제26권 2호(2011); 이은구, "탈사회주의 이후 헝가리 시민사회에 관한 연구," 『세계지역연구논총』 제31권 1호(2013); 장윤미, "'농민공'에서 노동자로 중국 신노동자의 정체성 형성과 자각," 『현대중국연구』 제14권 1호(2012).

14 조한범, 『러시아 탈사회주의 체제전환과 사회갈등』(서울: 통일연구원 2005); 김선래 외, 『중국과 러시아의 현재』(파주: 한울, 2011); 한국정치학회, 『체제전환기 러시아의 국가와 사회변동』(서울: 한국정치학회, 2003); 박진, 『러시

아의 경제체제전환 사례연구』(서울: 한국개발연구원 1998); 한국개발연구원, 『사회주의 국가의 체제전환 사례연구』(서울: 한국개발연구원, 1998); 현영미, 『사회주의 체제 전환』, 1장; 원재연, 『사회주의 중국에서 탈사회주의 주체의 형성』(서울: 연세대학교 대학출판문화원, 2017).

15 정흥모, 『체제전환기의 동유럽 국가 연구』; 곽동훈, "루마니아의 발전적 사회통합에 있어 사회적 불평등과 경제적 소외문제: 체제전환 이후 현재 루마니아인들이 겪고 있는 사회적 부작용 실례를 중심으로," 『동유럽발칸연구』 제40권 1호(2016); 이은구, "탈사회주의 이후 헝가리 시민사회에 관한 연구," 『세계지역연구 논총』 제31권 1호(2013); 문용일, "불가리아의 정치적 양극화와 불가리아 헌법재판소의 정치화," 『세계헌법연구』 제26권 1호(2020).

16 김학재, "발틱의 윌슨적 순간: 독립과 민주주의의 역사적 유산," 『동유럽발칸연구』 제41권 3호(2017); 박광수·이영기, "발트3국의 경제발전과 성장요인 분석," 『유럽연구』 제27권 1호(2009); 정동준, "라트비아와 에스토니아의 민족 건설과 소수 인종 보호," 『현대정치연구』 제10권 1호(2017).

17 이한우, "베트남의 탈사회주의 개혁과 체제 정당화," 『민주주의와 인권』 제16권 2호(2016); 신석호, "북한과 쿠바의 경제위기와 개혁," 북한대학원대학교 박사학위 논문(2008).

18 통일이 이루어지는 대내외 환경 변화, 서독의 대동독 정책, 통일과정의 동독의 경제, 분야별 통합정책, 분단 시기 동서독 간의 교류 경험 등이 주로 관심 대상이었다. 주로 서독의 입장 혹은 통일 독일의 정부입장에서 연구가 진행되었다. 따라서 독일 통일 혹은 통일 이전 동서독 관계 연구는 체제전환과는 직접적으로 연결되지는 않는다.

19 정흥모, 『체제전환기의 동유럽 국가 연구』, 9장; 고상두, "구 동독의 과거청산과 통일한국에 대한 시사점," 『정치정보연구』 제22권 2호(2019).

20 통일 이후 독일의 사회적 갈등에 대해서는 김누리, "정치경제적 통합과 사회문화적 분열," 김누리 편저, 『머릿속의 장벽』(2006) 참조.

21 정용길, "동독의 체제전환에 관한 연구," 『한독사회과학논총』 제16권 1호(2006). 34~35쪽.

22 마르쿠스 폴만(Marcus Pohlmann)·이종희, "독일 통일 이후 구동독지역 권력엘리트의 구조 변화," 『한독사회과학논총』 제20권 3호(2010); 고상두, "통일 이후 정치적 소외와 지역정당의 부상: 독일의 경험과 한반도의 시사점," 『정치정보연구』 제23권 3호(2020); 정병기, "통일 독일 구동독 지역 정당체제," 『한국정치학회보』 제45권 4호(2011); 김면회, "통일 25년, 구동독지역 정치지형 변화 연구," 『한독사회과학논총』 제27권 2호(2017); 윤기황, "구동독지역의 경제, 사회, 정신적 변화," 『독일언어문학』 제16호(2001).

23 김누리 외, 『나의 통일이야기: 동독주민들이 말하는 독일 통일 15년』(파주: 한울, 2006); 김상철, "독일 통일 후 구 동독지역의 사회정책과 사회통합,"

『질서경제저널』 제22권 2호(2019); 박주연, "독일 통일 이후 구동독 미디어 시스템의 통합과 전환에 관한 연구," 『한독사회과학논총』 제19권 3호(2009); 박채복, "독일통일의 사회 심리적 변화와 갈등문제," 『아태연구』 제7호(2000); 김재상, "통일 이후 동서독 간 갈등의 재조명: 2000년대 오스탈기 붐과 동독 이상화 현상을 보는 독일사회의 시각변화," 『뷔히너와 현대문학』 제36호 (2011).

24 김근식, "사회주의 체제전환과 북한 변화," 『통일과 평화』 제2집 2호(2010), 113쪽.

25 김갑식 외, 『북한 체제전환의 전개과정과 발전조건』(파주: 한울, 2008), 1, 3장, 5장; 신용도, 『북한 경제체제전환 분석』(서울: 소화, 2002), 6장; 강성진, 『경제체제전환과 북한』(서울: 고려대학교출판문화원, 2017), 8장; 김근식, "사회주의 체제전환과 북한 변화," 127~130쪽; 최완규·최봉대, "사회주의 체제전환방식의 비교연구," 윤대규 엮음, 『사회주의 체제전환에 대한 비교연구』(서울: 한울, 2008), 61~63쪽; 박제훈, "김정일체제의 역량과 생존전략: 북한경제체제의 변화 전망: 체제전환모델과 체제복원모델의 비교," 『북한연구 시리즈』 19호(2000).

26 김갑식 외, 『북한의 체제전환과 국제협력』(파주: 한울, 2009); 이수훈 외, 『동북아 법제협력과 북한의 체제전환』(파주: 한울, 2012); 김영윤, 『북한 경제개혁의 실태와 전망에 관한 연구』(서울: 통일연구원 2006); 김운근 외, 『사회주의 농업의 체제전환과 북한 농업의 전망』(서울: 한국농촌경제연구원 1996); 박지연, "유럽 체제전환국들의 유럽연합(EU)과의 경제통합 사례연구와 북한에의 함의: 체제전환이 자국과 인접국의 경제성장에 미친 영향을 대상으로," 『전략연구』 제26권 1호(2019); 김수정·강성진·정태용, "경제체제전환국의 경제성장 요인분석과 북한 체제전환에 대한 시사점."

27 이한복, "탈사회주의 이행연구에 있어서 이론구축을 위한 제언," 『러시아와 동유럽』 5권(1998); 한병진, "탈사회주의 체제전환의 정치경제와 비교정치," 『세계정치』 제13권(2010); 김태환, "탈사회주의 권위주의 정권의 개혁저항: 이론적 논의와 유형 분류," 『세계정치』 제31집 1호(2010).

28 이한복, "탈사회주의 이행연구에 있어서 이론구축을 위한 제언," 88쪽.

29 이한복, "탈사회주의 이행연구에 있어서 이론구축을 위한 제언," 96쪽

30 김태환, "탈사회주의 권위주의 정권의 개혁저항: 이론적 논의와 유형 분류," 142~153쪽.

31 한병진, "탈사회주의 체제전환의 정치경제와 비교정치," 82쪽.

32 한병진, "탈사회주의 체제전환의 정치경제와 비교정치," 116~117쪽.

33 최완규 외, 『북한연구방법론』(파주: 한울, 2009); 고유환, "분단 70년 북한연구 경향에 관한 고찰," 『통일정책연구』 제24권 1호(2015); 고유환, "북한연구방법론의 쟁점과 과제," 『통일과 평화』 제11권 1호(2019).

34 정영철, "북한학 연구의 과거와 현재," 『황해문화』 제57권(2007), 323~324쪽.

35 냉전시기 지역학의 한계 국가 간 비교 방법론의 미발달, 전체주의의 접근법의 강력 영향 등의 문제가 있었다. 노현종, "비교사회주의적 접근을 활용한 북한연구: 유용성, 개념활용 그리고 구조화된 비교," 『북한연구학회보』 제26권 1호(2022), 11~12쪽.

36 조한범, "북한 사회주의체제의 성격연구: 비교사회주의론적 관점," 『통일정책연구』 제11권 2호(2002), 12쪽.

37 박형중, "북한의 "우리식 사회주의론": 비교사회주의적 접근 1-루마니아와 북한: 사회주의 주변부의 스탈린주의 체제에 대한 비교연구," 『통일문제연구』 제7권 1호(1995).

38 노현종, "비교사회주의적 접근을 활용한 북한연구: 유용성, 개념활용 그리고 구조화된 비교," 13쪽.

39 기존 통일논의에 대해서는 이우영, "새로운 통일담론의 필요성," 『비교사회』 제4권(2002) 참조.

40 이상근, "북한붕괴론의 어제와 오늘: 1990년대와 2000년대의 북한붕괴론에 대한 평가," 『통일연구』 제12권 2호(2008), 97쪽.

41 최근 체제전환 국가들에서 사회주의 시절을 그리워하는 '소비에트 노스탤지어', '오스탈기' 현상이 나타나고 있는데, 구 사회주의 지역 주민들이 구체제를 올바르게 이해 못하고 과잉으로 이상화하는 데 원인을 찾는 경우도 마찬가지다. 이들이 어떤 이유에서 구체제를 그리워하게 되었는가에 대한 정치경제적 현실 혹은 이들에 대한 다양한 차별 문제부터 시작하여야 할 필요가 있다. 오스탈기 현상과 사회 갈등에 대해서는 김재상, "통일 이후 동서독 간 갈등의 재조명: 2000년대 오스탈기 붐과 동독 이상화 현상을 보는 독일사회의 시각변화," 『뷔히너와 현대문학』 제36권(2011); 이문영, "탈사회주의 국가의 사회주의 노스탤지어 비교 연구," 『슬라브학보』 제26권 2호(2011) 참조.

42 전용덕, "통일의 과제는 '탈사회주의'이다," 『제도와 경제』 제9권 1호(2015).

43 김수정·강성진·정태용, "경제체제전환국의 경제성장 요인분석과 북한 체제전환에 대한 시사점," 23쪽; 탁용달, "불가리아 사유화 정책과 시사점 연구," 『북한연구학회보』 제21권 1호(2017), 76쪽.

44 근대화론은 서구의 경험을 근대화의 기준으로 삼고 서구가 발전해 온 일련의 과정이 근대화의 올바른 발전 방향이라는 입장이다. 따라서 모든 국가는 이런 과정을 따라야 한다는 것을 전제로 하고 있습니다. 식민지를 경험하였던 제3세계 사회발전의 모델이기도 하였고, 분단된 남한에서는 서구식 정확히 말하면 미국식 근대화가 주류적 발전모델이고 지배담론이기도 하였다. 김경동, "근대화론," 『한국사시민 강좌』 제25집(1999), 1896~187쪽; 박영재, "동아시아 근대화와 '근대화론'에 대한 비판적 검토," 『아세아문화연구』2(1997), 144~145쪽. 모든 체제전환이론이 근대화론과 잇닿아 있다는 것은 아니다.

근대화론의 한계를 지적하며 관련 연구가 진행된 경우도 있다. 김정, "북한 저발전의 정치 논리: 탈사회주의 체제이행국 비교," 『한국과 국제정치』 제38권 3호(2022), 103~105쪽.

45 서문기, "비교역사방법의 이해," 『한국사회과학』 제21권 2호(1999), 202쪽. 비교 역사사회학의 대해서는 Charles Tilly 지음, 안치민·박형신 옮김, 『비교 역사사회학』(서울: 일신사, 1999).

46 예를 들어 발틱3국 체제전환은 러시아의 역사적 관계에 대한 맥락적 이해없이는 올바르게 알기 어렵다는 것이다. 김학재, "발틱의 윌슨적 순간: 독립과 민주주의의 역사적 유산"; 정동준, "라트비아와 에스토니아의 민족 건설과 소수인종 보호."

47 체제전환국의 시민들에 대한 조사를 바탕으로 한 곽동훈, "루마니아의 발전적 사회 통합에 있어 사회적 불평등과 경제적 소외문제 체제전환 이후, 현재 루마니아인들이 겪고 있는 사회적 부작용 실례를 중심으로"가 좋은 사례가 될 수 있다. 이러한 차원의 체제전환 연구로서 사지원, "구동독의 시민환경운동"; 윤기황, 구동독지역 의 경제, 사회 정신적 변화"; 박채복, "독일통일의 사회 심리적 변화와 갈등문제" 참조.

48 남북한 사회문화 통합 논의들에 대해서는 윤인진, "남북한 사회통합 모델의 새로운 모색," 『한국사회학회 춘계 심포지움 논문집』(2001), 13~20쪽 참조. 새로운 사회 문화 통합의 대표적인 사례로 북한대학원 대학교 남북한 마음통합단의 연구를 참고할 필요가 있다. 이우영 외, 『분단된 마음 잇기: 남북의 접촉지대』(서울: 사회평론아카데미, 2016); 이우영 외, 『분단된 마음의 지도』(서울: 사회평론아카데미, 2017); 이우영 외, 『분단너머 마음 만들기』(서울: 사회평론아카데미, 2019); 이우영 외, 『통합 그 이후를 생각한다』(서울: 사회평론아카데미, 2021); 이우영 외, 『세계의 분단된 마음들』(서울: 사회평론아카데미, 2022) 참조.

49 이동윤, "분단과 갈등, 그리고 통일: 독일, 예멘 베트남의 갈등관리 사례 비교," 『통일정책연구』 제11권 2호(2002).

50 김면희, "베를린장벽 붕괴 30년, 구동독지역 정치지형 변화 연구," 『유럽연구』 제38권 3호(2020).

7. 사회통합 개념의 비판적 검토

1 통일이 필요하다고 하는 국민 여론은 항상 70%를 넘어섰다. 박종철 외, 『1992년도 통일문제 국민여론조사결과』(서울: 민족통일연구원, 1992); 서재진 외, 『1993년도 통일문제 국민여론조사결과』(서울: 민족통일연구원, 1993); 최수영 외, 『1994년도 통일문제 국민여론조사결과』(서울: 민족통일연구원,

1994); 최수영 외, 『1995년도 통일문제 국민여론조사결과』(서울: 민족통일연구원, 1995); 최진욱 외, 『1993년도 통일문제 국민여론조사결과』(서울: 민족통일연구원, 1998); 최수영 외, 『1999년도 통일문제 국민여론조사결과』(서울: 민족통일연구원, 1999); 『중앙일보』, 2000.7.14.; 『중앙일보』, 2001.9.20. 참조.

2 이에 대한 구체적인 논의는 이우영, "새로운 통일담론의 필요성," 『비교사회』 제4호(2002) 참조.

3 남남갈등이라는 말 자체가 특정 언론사의 조어인데, 사회적 혼란과 정부의 무능이라는 담론적 의미를 갖고 있다고 할 수 있다. 김대중 정부의 햇볕정책을 둘러싸고 남남갈등이 초래되었다고들 하지만 정확히 본다면 순전히 국내 정치적 논란이라고 할 수 있다. 점진적인 합의에 의한 그리고 평화로운 통일을 추구한다는 정책 기조는 한 번도 포기된 적이 없으며, 다른 정권이 집권한다고 하더라도 계속될 것이다. 그리고 이에 대해서는 이미 '국민적 합의'도 이루어져 있다고 할 수 있다. 이우영, "북한관과 남남갈등: 여론조사와 신문기사를 중심으로," 『남남갈등 진단 및 해소방안』(서울: 경남대학교 극동문제연구소, 2004).

4 동구 사회주의 국가들의 경우에서 보듯이 완고한 체제도 급속히 붕괴될 수 있다. 그러나 그 경우 남한이 북한을 접수한다는 보장도 없다. 국제법이 현실 국가관계에서 얼마나 통용되는지는 모르겠지만, 일단 붕괴 시 유엔이 법적인 관할권을 가질 것이다. 물론 북한의 붕괴와 같은 상황에 대한 국가 차원의 대비는 필요하지만, 남한의 국가 사회의 능력이 이를 감당할 수 있는가, 그리고 이러한 상황이 바람직한가에 대해서는 회의적이라고 할 수 있다.

5 통일연구원, 『남북한 '실질적 통합'의 개념과 추진과제: 민족공동체 형성을 중심으로』(서울: 통일연구원, 2002).

6 이용필 외, 『남북한통합론: 이론적 및 경험적 연구』(부천: 인간사랑, 1992).

7 박기덕·이종석, 『남북한 체제비교와 통합모델의 모색』(성남: 세종연구소, 1995).

8 이온죽, "남북한 사회통합의 이론적 탐색," 이온죽 외, 『남북한 사회통합론』(서울: 삶과 꿈, 1997), 23쪽.

9 전성우, "동서독 통일과정의 사회학적 함의," 『경제와 사회』 제26호(1995); 이온죽, "남북한 사회통합의 이론적 탐색,"; 오기성, "북한문화의 구조분석을 통해 본 남북한 문화통합," 이온죽 외, 『남북한 사회통합론』(서울: 삶과 꿈, 1997); 전태국, "통일독일에서의 내적 통일의 문제," 『사회과학연구』 제39집(2000); 김경웅, "남북한의 사회문화적 통합을 위한 전략적 접근," 『통일경제』 제6호(1995); 차재호, "남북한 문화 통합의 심리학적 고찰," 『북한문화연구』 제1집(1993); 윤인진, "남북한 사회통합의 조건과 전망," 『정책과학연구』 제15권 제1호(2005); 전성우, 편, 『남북한 사회통합의 길: 그 현황과 전망』(서

울: 금왕출판사, 2001) 등이 예가 된다.

10 J. S. Nye, “Comparative Regional Integration: Concept and Measurement,” *International Organization* 21, Vol.22, No.4 (1968), p. 858.

11 Karl W. Deutsch, *Political Community and the North Atlantic Area* (Princeton: Princeton University Press, 1957).

12 이온죽, “남북한 사회통합의 이론적 탐색,” 24쪽; 윤인진, “남북한 사회통합의 조건과 전망,” 20쪽.

13 E. Durkheim, *The Division of Labor in Society*(New York: The Free Press, 1956).

14 Talcott Parsons and Edward A. Shils, *Toward a General Theory of Action* (Cambridge, Mass. : Harvard University Press, 1951); Leon H. Mayhew, “Introduction,” Tarcott Parsons, *On Instritutions and Social Evolution* (Chicago: The University of Chicago Pres, 1983), pp. 12~13, p. 20.

15 Anthony Giddens, *Profiles and Critiques in Social Theory*(Berkeley: University of California Press, 1982), pp. 92~93.

16 예를 들어 기능적 통합론이 통일방안의 이론적 토대로 기여한 것을 생각할 수 있다.

17 최협, “남·북한 사회통합의 과제와 전망,” 『21세기논단』 제6권(1992); 이온죽, “남북한 사회통합의 이론적 탐색,” 이온죽 외, 『남북한 사회통합론』(서울: 삶과 꿈, 1997).

18 전성우, “동서독 통일과정의 사회학적 함의; ‘사회통합’의 관점을 중심으로,” 『경제와 사회』 제26호(1995); 김택환, “독일통일후 정치경제사회통합의 애로가 한국통일에 줄 교훈,” 『교수논총』(1993).

19 박종철, “베트남 통일후 사회통합,” 『통일문제연구』 제16호 (1994); 공유식, “베트남의 사회통합: 국가형성의 조건과 과제,” 『아주사회과학논총』 제7호(1994).

20 최협, “남·북한 사회통합의 과제와 전망,” 80쪽; 한편 이온죽은 ‘통일시대의 정신적 구심적 확립’을 사회통합의 핵심문제로 제시한다. 이온죽, “남북한 사회통합의 이론적 탐색,” 47쪽.

21 독일통일과 관련하여 전성우와 김택환은 제도통합의 결과이자 전제로서의 동서독 주민 간의 거리감의 극복을 통한 인간적 통합을 사회통합의 핵심문제로 제시한다. 전성우, “동서독 통일과정의 사회학적 함의; ‘사회통합’의 관점을 중심으로”; 김택환, “독일통일후 정치경제사회통합의 애로가 한국통일에 줄 교훈” 참조.

22 장경섭, “통일한민족 국가의 사회통합: 사회적 시민권의 관점에서 본 ‘준비된’ 통일,” 박기덕·이종석 외, 『남북한 체제비교와 통합모델의 모색』(성남: 세종연구소, 1995), 431쪽.

23 전태국, "사회통합의 전망과 과제," 한국심리학회 춘계심포지엄(2000), 117~118쪽.

24 전태국, "사회통합의 전망과 과제," 120쪽.

25 Claus Offe, *Der Tunnel am Ende des Lichts: Erkundungen der politischen Transformation im Neuen Osten*(Frankfurt: Campus Verlag, 1994), pp. 230~276.

26 정치·경제·사회적인 여러 제도가 성립하고 기능하기 위해서는 그 제도를 뒷받침하는 문화, 행태, 규범이 필요하다. 예를 들어 민주주의 헌정체제는 민주 시민적 정치문화가 결핍한 상태에서는 제대로 기능할 수 없다. 독일식으로 표현에 따르면 '헌법(적 조항, 규범과 절차)에 대한 충성심'이 필요하다. 제도와 문화 사이의 관계에 대해서는 Claus Offe, *Der Tunnel am Ende des Lichts*, pp. 57~80 참조.

27 박형중, "남북한의 사회격차와 사회통합," 『남북한 사회통합: 비교사회론적 접근』, 민족통일연구원·북한사회연구회 공동주최 학술회의 발표논문집(1997), 129~132쪽.

28 윤인진, "남북한 사회통합의 조건과 전망" 참조.

29 윤인진, "남북한 사회통합의 조건과 전망," 46~48쪽.

30 다문화주의를 사회통합의 개념 및 방안으로 제시하고 있는 윤인진이 그동안 북한이탈주민 문제를 포함하여 소수자 문제를 꾸준히 연구하여 왔다는 점을 생각할 필요가 있다.

31 금강산관광과 서해교전이 공존하는 것이 하나의 예가 된다.

32 "평화"의 개념은 "특정한 시기와 장소에서 무력적 충돌이 존재하지 않는 상태"의 '소극적 개념'과 "특정한 시기와 장소에서 무력적 충돌이 존재하지 않을 뿐만 아니라, 무력적 충돌의 원인이 되는 분쟁요소가 해소되고, 새로운 분쟁의 발생 시 무력적 충돌로 표출되지 않도록 관리되는 상태"의 '적극적 개념'으로 나눌 수 있다.

33 전쟁에서 평화로의 다양한 단계를 <그림 1>과 같이 구분하여 살펴볼 수 있다. 이때 분쟁이란 "엉클어져 다투는 것"으로 정의되며 전쟁, 승부 다툼, 논쟁을 포괄한다. 전쟁은 "무력에 의한 국가와 국가 간의 투쟁"으로서 가장 강도가 강한 상태의 분쟁이며, 승부 다툼은 합리적인 통제를 전제로 하는 분쟁이다. 논쟁은 어떤 쟁점을 두고 상대방을 비판·공격하고 논리적으로 공박하며 자신의 입장을 변호하는 분쟁이다. 이렇게 볼 때 최근까지 한반도는 (국지적·제한적) 전쟁, 승부다툼, 논쟁이 동시에 전개되고 있는 분쟁의 상태에 놓여 있었다. 따라서 "한반도 평화체제 구축"에서 "평화"의 내용은 무력적 충돌 즉 (국지적·제한적) 전쟁이 존재하지 않는 "평화의 회복"(Restoration of Peace)이란 소극적 평화가 아니라, 전쟁상태에서 승부다툼 상태로, 승부다툼 상태에서 논쟁상태로, 논쟁상태에서 분쟁이 해소되고 평

화가 유지·관리되는 "평화의 회복 + 평화의 유지"(Maintenance of Peace)란 적극적 평화의 개념이다. 여기에 더하여 한반도 평화체제는 민족분단이란 특수성으로 인해 민족의 통일을 지향하고 기여할 수 있는 체제여야 한다. 따라서 한반도 평화체제 구축방안은 ① 한반도 평화의 회복을 위한 체제 구성방안, ② 한반도 평화의 유지를 위한 체제 구성방안, ③ 민족통일에 기여하는 체제 구성방안 등을 포괄한다.

34 통일연구원, <베를린선언과 남북관계: 제39차 국내학술회의>(서울: 통일연구원, 2001), 8~12쪽.

35 민족통일연구원, 『민족공동체 통일방안의 이론체계와 실천방향』(서울: 민족통일연구원, 1994).

36 통일방안과 남남갈등에 대해서는 이우영, "북한관과 남남갈등: 여론조사와 신문기사를 중심으로" 참조.

37 민족통일연구원 편, 『한민족공동체 통일방안의 구체화 방안』(서울: 민족통일연구원, 1991); 윤덕희·김규륜, 『한민족 공동체방안 연구: 사회·문화·경제 교류·협력 중심』(서울: 민족통일연구원, 1991), 4쪽.

38 윤경태, "민족문화공동체의 형성과 민족통일," 『통일문화연구: 상』(서울: 민족통일연구원, 1994).

수록글 출처

제1부 남쪽 사회 이야기

1. "박정희의 통치이념에 대한 연구," 『연세사회학』 10·11호 합병호, 연세대학교 사회발전연구소, 1990.
2. "한반도 세계시민성 담론의 성찰-사회," 『한반도 세계시민성 담론 연구: 세계시민사회 담론과 한국사회』, 서울: 유네스코한국위원회, 2019
3. "한국사회의 반세계 시민 담론," 『한반도 세계시민 담론 연구: 사례와 대안 모색』, 서울: 유네스코한국위원회, 2020.
4. "북한관과 남남갈등: 여론조사와 신문기사를 중심으로," 『남남갈등 진단 및 해소방안』, 서울: 경남대학교 극동문제연구소, 2004.
5. "북한 허위정보의 사회적 영향과 대응," 『북한허위정보에 대한 다층적 분석과 이해』, 서울: 늘품플러스, 2020.

제2부 북쪽 사회 이야기

1. "북한 사회연구 혹은 사회학적 북한연구," 『현대북한연구』 8권 1호, 2005.

2. “북한에서의 국가와 사회: 시민사회론은 적용가능한가?,” 『현대북한연구』 4권 1호, 2001.
3. “혁명구호,” 『북한의 사상과 역사인식』, 파주: 한울아카데미, 2006.
4. “북한체제 내 사적 담론 형성의 가능성: 공적담론 위기를 중심으로,” 『현대북한연구』 11권 1호. 2008.
5. “‘고난의 행군’과 북한주민의 마음: 국가가 기억하는 ‘고난의 행군’,” 『통일문제연구』 28권 1호, 2016.

제3부 북한 문화예술 이야기

1. “북한의 남한문화 인식,” 『통일논총』 17, 숙명여자대학교 통일문제연구소, 1999.
2. “남북한 문화의 차이,” 『북한문화 둘이면서 하나인 문화』, 파주: 한울아카데미, 2006.
3. “북한 문화예술의 개념 및 역할,” 『북한문화 둘이면서 하나인 문화』, 파주: 한울아카데미, 2006.
4. “북한의 대집단체조와 공연예술의 특징,” 『내일을 여는 역사』 77호, 내일을여는역사재단, 2019.
5. “드라마 개념의 분단사,” 『한(조선)반도 개념의 분단사7』, 서울: 사회평론아카데미, 2021.

제4부 남과 북, 갈라서며 다가서는

1. “새로운 통일담론의 필요성,” 『비교사회』 4호, 한국비교사회학회, 2002.
2. “임수경 방북사건과 남북관계의 전환,” 『탈냉전사의 인식』, 서울: 한길사, 2012.
3. “남북정상회담과 사회문화교류,” 『통일정책연구』 27권 1호, 2018.
4. 이우영·구갑우. “남북한 접촉지대와 마음의 통합 이론: ‘마음의 지질학’ 시론,” 『현대북한연구』 19권 1호. 2016.
5 . “남아프리카공화국과 북아일랜드의 사례가 남북한 통합에 주는 시사점,” 『통일인문학』 67집. 2016.
6. “한국의 체제전환 연구의 비판적 검토: 남북한 사회문화적 갈등과 통합 연구를 위한 제언,” 『현대북한연구』 25권 3호, 북한대학원대학교 심연북한연구소, 2022.
7. “사회통합 개념의 비판적 검토,” 『한반도의 평화와 통일』, 서울: 백산서당, 2005.

1. 단행본

- 『북한 정치사회화에서 전통문화의 역할: 북한 영화분석을 중심으로』, 서울: 민족통일연구원, 1993.
- 『남북한 문화정책 비교연구』, 서울: 민족통일연구원, 1994.
- 『통일문제에 대한 세대간 갈등 해소방안』, 서울: 민족통일연구원, 1995.
- 『북한이탈주민의 사회적응에 관한 연구』, 서울: 민족통일연구원, 1996.
- 『통일과정에서 매스미디어의 역할』, 서울: 민족통일연구원, 1996.
- 『김정일의 문예정책의 지속과 변화』, 서울: 민족통일연구원, 1997.
- 『전환기의 북한 사회통제체제』, 서울: 통일연구원, 1999.
- 『북한의 자본주의 인식변화』, 서울: 통일연구원, 2000.
- 『북한문화의 수용실태 조사』, 서울: 통일연구원, 2001.
- 『북한의 상징체계연구: 혁명구호를 중심으로』, 서울: 통일연구원, 2002.
- 『북한이탈주민의 지역사회 정착』, 서울: 통일연구원, 2003.
- 『북한 영상물 열람제도 개선방안 연구』, 서울: 국회 통일외교통상위원회, 2007.

- 『북한 권력엘리트 연구』, 서울: 민족통일연구원, 1992(공저).
- 『통일교육의 새로운 방향과 실천과제 : 통일대비 태세 확립을 위한 교육프

- 『새로운 한반도 평화체제의 모색』, 수원: 경기개발연구원, 2006(공저)
- 『2020 선진 한국의 국가전략(Ⅱ) 경제전략』, 서울: 통일연구원, 2
- 『동아시아 발전, 동북아 경제통합과 화해협력』, 서울: 아르케
- 『새로운 북한읽기를 위하여』, 파주: 法文社, 2007(공저)
- 『북한 도시주민의 사적 영역연구』, 서울: 한울, 20
- 『대북정책의 대국민 확산방안』, 서울: 통일연
- 『북한체제의 이해: 제도와 정책의 지속과 변
- 『문화를 통한 사회통합 유형에 대한
2011(공저).
- 『북한의 딜레마와 미래』, 서울: 법문사, 2011(공
- 『통일 환경 평가: 국내 요인, 남북한 상대적 역량 요
인의 종합 평가』, 서울: 늘품플러스, 2011(공저).
- 『탈냉전사의 인식』, 서울: 한길사, 2012(공저).
- 『통일대비를 위한 대북통일정책 모색』, 서울: 통일연구원, 2012(공
- 『한반도 통일론의 재구상』, 서울: 선인, 2012(공저).
- 『(김정은시대의) 경제와 사회 : 국가와 시장의 새로운 관계』, 서울: 한울아카데미, 2014(공저).
- 『북한의 체제와 정책: 김정은시대의 변화와 지속』, 서울: 명인문화사, 2014(공저).
- *Understanding North Korea,* Lanham: Lexington Books, 2014(공저).
- 『분단 70년의 남북한 사회·문화』, 서울: 선인, 2016(공저).
- 『분단된 마음 잇기 : 남북의 접촉지대』, 서울: 사회평론, 2016(공저).
- 『분단된 마음의 지도』, 서울: 사회평론, 2017(공저).
- 『한(조선) 반도 개념의 분단사: 문학예술편3』, 서울: 사회평론아카데미, 2018(공저).
- 『한반도 통일과 비정부기구: 국제기구와 NGO의 역할』, 서울: 오름, 2018(공저).

로그램 개발을 중심으로』, 서울: 한국교육개발원 민족통일연구원, 1997(공저).
- 『남북한의 인성·사상교육』, 서울: 집문당, 1998(공저).
- 『미군정기 한국의 사회변동과 사회사』, 춘천: 한림대학교 출판부, 1999(공저).
- 『21세기남북관계론』, 서울: 법문사, 2000(공저).
- 『남북한 언론의 정상회담 보도』, 서울: 한국언론재단, 2000(공저).
- 『북한이탈주민 문제의 종합적 정책방안 연구』, 서울: 통일연구원, 2000(공저).
- 『탈분단시대를 열며』, 서울: 삼인, 2000(공저).
- 『김정일 연구(Ⅰ): 리더십과 사상』, 서울: 통일연구원, 2001(공저).
- 『남북한 평화공존을 위한 사회·문화 교류·협력의 활성화 방안』, 서울: 통일연구원, 2001(공저).
- 『북한문화예술교육 현황 및 발전방안 연구』, 서울: 한국문화정책개발원, 2001(공저).
- 『북한의 국가성격 변용에 관한 연구 : '예외국가'의 공고화』, 서울: 한울, 2001(공저).
- 『김정일 연구(Ⅱ): 분야별 사상과 정책』, 서울: 통일연구원, 2002(공저).
- 『남북문화협정 및 그 후속과제에 관한 연구』, 서울: 한국문화정책개발원, 2002(공저).
- 『남북한 통합을 위한 종교교류·협력의 제도화 방안』, 서울: 통일연구원, 2002(공저).
- 『동아시아 발전사회학』, 서울: 아르케, 2002(공저).
- 『북한의 이해』, 서울 : 법문사, 2002(공저).
- 『한국 NGO 통일운동의 실태와 한계』, 서울: 한국행정연구원, 2002(공저).
- 『한반도와 통일문제: 한반도 문제의 재조명』, 서울: 대왕사, 2002(공저).
- 『북한의 국가전략』, 서울: 한울아카데미, 2003(공저).
- 『북한이탈주민 적응실태 연구』, 서울: 통일연구원, 2003(공저).
- 『핵 문제 해결 과정에서 남북관계 및 북한 경제지원 시나리오』, 서울 : 통일

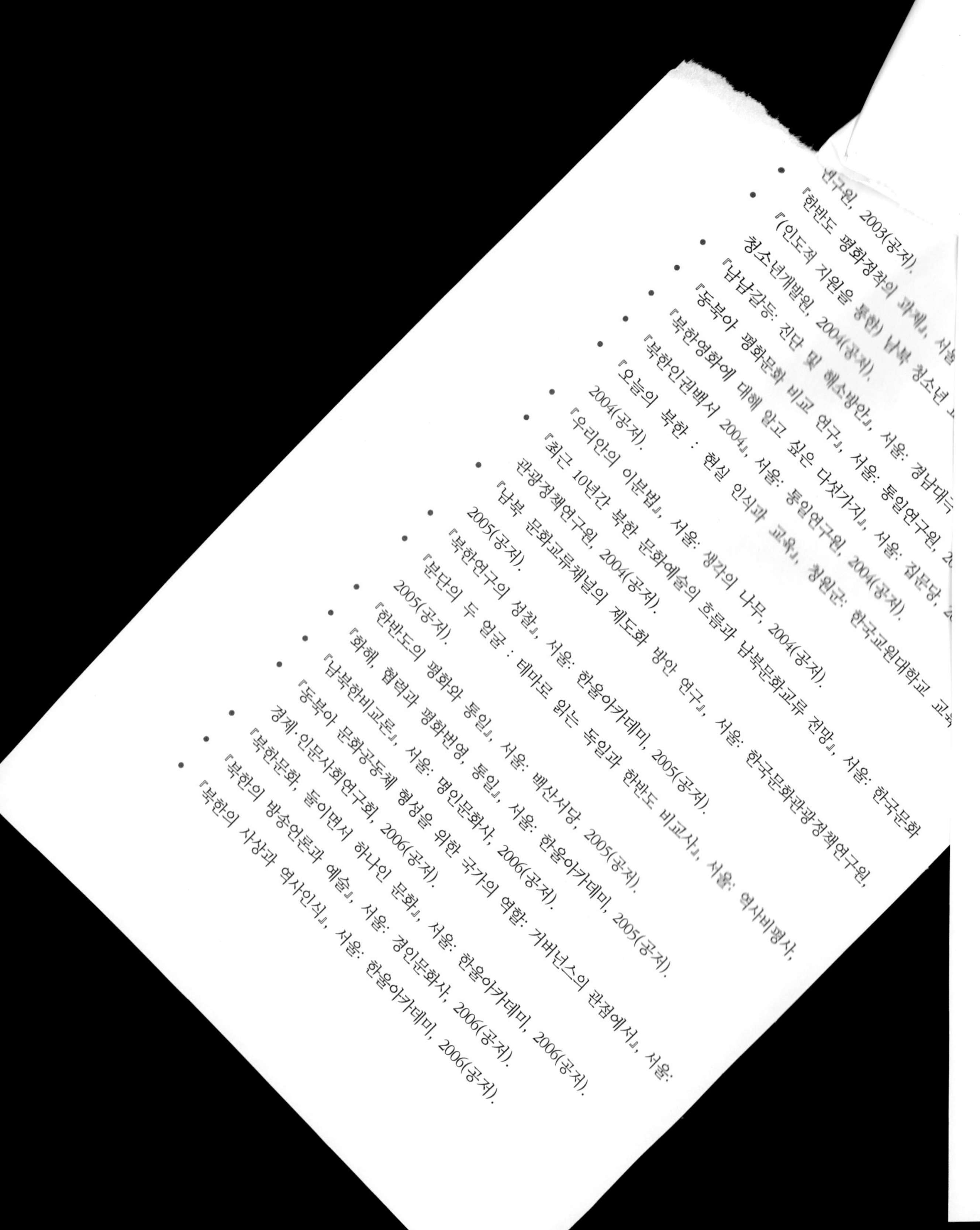

- 『분단 너머 마음 만들기』, 서울: 사회평론, 2019(공저).
- 『통일의 길 위에 선 평화: 한반도 문제의 구조적 이해』, 서울: 박영사, 2019(공저).
- 『한반도 세계시민성 담론 연구』, 서울: 유네스코한국위원회, 2019(공저).
- 『북한 허위정보에 대한 다층적 분석과 이해』, 서울: 늘품플러스, 2020(공저).
- 『한반도 세계시민 담론 연구: 사례와 대안 모색』, 서울: 유네스코한국위원회, 2020(공저).
- 『마음 속 분단 어떻게 극복할 것인가』, 서울: 에코톤, 2021(공저).
- 『통합 그 이후를 생각하다』, 서울: 사회평론아카데미, 2021(공저).
- 『한(조선)반도 개념의 분단사: 문학예술편 6』, 서울: 사회평론아카데미, 2021(공저).
- 『한(조선)반도 개념의 분단사: 문학예술편 7』, 서울: 사회평론아카데미, 2021(공저).
- 『세계의 분단된 마음들』, 서울: 사회평론아카데미, 2022(공저).
- 『한국 민주주의의 새길: 직접민주주의와 숙의의 제도화』, 서울: 경인문화사, 2022(공저).
- 『북한 경제·사회 실태 인식보고서』, 서울: 통일부, 2024(공저).

- 『제국주의 : 이상과 현실』, 서울: 법문사, 1986(Winfried Baumgart 지음, 공역).

2. 논문류

- "문학과 사회집단의 의식: 70년대 소설에 나타난 도시지역 하층집단의 세계관," 연세대학교 대학원 석사학위 논문, 1984.
- "박정희 통치이념의 지식사회학적 연구," 연세대학교 대학원 박사학위 논문, 1991.

- “지식사회학의 연구대상으로서의 지식이 분류를 위한 시론,” 『연세사회학』 7, 1986.
- “포획 대상된 인재와 월남 천도교인의 구국운동,” 『북한』 174호, 1986.
- “북한정치체제와 그 변동전망,” 『평화연구』 12권, 1987.
- “북한의 통일정책,” 『평화연구』 14권, 1989.
- “박정희 민족주의의 반민족성,” 『역사비평』 12, 1990.
- “박정희 통치이념에 대한 연구,” 『연세사회학』 10·11, 1990.
- “현대한국의 구조와 변동 : 박정희의 통치이념에 대한 연구,” 『연세사회학』 제10권, 1990.
- “북한 엘리트의 성격변화,” 『현대사회』 41, 1992.
- “김정일 문예론 연구,” 『통일연구논총』 2권 1호, 1993.
- “예술: 사회심리적 통합기능이 중요하다,” 『北韓』 262호, 1993.
- “통일한국의 문화통합,” 『포럼 21』 8집, 1993.
- “다른문화, 공동체 문화,” 공성진 외. 『미리 가본 통일한국』, 서울: 동화출판사, 1994.
- “북한 핵 문제의 협상에 대한 게임이론적 분석,” 『환태평양연구』 제7권 1호, 1994.
- “통일이후 단계에서의 융화방안,” 강광식 외. 『통일후유증 극복방안 연구』, 성남: 한국정신문화연구원, 1994.
- “북한사회체제와 최근 동향,” 『사회과학 연구』 5집, 1995.
- “북한엘리트층의 성격변화,” 김채윤·장경섭 편, 『변혁기 사회주의와 계급·계층』, 서울: 서울대학교출판부, 1996.
- “대학통일교육의 문제점과 개선방향,” 『통일연구논총』 6권 1호, 1997.
- “통일을 향하는 언론의 역할 모색,” 장경섭 외. 『통일방송연구 5: 남북한의 사회·문화·경제·정치적 통합과 방송』, 서울: 문화방송. 1997.
- “남북한 문화교류를 통한 평화·화해·협력 증진방안,” 『통일문제와 국제관계』

9집, 1998.

- "남북한 사회의 문학예술: 개념과 사회적 역할의 차이," 『통일연구』 2권 2호, 1998.
- "포르노그라피의 사회적 의미," 『현상과 인식』 22권 1·2호, 1998.
- "남북한 사회·문화교류 활성화 방안," 『통일시론』, 1999.
- "민족의 문화적 융합에 관하여," 『한국민주시민교육학회보』 4호, 1999.
- "북한의 남한문화 인식," 『통일논총』 17, 1999.
- "사회 문화: 평화공존을 지향하는 새로운 접근," 『통일경제』 60, 1999.
- "월남인 문제 인식의 새로운 지평," 『통일정책연구』 제8권 2호, 1999.
- "북한을 어떻게 볼것인가," 『당대비평』 12, 2000.
- "남북정상회담의 문화적 효과," 『평화논총』 4권 2호, 2000.
- "북한언론의 남북정상회담 보도," 『보도비평: 남북한 언론의 정상회담 보도』, 서울: 한국언론재단. 2000.
- "문학예술을 통해서 본 김정일 시대의 북한," 『경제와 사회』 49호, 2001.
- "북한에서의 국가와 사회: 시민사회론은 적용가능한가?" 『현대북한연구』 4권 1호, 2001.
- "북한영화 어떻게 볼 것인가?," 『국제언어문학회』 제4호, 2001.
- "편협된 사회의 획일적 문화," 『세계정치경제』 8호, 2001.
- "북한에 대한 편견 하나," 『北韓』 제362호, 2002.
- "새로운 통일담론의 필요성," 한국비교사회학회 편. 『동아시아 발전사회학』, 서울: 아르케, 2002.
- "정상회담 이후 북한 사회문화의 변화: 자본주의 인식변화와 문화교류 확대를 중심으로," 『평화연구』 27집, 2002.
- "1970년대 북한의 문화," 『현대북한연구』 제6권, 2003.
- "남북한 문화의 이질화를 어떻게 볼 것인가?," 『사회과학논집』 제32권, 2003.
- "북한영화의 자리를 생각하며 북한영화 읽기," 『통일연구』 제7권 1호, 2003.

- “체제수호적 통일과 반체제적 통일, 그 동일구조를 넘어서,” 『당대비평』 21호, 2003.
- “북한의 사회주의 문화건설과 문화정책,” 『역사문제연구』 13호, 2004.
- “북한이탈주민과 어떻게 지낼 것인가?,” 『황해문화』 제45권, 2004.
- “북한이탈주민에 의한, 북한이탈주민의, 북한이탈주민을 위한,” 『현대북한연구』 제7호, 2004.
- “북한 사회연구 혹은 사회학적 북한연구,” 『현대북한연구』 제8권, 2005.
- “개성공단을 통일문화특구로,” 남궁곤 편. 『개성있는 개성을 만나다』, 서울: 화정평화재단 2008.
- “북한의 생활총화 형성과정 연구,” 『북한연구학회보』 제12권, 2008.
- “북한체제 내 사적담론 형성의 가능성: 공적담론 위기를 중심으로,” 『현대북한연구』 제11권, 2008.
- “북한자료 공개제도 개선방안 연구,” 『현대북한연구』 제12권, 2009.
- “초등 사회·도덕 교육과정과 교과서의 북한 및 통일 관련 내용 분석 : 2009 “북한 이탈주민 연구의 전환점: 윤인진, ‘북한 이주민 - 생활과 의식 그리고 정착지원 정책’,” 『다문화사회연구』 제3권 1호, 2010.
- “대항문화의 형성 전망,” 박재규 편. 『북한의 딜레마와 미래』, 파주: 법문사, 2011.
- “김정은 체제 북한 사회의 과제와 변화 전망,” 『통일정책연구』 제21권, 2012.
- “북한 명승지 정책의 성격,” 『통일인문학논총』 제53집, 2012.
- “북한의 사회정책과 인민 생활,” 『통일경제』 1호, 2012.
- “한 걸음 더 나아간 북한 이해,” 『역사비평』 제103호, 2013.
- “대북 인도적 지원과 남북한 마음의 통합,” 『현대북한연구』 제17권 2호, 2014.
- 개정 교육과정과 3·4학년 교과서를 중심으로,” 『법과인권교육연구』 제7원 1호, 2014.
- “탈북청소년의 민주적 가치에 대한 인식,” 『현대북한연구』 제17권 3호, 2014.

- “‘고난의 행군’과 북한주민의 마음: 국가가 기억하는 ‘고난의 행군’,” 『통일문제연구』 28권 1호, 2016.
- “남아프리카공화국과 북아일랜드의 사례가 남북한 통합에 주는 시사점,” 『통일인문학』 67권, 2016.
- “남아프리카공화국과 북아일랜드의 사례가 남북한 통합에 주는 시사점,” 『통일인문학』 제67권, 2016.
- “남북정상회담과 사회문화교류,” 『통일정책연구』 제27권 1호, 2018.
- “북한의 대집단체조와 공연예술의 특징,” 『내일을 여는 역사』 77호, 2019.
- “한반도 세계시민성 담론의 성찰,” 『한반도 세계시민성 담론 연구: 세계시민사회 담론과 한국사회』, 서울: 유네스코한국위원회, 2019.
- “북한 관련 허위정보의 사회적 영향과 대응,” 경남대 극동문제연구소 편. 『북한 관련 허위정보 실태와 대응』, 2020.
- “한국사회의 반(反)세계시민 담론,” 『한반도 세계시민 담론 연구: 사례와 대안 모색』, 서울: 유네스코한국위원회, 2020.
- “한국의 체제전환 연구의 비판적 검토: 남북한 사회문화적 갈등과 통합 연구를 위한 제언,” 『현대북한연구』 제25권 3호, 2022.
- “2023 북한사회변화와 2024 변화전망,” 『통일전략포럼보고서』 제73호, 2024.
- “김정은 시대 북한의 사회문화,” 『외교』 148호, 2024.
- “Is The Theory of a Civil Soceity Applicable to North Korea,” *Vantage Point*. Vol. 25, No.2, 2002.
- “North Korea's Social System,” *Korea Focus*. Vol. 10, No. 4, 2002.
- “North Korean Migrants: A Human Security Perspective,” *Asian Perspective*. Vol. 35, No. 1, 2011.

- “한국전쟁과 남한사회의 구조화,” 『한국과 국제정치』 제6권 2호, 1990(공저).
- “개성공단 북한 근로자에 대한 남한 주민의 태도에 관한 연구,” 『통일문제연구』 제25권 1호, 2013(공저).

- “개성공단에서의 남북한 접촉이 북한 근로자에 미친 영향에 관한 연구: 남한주민에 대한 북한 근로자의 태도 변화를 중심으로,” 『통일연구』 제17권 2호, 2013(공저).
- “영국 뉴몰든 코리아 타운 내 남한이주민과 북한난민 간의 관계와 상호인식,” 『북한연구학회보』 18권 1호, 2014(공저).
- “초등 사회·도덕 교육과정과 교과서의 북한 및 통일 관련 내용 분석: 2009개정 교육과정과 3, 4학년 교과서를 중심으로,” 『법과인권교육연구』 7권 1호, 2014(공저).
- “탈북청소년의 민주적 가치에 대한 인식,” 『현대북한연구』 제17권 3호, 2014(공저).
- “고난의 행군 시기 북한 기록영화에서 조형된 집단적 마음: 〈내조국 빛내리〉를 중심으로,” 『한국콘텐츠학회 논문지』 제16권 5호, 2016(공저).
- “남북한 접촉지대와 마음의 통합이론: ‘마음의 지질학’ 시론,” 『현대북한연구』 제19권 1호, 2016(공저).
- “남북한주민 마음의 비교: 물질주의와 개인주의에 대한 정량적 분석,” 『북한연구학회보』 제20권 1호, 2016(공저).
- “북한이탈주민의 다문화수용성에 영향을 미치는 요인: 남한주민과의 비교를 중심으로,” 『북한학연구』 제12권 1호, 2016(공저).
- “북한이탈주민이 다문화집단에 대해 느끼는 현실갈등인식이 삶의 만족에 미치는 영향: 지각된 차별감의 매개효과를 중심으로,” 『한국심리학회지: 사회 및 성격』 제30권 1호, 2016(공저).
- “북한이탈주민이 다문화집단에 대해 느끼는 현실갈등인식이 삶의 만족에 미치는 영향: 지각된 차별감의 매개효과를 중심으로,” 『한국심리학회지: 사회 및성격』 제30권 1호, 2016(공저).
- “북한주민과 중국주민의 마음에 대한 비교연구: 물질주의와 집단-개인주의,” 『정치·정보연구』 제20권 2호, 2016(공저).
- “탈북인 재현 프로그램에 교차하는 시선과 마음: 남한/탈북 주민 포커스 그

룹 인터뷰를 중심으로," 『통일인문학』 65, 2016(공저).

- "탈북인 재현 프로그램에 교차하는 시선과 마음: 남한/탈북 주민 포커스 그룹 인터뷰를 중심으로," 『통일인문학』 제65권, 2016(공저).
- "대북지원 20년(1995~2015): 민간단체의 대북지원 성과와 과제," 『국제관계연구』 제22권 1호, 2017(공저).
- " '조선민족' 개념의 형성과 변화," 『북한연구학회보』 제21권 1호, 2017(공저).
- "1950년대 북한의 두 '평화의 마음'," 『통일과 평화』 제11권 1호, 2019(공저).
- "김정은 시대 체육시설의 변화와 의미: 종합운동장을 중심으로," 『Journal of North Korea Studies』 제5권 2호, 2019(공저).
- "남북한 주민의 상호 인식에 관한 연구," 『통일정책연구』 제28권 1호, 2019(공저).
- "남한주민과 북한이탈주민의 마음에 대한 비교 연구: 상호 간 및 내/외집단에 대해 가지는 인식/감정/태도를 중심으로," 『북한학연구』 제15권 1호, 2019(공저).
- "두 '평양시간': 북한문학에 투사된 북한 특유의 시간과 마음," 『문화와 정치』 제6권 2호, 2019(공저).
- "북한 '통일' 용어의 의미 변화 고찰(1980-2000)," 『통일문제연구』 제31권 1호, 2019(공저).
- "새로운 접촉지대의 모색. 무형문화유산: 인류무형문화유산 '씨름'을 중심으로," 『현대북한연구』 제22권 3호, 2019(공저).
- "적(敵)을 이용한 북한의 주민 결속 메커니즘 연구: '고난의 행군' 시기를 중심으로," 『북한연구학회보』 제23권 1호, 2019(공저).
- "한국인의 북한이미지," 『현대북한연구』 제22권 2호, 2019(공저).
- "통일독일의 교원통합과 이의 통일한국 북한교원 인적관리에 대한 시사점," 『현대북한연구』 제23권 1호, 2020.
- "독일통일 후 동독 출신자의 지각된 차별감과 통일에 대한 태도," 『현대북한연구』 제24권 3호, 2021(공저).

- "Forecasting the Demand for Primary and Secondary School Teachers in a Unified Korea," 『현대북한연구』 제23권 3호, 2020(공저).

저자 | **이우영** 李宇榮 Lee Woo Young

북한대학원대학교 교수, 사회학자 / hoons4@hanmail.net

◐ 주요 약력

연세대학교 사회학과 학사(1982), 석사(1984), 박사(1991)
성균관대학교 한국사상사학과 석사 수료(1995)
연세대, 성신여대, 상명대, 숭실대, 성심여대, 외국어대, 서울여대, 숙명여대, 국민대, 동국대, 서강대, 명지대, 경남대 강사(1985~2000)
통일연구원(1991~2004)
경남대학교 북한대학원(2004)
북한대학원대학교(2005~2024)

한국사회학회(1991~)
민족화해협력범국민협의회 정책위원(1998~2003)
사단법인 어깨동무 운영위원·이사(2002~)
사단법인 경실련 통일협회 정책위원장, 이사(2004~)
민주평화통일자문회의 사회문화분과 상임위원(2006~2007)
북한연구학회장(2016)
북한대학원대학교 남북마음통합센터 소장(2017~)

◐ 주요 논저

"박정희 통치이념의 지식사회학적 연구"(박사학위, 1991)
"김정일 문예론 연구"(1993)
"Is The Theory of a Civil Soceity Applicable to North Korea"(2002)
"새로운 통일담론의 필요성"(2002)
"1970년대 북한의 문화"(2003)
"북한의 사회주의 문화건설과 문화정책"(2004)
"김정은 체제 북한 사회의 과제와 변화 전망"(2012)
"대북 인도적 지원과 남북한 마음의 통합"(2014)
"남북한 접촉지대와 마음의 통합이론"(2016)
"남아프리카공화국과 북아일랜드의 사례가 남북한 통합에 주는 시사점"(2016)
"남북정상회담과 사회문화교류"(2018)
"1950년대 북한의 두 '평화의 마음' "(공저, 2019)
"한국사회의 반세계 시민 담론"(2020)
『북한 정치사회화에서 전통문화의 역할』(1993)
『탈분단시대를 열며』(공저, 2000)
『김정일 연구(Ⅰ, Ⅱ)』(공저, 2001, 2006)
『북한문화, 둘이면서 하나인 문화』(공저, 2006)
『한반도 통일론의 재구상』(공저, 2012)
『분단된 마음의 지도』(공저, 2017)
『한(조선) 반도 개념의 분단사: 문학예술편1-8』(공저, 2018, 2021)
『통합 그 이후를 생각하다』(공저, 2021)